新譯漢書(四)志(二)

吳榮曾
劉華祝等 注譯

三民書局 印行

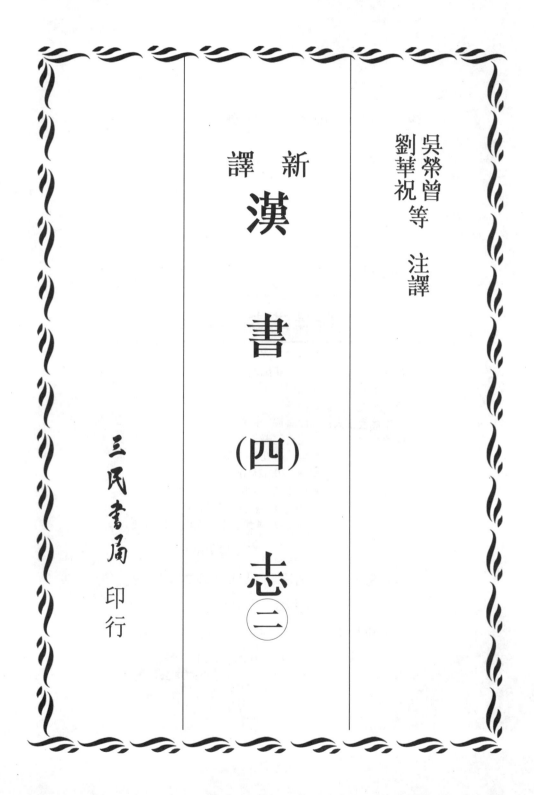

國家圖書館出版品預行編目資料

新譯漢書(四)志㈡／吳榮曾,劉華祝等注譯.－－初版一刷.－－臺北市: 三民, 2013
面； 公分.－－(古籍今注新譯叢書)

ISBN 978-957-14-5651-5 (平裝)

1.漢書 2.注釋

622.101 101003240

© 新譯漢書(四)志㈡

注譯者	吳榮曾 劉華祝等
責任編輯	三民古籍編輯小組
美術設計	陳宛琳
發行人	劉振強
著作財產權人	三民書局股份有限公司
發行所	三民書局股份有限公司
	地址 臺北市復興北路386號
	電話 (02)25006600
	郵撥帳號 0009998-5
門市部	(復北店) 臺北市復興北路386號
	(重南店) 臺北市重慶南路一段61號
出版日期	初版一刷 2013年6月
編號	S 033520

行政院新聞局登記證局版臺業字第〇二〇〇號

ISBN 978-957-14-5651-5 (平裝)

http://www.sanmin.com.tw 三民網路書店

新譯漢書 目次

第四冊

卷二十七上

五行志第七上

【題解】本志分為上、中上、中下、下上、下下五分卷，引用大量儒家經典、漢儒議論與史事，通過五行（木、火、土、金、水）變化，說明其與政治得失之關係；論述帝王五事（貌、言、視、聽、思）與政事因果、自然災異的互動；以天象（日、月、星辰、隕石）變化與政治變革的相應，說明「天人相與之際」的神祕關係。「天垂象，見吉凶」是全篇的靈魂。雖然其中很大部分是屬於迷信的糟粕，但也提供了許多有關自然史、社會史、思想史的珍貴資料。它的編撰與記事方法，也是班固對中國傳統史學在體例上的一種創新。

易❶曰：「天垂象，見吉凶，聖人象之❷；河出圖❸，雒出書❹，聖人則❺之。」

劉歆以為虙羲氏❻繼天而王，受河圖，則而畫之❼，八卦❽是也；禹治洪水，賜雒書，法而陳之❾，洪範❿是也。聖人行其道而寶其真。降及⓫于殷，箕子在父師位而典之⓬。周既克⓭殷，以⓮箕子歸，武王親虛己而問焉⓯。故經⓰曰：「惟十有三祀[17]，王訪[18]于箕子，王迺[19]言曰：『烏嘑！箕子！惟天陰騭[20]下民，相協厥居[21]，我不知其彝倫逌敘[22]。』箕子迺言曰：『我聞在昔，鯀陻洪水[23]，汨[24]陳其五行，帝[25]迺震怒，弗畀洪範九疇[26]，彝倫逌斁[27]。鯀則殛[28]死，禹乃嗣興[29]，天迺錫[30]禹洪範九疇，彝倫逌敘。』」此武王問雒書於箕子，箕子對[31]禹得雒書之意也。

「初一曰五行；次二曰羞用五事[32]；次三曰農用八政[33]；次四曰叶用五紀[34]；次五曰建用皇極[35]；次六曰艾用三德[36]；次七曰明用稽疑[37]；次八曰念用庶徵[38]；次九曰嚮用五福[39]，畏用六極[40]。」凡此六十五字，皆雒書本文，所謂天迺錫禹大法九章常事所次者也。以為河圖、雒書相為經緯[41]，八卦、九章相為表裡[42]。昔殷道弛[43]，文王演[44]周易；周道敝[45]，孔子述春秋[46]。則乾坤[47]之陰陽，效洪範之咎徵[48]，天人之道粲然著矣[49]。

漢興，承秦滅學[50]之後，景、武之世[51]，董仲舒治公羊春秋[52]，始推[53]陰陽，為儒者宗[54]。宣、元[55]之後，劉向治穀梁春秋[56]，數[57]其旤福，傳[58]以洪範，與仲舒錯[59]。至向子歆治左氏傳[60]，其春秋意亦已乖[61]矣；言五行傳，又頗不同。是以擥[62]仲舒，別向、歆，傳載眭孟、夏侯勝、京房、谷永、李尋之徒所陳行事[63]，訖於王莽[64]，舉十二世[65]，以傳[66]春秋，著於篇。

【章　旨】以上為〈五行志〉的序言，以「天垂象」、「河出圖」、「雒出書」為綱，說明本志的目的在於闡發「天人之道」，即天人之間的關係，並說明本志撰寫根據與時序。

【注　釋】❶易　即《周易》，又稱《易經》，而《易經》也可指《周易》的卦爻辭。古代卜辭之書，哲理之書。❷天垂象三句　語出《易．繫辭上》，意謂天垂示各種現象，現出或吉或凶，聖人用卦象來仿效、描畫它。如伏羲時有龍馬出於黃河，身有紋如八卦，伏羲取法，以畫八卦。夏禹時有神龜出於洛水，背上有文字，禹取法之，以作書，即〈洪範〉等。見，呈現；表現。象之，模擬；模仿。❸河出圖　黃河裡面出現的圖畫。河，唐代以前稱黃河。❹雒出書　洛水裡所出現的圖畫。雒即「洛」。黃河支流，發源於陝西秦嶺，經洛陽南往東北入黃河。❺則　取法；仿效。❻虙羲氏　即大昊。也作「伏羲氏」、「宓羲氏」。風姓。古代傳說中的部落酋長，傳說八卦就是他創造的。❼畫之　畫八卦。❽八卦　《周易》中的八種具有象徵意義的基本圖形，每個圖形用三個分別代表陽的「一」(陽爻)和代表陰「--」(陰爻)組成。名稱是：乾(☰)、坤(☷)、震(☳)、巽(☴)、坎(☵)、離(☲)、艮(☶)、兌(☱)。相傳為伏羲所作。八卦兩兩相疊為六十四卦。❾禹治洪水三句　禹，姒姓，傳說為鯀的兒子，奉舜命治理洪水，有功，被舜選為繼承人。法，效法。陳，陳述。❿洪範　《尚書》篇名。洪，大。範，法。舊傳為商末箕子向周武王陳述的「天地之大法」。⓫降及　降，下。及，至。⓬箕子在父師位而典之　箕子，紂之諸父。父師，太師。典，主管。之，指示代詞，指〈洪範〉。⓭克　戰勝。⓮以　與。⓯親虛己而問焉　虛己，虛心。焉，代詞，指箕子。⓰經　〈洪範〉。⓱惟十有三祀　惟，發語詞。祀，即年，商人稱年為祀。⓲訪　訪問；請教。⓳迺　於是。⓴陰騭　默默地安定。陰，默。騭，定；安定。後衍為陰德之意。㉑相協厥居　相，助。協，和。厥，其。㉒彝倫逌敘　彝倫，常道。逌，通「攸」。所。敘，次序。㉓鯀陻洪水　鯀，古史中的傳說人物。曾奉堯命治水，九年無成，被舜流放到羽山。陻，填埋；堵塞。㉔汩　亂；擾亂；弄亂。㉕帝　上帝，即天。㉖弗畀洪範九疇　畀，給予。疇，品類；種類。九疇，指治理天下的九種大法。㉗斁　敗壞。㉘殛　誅殺。㉙嗣興　嗣，繼承。興，興起。㉚錫　賜；賜予。㉛對　對答。㉜羞用五事　羞，為「敬」之訛(從錢大昕、江聲說)。五事，貌、言、視、聽、思。㉝農用八政　農，通「濃」。厚；深。八政，古代國家施政的八個方面。說法不一，〈洪範〉以食、貨、祀、司空、司徒、司寇、賓、師為八政。㉞叶用五紀　叶，通「協」。和；合。五紀，歲、月、日、星辰、曆數，都是記錄天象的，所以稱作五紀。㉟建用皇極　建，樹立。皇，大。極，中也。皇極，帝王治理天下，施行政教的大正道。㊱艾用三德　艾，通「乂」。指治理。三德，〈洪範〉所稱三德指的是：正直、剛克、柔克。

㊲明用稽疑　按楊樹達認為吉凶禍福不明者，以卜筮稽疑明之。㊳念用庶徵　念，思也。庶，眾也。徵，應也；徵候也；應驗也。㊴嚮用五福　嚮，通「享」。五福，〈洪範〉所言五福指：壽、福、康寧、攸好德、考終命。㊵畏用六極　畏，畏懼。六極，〈洪範〉所言六種凶惡之事，即：凶短折、疾、憂、貧、惡、弱。㊶經緯　本指織物的縱線與橫線，這裡比喻河圖與雒書的相互關係。㊷表裡　裡外。這裡喻八卦與九章之間相輔相成的關係。㊸弛　廢弛；廢壞。㊹文王演　文王，姓姬名昌。商末周族領袖。演，推衍。㊺敝　壞。㊻孔子述春秋　孔子（西元前五五一—前四七九年），名丘，字仲尼，魯國陬邑（今山東曲阜）人。春秋末年的政治家，思想家，教育家。春秋，編年體史書，相傳為孔丘根據魯國史官所編魯國歷史整理修定而成。記事起於魯隱公元年（西元前七二二年）止於魯哀公十四年（西元前四八一年），凡二百四十二年。㊼乾坤　指《易經》中的〈乾〉、〈坤〉二卦。㊽咎徵　災禍的徵兆。㊾天人之道粲然著矣　天人之道，指天道與人事之間的相互關係。粲然，鮮明；光亮。著，明顯。㊿滅學　指秦焚書坑儒，滅絕學術之事。51景武之世　指漢景帝、漢武帝時期。52董仲舒治公羊春秋　董仲舒，本書卷五十六有傳。治，研究。公羊春秋，即《春秋公羊傳》、《公羊傳》。相傳為戰國時齊國人公羊子（顏師古注說其人名高）所作。一方面敘述了歷史，但更多的則是表現了西漢以前一些儒學人物的天道觀和歷史觀。53推　推究；研究。54宗　宗主；師長。55宣元　指漢宣帝劉詢、漢元帝劉奭。56劉向治穀梁春秋　劉向，劉歆的父親。本書卷三十六有其傳。穀梁春秋，即《春秋穀梁傳》。其創始者是魯人穀梁子。（顏師古說其名喜。王充《論衡》作穀梁寘）其內容多闡發《春秋》義例，但也有史事的敘述。57數　計數；說明。58傳　傳述；闡釋。59錯　互不相同。60左氏傳　即《春秋左氏傳》、《左傳》，相傳為春秋時魯國人左丘明所作。是一部記載春秋各國史事的歷史著作。61乖　背離；相違背；乖謬。62擥　通「攬」。採摘；引取。63別向歆二句　別，區別；區分。眭孟、夏侯勝、京房、李尋，本書卷七十五有傳。谷永，本書卷八十五有傳。64訖於王莽　訖，止；終。王莽，本書卷九十九有傳。65舉十二世　舉，記錄。十二世，指漢高帝、惠帝、高后、文帝、景帝、武帝、昭帝、宣帝、元帝、成帝、哀帝、平帝十二世。66傅　通「附」。比附其事。

【語　譯】《易經》上說：「天上顯示出各種自然現象，表示出吉祥與凶咎，聖人把它仿效、描畫出來；黃河裡出現圖畫，洛水裡出現圖書，聖人就加以效法。」劉歆認為伏羲氏繼天稱王，被授予河圖，他加以效法並把它們畫了出來，就成了八卦；大禹治理洪水，被賜與洛書，取法而陳述它，這就是〈洪範〉。聖人們遵行他的思想，以其作為真理的寶典。下至殷代，箕子官為父師，以其作為施政的準則。周朝克殷之後，把箕子帶了回來，武王虛心地親自向他請教。所以經書上講：「十三年，武王訪問箕子，武王就說道：『啊！箕子！上天默默地安定天下百姓，幫助他們安居樂業，我卻不知道它用來安定人民的天地人常道次序。』箕子就說道：『我聽說從前鯀堵塞洪水，亂施五行，天帝於是大怒，沒有給他〈洪範〉九章，天地人的常理秩序便亂了。鯀被誅殺，大禹繼承而興起，天帝就賜給大禹〈洪範〉九章，天地人的常道就有了秩序。』」這就是武王向箕子求教洛書，箕子回答他大禹得到洛書的意思。

「第一叫五行；第二叫敬用五事；第三叫厚用八政；第四叫和用五紀；第五叫樹立、遵循帝王治理的天下最高準則；第六叫治用三德；第七叫疑難之事用卜筮考明；第八叫思用各種徵驗；第九叫享用五福，敬畏面對六種凶惡之事。」這總計六十五個字，都是雒書的本文，即所謂天地賜給大禹的大法九章所列舉的常事。認為河圖、雒書互為經緯，八卦、九章相為表裡。從前殷代治道衰壞，周文王推演《周易》；周朝治道敗壞，孔子就撰述《春秋》。取法於〈乾〉〈坤〉的陰陽之道，仿效〈洪範〉的凶災徵驗，天道與人事之間的關係，就鮮明顯著了。

漢朝的興起，是繼承秦代消滅儒學之後，景帝和武帝時代，董仲舒研究《公羊春秋》，開始推究尋繹陰陽之理，成為儒家學者的宗主。宣帝、元帝之後，劉向研治《穀梁春秋》，列舉禍福之事，附會於〈洪範〉中的說法，與董仲舒不同。到劉向的兒子劉歆研究《左氏傳》，他對《春秋》的解說，已與本意乖離了；而解說《五行傳》，又有很大的不同。因此引用董仲舒的說法，區別劉向、劉歆，附帶記載眭孟、夏侯勝、京房、谷永、李尋之輩所陳述的有關五行之事，止於王莽，凡十二代，把它比附《春秋》，寫成此篇〈五行志〉。

1 經❶曰：「初一曰五行。五行：一曰水，二曰火，三曰木，四曰金，五曰土。水曰潤下❷，火曰炎上❸，木曰曲直❹，金曰從革❺，土爰稼穡❻。」

2 傳⑦曰：「田獵不宿⑧，飲食不享⑨，出入不節⑩，奪民農時⑪，及有姦謀⑫，則木不曲直。」

3 說⑬曰：木，東方也。於易，地上之木為觀⑭。其於王事，威儀容貌亦可觀⑮者也。故行步有佩玉之度⑯，登車有和鸞之節⑰，田狩有三驅之制⑱，飲食有享獻之禮⑲，出入有名⑳，使民以時㉑，務在勸農桑，謀在安百姓。如此，則木得其性矣。若迺田獵馳騁不反㉒，宮室、飲食沉湎㉓不顧法度，妄興繇役㉔以奪民時，作為㉕姦詐以傷民財，則木失其性矣。蓋工匠之為輪矢者多傷敗㉖，及木為變怪㉗，是為㉘木不曲直。

4 春秋成公十六年㉙「正月，雨，木冰」。劉歆以為上陽施㉚不下通，下陰施不上達，故雨，而木為之冰，雰氣㉛寒，木不曲直也。劉向以為冰者陰之盛而水滯㉜者也，木者少陽，貴臣卿大夫之象也。此人將有害，則陰氣脅木，木先寒，故得雨而冰也。是時叔孫喬如㉝出奔，公子偃㉞誅死。一曰，時晉執季孫行父㉟，又執公，此執辱之異㊱。或曰，今之長老名木冰為「木介」。介者，甲。甲，兵象也。是歲晉有鄢陵之戰㊲，楚㊳王傷目而敗。屬㊴常雨也。

【章旨】以上說明何謂五行及其特性，並首先由「木」談起，論述有關樹木的災異及其與人事之關係。

【注釋】❶經　謂《尚書・洪範》。❷水曰潤下　指水滋潤而向下滲行。❸火曰炎上　指火光炎熱而上升。❹木曰曲直　指木頭可以由曲變直、由直變曲。❺金曰從革　革，變革。指金可熔鑄而變革其形。❻土爰稼穡　可在土上稼穡。爰，通「曰」。稱為。稼，種植。穡，收穫。稼穡，泛指農耕。❼傳　本指解釋經文的著作。這裡指劉向《洪範五行傳》。該書用災異記錄附會朝政、人事禍福，宣揚天人感應的讖緯神學。❽田獵不宿　田獵，打獵。不宿，不宿禽。《禮記・王制》說，田獵時，天子不合圍，諸侯不掩群。超過這個規定，就叫糟蹋天物，是不宿禽。宿，留住。禽，鳥獸的總稱。❾不享　不行享獻之禮。❿節　節制；克制。⓫農時　指農事活動的季節，春耕、夏耘、秋收、冬藏。⓬姦謀　作為奸詐以勞民傷財、侵奪農時。⓭說　指當時列於學官為博士所習的歐陽、大、小夏侯等人的解說。⓮觀　即〈觀卦〉。〈坤〉下〈巽〉上。〈坤〉象徵土地，〈巽〉象徵樹木，故云地上之木。⓯威儀容貌亦可觀　《易》曰：「地上之木為觀。」是說春天從地上生長出來的樹木，無不曲直，花葉多姿可觀，如人的威容儀貌。⓰佩玉之度　佩玉，古代貴族以佩玉作為裝飾，行走時佩玉發出有節奏的鏗鏘之音，以為行走之節度。⓱和鸞之節　和鸞，車鈴。安裝在車軾上的叫和，安裝在鑣上的叫鸞。⓲三驅之制　見《禮記・王制》，田獵有三驅之制，一為乾豆，二為賓客，三為充君之庖。⓳享獻之禮　以禮飲食謂之享，進爵於前謂之獻。⓴出入有名　有名，有正當的理由或名義。名，名義。㉑使民以時　以時，有正當的時間。指農閒之時。時，時間。㉒反　通「返」。㉓沉湎　沉溺；沉迷。㉔繇役　繇，同「傜」。指老百姓按義務為國家從事的無償勞動。㉕作為　為，通「偽」。即作偽。㉖蓋工匠句　蓋，發語詞。傷敗，謂揉製車輪不曲，矯正箭矢不直。㉗木為變怪　指木頭或樹木發生怪異現象，如梓柱更生枝葉，或變為人形之類。㉘為　通「謂」。㉙成公十六年　指魯成公十六年（西元前五七五年）。㉚施　通「弛」。解也。㉛雰氣　霧氣。㉜水滯　即凝滯。水當作冰，冰同凝。㉝叔孫喬如　即叔孫宣伯，魯國大夫，與魯宣公夫人穆姜私通，欲謀為亂，事不克而出奔齊。㉞公子偃　魯宣公庶子，成公弟，因參與叔孫喬如謀亂而被殺。㉟晉執季孫行父　晉，春秋時晉國。季孫行父，即季文子，魯國大夫，成公十六年秋，晉國因聽信叔孫喬如的讒言而扣留了魯成公，同時扣留了季孫行父。㊱異　怪異。㊲鄢陵之戰　魯成公十六年發生在晉楚之間的戰爭，楚王傷目，楚軍大敗。鄢陵，春秋時鄭地。在今河南鄢陵西北。㊳楚　古國名。羋姓。始祖鬻熊，西周時建都丹陽（今湖北秭歸東南），後建都於郢（今湖北江陵西北紀王城），為春秋五霸之一。㊴屬　王先謙認為「屬」字上當有「又」字。

【語　譯】經書上說：「第一是五行。五行：一叫做水，二叫做火，三叫做木，四叫做金，五叫做土。水的自然屬性是滋潤而下行，火的自然屬性是炎熱而上升，木的自然屬性是可曲可直，金的自然屬性是可以銷熔變形，土的自然屬性是可以在其上耕種收穫。」

2 傳文講到：「田獵時不盡留禽獸，飲食時不行享獻的禮儀，出入沒有節制，侵奪農民耕種的時節，以及有奪民農時的奸詐邪謀，這樣木就失去可曲可直之性。」

3 解說認為：木代表東方。在《易經》，地上的木是〈觀卦〉。對於君主的事來說，人的威儀容貌好像樹木的枝葉一樣也是可以觀瞻的。所以行走時有佩玉為之節度，乘車時有和鸞為之節制，田獵時有三驅之制，飲食時有享獻的禮儀，出入有正當的名義，讓老百姓服徭役要在正當的季節和時間，致力於鼓勵老百姓發展農業生產，營求安定百姓。做到以上這些，就適合於木的自然本性了。如果外出田獵盡興馳騁不返回宮室，沉湎於美味佳餚而不顧法度，不顧民力大興徭役而侵占了人民耕作的時間，作偽奸詐以傷害民財，這樣就失去木的自然本性了。大抵工匠多有揉輪不曲，矯矢不正的，以及木頭發生怪變現象，這都是木已失去可曲可直之性的表現。

4 《春秋》記載，魯成公十六年「正月，天下雨，雨落到樹木上立即結冰」。劉歆認為這是上面的陽氣渙散不能下通，下邊的陰氣渙散不能上達的原因，所以一下雨，樹木也因此而結冰，霧氣寒冷，這是木不曲直的表現。劉向認為冰這東西是陰氣太盛使水凝滯而形成的，木屬少陽，是貴臣卿大夫的象徵。這是表示人將有禍害，那麼陰氣就要脅迫樹木，樹木先寒冷，所以雨下來便成冰了。當時叔孫喬如出奔齊國，公子偃被殺死。一說，當時晉國扣留了季孫行父，又扣留了魯成公，這是因被拘受辱而發生的怪異現象。也有人說，現在老年人把木冰叫做「木介」。介，就是鎧甲。鎧甲，是戰爭的象徵。這一年晉國有鄢陵之戰，楚王因被射傷眼睛而戰敗。這是屬於平常下雨。

1 傳曰：「棄法律，逐功臣，殺太子，以妾為妻，則火不炎上。」

2 說曰：火，南方，揚光煇為明者也。其於王者，南面鄉❶明而治。書❷云：「知人則悊❸，能官人❹。」故堯舜舉群賢而命之❺朝，遠四佞❻而放諸埜。孔子曰❼：「浸潤之譖❽、膚受之訴❾不行焉，可謂明矣。」賢佞分別，官人有序，帥由舊章❿，敬重功勳，殊別適庶⓫，如此則火得其性矣。若迺信道不篤⓬，或燿虛偽，讒夫昌，邪勝正，則火失其性矣。自上而降，及濫炎⓭妄起，災⓮宗廟，燒宮館，雖興師眾⓯，弗能救也，是為火不炎上。

3 春秋桓公十四年⓰「八月壬申⓱，御廩⓲災」。董仲舒以為先是四國共伐魯⓳，大破之於龍門⓴。百姓傷者未瘳㉑，怨咎未復㉒，而君臣俱惰，內怠政事，外侮四鄰，非能保守宗廟終其天年㉓者也，故天災御廩以戒㉔之。劉向以為御廩，夫人八妾所舂米之臧㉕以奉宗廟者也，時夫人有淫行㉖，挾逆心㉗，天戒若㉘曰，夫人不可以奉宗廟。桓不寤㉙，與夫人俱會齊㉚，夫人譖桓公於齊侯㉛，齊侯殺桓公㉜。劉歆以為御廩，公所親耕籍田以奉粢盛㉝者也，棄法度亡禮之應㉞也。

4 嚴公二十年㉟「夏，齊大災」。劉向以為齊桓㊱好色，聽女口㊲，以妾為妻，適庶數更㊳，故致大災。桓公不寤，及死，適庶分爭，九月不得葬㊴。公羊傳曰，大災，疫[40]也。董仲舒以為魯夫人淫於齊，齊桓姊妹不嫁者七人。國君，民之父母；夫婦，生化之本。本傷則末夭，故天災所予[41]也。

5 釐公二十年[42]「五月乙巳[43]，西宮災」。穀梁以為愍公[44]宮也，以諡[45]言之則若疏，故謂之西宮。劉向以為釐立妾母[46]為夫人以入宗廟，故天災愍宮，若曰，去其卑[47]而親者，將害宗廟之正禮。董仲舒以為釐娶於楚，而齊媵之，脅公使立以為夫人[48]。西宮者，小寢，夫人之居也，若曰，妾何為此宮！誅[49]去之意也。以天災之，故大之曰西宮也。左氏以為西宮者，公宮也。言西，知有東。東宮，太子所居。言宮，舉區[50]皆災也。

6 宣公十六年[51]「夏，成周[52]宣榭火」。榭[53]者，所以臧樂器，宣其名也。董仲舒、劉向以為十五年王札子殺召伯、毛伯[54]，天子不能誅。天戒若曰，不能行政令，何以禮樂為[55]而臧之？左氏經曰[56]：「成周宣榭火」，人火也。人火曰火，天火曰災。」榭者，講武之坐屋。

7 成公三年[57]「二月甲子[58]，新宮災」。穀梁以為宣宮，不言諡，恭也。劉向以為時魯三桓[59]子孫始執國政，宣公欲誅之，恐不能，使大夫公孫歸父如晉謀[60]。未反[61]，宣公死。三家譖歸父於成公。成公父喪未葬，聽讒而逐其父之臣，使奔齊，故天災宣宮，明不用父命之象也。一曰，三家親而亡(62)禮，猶宣公殺子赤(63)而立。亡禮而親，天災宣廟，欲示去三家也。董仲舒以為成居喪亡哀戚心，數興兵戰伐(64)，故天災其父廟，示失子道，不能奉宗廟也。一曰，宣殺君而立，不當列於群祖也。

8 襄公九年(65)「春，宋災(66)」。劉向以為先是宋公(67)聽讒，逐其大夫華弱，出奔魯。左氏傳曰，宋災，樂喜為司城(68)，先使火所未至徹(69)小屋，塗大屋，陳畚輂(70)，具綆缶(71)，備水器，畜水潦(72)，積土塗(73)，繕守備(74)，表火道(75)，儲正徒(76)，郊保(77)之民，使奔火所。又飭(78)眾官，各慎其職。晉侯聞之，問士弱(79)曰：「宋災，於是乎知有天道，何故？」對曰：「古之火正(80)，或食於心(81)，或食於咮(82)，以出入火。是故咮為鶉火，心為大火。陶唐氏(83)之火正閼伯(84)，居商丘(85)，祀大火，而火紀時焉。相土(86)因之，故商主大火。商人閱其禍敗之釁必始於火，是以知有天道。」公曰：「可必乎？」對曰：「在道。國亂亡象(87)，不可知也。」說曰：古之火正，謂火官也，掌祭火星，行火政。季春昏，心星出東方，而咮、七星、鳥首(88)正在南方，則用火；季秋，星入，則止火，以順天時，救民疾。帝嚳(89)則有祝融(90)，堯時有閼伯，民賴其德，死則以為火祖，配祭火星，故曰「或食於心，或食於咮也」。相土，商祖契之曾孫，代閼伯後主火星。宋，其後也，世司其占，故先知火災。賢君見變，能修道以除凶；亂君亡象，天不譴告[91]，故不可必也。

9 三十年[92]「五月甲午[93]，宋災」。董仲舒以為伯姬如宋五年，宋恭公卒[94]，伯姬幽居[95]守節三十餘年，又憂傷國家之患禍，積陰生陽，故火生災也。劉向以為先是宋公聽讒而殺太子痤[96]，應火不炎上之罰也。

10 左氏傳昭公六年[97]「六月丙戌[98]，鄭[99]災」。是春三月，鄭人鑄刑書。士文伯[100]曰：「火見[101]，鄭其火乎！火未出而作火以鑄刑器[102]，臧爭辟[103]焉。火而象之[104]，不火何為？」說曰：火星出於周五月，而鄭以三月作火鑄鼎，刻刑辟書，以為民約，是為刑器爭辟。故火星出，與五行之火爭明為災，其象然也，又棄法律之占[105]也。不書於經，時不告魯也。

11 九年[106]「夏四月，陳[107]火」。董仲舒以為陳夏徵舒殺君，楚嚴王託欲為陳討賊，陳國闢門而待之，至因滅陳[108]。陳臣子尤毒恨[109]甚，極陰生陽，故致火災。劉向以為先是陳侯弟招殺陳太子偃師[110]，皆外事[111]，不因其宮館者，略之也。八年十月壬午，楚師滅陳，春秋不與[112]蠻夷滅中國，故復書陳火[113]也。左氏經曰「陳災」。傳曰「鄭裨竈[114]曰：『五年，陳將復封，封五十二年而遂亡。』子產問其故，對曰：『陳，水屬[115]也。火，水妃[116]也，而楚所相也。今火出而火陳[117]，逐楚而建陳也。妃以五成[118]，故曰五年。歲五及鶉火，而後陳卒亡[119]，楚克有之，天之道也。』說曰：顓頊以水王[120]，陳其族[121]也。今茲歲在星紀[122]，後五年在大梁[123]。大梁，昴也。金為水宗，得其宗而昌，故曰「五年陳將復封」。楚之先為火正，故曰「楚所相也」。天以一生水，地以二生火，天以三生木，地以四生金，天以五生土。五位皆以五而合，而陰陽易位，故曰「妃以五成」。然則水之大數六，火七，木八，金九，土十。故水以天一為火二牡，木以天三為土十牡，土以天五為水六牡，火以天七為金四牡，金以天九為木八牡。陽奇為牡[124]，陰耦[125]為妃，故曰「水，火之牡也；火，水妃也」。於易，坎為水，為中男[126]，離為火，為中女[127]，蓋取諸此也。自大梁四歲而及鶉火，四周四十八歲，凡五及鶉火，五十二年而陳卒亡。火盛水衰，故曰「天之道也」。哀公十七年[128]七月己卯，楚滅陳。

12 昭十八年[129]「五月壬午[130]，宋、衛[131]、陳、鄭災」。董仲舒以為象王室將亂，天下莫救，故災四國，言亡四方也。又宋、衛、陳、鄭之君皆荒淫於樂[132]，不恤[133]國政，與周室同行[134]。陽失節則火災出，是以同日災也。劉向以為宋、陳，王者之後[135]，衛、鄭，周同姓[136]也。時周景王老，劉子、單子[137]事王子猛[138]，尹氏、召伯、毛伯[139]事王子鼂[140]。子鼂，楚之出[141]也。及宋、衛、陳、鄭亦皆外附於楚，亡尊周室之心。後三年，景王崩，王室亂，故天災四國。天戒若曰，不救周，反從楚，廢世子[142]，立不正[143]，以害王室，明同辠也。

13 定公二年[144]「五月，雉門[145]及兩觀[146]災」。董仲舒、劉向以為此皆奢僭[147]過度者也。先是，季氏[148]逐昭公，昭公死于外[149]。定公即位，既不能誅季氏，又用其邪說，淫於女樂，而退孔子。天戒若曰，去高顯而奢僭者。一曰，門闕，號令所由出也，今舍大聖而縱有辠，亡以出號令矣。京房易傳曰：「君不思道，厥[150]妖火燒宮。」

14 哀公三年[151]「五月辛卯[152]，桓、釐宮災」。董仲舒、劉向以為此二宮不當立，違禮者也。哀公又以季氏之故不用孔子。孔子在陳聞魯災，曰：「其桓、釐之宮乎！」以為桓，季氏之所出，釐，使季氏世卿[153]者也。

15 四年[154]「六月辛丑[155]，亳社[156]災」。董仲舒、劉向以為亡國之社，所以為戒[157]也。天戒若曰，國將危亡，不用戒矣。春秋火災，屢於定、哀之間，不用聖人而縱驕臣，將以亡國，不明甚也。一曰，天生孔子，非為定、哀也，蓋失禮不明，火災應[158]之，自然象也。

【章　旨】以上各小段用春秋時多次發生火災的事例及董仲舒、劉向的解說，說明「天人相與之際」的神祕關係、天象與帝王政治得失的關係。

【注　釋】❶鄉　通「向」。❷書　指《尚書》。❸悊　明；明智。❹官人　授人以官。❺之　之於。❻遠四佞　遠，疏遠；離開。四佞，即四凶：渾敦、窮奇、檮杌、饕餮。❼孔子曰　引文見《論語・顏淵》。❽浸潤之譖　浸潤，點滴而來，日積月累。譖，進讒言。❾膚受之訴　由膚入骨的誣告。❿帥由舊章　帥，遵循；遵從。由，從；用。舊章，過去的典章制度。⓫適庶　適，通「嫡」。正統；正宗。庶，非正妻所生之子，宗族旁支。⓬篤　深厚。⓭濫炎　炎，通「焰」。指火勢蔓延。⓮災　天火曰災。⓯興師眾　興，發起；發動。師眾，眾人。⓰桓公十四年　西元前六九八年。⓱壬申　十五日。⓲御廩　魯國國君儲藏糧食以供粢盛的倉庫。⓳四國共伐魯　指桓公十三年二月，齊、宋、衛、燕四國伐魯事。⓴龍門　指魯國都城郭門。㉑瘳　病癒。㉒復　平復；復仇。㉓天年　人的自然年壽。㉔戒　警告；警戒。㉕臧　通「藏」。㉖淫行　指與齊侯私通之事。㉗挾逆心　挾，心裡懷著。逆心，反心。指謀殺桓公之事。㉘若　似；好像。㉙寤　通「悟」。覺悟；醒悟。㉚與夫人俱會齊　桓公十八年春，魯桓公在濼水（今山東濟南西南）與齊侯相會，遂與夫人姜氏入齊。㉛譖桓公於齊侯　夫人文姜對齊侯講道，桓公謂太子同（魯莊公）不是他自己的兒子，而是齊侯之子。㉜齊侯殺桓公　桓公十八年四月，齊侯設宴招待桓公，桓公酒醉，被齊侯所派公子彭生殺害。㉝親耕籍田句　籍田，古代帝王舉行親耕儀式而實借民力所耕之田，收穫以供祭祀用。粢，供祭祀用的穀物。盛，指把穀物盛裝在祭器內。㉞亡禮之應　亡，無。應，應驗。㉟嚴公二十年　莊公二十年，西元前六七四年。嚴公，魯莊公。因避漢明帝劉莊諱而改。㊱齊桓　即齊桓公，姓姜，名小白。西元前六八五－前六四三年在位。他在位時任用管仲為相，進行了一系列內政改革，以「尊王攘夷」相號召，多次打敗了戎狄對中原的進攻，存邢救衛，大令諸侯，訂立盟約，使齊國最早成為中原的霸主國。㊲女口　婦人的話。㊳適庶數更　齊桓公多內寵，其三位夫人都沒有兒子，內嬖如夫人者六人，大衛姬生公子無虧，即武孟；小衛姬生惠公；鄭姬生孝公；葛姬生昭公；密姬生懿公；宋華子生子雍。桓公與管仲把鄭姬所生孝公託於宋襄公，以為太子，易牙與寺人貂請立衛姬所生武孟，桓公許之，管仲死後，五子爭立太子，引起內亂。適，通「嫡」。數，屢次；多次。更，更改。㊴九月不得葬　魯僖公十七年，齊桓公去世，易牙立無虧為君，孝公奔宋，第二年，宋襄公率諸侯軍隊攻齊，三月齊人殺無虧，欲立孝公，五月宋軍打敗齊國，立孝公，八月葬桓公。㊵疫　傳染病。㊶予　給與。㊷釐公二十年　僖公二十年，西元前六四〇年。釐，同「僖」。㊸乙巳　二十三日。㊹愍公釐公弟。魯愍公，姓姬名啟方。西元前六六一－前六六〇年在位。為慶父所殺。㊺謚　古代帝王、貴族、大臣、士大夫或其他有地位的人死後，據其生前作為事跡所給的帶有褒貶意義的稱號。㊻釐立妾母　釐公的母親成風，本是妾，不當立為夫人，而僖公既立為君，尊其母為夫人，於禮不合。㊼卑　愍公為釐公弟，故云卑。㊽釐娶於楚三句　釐公初聘楚女為嫡夫人，齊女為媵，結果齊先致其女，脅迫魯釐公以之為嫡。禮，同姓相媵，異姓則否，此亦譏其不合於禮。媵，古諸侯嫁女，以姪娣從嫁稱媵。㊾誅　責備；譴責。㊿舉區　全區；整個宮區。區，殿本誤作國。(51)宣公十六年　西元前五九三年。(52)成周　洛陽。(53)榭　建在高臺上的木屋。多為遊觀之所。(54)十五年王札子句　十五年，謂魯宣公十五年。王札子，即王子捷。召伯毛伯，周王朝的二位大夫。(55)為　疑問助詞。(56)左氏經曰　《左氏經》當為《左氏傳》之誤。經無此語。《左氏傳》有：「成周宣榭火，人火之也。凡火，人火曰火，天火曰災。」與此基本相同。(57)成公三年　西元前五八八年。(58)甲子　二十二日。(59)三桓　指魯國大夫孟孫、叔孫、季孫三家，俱出魯桓公，故稱三桓。(60)公孫歸父如晉謀　當時歸父欲除三桓，想借助於晉國，沒有回國而宣公去世，成公繼位，季文子和臧宣叔驅逐襄仲，歸父逃亡齊國。公孫歸父，東門襄仲的兒子。如，往。(61)反　通「返」。歸來。(62)亡　通「無」。(63)子赤　文公太子，即子惡。東門襄仲殺子赤而立宣公。(64)數興兵戰伐　這裡指成公元年作丘甲、二年季孫行父率軍合晉國郤克在鞍（今山東濟南）同齊侯戰，三年叔孫僑如率魯師圍棘。(65)襄公九年　西元前五六四年。(66)宋災　宋，古國名。周公平定三監之亂後，封紂兄微子啟於商之舊都商丘（今河南商丘南），西元前二八六年為齊國所滅。災，指發生火災。《公羊傳》作火，《左傳》、《穀梁傳》作災，蓋傳寫之誤。(67)宋公　指宋平公。(68)司城　宋國官名，六卿之一，本為司空，因避武公之諱，改為司城。主掌公共工程建設。(69)徹　通「撤」。撤除。(70)畚輂　畚，即畚箕。撮土工具。輂，以人力推挽的小車。(71)具綆缶　具，準備；備有。綆，汲水桶上的繩索。缶，即瓦罐，汲水器皿。(72)畜水潦　畜，通「蓄」。水潦，猶言水塘、水池。潦，積水。(73)塗　泥土。(74)繕守備　繕，修繕。守備，防守的設備。(75)表火道　謂在火起之出皆立標記。表，標記。火道，火所延燒的道路。(76)儲正徒　儲，預備；儲備。正徒，服常役之徒。(77)郊保　郊，城郊。保，通「堡」。小城。(78)飭　同「敕」。命令。(79)士弱　晉國大夫。又稱士莊子，士莊伯。(80)火正　執掌祭祀火星的官。(81)心星名，心宿，二十八宿之一，有三星。(82)味　柳星的別稱，二十八宿之一，有八星。(83)陶唐氏　帝堯的號。堯初居於陶，後封於唐，故稱陶唐。居於平陽（今山西臨汾西南）。(84)閼伯　相傳為高辛氏之苗裔。(85)商丘　古邑名，在今河南商丘南。(86)相土　商部族首領，殷契的曾孫。(87)國亂亡象　謂國政混亂，上天不再給予警告，沒有任何天象出現。(88)七星鳥首　七星，星官名，二十八宿之一。鳥首，即鶉首，指井、鬼二宿。(89)帝嚳　號高辛氏，傳說中古代部族首領。(90)祝融　帝嚳時的火正。

(91)譴告　譴責、警告。(92)三十年　襄公三十年，西元前五四三年。(93)甲午　五日。(94)伯姬如宋五年二句　恭姬歸宋十五年而宋公卒，此處說是五年，當是傳寫之誤。伯姬，魯宣公女恭姬。宋恭公，名瑕。(95)幽居　隱居；獨居。(96)太子痤　宋平公太子。襄公二十六年，宋平公聽信宦官惠牆伊戾的讒言，殺了太子痤。(97)昭公六年　西元前五三六年。(98)丙戌　七日。(99)鄭　春秋時鄭國。(100)士文伯　晉國大夫伯瑕。(101)火見　火，指心宿，也即下文所說的火星。見，通「現」。(102)刑器　鄭國把刑法鑄在鼎上，故曰刑器。(103)臧爭辟　意思是說爭端藏於刑鼎。臧，通「藏」。(104)火而象之　謂心宿出現，是一種象徵。(105)法律之占　法律，刑法和律令。占，占驗。(106)九年　昭公九年，西元前五三三年。(107)陳　古國名。嬀姓。相傳是帝舜的後代，周武王滅商後所封，建都宛丘（今河南淮陽）。(108)陳夏徵舒四句　魯宣公十一年（西元前五九八年）徵舒之母夏姬與陳靈公私通，徵舒射殺了他。楚莊王以此為理由討伐陳國，車裂夏徵舒，滅陳而為楚縣。夏徵舒，即陳卿夏南，少西氏。楚嚴王，即楚莊王，避漢明帝劉莊諱而改。闢門，打開門。(109)毒恨　極端忿恨。(110)招殺陳太子偃師　魯昭公八年（西元前五三四年）招殺偃師而立公子留。招，陳侯，陳哀公。招哀公之弟。偃師，陳哀公之子。(111)外事　即與宮館天火發生原因無關的事。(112)與　許可；承認。(113)復書陳火　昭公九年，陳發生火災，其時已為楚縣，還追書此事，因為時人視楚為蠻夷，不許其滅中原之國。(114)裨竈　春秋時鄭國大夫，長於占卜。(115)陳二句　陳為顓頊之後，顓頊以水德王，故曰水屬。(116)火二句　妃即配。按《易經》卦象說法，火為〈離〉，水為〈坎〉，〈離〉為仲女，〈坎〉為仲男，所以火為水妃。(117)火出而火陳　火出，火指心宿。火陳，陳被火災。(118)妃以五成　陰陽五行學說認為，天以一生水，地以二生火，天以三生木，地以四生金，天以五生土，五位皆以五相合，故曰妃（即配）以五成。(119)歲五及鶉火二句　傳說顓頊是歲星在鶉火星次滅亡的，歲在鶉火，火既旺盛，水則衰亡，所以陳國終於滅亡。歲，指歲星，即木星，歲星約十二年運行一周天，所以古代用以紀年。鶉火，十二星次之一。(120)王　動詞，成就王業。(121)陳其族　傳說陳為舜後，舜出於顓頊。(122)星紀　十二星次之一。與十二辰之丑相對應，二十八宿中之斗、牛二宿屬之。(123)大梁　十二星次之一。與十二辰之酉相對應。二十八宿中之胃、昴、畢宿屬之。(124)奇為牡　奇，奇數。牡，雄；陽。(125)耦　偶數。(126)中男　次子。《易經》卦辭說：「〈坎〉再索而得男，故謂之中男。」(127)中女　次女。《易卦》，〈離〉再索而得女，故謂之中女。(128)哀公十七年　西元前四七八年。(129)昭十八年　魯昭公十八年，西元前五二四年。(130)壬午　十三日。(131)衛　古國名。周公平定三監之亂後，把商朝都周圍及殷民七族分封給周武王之弟康叔，建立衛國，都朝歌（今河南淇縣）。(132)樂　女樂。(133)恤　顧及；顧念。(134)與周室同行　與周王室一樣的行為、走同一條道路。行，行為。(135)王者之後　都是古帝王的後代。(136)衛鄭二句　衛康叔是文王之子，鄭桓公是周宣王之弟，所以鄭、衛與周都是同姓。(137)劉子單子　兩人都是周王朝大夫。劉子，劉獻公摯。單子，單穆公旗。(138)猛　周景王太子。(139)尹氏召伯毛伯　三人皆周大夫。尹氏，尹文公圉。召伯，召莊公奐。毛伯，毛得。(140)鼂　即王子朝，周景王庶子。鼂，通「朝」。(141)出　姊妹之子曰出。(142)廢世子　指廢世子猛事。世子，帝王、諸侯的嫡長子。(143)立不正　指立王子朝事。(144)定公二年　西元前五〇八年。(145)雉門　諸侯宮室南門。(146)觀　雉門兩旁的高臺建築，臺上有重屋，可以觀望，故曰觀。(147)奢僭　奢，過分。僭，超越禮制規定的名分範圍。(148)季氏　即季孫氏，魯國貴族，季友之後。(149)昭公死于外　指昭公二十五年（西元前五一七年）被逐，三十二年（西元前五一〇年）在晉國地乾侯（河北成南東南）去世。(150)厥　其。(151)哀公三年　西元前四九二年。(152)辛卯　二十八日。(153)世卿　世世為卿。(154)四年　哀公四年（西元前四九一年）。(155)辛丑　十四日。(156)亳社　即殷社。社，社神。即土地神。(157)所以為戒　存其社，欲使君主常懷謹慎之思想，警惕其危亡。(158)應　應驗；徵驗。

【語　譯】傳文上說：「廢棄法律，放逐功臣，殺害太子，把妾作妻，火就不能炎熱上升。」

2　解說道：火，代表南方，是發出光輝而產生光明的源頭。對於王者來說，就是坐北向南，向著光明而治理天下。《書經》上說：「知道人的善惡賢愚，就明智，就知道怎樣用人。」所以唐堯虞舜選拔天下賢人而任命他們在朝為官，離棄四凶，把他們放逐到四野。孔子說：「點滴而來、日積月累的讒言和由膚入骨的誣告都不讓其流行得逞，就叫做明智了。」對賢德君子和奸佞小人分別清楚，選官應有次第，遵循舊有的規章制度辦事，敬重有功勳之人，分別正宗與庶出，這樣就適合了火的自然屬性了。至於信道不篤厚，或者虛偽炫耀，使奸佞之徒得逞，邪氣壓倒了正氣，那麼火便會失去它的天性。自上而下，以至狂焰濫起，宗廟受天災，宮館被燒毀，雖然興師動眾，也不能撲滅，這就叫做火不炎熱上升。

3　《春秋》上載：桓公十四年「八月十五壬申日，國君糧倉發生火災」。董仲舒認為在這以前齊、宋、衛、燕四國共同攻打魯國，魯國大敗四國聯軍於魯都郭門龍門。百姓受傷的沒有痊癒，怨恨之氣尚未平復，可是君臣們卻都懈惰起來，對內懈怠政事，對外欺侮四鄰，這是不能夠守住宗廟社稷而終其自然年壽的，所以上天火燒國君糧倉而告誡他們。劉向認為，國君的糧倉是國君的夫人和八妾舂米儲藏以奉祀宗廟的，當時夫人有淫亂的醜行，挾藏叛逆之心，上天的告誡好像說，夫人不可以再奉祀宗廟。魯桓公尚不醒悟，還與夫人一起到齊國會見齊侯，夫人向齊侯說桓公的壞話，齊侯就殺了桓公。劉歆認為御廩是儲藏魯公為供奉粢盛而親耕籍田之收穫的，火燒御廩是拋棄法度、喪失禮儀的報應。

4 莊公二十年「夏季，齊國大災」。劉向認為齊桓公好女色，聽信婦人之言，把妾當成正妻，嫡子庶子屢次更改，所以招致了大災。桓公不醒悟，等到死後，嫡子庶子都來爭奪君位，死後九個月不能安葬。《公羊傳》說，大災，就是疾疫。董仲舒以為魯國國君的夫人在齊國淫亂，齊桓公姊妹沒有出嫁的有七人。國君是老百姓的父母；夫婦是生育繁衍的根本。根本受到傷害，那麼末梢就會夭折，所以這是天災所給的報應。

5 釐公二十年「五月二十三乙巳日，西宮遭天火受災」。《穀梁傳》認為是愍公的祠廟，從謚號的角度而言顯得疏遠，所以就稱它為西宮。劉向認為釐公立作妾的母親為夫人，讓她入祭宗廟，於禮不合，所以天火焚毀愍公祠廟，似乎是說，除去這卑而親的，因為她妨害了宗廟的正禮。董仲舒認為魯釐公聘楚國之女為夫人，以齊國女子為媵妾，齊國卻逼迫釐公立媵妾為夫人。西宮本是小寢，是夫人所居住的地方，似乎是說，妾怎麼可以住在這個地方！這是責備而要除去的意思。因為天降火災於此宮，所以誇大其名叫西宮。《左傳》認為西宮是釐公的居住宮室。說西宮，就知道必有東宮，東宮是太子所居。說宮，那就是全部都遭災了。

6 宣公十六年「夏季，成周的宣榭起火」。榭，是用來存放樂器的地方，宣是它的名字。董仲舒、劉向認為十五年王札子殺死召伯、毛伯，天子不能誅殺王札子，從而引起這場火災。上天警告好像說，不能施行政令，如何去施行禮樂？存放這些樂器有什麼用？《左氏傳》上說：「成周洛陽的宣榭著火，是人為造成的。凡是著火，人為燒起來的叫做火，由天而降的火叫做災。」榭這種建築，是講武時的坐屋。

7 成公三年「二月二十二甲子日，新宮發生火災」。《穀梁傳》認為這是宣公的祠廟，之所以不按謚號稱作宣公，是出自對宣公的尊敬。劉向認為，當時魯國三桓的子孫開始執掌國政，宣公想除去他們，擔心不能成功，就派大夫公孫歸父到晉國去謀劃求助。公孫歸父還沒有返回，魯宣公就死了。三桓這三家就向魯成公誣告公孫歸父。魯成公在父親去世還沒有埋葬時，就聽信讒言驅逐了父親的大臣，迫使其逃亡齊國，因此，天降大火焚燒了宣公的祠廟，表明不用父命的象徵。一種說法是三家親而無禮，如同當年魯宣公殺了子赤而自立為君一樣，都是不遵禮義而又是親人。天火燒毀了宣公的祠廟，就是表示要除去這三家。董仲舒認為，魯成公在為父服喪期間沒有哀痛的心情，又多次興兵打仗，所以天降火災焚燒了他父親的祠廟，以示其有失為子之道，未能尊奉宗廟。還有一種說法是，魯宣公殺國君而自立，本不應居於魯國列祖列宗之位。

8 襄公九年「春季，宋國發生了火災」。劉向認為這是因為先前宋公聽信了讒言，驅逐了大夫華弱，華弱逃亡到了魯國。《左氏傳》上講，宋國發生了火災，當時樂喜擔任司空，他先派人在火還沒燒起時就作了各種準備工作，撤去小的房子，在大屋子上塗上泥巴，陳列畚箕、運土小車、準備好汲水用的繩子、瓦罐、及盛水器物，池塘蓄好水，堆積沙土，修繕好防守設備，在火延燒的地方及道路上立上標記，調集常役的正徒，還通知郊區小村鎮的居民，使奔赴火場。又敕令各級官吏，各自恪守職守。晉侯聽到之後，問士弱道：「宋國發生火災，從這裡知道有天道存在，這是怎麼回事？」士弱回答說：「古代的火正，有的配享於心星，有的配享於咮星，而出火入火。所以咮為鶉火，心為大火。陶唐氏的火正閼伯居於商丘，祭祀大火星，用大火星做標誌計算時節。後來相土沿用了這一方法，所以商朝便以大火星作為祭祀之主星。商朝人觀察到他們禍敗的徵兆都是先從大火星的變化上表現出來，所以他們知道了有天道存在。」晉侯說：「是一定有天道嗎？」士弱答道：「在治亂之道。如果國家動亂，上天不再顯現奇異現象，就不能預測到了。」解釋說：古代的火正，就是火官，主管祭祀火星，施行有關火的政事。季春天剛黑時，心宿出現在東方，而咮、七星、鳥首正在南方，這時可以用火；季秋，火星隱沒，就可以止火，以順天時，拯救下民的疾苦。帝嚳時有祝融，唐堯時有閼伯，下民依賴他們的恩德，死後就把他們敬為火的祖宗，附祭於火星，所以說「有的配祭於心星，有的配祭於咮星」。相土是商族始祖契的曾孫，代替閼伯之後主祀火星。宋國是商朝的後裔，世代相襲主持火星占卜，所以能預見火災的發生。賢明的君主看到天象的變化，就能修治道德來驅除凶咎；昏亂之君則看不到天象的變化，天帝不會預先警告他，所以說不是什麼時候都可以預見天道的。

9 襄公三十年「五月初五甲午日，宋國發生火災」。董仲舒認為伯姬出嫁宋國五年，宋恭公去世，伯姬幽居深宮守節三十餘年，又憂傷國家的禍患，積陰生陽，所以發生火災。劉向以為先是宋平公聽信讒言，殺死太子痤，從而應驗了火不炎上的懲罰。

10 《左氏傳》載昭公六年「六月初七丙戌日，鄭國發生火災」。這年春天三月，鄭國人把刑法鑄在鼎上。晉國大夫士文伯說：「火星出現，鄭國將要發生火災了吧！火星未出，他們便生火而冶鑄刑鼎，蘊藏了會引起爭端的法律在裡面。現在出現了火星這天象，不預示著火災還會預示什麼呢？」解釋說，火星出現在周朝的五月，而鄭國在三月生火冶鑄刑鼎，鑄刻了刑法條文，作為民眾遵守的約法，這是寓刑之器，藏爭之法。所以火星出現了，要與五行之火爭明，而成為災害，這一天象就是這個意思，他們又放棄了法律的占驗。沒有寫在《春秋經》上，因為這時各國不到魯國來通報政事了。

11 九年「夏季四月，陳國發生火災」。董仲舒認為，陳國的夏徵舒殺了他的國君，楚莊王託辭要為陳國討賊，陳國打開城門以待楚軍的到來，楚軍到來之後，趁便滅了陳國。陳國的臣民痛恨之極，極陰生陽，從而造成了火災。劉向認為在此之前陳侯的弟弟公子招殺了陳國的太子偃師，這些都是與宮館火災無關的外事，所以略而不記。八年十月十七壬午日，楚國出兵滅亡了陳國，《春秋經》不承認蠻夷滅亡中原的華夏國家，所以陳國雖然已被滅亡，還是記下了陳國發生的火災。《左氏經》中說「陳國發生火災」。《左氏傳》說「鄭國大夫裨竈說：『五年之後，陳國將要再被封立為國，封國五十二年然後滅亡。』大夫子產詢問其中的緣故，回答說：『陳國屬於水德，火是水的妃配，也是楚國所主。現在火星出現，陳國發生火災，這就意味著要驅逐楚國而建立陳國了。陰陽五行的配合都是以五這個數來完成的，所以說五年。歲星五年到達鶉火，而後陳國終於滅亡，楚國戰勝並占有陳國，這是天道。』」解釋說：顓頊因水德而有天下，陳國是其後裔。現在歲星在星紀，此後五年到大梁。大梁即昴星。金是水的祖源，得其本源就會昌盛，所以說「五年後陳國就要復國」。楚之先人為火正，所以說「是楚國所主」。天用一生水，地用二生火，天用三生木，地用四生金，天用五生土。五位都用五來配合，而由陰陽交換位次，所以說「配合都是用五這個數來完成的」。然而水的大數是六，火的大數是七，木的大數是八，金的大數是九，土的大數是十。所以水以天一為火二的丈夫，木以天三為土十的丈夫，土以天五為水六的丈夫，火以天七為金四的丈夫，金以天九為木八的丈夫。陽為奇數叫做牡，陰為偶數叫做妃，所以說「水是火的牡，火是水的妃」。在《易經》上，〈坎〉為水，為中男，〈離〉為火，是中女，可能就是由此而取譬的。從大梁次四年到達鶉火，再經過四個週期共四十八年，凡五次到達鶉火次，五十二年然後陳國終於滅亡。火盛水衰，所以說「這是上天的規律」。魯哀公十七年七月初八己卯日，楚滅了陳國。

12 昭公十八年「五月十三壬午日，宋國、衛國、陳國、鄭國發生火災」。董仲舒認為這預示著周王室將要發生動亂，天下無人去救，所以火災殃及四國，意味著喪失了四方。又宋、衛、陳、鄭四國的君主都荒淫於女樂，不顧念國家政事，與周王室走著同一條道路。陽氣失去了節度就會出現火災，所以他們在同一天發生火災。劉向認為宋、陳兩國是古代帝王的後代，衛國、鄭國是周王朝的同姓。當時周景王年紀老了，周大夫劉子和單子擁護周王的太子猛，尹氏，召伯，毛伯三位大夫則擁護周王的另一個兒子鼂。子鼂是楚的外甥。又宋、衛、陳、鄭都向外依附於楚國，沒有尊崇周天子的心思。三年後，周景王去世，王室動亂，所以天火焚燒了四國。上天好像警告說，不救援周朝，反而依從楚國，廢掉太子，擁立庶子為王，以賊害王室，這分明是一起犯罪。

13 定公二年「五月，雉門和兩觀發生火災」。董仲舒和劉向認為這些都是奢侈僭越過分的報應。此前，季氏驅逐了昭公，昭公死於外地。定公繼位，既不能誅罰季孫氏，反而又聽信他們的邪說，沉溺於女樂，斥退了孔子。上天警告好像是說，應當除去居於高位而奢侈僭越的人。一種說法是，宮門與兩闕是發布號令的地方，現在捨棄大聖人而放縱那些有罪惡的人，沒有可出號令的地方了。京房《易傳》說：「國君不思正道，其妖火燒宮。」

14 哀公三年「五月二十八辛卯日，桓公廟，釐公廟發生火災」。董仲舒、劉向認為這兩座廟不應當建立，這是違背禮制的。當時魯哀公又因為信用季氏的緣故不任用孔子。孔子在陳國聽說魯國發生火災，說：「大概被燒的是桓、釐二公的兩座廟吧！」因為魯桓公是季孫氏的祖先，魯釐公是讓季氏世代為卿的國君。

15 哀公四年「六月十四辛丑日，亳社發生火災」。董仲舒、劉向認為亳社是殷朝亡國之社，保留亳社是為了使當代國君常以殷亡為戒。上天警告好像說，國家就要發生危險以至滅亡了，不用警告了。《春秋》時的火災，屢次發生在定公哀公時期，不用聖人而放縱驕臣，將因此而亡國，他們太不明智了。一說認為，上天降生孔子，不是為了定公和哀公，是因為他們失禮不明智，火災應驗，這是自然的天意之象。

1 高后元年❶五月丙申❷，趙❸叢臺❹災。劉向以為是時呂氏女為趙王后，嫉妒，將為讒口以害趙王。王不寤焉，卒❺見幽❻殺。

2 惠帝四年❼十月乙亥❽，未央宮❾凌室❿災。丙子⓫，織室⓬災。劉向以為元年呂太后殺趙王如意，殘戮其母戚夫人。是歲十月壬寅⓭，太后立帝姊魯元公主女為皇后。其乙亥，凌室災。明日，織室災。凌室所以供養飲食，織室所以奉宗廟衣服，與春秋御廩同義。天戒若曰，皇后亡奉宗廟之德，將絕祭祀。其後，皇后亡子，後宮美人有男，太后使皇后名⓮之，而殺其母。惠帝崩，嗣子⓯立，有怨言，太后廢之，更立呂氏子弘為少帝。賴大臣共誅諸呂而立文帝，惠后幽廢⓰。

3 文帝七年⓱六月癸酉⓲，未央宮東闕罘罳⓳災。劉向以為東闕所以朝諸侯之門也，罘罳在其外，諸侯之象也。漢興，大封諸侯王，連城數十。文帝即位，賈誼⓴等以為違古制度，必將叛逆。先是，濟北、淮南王㉑皆謀反，其後吳楚七國舉兵而誅㉒。

4 景帝中五年㉓八月己酉㉔，未央宮東闕災。先是，栗太子㉕廢為臨江王，以罪徵詣中尉，自殺。丞相條侯周亞夫㉖以不合旨稱疾免，後二年下獄死。

5 武帝建元六年㉗六月丁酉㉘，遼東㉙高廟㉚災。四月壬子㉛，高園㉜便殿㉝火。董仲舒對曰：「春秋之道舉往以明來，是故天下有物㉞，視春秋所舉與同比㉟者，精微眇㊱以存其意，通倫類㊲以貫其理，天地之變，國家之事，粲然皆見，亡所疑矣。按春秋魯定公、哀公時，季氏之惡已孰㊳，而孔子之聖方盛。夫以盛聖而易孰惡，季孫雖重，魯君雖輕，其勢可成也。故定公二年五月兩觀災。兩觀，僭禮之物㊴，天災之者，若曰，僭禮之臣可以去㊵。已見辠徵，而後告可去，此天意也。定公不知省㊶。至哀公三年五月，桓宮、釐宮災。二者同事，所為一也，若曰燔㊷貴而去不義云爾。哀公未能見，故四年六月亳社災。兩觀、桓、釐廟、亳社，四者皆不當立，天皆燔其不當立者以示魯，欲其去亂臣而用聖人也。季氏亡道久矣，前是天不見災者㊸，魯未有賢聖臣，雖欲去季孫，其力不能，昭公是也。至定、哀迺見之，其時可也。不時不見，天之道也。今高廟不當居遼東，高園殿不當居陵旁，於禮亦不當立，與魯所災同。其不當立久矣，至於陛下㊹時天迺災之者，殆亦其時可也。昔秦受亡周之敝㊺，而亡以化之；漢受亡秦之敝，又亡以化之。夫繼二敝之後，承其下流，兼受其猥(46)，難治甚矣。又多兄弟親戚骨肉之連，驕揚(47)奢侈恣睢(48)者眾，所謂重(49)難之時者也。陛下正當大敝之後，又遭重難之時，甚可憂也。故天災若語(50)陛下『當今之世，雖敝而重難，非以太平至公(51)，不能治也。視親戚貴屬在諸侯遠正(52)最甚者，忍而誅之，如吾燔遼東高廟迺可；視近臣在國中處旁仄(53)及貴而不正者，忍而誅之，如吾燔高園殿乃可』云爾。在外而不正者，雖貴如高廟，猶災燔之，況諸侯乎！在內不正者，雖貴如高園殿，猶燔災之，況大臣乎！此天意也。辠在外者天災外，辠在內者天災內，燔甚(54)辠當重，燔簡(55)辠當輕，承天意之道也。」

6 先是，淮南王(56)安入朝，始與帝舅太尉武安侯田蚡有逆言(57)。其後膠西于王、趙敬肅王、常山憲王(58)皆數(59)犯法，或至夷滅(60)人家，藥殺二千石(61)，而淮南、衡山王(62)遂謀反。膠東、江都王(63)皆知其謀，陰治兵弩，欲以應之。至元朔六年(64)，迺發覺而伏辜。時田蚡已死，不及誅。上思仲舒前言，使仲舒弟子呂步舒持斧鉞(65)治淮南獄，以春秋誼(66)顓斷(67)於外，不請(68)。既還奏事，上皆是(69)之。

7 太初元年(70)十一月乙酉(71)，未央宮柏梁臺(72)災。先是，大風發(73)其屋，夏侯始昌(74)先言其災日。後有江充巫蠱衛太子事(75)。

8 征和二年(76)春，涿郡(77)鐵官鑄鐵，鐵銷(78)，皆飛上去，此火為變使之然也。其三月，涿郡太守(79)劉屈氂為丞相。後月，巫蠱事興，帝女諸邑(80)公主、陽石(81)公主、丞相公孫賀、子太僕(82)敬聲、平陽侯曹宗等皆下獄死。七月，使者江充掘蠱太子宮，太子與母皇后議，恐不能自明，乃殺充，舉兵與丞相劉屈氂戰，死者數萬人，太子敗走，至湖(83)自殺。明年，屈氂復坐祝𧝬(84)要(85)斬，妻梟首(86)也。成帝河平二年(87)正月，沛郡(88)鐵官鑄鐵，鐵不下，隆隆如雷聲，又如鼓音，工十三人驚走。音止，還視地，地陷數尺，鑪分為十，一鑪中銷鐵散如流星，皆上去，與征和二年同象。其夏，帝舅五人封列侯，號五侯(89)。元舅(90)王鳳為大司馬(91)大將軍秉政(92)。後二年，丞相王商與鳳有隙(93)，鳳譖之，免官，自殺。明年，京兆尹(94)王章訟商忠直，言鳳顓權，鳳誣章以大逆(95)辠，下獄死，妻子徙(96)合浦(97)。後許皇后(98)坐巫蠱廢，而趙飛燕為皇后，妹為昭儀(99)，賊害皇子，成帝遂亡嗣。皇后、昭儀皆伏辜(100)。一曰，鐵飛屬金不從革。

9 昭帝元鳳元年(101)，燕(102)城南門災。劉向以為時燕王使邪臣通於漢，為讒賊，謀逆亂。南門者，通漢道也。天戒若曰，邪臣往來，為姦讒於漢，絕亡之道也。燕王不寤，卒伏其辜。

10 元鳳四年[103]五月丁丑[104]，孝文[105]廟正殿災。劉向以為孝文，太宗[106]之君，與成周宣榭火同義。先是，皇后父車騎將軍上官安、安父左將軍桀謀為逆，大將軍霍光[107]誅之。皇后以光外孫年少不知，居位如故。光欲后有子，因上侍疾醫言，禁內後宮皆不得進，唯皇后顓寢[108]。皇后年六歲而立，十三年而昭帝崩[109]，遂絕繼嗣。光執朝政，猶周公之攝[110]也。是歲正月，上[111]加元服[112]，通詩、尚書，有明哲[113]之性。光亡周公之德，秉政九年，久於周公，上既已冠[114]而不歸政，將為國害。故正月加元服，五月而災見。古之廟皆在城中，孝文廟始出居外[115]，天戒若曰，去貴而不正者。宣帝既立，光猶攝政，驕溢過制，至妻顯殺許皇后[116]，光聞而不討，後遂誅滅。

11 宣帝甘露元年[117]四月丙申[118]，中山[119]太上皇廟災。甲辰[120]，孝文廟災。元帝初元三年[121]四月乙未[122]，孝武園白鶴館災。劉向以為先是前將軍蕭望之[123]、光祿大夫周堪[124]輔政，為佞臣石顯[125]、許章等所譖，望之自殺，堪廢黜。明年，白鶴館災。園中五里[126]馳逐走馬之館，不當在山陵昭穆[127]之地。天戒若曰，去貴近逸遊不正之臣，將害忠良。後章坐走馬上林[128]下烽馳逐，免官。

12 永光四年[129]六月甲戌[130]，孝宣杜陵園東闕南方災。劉向以為先是上復徵用[131]周堪為光祿勳(132)，及堪弟子張猛為大中大夫(133)，石顯等復譖毀之，皆出外遷。是歲，上復徵堪領(134)尚書(135)，猛給事中(136)，石顯等終欲害之。園陵小於朝廷，闕在司馬門(137)中，內臣(138)石顯之象也。孝宣，親而貴；闕，法令所從出也。天戒若曰，去法令，內臣親而貴者必為國害。後堪希(139)得進見，因顯言事，事決顯口。堪病不能言。顯誣告張猛，自殺於公車(140)。成帝即位，顯卒伏辜。

13 成帝建始元年(141)正月乙丑(142)，皇考廟(143)災。初，宣帝為昭帝後而立父廟，於禮不正。是時大將軍王鳳顓權擅朝，甚於田蚡(144)，將害國家，故天於元年正月而見象也。其後寖(145)盛，五將(146)世權，遂以亡道。

14 鴻嘉三年(147)八月乙卯(148)，孝景廟北闕災。十一月甲寅(149)，許皇后廢。

15 永始元年(150)正月癸丑(151)，大官(152)凌室災。戊午(153)，戾后園南闕災。是時，趙飛燕大幸，許后既廢，上將立之，故天見象於凌室，與惠帝四年同應(154)。戾后，衛太子妾，遭巫蠱之旤，宣帝既立，追加尊號，於禮不正。又戾后起於微賤，與趙氏同應。天戒若曰，微賤亡德之人不可以奉宗廟，將絕祭祀，有凶惡之旤至。其六月丙寅(155)，趙皇后遂立，姊妹驕妒，賊害皇子，卒皆受誅。

16 永始四年(156)四月癸未(157)，長樂宮(158)臨華殿及未央宮東司馬門災。六月甲午(159)，孝文霸陵(160)園東闕南方災。長樂宮，成帝母王太后之所居也，未央宮，帝所居也，霸陵，太宗盛德園也。是時，太后三弟(161)相續秉政，舉宗居位(162)，充塞朝廷，兩宮親屬(163)將害國家，故天象仍(164)見。明年，成都侯商薨，弟曲陽侯根代為大司馬秉政。後四年，根乞骸骨(165)，薦兄子新都(166)侯莽自代，遂覆(167)國焉。

17 哀帝建平三年(168)正月癸卯(169)，桂宮(170)鴻寧殿災，帝祖母傅太后之所居也。時，傅太后欲與成帝母等號齊尊，大臣孔光、師丹等執政，以為不可，太后皆免官爵，遂稱尊號(171)。後三年，帝崩，傅氏誅滅。

18 平帝元始五年(172)七月己亥(173)，高皇帝原廟(174)殿門災盡。高皇帝廟在長安城中，後以叔孫通(175)譏複道，故復起原廟於渭北，非正也。是時平帝幼，成帝母王太后臨朝，委任王莽，將篡絕漢，墮(176)高祖宗廟，故天象見也。其冬，平帝崩。明年，莽居攝(177)，因以篡(178)國，後卒夷滅。

【章旨】以上諸小段引用漢代諸帝在位時所發生的火災及漢儒董仲舒、劉向針對其所發的議論，以說明「天人之際」的神祕關係，以天災反映其時的政治得失。

【注釋】❶高后元年　西元前一八七年。❷丙申　四日。❸趙　漢代的諸侯王國。❹叢臺　趙王宮裡的高臺建築。本為六國時趙國所築，多臺連聚，故名叢臺，在邯鄲城內。❺卒　終於。❻幽　幽禁；暗中囚禁。❼惠帝四年　西元前一九一年。

❽十月乙亥　其年夏曆十月無乙亥，朔日為庚寅。乙亥在下月，〈惠帝紀〉作「七月」，此處十月當為七月之誤。❾未央宮　漢都長安宮名。西漢初蕭何於高帝七年（西元前二〇〇年）二月至九年（西元前一九八年）十月主持監修。是西漢王朝首都長安內一組大的宮殿群，西漢一代主要政治活動中心，遺址在今西安未央區未央宮鄉馬家寨、大劉家寨、小劉家寨、柯家寨、盧家灣村及周家河灣一帶。❿淩室　藏冰之處。⓫丙子　夏曆十一月十七日，十月庚寅朔，其月無丙子。⓬織室　漢代掌管為皇帝織作的官府。⓭十月壬寅　十月十三日。⓮名　據有太子的名分。⓯嗣子　指應當繼承其父家長權力之嫡長子。⓰廢　廢黜。⓱文帝七年　西元前一七三年。⓲癸酉　二日。⓳罘罳　古代設在宮門外或城角上的網狀建築，用以守望和防禦。也稱作屏。⓴賈誼　（西元前二〇〇—前一六八年），洛陽人。本書卷四十八有傳。㉑濟北淮南王　指濟北王劉興居、淮南王劉長。本書卷四十四有傳。㉒吳楚七國舉兵而誅　吳楚七國指劉邦時分封的吳、楚、膠西、膠東、淄川、濟南、趙七個諸侯國。漢景帝前元三年（西元前一五四年），景帝採納了鼂錯的削藩建議，削減諸王封地，引起不滿，吳王劉濞約諸國以誅鼂錯，清君側為名，發動了叛亂，但很快被平息。㉓景帝中五年　西元前一四五年。㉔己酉　二十一日。㉕栗太子　景帝太子，名叫劉榮。因為栗姬所生，所以稱栗太子。漢景帝中元二年因侵占廟地徵詣中尉，被迫自殺。本書卷五十三有其傳。㉖周亞夫　周勃之子，本書卷四十有傳。㉗武帝建元六年　西元前一三五年。㉘丁酉　七日。㉙遼東　漢郡名，治襄平（今遼寧遼陽）。㉚高廟　高帝廟。㉛四月壬子　夏曆四月二十一日。㉜高園　高帝陵園。㉝便殿　在陵園中，為休息閒宴之處。㉞物　事。㉟比　比擬；比類。㊱眇　通「妙」。微妙。㊲倫類　同類。㊳孰　通「熟」。成熟。㊴兩觀僭禮之物　兩觀，僭禮越制之物，本為天子之制，而魯公為之，所以叫「僭禮之物」。㊵去　除去。㊶省　反省；反思。㊷燔　燃燒。㊸前是天不見災者　前是，此時之前。見，顯現；顯示。㊹陛下　帝王宮殿的臺階之下。引申為對帝王的尊稱。㊺敝　同「弊」。弊病。㊻猥　堆積；積弊。㊼揚　張揚。㊽恣睢　狂妄放肆。㊾重　甚；大。㊿語　告訴。(51)太平至公　猶言極其公平。太，極也。(52)遠正　遠，離。正，正道。(53)仄　通「側」。(54)甚　很；極。(55)簡　少；輕。(56)淮南王　劉安。淮南厲王劉長之子，武帝元朔六年謀反，事覺自殺。本書卷四十四有傳。(57)逆言　叛逆之言；反叛話語。(58)膠西于王句　三人皆景帝之子，本書卷五十三有傳。膠西于王，劉端。趙敬肅王，劉彭祖。常山憲王，劉舜。(59)數　屢次。(60)夷滅　誅殺，消滅。(61)二千石　漢代俸祿等級名稱，內至九卿郎將，外至郡守尉。分為三等，郎中二千石，月俸百八十斛；二千石，月俸百二十斛；比二千石，月俸百斛。(62)衡山王　劉賜。本書卷四十四有傳。(63)膠東江都王　膠東，膠東王，劉寄。江都王，劉非。本書卷五十三有傳。(64)元朔六年　西元前一二三年。(65)斧鉞　皆兵器。鉞似斧而大，有長柄。(66)誼　通「義」。(67)顓斷　獨自決斷。顓，通「專」。(68)不請　不

待奏報。[69]是　肯定；認可。[70]太初元年　西元前一〇四年。[71]乙酉　十五日。[72]柏梁臺　漢未央宮名。漢武帝元鼎二年（西元前一一五年）建，在長安城中北闕內。柏梁臺鑄銅為柱，是一座高達二十丈的高臺建築，因此臺建築以香柏木為梁架，「香聞數十里」故名。[73]發　通「廢」。當毀壞講。[74]夏侯始昌　魯人。通《五經》，明於陰陽，本書卷七十五有傳。[75]江充巫蠱衛太子事　此事見本書卷六十三〈戾太子劉據傳〉。蠱，蠱毒。古代巫師用邪術加禍於人。[76]征和二年　西元前九一年。[77]涿郡　漢郡名。治涿縣（今河北涿州）。[78]銷　熔化。[79]太守　為一郡最高的行政長官，始設於戰國時期。[80]諸邑　諸，漢縣名，在今山東諸城西南。邑，指公主食邑。[81]陽石　漢縣名。在今山東掖縣南。[82]太僕　秦漢中央九卿之一，掌皇帝輿馬及馬政。[83]湖　漢縣名。在今河南靈寶西北。[84]祝詛　詛之於鬼神，使其降禍災於所憎惡之人。[85]要　即腰。[86]梟首　斬首示眾。[87]成帝河平二年　西元前二七年。[88]沛郡　漢郡名。治相（今安徽濉溪縣西北）。[89]五侯　指王譚、王商、王立、王根、王逢時。這五人都是元后之弟，河平二年六月乙亥日同日封侯。[90]元舅　大舅。[91]大司馬　漢武帝元狩四年置，以冠將軍之號。[92]秉政　執政。[93]隙　感情上的裂痕，嫌怨。矛盾。[94]京兆尹　官名。漢代三輔之一。秦時置內史，掌治京師，漢景帝時，分置左右內史，漢武帝時改右內史為京兆尹。治長安以東京畿地方。[95]大逆　封建時代稱危害君父、宗廟、宮闕等罪行為大逆。[96]徙　流刑。遣送到邊遠地方服勞役。[97]合浦　漢郡名。治合浦（今廣西壯族自治區合浦東北）。[98]許皇后　漢成帝皇后，建始二年立，鴻嘉三年廢為貴人，綏和元年被毒死。[99]昭儀　妃嬪中的第一個等級。[100]伏辜　伏罪；受到懲處。[101]元鳳元年　西元前八〇年。[102]燕　漢諸侯國名。[103]元鳳四年　西元前七七年。[104]丁丑　元鳳四年五月甲申朔，無丁丑日。[105]孝文　漢文帝。文為諡號。[106]太宗　漢文帝廟號。[107]霍光　河東平陽（今山西臨汾）人。本書卷六十八有傳。[108]顓寢　謂獨專侍寢。顓，通「專」。[109]崩　古代稱帝王、皇后之死，猶山陵崩塌。[110]攝　代理。[111]上　皇上，這裡指昭帝。[112]加元服　元服指冠。加元服即行戴冠禮。[113]明悊　洞明事理。[114]冠　古代男子到成年則舉行加冠禮，叫做冠。一般在二十歲。[115]孝文廟始出居外　孝文廟建在長安城南。[116]顯殺許皇后　顯，霍光之妻名。許皇后，〈外戚傳〉有傳。[117]宣帝甘露元年　西元前五三年。[118]丙申　一日。[119]中山　漢代封國名。治盧奴（今河北定州）。[120]甲辰　九日。[121]元帝初元三年　西元前四六年。[122]乙未　十一日。[123]蕭望之　本書卷七十八有傳。[124]周堪　本書卷八十八有傳。[125]石顯　本書卷九十三有傳。[126]五里　指館周圍五里。[127]昭穆　古代宗法制度，宗廟或宗廟中神主的排列次序，始祖居中，以下父子（祖、父）遞為昭穆，左為昭，右為穆。[128]上林　苑名。漢因秦之舊所闢，周回二百餘里，其中有宮觀七十餘座，建築形式各異，並由甬道、複道連成一個統一的整體，苑內並放養有禽獸，以供天子射獵。故址在今陝西西安西至戶縣，周至一帶。[129]永光四年　西元前四〇年。[130]甲戌　二十六日。(131)徵用　徵召起用。(132)光祿勳　秦名中郎令。郎與廊同，秦時殿上不得持兵戟，衛士皆立在廊下，廊下也就是廊內，或者說廊中，臣瓚說：「主郎內諸官，故曰郎中令」。漢初沿用此名，武帝太初元年更名光祿勳。(133)大中大夫　光祿屬官，秩比千石。掌議論。(134)領　統領。(135)尚書　官名，始見於秦。屬少府。在殿中主發書、通章奏，即主管收發文書，或傳達記錄章奏。(136)給事中　官名。是一種加官，所加或大夫，博士，議郎，掌顧問應對，位次中常侍。(137)司馬門　皇宮的外門。(138)內臣　指宦官之屬。(139)希　通「稀」。稀疏；稀少。(140)公車　官署名。衛尉的下屬機構。(141)建始元年　西元前三二年。(142)乙丑一日。(143)皇考廟　本書卷〈成帝紀〉作「皇曾祖悼考廟」，指漢宣帝父史皇孫廟。(144)田蚡　本書卷五十二有傳。(145)寖　逐漸；漸漸。(146)五將　謂王氏鳳、音、商、根、莽五大司馬。(147)鴻嘉三年　西元前一八年。(148)乙卯　十五日。(149)甲寅　十六日。(150)永始元年　西元前一六年。(151)癸丑　二十二日。(152)大官　官名。少府屬官。或寫作太官、泰官，其職掌是掌皇帝飲食。(153)戊午二十七日。(154)應　應驗。(155)六月丙寅　夏曆六月初七日。(156)永始四年　西元前一三年。(157)癸未　十一日。(158)長樂宮　漢都長安宮名。漢高帝五年（西元前二〇二年）九月至七年（西元前二〇〇年）二月，由丞相蕭何主持在秦興樂宮基礎上營修而成。位於長安城東南部，宮垣「周回二十里」，內有十四座主要宮殿，臨華殿是其中之一。遺址在今陝西西安未央宮區未央宮鄉閣老門、唐寨、雷寨、羅家寨、張家巷、講武殿村一帶。(159)六月甲午　夏曆六月二十三日。(160)霸陵　亦稱霸陵縣，是漢文帝劉恆霸陵的陵邑。漢文帝九年（西元前一七一年）於秦芷陽營建霸陵，並改芷陽縣為霸陵邑，治今陝西西安東北。(161)太后三弟　指王鳳、王音、王商。(162)舉宗居位　全宗族都居於官位。舉，全部。宗，宗族。(163)兩宮親屬　謂成帝太后家王氏，皇后家趙氏。(164)仍　重複；連續。(165)乞骸骨　請求退休。(166)新都　縣名。在今河南新野東南。(167)覆　傾覆；覆滅。(168)建平三年　西元前四年。(169)癸卯　二十一日。(170)桂宮　漢都長安宮名。漢武帝太初四年（西元前一〇一年）建，位於長安城中未央宮之北，南臨直城門大街，東以橫門大街與北宮相隔，西近漢城西城牆，北界雍門大街。宮中主要建築有龍樓門、鴻寧殿及明光殿、走狗台等。遺址在今西安未央區未央宮鄉夾城堡、民婁村、黃家莊與鐵鎖村一帶。(171)遂稱尊號　漢哀帝尊祖母傅太后為恭皇太后，生母丁姬為恭皇后。(172)元始五年　西元五年。(173)己亥　七日。(174)原廟　漢高祖廟另名。高祖原廟有兩處，一是漢惠帝五年（西元前一九〇年）改沛宮為原廟。另一處是惠帝在渭北所建。在正廟之外所建立者。(175)叔孫通　本書卷四十三有傳。(176)墮　同「隳」。毀壞。(177)居攝　代理。(178)篡　特指臣子奪取君位。

【語　譯】高后元年五月初四丙申日，趙國的叢臺發生火災。劉向認為當時呂后的女兒是趙王的王后，因嫉妒趙王對其他王妃的寵愛，將向高后進讒言來陷害趙王。趙王沒有醒悟，終於被囚禁殺害。

2 惠帝四年七月乙亥日，未央宮的藏冰之室發生火災。丙子日，織室也發生火災。劉向認為，惠帝元年呂太后殺了趙王如意，殘刑戮死了其母戚夫人。這年十月十三日，太后冊立惠帝姊姊魯元公主的女兒為皇后。當月乙亥日，淩室發生火災。第二天織室又發生火災。淩室是用以供養飲食的地方，織室是供奉宗廟和衣服的地方，這兩處與《春秋經》所說的御廩是一樣的地方。上天的警告好像是說，皇后沒有供奉宗廟的品德，將要斷絕宗廟的祭祀。這以後，皇后沒有兒子，後宮美人生了兒子，太后讓皇后把他當作自己的親生兒子，以據有太子的名分，而殺死他的母親。惠帝死後，被立為嗣子的兒子繼位，知道親母被害而發出怨憤之言，呂太后就廢黜了他，另立呂姓的兒子名叫弘的為少帝。其後仰仗大臣之力消滅了諸呂，迎立文帝即位，呂太后所立的這位惠帝的皇后被幽禁廢黜。

3 文帝七年六月初二癸酉日，未央宮東闕罘罳發生火災。劉向認為，東闕是用以會見諸侯的門，罘罳在闕門的外面，是諸侯的象徵。漢朝建立後，大封諸侯王，他們的封地都有數十座城池相連屬。孝文帝即位後，賈誼等人以為這是違背古代制度的，一定會引起叛亂。此前發生了濟北王劉興居、淮南王劉長的謀反，而後吳楚等七國又舉兵叛亂，終被誅滅。

4 景帝中元五年八月二十一己酉日，未央宮東闕發生火災。此前栗太子被廢為臨江王，因有罪被徵詣中尉府，自殺。丞相條侯周亞夫因不附合皇帝的旨意，稱病免職，過後二年，也被收禁下獄而死。

5 武帝建元六年六月初七丁酉日，遼東高廟發生火災。四月二十一壬子日，高園便殿起火。董仲舒對答漢武帝說：「《春秋經》的意義在於舉以往的事例來說明未來，所以天下有事，看《春秋》中所舉的與之同類的事例，精心觀察在細微之處所隱存的含意，通曉了解其中所蘊藏的道理，天地的變異，國家的各種事情，便可一覽無餘，沒有疑惑之處了。按《春秋》魯定公、哀公時期，季孫氏的罪惡已經形成，而其時孔子的聖德正在興盛。用強大的盛德去代替惡勢力，季孫氏雖然權勢甚重，魯君甚輕，但形勢上看來是完全可以辦到的。所以定公二年五月兩觀發生火災。兩觀是僭越禮制的東西，天火焚燒它，好像是說，僭違禮制的臣子可以除掉。已經顯示了罪惡的徵驗，而後告訴國君可以除掉，這是天意。定公不知醒悟。到哀公三年五月，桓公廟、釐公廟又發生天火。這兩起火災的性質相同，所要說明的意思一樣，好像是說燒毀權貴而除去不義的臣子。哀公未能察覺。所以四年六月亳社又遭火災。兩觀、桓、釐廟、亳社，四者都是不當建立者，上天焚燒這些不應當存在的東西以告訴魯國，想讓他除去亂臣而用聖人。季孫氏亂政無道已經很久了，此前上天不降災的原因，是魯國當時還沒有聖賢之臣，雖然想除掉季孫氏，而自己的力量不足以辦到，魯昭公就是這樣。到定公、哀公時才出現火災，是因為這時可以辦到了。不到適當的時候不出現，這正是天道的體現。今天高廟不應當建在遼東，高園的寢殿不應當建在陵旁，依照禮制也不應當建立，與魯國所發生天火的道理相同。他們不當建立本來是很久的事了，到了陛下在位時天才降災的原因，大概也是時候到了。過去，秦朝承受了亡周的弊病，沒有辦法去消除改革；漢朝承接了亡秦的弊病，也沒有革除改變。接連兩朝的弊病，承接其尾，又兼受其弊病的堆積，太難治理了。又加上這麼多兄弟親戚骨肉的牽連，其驕橫張揚、奢侈僭越者眾多，正是所謂積重難返的大難之時。陛下正當天下大破敗之後，又遭遇很難治理的時候，實在令人憂慮了。所以天災好似告訴陛下『當今的時代，雖然破敗而難治理，不用極為公平、公正的態度，是不能治理的。先看那些親戚貴屬在諸侯中行為最不正當、不走正道者，下狠心誅滅他們，就像我焚燒遼東高帝廟那樣方可；再看在朝廷中那些親近之臣或在都城或在旁側，地位顯貴而不走正道者，也下狠心誅滅他們，像我焚燒高園寢殿方可』就行了。在外而未符合正道的，雖尊貴如高帝廟，都可以降天火而燒掉，何況那些諸侯王！在內而不走正道者，雖然尊貴如高帝陵園中的寢殿和便殿，都可以降天火而燒掉，何況大臣呢！這是天的意志。在外有犯罪的諸侯，就降天災於外，在內有犯罪之臣，就降災於內，罪重者就燒得厲害，燒得輕的犯罪就應當從輕處罰，遵承天帝之意就應當這樣。」

6 此前，淮南王劉安入朝，開始與漢武帝的舅舅太尉武安侯田蚡有叛逆之言。之後，膠西于王、趙敬肅王、常山憲王都屢次犯法，有的甚至誅滅人家，毒死二千石官吏，而淮南王、衡山王也接著謀反。膠東、江都王都知道他們的陰謀，暗地裡修治兵器弓弩，想響應他們。到元朔六年，才被發覺而伏法。這時田蚡已經去世，來不及加以誅戮。皇帝想到此前董仲舒講的話，派董仲舒的弟子呂步舒手持御賜的斧鉞去查辦淮南王謀反案，依《春秋》大義在外獨自判案決斷，不必請示朝廷。辦完案件回朝奏報，漢武帝一概加以肯定。

7 太初元年十一月十五乙酉日，未央宮柏梁臺發生火災。先前大風毀壞了那裡的房屋，夏侯始昌預先說出了柏梁臺將要遭災的日子。後來發生了江充藉巫蠱誣陷衛太子的事情。

8 征和二年春天，涿郡鐵官鑄鐵時，鐵熔化成液，都飛上了天，這是火為變異使其成為這樣的。這年三月，涿郡太守劉屈氂做了丞相。一個月後，巫蠱案發，武帝的女兒諸邑公主、陽石公主、丞相公孫賀、他的兒子太僕公孫敬聲、平陽侯曹宗等都下獄而死。七月，使者江充到太子宮挖掘蠱物，太子與其生母衛皇后商量，恐不能說明自己被誣陷的事情，於是殺死江充，發兵與劉屈氂作戰，戰死者有幾萬人，太子戰敗逃走，到湖縣後自殺。第二年，劉屈氂又因祝詛事而被腰斬，妻子被斬首示眾。成帝河平二年正月，沛郡鐵官鑄鐵，爐裡的鎔鐵不下來，發出像打雷一樣的隆隆響聲，又好像擊鼓的聲音，鑄工十三人驚駭逃走。聲音停止後，回頭看地面，地面陷落下去有好幾尺，鑄鐵爐一分為十，整個鑄爐裡的鐵水像流星一樣散開來，都飛上去，與征和二年的現象相同。這年夏天，成帝的舅父五人被封列侯，號稱五侯。大舅父王鳳擔任大司馬大將軍，執掌政務。此後二年，丞相王商與王鳳有嫌怨，王鳳向皇帝進讒言，王商被免職，自殺。第二年，京兆尹王章申訴說王商忠誠正直，王鳳專權，王鳳以大逆的罪名誣陷王章，王章下獄處死，妻子兒女被流放合浦。後來許皇后因巫蠱罪被廢黜，趙飛燕被立為皇后，其妹被封為昭儀，她殺害了皇子，漢成帝因此絕嗣無後。皇后、昭儀都伏罪處死。一種說法是，鐵飛上天是因為金不從革的原因。

9 昭帝元鳳元年，燕國都城南門發生火災。劉向認為當時燕王派遣邪臣與朝廷大臣勾結，進讒言，施鬼計，圖謀叛亂。南門是通往漢長安的大道所經。上天好像警告說，邪臣往來，對漢朝施以讒言奸計，是絕嗣亡國之道。燕王不知醒悟，終於因罪伏法。

10 元鳳四年五月丁丑日，孝文帝廟正殿發生火災。劉向認為，孝文帝是號稱太宗的君主，所以這次火災跟成周宣榭起火有同樣的含意。在此之前，皇后的父親車騎將軍上官安、上官安的父親左將軍上官桀圖謀反叛，大將軍霍光殺了他們。皇后憑著是霍光的外孫女，因年齡小而不知內情，所以還依舊做著皇后。霍光想要皇后有兒子，通過皇帝的侍疾醫生上言說，禁止後宮所有的妃嬪入內進侍皇帝，只由皇后一人專房伴寢。皇后是年僅六歲就被冊封的，立十三年昭帝就去世了，於是便斷絕了繼嗣。霍光執掌朝政，就如同周公攝政一樣。這年正月，皇帝舉行冠禮，這時皇帝已通曉《詩經》、《尚書》，有聰明通達的性格。霍光沒有周公那樣的仁德，執政九年，時間比周公要長，皇帝既已成年，舉行了冠禮還不歸政，這將有害於國家，所以皇帝正月行冠禮，五月就出現了火災。古代宗廟都建在城中，孝文帝廟開始修在城外，上天好像警告說，除掉顯貴而不正直的人。宣帝即位，霍光依然把持朝政，驕橫放肆而僭越制度，到後來他的妻子顯又殺了許皇后，霍光知道了也不懲處，所以後來終於招致了滅族之罪。

11 宣帝甘露元年四月初一丙申日，中山國太上皇廟發生火災。九日孝文帝廟發生火災。元帝初元三年四月十一乙未日，孝武帝陵園白鶴館發生火災。劉向認為，在此之前，前將軍蕭望之，光祿大夫周堪輔佐朝政，被奸佞之臣石顯、許章等人詆毀誣陷，蕭望之自殺，周堪被廢黜。第二年，白鶴館發生火災。陵園中周圍五里的供人馳騁追逐的宮館，本不應當建在祖宗陵墓所在之地。天的警告似乎在說，除去那些貴近逸遊不走正道的佞臣，因為他們會陷害忠良。後來許章犯夜晚在上林苑中舉火追逐射獵的罪行，被免去官職。

12 永光四年六月二十六甲戌日，孝宣帝杜陵園東闕門的南邊發生火災。劉向認為在這以前，皇帝再次啟用周堪擔任光祿勳，以及周堪的學生張猛為太中大夫，石顯等人又進讒言誣衊陷害，於是都被調離京城。這一年，皇帝又徵召周堪主管尚書，張猛擔任給事中，石顯等人始終想加害他們。陵園小於朝廷，闕在司馬門裡面，應是宦官石顯的象徵。孝宣皇帝是近親而尊貴；闕，是發布政令的地方。天好像在警告說，違背離開法令，親近宦官而使其尊貴，必將成為國家的禍害。後來周堪很少能進見皇帝，只能通過石顯上奏言事，凡事皆決斷於石顯之口。周堪患病喑啞不能說話。石顯誣告張猛，張猛在公車署自殺。漢成帝即位之後，石顯終於被依法懲處。

13 成帝建始元年正月初一乙丑日，皇考廟發生火災。當初，漢宣帝作為昭帝的繼嗣卻給他的親生父親立廟，在禮制上是不正確的。此時大將軍王鳳獨攬大權，專擅朝政，比往日田蚡更甚，將要危害國家，所以上天元年正月顯示徵象。這以後王氏勢力逐漸強盛，五位大司馬世代掌權，朝政也失去了正道。

14 鴻嘉三年八月十五乙卯日，孝景帝廟北闕發生火災。十一月十六甲寅日，許皇后被廢黜。

15 永始元年正月二十二癸丑日，太官淩室發生火災。二十七戊午日，戾后陵園南闕發生火災。當時趙飛燕大受寵愛，許皇后既已被廢黜，皇帝將要立她為皇后，所以上天在淩室顯示徵兆，和惠帝四年那次淩室之災是相同的應驗。戾后，是衛太子的妾，漢帝時遭巫蠱之禍，宣帝即位後，追加尊號為戾后，於禮是不正確的。而且戾后出身卑賤，與趙飛燕同一應驗。上天警告好像說，微賤而沒有德行的人不可以奉侍宗廟，不然將會斷絕祭祀之禮，有凶惡的大禍將要到來。這年六月初七丙寅日，趙皇后被冊立，姊妹驕橫妒嫉，殺害皇子，終於都被誅滅。

16 永始四年四月十一癸未日，長樂宮臨華殿和未央宮東司馬門發生火災。六月二十三甲午日，文帝霸陵園東闕南方發生火災。長樂宮是成帝的母親王太后所居住的地方，未央宮是皇帝居住的地方，霸陵是太宗孝文皇帝盛德之園。當時王太后的三個弟弟相繼執掌朝政，整個王氏宗族都居於官位，占據朝廷，兩宮的親屬將對國家造成嚴重危害，所以上天的警告徵象重複地顯現。第二年，成都侯王商去世，他的弟弟曲陽侯王根代替他任大司馬主持朝政。以後四年，王根請求退休，推薦他哥哥的兒子新都侯王莽代替自己，於是漢朝便覆亡於王莽之手。

17 哀帝建平三年正月二十一癸卯日，桂宮之鴻寧殿遭受火災，這裡是皇帝的祖母傅太后居住的地方。當時，傅太后想與成帝的母親等號齊尊，大臣孔光、師丹等人執掌朝政，認為不可以這樣，傅太后免掉他們的官爵，遂稱尊號。三年之後，哀帝去世，傅氏被誅滅。

18 平帝元始五年七月初七己亥日，高皇帝別廟殿門遭受火災。高皇帝廟在長安城中，後來因為叔孫通諷諫漢惠帝在通往廟的道路上架設複道，所以又在渭北另建一座別廟，不是正廟。這時平帝年幼，成帝之母王太后主攬朝政，委任王莽，將要篡位絕滅漢朝，毀壞高祖宗廟，所以上天顯示徵象。這年冬天，平帝去世，第二年，王莽攝政，因之篡奪漢朝國家，後來終於被消滅。

1 傳曰：「治宮室，飾臺榭❶，內淫亂，犯親戚，侮父兄，則稼穡不成。」

2 說曰：土，中央，生萬物者也。其於王者，為內事❷。宮室、夫婦、親屬，亦相生者也。古者天子諸侯，宮廟大小高卑有制，后夫人媵妾多少進退有度，九族❸親疏長幼有序。孔子曰：「禮，與其奢也，寧儉。」❹故禹卑宮室，文王刑于寡妻❺，此聖人之所以昭❻教化也。如此則土得其性矣。若迺奢淫驕慢，則土失其性，亡水旱之災而草木百穀不孰，是為稼穡不成。

3 嚴公二十八年❼「冬，大亡麥禾」。董仲舒以為夫人哀姜❽淫亂，逆陰氣，故大水也。劉向以為水旱當書，不書水旱而曰「大亡麥禾」者，土氣不養，稼穡不成者也。是時，夫人淫於二叔❾，內外亡別，又因凶饑，一年而三築臺❿，故應是而稼穡不成，飾臺榭內淫亂之罰云。遂⓫不改寤，四年而死，旤流二世⓬，奢淫之患也。

【章旨】以上討論並舉例說明中央「土」與人事的關係，從中以見治亂與衰與五行變化的關係。

【注釋】❶榭　在水中臺上的高屋。❷內事　指王者內部之事。❸九族　一種說法是指本身上至父、祖、曾祖、高祖，下至子、孫、曾孫、玄孫。一說認為九族指父族四、母族三、妻族二。❹孔子曰四句　《論語·八佾》載孔子之言，意謂祭祀禮儀之事，與其奢侈，寧可儉樸。❺刑于寡妻　用禮法來對待約束嫡妻。刑，刑法。一說謂以自己合於禮法的行為給妻子作示範。刑，通「型」。典範；典型。❻昭　明。❼嚴公二十八年　西元前六六六年。❽哀姜　魯莊公夫人，齊女。❾二叔　指莊公二弟慶父和叔牙。❿一年而三築臺　指魯莊公三十一年築臺於郎，夏築臺於薛，秋築臺於秦。郎、薛、秦皆魯地名。⓫遂　竟。⓬禍流二世　謂子般、閔公皆被殺。

【語譯】傳文說：「經營宮室，修飾臺榭，內宮淫亂，凌犯親戚，侮辱父兄，那麼耕種收穫便不會成功。」

2　解說道：土居中央，是產生萬物的。對於帝王來說，象徵王室內部之事。宮室、夫婦、親屬也是互相依存的。古代的天子諸侯，其宮廟大小高低都是由禮制規定的，王后、夫人、媵妾的多少，選取放歸都有一定的制度限制，九族之中的親疏長幼，有一定的次序。孔子說：「禮儀之事，與其奢侈，寧可節儉。」所以夏禹住在狹窄簡陋的宮室，周文王以禮法對待其正妻，這些都是聖人之所以用來宣明教化的。如能這樣去做，就適合土的常性了。如果奢侈驕慢，那麼土就會失去常性，即使沒有水旱災害，草木莊稼也不會成熟，這就叫做耕種收穫不成功。

3　莊公二十八年「冬天，小麥和穀子毫無收成」。董仲舒認為，莊公夫人哀姜淫亂，帶來了陰氣，所以發生大水，淹死了莊稼。劉向認為，如果有水旱之災自應記載，沒有記載水旱而寫成「大亡麥禾」者，是因為土氣不養育，農作沒有收成的緣故。當時哀姜跟兩個小叔子淫亂，內外沒有分別，又在凶年饑荒之際，一年內竟三次修築臺榭，因此導致了農作不熟，這是對修飾臺榭、沉湎於淫亂的懲罰。魯莊公始終不醒悟悔改，四年便死掉了，而禍殃連及兩代，這是奢侈淫亂的禍患。

1　傳曰：「好戰攻，輕百姓，飾城郭，侵邊境，則金不從革。」

2　說曰：金，西方，萬物既成，殺氣之始也。故立秋而鷹隼❶擊，秋分而微霜降。其於王事，出軍行師，把❷旄杖❸鉞，誓士眾，抗威武，所以征畔❹逆止暴亂也。詩云：「有虔秉鉞，如火烈烈。」❺又曰：「載戢干戈，載櫜弓矢。」❻動靜應誼❼，「說以犯難，民忘其死❽。」如此則金得其性矣。若乃貪欲恣睢，務立威勝，不重民命，則金失其性。蓋工冶鑄金鐵，金鐵冰滯涸❾堅，不成者眾，及為變怪❿，是為金不從革。

3 左氏傳曰昭公八年⓫「春，石言於晉」。晉平公問於師曠⓬，對曰：「石不能言，神或馮⓭焉。作事不時，怨讟⓮動於民，則有非言之物而言。今宮室崇侈，民力彫盡，怨讟並興，莫信其性⓯，石之言不亦宜乎！」於是晉侯方築虒祁之宮⓰，叔向⓱曰：「君子之言，信而有徵。」劉歆以為金石同類⓲，是為金不從革，失其性也。劉向以為石白色為主，屬白祥⓳。

4 成帝鴻嘉三年⓴五月乙亥㉑，天水㉒冀㉓南山大石鳴，聲隆隆如雷，有頃止，聞平襄二百四十里，壄雞㉔皆鳴。石長丈三尺，廣厚略等，旁著岸脅，去地二百餘丈，民俗名曰石鼓。石鼓鳴，有兵。是歲，廣漢㉕鉗子㉖謀攻牢㉗，篡㉘死皋囚鄭躬等，盜庫兵，劫略吏民，衣㉙繡衣，自號曰山君，黨與寖廣。明年冬，迺伏誅，自歸者三千餘人。後四年，尉氏㉚樊並等謀反，殺陳留㉛太守嚴普，自稱將軍，山陽㉜亡徒㉝蘇令等黨與數百人盜取庫兵，經歷郡國四十餘，皆踰年迺伏誅。是時起昌陵，作者數萬人，徙郡國吏民五千餘戶以奉陵邑。作治五年不成，乃罷昌陵，還徙家㉞。石鳴，與晉石言同應，師曠所謂「民力彫盡」，傳云「輕百姓」者也。虒祁離宮去絳都四十里，昌陵亦在郊埜，皆與城郭同占。城郭屬金，宮室屬土，外內之別云。

【章旨】以上論述五行之中金與人事之關係。金失去常性，就會產生災異，而輕視百姓，竭盡民力，災難就會降臨。

【注釋】❶隼　又叫鶻。鳥綱，猛禽。❷把　握；執。❸杖　握；執持。❹畔　通「叛」。❺詩云三句　引《詩》見《詩經・商頌・長發》。虔，強武如虎之貌。秉，執；拿著。鉞，古兵器名，大斧，青銅製成。❻又曰三句　引《詩》見《詩經・周頌・時邁》。載，則；於是。戢，收藏。干戈，此處泛指兵器。櫜，盛甲或弓矢的皮袋，此處作動詞，藏用。❼誼　通「宜」。❽說以犯難二句　引文見《易・兌》彖文。說，通「悅」。和悅。❾涸　冰結。❿及為變怪　依蘇輿說，「及」字下當有「金」字，與上文「及木為變怪」同例。⓫昭公八年　西元前五三四年。⓬師曠　晉國大夫，掌樂。目盲，以善彈琴而出名。⓭馮　通「憑」。依靠；憑藉。⓮讟　怨恨。⓯莫信其性　即莫保其生，不能保其生活生存。信，保。性，生也。《左傳》作「莫保其性」。⓰虒祁之宮　晉宮名，故址在今山西曲沃西，北臨汾水。⓱叔向　晉大夫，名羊舌肸，叔向是其字。⓲同類　一個類別。⓳白祥　白色災異。古時迷信認為罕見的白色禽獸等突然出現是不祥之兆。⓴鴻嘉三年　西元前一八年。㉑乙亥　四日。㉒天水　漢郡名。治平襄（今甘肅通渭西）。㉓冀　縣名，在今通渭南。㉔埜雞　學名雉。㉕廣漢　漢郡名。治梓潼（今四川梓潼）。㉖鉗子　鉗徒。㉗牢　監獄。㉘篡　奪取。㉙衣　動詞。穿著。㉚尉氏　漢縣名。今河南尉氏。㉛陳留　漢郡名。治陳留（今河南開封東南陳留）。㉜山陽　漢郡名。治昌邑（今山東金鄉西北）。㉝亡徒　逃亡的刑徒。㉞還徙家　讓遷徙昌陵的人返還原籍。

【語譯】傳文說：「愛好戰爭攻伐，不顧百姓，修繕城郭，侵犯邊境，金屬就會失去本性而難以冶鑄。」

2 解說道：金主西方，萬物成熟之後，肅殺之氣就開始了。所以立秋以後，鷹隼撲擊飛鳥，秋分以後，微霜降落。這時節國家的大事，就是出兵行軍，戰士手執戰旗，執持兵器，大誓官兵，高亢威武，以此來征討叛逆，制止暴亂。《詩經》說：「手持斧鉞，強武如猛虎一般，其威勢如猛火之焰熾。」又說：「收藏各種兵器，將弓矢裝進袋中。」行動與靜止都合宜，「心甘情願地去冒險犯難，下民就會捨生忘死。」這樣就合乎於金的常性了。如果好大喜功，一心為了樹立威勢，不重視人民的生命，那麼金就會失去常性。大抵工匠冶鑄金鐵，金鐵堅凝如冰，不成功者居多，甚或出現怪異現象，這就叫做金不銷鎔變形。

3 《左氏傳》記載說昭公八年「春天，在晉國有石頭說話」。晉平公詢問師曠，師曠答道：「石頭不能說話，是神靈憑藉著石頭而言。現在做事不按時序，徵發傜役違背農時，百姓痛恨與不滿同時興起，於是有本不能說話之物而說話。宮室高大奢侈，竭盡百姓之力，使百姓痛恨不滿，沒有人能保其百姓的生活和生命，石頭說話不正合時宜嗎！」當時晉侯正在修建虒祁之宮，叔向說：「君子師曠所言，信而有證。」劉歆以為金與石是同類之物，這叫金不銷鎔變化，失去它的常性了。劉向則認為，石頭以白色為主，屬於白色的祥異。

4 成帝鴻嘉三年五月初四乙亥，天水冀縣南山有大石鳴叫，聲音隆隆如雷，過了一會就不叫了，聲聞平襄二百四十里的地方，野雞都叫起來了。大石長一丈三尺，寬與厚大略與長相等，一邊附著在懸崖的半腰，離地面有二百餘丈，民間俗稱石鼓。石鼓一叫，就會有戰爭。這一年，廣漢郡受鉗刑的勞役犯人謀劃進攻牢獄，劫奪死刑犯鄭躬等人，搶奪武庫中的兵器，劫掠官吏與人民，穿著絲綢衣服，自己給封號叫山君，徒黨越來越多。第二年冬天才伏法處死，自動投案的有三千多人。四年之後，尉氏縣的樊並等人謀反，殺死了陳留太守嚴普，自稱將軍，山陽縣逃亡的罪犯蘇令等黨羽數百人盜取了武庫的兵器，經歷四十多個郡國，都是過了一年才被誅殺。當時正動工修建昌陵，參加工役的有數萬人，遷徙各郡國的官吏與百姓五千多戶來供奉陵邑。結果修了五年還未建成，於是罷廢昌陵，讓那些遷徙而來的人們又返還原籍。石頭鳴叫，與春秋時候晉國石頭說話是同一類型的應驗，師曠所謂「民力耗盡」，傳上所說「輕視百姓」就是這種情形。虒祁宮距離絳都四十里，昌陵也在郊野，占卜時與城郭一樣。城郭屬金，宮室屬土，只不過有著內外之別罷了。

1 傳曰：「簡❶宗廟，不禱祠❷，廢祭祀，逆天時，則水不潤下。」

2 說曰：水，北方，終臧❸萬物者也。其於人道，命終而形臧，精神放越，聖人為之宗廟以收魂氣，春秋祭祀，以終孝道。王者即位，必郊祀❹天地，禱祈神祇❺，望秩❻山川，懷柔❼百神，亡不宗❽事。慎其齊戒❾，致其嚴敬，鬼神歆饗❿，多獲福助。此聖王所以順事陰氣，和神人也。至發號施令，亦奉天時。十二月咸得其氣，則陰陽調而終始成。如此則水得其性矣。若迺不敬鬼神，政令逆時，則水失其性。霧水暴出，百川逆溢，壞⓫鄉邑，溺人民，及淫雨傷稼穡，是為水不潤下。京房易傳曰：「顓事⓬有知，誅罰絕理，厥災水。其水也，雨殺人以隕霜，大風天黃。饑⓭而不損⓮茲謂泰⓯，厥災水，水殺人。辟⓰遏有德⓱茲謂狂，厥災水，水流殺人，已⓲水則地生蟲。歸獄不解⓳，茲謂追非⓴，厥水寒，殺人。追誅不解，茲謂不理㉑，厥水五穀不收。大敗㉒不解，茲謂皆陰。解，舍㉓也，王者於大敗，誅首惡，赦其眾，不則皆函陰氣，厥水流入國邑，隕霜殺穀。」

3 桓公元年㉔「秋，大水」。董仲舒、劉向以為桓弒㉕兄隱公，民臣痛㉖隱而賤㉗

桓。後宋督㉘弒其君，諸侯㉙會，將討之，桓受宋賂㉚而歸，又背宋。諸侯由是伐魯㉛，仍交兵結讎，伏尸㉜流血，百姓愈怨，故十三年夏復大水。一曰，夫人驕淫，將弒君，陰氣盛，桓不寤，卒弒死。劉歆以為桓易許田㉝，不祀周公㉞，廢祭祀之罰也。

4 嚴公七年㉟「秋，大水，亡㊱麥苗㊲」。董仲舒、劉向以為嚴母文姜與兄齊襄公淫，共殺桓公。嚴釋㊳父讎，復取㊴齊女，未入，先與之淫，一年再出㊵，會於道逆亂，臣下賤之之應也。

5 十一年㊶「秋，宋大水」。董仲舒以為時魯、宋比年㊷為乘丘、鄑㊸之戰，百姓愁怨，陰氣盛，故二國俱水。劉向以為時宋愍公驕慢，睹災不改，明年與其臣宋萬㊹博戲，婦人在側，矜而罵萬，萬殺公之應。

6 二十四年㊺「大水」。董仲舒以為夫人哀姜淫亂不婦，陰氣盛也。劉向以為哀姜初入，公使大夫宗婦㊻見，用幣㊼，又淫於二叔，公弗能禁。臣下賤之，故是歲、明年仍㊽大水。劉歆以為先是嚴飾宗廟，刻㊾桷㊿丹楹，以夸(51)夫人，簡宗廟之罰也。

7 宣公十年(52)「秋大水，饑」。董仲舒以為時比(53)伐邾(54)取邑，亦見(55)報復，兵讎連結，百姓愁怨。劉向以為宣公殺子赤而立，子赤，齊出[56]也，故懼，以濟西田賂齊。邾子貜且[57]亦齊出也，而宣比與邾交兵。臣下懼齊之威，創[58]邾之禍，皆賤公行而非其正也。

8 成公五年[59]「秋，大水」。董仲舒、劉向以為時成幼弱，政在大夫，前此一年再用師[60]，明年復城[61]鄆[62]以彊私家，仲孫蔑[63]、叔孫僑如顓[64]會宋、晉，陰勝陽。

9 襄公二十四年[65]「秋，大水」。董仲舒以為先是一年齊伐晉，襄使大夫帥師救晉[66]，後又侵齊[67]，國小兵弱，數敵彊大，百姓愁怨，陰氣盛。劉向以為先是襄慢[68]鄰國，是以邾伐其南[69]，齊伐其北[70]，莒伐其東[71]，百姓騷動，後又仍[72]犯彊齊也。大水，饑，穀不成，其災甚也。

10 高后三年[73]夏，漢中[74]、南郡[75]大水，水出流[76]四千餘家。四年秋，河南[77]大水，伊、雒[78]流千六百餘家，汝水[79]流八百餘家。八年夏，漢中、南郡水復出，流六千餘家。南陽[80]沔水[81]流萬餘家。是時女主獨治，諸呂相王。

11 文帝後三年[82]秋，大雨，晝夜不絕三十五日。藍田[83]山水出，流九百餘家。漢水出，壞民室八千餘所，殺三百餘人。先是，趙人新垣平[84]以望氣得幸，為上立渭陽五帝廟，欲出周鼎(85)，以夏四月，郊見(86)上帝。歲餘懼誅(87)，謀為逆，發覺，要斬，夷三族(88)。是時，比再遣公主配單于(89)，賂遺(90)甚厚，匈奴愈驕，侵犯北邊，殺略(91)多至萬餘人，漢連發軍征討戍邊。

12 元帝永光五年(92)夏及秋，大水。潁川、汝南、淮陽、廬江(93)雨，壞鄉聚民舍，及水流殺人。先是一年有司(94)奏罷郡國廟(95)，是歲又定迭毀(96)，罷太上皇、孝惠帝寢廟(97)，皆無復修，通儒(98)以為違古制。刑臣(99)石顯用事。

13 成帝建始三年(100)夏，大水，三輔(101)霖雨三十餘日，郡國十九雨，山谷水出，凡殺四千餘人，壞官寺(102)民舍八萬三千餘所。元年，有司奏徙甘泉(103)泰畤、河東后土(104)于長安南北郊。二年，又罷雍(105)五畤(106)、郡國諸舊祀，凡六所。

【章旨】以上列舉了大量春秋及漢初「水災」史事，在於說明乃統治者行事不當，背逆天道與人道所致。

【注釋】❶簡　簡慢；怠慢。❷禱祠　求福曰禱，得求叫祠。祠，通「祀」。❸臧　通「藏」。❹郊祀　在郊外祭祀天地之禮。❺神祇　天神曰神，地神曰祇。❻望秩　謂按等級遙祭山川。❼懷柔　謂帝王祭祀山川，招來神祇，使各安其位。懷，招來之意。柔，安。❽宗　尊也。❾齊戒　古人在祭祀前沐浴更衣，整潔身心，以表示虔誠。齊，通「齋」。❿歆饗　同「歆享」。指神靈享受供物。⓫壞　沖毀；毀壞。⓬顓事　專權。顓，通「專」。⓭饑　饑荒無年成。⓮損　減損。⓯泰　通「太」。⓰辟　天子。⓱遏有德　抑制有德者。⓲已　止。⓳歸獄不解　有兩說，李奇曰：「歸罪過于民，不罪己也。」

張晏曰：「謂釋有罪之人而歸無辜者也。」解，止；釋放。[20]追非　追猶遂。謂成其過失而不改正。[21]理　治。[22]大敗　禍亂。[23]舍　通「赦」。[24]桓公元年　西元前七一一年。[25]弒　古代卑幼殺死尊長叫弒。多指臣子殺死君主，子女殺死父母。[26]痛　悲傷；哀痛。[27]賤　卑賤；輕視。[28]宋督　即華父督，名督，字華父。桓公二年，時為太宰的宋華父督弒殤公。[29]諸侯　指齊、陳、鄭等國諸侯。[30]宋賂　指郜國所建的大鼎。[31]諸侯由是伐魯　指宋、燕、齊、衛四國軍隊伐魯。[32]伏尸　屍體倒伏在地。[33]桓易許田　桓公以許田與鄭，而取鄭之祊田。許田，魯朝宿之邑，有周公別廟在。[34]不祀周公　因易田而使周公不得祭祀。[35]嚴公七年　嚴公即莊公，見前注。莊公七年，西元前六八七年。[36]亡　喪失。[37]苗　禾初生曰苗。[38]釋廢棄；放棄。[39]取　通「娶」。[40]出　遺棄；休棄。[41]十一年　魯莊公十一年，西元前六八三年。[42]比年　連年；一年接一年。[43]乘丘鄑　皆魯地名。一在今山東兗州西北，一在汶上南。[44]宋萬　宋國大夫。[45]二十四年　魯莊公二十四年，西元前六七〇年。[46]宗婦　同姓之婦。[47]用幣　大夫妻與宗婦見夫人，皆令執幣，逾於禮制。幣，繒帛。古代常用作祭祀或者饋贈的禮品。[48]仍　頻繁。[49]刻　雕刻。[50]桷　方形的椽子。[51]夸　誇耀。[52]宣公十年　西元前五九九年。[53]比　頻；接連。[54]邾即鄒，國名，也稱邾婁。曹姓。在今山東費、鄒、滕、濟寧、金鄉一帶。建都於邾（今山東曲阜東南），西元前六一四年邾文公遷都於繹（今山東鄒城東南紀王城）。[55]見　用在動詞前面表示被動。相當於被、受到。[56]齊出　子赤母齊女姜氏。子赤死，姜氏歸齊而不復返，齊市人皆哭，魯人謂之哀姜。[57]貜且　邾文公之子邾定公，齊女所生。[58]創　懲戒。[59]成公五年　西元前五八六年。[60]再用師　成公三年春，成公聯合諸侯晉侯、宋公、衛侯、曹伯之師伐鄭；秋天叔孫僑如又帥師圍棘，故曰再用師。[61]城　築城。[62]鄆　季氏之邑，在今山東鄆城東，西元前五八八年成公所築，稱西鄆。[63]仲孫蔑　即孟獻子。魯國大夫。[64]顓　謂不向成公請命而專權行事。[65]襄公二十四年　西元前五四九年。[66]救晉　襄公二十三年秋天，齊伐衛，遂之伐晉，八月，魯派叔孫豹率領軍隊救援晉國。[67]侵齊　襄公二十四年，仲孫羯（即孟孝伯）帥師伐齊。[68]慢　侮慢。[69]邾伐其南　指襄公十五年邾人伐魯南鄙事。[70]齊伐其北　襄公十五年夏及十六年三月齊侯兩次伐魯北鄙。[71]莒伐其東　襄公十二年（西元前五六一年）二月莒人伐魯東鄙。[72]仍　再；仍然。[73]高后三年　西元前一八五年。[74]漢中　漢郡名，治南鄭（今陝西漢中東）。[75]南郡　漢郡名，治郢（今湖北江陵東北），遷江陵（今湖北江陵）。[76]水出流　指水溢出江河河道。[77]河南　漢郡名。漢高祖二年置，治雒陽（今河南洛陽東北）。[78]伊雒　兩河在河南西部。伊，伊河。洛河支流。雒，洛河。黃河支流。[79]汝水　古水名。上游即今河南北汝河，下游即今南汝河及新蔡以下的洪河。[80]南陽　漢郡名。治宛（今河南南陽）。[81]沔水　古代通稱漢水為沔水，北源出自今陝西留壩西。一名沮水者為沔水，西源出自今寧強者為漢水，二源合流後通稱沔水或漢水。(82)文帝後三年　西元前一六一年。(83)藍田　漢縣名，在今陝西藍田西。(84)新垣平　漢趙國人，方士。(85)欲出周鼎　新垣平曾對漢文帝講：「周鼎曾喪失於泗水，今黃河河溢，通於泗水，臣望東北汾陰當有金寶氣，意料周鼎將要出來。」(86)郊見　在郊外祭祀上帝。(87)懼誅　害怕遭到殺戮。(88)三族　有幾種說法：一種指父族、妻族、母族；二指父、子、孫；三指父昆弟、己昆弟、子昆弟；四指父母、兄弟、妻子。(89)再遣公主配單于　指高帝時以宗室女翁主為冒頓單于閼氏。冒頓死，其子老上單于登位，文帝復遣宗室女為老上單于閼氏。(90)賂遺　贈送。(91)殺略　即殺掠、屠殺掠奪。(92)永光五年　西元前三九年。(93)潁川汝南淮陽廬江　皆漢郡名。潁川郡治陽翟（今河南禹州）；汝南治上蔡（今河南上蔡西南）；淮陽治陳（今河南淮陽）；廬江治舒（今安徽廬江西南）。(94)有司　主管官吏。古代設官分職，各有專司，稱有司。(95)郡國廟　建立在各郡國的宗廟。(96)迭毀　古代宗廟制度，天子七廟，供奉七代祖先。諸侯五廟，供奉五代祖先。其中始封之君，開國帝王之廟，世世不毀，餘則親過高祖而毀其廟。遷其神主於太廟中，親廟依次而毀，故稱「迭毀」。迭，更迭。(97)寢廟　古代宗廟的正殿稱廟，後殿稱寢，合稱寢廟。(98)通儒　博學多聞，通曉古今的儒者。(99)刑臣　指宦者。石顯是宦官，所以稱之為刑臣。(100)建始三年　西元前三〇年。(101)三輔　政區名。漢武帝太初元年（西元前一〇四年）以左、右內史、主爵都尉改名為京兆尹、左馮翊、右扶風。這三個政區是和他們的長官同名的政區。三區合稱為「三輔」，意即三個畿輔之區。(102)官寺　官署；衙門。(103)甘泉　宮名。故址在今陝西淳化鐵王涼武帝村。(104)河東后土　在河東郡的后土祠。(105)雍　漢縣名，即今陝西鳳翔。故址在縣南。(106)五時　祭祀五帝的處所。秦時作密時祭青帝，上時祭黃帝，下時祭炎帝，畦時祭白帝，漢高祖時又建立了北時祭祀黑帝，合稱五時。

【語　譯】傳上說：「簡慢宗廟，不祈神求福，廢棄祭祀，違逆天時，就會水不潤下。」

2 解說道：水主北方，是最終收藏萬物的地方。這對於人生之道來說，生命終結而形骸斂藏，而精神則放逸超越，聖人於是修建了宗廟以收斂魂魄之精氣，春秋兩季舉行祭祀，以盡孝道。天子即位，必定祭祀天地，禱告祈求神祇，按等級望祭山川，招來百神，以安其位，一切無不恭敬行事。謹慎小心地舉行齋戒，表達對祂們的肅敬，鬼神享受了供物，可以得到更多的福佑。這就是聖王恭順奉事陰氣，和諧神人關係而採取的做法。至於國君發號施令，也要遵奉天時。一年十二個月都能得到順應節氣，那麼陰陽調和而終獲成功。如果這樣做了，就適合水的常性。如果不敬事鬼神，政令與天時違背，那麼水便會失去常性。霧水爆發，江河氾濫，沖壞城鄉，溺殺人民，以及淫雨連綿，損傷農作物，這就叫做水不潤下。京房的《易傳》上說：「專權工心計，誅罰無理，這造成災害的就是水。這個水，降雨殺死人及降寒霜，颳大風，天色昏黃。遭遇饑荒凶年而不儉省費用，這就叫奢侈過度，這造成災害的是水，水淹死人。天子使有道德的人受到壓制這就叫狂妄無知，這造成災害的是水，水氾濫而流殺人，水過後則地中生蟲。專興大獄而誣害無辜者不知停止，這就叫做堅持錯誤而不知悔改，這就使水寒冷而殺人。追究誅殺而不停止，這就是所謂不治，這就使五穀不收成。發生大禍亂而不解，這叫做全是陰氣。解，是赦免的意思，帝王對於大禍亂，殺其首惡，赦免其群眾，否則就會遍含陰氣，這水便流入國都城邑，陰霜就會殺死百穀。」

3 桓公元年「秋天，大水」。董仲舒、劉向認為桓公殺死了他的哥哥隱公，臣民們都哀痛隱公而卑賤桓公。後來宋國華父督殺死了他們的國君，各諸侯會合，將要討伐他，魯桓公接受了宋國的賄賂而撤退了軍隊，後來又背棄了宋國。諸侯因此而討伐魯國，頻繁地交戰結仇，死屍遍地，血流成河，百姓更加怨恨，所以十三年夏天又發生了大水。一說認為夫人驕橫淫蕩，將要加害於國君，陰氣太盛，桓公不醒悟，終於被殺死。劉歆認為，是桓公用許田同鄭國交換祊田，不再祭祀周公，廢棄祭祀之禮而受到的懲罰。

4 莊公七年「秋天，發大水，麥苗都淹死了」。董仲舒、劉向認為莊公的母親文姜與哥哥齊襄公通姦，一起殺害了魯桓公所致。可是魯莊公不顧殺父之仇，又娶了齊國的女人，還沒有迎入魯宮，便先與之淫亂，一年後又遺棄她，在路上相會，又有逆亂行為，引起臣民的鄙視，水災便是對這些醜行的回應。

5 十一年「秋天，宋國發大水」。董仲舒認為當時魯國、宋國連年發生了乘丘與鄑之戰，百姓憂愁憤怨，陰氣過盛，導致魯、宋兩國都發生大水災。劉向認為當時宋愍公驕橫傲慢，看到了天災的警告而仍不悔改，第二年與他的大臣宋萬博戲，有婦人在一旁觀看，宋愍公因矜持臉面而辱罵宋萬，宋萬怒而殺了愍公，水災就是這件事情的回應。

6 二十四年「大水」。董仲舒認為這是夫人哀姜淫亂，不守婦道，陰氣過盛的原因。劉向認為，哀姜剛剛嫁到魯國，魯莊公讓大夫的妻子們和宗族的婦人去進見她，以繒帛作為見面禮是不合禮制的，而哀姜後來又與兩個小叔子通姦淫亂，魯莊公不能制止。臣下賤視他，所以當年和第二年連續大水為災。劉歆則認為，在此之前莊公裝飾宗廟，雕梁畫棟，丹朱上色，用來向夫人誇耀，怠慢對宗廟之禮，因此上天予以懲罰而發了大水。

7 宣公十年「秋天，大水，發生饑荒」。董仲舒認為魯國當時連年攻伐邾國，奪取它的城邑，同時也遭到了反擊報復，當時兵連禍結，百姓愁怨。劉向認為宣公殺子赤而自立為君，子赤是齊國女子所生，所以害怕齊國問罪，就把濟西的田地送給了齊國。邾子貜且也是齊國女子所生，而宣公連年與邾國交戰。臣下害怕齊國的威力，卻懲戒邾國的禍患，為此都鄙賤宣公的行為，譴責其不行正道。

8 成公五年「秋天，發大水」。董仲舒、劉向認為當時成公幼弱，朝政掌握在大夫手中，在此前一年，曾兩次用兵打仗，第二年又修築鄆城，使私家勢力強盛，仲孫蔑、叔孫僑如二人擅自專權與宋、晉兩諸侯國會盟，如此則陰氣勝過了陽氣，故發生大水。

9 襄公二十四年「秋天，發大水」。董仲舒認為，在此前一年，齊國攻伐晉國，魯襄公派大夫率領軍隊去救晉國，後來又侵略齊國，國家小，兵力弱，卻屢次與強國為敵，百姓為此而憂愁怨憤，陰氣過盛。劉向認為在此以前，魯襄公欺慢鄰國，所以邾國侵伐魯國的南鄙，齊國進攻魯國的北邊，莒國進犯魯國的東邊，百姓騷擾動亂，後來又多次侵犯強大的齊國。這就引發了大水災害，造成饑荒，五穀無收成，災情十分嚴重。

10 高后三年夏天，漢中、南郡發大水，淹沒四千多家。四年秋天，河南郡發大水，伊、洛兩河氾濫，淹沒一千六百餘家，汝水氾濫，淹沒八百餘家。八年夏天，漢中、南郡又發大水，淹沒六千餘家。南陽郡沔水氾濫，淹沒一萬多家。當時女主呂后獨掌朝政，呂氏諸子都封了王。

11 文帝後元三年秋天，大雨，晝夜不停三十五天。藍田縣山洪爆發，淹沒九百多家。漢水溢出，毀壞民房八千多所，流殺三百多人。此前，趙國人新垣平因望氣獲得皇帝寵幸，為皇帝建立了渭水北邊的五帝廟，想求出周鼎，在夏季四月，於郊外祭祀上帝。一年多後，害怕騙局敗露，遭到誅殺，就陰謀叛亂，被發覺以後，遭腰斬並夷滅三族。當時，漢朝接連派遣公主下嫁匈奴單于，贈送的財物也很豐厚，結果匈奴愈來愈驕橫，不斷侵犯漢朝北部邊境，殺死虜掠漢民一萬多人，漢朝為此連續發兵征討，保衛邊境。

12 元帝永光五年夏天及秋天，都發生大水災。潁川、汝南、淮陽、廬江連下大雨，毀壞鄉里村落及民居，大水淹死很多人。此前一年，有關主管官員上奏議，請求罷去各郡國的宗廟，這一年又制定了迭毀之法，罷去太上皇，孝惠皇帝寢廟，都不再修復，博通儒學的人們都認為這違反了古代禮制。宦官石顯當權任事。

13 成帝建始三年夏天，發大水，三輔地區大雨連綿三十多天，各郡國十分之九都下了大雨。山谷中洪水湧出，總計淹死四千多人，大水沖毀官署民房八萬三千多所。元年，主管官吏報奏遷徙甘泉宮的泰畤，河東的后土祠於長安南北郊。建始二年，又罷廢了雍縣五時及各郡國舊有的祀廟，總共六處。

卷二十七中之上

五行志第七中之上

1 經❶曰：「羞❷用五事❸。五事：一曰貌，二曰言，三曰視，四曰聽，五曰思❹。貌曰恭❺，言曰從❻，視曰明❼，聽曰聰❽，思曰睿❾。恭作肅❿，從作艾⓫，明作悊⓬，聰作謀⓭，睿作聖⓮。休徵⓯：曰肅，時⓰雨若；艾，時陽⓱若；悊，時奧⓲若；謀，時寒若；聖，時風若。咎徵⓳：曰狂，恆雨若；僭⓴，恆陽若；舒㉑，恆奧若；急，恆寒若；霿㉒，恆風若。」

2 傳曰：「貌之不恭，是謂不肅，厥㉓咎狂㉔，厥罰恆雨，厥極㉕惡。時㉖則有服妖㉗，時則有龜孽㉘，時則有雞旤，時則有下體生上之痾㉙，時則有青眚㉚青祥㉛。唯金沴㉜木。」

3 說曰：凡草物㉝之類謂之妖㉞。妖猶夭胎㉟，言尚微。蟲豸㊱之類謂之孽，孽則牙㊲孽矣。及六畜，謂之旤，言其著也。及人，謂之痾。痾，病貌，言寖㊳深也。甚則異物生，謂之眚；自外來，謂之祥。祥猶禎㊴也。氣相傷，謂之沴。沴猶臨莅㊵，不和意也。每一事云「時則」以絕㊶之，言非必俱至，或有或亡，或在前或在後也。

4 孝武時，夏侯始昌㊷通五經，善推五行傳，以傳族子㊸夏侯勝㊹，下及許商㊺，皆以教所賢弟子。其傳與劉向㊻同，唯劉歆㊼傳獨異。貌之不恭，是謂不肅。肅，敬也。內曰恭，外曰敬。人君行己，體貌不恭，怠慢驕蹇㊽，則不能敬萬事，失在狂易㊾，故其咎狂也。上嫚㊿下暴，則陰氣勝，故其罰常雨也。水傷百穀，衣食不足，則姦軌(51)並作，故其極(52)惡也。一曰，民多被刑，或形貌醜惡，亦是也。風俗狂慢，變節易度，則為剽輕(53)奇怪之服(54)，故有服妖。水類動，故有龜孽。於易，巽(55)為雞，雞有冠(56)距(57)文武之貌。不為威儀，貌氣毀，故有雞旤。一曰，水歲雞多死及為怪，亦是也。上失威儀，則下有彊臣害君上者，故有下體生於上之痾。木色青，故有青眚青祥。凡貌傷者病木氣，木氣病則金沴之，衝氣(58)相通也。於易，震在東方，為春為木也；兌在西方，為秋為金也；離在南方，為夏為火也；坎在北方，為冬為水也。春與秋，日夜分，寒暑平，是以金木之氣易以相變，故貌傷則致秋陰常雨，言傷則致春陽常旱也。至於冬夏，日夜相反，寒暑殊絕，水火之氣不得相併，故視傷常奧，聽傷常寒者，其氣然也。逆之，其極曰惡；順之，其福曰攸好德[59]。劉歆貌傳曰有鱗蟲之孽，羊旤，鼻痾。說以為於天文東方辰為龍星，故為鱗蟲；於易兌為羊，木為金所病，故致羊旤，與常雨同應。此說非是。春與秋，氣陰陽相敵，木病金盛，故能相并，唯此一事耳。旤與妖痾祥眚同類，不得獨異。

史記[60]成公十六年[61]，公會諸侯于周。單襄公[62]見晉厲公[63]視遠步高，告公曰：「晉將有亂。」魯侯曰：「敢問天道也？抑[64]人故[65]也？」對曰：「吾非瞽[66]史，焉[67]知天道？吾見晉君之容，殆[68]必禍者也。夫君子目以定體，足以從之，是以觀其容而知其心矣。目以處誼[69]，足以步目[70]。晉侯視遠而足高，目不在體，而足不步目，其心必異矣。目體不相從，何以能久？夫合諸侯，民之大事也，於是虖觀存亡。故國將無咎，其君在會，步言視聽必皆無讁[71]，則可以知德矣。視遠，曰絕其誼；足高，曰棄其德；言爽[72]，曰反其信；聽淫[73]，曰離其名。夫目以處誼，足以踐[74]德，口以庇[75]信，耳以聽名者也，故不可不慎。偏喪[76]有咎；既喪[77]，則國從之。晉侯爽二[78]，吾是以云。」後二年，晉人殺厲公。凡此屬，皆貌不恭之咎云。

6 左氏傳桓公十三年[79]，楚屈瑕[80]伐羅[81]，鬭伯比[82]送之，還謂其馭曰：「莫囂[83]必敗，舉止[84]高，心不固矣。」遽[85]見楚子[86]以告。楚子使賴[87]人追之，弗及。莫囂行，遂無次[88]，且不設備。及羅，羅人軍[89]之，大敗。莫囂縊死。

7 釐公十一年[90]，周使內史過[91]賜晉惠公命[92]，受玉，惰[93]。過歸告王曰：「晉侯其[94]無後乎！王賜之命，而惰於受瑞，先自棄也已，其何繼之有！禮，國之幹也；敬，禮之輿[95]也。不敬則禮不行，禮不行則上下昏，何以長世！」二十一年，晉惠公卒，子懷公立，晉人殺之，更立文公[96]。

8 成公十三年[97]，晉侯使郤錡[98]乞師[99]于魯，將事不敬[100]。孟獻子[101]曰：「郤氏其亡虖！禮，身之幹也；敬，身之基也。郤子無基。且先君之嗣卿[102]也，受命以求師，將社稷是衛，而惰棄君命也，不亡何為！」十七年，郤氏亡。

9 成公十三年，諸侯朝王，遂從劉康公[103]伐秦。成肅公[104]受脤[105]于社，不敬。劉子[106]曰：「吾聞之曰，民受天地之中[107]以生，所謂命也。是以有禮義動作[108]威儀之則，以定命也。能者養以之[109]福，不能者敗以取旤，是故君子勤禮，小人盡力。勤禮莫如致敬[110]，盡力莫如惇篤[111]。敬在養神，篤在守業。國之大事，在祀與戎。

祀有執膰[112]，戎有受脤，神之大節[113]也。今成子惰，棄其命矣，其[114]不反[115]虖！」

五月，成肅公卒。

10 成公十四年[116]，衛定公[117]享[118]苦成叔[119]，甯惠子[120]相[121]。苦成叔敖[122]，甯子曰：「苦成家其亡虖！古之為享食[123]也，以觀威儀省[124]旤福也。故詩曰：『兕觥其觩，旨酒思柔。匪儌匪傲，萬福來求。』[125]今夫子傲，取旤之道也。」後三年，苦成家亡[126]。

11 襄公七年[127]，衛孫文子[128]聘于魯，君登亦登[129]。叔孫穆子[130]相，趨進[131]曰：「諸侯之會，寡君未嘗後衛君。今吾子不後寡君，寡君未知所過，吾子其少安[132]！」孫子亡辭，亦亡悛[133]容。穆子曰：「孫子必亡。為臣而君，過而不悛，亡之本也。」十四年，孫子逐其君[134]而外叛[135]。

12 襄公二十八年[136]，蔡景侯[137]歸自晉，入于鄭。鄭伯享之，不敬。子產[138]曰：「蔡君其不免[139]虖！日[140]其過此[141]也，君使子展[142]往勞[143]于東門，而敖。吾曰：『猶將更[144]之。』今還，受享而惰，迺其心也。君小國，事大國[145]，而惰敖以為己心，將得死虖？君若不免，必由其子。淫[146]而不父，如是者必有子旤。」三十年，為世子[147]般所殺。

13 襄公三十一年[148]，公薨[149]。季武子將立公子裯[150]，穆叔[151]曰：「是人也，居喪而不哀，在慼而有嘉容，是謂不度[152]。不度之人，鮮[153]不為患，若果立，必為季氏憂。」武子弗聽，卒立之。比及[154]葬，三易衰[155]，衰衽[156]如故衰。是為昭公。立二十五年，聽讒攻季氏。兵敗，出奔，死于外[157]。

14 襄公三十一年，衛北宮文子[158]見楚令尹圍[159]之儀[160]，言於衛侯曰：「令尹似君矣，將有它志[161]；雖獲其志，弗能終也。」公曰：「子何以知之？」對曰：「詩云：『敬慎威儀，惟民之則。』[162]令尹無威儀[163]，民無則焉。民所不則[164]，以在民上，不可以終[165]。」

15 昭公十一年[166]夏，周單子[167]會於戚[168]，視下言徐。晉叔向[169]曰：「單子其死虖！朝有著定[170]，會[171]有表[172]，衣有襘[173]，帶有結[174]。會朝之言必聞于表著之位，所以昭[175]事序也；視不過結襘之中，所以道[176]容貌也。言以命之，容貌以明之，失則有闕。今單子為王官伯[177]，而命事於會，視不登帶，言不過步，貌不道容而言不昭矣。不道不恭[178]，不昭不從[179]，無守氣[180]矣。」十二月，單成公卒。

16 昭公二十一年[181]三月，葬蔡平公，蔡太子朱失位[182]，位在卑。魯大夫送葬者歸告昭子[183]。昭子歎曰：「蔡其亡虖！若不亡，是君也必不終。詩曰：『不解於位，民之攸塈。』[184]今始即位而適[185]卑，身將從之。」十月，蔡侯朱出奔楚。

17 晉魏舒[186]合諸侯之大夫于翟泉[187]，將以城[188]成周[189]。魏子涖政[190]，衛彪傒[191]曰：「將建天子[192]，而易位以令[193]，非誼[194]也。大事奸[195]誼，必有大咎。晉不失諸侯，魏子其不免虖！」是行也，魏獻子屬[196]役於韓簡子，而田[197]於大陸[198]，焚[199]焉而死。

18 定公十五年[200]，邾隱公[201]朝於魯，執玉[202]高，其容仰。公受玉卑，其容俯。子贛[203]觀焉，曰：「以禮觀之，二君者皆有死亡焉。夫禮，死生存亡之體也。將[204]左右周旋，進退俯仰，於是虖取之；朝祀喪戎，於是虖觀之。今正月相朝，而皆不度[205]，心已亡矣。嘉事[206]不體[207]，何以能久？高仰，驕也；卑俯，替[208]也。驕近亂，替近疾。君為主，其先亡[209]虖！」

19 庶徵之恆雨，劉歆以為春秋大雨也，劉向以為大水。

20 隱公九年[210]「三月癸酉[211]，大雨，震電；庚辰[212]，大雨雪[213]」。大雨，雨水[214]也；震，雷也。劉歆以為三月癸酉，於曆數春分後一日，始震電之時也，當雨，而不當大雨。大雨，常雨之罰也。於始震電八日之間而大雨雪，常寒之罰也。劉向以為周三月，今正月[215]也，當雨水，雪雜雨，雷電未可以發也。既已發也，則雪不當復降。皆失節，故謂之異。於易，雷以二月出，其卦曰豫[216]，言萬物隨雷出地，皆逸豫也。以八月入，其卦曰歸妹[217]，言雷復歸。入地則孕毓[218]根核[219]，保藏蟄蟲，避盛陰之害；出地則養長華實，發揚隱伏，宣盛陽之德。入能除害，出能興利，人君之象也。是時，隱以弟桓幼，代而攝立。公子翬[220]見隱居位已久，勸之遂[221]立。隱既不許，翬懼而易其辭[222]，遂與桓共殺隱。天見其將然，故正月大雨水而雷電。是陽不閉陰，出涉危難而害萬物。天戒若曰，為君失時，賊弟佞臣將作亂矣。後八日大雨雪，陰見間隙而勝陽，篡殺之旣將成也。公不寤，後二年而殺[223]。

21 昭帝始元元年[224]七月，大水雨，自七月至十月。成帝建始三年[225]秋，大雨三十餘日；四年九月，大雨十餘日。

22 左氏傳愍公二年[226]，晉獻公使太子申生帥師[227]，公衣之偏衣[228]，佩之金玦[229]。狐突[230]歎曰：「時，事之徵也；衣，身之章[231]也；佩，衷[232]之旗[233]也。故敬其事，則命以始[234]；服其身，則衣之純[235]；用其衷，則佩之度[236]。今命以時卒[237]，閟[238]其事也；衣以尨[239]服，遠[240]其躬也；佩以金玦，棄其衷也。服以遠之，時以閟之，尨涼[241]冬殺[242]，金寒[243]玦離[244]，胡[245]可恃也！」梁餘子養[246]曰：「帥師者，受命于廟，受脤於社，有常服[247]矣。弗獲而尨，命可知也。死而不孝，不如逃之。」罕夷[248]曰：「尨奇無常，金玦不復[249]，君有心[250]矣。」後四年，申生以讒自殺。近服妖也。

23 左氏傳曰，鄭子臧[251]好聚鷸冠[252]，鄭文公[253]惡[254]之，使盜殺之。劉向以為近服妖者也。一曰，非獨為子臧之身，亦文公之戒也。初，文公不禮晉文[255]，又犯天子命而伐滑[256]，不尊尊敬上。其後晉文伐鄭，幾[257]亡國。

24 昭帝時，昌邑王賀遣中大夫[258]之長安，多治仄注冠[259]，以賜大臣，又以冠奴[260]。劉向以為近服妖也。時王賀狂悖[261]，聞天子不豫[262]，弋獵馳騁如故，與騶奴[263]宰人[264]游居娛[265]戲[266]，驕嫚不敬。冠者尊服，奴者賤人，賀無故好[267]作非常之冠，暴[268]尊象也。以冠奴者，當自至尊墜[269]至賤也。其後帝崩，無子，漢大臣徵賀為嗣。即位，狂亂無道，縛戮[270]諫者夏侯勝等。於是大臣白[271]皇太后，廢賀為庶人[272]。賀為王時，又見大白狗冠方山冠[273]而無尾，此服妖，亦犬旤也。賀以問郎中令[274]龔遂[275]，遂曰：「此天戒，言在仄[276]者盡冠狗也。去之則存，不去則亡矣。」賀既廢數年，宣帝封之為列侯，復有辠，死不得置後，又犬旤無尾之效[277]也。京房[278]易傳曰：「行不順，厥咎人奴冠，天下亂，辟[279]無適[280]，妾子拜。」又曰：「君不正，臣欲篡，厥妖狗冠出朝門。」

25 成帝鴻嘉、永始之間，好為微行[281]出游，選從[282]期門郎[283]有材力[284]者，及私奴客[285]，多至十餘，少五六人，皆白衣袒幘[286]，帶持刀劍。或乘小車，御者[287]在茵[288]上，或皆騎，出入市里郊埜，遠至旁縣。時，大臣車騎將軍王音及劉向等數以切諫[289]。谷永[290]曰：「易稱『得臣無家[291]』，言王者臣天下[292]，無私家也。今陛下棄萬乘之至貴，樂家人之賤事；厭高美之尊稱，好匹夫之卑字[293]；崇聚[294]票輕[295]無誼之人，以為私客；置私田於民間，畜私奴車馬於北宮[296]；數去南面之尊，離深宮之固，挺身獨與小人晨夜相隨，烏集[297]醉飽吏民之家，亂服共坐，溷肴[298]亡別，閔勉[299]遯樂[300]，晝夜在路。典門戶奉宿衛之臣執干戈守空宮，公卿百寮[301]不知陛下所在，積數年矣。昔虢公為無道，有神降曰『賜爾土田』[302]，言將以庶人受土田也。諸侯夢得土田，為失國祥，而況王者畜私田財物，為庶人之事乎！」

26 左氏傳曰，周景王[303]時大夫賓起[304]見雄雞自斷其尾。劉向以為近雞旤也。是時，王有愛子子鼂[305]，王與賓起陰謀欲立之。田于北山，將因兵眾殺適子[306]之黨，未及而崩。三子[307]爭國，王室大亂。其後，賓起誅死[308]，子鼂奔楚而敗[309]。京房易傳曰：「有始無終，厥妖雄雞自齧[310]斷其尾。」

27 宣帝黃龍元年[311]，未央殿輅軨[312]中雌雞化為雄，毛衣變化而不鳴，不將[313]，無距[314]。元帝初元[315]中，丞相府史[316]家雌雞伏子[317]，漸化為雄，冠距鳴將。永光[318]中，有獻雄雞生角者。京房易傳曰：「雞知時，知時者當死。」房以為己知時，恐當[319]之。劉向以為房失雞占。雞者小畜，主司時[320]，起居人[321]，小臣執事為政之象也。言小臣將秉君威，以害正事，猶石顯也。竟寧元年[322]，石顯伏辜，此其效也。一曰，石顯何足以當此？昔武王伐殷，至于牧埜[323]，誓師曰：「古人有言曰『牝雞無晨；牝雞之晨，惟家之索』。今殷王紂惟婦言用。」[324]繇[325]是論之，黃龍、初元、永光雞變，迺國家之占，妃后象也。孝元王皇后以甘露二年[326]生男，立為太子。妃，王禁女也。黃龍元年，宣帝崩，太子立，是為元帝。王妃將為皇后，故是歲未央殿中雌雞為雄，明其占在正宮也。不鳴不將無距，貴始萌而尊未成也。至元帝初元元年[327]，將立王皇后，先以為婕妤[328]。三月癸卯[329]制書[330]曰：「其[331]封婕妤父丞相少史王禁為陽平[332]侯，位特進[333]。」丙午，立王婕妤為皇后。明年正月，立皇后子為太子。故應是，丞相府史家雌雞為雄，其占即丞相少史之女也。伏子者，明已有子也。冠距鳴將者，尊已成也。永光二年[334]，陽平頃侯禁薨，子鳳嗣侯，為侍中衛尉。元帝崩，皇太子立，是為成帝。尊皇后為皇太后，以后弟鳳為大司馬大將軍，領尚書[335]事，上委政，無所與[336]。王氏之權自鳳起，故於鳳始受爵位時，雄雞有角，明視[337]作威顓君[338]害上危國者，從此人始也。其後群弟世權，以至於莽，遂篡天下。即位五年，王太后迺崩，此其效也。京房易傳曰：「賢者居明夷之世[339]，知時[340]而傷，或眾[341]在位，厥妖雞生角。雞生角，時主獨。」又曰：「婦人顓政，國不靜；牝雞雄鳴，主不榮。」故房以為己亦在占中矣。

28 成公七年[342]「正月，鼷鼠[343]食[344]郊牛[345]角；改卜牛，又食其角」。劉向以為近青祥，亦牛旤也，不敬而傋霿[346]之所致也。昔周公制禮樂，成周道，故成王命魯郊祀天地，以尊周公。至成公時，三家始顓政，魯將從此衰。天愍周公之德，痛其將有敗亡之旤，故於郊祭而見戒云。鼠，小蟲，性盜竊，鼷又其小者也。牛，大畜，祭天尊物也。角，兵象，在上，君威也。小小鼷鼠，食至尊之牛角，象季氏乃陪臣[347]盜竊之人，將執國命以傷君威而害周公之祀也。改卜牛，鼷鼠又食其角，天重[348]語[349]之也。成公怠慢昏亂，遂君臣更執于晉[350]。至于襄公，晉為湨梁之會[351]，天下大夫皆奪君政[352]。其後三家逐昭公，卒死于外，幾絕周公之祀。董仲舒以為鼷鼠食郊牛，皆養牲不謹也。京房易傳曰：「祭天不慎，厥妖鼷鼠齧郊牛角。」

29 定公十五年[353]「正月，鼷鼠食郊牛，牛死」。劉向以為定公知季氏逐昭公，辠惡如彼，親用孔子為夾谷之會[354]，齊人倈[355]歸鄆[356]、讙[357]、龜陰[358]之田，聖德如此，反用季桓子[359]，淫於女樂，而退孔子，無道甚矣。詩曰：「人而亡儀，不死何為！」[360]是歲五月，定公薨，牛死之應也。京房易傳曰：「子不子，鼠食其郊牛。」

30 哀公元年[361]「正月，鼷鼠食郊牛」。劉向以為天意汲汲[362]於用聖人[363]，逐三家，故復見戒也。哀公年少，不親見昭公之事，故見敗亡之異。已而哀不寤，身奔於粵[364]，此其效也。

31 昭帝元鳳元年[365]九月，燕有黃鼠銜其尾舞王宮端門[366]中，王往視之，鼠舞如故。王使吏以酒脯[367]祠[368]，鼠舞不休，一日一夜死。近黃祥，時燕剌王旦謀反將死之象也。其月，發覺伏辜[369]。京房易傳曰：「誅不原情[370]，厥妖鼠舞門。」

32 成帝建始四年[371]九月，長安城南有鼠銜黃蒿、柏葉，上民冢柏及榆樹上為巢，桐柏[372]尤多。巢中無子，皆有乾鼠矢[373]數十。時議臣以為恐有水災。鼠，盜竊小蟲，夜出晝匿；今晝去穴而登木，象賤人將居顯貴之位也。桐柏，衛思后園[374]所在也。其後，趙皇后[375]自微賤登至尊，與衛后同類。趙后終無子而為害。明年，有鳶[376]焚巢，殺子之異也。天象仍[377]見，甚可畏也。一曰，皆王莽竊位之象云。京房易傳曰：「臣私祿[378]罔[379]辟，厥妖鼠巢。」

33 文公十三年[380]「大室[381]屋壞」。近金沴木，木動也。先是，冬，釐公薨，十六月迺作主[382]。後六月，又吉禘[383]於太廟而致釐公，春秋譏之。經曰：「大事於太廟，躋[384]釐公。」左氏說曰：太廟，周公之廟，饗有禮義者也；祀，國之大事也。惡其亂國之大事於太廟，故言大事也。躋，登也，登釐公於愍公上，逆祀[385]也。釐雖愍之庶兄，嘗為愍臣，臣子一例，不得在愍上。又未三年而吉禘，前後亂賢父聖祖之大禮，內為貌不恭而狂，外為言不從而僭。故是歲自十二月不雨，至于秋七月。後年，若是者三，而太室屋壞矣。前堂曰太廟，中央曰太室。屋，其上重屋尊高者也，象魯自是陵夷，將墮[386]周公之祀也。穀梁、公羊經[387]曰，世室，魯公伯禽之廟也。周公稱太廟，魯公稱世室。大事者，祫祭[388]也。躋釐公者，先禰[389]後祖[390]也。

34 景帝三年[391]十二月，吳二城門自傾，大船自覆。劉向以為近金沴木，木動也。先是，吳王濞以太子死於漢，稱疾不朝，陰與楚王戊謀為逆亂。城猶國也，其一門名曰楚門，一門曰魚門。吳地以船為家，以魚為食。天戒若曰，與楚所謀，傾國覆家。吳王不寤，正月，與楚俱起兵，身死國亡。京房易傳曰：「上下咸誖[392]，厥妖城門壞。」

35 宣帝時，大司馬霍禹393所居第394門自壞。時禹內不順，外不敬，見戒不改，卒受滅亡之誅。

36 哀帝時，大司馬董賢395第門自壞。時賢以私愛居大位，賞賜無度，驕嫚不敬，大失臣道，見戒不改。後賢夫妻自殺，家徙合浦396。

【章旨】以上說明何謂五事及其特性，並首先從「貌」談起，記載春秋至西漢時期因「體貌不恭，怠慢驕蹇」引發的災異，包括服妖、雞旤、牛旤等，及其史事應驗。

【注釋】❶經　此處指《尚書・洪範》。❷羞　敬之訛（從錢大昕，江聲說）。❸五事　指古人修身養性的貌（容貌）、言（言論）、視（觀察）、聽（聽斷）、思（思考）五件應當注意之事。❹思　一說本作「思心」。思慮。❺恭　容貌嚴正恭敬。❻從　言論正當，而可遵從。❼明　明白。能分辨正善邪惡，是非分明。❽聰　善於聽取意見，明辨是非。❾睿　通「睿」。明智；通達。一說作寬厚、包容之意。❿肅　心中肅敬。⓫艾　通「乂」。治理。⓬悊　明智；有智慧。⓭謀　謀劃。⓮聖　事無不通，光大而化，超越凡人者。⓯休徵　美好的徵驗。⓰時　應時；順時。⓱陽　陽氣；陽光。⓲奧　通「燠」。溫暖。⓳咎徵　惡行的徵驗。⓴僭　超越本分，冒用在上者的職權、名義行事。㉑舒　舒緩；逸樂。㉒霿　晦也。引申為愚蒙。㉓厥　其。㉔咎狂　過錯在於狂妄。㉕極　凶惡不幸之事。㉖時　有時。㉗服妖　服飾怪異。古人認為奇裝異服會預示天下之變，故稱服妖。㉘龜孽　水生動物的妖異。㉙痾　病。㉚眚　災異。㉛祥　吉凶的預兆，也指凶災、妖異。災異內生叫眚，外生叫祥。㉜沴　謂天地四時之氣不和而產生的災害。引申為相害、相傷。㉝草物　王先謙曰：官本作草木。㉞妖　怪異之物。㉟夭胎　動物初生曰夭，未生曰胎。㊱蟲豸　有足謂之蟲，無足謂之豸。㊲牙　通「芽」。㊳寖　逐漸。㊴禎　吉祥。㊵臨莅　親臨現場。㊶絕　斷絕；隔斷。㊷夏侯始昌　本書卷七十五有傳。㊸族子　同族兄弟之子。㊹夏侯勝　本書卷七十五有傳。㊺許商　長安人，受業於周堪，研究大夏侯學，著有《五行論曆》、《五行傳記》。㊻劉向　本書卷三十六有傳。㊼劉歆　本書卷三十六有傳。㊽驕蹇　也作「驕謇」。傲慢；不順從。㊾狂易　謂狂而變其常性。㊿嫚　傲慢；輕侮。或作慢。(51)姦

軌 也作奸宄，為非作歹之人。(52)極 終了。引申為結局。(53)剽輕 輕佻；輕捷。(54)服 服飾。(55)巽 八卦之一，下文〈震〉、〈兌〉、〈離〉、〈坎〉等皆《易》卦名。(56)冠 雞冠。(57)距 雞爪。(58)衝氣 五行之氣相衝克者互為「衝氣」。(59)攸好德 謂所好者德。攸，所也。(60)史記 此處史記不專指司馬遷所撰《史記》，古代列國之史書，俱稱史記。(61)成公十六年 西元前五七五年。(62)單襄公 指周朝卿士單子朝。(63)晉厲公 名州蒲，景公之子。(64)抑 或者。(65)故 原因。(66)瞽 樂官，古代以瞽者（失明的人）為之，故稱。(67)焉 哪。(68)殆 恐怕。(69)目以處誼 謂視瞻得其所宜。(70)足以步目 行步合於節度。(71)無謫 沒有可以責備之處。謫，責也。(72)爽 差；失。(73)淫 邪也。(74)踐 履也。(75)庇 庇護；保護；掩蓋。(76)偏喪 謂喪失其中之一。(77)既喪 全部喪失。既，盡也。(78)爽二 即「偏喪」與「既喪」。爽，假為「喪」。(79)桓公十三年 西元前六九九年。(80)屈瑕 即莫囂。(81)羅 國名。熊姓，在今湖北宜城西。其後屢遷，最後遷至長沙（今湖南湘陰東），為楚所滅。(82)鬬伯比 楚國大夫。(83)莫囂 或作「莫傲」，楚官名。(84)止 即「趾」。腳。(85)遽 速也。(86)楚子 楚王。(87)賴 春秋時國名。故址在今湖北隨州。(88)無次 不成次列，謂軍容不整齊。次，次列。(89)軍 擊之。(90)釐公十一年 西元前六四九年。釐，同「僖」。(91)內史過 周大夫。內史，官名。過，人名。(92)賜晉惠公命 賜命，敬稱天子或尊長者下達命令，以命圭作為信物。晉惠公，晉國君夷吾。(93)惰 不敬其事。(94)其 將。(95)禮之輿 載禮之車，比喻的說法。輿，車。(96)文公 晉文公重耳。(97)成公十三年 西元前五七八年。(98)郤錡 晉國大夫駒伯。(99)乞師 請求軍隊援助。(100)將事不敬 奉命辦事而不恭肅。(101)孟獻子 魯國大夫仲孫蔑。(102)嗣卿 郤克為晉景公上卿，其子郤錡又為晉景公之子厲公之卿，故云嗣卿。(103)劉康公 指王季子，周大夫。(104)成肅公 指成子，周大夫。(105)脤 古代祭社用的生肉。(106)劉子 劉康公。(107)中 謂中和之氣。(108)禮義動作 《左傳》作「動作禮儀」。(109)之 往。(110)致敬 極盡敬意。(111)惇篤 敦厚篤實。(112)膰 古代祭祀用的熟肉。(113)神之大節 與鬼神交際的大禮節。(114)其 殆。(115)反 通「返」。(116)成公十四年 西元前五七七年。(117)衛定公 衛國國君，名臧。(118)享 通「饗」。用宴席招待人。(119)苦成叔 晉國大夫郤犨。(120)甯惠子 衛國大夫甯殖。(121)相 贊相禮儀的人。(122)敖 通「傲」。傲慢；驕傲。(123)食 通「飼」。把食物給人吃。(124)省 視察；察看。(125)故詩曰五句 見《詩經．小雅．桑扈》。兕觵，古代用犀牛角製的飲酒器。觩，獸角彎曲貌。旨酒，美酒。柔，謂酒味中和而不苦烈。匪，非；不。傲，傲訐；攻擊別人短處或揭發別人隱私。來，是。求，聚。(126)苦成家亡 成公十七年，晉滅郤氏。(127)襄公七年 西元前五六六年。(128)衛孫文子 衛國大夫孫林父。(129)君登亦登 按禮，登階時，臣當後君一級。臣子與君主同級而登則為失禮。登，登階。(130)叔孫穆子 魯國大夫叔孫豹。(131)趨進 跑步上前。(132)安 緩。(133)悛 悔改。(134)逐其君 指衛獻公出奔齊國。(135)外叛 以戚（孫氏采邑）反叛。(136)襄公二十八年 西元前五四五年。137 蔡景侯　名固，蔡國國君，文侯之子。138 子產　名公孫僑，子產是其字，鄭國國相。139 不免　謂不免於禍難。140 日謂往日。141 過此　指蔡侯去晉國時經過鄭國。142 子展　鄭國大夫公孫舍之。143 勞　慰勞；慰問。144 更　改也。145 君小國二句　謂蔡君作為小國之君而奉事於大國（鄭國）之君。146 淫　指私通於太子的妻子。147 世子　太子。帝王和諸侯的嫡長子。148 襄公三十一年　西元前五四二年。149 薨　死的別稱。自周代始，人之死亡，有尊卑之分，「薨」以稱諸侯之死。150 公子裯　魯襄公之子，齊歸所生。151 穆叔　魯國大夫叔孫穆子。152 不度　沒有法度，意謂不懂孝道。153 鮮　少。154 比及　等到。155 三易衰　多次更換喪服。喻遊戲不止，多次弄髒了喪服。衰，通「縗」。古代的喪服。156 衽　衣襟。157 死于外　指昭公後來流亡晉國，死於晉邑乾侯（今河北成安東南）的事。158 北宮文子　名佗，衛國大夫。159 令尹圍　令尹，楚官名，相當於丞相。圍，楚恭王之子。時為令尹。160 儀　儀容。161 它志　即為君之心。162 詩云三句　見《詩經・大雅・抑》。163 威儀　威嚴莊重的儀表。164 則　法則；榜樣。165 不可以終　是說公子圍雖以篡得國，但終不能有之。圍以弒君篡國而終於取敗於乾谿。166 昭公十一年　西元前五三一年。167 單子　周大夫單成公。168 戚　衛國邑名，在今河南濮陽北。169 叔向　晉國大夫羊舌肸。170 朝有著定　各級官員在朝廷都各有其位。朝，朝廷。著定，謂朝位既定。著，位次。171 會　會盟諸侯。172 表　位次的標幟。173 襘　古代衣領交叉，其交叉處曰襘。174 結　紳帶結繫於腰間。175 昭　明。176 道　通「導」。引導。177 伯　長也。178 恭　貌正曰恭。179 從　言正曰從。180 守氣　言保守身體之氣。181 昭公二十一年　西元前五二一年。182 太子朱失位　這句話是說太子朱在葬禮中沒有站在應站的位置上，而站在了下面。太子朱，即蔡侯朱，蔡平公太子。失位，謂失去應處之位。183 昭子　魯大夫叔孫婼。184 詩曰三句　引詩出自《詩經・大雅・假樂》。解，今作「懈」，作怠惰講。塈，愒的假借，休息。185 適　往；歸。186 魏舒　晉卿魏獻之。187 翟泉　水名。亦作狄泉。即今洛陽城內大倉西南池水。188 城　作動詞講，即築城。189 成周　東周時期的都城。故址在今河南洛陽東北。190 涖政　謂代天子大夫為政，以臨其事。涖，臨。191 彪傒　衛國大夫。192 建天子　指為天子築城。193 易位以令　其時諸侯國為天子築城，自應由周大夫統領其事，今魏舒卻在發號施令，故曰易位以令。194 誼　通「宜」。195 奸　通「干」。犯的意思。196 屬　委託；託付。197 田　通「畋」。打獵。198 大陸　廣闊而平敞的地方。199 焚　焚燒。200 定公十五年　西元前四九五年。201 邾隱公　邾國國君，名益。202 玉　玉是朝會時所用的珪、璧之類。203 子贛　即孔子弟子端木賜。贛，同「貢」。204 將　而。205 度　法度。206 嘉事　朝令謂之嘉禮。207 不體　體亦禮。不體，即不禮。208 替　廢惰；失禮。209 先亡　這年五月魯定公薨。哀公七年秋，魯伐邾，以邾子益歸。210 隱公九年　西元前七一四年。211 癸酉　十日。212 庚辰　十七日。213 雨雪　下雪，雨為動詞。214 雨水　下雨；降水。215 周三月二句　周曆建子，以農曆十一月為歲首。漢《太初曆》建寅，以農曆正月為歲首，所以說周三月乃漢正月。周，周代。今，漢代。(216)豫　卦名。六十四卦之一。(217)歸妹　卦名，六十四卦之一。(218)毓　通「育」。(219)核　同「荄」。草根。(220)公子翬　魯國大夫羽父。(221)遂　終；終於。(222)易其辭　改換言詞。(223)殺　這裡用被動用法。(224)昭帝始元元年　西元前八六年。(225)成帝建始三年　西元前三〇年。(226)愍公二年　西元前六六〇年。(227)帥師　統帥軍隊。這裡指申生率軍伐東山皐落氏（赤狄別種，在今山西垣曲東南）。(228)偏衣　左右不同顏色的衣服。太子申生所穿的衣服，有一半與晉獻公服色相同。(229)金玦　古代佩身之物。玦，半環形。(230)狐突　晉國大夫伯行，狐偃之父，當時為太子申生駕車。(231)章　彰明。(232)衷　即中心。(233)旗　標幟。(234)命以始　謂當賞之開始之時。(235)純　一種顏色。(236)佩之度　即佩玉要合乎禮制。(237)時卒　十二月為四時之卒，即年終。(238)閟　閉；關閉；阻絕。(239)尨　雜色之服，謂偏衣。(240)遠　疏遠。(241)涼　有兩說：顏師古曰：「涼，薄也，尨色不能純，故曰薄也。」楊伯峻曰：「涼，《說文》引作惊，亦雜色之義，此以涼訓尨。」(242)殺　肅殺。冬主殺。(243)寒　金主西方，所以稱寒。(244)離　玦為圓形半缺，故曰離。(245)胡　何。(246)梁餘子養　晉國大夫，時為下軍御。(247)常服　指軍隊的韋弁（以淺紅色皮革製成的帽子）。(248)罕夷　晉國大夫，時為下軍御。(249)玦不復　決絕而不復還。復，返。(250)有心　有害太子之心。(251)子臧　鄭文公之子。(252)鷸冠　用鷸鳥毛裝飾的帽子。鷸，鳥名。(253)鄭文公　鄭國國君。(254)惡　厭惡；憎恨。(255)不禮晉文　晉文公為公子時，逃晉難出奔，過鄭，鄭文公待之不禮。晉文，晉文公重耳。(256)犯天子命而伐滑　僖公二十四年，鄭國攻滑，鄭國撤軍後，滑國又親附衛國，鄭國公子士、洩堵俞彌領兵攻打滑國，周天子派大夫伯服、游孫伯到鄭國請求不要攻打滑國，鄭文公怨恨周惠王不給厲公爵位，又怨恨周襄王袒護衛、滑兩國，逮捕了伯服和游孫伯。滑，春秋時國名。(257)幾　幾乎。(258)中大夫　中者，宮中也。大夫，官名。執掌顧問，應對，言議等，是皇帝或諸侯王的高級參謀。中大夫後更名為光祿大夫。(259)仄注冠　又寫作「側注冠」，冠名。言其形則立而下注。蔡邕云，高九寸，鐵為卷。(260)冠奴　給奴隸戴冠。這裡是使動用法。(261)悖　悖亂；惑亂。(262)不豫　謂有疾病。(263)騶奴　掌管車駕的僕隸。(264)宰人　廚夫。(265)娛　歡樂。(266)戲　戲樂；遊戲。(267)好　喜愛。(268)暴　侮辱。(269)墜　墜落。(270)戮　羞辱；侮辱。(271)白　稟告。(272)庶人　平民百姓。(273)方山冠　以五彩縐紗所製之冠，為樂舞人所服。(274)郎中令　官名。秦漢九卿之一，掌宮殿門戶，武帝時更名光祿勳。(275)龔遂　本書卷八十九有傳。(276)仄　同「側」。(277)效　效應；應驗。(278)京房　本書卷七十五有傳。(279)辟　國君。(280)適　通「嫡」。指嫡子。(281)微行　舊時謂帝王或有權勢者隱匿身分易服出行或私訪。(282)從　從行；跟隨。(283)期門郎　官名，主要執掌是執兵送從。(284)材力　有勇力。(285)私奴客　私家豢養的奴僕門客。(286)祖幘　一種空頂包裹的頭巾。幘，頭巾。(287)御者　駕車者。(288)茵　墊席。(289)切諫　直言極諫。(290)谷永　本書卷八十五有傳。(291)得臣無家　見《易・損》上九爻辭：「利有攸往，得臣無家。」臣，指單身奴隸，故無家。[292]臣天下　以天下為臣。[293]卑字　成帝微行，曾變易姓名，自稱「張放家人」。[294]崇聚　集聚。[295]票輕　剽悍輕疾。票，通「剽」。[296]北宮　漢都長安宮名。位於漢長安城未央宮東北，桂宮以東。北宮主要作為后妃之宮。多居住一些被廢貶或不得志的后妃。遺址在今西安北郊未央區袁家堡一帶。[297]烏集　乍合乍離，如烏之集。[298]溷肴　通「混淆」。混雜之意。[299]閔勉　同「黽勉」。不停息。[300]遯樂　逸樂。遯，逸。[301]百寮　百官。[302]有神降曰句　事見《春秋左傳・莊公三十二年》，莊公三十二年，有神降臨於莘，虢公派祝應、宗區、史嚚去祭祀，神靈賜給其土田，史嚚說：「虢國將要亡國了。」[303]周景王　姬貴。西元前五五四—前五二〇年在位。[304]賓起　即賓孟，王子鼂之傅。[305]子鼂　周景王之庶長子。[306]適子　王子猛，即後來的悼王。[307]三子　子鼂、子猛、敬王匄。[308]賓起誅死　《左傳・昭公二十二年》，劉獻公庶子劉蚠進見周天子，乘勢殺了賓起。[309]子鼂奔楚而敗　時在魯昭公二十六年，魯定公五年被周王派人殺死。[310]齧　咬；啄。[311]宣帝黃龍元年　西元前四九年。[312]輅軨　廄名。[313]不將　不率領其群。[314]距　雄雞爪後突出像腳趾的部分。[315]元帝初元　西元前四八—前四四年。[316]府史　小吏。[317]伏子　孵卵。[318]永光　元帝年號。西元前四三—前三九年。[319]當　承受；承擔。[320]司時　掌管時間，調雞候時而鳴。[321]起居人　掌握時間，以使人起居，這裡是使動用法。[322]竟寧元年　西元前三三年。竟寧，漢元帝年號。[323]牧壄　地名。在今河南淇縣西南。[324]誓師五句　引文出自《尚書・牧誓》。牝雞，雌雞。晨，晨鳴。牝雞之晨二句，說婦女主政，好像是雌雞代雄雞伺晨，古人認為這是不祥之兆，國家會因此而滅亡。索，盡；喪盡。[325]繇　通「由」。[326]甘露二年　西元前五二年。甘露，漢宣帝年號。[327]初元元年　西元前四八年。[328]婕妤　漢宮中女官，位視上卿，秩比列侯。[329]三月癸卯　夏曆三月初七日，下文丙午是三月初十日。[330]制書　皇帝的命令。[331]其　祈使副詞。[332]陽平　漢縣名，故址在今山東莘縣。[333]特進　加官名。一般是授於有功德和特殊地位的列侯，位在三公下。[334]永光二年　西元前四二年。[335]尚書　官名。秦時屬少府，掌殿內文書，職位很低，漢成帝時設尚書五人，一人為僕射，四人分四曹，正式組成宮廷內的政治機構。尚書掌章奏，位卑而權大。[336]與　參與。[337]視　通「示」。[338]顓君　專擅君主之政。顓，通「專」。[339]明夷之世　明夷，六十四卦之一。謂「日入地中，明傷而暗」。《周易淺述》「以人事言之，則昏君在上，明者見傷之時也」。意思是說因為君主昏暗，賢人退避。[340]知時　知天時。[341]或眾　狂惑眾人。[342]成公七年　西元前五八四年。[343]鼷鼠　鼠類中最小的一種。[344]食　咬。[345]郊牛　準備用來進行郊祀的牛（犧牲）。[346]傋霿　愚昧無知；愚昧昏蒙。[347]陪臣　古代天子以諸侯為臣，諸侯以大夫為臣，大夫又自有家臣。因之大夫對於天子，大夫之家臣對於諸侯，都是隔了一層關係的臣，即所謂「重臣」，因之都稱為陪臣。[348]重深切。[349]語　叮嚀；告訴。[350]君臣更執于晉　是說魯國君臣一再為晉國所執。成公十年秋，魯成公到晉國，被晉人留下，至十一年三月才得以回國。十六年秋，魯成公被晉扣留，九月，季孫行父被執，十二月才得回國。更，交互。[351]溴梁之會　襄公十六年，晉平公會諸侯於溴梁。溴梁，溴水的大堤，在今河南濟源西北。[352]大夫皆奪君政　溴梁之會時，諸侯都在場，但參與訂盟的卻是魯國叔孫豹、晉國荀偃、宋國向戌、衛國甯殖、鄭國公孫蠆、小邾國的大夫，他們的身分都是大夫，所以說大夫皆奪君政。[353]定公十五年　西元前四九五年。[354]夾谷之會　魯定公十年夏天，魯定公與齊國媾和，夏天定公在夾谷會見齊侯，孔子相禮，齊侯唆使萊人用兵器劫持定公，孔子領著定公退出，並命令隨從士眾還擊，齊侯停止了進攻，後又欲採取結盟的辦法，設宴招待的辦法都被孔子拒絕，於是齊人心服，並把此前季氏家臣陽貨送給齊國的鄆地、讙地及龜陰的田土歸還給魯國。夾谷，齊國地名，在今山東萊蕪東南。[355]倈　慰勞；慰勉。[356]鄆　魯國邑名，在今山東沂水縣北。[357]讙　魯國邑名，在今山東肥城南。[358]龜陰　龜山以北。在今山東泰安東北。[359]季桓子　魯國大夫，季平子之子季孫斯。[360]詩曰三句　引詩見《詩經·衛風·相鼠》。[361]哀公元年　西元前四九四年。[362]汲汲　心情急切的樣子。[363]聖人　孔丘。[364]身奔於粵　哀公二十七年，哀公憂患於三桓的威脅，想利用諸侯的力量除掉他們。這一年，他想利用越國力量伐魯以除三桓，未果，秋季八月初一，哀公逃到公孫有山氏處，遂後流亡到邾國，後又流亡到越國。粵，即越。[365]昭帝元鳳元年　西元前八〇年。[366]端門　正門。[367]脯　乾肉。[368]祠　祭祀。[369]伏辜　伏法。[370]不原情　謂不得其本情。原情，本情。[371]成帝建始四年　西元前二九年。[372]桐柏　亭名。衛思后葬於此。[373]矢　通「屎」。[374]思后園　武帝皇后衛子夫的陵園。[375]趙皇后　成帝后趙飛燕。本書卷九十七下有傳。[376]鳶　老鷹。[377]仍　頻。[378]私祿　擅私爵祿。[379]罔　欺騙。[380]文公十三年　西元前六一四年。[381]大室　也作「太室」，太廟中央之室，也指太廟。[382]釐公薨二句　釐公三十三年十二月薨，至文公二年二月乃作主，其間有一閏月，故十六月。主，廟主；為已死之君所立的牌位。[383]吉禘　謂三年喪畢之後，升其主於宗廟的祭禮。[384]躋　升；登。[385]逆祀　顛倒次序的祭祀。[386]墮　通「隳」。毀掉。[387]經　當作「傳」。[388]祫祭　集合遠近祖先的神主於太廟進行的合祭。[389]禰　父親死後在宗廟立主。也稱父廟。[390]祖　祖廟。[391]景帝三年　西元前一五四年。[392]誖　通「悖」。惑亂。[393]霍禹　霍光之子，本書卷六十八有傳。[394]第　住宅。[395]董賢　本書卷九十三有傳。[396]合浦　郡，縣名。治今廣西壯族自治區合浦東北。

【語　譯】經上說：「有五件事要恭敬地做到。這五事是：一容貌，二言論，三觀察，四聽斷，五思慮。容貌必須嚴肅恭敬。言論要正確，令人遵從。眼光明亮，觀察事物必須審明邪正。聽斷要敏銳。思考問題周到細緻。儀容莊嚴恭敬，心就肅靜。言論正確可以遵從，就能善於治理。觀察事物能辨明邪正善惡，處事便能明哲。聽取意見明辨是非，謀劃就能得當。思慮通達，周到細緻，就會事無不通，超越凡人。美好的徵驗是：恭敬嚴肅，雨水順時而降，滋潤萬物；政治清明，善於治理，陽光就和煦照臨；辨事明智，氣候便溫暖適時；謀劃正確合理，氣候寒冷適宜而不過分；通達聖明，就會風和宜人。惡行的徵驗是：行為狂妄，就會大雨不止；行為僭越，就會酷日亢陽不止；安於逸樂，就會高溫持續；行事急躁，就會經常寒冷；政治昏暗不明，就會大風不止。」

2 傳文說：「儀容不莊嚴恭敬，這就叫做不嚴肅，過錯在於狂妄過分，它將受到的懲罰是經常下雨，其終極是凶惡。有時有服飾上的怪異，有時有水生動物的妖異，有時有雞的災禍，有時有下體生在上面的病，有時有青色的妖物、青色的凶兆。這是由於金氣傷害木氣。」

3 解說道：凡是草木之類出現的怪異都叫做妖。妖猶如夭胎，是說它還很細微。蟲豸之類叫它做孽，孽就是幼小的萌芽了。言及六畜，稱之為禍，說它已經顯著了。言及人類，稱之為痾。痾，就是病狀，說明病情已逐漸加深了。更甚者則有異物生成，叫做眚；自外而來，稱之為祥。祥也就是禎。氣的相互侵傷，稱之為沴。沴有如親臨，彼此不和之意。每一件事說「時則」作結束，說明不一定同時都來到，或者有，或者無，有時發生在事前，有時發生在事後。

4 孝武帝時，夏侯始昌通曉《五經》，擅長於推論《五行傳》，並將其傳授給族姪夏侯勝，然後往下傳到許商，所教授都是自己所看重、有才能的學生。他們傳授的與劉向相同，唯獨劉歆所傳有不同。儀容不莊嚴恭敬，這就叫不肅。肅，就是恭敬。表現在內的叫做恭，表現在外的是敬。國君的言行舉止，體態容貌不肅敬，怠慢驕橫，就不能認真對待國家的各項事情，失誤的原因就在於狂妄而失去常性，所以錯就錯在一個狂字上。在上倨傲，在下暴虐，那麼陰氣就盛，所以上天對他的懲罰是經常下雨。雨水太多損傷百穀，人民衣食不足，於是為非作歹之人並起，其後果極其嚴重。一說認為，人民多受刑罰，造成形貌醜陋，也會引起陰雨連綿。風俗狂妄傲慢，改變節令更新制度，人們就喜穿剽悍輕薄的奇形怪狀的服裝，所以就有服妖。水族類動物喜動，因而出現龜孽。對於《易》來說，〈巽〉的卦象是雞，雞有雞冠雞爪，是文武官員的形象。不講究威儀，形貌氣質受損，所以會有雞禍。一種說法認為，雨水盛行之年雞多死及變為怪，也是這種效應。君主喪失威儀，那麼下面就有強臣危害君上，所以有下體生於上面的怪病。木的顏色是青，所以有青色的妖物，青色的凶兆。凡是容貌損傷的就是木氣受損傷，木氣受損傷，金氣便來傷害他，衝氣是相通相連的。對於《易》來說，〈震〉在東方，主春、主木；〈兌〉在西方，主秋、主金；〈離〉在南方，主夏、主火；〈坎〉在北方，主冬、主水。春天與秋天，晝夜等分，寒暑均平，因此金木之氣容易相互變化，所以儀容有失便招致秋陰多雨，言論有失則導致春季多晴天而持久乾旱。至於冬天和夏天，晝夜長短相反，寒暑相差懸殊，水火二氣不能相合，觀察失誤就會經常燠熱，聽斷失誤就會經常寒冷，這是由他們的氣所決定的。違犯了五行之氣的運行規律，其後果是凶；順之而行，就會有所好者德的福報。劉歆關於貌的解說認為有鱗蟲之孽、有羊禍、鼻痾。他的解說認為在天文東方辰位是龍星，所以是鱗蟲；對於《易》來說，〈兌〉象徵羊，木氣為金氣所損傷，所以招致羊禍，與常雨不停同效驗。這種說法是不對的。春天與秋天，陰氣與陽氣相當，木氣衰則金氣盛，所以能夠合併在一起，只是這樣一件事罷了。禍與妖、痾、祥、眚一樣，不會有什麼特別不同。

史書記載魯成公十六年，成公與諸侯在周會盟。周朝卿士單襄公看見晉厲公走路兩眼高視，腳步高抬的樣子，告訴魯成公說：「晉國要出亂子。」魯成公問：「敢問這是天意？還是人事的原因？」單襄公答道：「我不是樂官，哪裡會懂得天意？我看到晉君的儀容，恐怕是會有禍難的。君子以眼睛來確定體態，腳步的進退都依從眼睛，所以觀察其面容神態就足以知其心志了。目光遠近適宜，腳步跟著目光進退。晉侯眼往遠處看，腳步抬得很高，目光離開了身體，腳步也不跟隨目光，他的心志一定發生了異常。眼睛與身體不相依從，這如何能夠長久？會合諸侯，這是民眾的大事，從這裡來觀察國家的興衰存亡。所以國家如果沒有災禍，國君在盟會上，行走、語言、視瞻、聞聽都一定正確得體，無可指責，這樣也就可以知道他的德行了。目光過遠，叫做失去了他的道義；雙腳抬得太高，就是說拋棄了他的德性；說話談論有差失，叫做違反信義；耳聽不正之言，就是背離了自己的名分。人的眼睛用來決定適宜方位，腳步是用來踐履仁德，嘴巴是用來保護信義，耳朵是用來聽取名分的，所以不能不慎重。一有偏頗之失，就會出現差錯和災禍；如果全部都喪失了，那麼國家就會跟著滅亡。晉侯喪失了二項，我就是由此而作出這個判斷的。」二年之後，晉國人殺了厲公。凡是這類情況，都是儀容不恭而導致的災禍。

6 《左氏傳》桓公十三年，楚國莫囂屈瑕攻伐羅國，鬬伯比送他，回來時對駕車人說：「莫囂肯定要失敗，他走路時腳抬得很高，說明他的思想不堅定。」急忙回朝見楚王告訴這件事。楚國君馬上派一個賴國人去追趕莫囂，但沒有追上。莫囂率軍前進，軍隊不成次列，又不設防備。到達羅國，羅國人發起抗擊，楚軍大敗。莫囂自縊身亡。

7 釐公十一年，周王派內史過把命圭賜給晉惠公，晉惠公接受命圭時，態度極不敬。內史過回朝告訴周王說：「晉侯將無後代吧！君王賜給他命圭，而他接受瑞玉時態度極不恭敬，是自己先放棄了福瑞，還會有什麼人繼承他！禮是國家的根本；敬是禮的手段。不敬那麼禮制就難以實行，禮制不行就上下昏亂，怎麼能世系長久！」二十一年，晉惠公去世，兒子懷公繼位，結果被晉人殺死，改立了文公。

8 成公十三年，晉侯派郤錡到魯國乞求軍隊援助，奉行君命但不敬重其事。孟獻子說：「郤氏將會滅亡吧！禮是立身的主幹；敬是立身的根基。郤子失去了根基。郤子作為其父卿位的繼承者，奉命來魯國乞求軍隊援助，就是為了保衛社稷，而卻不敬其事懈怠君命，怎麼能不滅亡！」十七年，郤氏滅亡。

9 成公十三年，諸侯朝見周王，然後跟從周大夫劉康公去討伐秦國。成肅公在社神壇接受祭肉，怠慢不敬。劉康公說：「我聽說過，人接受天地中和之氣而出生，這就是所謂的命。所以有動作禮儀的威儀為法則，用來決定生命。能夠遵守禮儀規則的，就能養護生命以得福，不能遵守者就會失敗而招致禍災，所以君子盡心於禮，小人則竭盡出力。盡心於禮莫過於極盡敬意，盡心出力莫過於敦厚篤實。極盡敬意在於養神，盡心出力在於守業。國家的大事在於祭祀和征戰。宗廟的祭祀有向祭祀者執膰之禮，出兵征戰有受脤之禮，這些都是與鬼神交際的大禮節。如今成子極不恭敬而怠慢，已把生命拋棄了，恐怕不能回來了啊！」五月，成肅公去世了。

10 成公十四年，衛定公宴請晉國大夫苦成叔，時衛國大夫甯惠子為贊相禮官。苦成叔傲慢無禮，甯惠子說：

「苦成叔其家可能要亡了吧！古代舉行宴會，是用來觀察威儀，省察禍福的。所以《詩經》上說：『兕觥觩曲，美酒柔柔。不傲不傲，福祿來聚。』今天這位夫子竟如此傲慢，這是取禍之道啊。」三年後，苦成叔的家族就滅亡了。

11 襄公七年，衛國大夫孫文子出訪魯國，魯君升階，孫文子也同步升階，魯國大夫叔孫穆子當時為贊相禮官，他急忙跑過去對孫文子說：「在諸侯會盟時，我們國君不曾讓衛君走在後面。今天你不走在我們國君的後面，我們國君不知道有什麼過失，請你稍微走慢一些吧！」孫文子無言以對，也沒有悔改的表現。穆子說：「孫文子必將滅亡。作為臣子而把自己等同於國君，有過失還不知改正，這是滅亡的根本原因。」襄公十四年，孫文子驅逐了他的國君，憑藉其封邑而反叛。

12 襄公二十八年，蔡景侯從晉國回國，途經鄭國。鄭伯設宴款待他，席間他很不禮貌。鄭國大夫子產說：「蔡國國君將不免於災禍了！往日他路過這裡，國君派子展到東門去慰勞，他非常傲慢。我說：『以後應該會改變這種態度。』今天歸來，接受款待怠慢無禮，這就是固有的心志。身為小國之君，奉事大國，而把怠慢和驕傲作為固有的心志，會有善終嗎？蔡君如果不免於死，必然是由他的兒子。他行為淫亂不像為人之父，如果這樣下去，其結果必有來自兒子的災禍。」襄公三十年，終於被他的太子般殺死。

13 襄公三十一年，襄公去世。季武子將要立公子裯為魯國之君，穆叔說：「這個人，服喪沒有哀痛之情，在悲哀期間卻面露喜容，這是不懂禮法。不守禮法之人，少有不帶來禍患的，若果立他為國君，必將會成為季氏的憂患。」季武子不聽，終於立公子裯做了國君。等到為襄公下葬時，這位新君三次更換喪服，剛穿上的新喪服很快就弄髒了，和舊的沒有區別。他就是魯昭公。即位二十五年，聽信讒言，攻打季氏。結果兵敗而出奔，死在國外。

14 襄公三十一年，衛國北宮文子看到楚國令尹圍的儀容，對衛侯說：「令尹好像是君主了，可能心有異志；不過就是實現了他的意志，也不可能最終享有。」衛侯說：「你憑什麼知道？」文子回答說：「《詩經》上說：『在上的要敬慎他的威儀，因為這是人民效法的準則。』令尹沒有威儀，人民也就沒有效法的準則。人民不效法的人，卻居於老百姓之上，是不會有善終的。」

15 昭公十一年夏天，周大夫單子在戚地與諸侯相會，他目光向下，言語緩慢。晉國叔向說：「單子將要死了！朝會時，朝廷上設有固定的位置，在野外會見時也設有標幟，衣領有交結之處，紳帶有結頭。會見或朝見，講話的聲音必須要能讓站在自己固定位置上的人聽得見，從而昭明事理；視線不超過交結，交領的中間，藉以引導容貌。言語用來發布命令，容貌用以表明態度，言語容貌若有差次，就會發生過失。如今單子作為王官之長，在盟會上宣布政事，視線不升於帶，聲音傳不出一步，儀容讓人看不清態度，言語不能昭明事項。心態不明朗就是不恭敬，言語不明白人們就難以從命，已經沒有守身的精氣了。」這年十二月，單子便去世了。

16 昭公二十一年三月，安葬蔡平公，蔡國太子朱沒有站在應站的位置上，而站了身分低下人的位置。參加葬禮的魯國大夫回國後把這件事告訴了昭子。昭子歎息說：「蔡國可能要滅亡了吧！如果不亡，這個君主也不會善終。《詩經》說：『在位的人不懈於職守，民眾才能得以休息。』如今剛剛即位就居於卑下的地位，身分也即將隨之而降低了。」十月，蔡侯朱就出逃到了楚國。

17 晉國魏舒在翟泉會合各國的大夫，要加修成周的城防。魏舒代替周天子的大夫執領這件事，衛國大夫彪傒說：「將給天子築城，自應由周大夫統領，現在由魏舒發號施令，是不適合的。在大事上違犯禮儀，必定會有大災難。即使晉國不喪失諸侯之位，魏舒也難免災禍！」這次修城，魏舒把工役託付給韓簡子負責，自己卻到曠野裡去打獵，隨即被火燒死了。

18 定公十五年，邾隱公來朝見魯公，他高高地捧著瑞玉，仰著臉。魯公則謙恭地接受瑞玉，低著頭。子贛當時在那裡觀看，說：「從禮的角度去看，這兩位國君都有死的徵兆。禮，這是生死存亡的根本。左右周旋，進退俯仰，都要依禮來進行；朝會、祭祀、喪葬、用兵，也都觀察其是否合於禮。現在正月相朝見，都不合禮的法度，心已經喪失了。這樣重要的事都不合於禮制，如何能夠長久？頭抬得很高是驕傲；低埋著頭是惰怠。驕傲近乎於亂，廢惰近乎於病。魯君是這次朝會的主人，恐怕是要先死亡的吧！」

19 眾多徵驗中的陰雨不停，劉歆認為是《春秋》上的下大雨，劉向認為是發大水。

20 隱公九年，「三月初十癸酉日，下大雨，有雷電；十七庚辰日，有大雨雪」。下大雨就是降水，震是雷。劉歆認為三月癸酉日，在曆法上是春分後的第一天，是開始有雷電的季節，應該下雨了，但不應當下大雨。下大雨就是常雨不停的懲罰。在開始有雷電的八日之內就大降雪，這是常寒不暖的懲罰。劉向認為周代的三月，就是今天的正月，已經到了當降雨的時候，雪夾雜著雨而下，但不是雷電發生的時候。既然已有了雷電，就不應當再降雪。這些都不符合節氣，所以就稱為異常。在《易經》上，雷在二月出現，其卦為〈豫卦〉，是說萬物伴隨著雷聲從地下萌生，都充滿生機而愉悅。到了八月雷就隱沒入地，卦為〈歸妹〉，說雷又回去了。入地就孕育植物的根荄，保藏蟄伏的動物，使牠們躲開盛陰的傷害。出地就長養植物的花果，發揚隱伏的潛氣，宣洩盛陽的德澤。入地就能除害，出地則能興利，這是人君的象徵。當時魯隱公因弟弟桓公年幼，而代為君主。公子翬見隱公在位已久，就勸他正式做國君，魯隱公不同意，公子翬害怕因此獲罪就改變了自己的話，遂與桓公共同殺了隱公。上天看到了將要發生這樣的事，所以就在正月大降雨水而發生雷電。這是陽氣禁閉不住陰氣，陰氣出地造成危難而傷害萬物。天帝告誡好像說，做國君而喪失機會，賊弟和奸臣就要作亂了。八天之後就下了大雨雪，陰氣乘間隙而出克勝了陽氣，篡位殺身之禍就要發生了。結果隱公沒有醒悟，二年後便被殺害了。

21 昭帝始元元年七月，下大雨，從七月下到十月。成帝建始三年秋天，大雨下了三十多天；四年九月，大雨下了十多天。

22 《左氏傳》愍公二年，晉獻公派太子申生統帥軍隊，獻公讓申生穿上左右兩色的衣服，佩帶上金玦。狐突歎氣說：「時，是事情成敗的徵候；衣服，是彰明身分的；佩，是內心的表徵。所以敬重這件事，就應在開始之時；裝飾他的身體，就應當給他穿上純顏色的衣服；信任他的忠心，就應當以禮制給他佩飾。如今宣命是在一年的盡頭，是閉絕這件事；給他穿上雜色的衣服，是表示對他的疏遠；給他佩帶金玦，就是不承認他的忠心。用服裝來疏遠他，用時日來閉絕他，雜色涼薄，冬天主殺，金意味著寒冷，玦表示著缺絕，這樣他還有什麼可以依靠！」梁餘子養說：「帶領軍隊的人，在宗廟接受命令，在神社接受祭肉，還有常規的服飾。現在沒有正式的禮服而穿上雜色的衣服，其命運可想而知了。與其死了蒙受不孝之名，還不如逃走。」罕夷說：「雜色奇服不合常理，金玦意味著有去無回，國君有害太子之心了。」四年之後，申生因遭讒毀而自殺。此事近乎服妖之說。

23 《左氏傳》說，鄭國子臧愛搜集鷸冠，鄭文公厭惡他，派刺客暗殺了他。劉向認為，這是近於妖服的一個事例。一種說法認為，這件事不單是子臧一個人的事，也是對鄭文公的警戒。起初，鄭文公不以禮來對待晉文公，又違犯天子的命令去攻打滑國，不尊敬該尊敬的尊長和敬事上級。這之後晉文公攻伐鄭國，鄭國幾乎滅亡。

24 漢昭帝時，昌邑王劉賀派遣中大夫到長安，製作了很多仄注冠，用來賞賜大臣，還讓奴僕也戴上這種冠。劉向認為這是近似服妖的事例。當時昌邑王劉賀狂妄惑亂，知道皇帝有病，還照樣射鳥打獵，同管理車駕的奴僕及廚夫們娛樂遊戲，驕橫放蕩大不敬。帽子是最尊貴的服飾，奴僕是卑賤之人，劉賀無故愛好製作這種不平常的帽子，這是對尊貴者施以凌辱的象徵。給奴僕們戴這種帽子，意味著從最尊貴的地位墮落到最卑賤的地位。後來昭帝去世，沒有兒子，漢朝大臣們徵召劉賀為繼承人。他即位後，狂亂無道，拘繫加害於敢於進諫的夏侯勝等人。於是大臣們稟告皇太后，廢黜劉賀為平民。劉賀在做昌邑王時，曾看見過大白狗戴著方山冠而沒有尾巴，這是服妖，也是犬禍。劉賀就此事詢問郎中令龔遂，龔遂告訴說：「這是上天的警告，告訴你，在你身邊的那些人都是戴帽子的狗。除掉他們，國家就能生存，不除掉他們，國家就要滅亡了。」劉賀被廢掉後幾年，漢宣帝封他為列侯，他卻又犯罪，因而死後不能立子繼位，這又是犬禍無尾的應驗。京房《易傳》說：「行為不順，就要遭受人奴戴冠之禍，天下大亂，國君無嫡子，妾的兒子繼位。」又說：「君主不正，臣子欲篡奪其位，這時就會出現狗戴人冠出入朝門。」

25 成帝在鴻嘉、永始年間，喜歡裝扮成庶民百姓，隱瞞身分出行遊玩，從期門郎中挑選那些有勇力者以及私家所養的奴僕和門客，多的時候十幾個人，少的時候五、六個人，都穿上白色衣服，包上空頂的頭巾，攜帶著刀劍。有時乘坐著小車，駕車的人坐在茵席上，有的時候騎著馬，出入在城市街巷和郊野，遠到長安之外的郊縣。當時，大臣車騎將軍王音及劉向等人多次懇切的勸諫。谷永說：「《易經》上說『得臣無家』，就是說王者以天下為臣，再沒個人的私家了。現在陛下您放棄了萬乘之主的至尊至貴，喜歡普通人家的卑賤瑣事；厭惡至高至美的尊號，愛好平民的賤名；聚集那些剽悍輕薄的不義之徒，把他們作為自己的私客；在民間購置私田，在北宮畜養私奴車馬；屢次丟開皇帝的尊嚴，離開安全堅固的深宮，隻身而出單獨與一幫小人晝夜相隨，如烏合之眾在吏民家裡酒醉飯飽，服飾不講尊卑，雜坐一起，混亂而分辨不出君臣，不停止的遊蕩作樂，白天黑夜都在路上遊來蕩去。主管門戶、侍奉宿衛的臣子手執干戈，守衛著無主的空宮，公卿百官不知陛下究竟在哪裡，已經好多年了。從前虢公不行人君之道，有神降臨說『賜給你土田』，意思是以庶民的身分授給你土田。諸侯在夢中得到賜田，這是失國的徵兆，何況皇帝自己畜積田地財物，做一般庶民老百姓的事呢！」

26 《左氏傳》說，周景王時，大夫賓起看見有雄雞咬斷自己的尾巴。劉向認為此事近於雞禍。當時周景王有個愛子，叫子鼂，周景王與賓起暗中謀劃要立他為太子，在北山打獵，想乘機藉著眾多士兵殺死嫡子的黨人，這一計劃未能實現周景王就去世了。三個兒子爭奪王位，王室大亂。這之後，賓起被誅殺，王子鼂逃到楚國而失敗。京房的《易傳》說：「有始無終，這種怪異之事的徵兆是雄雞自己咬斷自己的尾巴。」

27 宣帝黃龍元年，未央殿輅軨廐中有雌雞變成雄雞，羽毛發生了變化但卻不會報晨，不率領雞群，腳後也沒有長長距。元帝初元年間，丞相府史家雌雞孵卵，慢慢變化成為雄雞，有冠有距，也能報晨，又率領雞群。永光年間，有人獻上長角的雄雞。京房《易傳》說：「雞能知時，知時者當死。」京房認為自己知道天時，恐怕要應這個惡兆。劉向認為京房的雞占有失誤。雞是小畜牲，主管報時，叫人作息，這是小臣任事當政的徵兆。是說小臣將要把持君政，以危害政事，如同石顯一樣。竟寧元年，石顯伏法，這就是它的應驗。一種說法認為，石顯怎能足以應此徵兆？從前周武王伐紂，行至牧壄，誓師說：「古人說過『雌雞早晨不叫，雌雞早晨鳴叫，就要傾家蕩產』。現在殷王紂只聽婦人的話。」由此而論，黃龍、初元、永光年間出現的雌雞變異，是關於國家的徵兆，是妃后的象徵。孝元帝王皇后在甘露二年生了男孩，被立為太子。這位妃子是王禁的女兒。黃龍元年，宣帝去世，太子繼位，是為元帝。這位姓王的妃子將要封為皇后了，所以在這年未央殿中的雌雞變成雄雞，表明其徵兆是在正宮。變成的雄雞不會報晨，不會領雞群，沒有長距，這是貴幸才開始產生，而尊位還沒有成功。到元帝初元元年，要立王皇后了，先冊封她為婕妤。三月初七癸卯詔書說：「封婕妤父丞相少史王禁為陽平侯，位居特進。」初十丙午，立王婕妤為皇后。第二年正月，立皇后的兒子為太子。所以這就是應驗，丞相府史家的雌雞變為雄雞，所徵兆的就是丞相少史的女兒。孵卵這件事，表明已經有兒子了。有雞冠、雞距、會報晨、會率領群雞，說明其尊位已成功了。永光二年，陽平頃侯王禁去世，其子王鳳繼嗣，做侍中衛尉。元帝去世，皇太子繼位，這就是漢成帝。尊稱皇后為皇太后，以皇太后弟弟王鳳為大司馬大將軍，領尚書事，皇帝把朝政交給他，自己從不干預。王氏的權勢自王鳳開始，所以在王鳳剛受爵位時，雄雞長角，明白顯示出作威作福，專擅君權，損害皇上，危及國家的就是從這個人開始。後來他的一群兄弟世代掌權，直到王莽，遂篡奪了漢朝天下。王莽即位後五年，王太后才去世，這是它的應驗。京房《易傳》說：「賢明之人處在君主昏暗的亂世，知道天時而被傷害，虛偽狂眾者竊權在位，它的妖異就是雞生角。雞生了角，當朝君主就孤立而無援。」又說：「婦人專擅政事，國家便不能安寧；雌雞像雄雞一樣報晨，君主便會受辱而不昌盛。」所以京房認為自己也在這個占兆之中。

28 成公七年「正月鼷鼠啃食用以郊祀的牛的角。後來換了一頭牛，結果其角又被鼷鼠啃食」。劉向認為這件事近乎青祥，也是牛禍，是因為不敬而愚昧昏蒙所造成的。從前周公制定禮樂，完成周朝治理天下之道，所以成王命令魯國郊祀天地，用以表示對周公的尊敬。到成公時，孟孫、叔孫、季孫三家開始專擅政事，魯國自此而衰落。上天憐愍周公的德行，傷痛魯國將有敗亡之禍，所以在郊祀時顯示出這樣的警戒。鼠是小動物，生性喜偷盜，鼷鼠又是鼠類中最小的。牛是大牲畜，是祭天的尊貴祭品。角是兵的象徵，生在上面，象徵著君的威權。小小的鼷鼠，啃食至尊的牛角，象徵季氏這個企圖竊取國柄的陪臣，行將把持國家命運，傷害君主威權，危害對周公的祭祀。換了一頭牛，鼷鼠又啃食其角，是上天鄭重叮嚀成公。成公怠慢昏亂，於是君臣相連為晉國扣留。到了襄公，晉國召集諸侯在溴梁會盟，這時天下各諸侯國都是大夫行使國君之政。到後來三家驅逐昭公，昭公最後死在國外，幾乎斷絕了周公的祭祀。董仲舒認為，鼷鼠啃食郊祀用的牛之角，都是飼養牲畜不小心發生的。京房《易傳》說：「祭天不謹慎，由此而產生的妖異是鼷鼠啃食祭祀用牛的角。」

29 定公十五年「正月，鼷鼠啃食郊祭的牛，牛死了」。劉向認為定公知道季氏驅逐了魯昭公，罪惡昭著，親自任用孔子為相禮而舉行夾谷之會，齊國人慰勞並歸還了鄆、讙和龜山北邊的田土，孔子的聖德如此，可是魯定公反而任用季桓子，沉湎於女樂，辭退了孔子，無道到了極點。《詩經》說：「人如果拋棄了禮儀，還活著幹什麼！」這一年五月，魯定公去世，這是牛死的應驗。京房《易傳》說：「兒子不像兒子，鼷鼠就吃他祭天的牛。」

30 哀公元年「正月，鼷鼠吃祭天的牛」。劉向認為上天的意思是心情急切地希望魯君能任用孔丘這位聖人，驅逐季孫氏三家，所以反覆顯現這一警戒。哀公年少，不曾親見昭公時的事情，所以顯現敗亡的怪異之象。但這之後哀公並沒有醒悟，從而逃到了粵國，這就是怪異的應驗。

31 昭帝元鳳元年九月，燕國有黃鼠銜著自己的尾巴在王宮正門中跳舞，燕王前往觀看，黃鼠照樣再跳。燕王派小吏用酒和乾肉去祭祀，黃鼠依然跳舞不停，一天一夜之後死去。這事近於黃祥，是燕剌王劉旦謀反將被處死的象徵。這個月，燕王謀反之事被朝廷發覺而伏法處死。京房《易傳》說：「誅殺不得其本情，其妖異是老鼠舞於門中。」

32 成帝建始四年九月，在長安城南有老鼠叼著黃蒿和柏樹葉，爬上人家墳墓上的柏樹和榆樹上做窩，桐柏亭那個地方更多。窩裡沒有鼠子，都只有數十粒乾鼠屎。當時掌管議論的官員認為恐怕有水災發生。鼠是偷吃東西的小動物，晝伏夜出。現在大白天離開洞穴而爬上樹枝，象徵著卑賤之人將要居於顯貴的地位。桐柏，是衛思后陵園的所在地。後來皇后趙飛燕從微賤的地位上升到至尊之位，與衛皇后當年相似。趙皇后終因無子而幹出傷害皇子之事。第二年，有鳶鳥焚巢，以及撲殺兒子的怪異之事。天象頻仍顯現，實在可怕極了。一種說法認為，這些都是王莽竊國篡漢的徵兆。京房《易傳》說：「臣子擅私爵祿，欺騙國君，就出現老鼠築巢的怪異。」

33 文公十三年「太室的屋頂壞了」。近於金害木，木氣動盪。此前，冬天，釐公去世，過了十六個月才作神主。六個月之後，在太廟舉行吉祭，把釐公的神主升到受祭的位置，《春秋》批評了這件事。經文說：「在太廟舉行大事，升上釐公的神主。」《左氏》解釋說：太廟，是周公之廟，祭祀有禮儀的祖先；祀是國家的大事。憎惡在太廟發生亂國的大事，所以說是大事也。躋，就是升登，把釐公升到愍公之上，顛倒了祭祀的順序。釐公雖然是愍公的庶兄，但他曾是愍公的臣子，應屬於臣子一類，不應當居於愍公之上。再者，還未滿三年喪期即舉行吉禘，前後搞亂了賢父聖祖的大禮，對內來說是態度不恭敬而狂妄，對外來說是言不順而且僭越。因此這一年從十二月開始不下雨，一直到秋天七月。此後幾年，像這樣的情況有三次，接著太室的屋頂又壞了。前堂叫做太廟，中央叫做太室。屋是上面雙層屋頂尊高之處，象徵魯國自此衰頹，將要毀掉對周公的祭祀了。《穀梁》、《公羊經》說，世室，是魯公伯禽的祠廟。周公稱太廟，魯公稱世室。大事指的是祫祭。升上釐公，是說先祭祀了父親而後才祭祀祖先。

34 景帝三年十二月，吳國的二座城門自己倒塌了，大船自己翻了。劉向認為近於金害木，木氣動盪所致。此前，吳王劉濞因為太子死在漢朝廷，就藉口有病而不朝見皇帝，暗地裡與楚王劉戊圖謀反叛。城就是國，其中一個門叫楚門，一個門叫魚門。吳地的人以船為家，以魚為食。天警告好像說：跟楚國合謀反叛，會亡國亡家。吳王不醒悟，正月和楚國共同起兵，身死國亡。京房《易傳》說：「上下都惑亂，其妖異就是城門自壞。」

35 宣帝時，大司馬霍禹的住宅門自行毀壞。當時霍禹對內不順，外露不敬，對於上天的警告，不肯改悔，終於受到滅亡的誅罰。

36 哀帝時，大司馬董賢家房屋的門自行毀壞。當時董賢因受哀帝的寵愛而居高位，皇帝的賞賜沒有限度，董賢傲慢不敬，大失為臣之道，看到上天的警告，也不悔改。後來董賢夫妻雙雙自殺，其家族被流放到合浦。

1 傳曰：「言之不從，是謂不艾❶，厥咎僭，厥罰恆陽，厥極憂。時則有詩妖，時則有介蟲之孽，時則有犬旤，時則有口舌之痾，時則有白眚白祥。惟木沴金。」

2 「言之不從」，從，順也。「是謂不乂」，乂，治也。孔子曰：「君子居其室，出其言不善，則千里之外違之，況其邇者虖！」❷詩云：「如蜩如螗，如沸如羹。」❸言上號令不順民心，虛譁憒亂，則不能治海內，失在過差，故其咎僭。僭，差也。刑罰妄加，群陰不附，則陽氣勝，故其罰常陽也。旱傷百穀，則有寇難，上下俱憂，故其極憂也。君炕陽❹而暴虐，臣畏刑而拑口❺，則怨謗之氣發於謌謠，故有詩妖。介蟲孽者，謂小蟲有甲飛揚之類，陽氣所生也，於春秋為螽❻，今謂之蝗，皆其類也。於易，兌為口，犬以吠守，而不可信，言氣毀❼故有犬旤。一曰，旱歲犬多狂死及為怪，亦是也。及人，則多病口喉欬者，故有口舌痾。金色白，故有白眚白祥。凡言傷者，病金氣；金氣病，則木沴之。其極憂者，順之，其福曰康寧。劉歆言傳曰時有毛蟲之孽。說以為於天文西方參❽為虎星，故為毛蟲。

3 史記周單襄公❾與晉郤錡❿、郤犫⓫、郤至⓬、齊國佐⓭語，告魯成公曰：「晉將有亂，三郤其當之虖！夫郤氏，晉之寵人也，三卿而五大夫，可以戒懼矣。高位實疾顛⓮，厚味實腊毒⓯。今郤伯之語犯⓰，叔迂⓱，季伐⓲。犯則陵⓳人，迂則誣⑳人，伐則掩㉑人。有是寵也，而益之以三怨，其誰能忍之！雖齊國子亦將與焉。立於淫亂之國，而好盡言㉒以招㉓人過，怨之本也。唯善人能受盡言，齊其有虖？」十七年，晉殺三郤。十八年，齊殺國佐。凡此屬，皆言不從之咎云。

4 晉穆侯㉔以條㉕之役生太子，名㉖之曰仇；其弟以千晦㉗之戰生，名之曰成師。師服㉘曰：「異哉，君之名子也！夫名以制誼，誼以出禮，禮以體㉙政，政以正民㉚，是以政成而民聽，易㉛則生亂。嘉耦㉜曰妃㉝，怨耦㉞曰仇，古之命㉟也。今君名太子曰仇，弟曰成師，始兆亂矣，兄其㊱替㊲虖！」及仇嗣立，是為文侯。文侯卒，子昭侯立，封成師于曲沃㊳，號桓叔。後晉人殺昭侯而納桓叔，不克。復立昭侯子孝侯，桓叔子嚴伯㊴殺之。晉人立其弟鄂侯。鄂侯生哀侯，嚴伯子武公復殺哀侯及其弟，滅之，而代有晉國。

5 宣公六年㊵，鄭公子曼滿㊶與王子伯廖㊷語，欲為卿。伯廖告人曰：「無德而貪，其在周易豐之離㊸，弗過之㊹矣。」間㊺一歲，鄭人殺之。

6 襄公二十九年㊻，齊高子容㊼與宋司徒㊽見晉知伯㊾，汝齊㊿相禮(51)。賓出，汝齊語(52)知伯曰：「二子皆將不免！子容專(53)，司徒侈(54)，皆亡家之主也。專則速及，侈將以其力敝，專則人實敝(55)之，將及矣。」九月，高子出奔燕(56)。

7 襄公三十一年正月，魯穆叔會晉歸[57]，告孟孝伯[58]曰：「趙孟[59]將死矣！其語偷[60]，不似民主；且年未盈五十，而諄諄[61]焉如八九十者，弗能久矣。若趙孟死，為政者其韓子[62]虖？吾子盍[63]與季孫[64]言之？可以樹善[65]，君子也。」孝伯曰：「民[66]生幾何，誰能毋偷！朝不及夕，將焉用樹！」穆叔告人曰：「孟孫將死矣！吾語諸[67]趙孟之偷也，而又甚焉。」九月，孟孝伯卒。

8 昭公元年[68]，周使劉定公[69]勞晉趙孟，因曰：「子弁冕[70]以臨諸侯，盍亦遠績[71]禹功，而大庇[72]民乎？」對曰：「老夫[73]罪戾是懼，焉能恤[74]遠？吾儕[75]偷食[76]，朝不謀夕，何其[77]長也？」劉子歸，以語王曰：「諺[78]所謂老將知[79]而耄[80]及之者，其趙孟之謂虖！為晉正卿以主諸侯，而儕于隸人[81]，朝不謀夕，棄神人矣。神怒民畔，何以能久？趙孟不復年[82]矣！」是歲，秦景公弟后子[83]奔晉，趙孟問：「秦君何如？」對曰：「無道。」趙孟曰：「亡虖？」對曰：「何為？一世無道，國未艾[84]也。國于天地，有與立焉，不數世淫，弗能敝[85]也。」趙孟曰：「夭虖？」對曰：「有焉。」趙孟曰：「其幾何？」對曰：「鍼聞國無道而年穀和孰[86]，天贊[87]之也，鮮[88]不五稔[89]。」趙孟視蔭，曰：「朝夕不相及，誰能待五？」后子出而告人曰：「趙孟將死矣！主民玩歲[90]而愒日[91]，其與幾何？」冬，趙孟卒。昭五年，秦景公卒。

9 昭公元年，楚公子圍會盟(92)，設服離衛(93)。魯叔孫穆子曰：「楚公子美矣君哉！」伯州犁(94)曰：「此行也，辭(95)而假(96)之寡君。」鄭行人(97)子羽(98)曰：「假不反矣。」伯州犁曰：「子姑(99)憂子晳(100)之欲背誕(101)也。」子羽曰：「假而不反，子其(102)無憂虖？」齊國子(103)曰：「吾代二子閔(104)矣。」陳公子招(105)曰：「不憂何成？二子樂矣！」衛齊子(106)曰：「苟或知之，雖憂不害。」退會，子羽告人曰：「齊、衛、陳大夫其不免乎！國子代人憂，子招樂憂，齊子雖憂弗害。夫弗及而憂，與可憂而樂，與憂而弗害，皆取憂之道也。太誓(107)曰：『民之所欲，天必從之。』三大夫兆憂(108)矣，能無至乎！言以知物(109)，其是之謂矣。」

10 昭公十五年(110)，晉籍談(111)如(112)周葬穆后(113)，既除喪(114)而燕(115)，王曰：「諸侯皆有以填撫王室(116)，晉獨無有，何也？」籍談對曰：「諸侯之封也，皆受明器(117)於王室，故能薦彝器(118)。晉居深山，戎翟(119)之與鄰，拜戎(120)不暇，其何以獻器？」王曰：「叔氏(121)其忘諸乎！叔父唐叔，成王之母弟(122)，其反亡分(123)乎？昔而(124)高祖司晉之典籍，以為大正(125)，故曰籍氏。女(126)，司典(127)之後也，何故忘之？」籍談不能對。賓出，王曰：「籍父其無後乎！數典而忘其祖(128)。」籍談歸，以語叔嚮。叔嚮曰：

「王其不終[129]乎！吾聞所樂必卒焉[130]。今王樂憂，若卒以憂，不可謂終。王一歲而有三年之喪二[131]焉，於是乎以喪賓燕，又求彝器，樂憂甚矣。三年之喪，雖貴遂服[132]，禮也。王雖弗遂，燕樂已早[133]。禮，王之大經[134]也；一動而失二禮[135]，無大經矣。言以考[136]典[137]，典以志[138]經。忘經而多言舉典，將安用之！」

11 哀公十六年[139]，孔丘卒，公誄[140]之曰：「旻天[141]不弔[142]，不慭[143]遺一老，俾屏[144]予一人[145]。」子贛曰：「君其不歿於魯乎？夫子[146]之言曰：『禮失則昏[147]，名失則愆[148]。』失志為昏，失所為愆。生弗能用，死而誄之，非禮也；稱『予一人』，非名[149]也。君兩失之。」二十七年，公孫[150]于邾，遂死於越。

12 庶徵之恆陽，劉向以為春秋大旱也。其夏旱雩[151]祀，謂之大雩。不傷二穀，謂之不雨。京房易傳曰：「欲德不用茲謂張[152]，厥災荒。荒，旱也，其旱陰雲不雨，變而赤，因而除。師出過時茲謂廣[153]，其旱不生。上下皆蔽茲謂隔，其旱天赤三月，時有雹殺飛禽。上緣[154]求妃[155]茲謂僭，其旱三月大溫亡雲。居高臺府，茲謂犯陰侵陽，其旱萬物根死，數有火災。庶位踰節茲謂僭，其旱澤物枯，為火所傷。」

13 釐公二十一年[156]「夏，大旱」。董仲舒、劉向以為齊桓既死，諸侯從楚，釐尤得楚心。楚來獻捷，釋宋之執[157]。外倚彊楚，炕陽[158]失眾，又作南門[159]，勞民興役。諸雩旱不雨，略皆同說。

14 宣公七年[160]「秋，大旱」。是夏，宣與齊侯伐萊[161]。

15 襄公五年[162]「秋，大雩」。先是宋魚石犇楚[163]，楚伐宋，取彭城[164]以封魚石。鄭畔于中國[165]而附楚，襄與諸侯共圍彭城[166]，城鄭虎牢[167]以禦楚。是歲鄭伯使公子發[168]來聘[169]，使大夫[170]會吳于善道[171]。外結二國，內得鄭聘，有炕陽動眾之應。

16 八年[172]「九月，大雩」。時作三軍[173]，季氏盛。

17 二十八年[174]「八月，大雩」。先是，比年[175]晉使荀吳[176]、齊使慶封[177]來聘，是夏邾子來朝。襄有炕陽自大之應。

18 昭公三年[178]「八月，大雩」。劉歆以為昭公即位年十九矣，猶有童心[179]，居喪不哀，炕陽失眾。

19 六年[180]「九月，大雩」。先是莒[181]牟夷[182]以二邑[183]來犇，莒怒伐魯，叔弓[184]帥師，距[185]而敗之，昭得入晉[186]。外和大國，內獲二邑，取勝鄰國，有炕陽動眾之應。

20 十六年[187]「九月，大雩」。先是昭公母夫人歸氏[188]薨，昭不戚，又大蒐[189]于比蒲[190]。晉叔嚮曰：「魯有大喪[191]而不廢蒐。國不恤喪，不忌[192]君也；君亡戚容，不顧親也。殆[193]其[194]失國。」與三年同占。

21 二十四年[195]「八月，大雩」。劉歆以為左氏傳二十三年邾師城翼[196]，還經魯地[197]，魯襲取邾師，獲其三大夫[198]。邾人愬[199]于晉，晉人執我行人叔孫婼[200]，是春迺歸之。

22 二十五年[201]「七月上辛[202]大雩，季辛又雩」，旱甚也。劉歆以為時后氏與季氏有隙[203]。又季氏之族有淫妻為讒[204]，使季平子與族人相惡，皆共譖平子。子家駒[205]諫曰：「讒人以君徼幸，不可。」昭公遂伐季氏，為所敗，出犇齊。

23 定公七年[206]「九月，大雩」。先是定公自將侵鄭[207]，歸而城中城[208]。二大夫[209]帥師圍鄆[210]。

24 嚴公三十一年[211]「冬，不雨」。是歲，一年而三築臺[212]，奢侈不恤民。

25 釐公二年[213]「冬十月不雨」，三年「春正月不雨，夏四月不雨」，「六月雨」。先是者，嚴公夫人與公子慶父[214]淫，而殺二君[215]。國人攻之，夫人遜于邾，慶父犇莒。釐公即位，南敗邾[216]，東敗莒[217]，獲其大夫[218]。有炕陽之應。

26 文公二年[219]「自十有二月不雨，至于秋七月」。文公即位，天子使叔服[220]會葬[221]，毛伯[222]賜命[223]。又會晉侯[224]于戚[225]。公子遂如齊納幣[226]，又與諸侯盟[227]。上得天子，外得諸侯，沛然自大。躋釐公主。大夫[228]始顓事[229]。

27 十年[230]「自正月不雨，至于秋七月」。先是公子遂會四國而救鄭[231]。楚使越椒[232]來聘。秦人歸禭[233]。有炕陽之應。

28 十三年[234]「自正月不雨，至于秋七月」。先是曹伯、杞伯、滕子來朝[235]，郕[236]伯來犇，秦伯使遂[237]來聘，季孫行父城諸[238]及鄆。二年之間，五國趨之，內城二邑。炕陽失眾。一曰，不雨而五穀皆孰，異也。文公時，大夫始顓盟會，公孫敖會晉侯，又會諸侯盟于垂隴[239]。故不雨而生者，陰不出氣而私自行，以象施不由上出，臣下作福而私自成。一曰，不雨近常陰之罰，君弱也。

29 惠帝五年[240]夏，大旱，江河水少，谿[241]谷絕[242]。先是發民男女十四萬六千人城長安，是歲城乃成。

30 文帝三年[243]秋，天下旱。是歲夏，匈奴右賢王[244]寇侵上郡[245]，詔丞相灌嬰發車騎士八萬五千人詣高奴[246]，擊右賢王走出塞。其秋，濟北王興居反，使大將軍[247]討之，皆伏誅。

31 後六年[248]春，天下大旱。先是發車騎材官[249]屯廣昌[250]，是歲二月復發材官屯隴西[251]。後匈奴大入上郡、雲中[252]，烽火通長安，三將軍屯邊[253]，又三將軍屯京師[254]。

32 景帝中三年[255]秋，大旱。

33 武帝元光六年[256]夏，大旱。是歲，四將軍征匈奴[257]。

34 元朔五年[258]春，大旱。是歲，六將軍[259]眾十餘萬征匈奴。

35 元狩三年[260]夏，大旱。是歲發天下故吏伐棘上林[261]，穿[262]昆明池[263]。

36 天漢元年[264]夏，大旱；其三年夏，大旱。先是貳師將軍[265]征大宛[266]還。天漢元年，發適[267]民。二年夏，三將軍[268]征匈奴，李陵沒不還。

37 征和元年[269]夏，大旱。是歲發三輔[270]騎士閉長安城門，大搜，始治巫蠱。明年，衛皇后[271]、太子[272]敗。

38 昭帝始元六年[273]，大旱。先是大鴻臚[274]田廣明[275]征益州[276]，暴師[277]連年。

39 宣帝本始三年[278]夏，大旱，東西數千里。先是五將軍[279]眾二十萬征匈奴。

40 神爵元年秋[280]，大旱。是歲，後將軍趙充國征西羌[281]。

41 成帝永始三年[282]、四年[283]夏，大旱。

42 左氏傳晉獻公[284]時童謠[285]曰：「丙子之晨，龍尾伏辰[286]，袀服[287]振振[288]，取虢之旂[289]。鶉[290]之賁賁[291]，天策[292]焞焞[293]，火[294]中成軍，虢公其奔。」是時虢為小國，介[295]夏陽[296]之阸[297]，怙[298]虞國[299]之助，亢衡[300]于晉，有炕陽之節，失臣下之心。晉獻伐之，問於卜偃[301]曰：「吾其濟[302]虖？」偃以童謠對曰：「克之。十月朔丙子旦，日在尾[303]，月在策[304]，鶉火中，必此時也。」冬十二月丙子朔，晉師滅虢，虢公醜犇周。周十二月，夏十月也。言天者以夏正[305]。

43 史記晉惠公[306]時童謠曰：「恭太子更葬兮，後十四年，晉亦不昌，昌乃在其兄。」是時，惠公賴秦力得立，立而背秦，內殺二大夫[307]，國人不說。及更葬其兄恭太子申生而不敬，故詩妖作也。後與秦戰，為秦所獲，立十四年而死。晉人絕之，更立其兄重耳，是為文公，遂伯[308]諸侯。

44 左氏傳文、成之世童謠曰：「鸜之鵒之，公出辱之。鸜鵒[309]之羽，公在外野，往饋[310]之馬。鸜鵒跦跦[311]，公在乾侯[312]，徵[313]褰[314]與襦[315]。鸜鵒之巢，遠哉搖搖[316]，裯[317]父[318]喪勞[319]，宋父以驕[320]。鸜鵒鸜鵒，往歌來哭[321]。」至昭公時，有鸜鵒來巢。公攻季氏，敗，出奔齊，居外野，次[322]乾侯。八年，死于外，歸葬魯。昭公名裯。公子宋立，是為定公。

45 元帝時童謠曰：「井水溢，滅竈煙，灌玉堂，流金門。」至成帝建始二年[323]三月戊子[324]，北宮中井泉稍上，溢出南流，象春秋時先有鸜鵒之謠，而後有來巢之驗。井水，陰也；竈煙，陽也；玉堂、金門，至尊之居：象陰盛而滅陽，竊有宮室之應也。王莽生於元帝初元四年，至成帝封侯，為三公[325]輔政，因以篡位。

46 成帝時童謠曰：「燕燕尾涎涎[326]，張公子，時相見。木門倉琅[327]根[328]，燕飛來，啄皇孫，皇孫死，燕啄矢[329]。」其後帝為微行出遊，常與富平[330]侯張放[331]俱稱富平侯家人，過陽阿[332]主作樂，見舞者趙飛燕而幸之，故曰「燕燕尾涎涎」，美好貌也。張公子謂富平侯也。「木門倉琅根」，謂宮門銅鍰，言將尊貴也。後遂立為皇后。弟昭儀賊害後宮皇子，卒皆伏辜，所謂「燕飛來，啄皇孫，皇孫死，燕啄矢」者也。

47 成帝時謌謠又曰：「邪徑敗良田，讒口亂善人。桂樹華[333]不實，黃爵[334]巢[335]其顛。故[336]為人所羨，今為人所憐。」桂，赤色，象漢家。華不實，無繼嗣也。王莽自謂黃，象黃爵巢其顛也。

48 嚴公十七年[337]「冬，多麋[338]」。劉歆以為毛蟲之孽為災。劉向以為麋色青，近青祥也。麋之為言迷也，蓋牝獸之淫者也。是時，嚴公將取齊之淫女，其象先見，天戒若曰，勿取齊女，淫而迷國。嚴不寤，遂取之。夫人既入，淫於二叔，終皆誅死[339]，幾亡社稷[340]。董仲舒指略[341]同。京房易傳曰：「廢正作淫，大不明，國多麋。」又曰：「震遂泥[342]，厥咎國多麋。」

49 昭帝時，昌邑王賀聞人聲曰「熊」，視而見大熊。左右莫見，以問郎中令龔遂，遂曰：「熊，山野之獸，而來入宮室，王獨見之，此天戒大王[343]，恐宮室將空，危亡象也。」賀不改寤，後卒失國。

50 左氏傳襄公十七年[344]十一月甲午[345]，宋國人逐猘狗[346]，猘狗入於華臣[347]氏，國人從之。臣懼，遂奔陳。先是臣兄閱為宋卿[348]，閱卒，臣使賊殺閱家宰，遂就其妻。宋平公聞之，曰：「臣不唯其宗室是暴，大亂宋國之政。」欲逐之。左師[349]向戌[350]曰：「大臣不順，國之恥也，不如蓋[351]之。」公乃止。華臣炕暴[352]失義，內不自安，故犬禍至，以犇亡也。

51 高后八年[353]三月，祓[354]霸上，還過枳道[355]，見物如倉狗[356]，橶[357]高后掖[358]，忽而不見。卜之，趙王如意為祟。遂病掖傷而崩。先是高后鴆殺如意，支斷其母戚夫人手足，搉[359]其眼以為人彘[360]。

52 文帝後五年[361]六月，齊雍城門[362]外有狗生角。先是帝兄齊悼惠王亡後，帝分齊地，立其庶子七人皆為王[363]。兄弟並彊，有炕陽心，故犬禍見也。犬守御，角兵象，在前而上鄉[364]者也。犬不當生角，猶諸侯不當舉兵鄉京師也。天之戒人蚤[365]矣，諸侯不寤。後六年，吳、楚畔[366]，濟南、膠西、膠東三國應之，舉兵至齊。齊王猶與[367]城守，三國圍之。會[368]漢破吳、楚，因誅四王。故天狗下梁而吳、楚攻梁，狗生角於齊而三國圍齊。漢卒破吳、楚於梁，誅四王於齊。京房易傳曰：「執政失，下將害之，厥妖狗生角。君子苟免，小人陷之，厥妖狗生角。」

53 景帝三年[369]二月，邯鄲[370]狗與彘交。悖亂之氣[371]，近犬豕之禍也。是時趙王遂悖亂，與吳、楚謀為逆，遣使匈奴求助兵，卒伏其辜。犬，兵革[372]失眾之占；豕，北方匈奴之象。逆言失聽，交於異類，以生害也。京房易傳曰：「夫婦不嚴[373]，厥妖狗與豕交。茲謂反德，國有兵革。」

54 成帝河平元年[374]，長安男子石良、劉音相與同居，有如人狀在其室中，擊之，為狗，走出。去後有數人被甲持兵弩至良家，良等格擊，或死或傷，皆狗也。自二月至六月乃止。

55 鴻嘉[375]中，狗與彘交。

56 左氏昭公二十四年[376]十月癸酉，王子鼂以成周之寶圭湛[377]于河，幾[378]以獲神助。甲戌，津人[379]得之河上，陰不佞[380]取將賣之，則為石。是時王子鼂篡天子位，萬民不鄉，號令不從，故有玉變，近白祥也。癸酉入而甲戌出，神不享之驗云。玉化為石，貴將為賤也。後二年，子鼂犇楚而死。

57 史記秦始皇帝三十六年[381]，鄭客從關東[382]來，至華陰[383]，望見素車白馬從華山[384]

上下，知其非人，道住止[385]而待之。遂至，持璧與客曰：「為我遺[386]鎬池[387]君。」因言「今年祖龍[388]死」，忽不見。鄭客奉[389]璧，即始皇二十八年過江所湛璧也。與周子鼂同應。是歲，石隕于東郡[390]，民或刻其石曰：「始皇死而地分。」此皆白祥。炕陽暴虐，號令不從，孤陽獨治，群陰不附之所致也。一曰，石，陰類也，陰持高節，臣將危君，趙高[391]、李斯[392]之象也。始皇不畏戒自省[393]，反夷滅其旁民，而燔燒其石。是歲始皇死，後三年而秦滅。

58 孝昭元鳳三年[394]正月，泰山[395]萊蕪山[396]南匈匈[397]有數千人聲。民視之，有大石自立，高丈五尺，大四十八圍，入地深八尺，三石為足。石立處，有白烏數千集其旁。眭孟[398]以為石陰類，下民象，泰山岱宗[399]之嶽，王者易姓告代之處，當有庶人為天子者。孟坐伏誅。京房易傳曰：「『復[400]，崩來無咎[401]。』自上下者為崩，厥應泰山之石顛[402]而下，聖人受命人君虜。」又曰：「石立如人，庶士為天下雄。立於山，同姓；平地，異姓；立於水，聖人；於澤，小人。」

59 天漢元年[403]三月，天雨[404]白毛；三年八月，天雨白氂[405]。京房易傳曰：「前樂後憂，厥妖天雨羽。」又曰：「邪人進，賢人逃，天雨毛。」

60 史記周威烈王二十三年[406]，九鼎[407]震。金震，木動之也。是時周室衰微，刑重而虐，號令不從，以亂金氣。鼎者，宗廟之寶器也。宗廟將廢，寶鼎將遷，故震動也。是歲晉三卿韓、魏、趙篡晉君而分其地，威烈王命以為諸侯。天子不恤同姓，而爵其賊臣，天下不附矣。後三世408，周致德祚於秦409。其後秦遂滅周，而取九鼎。九鼎之震，木沴金，失眾甚。

61 成帝元延元年410正月，長安章城門411門牡412自亡413，函谷關414次門415牡亦自亡。京房易傳曰：「饑而不損茲謂泰，厥災水，厥咎牡亡。」妖辭416曰：「關動牡飛，辟為亡道臣為非，厥咎亂臣謀篡。」故谷永對曰：「章城門通路寢417之路，函谷關距山東之險，城門關守國之固，固將去焉，故牡飛也。」

【章旨】以上記錄因執政者出言不善、政令不順民心、刑罰妄加所引發的各種災異，包括詩妖、犬旤等，及其史事徵驗。

【注釋】❶艾　通「乂」。治。❷孔子曰五句　引文見《易・繫辭上》。邇，近。❸詩云三句　引詩見《詩經・大雅・蕩》。蜩，蟬。螗，蟬屬，亦名蝘。❹炕陽　枯涸。❺拑口　使口銜木，不能發言。❻螽　蝗類的總名。❼毀　虧也。❽參　參宿。二十八宿之一，因其屬於白虎七宿，所以稱它為虎星。❾單襄公　周朝大夫單子朝。❿郤錡　駒伯。⓫郤犨　苦成叔。⓬郤至　昭子即溫季。⓭國佐　齊大夫國武子。⓮高位實疾顛　言居高位者必定迅速顛仆。疾，速也。顛，顛仆。⓯厚味實腊毒　言厚味者為毒則極。腊，極也。⓰犯　侵犯。⓱迂　誇誕。⓲伐　矜尚；誇耀。⓳陵　侵侮。⓴誣　欺。㉑掩　掩蓋。㉒盡言　極言。㉓招　揭露；揭示。㉔晉穆侯　晉國國君，晉僖公之孫。㉕條　條戎。㉖名　動詞。起名。㉗千畮　邑名。在今山西介休南。㉘師服　晉國大夫。㉙體　規範。㉚民　民眾。㉛易　換易；倒置；違反。㉜嘉耦　美好的姻緣。㉝妃　通「配」。

㉞怨耦　不和睦的姻緣。㉟命　名也。㊱其　將。㊲替　衰微。㊳曲沃　邑名。在山西聞喜東北。㊴嚴伯　本名莊伯。避漢明帝諱改。㊵宣公六年　西元前六〇三年。㊶曼滿　鄭大夫。㊷伯廖　鄭大夫。㊸豐之離　〈離〉下〈震〉上是〈豐〉，〈離〉下〈離〉上是〈離〉，〈豐〉上六變成上九即為〈離〉。㊹弗過之　指無德而豐大其屋，不過三年，必亡。㊺間　隔；間隔。㊻襄公二十九年　西元前五四四年。㊼高子容　齊國大夫高止。㊽宋司徒　華定。㊾知伯　晉國大夫荀盈。㊿汝齊　晉國大夫司馬侯。(51)相禮　做司儀。(52)語　告訴。(53)專　專橫。(54)侈　驕侈。(55)敝　通「斃」。(56)燕　春秋國名。在今河北北部。建都薊（今北京）。(57)襄公三十一年二句　指襄公三十年十月穆叔與晉趙孟等諸侯國會於澶淵（今河南濮陽西南），第二年正月歸來。襄公三十一年，西元前五四二年。穆叔，即叔孫穆子。(58)孟孝伯　魯大夫仲孫羯。(59)趙孟　晉國卿趙武。(60)偷　苟且偷安之意。(61)諄諄　遲鈍昏亂的樣子。(62)韓子　韓宣子，名起。(63)盍　何不。(64)季孫　季武子，名宿。(65)樹善　與人結好，建立友好關係。(66)民　人。(67)諸　之於。(68)昭公元年　西元前五四一年。(69)劉定公　名夏。周卿，食邑於劉。(70)弁冕　古時禮帽。吉禮用冕，平時用弁。(71)纘　續；繼續。(72)庇　蔭庇；庇護。(73)老夫　古代七十致仕，自稱老夫，趙孟此時尚不滿五十，自稱老夫與禮不合。(74)恤　顧及；顧念。(75)儕　同輩。(76)偷食　苟且得食。(77)其　語助詞。(78)諺　諺語；俗語。(79)知　通「智」。(80)耄　八十曰耄。趙孟此時年尚未滿五十，卻似八十歲之老人。(81)隸人　奴僕。(82)不復年　謂不復見穀熟。年，指穀熟，年成。(83)后子　即公子鍼，秦桓公子。(84)艾　通「刈」。絕；斷絕。(85)敝　通「斃」。(86)孰　通「熟」。(87)贊　幫助；佐助。(88)鮮　少。(89)稔　年。(90)玩歲　混日子。(91)愒日　荒廢光陰。(92)會盟　古代諸侯相會結盟。(93)設服離衛　設君之服，陳列侍衛。離，陳列。(94)伯州犁　楚國太宰。(95)辭　指楚國君的命令。(96)假　借。(97)行人　官名。主掌朝覲聘問。(98)子羽　公孫揮的字。(99)姑　暫且。(100)子皙　鄭國大夫公孫黑。(101)背誕　違背命令而放誕。(102)其　同「豈」。難道。(103)國子　齊國大夫國弱。(104)二子閔　是年公子圍篡位而不得善終，伯州犁不久也為圍所殺，故言可憫。二子，指王子圍、伯州犁。閔，憐憫；憂傷。(105)公子招　陳公子，陳哀公弟。(106)齊子　衛國大夫齊惡。(107)太誓　《尚書》篇名。(108)兆憂　是說開了憂兆。(109)知物　知其禍福。(110)昭公十五年　西元前五二七年。(111)籍談　晉國大夫。(112)如　往。(113)穆后　周景王的王后諡號。(114)除喪　除去喪服。(115)燕　通「宴」。(116)填撫王室　安定撫慰。這裡謂向王室貢獻器物。填，通「鎮」。(117)明器　有二義，一謂帝王分封諸侯時所賜之寶物彝器，一謂殉葬之器物。(118)彝器　古代宗廟所用禮器的總名。(119)戎翟　指古代西方和北方少數民族。翟，通「狄」。(120)拜戎　服順，敬奉戎人。(121)叔氏　一說為籍談字，另一說認為「叔父之使，故謂之叔氏」。楊伯峻曰：「景王稱荀躒為伯氏，稱籍談為叔氏，自以二人皆姬姓之後，而伯、叔之稱，不論因其位之尊卑，抑年之大小。」(122)母弟　同母親的弟弟。(123)亡分　沒有分得。亡，

同「無」。[124]而　同「爾」。你。[125]大正　正，通「政」。大正即大政。[126]女　通「汝」。你。[127]司典　主管典籍者，這裡指孫伯黶。典，典籍。[128]祖　祖業。[129]不終　謂不得善終。終，壽終；善終。[130]所樂必卒焉　謂志其所樂者，必以其事終。[131]三年之喪二　指一年之內有兩次需服三年喪期之喪事，指太子壽及穆后去世二事。[132]遂服　謂以禮服喪。遂，竟。[133]蕪樂已早　古代除喪，在卒哭之後，今剛喪畢，即刻除喪，舉行宴會，譏諷其過早。[134]經　謂常法。[135]失二禮　指不遂服，又即宴樂。[136]考　成也。[137]典　謂典制。[138]志　記載。[139]哀公十六年　西元前四七九年。[140]誄　古代列述死者德行，表示哀悼，並以之定諡（多用於上對下）。[141]旻天　上天。[142]弔　通「叔」。善也。[143]不憖　猶言寧不，何不。憖，願；寧。[144]俾屏　使保護。[145]予一人　天子自稱。[146]夫子　尊稱孔丘。[147]昏　昏憒；惑亂。[148]愆　過失。[149]非名　「予一人」乃天子之自稱，其他人（諸侯）不能這樣自稱，所以說非名。[150]孫　通「遜」。逃遁；逃避。[151]雩　古代為祈雨而舉行的祭祀。[152]張　虛張；誇張。[153]廣　通「曠」。謂怨曠。[154]緣　攀緣。[155]妃　配偶。[156]釐公二十一年　西元前六三九年。[157]釋宋之執　釋放被執的宋國戰俘。[158]炕陽　張皇自大。炕，同「亢」。[159]作南門　釐公二十年將南門改高改大。南門本名稷門。[160]宣公七年　西元前六〇二年。[161]萊　國名。在今山東黃縣東南。西元前五六七年為齊所滅。[162]襄公五年　西元前五六八年。[163]魚石犇楚　事在成公十五年。魚石，宋國左師。公子目夷之曾孫。[164]彭城　邑名，今江蘇徐州。[165]鄭畔于中國　指鄭國在鄢陵戰後與中原諸國一直發生矛盾與戰爭。中國，指中原。[166]圍彭城　指襄公元年，仲孫蔑聯合晉、宋、衛、曹、莒、邾、滕、薛等國軍隊圍攻彭城事。[167]城鄭虎牢　修築加固虎牢城。虎牢，邑名，在今河南滎陽。[168]公子發　字子國，鄭穆公之子，子產之父。[169]聘　訪問。[170]大夫　指仲孫蔑。[171]善道　地名，在今江蘇盱眙東北。[172]八年　襄公八年，西元前五六五年。[173]作三軍　魯國本立有上下二軍，皆屬於公，今季氏強大又增立中軍，三卿各主一軍。[174]二十八年　襄公二十八年，西元前五四五年。[175]比年　頻年。[176]荀吳　晉國大夫。[177]慶封　齊國大夫。[178]昭公三年　西元前五三九年。[179]童心　兒童幼稚之心。[180]六年　昭公六年，西元前五三六年。[181]莒　春秋時莒國，在今山東莒縣。西元前四三一年為楚所滅。[182]牟夷　莒國大夫。[183]二邑　指牟婁（今山東諸城西）和防茲（今山東諸城北）。[184]叔弓　魯國大夫。[185]距　通「拒」。[186]昭得入晉　昭公才得以去晉國。[187]十六年　昭公十六年，西元前五二六年。[188]歸氏　胡國之女，歸姓，即齊歸，齊是其諡號。[189]大蒐　一指古時天子、諸侯五年舉行一次的軍隊大檢閱。另外指田獵。[190]比蒲　魯國地名。[191]大喪　指帝王、王后及嫡長子的喪禮。[192]忌　畏懼。[193]殆　恐怕。[194]其　將要。[195]二十四年　昭公二十四年，西元前五一八年。[196]翼　春秋時邾地。在今山東棗莊北。[197]魯地　謂武城。[198]三大夫　指邾國的徐鉏、丘弱、茅地三位大夫。[199]愬　訴說；告發。[200]叔孫婼　魯國大夫，叔孫昭之子。[201]二十五年　昭公二十五年，西元前五一七年。[202]上辛 每月上旬的辛日。[203]后氏與季氏有隙 季氏與郈氏因為鬥雞而結仇。后氏，后即郈，郈昭伯。季氏，季平子。有隙，有嫌隙；有矛盾。[204]淫妻為讒 淫妻指季平子庶叔父公鳥之妻季姒。讒，讒言。[205]子家駒 子家懿伯，一名羈，莊公玄孫。[206]定公七年 西元前五〇三年。[207]自將侵鄭 事在定公六年。自將，自任主將。侵鄭，侵略鄭國。[208]中城 魯邑名。[209]二大夫 謂季孫斯、仲孫何忌。[210]鄆 邑名，在今山東沂水縣東北。[211]嚴公三十一年 莊公三十一年，西元前六六三年。[212]三築臺 指春天築臺於郎，夏天築臺於薛，秋天築臺於秦。郎、薛、秦皆魯地。[213]釐公二年 西元前六五八年。[214]慶父 桓公之子，莊公弟。[215]二君 謂子般、閔公。[216]南敗邾 釐公元年，敗邾師與偃（今山東費縣南）。[217]東敗莒 釐公元年，公子友敗莒師於酈獲莒挐。[218]大夫 指莒挐。[219]文公二年 西元前六二五年。[220]叔服 周內史。叔，氏。服，字。[221]會葬 會葬釐公。[222]毛伯 周之卿士。[223]賜命 敬稱天子或尊長者下達命令。[224]會晉侯 指魯國大夫公孫敖會晉侯。[225]戚 衛國邑名，在今河南濮陽北。[226]納幣 送聘禮。古代婚禮「六禮」之一，也稱納徵，男女雙方締結婚約之後，男方將聘禮送給女家。[227]與諸侯盟 此指公孫敖與宋公、陳侯、鄭伯、晉士縠於垂隴（鄭地）結盟事。[228]大夫 指季孫行父。[229]顓事 專擅政事。顓，通「專」。[230]十年 文公十年，西元前六一七年。[231]會四國而救鄭 文公九年，楚人伐鄭，公子遂聯合晉、宋、衛、許四國救鄭。[232]越椒 楚國大夫。[233]秦人歸襚 文公九年，秦人來贈送給釐公及其母親成風之襚。歸，通「饋」。饋贈。襚，贈送給死人的衣衾。[234]十三年 文公十三年，西元前六一五年。[235]先是曹伯句 文公十一年曹伯來朝、十二年杞子、滕子來朝。曹、杞、滕皆春秋時國名。曹，姬姓，建都陶丘（今山東定陶西北），西元前四八七年為宋所滅。杞，姒姓，初都雍丘（今河南杞縣），後遷緣陵（今山東昌樂東南），後再遷淳于（今山東安丘東北），西元前四四五年為楚國所滅。滕，姬姓，在今山東滕州西南，戰國初為越占領，後又復國，不久為宋國所滅。[236]郕 姬姓。春秋時國名，在今山東寧陽東北。[237]遂 秦國大夫西乞術。[238]諸 魯國邑名，在今山東諸城西南。[239]垂隴 邑名。在今河南鄭州西北。[240]惠帝五年 西元前一九〇年。[241]谿 同「溪」。[242]絕 斷流。[243]文帝三年 西元前一七七年。[244]匈奴右賢王 匈奴貴族的封號，單于之下有左、右賢王。[245]上郡 漢郡名，治膚施（今陝西榆林東南）。[246]高奴 漢縣名。在今陝西延安東北。[247]大將軍 指柴武。[248]後六年 文帝後六年，西元前一五八年。[249]材官 秦漢時代的一種地方預備兵兵種，有時也單指步兵。[250]廣昌 漢縣名。在今河北淶源西北。[251]隴西 漢郡名。治狄道（今甘肅臨洮）。[252]雲中 漢郡名。治雲中（今內蒙古自治區托克托）。[253]三將軍屯邊 指以中大夫令免為車騎將軍屯飛狐，故楚相蘇意為將軍屯句注，將軍張武屯北地。[254]三將軍屯京師 指以河內太守周亞夫為將軍屯細柳，宗正劉禮為將軍屯霸上，祝茲侯徐厲為將軍屯棘門。[255]景帝中三年 西元前一四七年。[256]武帝元光六年 西元前一二九年。[257]四

將軍征匈奴　指車騎將軍衛青出上谷，騎將軍公孫敖出代，輕車將軍公孫賀出雲中，驍騎將軍李廣出雁門。258元朔五年　西元前一二四年。259六將軍　蘇建為游擊將軍，李沮為強弩將軍，公孫賀為騎將軍，李蔡為輕車將軍，李息、張次公也為將軍。260元狩三年　西元前一二〇年。261上林　苑名。故址在今陝西西安西至戶縣，周至一帶。262穿　穿鑿；開挖。263昆明池　池名，在長安城西南斗門鎮一帶，這裡本為周代的靈沼，漢武帝元狩三年，減隴西、北地、上郡戍卒之半，發謫吏在周靈沼基礎上修鑿此湖，以「越嶲昆明國有滇池，方三百里，故作昆明池以象之，以習水戰，因名曰昆明池」。264天漢元年　西元前一〇〇年。265貳師將軍　李廣利。266大宛　國名。在今中亞費爾干納盆地。267適　通「謫」。268三將軍　李廣利、公孫敖、李陵。269征和元年　西元前九二年。270三輔　政區名。漢武帝太初元年（西元前一〇四年）以左、右內史、主爵都尉改名為京兆尹、左馮翊、右扶風。這三個政區是和他們的長官同名的政區。在行政區劃上本相當於郡，由於所轄為京畿之地，故特示尊崇，長官別制美稱，不稱太守，轄區以長官的官名為名，不稱郡，三區合稱三輔，意即三個畿輔之區。271衛皇后　漢武帝皇后衛子夫。272太子　指衛皇后所生之子劉據。273昭帝始元六年　西元前八一年。274大鴻臚　秦名典客，西漢景帝中六年更名大行令，武帝太初元年改名大鴻臚，掌諸侯王入朝，迎送接待，朝會，封授等禮儀及四方少數民族入朝的接待，同時還有四方郡國上計之吏的接待等。275田廣明　本書卷九十有傳。276益州　州名。轄境約當今四川東部，雲南東部，甘肅南部，陝西南部以及湖北西北部，貴州中西部地區等。277暴師　謂軍隊在野外風餐露宿。278宣帝本始三年　西元前七一年。279五將軍　指田廣明為祁連將軍、趙充國為蒲類將軍、田順為武牙將軍、以及度遼將軍范明友、前將軍韓增。280神爵元年秋　西元前六一年。爵，通「雀」。281西羌　西漢時對羌人的泛稱，因羌人居住在漢朝以西的地方。282成帝永始三年　西元前一四年。283四年　成帝永始四年，西元前一三年。284晉獻公　名姬詭諸，晉國國君，西元前六七六—前六五一年在位。285童謠　兒童歌謠。286龍尾伏辰　尾宿之光為日所奪，伏而不見。龍尾，即尾宿。辰，日月之會曰辰。287袀服　上衣下裳均為黑色的服裝。袀，同「均」。古代軍服皆為黑色。288振振　威武盛大貌。289取號之旂　取旂，即獲勝。旂，古代旗幟的一種。號，春秋時國名。290鶉　鶉火，星名。此處指柳宿。291賁賁　狀柳宿之形，跳行爭鬥貌。292天策　星名。293焞焞　星光無光，因其近於太陽的原因。294火　大火，星名。即心宿中央的紅色大星。295介　隔也。296夏陽　邑名，在今陝西韓城南。297阸　險阻。298怙　依靠；憑恃。299虞國　在今山西平陸北。300亢衡　對抗。亢，通「抗」。301卜偃　晉國主管占卜的大夫。302濟　成功。303尾　尾宿，二十八宿之一。304策　天策。305夏正　夏曆正月的省稱。代指夏曆。夏以正月為歲首，商以夏曆十二月為歲首，周以夏曆十一月為歲首。306晉惠公　名夷吾，晉獻公之子。307內殺二大夫　謂在國內殺了里克和丕鄭二位大夫。308伯　通「霸」。

諸侯盟主。309鸜鴿 鳥名，即八哥。310饋 饋贈；贈送。311跦跦 跳行的樣子。312乾侯 晉邑名。在今河北成安東南。313徵求也。314褰 套褲。315襦 短襖。316搖搖 不安的樣子。317裯 昭公名。318父 通「甫」。古代男子的美稱。319喪勞 指在外流亡而死。320宋父以驕 是說定公既無惠於民，而得君位，故以驕。宋，定公名。321往歌來哭 昭公生前出奔，歌；歸來已死，哭。322次 留宿；停留。323建始二年 西元前三一年。324三月戊子 夏曆三月初一。325三公 為古官名，是天子之下最高官吏的稱呼。秦漢之前稱大司馬、大司徒、大司空為三公。秦漢人稱丞相、太尉、御史大夫為三公。326涎涎 光澤貌。形容小鳥張尾之狀極其美麗而閃爍光澤。327倉琅 銅青色。328根 指鋪首銜環。329矢 通「施」。陳屍。一說指刑具。330富平 漢縣名，在今山東惠民東北。331張放 張安世之曾孫，成帝姑母敬武公主之子。332陽阿 漢縣名。在今山西陽城西北。333華 通「花」。334爵 通「雀」。335巢 築巢。336故 過去；從前。337釐公十七年 釐公即莊公，西元前六七七年。338麋麋鹿，俗稱「四不像」。339皆誅死 指慶父縊死、叔牙鴆死、齊人殺死哀姜。340幾亡社稷 指子般、閔公先後被殺，齊侯欲滅魯國。341指略 旨意。指，同「旨」。342震遂泥 見《易・震卦》九四爻辭，意謂驚雷作，人受驚而墜入泥中。遂，「墜」的借字。343大王 指昌邑王劉賀。344襄公十七年 西元前五五六年。345甲午 二十二日。346狾狗 瘋狗。347華臣 華元的兒子。348宋卿 宋國右師。349左師 宋國官名。時宋有四卿，以左、右二師分領之。350向戌 宋桓公曾孫。351蓋 掩蓋。352炕暴 急躁橫暴。353高后八年 西元前一八〇年。354祓 古代為除災去邪而舉行的祭禮。355枳道 枳或作軹，秦漢時長安亭名。位於漢長安城東十三里。356倉狗 青色的狗。倉，通「蒼」。357橶 著；接觸。358掖 同「腋」。胳肢窩。359推 敲擊；壓榨。360彘 豬。361文帝後五年 西元前一五九年。362雍城門 齊國城門名。363庶子七人皆為王 指齊孝王將閭、濟北王志、菑川王賢、膠東王雄渠、膠西王卬、濟南王辟光、城陽恭王喜。364鄉 通「向」。365蚤 通「早」。366畔 通「叛」。367猶與 猶豫。與，通「豫」。368會 恰巧；適逢。369景帝三年 西元前一五四年。370邯鄲 漢縣名。今河北邯鄲。371悖亂之氣 昏亂、惑亂的氣數。372兵革 兵器和甲冑的總稱。這裡喻戰爭。373嚴 嚴正。374成帝河平元年 西元前二八年。375鴻嘉 漢成帝年號。西元前二〇—前一七年。376昭公二十四年 西元前五一八年。377湛 通「沉」。沉沒。378幾 通「冀」。希望。379津人 渡船的船夫。380陰不佞 周大夫。381始皇帝三十六年 西元前二一一年。382關東 秦漢時期泛指函谷關及崤山以東的地區。383華陰 秦漢縣名，在今陝西華陰東。384華山 古代五嶽之一。華，通「花」。因華山五峰狀似蓮花，故名。在今陝西華陰南。385道住止 在半道上停下來。386遺 饋贈；贈給。387鎬池 古池名，在陝西西安西南，是西周鎬京附近的大池，池址範圍在今長安北常家莊之北「斡龍嶺」以南，東至孟家寨，西到馬營寨。388祖龍 指秦始皇。祖，始。389奉 通「捧」。390東郡秦漢郡名。在今河南北部及山東西北部，郡治濮陽（今河南濮陽西南）。391趙高　秦中車府令。秦始皇死後與丞相李斯偽造始皇遺詔，逼殺始皇長子扶蘇，立秦二世胡亥為皇帝，不久又殺了二世，立秦王子嬰，後為子嬰所殺。392李斯　秦上蔡人，作為客卿，幫助秦始皇完成統一大業，後被趙高下獄死。393省　覺醒；醒悟。394孝昭元鳳三年　西元前七八年。395泰山　古代五嶽之一。在今山東泰安北。396萊蕪山　在今山東淄博南。397匈匈　吵嚷聲。398眭孟　本書卷七十五有傳。399岱宗　泰山別名岱山，為其他四嶽所宗，故曰岱宗。400復　六十四卦之一。401崩來無咎　原卦作「朋來無咎」。朋，十貝為朋，指錢財。〈復卦〉〈震〉下〈坤〉上，〈震〉為動，〈坤〉為順，動而用順來運行。因此「出入無疾，朋來無咎」。402顛　顛倒墜落。403天漢元年　西元前一〇〇年。天漢，漢武帝年號。404雨　從天上降落。405白氂　強韌而捲曲的毛。406周威烈王二十三年　西元前四〇三年。407九鼎　據傳說夏禹時收九州之金，鑄九鼎，以象九州。後來九鼎成為國家政權的代名詞。408後三世　謂周顯王之世。409周致德祚於秦　周顯王九年，致文武胙於秦孝公。祚，當為「胙」。指祭肉。410成帝元延元年　西元前一二年。411章城門　長安城西出南頭第一門。412門牡　門閂。413亡　丟失。414函谷關　關名。戰國秦置，因關在谷中，深險如函而得名。東自崤山，西至潼津，通稱函谷。415次門　關邊小門。416妖辭　指《易・妖變傳辭》。417路寢　古代天子、諸侯的正寢。

【語　譯】傳文說：「言之而不從，這就叫做不治，其過失是僭越，其所受的懲罰是經常出太陽，會有極度憂愁。有時有詩妖，有時有介蟲之孽，有時有犬禍，有時有口舌的疾病，有時有白色的妖異，白色的凶兆。木氣侵害金氣。」

2　「言之不從」，從，即順從。「是謂不乂」，乂，即治理。孔子說：「君子居住在他的屋子裡，他說的話如果不正確，就是千里之外的人也反對他，何況近在眼前的人呢！」《詩經》上說：「像蜩螗的鳴鬧，如沸羹之滾燙。」這是說在上位的人所發的號令不順民心，虛譁昏憒，就不能治理天下，失誤在於過失差誤，所以其過為僭。僭，是差錯。刑罰亂施不遵從法律，群陰不附，致使陽氣勝，所以上天的懲罰是經常出太陽。天旱則傷害百穀，就有敵寇的入侵，朝野上下都有憂慮，所以其結果是極大的憂愁。君王急躁橫暴對下沒有惠澤，臣下害怕受到刑罰而緘口不言，於是怨憤之氣就從歌謠中發洩出來，所以有詩妖。介蟲之孽，是指小蟲子有甲殼能飛的那些，是陽氣所生的，在《春秋》中稱作螽，現在稱之為蝗，都是屬於這一類。在《易經》上，

〈兌〉就是口，狗用叫的聲音看門，但不可信賴，言論受到壓制，就會有犬禍。一種說法是，大旱之年，犬多有瘋狂而死以及變成怪異之事，也屬於這一類。表現在人身上，則多有患口喉咳嗽病者，所以有口舌之痾。金為白色，所以有白眚白祥。凡是言語有差失者，損傷金氣；金氣弱，木氣就傷害他。其惡果便是憂愁，言語能順應民心，便能得到康寧之福。劉歆關於言的解說認為有時有毛蟲之孽。解說以為在天文上西方參星是虎星，所以叫毛蟲。

3 歷史記載周朝大夫單襄公與晉國大夫郤錡、郤犫、郤至、齊國大夫國佐交談，以後告訴魯成公說：「晉國將會有動亂，三郤大概要遭禍了！郤氏，是晉國的寵臣，有三人為卿，五人為大夫，值得警戒恐懼了。地位很高的人一定顛仆得快，味道濃厚的東西有極度之毒。現在郤伯說話容易衝犯他人，郤叔說話虛誕不實，郤季說話誇誕自美。說話衝犯則侵侮人，虛誕不實則會誣害人，說話誇誕就會掩蓋人的功績。有這麼高而受寵的地位，再加上這三種仇怨，誰能甘心忍受！就是齊國的國佐也會參與進去。身處淫亂不治的國家，卻好極言指責別人的過失，這是結怨的根本原因。只有善良正直的人才能聽取直言不諱之責，齊國有這種人嗎？」魯成公十七年，晉國殺了三郤。十八年，齊國殺了國佐。凡屬此類之事，都是說話不順從引發的災禍。

4 晉穆侯因在條地戰役時生了太子，所以取名為仇；太子的弟弟是在千畝之戰時出生，取名為成師。師服說：「奇怪，晉侯這樣給兒子取名字！名字用來規定義理，義理則產生禮儀，禮儀規範了政令，政令以端正民眾，所以政事成功而百姓聽從，反之就要發生動亂。美好的姻緣叫做妃，不和睦的婚配叫做仇，自古以來就這麼叫。現在晉侯給太子起名叫仇，其弟叫成師，開始預兆有禍亂了，哥哥會要衰微吧！」等到仇繼承君位，就是文侯。文侯去世，其子昭侯嗣位，封成師於曲沃，號為桓叔。此後晉人殺掉昭侯而接納桓叔準備為君，但沒有成功。又立昭侯之子孝侯，桓叔的兒子嚴伯殺了孝侯。晉國人立他的弟弟鄂侯。鄂侯生哀侯，莊伯之子武公又殺哀侯及其弟，滅掉了宗子一系，取代國君而擁有晉國。

5 宣公六年，鄭國公子曼滿與王子伯廖談話，要做國卿。伯廖對人說：「沒有道德卻貪圖高爵顯位，如在《周易》的〈豐卦〉變〈離卦〉，不過三年，就要滅亡了。」隔了一年，鄭國人就殺了曼滿。

6 襄公二十九年，齊國高子容和宋國司徒會見晉國的知伯，汝齊贊禮。客人出去後，汝齊告訴知伯說：「他們兩位都將不免於禍難！高子容專橫，宋司徒華定驕侈，都是亡家之人。專橫將很快招禍，驕侈將因恃其力而致斃，專橫了別人就會打倒他，馬上就要遭禍了。」九月，高子就逃奔到了燕國。

7 襄公三十一年正月，魯國穆叔從晉國會盟歸來，告訴孟孝伯說：「趙孟快要死了！他說話有苟且偷安之意，不像為民作主的大臣；而且年齡不到五十，而說話遲鈍昏亂像八九十歲的老人，不能長久了。如果趙孟死了，主持政事的人將會是韓子了吧？你何不找季孫談談？可以與韓子建立友好的關係，他可是一位君子呀。」孝伯說：「人生幾何，哪個人不能苟且偷生！我現在是朝不保夕，還建立什麼良好關係！」穆叔告訴別人說：「孟孫將要死了！我告訴他趙孟苟且偷生，他卻比趙孟還要嚴重。」九月，孟孝伯去世。

8 昭公元年，周朝派劉定公慰勞晉國趙孟，劉定公對趙孟說：「你頭上戴冠冕，為大臣以面臨諸侯，何以不遠追夏禹的功績，大大地蔭庇人民呢？」趙孟回答說：「老夫我總是擔心會犯下什麼罪過，哪裡還能憂慮更遠的事情？我輩苟且偷安，朝不慮夕，哪能念及長久？」劉定公回去，把這件事告訴周王說：「俗話說人老了應該要有智慧卻反而糊塗了，趙孟大概就是這種情況吧！作為晉國的正卿來主持諸侯的會盟，卻把自己等同於僕隸之人，早上不考慮晚上的事，拋棄了神靈與百姓。神靈發怒，百姓反叛，怎麼能夠長久？趙孟見不到下次穀熟了！」這一年，秦景公的弟弟后子逃奔到晉國，趙孟問他：「秦君怎樣？」后子回答說：「無道。」趙孟說：「秦國會亡嗎？」回答說：「為何滅亡？一代失道，國祚還不會斷絕。立國於天地之間，自有幫助立國的力量，如果沒有幾代的荒淫亂政，是不會滅亡的。」趙孟說：「會短命嗎？」回答說：「有可能。」趙孟說：「大約有多長時間？」回答說：「我聽說國君無道而年成豐收，這是天的佐助，少也還有五年。」趙孟看著日影，說：「朝不慮夕，誰能等上五年之久？」后子告出，對人講：「趙孟快死了！主持民政國事，因循苟且，虛度時日，還能活多久？」冬季，趙孟就去世了。昭公五年，秦景公去世。

9 昭公元年，楚國公子圍參加諸侯國會盟，他設置了國君的服飾，陳列了國君的侍衛。魯國的叔孫穆子說：「楚公子服飾真美，很像國君啊！」伯州犁說：「這次出行，是國君的命令，借給他這種禮儀。」鄭國行人子羽說：「借了就不還了。」伯州犂說：「你姑且憂慮子皙的背叛作亂吧。」子羽說：「借了不還，你不為此擔心嗎？」齊大夫國子說：「我替二位感到憂慮。」陳公子招說：「沒有憂慮，如何能夠成功？二位應當高興了！」衛國大夫齊子說：「如果事事先知道，雖有可憂之事發生也無妨害。」從會盟退下之後，子羽對人說：「齊國、衛國、陳國的大夫將不免於禍難吧！國子代替別人憂慮，子招以憂為樂，齊子雖然憂慮，卻認為無害。那種替人憂慮而不及自己，應該憂慮反而感到快樂，以及認為雖然有憂慮但卻無害，這些都是自取憂患之道。〈太誓〉說：『民眾想要求的，上天一定依從。』這三位大夫都已經有了憂患的兆頭了，能沒有憂患到來嗎！言語可以推知事物的禍福，就是說的這種情況。」

10 昭公十五年，晉國大夫籍談到成周參加穆后的葬禮，除喪以後，舉行宴會，周天子說：「諸侯都有用來安定撫慰王室的器物，晉國卻獨獨沒有，這是為什麼？」籍談對周王說：「諸侯初受封時，都從王室接受了寶物、祭器，所以能夠進獻禮器。晉國處在深山之中，與戎狄為鄰，敬奉戎狄尚且無暇，哪裡還能進獻禮器呢？」周天子說：「叔氏你難道忘了嗎！你的叔父唐叔，是成王的同母弟弟，難道反而會沒有分得寶物祭器嗎？過去你的高祖掌管晉國的典籍，把它作為大政，所以才稱為籍氏。你，是司典之後，為何忘記了呢？」籍談不能回答。賓客退出後，周天子說：「籍父的後人恐怕不能再享有爵祿了！世掌典籍的後代，竟然忘了他的祖先。」籍談回來後，把這件事告訴叔嚮。叔嚮說：「周天子恐怕不得善終了！我聽說志在所樂，將來一定為此而死。如今周天子以喪憂為樂，如果因為喪憂而死，那就不是善終了。周天子一年之內遇上了兩次三年之期的大喪，在這時宴請前來弔喪的賓客，還向諸侯索要禮器，以喪憂為樂，太過分了。喪期三年，雖貴為天子也應當遵守，這是禮制。周天子即使不能終服，這時宴飲作樂，也太早了。禮，這是帝王治理天下的大法；一個舉動而違失了兩項禮制，就沒有大法了。言語應以典制為準，典制是來表明大法的。忘掉大法而卻大談典故，有什麼作用呢！」

11 哀公十六年，孔丘逝世，哀公為其致誄詞說：「上天不善，不能為我留下這一位老者，讓他保護我一人。」子贛說：「君王大概不會死在魯國吧？夫子的話說：『禮失去了就會昏憒，名分失掉了就會有過失。』失掉理智是昏憒，失去本分就是過失。生時不能任用他，死後才來致誄詞，這不合於禮；稱做『予一人』，這不合乎名分。君王丟失了這兩者。」二十七年，哀公逃避到邾國，最終死在越國。

12 眾多的證驗中的恆陽，劉向認為是《春秋》記載的大旱。而在夏季大旱時祭祀祈雨，叫做大雩。大旱而不傷害春秋兩季的穀物，只叫做不下雨。京房《易傳》說：「國君想得到賢能而不肯任用，這叫做虛張聲勢，因此而產生的災害就是荒。荒，就是旱，那旱象雖有陰雲但不下雨，再變而成紅色，因而消失。出兵作戰為時過久，叫做曠，那旱使莊稼不能生存。上下都蒙蔽這叫做隔，那旱就是天空無雲三個月，不時有冰雹擊殺飛鳥。向上攀緣尋求配偶，這叫做僭越，那旱象是三個月氣溫很高而無雲。居住於高臺官署，這叫做犯陰侵陽，其旱象是萬物從根上枯死，屢次發生火災。一般地位卑低而超過節度是所謂僭越，那旱象是沼澤中的生物枯乾，而起火毀傷。」

13 釐公二十一年「夏天，大旱」。董仲舒、劉向認為，齊桓公已死，諸侯國都追隨楚國，魯釐公尤其得到楚君的歡心。楚國前來獻俘，釋放宋國的戰俘。魯國對外倚重強大的楚國，對內暴虐而失去民心，又興建南門，大興土木之功而勞傷百姓。眾多的祈雨祭祀而天旱不下雨，其解說都大致相同。

14 宣公七年「秋天，大旱」。這年夏天宣公與齊侯一起征伐萊國。

15 襄公五年「秋天，舉行祈雨大祭」。此前，宋國的魚石逃奔到楚國，楚發兵征討宋國，奪取了彭城，把這個地方封給魚石。鄭國背叛中原諸侯而投靠楚國，魯襄公與諸侯共同圍攻彭城，修築加固虎牢城以防禦楚國。這一年，鄭國派公子發來魯國訪問，魯國派大夫在善道與吳國會盟。對外結交二國，在內得到鄭國使臣訪問，有張皇自大，興師動眾的應驗。

16 襄公八年「九月，舉行祈雨大祭」。當時魯國建立三軍，季氏強盛。

17 襄公二十八年「八月，舉行祈雨大祭」。此前，晉國使臣荀吳、齊國使臣慶封連年來訪，這年夏天，邾子來魯國朝見。魯襄公有張揚自大的應驗。

18 昭公三年「八月，舉行祈雨大祭」。劉歆認為昭公登位十九年了，還充滿了孩子的稚氣，服喪期間毫不悲哀，高傲自大而失去人心。

19 昭公六年「九月，舉行祈雨大祭」。此前莒國大夫牟夷以奉獻二邑之地投奔魯國，莒國因此發怒攻打魯國，魯國大夫叔弓率領軍隊，抵抗而打敗莒軍，魯昭公才得以去朝見晉國國君。魯國對外結好大國，對內獲得二邑之地，戰勝了鄰國，有張皇自大，驚動群眾之應驗。

20 昭公十六年「九月，舉行祈雨大祭」。此前昭公母親夫人歸氏去世，昭公不悲哀，還到比蒲進行大規模的打獵活動。晉國的叔嚮說：「魯國有大喪還不停止打獵。國家不考慮喪事，是不畏忌國君；國君沒有悲哀的表現，是不顧自己的親人。恐怕將要亡國了。」此與三年的徵兆相同。

21 昭公二十四年「八月，舉行祈雨大祭」。劉歆認為《左氏傳》二十三年邾國軍隊在翼築城，回去時經過魯國的地方，魯國發動突襲，俘虜了邾國三位大夫。邾人將此事告知了晉國，晉國扣留了魯國行人叔孫婼，這年春天才放歸。

22 昭公二十五年「七月上辛日舉行祈雨大祭，季辛日又舉行一次」，是由於旱災太厲害。劉歆認為當時后氏與季氏之間有嫌隙。又因為季氏族內有一位行為淫蕩的妻子進獻讒言，使季平子與其族人關係惡化，都共同譖毀季平子。子家駒向昭公進諫說：「讒人想憑君僥倖行事，不可聽從。」昭公還是討伐季氏，結果為季氏打敗，逃奔齊國。

23 定公七年「九月，舉行祈雨大祭」。此前魯定公自任主將，侵略鄭國，班師回來，修築中城。兩位大夫統帥軍隊受命圍攻鄆邑。

24 莊公三十一年「冬天，不下雨」。這一年三次築臺，奢侈浪費而不體恤人民。

25 釐公二年「冬天十月不下雨」，三年「春天正月不下雨，夏天四月不下雨」，「六月下了雨」。在此之前，莊公夫人與公子慶父淫亂，並先後殺了兩位魯國國君。魯國人攻伐他們，夫人退避到邾國，慶父逃奔到莒國。釐公即位，南面打敗邾國，東面打敗莒國，俘獲莒國的大夫。有張皇自大的應驗。

26 文公二年「從十二月起無雨，一直到秋天七月」。文公即位，周天子派叔服前來會葬，毛伯敬稱天子下達命令。又在戚邑會見晉侯。公子遂到齊國去送聘禮，又與諸侯結盟，上得周天子賜命，外得諸侯之誼，傲然自大起來。把其父釐公的神主升入太廟。大夫開始專擅政事。

27 十年「從正月天不下雨，直到秋天七月」。此前公子遂會同晉、宋、衛、許四國去援救鄭國，楚國派大夫越椒來魯國訪問。秦國派人送來給僖公及其母成風之喪葬衣物。有張皇自大的應驗。

28 十三年「從正月不下雨，直到秋天七月」。在這以前，曹伯、杞伯、滕子來朝見魯君，郕伯來投奔魯國，秦國派使臣遂來訪問，季孫行父在諸邑和鄆邑築城。二年之間，有五國君臣來魯，在國內又修築兩座城邑。張皇自大而失民心。一種說法是，天不下雨五穀都能成熟，是怪異的事。文公時，大夫開始專擅盟會之事，公孫敖與晉侯會見，又與諸侯在垂隴會盟。所以不下雨而五穀能夠生長者，是陰蔽著生氣不能出而私自運行了，象徵了恩施不由國君所出，而臣下私自作威作福做主成事。一種說法是，不下雨近於常陰少陽之罰，君勢太弱了。

29 惠帝五年夏天，大旱，江河水少，溪谷斷流。此前徵發男女民眾十四萬六千人修築長安城，這年城才修成。

30 文帝三年秋天，天下乾旱。這一年夏天，匈奴右賢王侵犯上郡，皇帝下令丞相灌嬰出動車騎兵八萬五千人前往高奴，打擊右賢王，將其趕出塞外。這一年秋天，濟北王劉興居造反，派大將軍去討伐，全部伏法處死。

31 後元六年春天，全國大旱。在此之前出動騎兵、步兵屯駐廣昌，這年二月又徵發地方預備兵種屯駐隴西。後來匈奴大舉入侵上郡、雲中，戰爭波及到了京師長安，為此派三位將軍率軍屯防邊境，三位將軍屯防京師。

32 景帝中三年秋天，大旱。

33 武帝元光六年夏天，大旱。這一年派四位將軍出擊匈奴。

34 元朔五年春天，大旱，這一年派六位將軍率眾十餘萬征伐匈奴。

35 元狩三年夏天，大旱。這一年徵發全國廢黜之吏到上林苑砍伐荊棘，開鑿昆明池。

36 天漢元年夏天，大旱；天漢三年夏天，大旱。此前貳師將軍征伐大宛回到朝廷。天漢元年，徵發犯罪人員戍邊。天漢二年夏天，三位將軍征伐匈奴，李陵陷沒匈奴沒有回來。

37 征和元年夏天，大旱。這一年征伐三輔地區的騎士關閉長安城門，大肆搜捕，開始了對巫蠱案的治理。第二年，衛皇后和太子失敗。

38 昭帝始元六年，大旱。在此之前，大鴻臚田廣明征伐益州，軍隊連年在外作戰。

39 宣帝本始三年夏天，大旱，東西數千里。在這以前，五位將軍統帥二十萬兵眾討伐匈奴。

40 神爵元年秋天，大旱。這一年，派後將軍趙充國征討西羌。

41 成帝永始三年、四年夏天大旱。

42 《左氏傳》上記載，晉獻公時有童謠說：「丙子那一天的早晨，龍尾伏隱在日月交會之處，穿著黑色軍服的戰士，威武盛大，奪取了虢國的旗幟。鶉火星星光燦燦像在爭鬥，天策星沒有光亮，在鶉火星下整頓軍旅，虢公可能要逃跑了。」當時虢作為一個小國家，隔著夏陽的險阻，依靠虞國的幫助，與晉國對抗，有張皇自大的志向，失去了臣心。晉獻公討伐它，向卜偃問道：「我們會成功嗎？」卜偃用童謠回答他說：「能夠戰勝它。十月朔日丙子早晨，太陽在龍尾星上，月亮在天策星上，鶉火星在太陽與月亮的中間，必定在這個時間滅掉虢國。」冬天十二月丙子初一，這天晉國軍隊滅了虢國，虢公醜逃奔到成周。周曆十二月，是夏曆的十月。講天文者說的是夏曆。

43 史書記載晉惠公時的童謠說：「把恭太子改葬啊，十四年後，晉國也不會昌盛，晉國的昌盛是在其哥哥的時候。」當時晉惠公是依賴了秦的力量才登上了國君之位的，但他被立後卻背叛了秦國，在國內殺死了二位大夫，國人都不高興。等到改葬他的哥哥恭太子申生時又不能敬重行事，所以有詩妖出來。後來與秦作戰，被秦軍俘虜，在位十四年而死。晉人斷絕了他的後代，改立他的哥哥重耳，這就是晉文公，後來稱霸於諸侯。

44 《左氏傳》記載，文公、成公時的童謠說：「鸜鵒鸜鵒，魯公出奔遭受困辱。鸜鵒有羽毛，國君在野外，去贈送他馬匹。鸜鵒跳著走呀，魯君在乾侯，索求套褲與短襖。鸜鵒有巢，遙遠哪飄搖，裯父喪身於外，宋父得立而驕傲。鸜鵒鸜鵒，出奔時有歌，歸來時哀哭。」到昭公時候，果然有鸜鵒來築巢。昭公進攻季氏，失敗了，逃奔齊國，居住在外野，留住在乾侯。八年後，死在國外，後歸葬魯國。昭公的名字叫裯，公子宋繼位，是為魯定公。

45　元帝時有童謠說：「井水溢出來，淹滅了灶煙，灌進了玉堂，流入了金門。」到成帝建始二年三月初三戊子那天，北宮中井泉的水位逐漸上升，溢出而向南流，這事如同春秋時先有鸜鵒的歌謠，後來確有鸜鵒築巢的應驗一樣。井水，屬陰；灶煙，屬陽；玉堂、金門那是皇帝居住的地方：此事象徵著陰盛而滅陽，私下當有宮室之應驗。王莽生於元帝初元四年，到成帝時被封為侯，作為三公輔政，因而得以篡位。

46　成帝時的童謠說：「燕子尾羽光澤閃爍，張公子，時時相見。木門青銅根，燕子飛來啄皇孫，皇孫死，燕啄矢。」後來漢成帝裝扮成平民私下出行，常與富平侯張放一起自稱為富平侯家的家人僕隸，到陽阿公主家尋歡作樂，看到舞女趙飛燕，便寵愛上了她，所以說「燕子尾羽光澤閃爍」，稱美其姣好的容貌。張公子是指富平侯。「木門青銅根」是指宮門上鋪首的銅環，意思是說趙氏將要尊貴了。後遂被立為皇后。其妹趙昭儀殘害後宮的皇子，最後都伏罪被殺，這即所謂「燕飛來，啄皇孫，皇孫死，燕啄矢」的含意。

47　成帝時歌謠又說：「邪路破壞了良田，讒言傷害了好人。桂樹開花不結果，黃雀築巢在樹巔。過去為人所羨慕，現在為人所可憐。」桂樹，赤色，這是漢家的象徵。花不實，是說無繼嗣。王莽自認為黃色是他的象徵，這就是黃雀在樹巔上築巢的含意。

48　莊公十七年「冬天，多麋鹿」。劉歆認為是毛蟲之孽為災。劉向認為麋色青，近於青祥。麋字的發音是迷，當指母獸中性情淫蕩的那種。當時莊公將要娶齊國的淫蕩女人，事先就顯現出了徵象，天帝似乎在警告說，不要娶齊國的女子，淫蕩而且亂國。莊公不醒悟，還是娶了。這位夫人來了之後，與二個小叔子淫亂，最終都被處死，幾乎使國家滅亡。董仲舒的旨意大略相同。京房《易傳》說：「廢棄正道，行為淫亂，是大不明，國多麋鹿。」又說：「〈震〉遂泥，其實是國家多麋。」

49　漢昭帝時，昌邑王劉賀聽到有人喊「有熊」，一看，果然見到一隻大熊。但他左右的人誰都沒看見，拿這件事問郎中令龔遂，龔遂回答說：「熊是山野中的野獸，而來進入宮室，王單獨一個人看見牠，這是天在警戒大王，恐怕王宮要空廢無主了，這是危亡的象徵。」劉賀不醒悟改正，終於喪失了封國。

50 《左氏傳》記載，襄公十七年十一月二十二日甲午那天，宋國人追趕瘋狗，瘋狗跑進華臣氏家，人們也跟著追進來。華臣害怕，於是出奔到陳國。在這之前，華臣的哥哥華閱擔任宋國的卿，華閱去世，華臣唆使盜賊殺死了華閱家的管家，於是霸占了他的妻子。宋平公聽到這件事，說：「華臣不僅施暴行擾亂了他的宗族，而且也大亂了宋國的政事。」想把他趕走。左師向戌說：「大臣不順，這是國家的恥辱，不如把這件事掩蓋起來。」平公取消了這個念頭。華臣急躁橫暴，內心也不自安，所以有犬禍到來，從而逃亡。

51 高后八年三月，在霸上舉行除災去邪的祭祀，回來經過枳道亭時，看見一隻像青狗一樣的動物，接觸了高后的胳肢窩，忽然不見了。進行占卜，是趙王如意的冤魂在作祟。於是高后因腋傷而去世。在此之前，高后用毒酒毒死了如意，又砍斷了他母親戚夫人的手足，挖掉了她的雙眼，使她成為人豬。

52 文帝後五年六月，齊國雍城門外有一隻狗頭上長角。此前，文帝的哥哥齊悼惠王死後，文帝把齊國的領地劃分，把他的七個庶子都封為王。這些兄弟都強大起來，有張皇自大之心，所以出現了犬禍。犬是看守門戶的家畜，角是兵戰的象徵，長在前面而向上的。犬不應當生角，猶如諸侯不應當舉兵指向京師一樣。上天警告人很早了，諸侯不醒悟。六年後，吳、楚兩國發動叛亂，濟南、膠西、膠東三國響應他們，他們起兵到達齊國。齊王猶豫不定，據城而守，三國之兵包圍了他。恰逢朝廷軍隊大破吳、楚叛軍，因乘勝誅殺了四王。所以天狗下降到梁，吳、楚就進攻梁，狗在齊國生角而三國圍攻齊國，漢朝終於在梁打敗吳、楚之軍，在齊國誅殺四王。京房《易傳》說：「執政有過失，下面就有人謀害他，這妖祥就是狗頭上長角。君子苟且偷生，小人卻進行陷害，這種妖祥也是狗頭上長角。」

53 景帝三年二月，邯鄲有狗與豬交配。這是惑亂的氣數，近乎豬犬之禍。當時趙王劉遂惑亂，與吳、楚二國謀為叛亂，派使臣到匈奴求兵援助，終於伏罪被殺。犬，是戰爭和喪失民眾的徵兆；豬，是北方匈奴的象徵。不聽逆耳忠言，與異族勾結，以產生禍害。京房《易傳》說：「夫婦關係不嚴正，它的異象是狗和豬交配。這叫反性，國家有戰亂。」

54 成帝河平元年，長安有石良、劉音兩個男人同住在一起，看見一個像人的東西在他們的居室中，打它，變成狗，跑出去。狗跑掉以後，有好幾個人穿著鎧甲手持兵器來到石良家，石良等人與其格鬥，結果有死有傷，一看都是狗。從二月一直鬧到六月才停止。

55 鴻嘉年間，有狗與豬交配。

56 《左氏傳》記載，昭公二十四年十月十一癸酉日，王子鼂把成周的寶圭沉到黃河裡，希望獲得神明的救助，十二甲戌日那天，河上的人從河裡得到了寶圭，陰不佞從他們手裡取得寶圭，將要賣掉它，寶圭竟變成了一塊石頭。當時王子鼂篡奪了天子之位，萬民不歸順他，不聽從他的號令，所以有玉變之事，這近於白祥。癸酉日沉入，而甲戌日就出來了，這是神不願意受享的徵驗。玉變化成石頭，意味著尊貴者將變成下賤者。二年之後，王子鼂逃奔楚國而死。

57 歷史記載，秦始皇三十六年，有位鄭國的客人從關東來，到華陰，看見有白色的馬拉著素色的車子從華山上下來，心裡知道車上不是普通人。在半道上停下來等待他。很快車到了跟前，車上的人手持玉璧把它交給這位鄭國客人，對他說：「替我把這玉璧贈送給鎬池君。」接著又說「今年祖龍要死了」，忽然就不見了。鄭國客人捧上玉璧，一看，原來此璧是秦始皇二十八年渡長江時為祭神而所沉到江中的那塊璧。這事與周代子鼂是相同的應驗。這一年，隕石落在東郡，有老百姓在這塊石頭上刻了一句話：「始皇死而地分。」這都是白祥。張揚自大而暴虐，號令無人聽從，寡君獨裁，這是群陰不附和所導致。一種說法認為，石頭，是屬於陰類，陰物據有高位，下臣將危害國君，這是趙高和李斯的象徵。秦始皇不知道敬畏醒悟，反而將隕石附近的百姓都殺光了，而且焚燒掉那塊隕石。這一年秦始皇去世，過了三年，秦便滅亡了。

58 昭帝元鳳三年正月，在泰山萊蕪山南面，好像有數千人在吵吵嚷嚷。老百姓去觀看，有一塊大石自己站立起來，高一丈五尺，大四十八圍，入地深八尺，有三塊石頭作足。在大石豎立的地方，有數千隻白烏集聚在它的旁邊。眭孟認為，石頭屬於陰類，是小民的象徵，泰山岱宗是五嶽之宗，是帝王改朝換代，告天代位之處，大概有庶民百姓要當天子了。眭孟被判有罪處死。京房《易傳》說：「『〈復卦〉，崩來無咎。』從上面落下來的叫做崩，它的應驗是泰山的大石從高處墜落下來，聖人承受天命為君，人君作虜。」又說：「石頭像人一樣自立起來，普通的士人成為天下的英雄。石頭立在山上，為同姓將興之象；立於平地，是異姓將立之象；立於水中，是聖人之象；立於澤中，是小人之象。」

59 天漢元年三月，天上降落白毛；三年八月，天又降落白色強韌捲曲的毛，京房《易傳》說：「前樂而後憂，其妖祥是天降羽毛。」又說：「邪人進，賢人退，天降毛。」

60 歷史記載，周威烈王二十三年，九鼎震動。金有震，這是木氣動盪的結果。當時周王室已經衰微，刑罰苛重而且暴虐，號令無人聽從，因而擾亂了金氣。鼎是宗廟的寶器，宗廟將要廢毀，寶鼎將要遷移，所以才有震動。這一年，晉國的韓、魏、趙三家大臣篡奪了晉君之位，瓜分了晉國，周威烈王任命他們為諸侯。天子不憐惜百姓，而把爵位賜給那些賊臣，天下就離心了。三世之後，周顯王致文武之胙給秦國。是後秦竟滅亡了周朝，而取得九鼎。九鼎的震動，這是木氣傷害了金氣，喪失民眾最為嚴重的應驗。

61 成帝元延元年正月，長安章城門的門閂自己不翼而飛，函谷關邊小門上的門閂也自己丟失。京房《易傳》說：「饑荒之年而不自行節儉，這就叫奢侈，這時就出現水災，其災禍的徵兆是門閂自亡。」《易．妖變傳辭》說：「關動門閂飛，君為無道而大臣為非，它的災禍是亂臣陰謀篡位。」所以谷永回答說：「章城門是通往正寢的道路，函谷關是抵禦山東的險要，城門是牢固守衛國家的關鍵，牢固設施將要丟失，所以門閂就不翼而飛了。」

卷二十七中之下

五行志第七中之下

1 傳曰：「視之不明，是謂不悊，厥咎舒，厥罰恆奧❶，厥極疾❷。時則有草妖，時則有蠃蟲❸之孽，時則有羊旤，時則有目痾，時則有赤眚❹赤祥❺。惟水沴火。」

2 「視之不明，是謂不悊」。悊，知❻也。詩云❼：「爾德不明，以亡陪亡卿❽；不明爾德，以亡背亡仄❾。」言上不明，暗昧蔽惑，則不能知善惡，親近習❿，長⓫同類，亡功者受賞，有罪者不殺，百官廢亂，失在舒緩，故其咎舒也。盛夏⓬日長，暑以養物，政弛⓭緩，故其罰常奧也。奧則冬溫，春夏不和，傷病民人，故極疾也。誅不行則霜不殺草，繇臣下⓮則殺不以時，故有草妖。凡妖，貌則以服，言則以詩，聽則以聲；視則以色者⓯，五色物之大分也，在於眚祥，故聖人以為草妖，失秉⑯之明者也。溫奧生蟲，故有蠃蟲之孽，謂螟⑰螣⑱之類當死不死，未當生而生，或多於故而為災也。劉歆以為屬思心不容。於易，剛而包柔⑲為離，離為火為目。羊上角下蹏，剛而包柔，羊大目而不精明，視氣毀故有羊旤。一曰，暑歲羊多疫死，及為怪，亦是也。及人，則多病目者，故有目痾。火色赤，故有赤眚赤祥。凡視傷者病火氣，火氣傷則水沴之。其極疾者，順之，其福曰壽⑳。劉歆視傳曰有羽蟲之孽，雞旤，說以為於天文南方喙㉑為鳥星，故為羽蟲，旤亦從羽，故為雞。雞於易自在巽。說非是。庶徵之恆奧，劉向以為春秋亡冰也。小奧不書，無㉒冰然後書，舉其大者也。京房易傳曰：「祿不遂行茲謂欺，厥咎奧，雨雪四至而溫㉓。臣安祿樂逸茲謂亂，奧而生蟲。知罪不誅茲謂舒，其奧，夏則暑殺人，冬則物華實。重過不誅，茲謂亡徵㉔，其咎當寒而奧六日也。」

3 桓公十五年㉕「春，亡冰」。劉向以為周春，今冬也。先是連兵鄰國，三戰而再敗㉖也，內失百姓，外失諸侯，不敢行誅罰，鄭伯突篡兄而立㉗，公與相親，長養同類㉘，不明善惡之罰也。董仲舒以為象夫人不正，陰失節也㉙。

4 成公元年㉚「二月，無冰」。董仲舒以為方有宣公之喪㉛，君臣無悲哀之心，而炕陽，作丘甲㉜。劉向以為時公幼弱，政舒緩也。

5 襄公二十八年[33]「春，無冰」。劉向以為先是公作三軍[34]，有侵陵用武[35]之意，於是鄰國不和，伐其三鄙[36]，被兵十有餘年，因之以饑饉，百姓怨望，臣下心離，公懼而弛緩，不敢行誅罰，楚有夷狄行，公有從楚心[37]，不明善惡之應。董仲舒指略同。一曰，水旱之災，寒暑之變，天下皆同，故曰「無冰」，天下異也。桓公殺兄弒君[38]，外成宋亂[39]，與鄭易邑[40]，背畔周室[41]。成公時，楚橫行中國[42]，王札子[43]殺召伯、毛伯[44]，晉敗天子之師于貿戎[45]，天子皆不能討。襄公時，天下諸侯之大夫皆執國權[46]，君不能制。漸將日甚，善惡不明，誅罰不行。周失之舒，秦失之急，故周衰亡寒歲，秦滅亡奧年。

6 武帝元狩六年[47]冬，亡冰。先是，比年[48]遣大將軍衛青、霍去病[49]攻祁連[50]，絕大幕[51]，窮追單于[52]，斬首十餘萬級，還，大行慶賞。乃閔海內勤勞，是歲遣博士褚大等六人持節巡行天下，存[53]賜鰥寡，假與乏困，舉遺逸獨行君子詣行在所[54]。郡國有以為便宜者[55]，上丞相、御史以聞[56]。天下咸喜。

7 昭帝始元二年[57]冬，亡冰。是時上年九歲，大將軍霍光秉政，始行寬緩，欲以說下。

8 僖公三十三年[58]「十二月，隕霜不殺草」。劉歆以為草妖也。劉向以為今十月，周十二月。於易，五為天位，君位，九月陰氣至，五通於天位，其卦為剝(59)，剝落萬物，始大殺矣，明陰從陽命，臣受君令而後殺也。今十月隕霜而不能殺草，此君誅不行，舒緩之應也。是時公子遂(60)顓權，三桓(61)始世官(62)，天戒若曰，自此之後，將皆為亂矣。文公不寤，其後遂殺子赤，三家逐昭公。董仲舒指略同。京房易傳曰：「臣有緩茲謂不順，厥異霜不殺也。」

9 書序(63)曰：「伊陟(64)相太戊(65)，亳(66)有祥，桑穀(67)共生(68)。」傳曰：「俱生乎朝，七日而大拱(69)。伊陟戒以修德，而木枯。」劉向以為殷道既衰，高宗承敝而起，盡涼陰(70)之哀，天下應之，既獲顯榮，怠於政事，國將危亡，故桑穀之異見。桑猶喪也，穀猶生也，殺生之秉失而在下，近草妖也。一曰，野木生朝而暴長(71)，小人將暴在大臣之位，危亡國家，象朝將為虛(72)之應也。

10 書序(73)又曰：「高宗祭成湯，有蜚(74)雉登鼎耳而雊(75)。」祖己(76)曰：「惟先假王，正厥事(77)。」劉向以為雉雊鳴者雄也，以赤色為主。於易，離為雉，雉，南方，近赤祥也。劉歆以為羽蟲之孽。易有鼎(78)卦，鼎，宗廟之器，主器奉宗廟者長子也。野鳥自外來，入為宗廟器主，是繼嗣將易也。一曰，鼎三足，三公象，而以耳行(79)。野鳥居鼎耳，小人將居公位，敗宗廟之祀。野木生朝，野鳥入廟，敗亡之異也。武丁[80]恐駭，謀於忠賢，修德而正事，內舉傅說[81]，授以國政，外伐鬼方[82]，以安諸夏[83]，故能攘[84]木鳥之妖，致百年之壽，所謂「六沴[85]作見，若是共御[86]，五福迺降，用章于下」者也。一曰，金沴木曰木不曲直。

11 僖公三十三年[87]「十二月，李梅實」。劉向以為周十二月，今十月也，李梅當剝落，今反華實，近草妖也。先華而後實，不書華，舉重者也。陰成陽事，象臣顓君作威福。一曰，冬當殺，反生，象驕臣當誅，不行其罰也。故冬華華者，象臣邪謀有端而不成，至於實，則成矣。是時僖公死，公子遂顓權，文公不寤，後有子赤之變。一曰，君舒緩甚，奧氣不臧[88]，則華實復生。董仲舒以為李梅實，臣下彊也。記[89]曰：「不當華而華，易大夫；不當實而實，易相室[90]。」冬，水王，木相，故象大臣。劉歆以為庶徵皆以蟲為孽，思心羸蟲孽也。李梅實，屬草妖。

12 惠帝五年[91]十月，桃李華，棗實。昭帝時，上林苑中大柳樹斷仆地，一朝起立，生枝葉，有蟲食其葉，成文字，曰「公孫病已立」。又昌邑王國社有枯樹復生枝葉。眭孟以為木陰類，下民象，當有故廢之家公孫氏從民間受命為天子者。昭帝富於春秋，霍光秉政，以孟妖言，誅之。後昭帝崩，無子，徵昌邑王賀嗣位，狂亂失道，光廢之，更立昭帝兄衛太子之孫，是為宣帝。帝本名病已。京房易傳曰：「枯楊生稊[92]，枯木復生，人君亡子。」

13 元帝初元四年[93]，皇后曾祖父濟南東平陵王伯[94]墓門梓柱卒生枝葉，上出屋。劉向以為王氏貴盛將代漢家之象也。後王莽篡位，自說之曰：「初元四年，莽生之歲也，當漢九世火德之厄，而有此祥興於高祖考之門。門為開通，梓猶子也，言王氏當有賢子開通祖統，起於柱石大臣之位，受命而王[95]之符[96]也。」

14 建昭五年[97]，兗州[98]刺史浩賞禁民私所自立社[99]。山陽[100]橐[101]茅鄉社有大槐樹，吏伐斷之，其夜樹復立其故處。成帝永始元年[102]二月，河南街郵[103]樗樹生支如人頭，眉目須皆具，亡髮耳。哀帝建平三年十月，汝南[104]西平[105]遂陽鄉柱仆地，生支如人形，身青黃色，面白，頭有頿[106]髮，稍長大，凡長六寸一分。京房易傳曰：「王德衰，下人將起，則有木生為人狀。」

15 哀帝建平三年[107]，零陵[108]有樹僵[109]地，圍丈六尺長十丈七尺。民斷其本，長九尺餘，皆枯。三月，樹卒自立故處。京房易傳曰：「棄正作淫，厥妖木斷自屬[110]。妃后有顓[111]，木仆反立，斷枯復生。天辟[112]惡之。」

16 元帝永光二年[113]八月，天雨草，而葉相樛結[114]，大如彈丸。平帝元始三年[115]正月，天雨草，狀如永光時。京房易傳曰：「君吝於祿，信衰賢去，厥妖天雨草。」

17 昭公二十五年[116]「夏，有鸜鵒來巢」。劉歆以為羽蟲之孽，其色黑，又黑祥也，視不明聽不聰之罰也。劉向以為有蜚[117]有蜮[118]不言來者，氣所生，所謂眚也；鸜鵒[119]言來者，氣所致，所謂祥也。鸜鵒，夷狄穴藏之禽，來至中國，不穴而巢，陰居陽位，象季氏將逐昭公，去宮室而居外野也。鸜鵒白羽，旱之祥也；穴居而好水，黑色，為主急之應也。天戒若曰，既失眾，不可急暴；急暴，陰將持節陽以逐爾，去宮室而居外野矣。昭不寤，而舉兵圍季氏，為季氏所敗，出犇于齊，遂死于外野。董仲舒指略同。

18 景帝三年[120]十一月，有白頸烏與黑烏群鬭楚國呂縣[121]，白頸不勝，墮泗水中，死者數千。劉向以為近白黑祥也。時楚王戊[122]暴逆無道，刑辱申公[123]，與吳王謀反。烏群鬭者，師戰之象也。白頸者小，明小者敗也。墮於水者，將死水地。王戊不寤，遂舉兵應吳，與漢大戰，兵敗而走，至於丹徒，為越人所斬，墮死於水之效也。京房易傳曰：「逆親親，厥妖白黑烏鬭於國。」

19 昭帝元鳳元年[124]，有烏與鵲鬭燕王宮中池上，烏墮池死，近黑祥也。時燕王旦謀為亂，遂不改寤，伏辜而死。楚、燕皆骨肉藩臣[125]，以驕怨而謀逆，俱有烏鵲鬭死之祥，行同而占合，此天人之明表[126]也。燕一烏鵲鬭於宮中而黑者死，楚以萬數鬭於野外而白者死，象燕陰謀未發，獨王自殺於宮，故一烏水色[127]者死，楚炕陽舉兵，軍師大敗於野，故眾烏金色[128]者死，天道精微之效也。京房易傳曰：「專征劫殺，厥妖烏鵲鬭。」

20 昭帝時有鵜鶘[129]或曰禿鶖[130]，集昌邑王殿下，王使人射殺之。劉向以為水鳥色青，青祥也。時王馳騁無度，慢侮大臣，不敬至尊，有服妖之象[131]，故青祥見也。野鳥入處，宮室將空。王不寤，卒以亡。京房易傳曰：「辟退有德，厥咎狂，厥妖水鳥集于國中。」

21 成帝河平元年[132]二月庚子[133]，泰山山桑谷有鳶[134]焚其巢。男子孫通等聞山中群鳥鳶鵲聲，往視，見巢爇[135]，盡墮地中，有三鳶鷇[136]燒死。樹大四圍，巢去地五丈五尺。太守平以聞。鳶色黑，近黑祥，貪虐之類也。易曰：「鳥焚其巢，旅人先笑後號咷。」[137]泰山，岱宗，五嶽之長，王者易姓告代[138]之處也。天戒若曰，勿近貪虐之人，聽其賊謀，將生焚巢自害其子絕世易姓之禍。其後趙蜚燕得幸，立為皇后，弟為昭儀，姊妹專寵，聞後宮許美人、曹偉能[139]生皇子也，昭儀大怒，令上奪取而殺之，皆并殺其母。成帝崩，昭儀自殺，事乃發覺，趙后坐誅。此焚巢殺子後號咷之應也。一曰，王莽貪虐而任社稷之重，卒成易姓之禍云。京房易傳曰：「人君暴虐，鳥焚其舍。」

22 鴻嘉二年[140]三月，博士[141]行大射禮[142]，有飛雉集于庭，歷階[143]登堂而雊。後雉又集太常[144]、宗正[145]、丞相[146]、御史大夫[147]、大司馬[148]車騎將軍之府，又集未央宮承明殿屋上。時大司馬車騎將軍王音、待詔[149]寵等上言：「天地之氣，以類相應，譴告人君，甚微而著。雉者聽察，先聞雷聲，故月令以紀氣[150]。經載高宗雊雉之異，以明轉禍為福之驗。今雉以博士行禮之日大眾聚會，飛集於庭，歷階登堂，萬眾睢睢[151]，驚怪連日。徑歷三公之府，太常宗正典宗廟骨肉之官，然後入宮。其宿留[152]告曉人，具備深切，雖人道相戒，何以過是！」後帝使中常侍[153]鼂閎詔音曰：「聞捕得雉，毛羽頗摧折，類拘執者，得無人為之？」音復對曰：「陛下安得亡國之語？不知誰主為佞讇之計，誣亂聖德如此者！左右阿諛甚眾，不待臣音復讇而足。公卿以下，保位自守，莫有正言。如今陛下覺寤，懼大禍且至身，深責臣下，繩以聖法，臣音當先受誅，豈有以自解哉！今即位十五年，繼嗣不立，日日駕車而出，泆行[154]流聞，海內傳之，甚於京師。外有微行之害，內有疾病之憂，皇天數見災異，欲人變更，終已不改。天尚不能感動陛下，臣子何望？獨有極言[155]待死，命在朝暮而已。如有不然[156]，老母安得處所，尚何皇太后之有！高祖天下當以誰屬乎！宜謀於賢知[157]，克己復禮，以求天意，繼嗣可立，災變尚可銷[158]也。」

23 成帝綏和二年[159]三月，天水[160]平襄有燕生爵[161]，哺食[162]至大，俱飛去。京房易傳曰：「賊臣在國，厥咎燕生爵，諸侯銷。」一曰，生非其類，子不嗣世。

24 史記魯定公時，季桓子穿[163]井，得土缶[164]，中得蟲若羊，近羊禍也。羊者，地上之物，幽[165]於土中，象定公不用孔子而聽季氏，暗昧不明之應也。一曰，羊去野外而拘土缶者，象魯君失其所而拘於季氏，季氏亦將拘於家臣也。是歲季氏家臣陽虎囚季桓子。後三年，陽虎劫公伐孟氏，兵敗，竊寶玉大弓[166]而出亡。

25 左氏傳魯襄公時，宋有生女子赤而毛，棄之隄下，宋平公[167]母共姬之御者見而收之，因名曰棄。長而美好，納之平公，生子曰佐。後宋臣伊戾讒太子痤[168]而殺之。先是，大夫華元出奔晉，華弱奔魯，華臣奔陳，華合比奔衛。劉向以為時則火災赤眚之明應也。京房易傳曰：「尊卑不別，厥妖女生赤毛。」

26 惠帝二年[169]，天雨血於宜陽[170]，一頃所[171]，劉向以為赤眚也。時又冬雷，桃李華，常奧之罰也。是時政舒緩，諸呂用事，讒口妄行，殺三皇子[172]，建立非嗣[173]，及不當立之王174，退王陵175、趙堯176、周昌177。呂太后崩，大臣共誅滅諸呂，僵尸流血。京房易傳曰：「歸獄178不解179，茲謂追非180，厥咎天雨血；茲謂不親，民有怨心，不出三年，無其宗人。」又曰：「佞人祿，功臣僇181，天雨血。」

27 哀帝建平四年182四月，山陽183湖陵184雨血，廣三尺，長五尺，大者如錢，小者如麻子。後二年，帝崩，王莽擅朝185，誅貴戚丁、傅，大臣董賢等皆放徙遠方，與諸呂同象。誅死者少，雨血亦少。

【章旨】以上記錄春秋至西漢因君主視見暗昧，不知善惡，重用親近之人，賞罰不明，政治混亂，而引發的災異、妖祥，及其史事徵驗，以此來勸告君主應當近君子而遠小人，尊卑有別。

【注釋】❶奧　通「燠」。熱。❷疾　韋昭曰：「以疾為罰。」❸嬴蟲　即「倮蟲」。舊時總稱無羽毛鱗甲蔽身的動物。❹眚　災異。❺祥　吉凶的預兆。❻知　通「智」。❼詩云　見《詩經．大雅．蕩》。❽亡陪亡卿　身旁沒有輔佐的卿大夫。陪，輔佐。❾亡背亡仄　前後左右沒有輔佐之人。背，背後。仄，通「側」。旁也。❿近習　指君主寵愛親信的人。⓫長　助長；滋長。⓬盛夏　夏季最熱的時候。⓭弛　鬆懈；懈怠。⓮繇臣下　謂誅罰由於臣下。繇，通「由」。⓯視則以色者　「則」字當作「不」。王先謙說：「《晉志》『視』下作『石』，是也。傳說謂服妖與貌，詩妖與言，鼓妖與聲皆相應，此草妖非色是貌，不以色矣，所以然者，以五色分在眚祥也。若仍作則字，則理不可通。」⓰秉　秉持。⓱螟　螟蛾的幼蟲。是蛀食稻心的害蟲。⓲螣　食苗葉的小蟲。⓳剛而包柔　〈離卦〉是一個陰爻附著在兩個陽爻中，所以謂之剛包柔。⓴其極疾者三句　在六極之中，二是疾病，李奇認為所以致疾病者是因為逆火氣的緣故，若「能順火氣，則福更為福」。㉑喙　當作「啄」，又作咮。是柳宿的別名。㉒無　本書中的「無」皆作「亡」。此字後人所改。㉓雨雪四至而溫　雨雪四面來到，還是溫暖。㉔徵　「懲」的假借字。㉕桓公十五年　西元前六九七年。㉖三戰而再敗　三戰謂桓公十年與齊侯、衛侯、鄭伯戰於郎；十二年與鄭國共同伐宋；十三年會紀、齊與宋、衛、燕戰。再敗，謂兩次戰敗，謂敗於郎、又敗於宋之戰。㉗鄭伯突簒兄而立　鄭莊公去世，突因宋莊公的支持而得立，逼使其兄昭公逃奔衛國。突，鄭莊公子，即厲公。兄，指鄭太子忽，即昭公。㉘同類　指魯桓公奪取君位與鄭厲公的行為相類似。㉙夫人不正二句　師古曰：「夫人姜氏通于齊侯，故云不正」。何休注《公羊》曰：「此夫人淫泆，陰而陽行之所致」。㉚成公元年　西元前五九〇年。㉛宣公之喪　宣公死於成公元年之前一年，喪期未滿。㉜作丘甲　魯國按田畝徵收軍賦。㉝襄公二十八年　西元前五四五年。㉞公作三軍　魯原有上下二軍，後又增設了中軍，故謂之作三軍。㉟侵陵用武　指魯入鄆取邿。㊱伐其三鄙　指襄公十二年三月、十四年夏，莒人伐魯東鄙。十五年夏，齊人伐魯北鄙，其年秋，邾人伐魯南鄙。㊲公有從楚心　襄公二十八年親自朝楚。㊳桓公殺兄弒君　桓公殺隱公，隱公是桓公的哥哥。㊴外成宋亂　宋國的華父督殺害了其君殤公和大夫孔父，用郜國的大鼎來賄賂魯襄公，襄公於是會合齊侯、鄭伯平定其動亂。㊵與鄭易邑　指鄭國用泰山之田與魯國交換許田。㊶背畔周室　許田本為魯國朝宿之邑，今易鄭泰山之田，表明魯不尊重周王，故曰叛周。畔，通「叛」。㊷楚橫行中國　指楚不斷地侵犯中原諸國，據史書記載，成公二年楚侵衛，遂侵魯，六年七月侵鄭，九年攻莒，十五年伐鄭，十六年楚與晉、鄭戰於焉陵，十八年楚伐宋等。中國，指中原地區。㊸王札子　即王子捷。㊹召伯毛伯　都是周朝大夫。㊺貿戎　戎之別種。㊻諸侯之大夫皆執國權　指襄公十六年溴梁之會事。當時出席盟會訂立盟約均由各國大夫主之。㊼武帝元狩六年　西元前一一七年。㊽比年　頻年；接連幾年。㊾衛青霍去病　本書卷五十五有傳。㊿祁連　山名。在今甘肅河西走廊一帶。(51)絕大幕　絕，越過；超越。幕，通「漠」。沙漠。(52)單于　匈奴君主號。(53)存存問；慰問。(54)行在所　帝王出行所在地方。(55)便宜者　指有利於國家，合乎於時宜之事。(56)以聞　以其事報告於皇帝。(57)昭帝始元二年　西元前八五年。(58)僖公三十三年　西元前六二七年。(59)剝　六十四卦卦名之一。〈坤〉下〈艮〉上。陰剝於陽，由柔變剛之謂。(60)公子遂　魯莊公的兒子。東門襄仲，當時為卿，專執國政。(61)三桓　魯國大夫孟孫、叔孫、季孫氏都出自桓公，故名三桓。(62)世官　謂父子相繼為卿。(63)書序　《尚書．咸乂》之序，其書已亡。(64)伊陟　伊尹之子。(65)太戊　太甲之孫。(66)亳　商朝都城。在今河南商丘北。(67)桑穀　桑是桑樹。穀，又名構。與楮樹類似。(68)共生　合而共生。(69)拱　兩手合圍曰拱。(70)涼陰　古時稱國君居喪曰涼陰。涼，通「諒」。陰，緘默。(71)暴長　急驟；猛烈。(72)虛　通「墟」。廢墟。(73)書序　指《尚書．高宗肜日》的序言。(74)蜚　通「飛」。(75)雊　野雞鳴叫聲。(76)祖己　殷賢臣。(77)惟先假王二句　謂至道之王，能正飭政事，而災異自消。(78)鼎　卦名。〈巽〉下〈離〉上。(79)以耳行　舉鼎必須執耳方可，故云以耳行。(80)武丁　商王名。廟號高宗，盤庚弟小乙之子。(81)傅說　武丁時的賢臣。(82)鬼方　殷時方國名。也是當時西北部族名。(83)諸夏　謂中原諸國。

(84)攘 卻；排斥。(85)六沴 六氣不和。六氣指陰、陽、風、雨、晦、明。沴，指氣不和而相傷。(86)共御 言恭己以禦災。共，通「恭」。(87)僖公三十三年 西元前六二七年。(88)臧 通「藏」。(89)記 指劉向的《五行傳記》。(90)相室 指相王室，猶言相國。(91)惠帝五年 西元前一九〇年。(92)稊 植物的嫩芽，特指楊柳新生的枝葉。(93)元帝初元四年 西元前四五年。(94)王伯 王莽的高祖父。(95)王 成就王業。(96)符 徵兆。(97)建昭五年 西元前三四年。(98)兗州 漢武帝所設十三刺史部之一，監臨陳留、山陰、濟陰、泰山、東郡五郡及城陽、淮陽、東平三國。(99)社 土地神，漢代由官府主持所立之社謂官社，由民所立者謂之私社。(100)山陽 漢郡名。治昌邑（今山東金鄉西北）。(101)橐 漢縣名，在今山東魚臺東北。(102)成帝永始元年 西元前一六年。(103)郵 即郵驛。傳遞文書，供應食宿，車馬，使者往來歇息的驛站。(104)汝南 漢郡名。治上蔡（今河南上蔡西南）。(105)西平 漢縣名。在今河南西平西，舞陽東南。(106)頷 上嘴唇上的髭鬚。(107)哀帝建平三年 西元前四年。(108)零陵 漢郡名。治泉陵（今湖南零陵）。(109)僵 仆倒。(110)屬 連續；接連。(111)有顓 有專寵。顓，通「專」。(112)天辟 即天子。辟，君主。(113)元帝永光二年 西元前四二年。(114)繆結 纏繞糾結。(115)平帝元始三年 西元三年。(116)昭公二十五年 西元前五一七年。(117)蜚 蟲名。一種發惡臭的小飛蟲，群集食稻花，令稻不實。(118)蜮 也作「蝛」。傳說中一種能含沙射人的動物。(119)鸜鵒 俗言八哥。(120)景帝三年 西元前一五四年。(121)呂縣 縣名。在今江蘇徐州東南。(122)楚王戊 楚元王劉交之孫，本書卷三十六有傳。(123)申公 本書卷八十八有傳。(124)昭帝元鳳元年 西元前八〇年。(125)藩臣 拱衛王室之臣。(126)明表 顯著的規則。(127)水色 屬水的顏色，即黑色。(128)金色 屬金的顏色，即白色。(129)鵜鶘 亦名伽蘭鳥。大型鳥類，翼大而闊，趾間有蹼，下頷下有巨大的喉囊，用以兜食魚類。(130)禿鶖 古籍中的水鳥名。傳說其長頸赤目，禿頂，蒼青色，似鶴而大。(131)有服妖之象 昌邑王劉賀多製側注冠，又以之冠奴，故云有服妖之象。(132)成帝河平元年 西元前二八年。(133)庚子 三十日。(134)𪈭 通「鳶」。鳥名。俗名鷂鷹。(135)難 通「燃」。(136)鷇 待母哺食的幼鳥。(137)易曰三句 見《易．旅卦》上九爻辭。號咷，大聲啼哭。(138)易姓告代 古代帝王以國家為一姓之私有，所以稱改朝換代為易姓。告代，舉行封禪大典向天地報告。(139)曹偉能 一名宮。宮人姓名，見本書卷九十七〈外戚傳〉。(140)鴻嘉二年 西元前一九年。(141)博士 古代學官名。起源於戰國。秦代設有諸子、詩賦、術數、方技等博士。漢文帝時置一經博士，武帝時置《五經》博士，其主要職責是教授、課試、奉使、議政等。(142)大射禮 古代重武習射，常舉行射禮，射禮有大射，賓射，燕射，鄉射四種。將祭擇士為大射。(143)歷階 登歷臺階，指一腳一步跨上一個臺階。(144)太常 官名。秦漢九卿之一，秦曰奉常，西漢始改稱太常。漢代太常的主要職掌是宗廟禮儀，有時還兼管文化教育。(145)宗正 官名。是管理皇族和外戚事務的官。(146)丞相 官名。秦國時開始設置，秦朝時確立，上承天子，助理萬機，是中央政權機關的最高行政長官。147御史大夫　官名。實際只存在於秦和西漢。其地位僅次於丞相。其職責是輔佐丞相，總理國政。148大司馬　漢初置太尉，武帝時廢太尉而置大司馬。成帝時，與丞相、御史大夫合稱三公。149待詔　原意是等待詔命，後成為官名。漢代徵士未有正官者，均待詔公車，其特異者待召金馬門，備顧問，後遂以待詔為官名。150月令以紀氣　《月令》是記載節氣的，所以有季冬之月，「野雞叫，孵卵」。151睢睢　仰目視貌。152宿留　停留；等待。153中常侍　加官名。中常侍在西漢時作為加官之號，加此號之後，和侍中一樣「得入禁中」。作為本職官名的中常侍，當是東漢以後的事。出入宮廷，侍從皇帝，常加於列侯至郎中。154泆行　放蕩的行為。155極言　盡力說出。156不然　謂非常之變。157知　通「智」。158銷　通「消」。159成帝綏和二年　西元前七年。160天水　漢郡名。治平襄，故址在今甘肅通渭西。161爵　通「雀」。162哺食　餵養。食，通「飼」。163穿　鑿；挖掘。164缶　一種腹大口小的陶製盛器。165幽　隱藏；幽閉。166寶玉大弓　二者都是魯國始受周封時之寶器，魯定公八年，陽虎作亂失敗，竊之而叛。寶玉，此處指夏后氏之璜。大弓，謂封父之繁弱。167宋平公　宋共公之子，名成。168痤　太子名。169惠帝二年　西元前一九三年。170宜陽　漢縣名。在今河南宜陽西。171所　許。約計之辭。172三皇子　指趙隱王如意、趙幽王友、趙恭王恢，他們都是漢高帝的兒子。173建立非嗣　此處指立後宮美人之子為繼嗣。174不當立之王　此處指呂后所立呂氏三王。175王陵　本書卷四十有傳。176趙堯　本書卷四十二有傳。177周昌　本書卷四十二有傳。178歸獄　歸罪；強加罪名。179解　免除；赦免。180追非　因循錯誤而不改悔。181僇　通「戮」。182哀帝建平四年　西元前三年。183山陽　漢郡名。治昌邑（今山東金鄉西北）。184湖陵　縣名，在今山東魚臺東南。185擅朝　獨攬朝政。擅，擅自；獨斷專行。

【語　譯】傳文上說：「觀察不清楚，這就叫做不明智，其過錯在於辦事舒緩而不振作，受到懲罰就是常熱，其帶來的嚴重後果就是疾病蔓延。有時有草妖，有時有蠃蟲之孽，有時則有羊禍，有時則有眼的疾病，有時則有赤色的妖異，赤色的凶兆。水氣傷害火氣。」

2　「觀察不清，叫做不哲」。哲，是明智。《詩經》上說：「你無知人之明，不辨善惡，因而就沒有輔佐，沒有卿士；不別善惡，因此身邊沒有輔佐的大臣。」是說在上為君者若不明智，昏暗糊塗，被人蔽惑，就不能辨別善惡，寵愛那些親信的人，滋長重用同類的人，無功者受到獎賞，有罪的人不殺，百官都廢職亂行，其過失在於萎靡不振，所以錯就錯在精神不振作。盛夏季節白天時間很長，暑熱利於萬物生長，所以為政也遲緩，他受到的懲罰就是常熱。燠暖就是冬天不冷，春夏不和，容易使人生病，所以嚴重的後果就是疾病流行。誅罰不行，就會有秋霜不能殺草的現象，把誅罰大權交給臣下，就會出現殺罰違時之失，所以有草妖出現。凡是妖，外貌都是用服飾來體現，言論則用詩歌來表現，聽斷就用聲音來表現；而觀察不用顏色來表現，是因為五色是區分天地萬物的總綱，出現在各種眚祥之中，所以聖人認為草妖，乃是不能秉持明哲的緣故。溫暖的氣候就會生蟲子，所以有蠃蟲之孽，這是說螟、螣之類當死不死，不當生而生，或者多於平常而成為災害。劉歆認為這屬於思想與願望不相包容而導致的災害。在《易經》上，剛而包柔就是〈離〉，〈離〉象徵著火，象徵著目。羊，頭上長角，足上有蹄，剛而包柔，羊長著大眼睛卻不精明，觀察受限，所以有羊禍。一說認為，氣溫高的年度，羊多有疫病而死，以及變為妖怪，也都屬於羊禍。涉及到人，就是多有患眼病的，所以有目痾。火色赤，所以有赤眚赤祥。凡是視力有病的，都是病於火氣，火氣傷那麼水便來侵害。其惡果便是疾病，若能順火氣，則有福壽。劉歆關於視的解說認為有羽蟲之孽，就是雞禍，他的說法認為在天文上南方柳宿是鳥星，所以叫做羽蟲，禍也從羽而言，所以叫做雞禍。雞在《易經》上本在〈巽卦〉。這種講法不對。眾多證驗中的恆燠即常熱，劉歆認為是《春秋》上說的無冰雪。小熱不記載，沒有冰凍然後才記錄，只是列舉那些大的變異。京房的《易傳》說：「俸祿不正常頒發叫做欺騙，受到的災禍就是常熱，雨雪四面來到還是溫暖。臣子安於祿位，沉溺於安逸享樂叫做亂，天氣溫暖而蟲子滋生。知道有罪而不加誅罰，這就叫做軟弱無能，引起炎熱，夏天就會因暑熱而死人，冬天就會有草木開花而結果。重大過失而不誅罰，這就叫做沒有懲罰，其災禍是應當寒冷，但卻燠熱六天。」

3 桓公十五年「春天，沒有冰雪」。劉向認為周的春天，是漢朝的冬天。在這以前，連年用兵於鄰國，三次戰爭，兩次失敗，內失百姓之心，對外失去諸侯的支持，不敢施行誅罰，鄭伯突篡奪兄長的君位而自立，魯桓公與他親善，扶持同類之人，不懂得善惡的懲罰。董仲舒認為，無冰是象徵了夫人的行為淫邪不正，陰氣失去了節度。

4 成公元年「二月，沒有冰雪」。董仲舒認為，這是因為魯宣公剛去世一年，喪期未滿，成公群臣卻沒有悲哀之心，而張皇自大，制定了按田畝徵收軍賦的政策。劉向認為是當時在位的國君幼弱，朝政軟弱的表現。

5 襄公二十八年「春天，沒有冰雪」。劉向認為，在此之前，魯襄公組建三軍，有對外侵略而好戰的意圖，當時與鄰國都不和睦，鄰國便來攻伐魯國三方的邊境，魯國被戰爭創傷十幾年，因而造成饑荒，百姓怨憤，臣下離心，魯襄公恐懼而鬆懈了政事，不敢對有罪者進行誅罰，楚國有著夷狄族的野蠻行為，魯襄公卻有親楚之意，不清楚善惡的報應。董仲舒的意旨與此大致相同。一種說法是，水旱之災，寒暑的變易，天下各地都一樣，所以說「無冰」，是天下的怪異。魯桓公殺死哥哥而篡奪君位，對外助成宋國的內亂，與鄭國交換朝宿之邑，背叛了周王室。成公之時，楚國橫行中原地區，王札子殺了周朝大夫召伯和毛伯，晉國在貿戎打敗周天子的軍隊，周天子都無力討伐。襄公時，天下各諸侯國的大夫都掌握了國家大權，國君已不能控制。情況日益嚴重，善惡辨別不清楚，誅殺懲罰不能施行。周朝之失在於軟弱無力，秦朝之失在於操之過急，所以周朝衰敗沒有寒冷之年，秦朝滅亡沒有燠熱之年。

6 武帝元狩六年冬天，沒有冰雪。在此之前，連年派遣大將軍衛青、霍去病進攻祁連，越過了大漠，窮追匈奴單于，斬首十餘萬級，歸還後，大行慶功封賞。當時體恤國內人民的勤苦辛勞，這一年派遣博士褚大等六人，奉持皇帝的符節巡視全國各地，存問和賞賜鰥寡孤獨，救濟貧困之戶，舉薦那些隱居而獨特潔行的人士到天子出行所駐之地。各郡國認為對國家有利，切合時宜的事情，可以上報丞相、御史以上呈皇帝。這樣，天下之人都很高興。

7 昭帝始元二年冬天，沒有冰雪。當時皇上年齡九歲，大將軍霍光執政，開始實行寬鬆緩和的政策，想藉此來取悅天下老百姓。

8 魯僖公三十三年「十二月，下了冰霜而草卻沒有被凍死」。劉歆認為這是草妖。劉向認為，漢朝的十月，是周的十二月。在《易經》上，五是天位，是君位，九月陰氣到來，五通於天位，其卦是〈剝卦〉，剝即剝落萬物，開始大肅殺了，表明這是陰從陽命，臣子接受君命而執行殺罰。現在十月下霜但卻不能使草木凍死，這是君主誅罰之令不被執行，軟弱無能的徵驗。當時公子遂專權，三桓開始父子相繼為卿，天的告誡好像在說，從此之後，將會出現普遍的大亂了。文公不醒悟，這以後公子遂殺死子赤，三家驅逐了昭公。董仲舒的看法旨意大致相同。京房《易傳》說：「臣下有軟弱無能則謂之不順，其災異是降寒霜而凍不死草。」

9 《書序》上說：「伊陟任太戊的宰相，亳都出現了妖祥，桑樹、榖樹合而共生。」《傳》文說：「兩樹共生於朝廷，七天後就長成了兩手合圍的大樹。伊陟以修德告誡太戊，後來樹就枯死了。」劉向認為，商朝的治道既然已經衰落，高宗繼承衰敗的局面而登位，極盡居喪的悲哀，天下人都擁護他，但在獲得巨大的榮耀之後，在政治上卻怠惰起來，國家瀕於危亡，所以有桑榖並生於朝的怪異現象出現。桑，好比是喪，榖，好比是生，這意味著生殺予奪的大權落到臣下的手中，這一怪異近於草妖。一種說法認為，野樹生在朝廷而突然長大，是小人將要很快占據大臣的職位，而危害到國家，象徵著朝廷將要變成廢墟的應驗。

10 《書序》又說：「高宗祭祀成湯的時候，有隻野雞飛落到鼎耳上雊雊地鳴叫。」祖己說：「這是說先要端正為王之道，整飭好政事。」劉向認為，野雞中雊雊而鳴是雄雞，羽毛以赤色為主。在《易經》，〈離卦〉象徵著野雞，野雞屬南方，接近於赤祥。劉歆認為這是羽蟲之孽。《易經》上有〈鼎卦〉，鼎是宗廟中的禮器，主掌禮器而奉祀宗廟的人是長子。野鳥從外邊飛來，進來成為宗廟禮器之主，這意味著繼位之人將要發生改變。一種說法認為，鼎有三足，是三公的象徵，而提耳才能移動。野鳥落到鼎耳上，預示著小人將居三公之位，敗壞宗廟的祭祀。野樹生長在朝廷，野鳥飛入到宗廟，這是國家敗亡而出現的怪異。武丁恐懼，與忠誠賢良之士謀議，修明德行，整飭政事，對內舉用傅說，把國家政事委託給他，對外征伐鬼方，使中原諸國得以安定，所以才能驅除野樹、野鳥的妖異，獲致百年的壽考，正是所謂「六氣不和，只有恭己禦災，五福才會降臨，使天下明白」的道理。一種說法是，金氣傷害木氣則是木不能曲直。

11 僖公三十三年「十二月，李樹、梅樹結果」。劉向認為，周的十二月，相當於漢代的十月，此時已到了李梅花果剝落的季節，現在反而開花結果，接近於草妖。本來先開花而後結果，不寫開花，是只列舉重要的現象。陰氣成就了陽事，這象徵著臣子專了君權而作威作福。一種說法是，冬天本為肅殺之季，卻反而使植物生長起來，象徵著驕臣本應當誅罰，卻不施行其誅罰。所以冬天開花，象徵著臣子的邪謀有了開端卻沒有成功，到有了果實，那就成功了。當時僖公去世，公子遂專權，魯文公不醒悟，後來就發生了公子赤的變亂。一種說法是，君主太軟弱了，暖氣收斂不住，所以就有李梅的重新開花結果。董仲舒認為，李梅結果實，是下臣強大的象徵。《五行傳記》上說：「不應當開花而開花，更換大夫；不應當結果而結果，更換相國。」冬天，水為王，木為相，所以象徵著大臣。劉歆認為所有眾多的徵驗都以蟲為孽，心中的徵驗表現為蠃蟲孽。李梅結果，屬於草妖之類。

12 漢惠帝五年十月，桃樹李樹開花，棗樹結果實。漢昭帝時，上林苑中有一棵大柳樹折斷倒伏在地，一天又突然自己立了起來，生出枝葉，蟲子吃它的葉子，形成了以下的文字「公孫病已立」。另有昌邑王國社壇中有枯死的樹重新長出枝葉。眭孟認為，木屬於陰類，是下民的象徵，當有以前被廢黜的公孫人家從民間出來，接受天命成為天子。當時漢昭帝正年富力強，霍光執政，認為眭孟所說的是妖言，把他殺了。其後昭帝去世，沒有兒子，徵召昌邑王劉賀來繼承皇位，昌邑王狂亂無道，霍光又廢掉他，另立昭帝哥哥衛太子的孫子，這就是漢宣帝。宣帝的原名叫病已。京房《易傳》說：「枯楊生嫩芽，枯木再復活，這預示君主沒有繼嗣。」

13 漢元帝初元四年，皇后曾祖父，濟南東平陵王伯的墓門梓柱上突然長出了枝葉，長出了屋頂。劉向認為這是王氏貴盛將要取代漢家的象徵。後來王莽篡位，自己就這件事說：「初元四年，是王莽出生的那年，正當漢朝九代火德之困厄，卻有這一祥瑞出現在我高祖父墓門上。門是開通之道，梓就是子，這就是說王家當有賢德之子開通祖宗統緒，從柱石大臣的位子上做起，從而受命為天下之主的符命。」

14 建昭五年，兗州刺史浩賞禁止民間私自建立社神廟。山陽郡橐縣茅鄉社有棵大槐樹，官吏把它砍斷了，當天夜裡這棵樹又自立在原處。成帝永始元年二月，河南街郵驛的樗樹生長出狀如人頭的枝杈，眉毛眼睛鬍鬚都具備，卻沒有頭髮耳朵。哀帝建平三年十月，汝南郡西平縣遂陽鄉有屋柱仆倒在地上，生長出狀如人形的枝椏，身軀是青黃色，面為白色，頭上長有髭髮，稍為長大，共長六寸一分。京房《易傳》說：「王德衰微，在下位的人將要興起，就會有木頭生出人的形狀來。」

15 哀帝建平三年，零陵郡有樹仆倒在地，幹圍一丈六尺，長十丈七尺，有人砍斷了樹幹，有九尺多長，全部枯死。三月，這樹卻突然自己豎立在原處。京房《易傳》說：「背棄正道，行為淫邪，這個妖祥便是樹木被砍斷了能自己連接上。妃后有專寵，倒下的樹木就會自己立起來，斷而枯死的樹木能夠復活再生。天子厭惡這些事。」

16　元帝永光二年八月，天降下草，草的葉子互相纏繞糾結，像彈丸一般大。平帝元始三年正月，天下草，其狀況跟永光時一樣。京房《易傳》說：「國君在俸祿上吝嗇，忠信衰退，賢人離去，這個妖祥便是天下草。」

17　昭公二十五年「夏天，有鸜鵒來到魯國築巢」。劉歆認為是羽蟲之孽，鸜鵒色黑，又屬黑祥，是對視不明、聽不聰的懲罰。劉向認為有蜚蟲、蜮這兩種蟲子，而不說是從外地來的，這是由氣所生的，所謂的眚；鸜鵒則說是由外地來的，這是由氣所招致的，所謂的祥。鸜鵒，是夷狄地區在洞穴中居住的鳥類，來到中原地區，不穴居而築巢，陰居於陽位，象徵季氏將要驅逐昭公，使昭公離開宮室而退居外地。鸜鵒之羽白色，是旱災的祥異；穴居而喜水，水是黑色，是君主危急的象徵。上天警告好像說，已經失去民眾，不可急躁暴虐；急躁暴虐，陰將持節掌權把你趕走，離開宮室而出居野外了。昭公不醒悟，而發兵圍攻季氏，結果被季氏打敗，逃亡到齊國，最終死在國外。董仲舒對此事的看法與上面大略相似。

18　景帝三年十一月，有白頸烏鴉與黑烏鴉群集在楚國呂縣搏鬥，白頸的戰敗，掉落在泗水中，死掉的有幾千隻。劉向認為此事近於黑白災祥。當時楚王劉戊暴虐叛逆天道，施刑侮辱申公，與吳王劉濞合謀造反。烏群發生搏鬥，這是軍隊作戰的象徵。白頸烏鴉小，表明小的會失敗。掉落在水中，說明將要死於水地。楚王劉戊不醒悟，於是舉兵響應吳王，與漢朝軍隊大戰，兵敗而逃走，到了丹徒，被越人殺死，這便是死於水地的應驗。京房《易傳》說：「背叛宗族，其妖祥便是白黑烏鴉搏鬥在國內。」

19　昭帝元鳳元年，有烏鴉與喜鵲在燕王宮內水池上空相搏鬥，烏鴉掉進池中而死，近於黑祥。當時燕王旦圖謀作亂，竟不悔改，伏罪而死。楚王、燕王都是王室有骨肉之親的拱衛之臣，因驕橫抱怨而謀劃叛逆，都有烏鵲相鬥而死這種妖祥出現，行為相同，所占之象也一樣，這是天人相應的明顯規則。燕國一隻烏鴉一隻喜鵲在宮中搏鬥而黑者戰死，楚國有上萬隻烏鴉在野外相鬥而白頸烏鴉死了，象徵著燕國的陰謀尚未發動，只有蕪王一人伏罪自殺於宮中，所以一隻黑色的烏鴉死掉，而楚國卻是張皇自大而舉兵反叛，軍隊在野外戰場上大敗，所以眾多烏鴉白色者死掉，這是天道精微無誤的應驗。京房《易傳》說：「擅自專兵征戰掠殺，其妖祥便是烏鴉與喜鵲相鬥。」

20 昭帝時有鵜鶘或叫做禿鶖的鳥，飛來聚集在昌邑王的宮殿下，昌邑王派人射殺了這鳥。劉向認為水鳥顏色青，所以出現了青祥。當時昌邑王馳騁放縱不遵守法度，慢待侮辱大臣，對當朝天子也不尊敬，有服妖之象，所以青祥出現。野鳥飛進宮來，宮室將要空廢而無人居住。昌邑王對此還不醒悟，終於導致了滅亡。京房《易傳》說：「君主罷退有德之臣，其過錯在於狂傲，由此出現的妖祥是水鳥聚集在都城之中。」

21 成帝河平元年二月三十庚子日，泰山山桑谷有鴟鳶把自己的巢燒掉了。一個名叫孫通的男子及其同夥聽見山中有許多鴟鳶及鵲鳥的叫聲，前往觀看，看見鳥巢燃燒，全部掉在地上，其中有三隻鴟鳶幼鳥被燒死。那棵樹有四圍粗，鳥巢離地面五丈五尺。太守平把這件事報告給了朝廷。鴟鳶是黑色，近於黑祥，牠是貪婪暴虐的鳥類。《易經》說：「鳥焚燒牠的巢，旅人先笑後號啕。」泰山，就是岱宗，是五嶽之首，是帝王改朝換代報告天地進行祭祀的地方。上天警告好像說，不要接近那些貪婪暴虐的人，如果聽信了他們的陰謀詭計，就會發生燒毀巢穴，自害其子，斷絕後代，更換姓氏的災難。此後趙蜚蕪得到寵幸，被立為皇后，妹妹被立為昭儀，姊妹有專房之寵，聽到後宮許美人、曹偉能生了皇子，昭儀十分震怒，讓皇帝奪過來而殺之，並把他們的母親也全都殺死。成帝逝世，昭儀自殺，事情才被發覺，趙皇后也因此事獲罪被誅殺。這是鴟鳶焚巢殺子之後號啕的應驗。一種說法是，王莽貪婪暴虐而擔負了國家的重任，終於釀成改朝換代的易姓之禍。京房《易傳》說：「人君暴虐，鳥就焚毀牠的巢。」

22 鴻嘉二年三月，博士們舉行大射禮，有野雞飛來聚集在庭院，一步一個登上廳堂的臺階而鳴叫。其後野雞又聚集在太常、宗正、丞相、御史大夫、大司馬車騎將軍的官署，又聚集在未央宮承明殿的屋頂上。當時大司馬車騎將軍王音、待詔寵等人給皇帝上言，說：「天地之氣，同類相應，儆告人君，微小之事卻讓人看到最顯著之處。野雞聽覺最為靈敏，能最先聽到雷聲，所以〈月令〉以其記載節氣。經書上記載殷高宗時野雞鳴叫的妖異，用來說明轉禍為福的應驗。今天野雞在博士舉行大射禮之日又大群聚集，飛集到庭中，從一個一個臺階上升到廳堂，萬眾之人仰目而視，一連數日驚怪。後來又徑直進入三公之府，太常、宗正等主持宗廟和宗室之事的官署，然後進入皇宮。牠的停留告訴人們，其意義深遠而迫切，即使是人與人之間的正道相勸誡，也比不過它！」後來成帝派中常侍鼂閎詔告王音說：「聽說捉得野雞，羽毛多有損傷，好像是被捕捉捆綁過，莫不是有人故意這樣做的？」王音再回答道：「陛下怎能說這樣亡國喪家的話？不知道誰編造出這種奸佞讒言，這樣來惑亂聖德！陛下左右阿諛奉承的人太多，用不著為臣王音再說這些諂媚的無稽之談了。公卿以下只圖保住自己的職位，莫有人能說正直的話。現在陛下如果覺悟，害怕大禍將要降臨到自己身上，因而深刻地責備臣下，用莊嚴聖明的法律予以制裁，我王音應當首先接受誅罰，能有什麼理由來為自己辯解嗎！時至今日陛下即位已十五年了，太子未確立，又天天駕車外出，淫逸放蕩之行遠近傳說，國內各地的傳聞，比京師還要厲害。現在是外有微行私遊帶來的有害影響，內有身體患病的憂愁，老天多次顯示出災禍妖異，想要人們加以改正，終於不改。老天都不能感動陛下，臣子我又有什麼希望？只有盡量說出直話，以等待處死，我的命也只在朝夕罷了。陛下如果發生非常的事變，老母親哪裡還有安居之處，還能再做皇太后嗎！高祖創立的帝業江山還可以有歸屬之人嗎！應當與那些賢能智慧之人好好謀劃，克制約束自己，遵從和恢復禮儀，以此而求得天意，那麼繼承人可以確立，災禍才可以消除。」

23 成帝綏和二年三月，天水郡平襄縣有燕子孵出了鳥雀，餵養長大後，一同飛去。京房《易傳》說：「有奸臣在朝，由之而發生的災祥就是燕子孵出鳥雀，諸侯王被廢黜。」一種說法是，生下了非同類的東西，預示著自己的兒子不能繼位。

24 史書記載，魯定公的時候，季桓子掘井，得到了一個土盆，盆中有個像羊一樣的小動物，這近於羊禍。羊，本是生活在地面上的動物，卻埋藏在地下土中，象徵著魯定公不任用孔子而聽從於季氏，是黑白不分，是非不明的應驗。一種說法是，羊離開野外而被幽閉在土盆中，象徵著魯國國君失其君位而被季氏拘留，季氏也將被自己的家臣所拘留。這一年季氏的家臣陽虎囚禁了季桓子。三年後，陽虎又劫持魯定公以討伐孟孫氏，軍隊被打敗，盜竊了魯國的寶玉和大弓而出逃。

25 《左氏傳》記載，魯襄公的時候，宋國有人生下一個女孩，皮膚發紅而且長毛，將她拋棄在河堤下，宋平公母親共姬的車夫看見並收養了她，因此而取名叫棄。棄長大後非常漂亮，被平公納為姬妾，生了一個兒子起名叫佐。後來宋國大臣伊戾讒毀太子痤，使平公殺了太子。此前，大夫華元逃到晉國，華弱逃奔魯國，華臣逃奔陳國，華合比逃到衛國。劉向認為當時就有火災，是赤眚的明驗。京房《易傳》說：「尊卑沒有區別，其妖異就是女孩身長紅毛。」

26 惠帝二年，在宜陽縣，天降下血雨，大約有一頃地那麼大的地方，劉向認為是赤眚。那時又冬天打雷，桃李開花，是常熱之罰。當時朝政渙散，諸呂當政，讒言誣陷為所欲為，殺死了三個皇子，立了不是嗣子的人做太子，以及不該封王的人封了王，罷免了王陵、趙堯、周昌等重臣。呂太后去世，大臣共同誅滅了呂氏各王，伏屍流血。京房《易傳》說：「強加罪名而不赦免，這就叫因循錯誤而不知改正，其出現的災異就是天上下血；這就叫做為政不善不親，老百姓有怨恨之心，不超過三年，就會亡族滅宗。」又說：「諂佞之人取得官祿，功臣遭到殺戮，天就下血。」

27 哀帝建平四年四月，山陽郡的湖陵縣天空下血雨，有寬三尺，長五尺大的一片，大的似銅錢，小的像麻子。二年之後，哀帝去世，王莽專擅朝政，誅殺丁氏、傅氏兩家權貴外戚，把大臣董賢等人都遷徙流放到遠方，與當年呂氏一樣的占象。因為誅殺的人少，所以雨血也少。

1 京房易傳曰：「聽之不聰，是謂不謀，厥咎急，厥罰恆寒，厥極貧。時則有鼓妖，時則有魚孽，時則有豕禍，時則有耳痾，時則有黑眚黑祥。惟火沴水。」

2 「聽之不聰，是謂不謀」，言上偏聽不聰，下情隔塞，則不能謀慮利害，失在嚴急，故其咎急也。盛冬日短，寒以殺物，政促迫，故其罰常寒也。寒則不生百穀，上下俱貧，故其極貧也。君嚴猛而閉下，臣戰栗而塞耳，則妄聞之氣發於音聲，故有鼓妖❶。寒氣動，故有魚孽。雨以龜為孽❷，龜能陸處，非極陰也；魚去水而死，極陰之孽也。於易坎為豕，豕大耳而不聰察，聽氣毀，故有豕禍也。一曰，寒歲豕多死，及為怪，亦是也。及人，則多病耳者，故有耳痾。水色黑，故有黑眚黑祥。凡聽傷者病水氣，水氣病則火沴之。其極貧者，順之，其福曰富。劉歆聽傳曰有介蟲孽也，庶徵之恆寒。劉向以為春秋無其應，周之末世舒緩微弱，政在臣下，奧煖而已，故籍❸秦以為驗。秦始皇帝即位尚幼，委政太后，太后淫於呂不韋及嫪毐❹，封毐為長信侯，以太原郡為毐國，宮室苑囿自恣，政事斷焉。故天冬雷，以見陽不禁閉，以涉危害，舒奧迫近之變也。始皇既冠❺，毐懼誅作亂，始皇誅之，斬首數百級，大臣二十人，皆車裂❻以徇，夷滅其宗，遷四千餘家於房陵❼。是歲四月，寒，民有凍死者。數年之間，緩急如此，寒奧輒應，此其效也。劉歆以為大雨雪，及未當雨雪而雨雪，及大雨雹，隕霜殺菽草，皆常寒之罰也。劉向以為常雨屬貌不恭。京房易傳曰：「有德遭險，茲謂逆命，厥異寒。誅❽過深，當奧而寒，盡六日，亦為雹。害正不誅，茲謂養賊，寒七十二日，殺蜚禽。道人[9]始去茲謂傷，其寒物無霜而死，涌水出。戰不量敵，茲謂辱命，其寒雖雨物不茂。聞善不予[10]，厥咎聾。」

3 桓公八年[11]「十月，雨雪」。周十月，今八月也，未可以雪，劉向以為時夫人有淫齊之行[12]，而桓有妬娼[13]之心，夫人將殺，其象見也。桓不覺寤，後與夫人俱如齊而殺死。凡雨，陰也，雪又雨之陰也，出非其時，迫近象也。董仲舒以為象夫人專恣，陰氣盛也。

4 釐公十年[14]「冬，大雨雪」。劉向以為先是釐公立妾為夫人，陰居陽位，陰氣盛也。公羊經曰「大雨雹」。董仲舒以為公脅於齊桓公，立妾為夫人，不敢進群妾，故專壹之象見諸雹，皆為有所漸脅[15]也，行專壹之政云。

5 昭公四年[16]「正月，大雨雪」。劉向以為昭取於吳而為同姓[17]，謂之吳孟子[18]。君行於上，臣非於下。又三家已彊，皆賤公行，慢侮[19]之心生。董仲舒以為季孫宿[20]任政，陰氣盛也。

6 文帝四年[21]六月，大雨雪。後三歲，淮南王長謀反，發覺，遷[22]，道死[23]。京房易傳曰：「夏雨雪，戒臣為亂。」

7 景帝中六年[24]三月，雨雪。其六月，匈奴入上郡[25]取苑馬，吏卒戰死者二千餘人。明年，條侯周亞夫㉖下獄死。

8 武帝元狩元年㉗十二月，大雨雪，民多凍死。是歲淮南、衡山王謀反，發覺，皆自殺。使者行㉘郡國，治黨與㉙，坐死者數萬人。

9 元鼎二年㉚三月，雪㉛，平地厚五尺。是歲御史大夫張湯㉜有罪自殺，丞相嚴青翟坐與三長史㉝謀陷湯，青翟自殺，三長史皆棄市㉞。

10 元鼎三年三月水冰，四月雨雪，關東十餘郡人相食。是歲，民不占緡錢㉟有告者，以半畀之㊱。

11 元帝建昭二年㊲十一月，齊楚地大雪，深五尺。是歲魏郡㊳太守京房為石顯所告，坐㊴與妻父淮陽王舅張博、博弟光勸視淮陽王以不義，博要㊵斬，光、房棄市，御史大夫鄭弘坐免為庶人。成帝即位，顯伏辜，淮陽王上書寃㊶博，辭語增加㊷，家屬徙者復得還。

12 建昭四年三月㊸，雨雪，燕多死。谷永對曰：「皇后桑蠶㊹以治祭服，共㊺事天地宗廟，正以是日疾風自西北，大寒雨雪，壞敗其功，以章不鄉㊻。宜齊戒辟寢㊼，以深自責，請皇后就宮，鬲㊽閉門戶，毋得擅上㊾。且令眾妾人人更㊿進，以時博施。皇天說喜，庶幾可以得賢明之嗣。即[51]不行臣言，災異俞[52]甚，天變成形，臣雖欲復捐身關策[53]，不及事已。」其後許后坐祝詛廢。

13 陽朔四年[54]四月，雨雪，燕雀死。後十六年，許皇后自殺。

14 定公元年[55]「十月，隕霜殺菽[56]」。劉向以為周十月，今八月也，消卦為觀[57]，陰氣未至君位而殺，誅罰不由君出，在臣下之象也。是時季氏逐昭公，公死于外，定公得立，故天見災以視公也。釐公二年「十月，隕霜不殺草」，為嗣君微，失秉事之象[58]也。其後卒在臣下，則災為之生矣。異故言草，災故言菽，重殺穀。一曰菽，草之難殺者也，言殺菽，知草皆死也；言不殺草，知菽亦不死也。董仲舒以為菽，草之彊者，天戒若曰，加誅於彊臣。言菽，以微見季氏之罰也。

15 武帝元光四年[59]四月，隕霜殺草木。先是二年，遣五將軍[60]三十萬眾伏馬邑[61]下，欲襲單于，單于覺之而去。自是始征伐四夷，師出三十餘年，天下戶口減半。京房易傳曰：「興兵妄誅，茲謂亡法，厥災霜，夏殺五穀，冬殺麥。誅不原情，茲謂不仁，其霜，夏先大雷風，冬先雨，迺隕霜，有芒角，賢聖遭害，其霜附木不下地。佞人依刑，茲謂私賊，其霜在草根土隙間。不教而誅茲謂虐，其霜反在草下。」

16 元帝永光元年[62]三月，隕霜殺桑；九月二日，隕霜殺稼，天下大飢。是時中書令石顯用事專權，與春秋定公時隕霜同應。成帝即位，顯坐作威福誅。

17 釐公二十九年[63]「秋，大雨雹」。劉向以為盛陽雨水，溫煖而湯熱，陰氣脅之不相入，則轉而為雹；盛陰雨雪，凝滯而冰寒，陽氣薄之不相入，則散而為霰[64]。故沸湯之在閉器，而湛[65]於寒泉，則為冰，及雪之銷，亦冰解而散，此其驗也。故雹者陰脅陽也，霰者陽脅陰也，春秋不書霰者，猶月食也。釐公末年信用公子遂[66]，遂專權自恣，將至於殺君，故陰脅陽之象見。釐公不寤，遂終專權，後二年殺子赤[67]，立宣公。左氏傳曰：「聖人在上無雹，雖有不為災。」說曰：凡物不為災不書，書大，言為災也。凡雹，皆冬之愆陽[68]，夏之伏陰[69]也。

18 昭公三年[70]，「大雨雹」。是時季氏專權，脅君之象見。昭公不寤，後季氏卒逐昭公。

19 元封三年[71]十二月，雷雨雹，大如馬頭。宣帝地節四年[72]五月，山陽[73]濟陰[74]雨雹如雞子，深二尺五寸，殺二十人，蜚鳥皆死。其十月[75]，大司馬霍禹宗族謀反，誅，霍皇后廢[76]。

20 成帝河平二年[77]四月，楚國雨雹，大如斧，蜚鳥死。

21 左傳曰釐公三十二年[78]十二月己卯，晉文公卒，庚辰，將殯[79]于曲沃[80]，出絳[81]，柩有聲如牛。劉向以為近鼓妖也。喪，凶事，聲如牛，怒象也。將有急怒之謀，以生兵革之禍。是時，秦穆公遣兵襲鄭而不假道，還，晉大夫先軫[82]謂襄公曰，秦師過不假塗，請擊之。遂要[83]崤[84]阨，以敗秦師，匹馬觭輪無反[85]者，操之急矣。晉不惟[86]舊[87]，而聽虐謀[88]，結怨彊國，四被[89]秦寇[90]，禍流數世，凶惡之效也。

22 哀帝建平二年[91]四月乙亥[92]朔，御史大夫朱博[93]為丞相，少府趙玄為御史大夫，臨[94]延登[95]受策，有大聲如鐘鳴，殿中郎吏陛者[96]皆聞焉。上以問黃門侍郎揚雄、李尋[97]，尋對曰：「洪範所謂鼓妖者也。師法以為人君不聰，為眾所惑，空名得進，則有聲無形，不知所從生。其傳曰歲月日之中，則正卿受之。今以四月日加辰巳有異，是為中焉[98]。正卿謂執政大臣也，宜退丞相、御史，以應天變。然雖[99]不退，不出期年[100]，其人自蒙[101]其咎[102]。」揚雄亦以為鼓妖，聽失之象也。朱博為人彊毅多權謀，宜將不宜相，恐有凶惡亟[103]疾之怒。八月，博、玄坐為姦謀，博自殺，玄減死論。京房易傳曰：「今不修本，下不安，金毋[104]故自動，若有音。」

23 史記秦二世元年[105]，天無雲而雷。劉向以為雷當託於雲，猶君託於臣，陰陽之合也。二世不恤天下，萬民有怨畔之心。是歲陳勝[106]起，天下畔，趙高作亂，秦遂以亡。一曰，易震為雷，為貌不恭也。

24 史記秦始皇八年[107]，河魚大上。劉向以為近魚孽也。是歲，始皇弟長安君將兵擊趙，反，死屯留[108]，軍吏皆斬，遷其民於臨洮[109]。明年有嫪毐之誅。魚陰類，民之象，逆流而上者，民將不從君令為逆行也。其在天文，魚星[110]中河而處，車騎滿野。至于二世，暴虐愈甚，終用急亡。京房易傳曰：「眾逆同志，厥妖河魚逆流上。」

25 武帝元鼎五年[111]秋，蛙[112]與蝦蟇[113]群鬭。是歲，四將軍[114]眾十萬征南越，開九郡[115]。

26 成帝鴻嘉四年[116]秋，雨魚于信都[117]，長五寸以下。成帝永始元年[118]春，北海出大魚，長六丈，高一丈，四枚。哀帝建平三年[119]，東萊[120]平度[121]出大魚，長八丈，高丈一尺，七枚，皆死。京房易傳曰：「海數見巨魚，邪人進，賢人疏。」

27 桓公五年[122]「秋，螽[123]」。劉歆以為貪虐取民則螽，介蟲[124]之孽也，與魚同占。劉向以為介蟲之孽屬言不從。是歲，公獲二國[125]之聘，取鼎易邑[126]，興役起城[127]。諸螽略皆從董仲舒說云。

28 嚴公二十九年[128]「有蜚」。劉歆以為負蠜[129]也，性不食穀，食穀為災，介蟲之孽。劉向以為蜚色青，近青眚也，非中國所有。南越盛暑，男女同川澤，淫風所生，為蟲臭惡。是時嚴公取齊淫女為夫人，既入，淫於兩叔，故蜚至。天戒若曰，今誅絕之尚及，不[130]將生臭惡，聞於四方。嚴不寤，其後夫人與兩叔作亂，二嗣[131]以殺，卒皆被辜[132]。董仲舒指略同。

29 釐公十五年[133]「八月，螽」。劉向以為先是釐有鹹之會[134]，後城緣陵[135]，是歲復以兵車為牡丘會[136]，使公孫敖帥師，及諸侯大夫救徐[137]，兵比[138]三年在外。

30 文公三年[139]「秋，雨螽于宋」。劉向以為先是宋殺大夫而無罪，有暴虐賦斂之應[140]。穀梁傳曰上下皆合[141]，言甚。董仲舒以為宋三世內取[142]，大夫專恣，殺生不中[143]，故螽先死而至。劉歆以為螽為穀災，卒[144]遇賊陰，墜而死也。

31 八年[145]「十月，螽」。時公伐邾取須朐[146]，城郚[147]。

32 宣公六年[148]「八月，螽」。劉向以為先是時宣伐莒向[149]，後比[150]再如齊，謀伐萊。

33 十三年[151]「秋，螽」。公孫歸父[152]會齊伐莒。

34 十五年「秋，螽」。宣亡熟歲，數有軍旅。

35 襄公七年[153]「八月，螽」。劉向以為先是襄興師救陳[154]，滕子、郯子、小邾子皆來朝[155]。夏，城費[156]。

36 哀公十二年[157]「十二月，螽」。是時哀用田賦[158]。劉向以為春用田賦，冬而螽。

37 十三年[159]「九月，螽；十二月，螽」。比[160]三螽，虐取於民之效也。劉歆以為周十二月，夏十月也，火星既伏，蟄蟲皆畢，天之見變，因物類之宜，不得以螽，是歲再失閏矣。周九月，夏七月，故傳曰「火猶西流，司曆過也」。

38 宣公十五年[161]「冬，蝝[162]生」。劉歆以為蝝，蚍蠹[163]之有翼者，食穀為災，黑眚也。董仲舒、劉向以為蝝，蝝始生也。一曰蝝始生，是時民患上力役，解[164]於公田。宣是時初稅畝[165]。稅畝，就民田畝擇美者稅其什一。亂先王制而為貪利，故應是而蝝生，屬蠃蟲之孽。

39 景帝中三年[166]秋，蝗。先是匈奴寇邊，中尉不害將車騎材官士屯代高柳[167]。

40 武帝元光五年[168]秋，螟；六年夏，蝗。先是，五將軍眾三十萬伏馬邑，欲襲單于也。是歲，四將軍[169]征匈奴。

41 元鼎五年[170]秋，蝗。是歲，四將軍征南越及西南夷[171]，開十餘郡[172]。

42 元封六年[173]秋，蝗。先是，兩將軍[174]征朝鮮，開三郡[175]。

43 太初元年[176]夏，蝗從東方蜚至敦煌[177]；三年秋，復蝗。元年貳師將軍征大宛[178]，天下奉其役連年。

44 征和三年[179]秋，蝗；四年夏，蝗。先是一年，三將軍[180]眾十餘萬征匈奴，征和三年[181]，貳師七萬人沒不還。

45 平帝元始二年[182]秋，蝗，偏天下。是時王莽秉政。

46 左氏傳曰嚴公八年[183]齊襄公田于貝丘[184]，見豕。從者曰：「公子彭生也。」公怒曰：「射之！」豕人立而嗁，公懼，墜車，傷足喪屨[185]。劉向以為近豕禍也。先是，齊襄淫於妹魯桓公夫人，使公子彭生殺桓公，又殺彭生以謝魯。公孫無知[186]有寵於先君，襄公絀[187]之，無知帥怨恨之徒[188]攻襄於田所[189]，襄匿其戶間，足見於戶下，遂殺之。傷足喪屨，卒死於足，虐急之效也。

47 昭帝元鳳元年[190]，燕王宮永巷中豕出圂[191]，壞都竈[192]，銜其鬴[193]六七枚置殿前。劉向以為近豕禍也。時燕王旦與長公主、左將軍謀為大逆，誅殺諫者，暴急無道。竈者，生養之本，豕而敗竈，陳鬴於庭，鬴竈將不用，宮室將廢辱也。燕王不改，卒伏其辜。京房易傳曰：「眾心不安君政，厥妖豕入居室。」

48 史記魯襄公二十三年[194]，穀、洛水鬬[195]，將毀王宮。劉向以為近火沴水也。周靈王將擁[196]之，有司諫曰：「不可。長民者不崇藪[197]，不墮[198]山，不防[199]川，不竇[200]澤。今吾執政毋乃有所辟[201]，而滑[202]夫二川之神，使至于爭明[203]，以防[204]王宮室，王而飾之[205]，毋乃不可乎！懼及子孫，王室愈卑。」王卒擁之。以傳推之，以四瀆[206]比諸侯，穀、洛其次，卿大夫之象也，為卿大夫將分爭以危亂王室也。是時世卿專權，儋括將有篡殺之謀[207]，如靈王覺寤，匡[208]其失政，懼以承戒，則災禍除矣。不聽諫謀[209]，簡嫚大異[210]，任其私心，塞埤[211]擁下，以逆水勢而害鬼神。後數年有黑如日者五。是歲蚤[212]霜，靈王崩。景王立二年，儋括欲殺王，而立王弟佞夫。佞夫不知，景王并誅佞夫。及景王死，五大夫[213]爭權，或立子猛，或立子朝，王室大亂。京房易傳曰：「天子弱，諸侯力政[214]，厥異水鬬。」

49 史記曰，秦武王三年[215]渭水赤者三日，昭王三十四年[216]渭水又赤三日。劉向以為近火沴水也。秦連相坐之法[217]，棄灰於道者黥[218]，罔[219]密而刑虐，加以武伐橫出，殘賊鄰國，至於變亂五行，氣色謬亂。天戒若曰，勿為刻急，將致敗亡。秦遂不改，至始皇滅六國，二世而亡。昔三代居三河[220]，河洛出圖書，秦居渭陽[221]，而渭水數赤，瑞異應德之效也。京房易傳曰：「君湎[222]于酒，淫于色，賢人潛，國家危，厥異流水赤也。」

【章　旨】以上記錄春秋至西漢因君主偏聽不聽，施政苛酷而引發的各種災異、妖祥，及其史事徵驗。

【注　釋】❶鼓妖　古代謂發出怪聲的不祥之兆。❷兩以龜為孽　災變的一種，古人迷信，謂水澇則龜多出為孽。❸籍　通「藉」。假借。❹呂不韋及嫪毐　呂不韋，戰國末年秦相。嫪毐，姓嫪名毐，呂不韋的舍人，後被秦王政處死。❺冠　指冠禮。古代二十歲成年，行冠禮。❻車裂　俗稱五馬分屍，古代酷刑的一種。原為車裂屍體，將被殺之人的頭和四肢分別拴在五輛車上，以五馬駕車，同時分馳，撕裂肢體。亦有車裂活人者。❼房陵　漢縣名。在今湖北房縣。❽誅　誅殺。❾道人　有極高道德的人。❿予　讚許；稱譽。⓫桓公八年　西元前七〇四年。⓬行　行為。⓭媢　嫉妒。⓮釐公十年　西元前六五〇年。⓯漸脅　謂陰氣漸漸迫脅。⓰昭公四年　西元前五三八年。⓱取於吳而為同姓　取，通「娶」。同姓，魯與吳都是姬姓，故曰同姓。⓲吳孟子　師古曰：「《周禮》同姓不婚，故諱不稱吳姬，而云孟子也」。⓳侮　通「侮」。⓴季孫宿　季武子。㉑文帝四年　西元前一七六年。㉒遷　貶謫。㉓道死　死在道路上。淮南王謀反事發覺，被貶謫蜀地，至雍而死。㉔景帝中六年　西元前一四四年。㉕上郡　漢郡名。郡治膚施，在今陝西榆林東南。㉖條侯周亞夫　條，縣名。條侯，封爵名。周亞夫，本書卷四十有傳。㉗武帝元狩元年　西元前一二二年。㉘行　巡視。㉙黨與　同黨之人。㉚元鼎二年　西元前一一五年。㉛雪　一說雪上脫雨字。㉜張湯　本書卷五十九有傳。㉝嚴青翟坐與三長史　嚴青翟，即莊青翟。「莊」避漢明帝諱改。三長史，指朱買臣、王朝、邊通。時朱買臣為丞相長史，王朝、邊通為守丞相長史。㉞棄市　棄之於市，謂處死刑。㉟占緡錢　占，自己申報。緡錢，一千文一串為一緡。緡，穿錢的繩子。㊱以半畀之　以沒收的錢財之半數給予告發者。畀，給予；付給。㊲元帝建昭二年　西元前三七年。㊳魏郡　漢郡名。治鄴(今河北臨漳西南)。㊴坐　犯罪；判罪。㊵要　通「腰」。㊶冤　申冤；訴說冤情。㊷辭語增加　意謂石顯誣告張博，增加了許多誇張不實之詞。㊸建昭四年三月　建昭四年，為「建始四年」之誤。王念孫認為：「建昭四年，當為成帝建始四年。今本作建昭者，涉上文元帝建昭二年而誤，又脫成帝二字。據下文『其後許后坐祝詛廢』明矣。且下文『陽朔四年』上無成帝二字，即蒙此文而省也。『三月』本作四月，……〈成紀〉云『建始四年夏四月雨雪』，此尤其明證。」㊹桑蠶　名詞作動詞用。以桑養蠶。㊺共　通「恭」。㊻以章不鄉　章，通「彰」。彰顯；顯明。不鄉，言不合天意。鄉，通「向」。㊼齊戒辟寢　齊戒，古人在祭祀前沐浴更衣，整潔身心，以示虔誠。齊，通「齋」。辟寢，獨居。不御女色，是古代君王的一種自譴行為。㊽鬲　通「隔」。阻隔。㊾擅上　謂輒至皇帝處。㊿更　輪流；輪換。(51)即　若果；如果。(52)俞　通「逾」。更加；越發。(53)捐身關策　捐身，捐棄身體。關策，關說獻策。(54)陽朔四年　西元前二一年。

陽朔，漢成帝年號。[55]定公元年　西元前五〇九年。[56]菽　豆類植物。[57]觀　卦名。〈坤〉下〈巽〉上。消卦，京房等《易》學家以〈姤〉、〈遯〉、〈否〉、〈觀〉、〈剝〉、〈坤〉等六卦為消卦（太陰），以〈復〉、〈臨〉、〈泰〉、〈大壯〉、〈夬〉、〈乾〉等六卦為息卦（太陽）。消息卦分為主十二月，息卦輪值單月，消卦輪值雙月。[58]為嗣君微二句　指襄仲專權，殺嫡立庶，公室衰弱之事。[59]武帝元光四年　西元前一三一年。[60]五將軍　指韓安國、李廣、公孫賀、王恢、李息。[61]馬邑　縣名。治今山西朔州。[62]元帝永光元年　西元前四三年。[63]釐公二十九年　西元前六三一年。[64]霰　雪珠。雨點在降落過程中遭遇冷空氣而凝結成的微小冰粒。[65]湛　通「沉」。[66]公子遂　即東門襄仲。[67]子赤　名惡，文公太子。[68]慫陽　過陽，即冬溫。慫，過也。[69]伏陰　夏寒。[70]昭公三年　西元前五三九年。[71]元封三年　西元前一〇八年。[72]地節四年　西元前六六年。[73]山陽　漢郡名。治昌邑（今山東金鄉西北）。[74]濟陰　漢郡名，治定陶（今山東定陶西北）。[75]十月　當作「七月」，〈宣紀〉及〈百官表〉記誅禹事皆在七月。[76]霍皇后廢　皇后廢據〈宣帝紀〉是在八月。[77]成帝河平二年　西元前二七年。[78]釐公三十二年　西元前六二八年。[79]殯　死者入殮後停柩以待葬。[80]曲沃　邑名。在今山西聞喜東北。[81]絳　邑名。在今山西曲沃西南。[82]先軫　原軫。[83]要　通「邀」。中途攔截。[84]崤　崤山，在今河南西部，分東西二崤。[85]觭輪無反　隻輪。觭，通「奇」。隻；單。反，通「返」。[86]惟　思考；思念。[87]舊　舊恩。晉襄公之父文公是在秦的支持下才得以回國執政的。[88]虐謀　謂先軫的殘酷計謀。[89]被　遭受。[90]寇　侵犯；侵略。[91]哀帝建平二年　西元前五年。[92]四月乙亥　夏曆四月十九日。[93]朱博　本書卷八十三有傳。[94]臨　當作「臨拜」（王念孫說），謂正當授官。[95]延登　延入登殿。[96]陛者　謂執兵器列於陛下的衛士等。[97]黃門侍郎揚雄李尋　黃門侍郎，官名。因給事黃門，故名。揚雄，本書卷八十七有傳。李尋，本書卷七十五有傳。[98]是為中焉　《補注》引沈欽韓曰：「《洪範傳》凡六沴之作，歲之朝、月之朝、日之朝，則后王受之；歲之中、月之中、日之中，則正卿受之；歲之夕、月之夕、日之夕，則庶民受之。注：自正月盡四月為歲之朝，自五月盡八月為歲之中，自九月盡十二月為歲之夕。上旬為月之朝，中旬為月之中，下旬為月之夕。平旦至食時為日之朝，禺中至日跌為日之中，晡時至黃昏為日之夕。案：此為『四月乙亥朔』，實歲月日之朝，李尋所對，猶未敢正言哀帝之咎耳。」余案：「乙亥」，十九日，乃月之中，非月之朝。[99]雖　即使。[100]期年　週年；一整年。[101]蒙　被。[102]咎　懲罰。[103]亟　急。[104]毋　通「無」。[105]秦二世元年　西元前二〇九年。[106]陳勝　秦末反秦軍領袖，本書卷三十一有傳。[107]秦始皇八年　西元前二一四年。[108]屯留　邑名。在今山西屯留南。[109]臨洮　縣名。在今甘肅岷縣。[110]魚星　星名。在尾宿後，銀河中部附近。[111]武帝元鼎五年　西元前一一二年。[112]蛙　青蛙。[113]蝦蟇　此處指蟾蜍。[114]四將軍　伏波將軍路博德、樓船將軍楊僕、歸義越侯嚴、下瀨將軍田甲。[115]九郡　南海、蒼梧、鬱林、合浦、交趾、九真、日南、珠崖、儋耳。116成帝鴻嘉四年　西元前一七年。117信都　漢封國名。治信都（今河北冀州）。118成帝永始元年　西元前一六年。119哀帝建平三年　西元前四年。120東萊　郡名。治掖縣（今山東掖縣）。121平度　縣名。在今山東掖縣西南。122桓公五年　西元前七〇七年。123螽　蝗的幼蟲。也指蝗類總稱。124介蟲　有甲殼的動物。125二國　指宋、鄭二國。126取鼎易邑　取鼎，指魯桓公接受宋國的郜鼎賄賂。易邑，指桓公以魯之許田與鄭國交換泰山之田。127興役起城　指魯桓公五年夏興役修築祝丘城。128嚴公二十九年　西元前六六五年。129負蠜　蟲名。俗名蟈蟈，織布娘。130不　通「否」。否則。131二嗣　指子般和閔公。132被辜　伏罪。133釐公十五年　西元前六四五年。134鹹之會　釐公十三年，魯、齊、宋、陳、鄭、衛、許、曹八國會於鹹。鹹，衛國邑名。在今河南濮陽西南。135緣陵　杞國邑名。即營陵，故址在今山東濰坊南。136牡丘會　魯釐公十五年，魯釐公與齊侯、宋公、陳侯、衛侯、鄭伯、許男、曹伯盟於牡丘。牡丘，邑名。在今山東茌平東。137徐　國名。在今江蘇泗洪東南。138比　頻；連連。139文公三年　西元前六二四年。140暴虐賦斂之應　指宋昭公。141上下皆合　形容蝗災厲害，蝗蟲很多。142宋三世內取　三世指襄公、成公、昭公。內取，指娶本國大夫之女為妻。取，通「娶」。143不中　不當。中，當。144卒　突然。145八年　西元前六一九年。146須朐　邾國邑名。在今山東東平西北。147郚　魯邑名。在今山東泗水縣東南。148宣公六年　西元前六〇三年。149宣伐莒向　魯宣公四年伐莒國向邑。向，邑名。在今山東莒縣西南。150比　頻；再。151十三年　魯宣公十三年，西元前五九六年。152公孫歸父　字子家。魯國大夫，東門襄仲的兒子。153襄公七年　西元前五六六年。154救陳　魯襄公五年，楚出兵伐陳，其時襄公聯合晉侯、宋公、衛侯、鄭伯、齊太子光救陳。155滕子郯子小邾子皆來朝　魯襄公六年滕子來朝，七年郯子、小邾子來朝。156城費　城，築城。費，春秋時魯邑。在今山東費縣西北。157哀公十二年　西元前四八三年。158田賦　即按田畝多少徵收的賦稅。159十三年　西元前四八二年。160比　接連；頻頻。161宣公十五年　西元前五九四年。162蝝　尚未長出翅膀的蝗蟲。163蚍蠹　即「蜉蝣」。大螞蟻，有翅能飛。164解　通「懈」。懈怠；不賣力。165初稅畝　開始按田畝來徵收賦稅。稅，徵稅。166景帝中三年　西元前一四七年。167中尉不害句　中尉，本秦官，漢初沿用，掌治京師治安。不害，人名，即魏不害。代，郡名。治代縣（今河北蔚縣東北）。高柳，縣名，今山西陽高。168武帝元光五年　西元前一三〇年。169四將軍　指車騎將軍衛青，騎將軍公孫敖，輕車將軍公孫賀，驍騎將軍李廣。170元鼎五年　西元前一一二年。171西南夷　漢代稱今甘肅南部，四川西部、南部，雲南、貴州一帶的少數民族為西南夷。172十餘郡　漢征南越及西南夷之後，在南越地區設置了九個郡，西南夷地區設置了武都、牂柯、越巂、沈黎、汶山五郡，凡十四郡。173元封六年　西元前一〇五年。174兩將軍　指樓船將軍楊僕，左將軍荀彘。175開三郡　根據〈武帝紀〉兩將軍征伐朝鮮，所置郡為樂浪、臨屯、玄菟、真番四郡，此處「三」乃「四」之誤。176太初元年　西元前一〇四年。177敦煌　漢郡名。治敦煌（今甘肅敦煌西）。178大宛　西域國名。在今中亞費爾干納盆地。179征和三年　西元前九〇年。180三將軍　指貳師將軍李廣利、御史大夫商丘成、重合侯馬通。181征和三年　衍文。182平帝元始二年　西元二年。183嚴公八年　西元前六八六年。184貝丘　齊國地名。在今山東博光東南。185屨　鞋子。186公孫無知　齊襄公的堂兄弟。187絀　通「黜」。絀退；排斥。188怨恨之徒　指當時久戍葵丘的連稱、管至父等人。189田所　打獵的地方。190昭帝元鳳元年　西元前八〇年。191圂　豬圈。192壞都竈　壞，毀壞。都竈，蒸炊的大灶。193鬴　通「釜」。鍋。194魯襄公二十三年　西元前五五〇年。195穀洛水鬭　穀，古水名，即今河南澠池縣南澠水及其下游澗水，東流至今洛陽西注入洛水，即今洛河。鬭，謂二水合流相擊。196擁　當作「壅」。堵塞。197長民者不崇藪　長，猶「君」。即民之君上。崇，積聚。藪，無水之澤。198墮　通「隳」。毀壞。199防　障也。200竇穿通。201毋乃有所辟　毋乃，莫不是。辟，通「僻」。偏邪；邪僻。202滑　亂也。203明　神明；神靈。204防　當作「妨」。妨礙。205王而飾之　而，如；如果。飾，通「飭」。整治；整修。206四瀆　長江、黃河、淮水、濟水，古稱四瀆。207儋括將有篡殺之謀　儋括，儋季之子，周簡王的孫子。篡殺之謀，指儋括剛除喪服，將見靈王，過庭而歎曰「必有此夫」，顯示出奪取王位的野心。208匡　匡正；糾正。209諫謀　指單公子愆旗聽到儋括所說的話，曾建議周靈王殺之。210簡嫚大異　謂其對穀、洛二水相鬥毫無憂慮之心。211埤　通「卑」。指低窪之地。212蚤　即「早」。213五大夫　指劉子、單子、尹氏、召伯、毛伯。214力政　謂以武力相征伐。政，通「征」。215秦武王三年　西元前三〇八年。216昭王三十四年　西元前二七三年。217連相坐之法　謂一人犯法，株連他人同時治罪。218棄灰於道者黥　商鞅變法時規定不准棄灰於道路，因為灰塵飛揚，必然會散落在路人身上，從而引起口角與爭鬥，所以設黥刑以堵絕其根本。黥，黥刑，即在面部刺字塗墨的刑罰。219罔　通「網」。法網。220三河　河東、河內、河南。三代分別居於三河之地，夏都安邑，即河東；殷都朝歌，即河內；周都洛陽，即河南。221渭陽　渭河北岸，這裡指咸陽。222湎　沉湎；沉迷。

【語　譯】京房《易傳》說：「聽之不聰，這就叫沒有集思廣益，其過失是刻急，其受到的懲罰則是常寒，惡果是極端貧困。有時有鼓妖出現，有時則有魚孽出現，有時則有豬禍，有時則有耳朵的疾病，有時則有黑色的妖異，黑色的凶兆。是火氣傷害水氣。」

2 「聽之不聰，是不能集思廣益」，是說國君偏聽不明，下情隔塞，從而不能考慮而知道事情利害之所在，失誤在於嚴厲而急切，所以說過錯在於刻急。隆冬季節晝短夜長，寒冷的氣候凍殺萬物，為政治國緊促迫急，就會導致天氣長期寒冷的懲罰。天氣寒冷百穀就不會生長，國家和百姓就會陷於貧困，所以其結果是極端的貧困。君主過於嚴厲而兇猛，就會使臣下閉口而不敢說話，臣子因此而戰慄發抖，閉塞上自己的耳朵，於是狂亂聞聽之氣形成聲音發出來，所以就會有鼓妖。寒氣運動，所以會有魚孽。多雨就有龜孽，龜能生活在陸地上，不是極陰之物；魚離開水就會死去，這則是極陰之孽。在《易經》、〈坎卦〉為豬，豬雖然有大耳朵但聽力卻不靈敏，聽氣有毀傷，所以就有豬禍。一種說法是，寒冷的年歲，豬多有死亡，以及變為妖怪，也是這個原因。涉及到人，則往往是多患耳病，所以有耳痾。水是黑色，所以有黑眚黑祥。凡聽力受傷的都是病於水氣，水氣受損火氣就來加害。其惡果就是貧困，如能順水氣，便能得到富足之福。劉歆關於聽的解說認為有介蟲妖孽，多見的徵兆就是常寒。劉向認為春秋時沒有這種應驗，周朝末年政權軟弱無力，國勢衰頹，朝政為臣下把握，出現的天象是炎熱溫暖而已，所以到秦朝才藉以實現其應驗。秦始皇帝即位時年齡還很幼小，把政權託付給太后，太后與呂不韋及嫪毒通姦，封嫪毒為長信侯，以太原郡作為嫪毒的封國，宮室苑囿，由他任意享受，國家政事也由他專斷。所以上天在冬日打雷，用來顯現陽氣沒有得到禁閉，而造成危害，是遲緩與炎熱迫近的變化。秦始皇成年加冠以後，嫪毒因害怕遭到誅殺因而反叛作亂，秦始皇誅殺了他，斬首數百級，二十個大臣都被車裂而死，夷滅了他們的宗族，另外把有牽連的四千多家全部遷徙到房陵。這一年四月，天氣特別寒冷，老百姓有凍死的。數年之間，國政由舒緩而變為嚴急，天氣由暖相應變寒冷，這就是明顯的應驗。劉歆認為下大雪，及應當下雪而未下雪，及下大冰雹，寒霜降而凍死莊稼、草木，都是表現了常寒的天罰。劉向認為常雨不止是屬於態度不恭敬而導致的。京房《易傳》說：「有道德而遭受危險，這叫做逆違天命，其導致的變異是寒冷。誅罰過於深刻，當溫暖時卻出現嚴寒，持續六天，也會成為冰雹。對危害正人的奸佞不施行誅罰，這就叫做養賊，就會大寒七十二天，凍死飛禽走獸。有極高道德的人被貶逐，這就叫損傷，由之出現天寒無霜但萬物卻被凍死，有水向外湧出。作戰不估量敵人的力量，這就叫做有辱君命，其寒冷的徵象是雖然下雨而農作物生長不茂盛。聽到善言不加以讚許，其過失是病在耳聾。」

3 桓公八年「十月，下雪」。周朝的十月，是漢朝的八月，不是下雪的時候，劉向認為當時魯桓公的夫人與齊國國君有通姦的行為，因魯桓公有嫉妒之心，夫人將要殺害桓公，其徵兆顯現出來。但魯桓公沒有感覺醒悟，後來與夫人一起到了齊國而果然被殺死。凡是降雨，都是屬於陰氣，而雪又是雨中最陰的，不該下雪的時候下雪，這是危急迫近的天象。董仲舒認為這是象徵了夫人的專恣放縱，陰氣過於強盛。

4 釐公十年「冬天，大降雪」。劉向認為，此前釐公立妾為夫人，陰氣居於陽氣的地位，是陰氣過盛造成的。《公羊經》上說「下大冰雹」。董仲舒認為，釐公被齊桓公脅迫，立妾為夫人，不敢親近其他姬妾，所以專一的象徵在下冰雹上表現出來，都是因為受到陰氣的逐漸脅迫，從而造成寵幸專一之政。

5 昭公四年「正月，下大雪」。劉向認為昭公從吳國娶來同姓的女子，稱為吳孟子。國君在上面行此非禮之事，臣子們在下面譴責非議。又三家此時已很強盛，都卑賤昭公的行為，對他產生了輕蔑傲慢的看法。董仲舒認為是季孫宿主持政事，陰氣旺盛。

6 文帝四年六月，天下大雪。三年之後，淮南王劉長謀反，被發覺，遭貶謫流放，死在半道上。京房《易傳》說：「夏天天下雪，是在告誡有臣子為亂。」

7 景帝中六年三月，下雪。這年六月，匈奴侵入上郡，掠取廄苑中餵養的馬匹，官兵戰死的有二千多人。第二年，條侯周亞夫下獄而死。

8 武帝元狩元年十二月，下大雪，老百姓凍死很多。這一年淮南王、衡山王謀反被發覺，全都自殺。皇帝派使者巡視郡國，查辦懲處與他們同黨之人，因犯罪而死者有數萬人。

9 元鼎二年三月，降雪，平地雪厚五尺。這一年御史大夫張湯有罪自殺，丞相莊青翟被判與三名長史陰謀陷害張湯之罪，莊青翟自殺，三長史也都被處死。

10 元鼎三年三月河水結冰，四月下雪，關東十幾個郡人吃人。這一年，民不自報緡錢數目，有報告官府的，拿一半給他。

11 元帝建昭二年十一月，齊、楚兩地下了大雪，深五尺。這一年，魏郡太守京房被石顯告發，被判為與岳父即淮陽王之舅張博、以及張博的弟弟張光，勸導淮陽王以不義之罪，張博被腰斬，張光、京房被殺頭，御史大夫鄭弘受牽連被免職，降為平民。成帝即位，石顯伏法，淮陽王上書為張博申冤，說明石顯增加了許多誇張不實之詞，這樣，受害者的家屬才得從流放地重新回到老家。

12 建始四年三月，下雪，燕子死了很多。谷永上答皇帝說：「皇后有種桑養蠶治辦祭祀所需服裝，恭敬奉事天地宗廟之責，正是這一天卻颳起了猛烈的西北風，天氣變得嚴寒而又下雪，敗壞了皇后的事功，這表示皇后未能稱合上天的心意。現在陛下應當齋戒獨宿，深刻自責，請皇后回到後宮，隔閉門戶，不得擅自到皇帝跟前來。而且應讓其他姬妾人人輪流伴君就寢，按時廣為施愛。這樣上天高興了，差不多就可以得到賢明的子嗣。如果不按臣下的話去作，災異就會越來越嚴重，等到天變已形成，到那時臣下我就是想再捐獻生命，極陳獻策，也無濟於事了。」這之後，許皇后因祝詛之罪而被廢黜。

13 陽朔四年四月，下雪，燕雀凍死。十六年後，許皇后自殺。

14 定公元年「十月，降霜凍死豆類植物」。劉向認為周代的十月，就是漢代的八月，值月之卦是消卦中的〈觀卦〉。陰氣還沒有到君位而誅殺，這是殺罰之令不由君主施行，而是由臣下把持的象徵。當時季氏驅逐了昭公，昭公死在國外，定公得以登位，所以上天顯示災異來告示定公。釐公二年「十月，降霜沒有凍死草」，是繼位之君微弱，失去了執政權威的象徵。是後終於受制於臣下，災禍就由之發生了。出現異常時候說殺草，出現災害時說殺菽，有了重災時說殺穀。一種說法是，菽是草中難殺死的一種，如果說到殺菽，知道草都死光了；說不殺草，知道菽也不會死。董仲舒認為，菽是草類中的強者，上天的告誡好像是說，誅殺掉強臣。說到菽，略微顯示出對季氏的懲罰。

15 武帝元光四年四月，下霜凍死草木。此前二年，漢武帝派五位將軍三十萬兵馬埋伏在馬邑附近，準備襲擊匈奴單于，單于發覺而逃離。從此之後開始了對四夷的征伐，軍隊出擊作戰三十多年，全國的戶口減少了一半。京房《易傳》說：「發動戰爭盲目征伐，這就叫做有失法度，其引發的天災就是下霜，夏天霜殺五穀，冬天霜殺麥苗。誅殺而不推究事情的原委，這就叫做不仁，這霜，夏天先是大雷大風，冬天是先下雨，然後降霜，若出現芒角，聖賢就遭到迫害，下的霜就附著在草木上，不落到地面。佞邪之人掌握刑罰，這就叫做私賊，其霜就落在草根與土的縫隙之間。不行教化而誅殺，這叫做暴虐，霜不降在草上，反在其下。」

16 元帝永光元年三月，下霜凍死桑樹；九月二日，下霜凍死莊稼，全國發生大饑荒。當時中書令石顯執政專權，這與《春秋》所載定公時下霜的應驗相同。成帝即位後，石顯因作威作福之罪被殺。

17 釐公二十九年「秋天，大降冰雹」。劉向認為，陽氣盛就多下雨水，溫暖而水熱，陰氣脅迫而不能相入，於是就轉化為冰雹；陰氣過盛就下雪，凝滯而形成冰寒，陽氣迫近而不相入，於是就散開來形成雪珠。所以把沸水封閉在容器中，然後沉入寒冷的泉水中，就成為冰，等到雪融化了，冰也溶解消散，這就是驗證。所以冰雹是陰氣脅迫陽氣，雪珠的形成是陽氣脅迫陰氣，《春秋》不記載霰，好像不記載月食一樣。釐公晚年信用公子遂，公子遂專權自恣，甚至於要殺死君主，所以出現了陰氣脅迫陽氣的徵象。釐公不醒悟，終於形成了公子遂的專權，二年後殺了子赤，擁立宣公。《左氏傳》說：「聖人在位就不會有冰雹，即使有也不會形成災害。」傳說：凡事物不形成災害便不記載，記載說「大」，就是說已經形成了災害。凡冰雹，都是冬天過於溫暖，夏天陰氣伏藏而生寒造成的。

18 昭公三年，「大降冰雹」。當時魯國季氏專權，冰雹是國君受到威脅的徵象。昭公不明白，後來季氏終於驅逐了昭公。

19 元封三年十二月，打雷下冰雹，冰雹像馬頭一般大。宣帝地節四年五月，山陽、濟陰兩郡降冰雹有如雞蛋那麼大，落到地面後深二尺五寸，砸死二十個人，飛鳥都被打死了，這一年十月，大司馬霍禹全家謀反，被殺戮，霍皇后被廢黜。

20 成帝河平二年四月，楚國下冰雹，像斧頭般大，飛鳥被打死。

21 《左傳》記載，釐公三十二年十二月初九己卯日，晉文公去世，十二月初十庚辰日，將殯葬於曲沃，送葬時從絳出發，柩內發出牛叫般的聲音。劉向認為這近於鼓妖。喪葬本為凶事，而聲音像牛，這是發怒的象徵，將會有緊急暴烈的陰謀，而發生戰爭之禍。當時，秦穆公派軍隊襲擊鄭國而不通知晉國借道，在返還時，晉國大夫先軫對晉襄公說，秦國軍隊從我們境內通過卻不向我們借路，請攻擊它。於是在崤山這個地方攔截，打敗秦軍，沒讓一匹馬、一隻車輪返還，這件事做得過急太過分了。晉國不念舊恩，聽從了狠毒的陰謀，與強國結下了仇怨，四次被秦國侵犯，戰禍連接了數代人，這就是凶惡的效驗。

22 哀帝建平二年四月十九乙亥日，御史大夫朱博做丞相，少府趙玄做御史大夫，當他們登臨宮殿接受策命詔書之際，忽然有如同敲鐘一樣的巨響傳來，殿中的郎、吏等官員以及在陛下值班的衛士都聽見了。皇上以此詢問黃門侍郎揚雄和李尋，李尋回答說：「這是〈洪範〉所說的鼓妖。經師傳授的說法是認為國君視聽不靈敏，被眾人所迷惑，有空名的人得以進用，於是有聲無形，不知道從哪裡發生的。《洪範傳》說，如果發生在一年一月一日中的中間那段時間，就是正卿當承擔報應。現在四月日子裡多加了一個辰巳與往常不同，這就成了中。正卿就是指執政大臣，所以應該罷退丞相、御史，來順應天變。即使不罷退他們，不出一年，這些人自己也會受到這個懲罰。」揚雄也認為這是鼓妖，是視聽失誤的徵象。朱博為人強毅而富於權謀，適合於做將軍而不適合做丞相，恐怕有兇惡疾急的怒氣。八月，朱博、趙玄被判陰謀作奸之罪，朱博自殺，趙玄以免死論處。京房《易傳》說：「政令不求實務本，下面就不得安寧，銅器就會無故自動，發出聲音。」

23 史書記載秦二世元年，天上無雲而打雷。劉向認為雷應當是依託著雲的，就像君主依託於群臣一樣，是陰氣與陽氣的相合。秦二世不顧惜全國老百姓的疾苦，從而使萬眾產生怨恨背叛的思想。這一年陳勝起事，天下反叛，趙高乘機作亂，秦朝就這樣滅亡了。一種說法是《易》的〈震卦〉象徵著雷，是態度不恭的表現。

24 史書記載秦始皇八年，河中的魚大量地逆流而上。劉向認為這近於魚孽。這一年，秦始皇的弟弟長安君帶領軍隊進攻趙國，途中謀反，死在屯留，他的軍吏也都被處死，把當地的老百姓全都遷到臨洮。第二年有嫪毐被處死之事。魚屬於陰類，是下民的象徵，逆流而上，象徵著民眾將不服從君主的統治而逆行造反。這在天文上，魚星處在天河中間，表示車騎兵馬布滿原野。到了秦二世時，暴虐的統治愈益嚴酷，終於因此而迅速滅亡。京房《易傳》說：「民眾叛逆的志向相同，其妖祥便是河魚逆流而上。」

25 武帝元鼎五年秋天，青蛙與蟾蜍發生群鬥。這年，漢朝派四位將軍統率十萬軍隊征討南越，開闢了九郡。

26 成帝鴻嘉四年秋天，信都地方天降魚，長五寸以下。成帝永始元年春天，北海出現大魚，長六丈，高一丈，共四條。哀帝建平三年，東萊郡平度縣出現大魚，長八丈，高一丈一尺，共七條，都死掉了。京房《易傳》說：「海裡屢次出現大魚，邪佞之徒進用，賢人疏遠。」

27 桓公五年「秋天，出現蝗災」。劉歆認為貪虐剝削人民，就會出現蝗災，這是介蟲之孽，和魚是同一占兆。劉向認為介蟲之孽是由言語不順情理而引起的。這一年，桓公獲得宋、鄭二國的來訪，取鼎換邑，興役築城。有關各種螽災的說法都是依從了董仲舒的學說。

28 莊公二十九年，「有蜚蟲」。劉歆認為是負蠜，牠的本性不吃穀，食穀就成了災，屬介蟲類的妖孽。劉向認為蜚是青色，接近於青眚，不是中原所原有的。南越地方氣候炎熱，男女在同一個川澤中沐浴，風俗淫蕩就產生了這種東西，是一種惡臭的蟲類。當時莊公娶了齊國的淫女做夫人，既到魯國，就和兩個小叔子通姦，所以蜚就來了。天好像在警告說，現在誅滅殺絕他們還來得及，否則將要生出惡臭，傳播到四方。莊公不醒悟，這以後夫人與兩個小叔子相淫亂，兩個兒子都被殺害，而他們也終於因罪被殺。董仲舒的看法與此大略相同。

29 釐公十五年「八月，有蝗災」。劉向認為，此前釐公參加鹹邑之會，後來在緣陵築城，這一年又帶領兵車到牡丘與諸侯會盟，派公孫敖統率軍隊會同諸侯大夫救援徐國，軍隊連續三年在外。

30 文公三年「秋天，宋國天空降落蝗蟲」。劉向認為在此之前，宋國殺死無罪的大夫，有對民眾暴虐賦斂而引起的應驗。《穀梁傳》上說，上上下下都是蝗蟲，是說太多了。董仲舒認為，宋國三代君主都娶了國內大夫之女為夫人，大夫專權恣肆，刑殺不當，所以蝗先死而後落下。劉歆認為蝗蟲是傷害穀物的，突然遇到陰氣的襲擊，就墜落而死。

31 八年「十月，出現蝗災」。當時文公征伐邾國，奪取了須朐，在郚邑築城。

32 宣公六年「八月，有蝗災」。劉向認為這是因為在此之前宣公征伐莒國向邑，其後又多次到齊國共同商量討伐萊國。

33 十三年「秋天，有蝗災」。公孫歸父會同齊軍征討莒國。

34 十五年「秋天，有蝗災」。魯宣公時幾乎沒有好年成，多次興起戰爭。

35 襄公七年「八月，有蝗災」。劉向認為此前襄公發兵救援陳國，滕子、郯子、小邾子都來魯國朝見。夏天，在費邑築城。

36 哀公十二年「十二月，出現蝗災」。當時魯哀公實行田賦改革。劉向認為春天採用按田畝徵收賦稅，冬天就有蝗災。

37 哀公十三年「九月，蝗災；十二月，蝗災」。接連三次發生蝗災，這是暴虐掠奪於民引發的天的應驗。劉歆認為周的十二月，是夏曆的十月，這時火星已經匿伏，昆蟲都已經蟄伏，上天出現變異，就物類的時間性來說，不能有蝗蟲，這一年再一次漏掉了閏月。周的九月，是夏曆的七月，所以傳上說「火星還繼續西行，這是主管曆法官員的過失」。

38 宣公十五年「冬天，有蝝出現」。劉歆認為，蝝是蚍蜉種類有翅膀的那一種，吃穀物而造成災害，屬黑眚。董仲舒、劉向認為，蝝是才生出來的螟蟲。一種說法認為是才生出來的螟蟲，當時老百姓苦於君主所徵發的勞役，懈怠於公田上的勞作。宣公在這時開始按田畝徵收賦稅。按田畝徵稅，即就老百姓的田畝選擇產量最高的為標準，徵取其產量的十分之一為稅收。這是破壞先王的制度而貪圖利益的作為，所以天的報應是出現蝝，屬於贏蟲之孽。

39 景帝中三年秋天，有蝗災。在此之前，匈奴侵犯邊境，中尉魏不害率領戰車、騎兵及步卒屯駐代郡高柳縣。

40 武帝元光五年秋天，發生螟災；六年夏天，發生蝗災。此前五位將軍率軍隊三十萬人埋伏在馬邑，準備襲擊匈奴。這一年，四位將軍征伐匈奴。

41 元鼎五年秋天，有蝗災。這一年，四位將軍征伐南越和西南夷，開闢了十多個郡。

42 元封六年秋天，有蝗災。在此之前，兩位將軍征伐朝鮮，開闢了四個郡。

43 太初元年夏天，蝗蟲從東方飛到敦煌；三年秋天，再次發生蝗災。元年，貳師將軍征伐大宛，全國連年都在忙於支持這個戰役的供給。

44 征和三年秋天，蝗災。四年夏天，蝗災。此前一年，三位將軍率領十餘萬軍隊征伐匈奴，貳師將軍的七萬軍隊覆沒回不來。

45 平帝元始二年秋天，發生蝗災，遍及全國。當時王莽執掌朝政。

46 《左氏傳》說，莊公八年，齊襄公在貝丘打獵，看到了一隻豬。隨從的人說：「這是公子彭生。」襄公發怒說：「射殺牠！」豬像人一樣站立起來大叫，襄公恐懼，從車上掉了下來，跌傷了腳，丟掉了鞋子。劉向認為這近於豬禍。此前齊襄公與妹妹，即魯桓公的夫人通姦，讓公子彭生殺死桓公，後來又殺死彭生以向魯國謝罪。公孫無知為前魯君所寵愛，襄公廢黜了他。無知於是帶領那些怨恨襄公的人在他打獵的地方襲擊他，齊襄公躲到門的後面，腳從門下露了出來，結果被發現，於是被殺死。傷足丟鞋，最終因腳而死，這是為政暴虐峻急所受的報應。

47 昭帝元鳳元年，燕王宮中永巷裡的豬從圈中跑出來，毀壞了大灶，叼走六七口鍋放在殿前。劉向認為這近於豬禍。當時燕王旦與長公主，左將軍謀劃叛逆造反，誅殺那些向皇帝勸諫進諫的人，暴虐刻急無道。灶是人生活做飯所必備之物，豬卻把灶毀壞，而且把鍋陳放到殿前庭院，鍋灶都將棄置不用，宮室也將要廢棄受辱。燕王終於不悔改而伏法被殺。京房《易傳》說：「眾人心中不滿君主的政治作為，其妖異就是豬進入人的居室。」

48 史書記載魯襄公二十三年，穀、洛二水交匯相擊鬥，將要毀壞王宮。劉向認為這近於火氣傷害水氣。周靈王將要堵塞水流，有關官員進諫說：「不可這樣。為民長上的人，不墊高草澤，不毀平山岳，不堵塞河川，不穿通湖泊。現在我們朝政莫不是有了偏邪不當之處，因而擾動了二川的神靈。使祂們爭奪水道，從而妨害了大王的宮室，大王如果因此加固堤防以遏制河水，恐怕是不合適的吧！我們擔心到了子孫一輩，王室將更加卑微。」周靈王最後還是堵塞了它。從史傳上分析，以河水、江水、淮水、濟水這四大水瀆比作諸侯，而穀、洛二水僅是其次，當是卿大夫的象徵，表明卿大夫將要分權爭勢以危害王室了。這時世卿專權，儋括將實行篡殺周王的謀劃，如果周靈王有所覺悟，糾正其朝政之失，恐懼而接受勸誡，那麼災禍就消除了。不聽諫議勸說，不重視怪異的徵兆，放任他的私心，堵塞低窪墊高埤下，來阻逆水勢，妨害鬼神。以後幾年天空出現像太陽那麼大的五個黑色的東西。這一年提前降了霜，周靈王逝世。景王即位二年，儋括要殺死周王，而立周王的弟弟佞夫。佞夫不知道這件事，景王連佞夫一起殺掉。等到景王死後，五位大夫爭權，有的要立子猛，有的要立子朝，王室大亂。京房《易傳》說：「天子勢弱，諸侯致力於征伐，就會出現水鬥的異常現象。」

49 史書上說，秦武王三年渭河紅了三天，昭王三十四年，渭河又紅了三天。劉向認為，這是近於火氣傷害水氣。秦朝施行連坐之法，有人把灰撒在道路上，便要被施以黥面之刑，法網嚴密，刑罰暴虐，加上武力征伐沒有節制，又殘害鄰國，以至於變亂五行，使氣色混亂。天的警告好像是說，不要再施行刻毒峻極的事情，否則將要遭致敗亡。秦朝終於不改，到秦始皇消滅六國，二世就滅亡了。從前三代居於三河之地，河、洛出現圖、書，秦建都在渭河北岸的咸陽，而渭河多次變紅，這都是嘉瑞之異與德行相應的效驗。京房《易傳》說：「國君沉湎於酒，淫亂於女色，從而致使賢德之人隱居不出，國家危亡，由之而出現的異常現象就是河流變成紅色。」

卷二十七下之上

五行志第七下之上

1 傳曰：「思心之不容，是謂不聖，厥咎霿❶，厥罰恆風，厥極凶短折❷。時則有脂夜之妖❸，時則有華孽，時則有牛禍，時則有心腹之痾，時則有黃眚黃祥，時則有金木水火沴土。」

2 「思心之不容，是謂不聖」。思心者，心思慮也；容，寬也。孔子曰❹：「居上不寬，吾何以觀之哉！」言上不寬大包容臣下，則不能居聖位。貌言視聽，以心為主，四者皆失，則區霿❺無識，故其咎霿也。雨旱寒奧，亦以風為本，四氣皆亂，故其罰常風也。常風傷物，故其極凶短折也。傷人曰凶，禽獸曰短，屮木曰折。一曰，凶，夭❻也；兄喪弟曰短，父喪子曰折。在人腹中，肥而包裹心者脂也，心區霿則冥晦，故有脂夜之妖。一曰，有脂物而夜為妖，若脂水夜汙人衣，淫之象也。一曰，夜妖者，雲風並起而杳冥，故與常風同象也。溫而風則生螟螣⑦，有裸蟲之孽。劉向以為於易巽為風為木，卦在三月四月⑧，繼陽而治，主木之華實。風氣盛，至秋冬木復華，故有華孽。一曰，地氣盛則秋冬復華。一曰，華者色也，土為內事，為⑨女孽也。於易坤為土為牛，牛大心而不能思慮，思心氣毀，故有牛禍。一曰，牛多死及為怪，亦是也。及人，則多病心腹者，故有心腹之痾。土色黃，故有黃眚黃祥。凡思心傷者病土氣，土氣病則金木水火沴之，故曰「時則有金木水火沴土」。不言「惟」而獨曰「時則有」者，非一衝氣所沴，明其異大也。其極曰凶短折，順之，其福曰考終命⑩。劉歆思心傳曰時則有羸蟲之孽，謂螟螣之屬也。庶徵之常風，劉向以為春秋無其應。

3 釐公十六年⑪「正月，六鶂⑫退蜚，過宋都」。左氏傳曰「風也」。劉歆以為風發於它所，至宋而高，鶂高蜚而逢之，則退。經⑬以見者為文，故記退蜚；傳以實應著，言風，常風之罰也。象宋襄公區霿自用，不容臣下，逆司馬子魚⑭之諫，而與彊楚爭盟⑮，後六年為楚所執，應六鶂之數云。京房易傳曰：「潛龍勿用⑯。眾逆同志，至德迺潛，厥異風。其風也，行不解物⑰，不長，雨小而傷。政悖德隱茲謂亂，厥風先風不雨，大風暴起，發屋⑱折木。守義不進茲謂耄⑲，厥風與雲俱起，折五穀莖。臣易上政，茲謂不順，厥風大焱[20]發屋。賦斂不理茲謂禍，厥風絕經緯[21]，止即溫，溫即蟲。侯專封茲謂不統，厥風疾，而樹不搖，穀不成。辟不思道[22]利，茲謂無澤[23]，厥風不搖木，旱無雲，傷禾。公[24]常於利茲謂亂，厥風微而溫，生蟲蝗，害五穀。棄正作淫茲謂惑，厥風溫，螟蟲起，害有益人之物。侯[25]不朝茲謂叛，厥風無恆，地變赤而殺人。」

4 文帝二年[26]六月，淮南王都壽春[27]大風毀民室，殺人。劉向以為是歲南越反，攻淮南邊，淮南王長破之，後年入朝，殺漢故丞相辟陽侯[28]，上赦之，歸聚姦人謀逆亂，自稱東帝，見異不寤，後遷于蜀，道死廱[29]。

5 文帝五年，吳暴風雨，壞城官府民室。時吳王濞謀為逆亂，天戒數見，終不改寤，後卒誅滅。

6 五年十月，楚王都彭城[30]大風從東南來，毀市門，殺人。是月王戊初嗣立，後坐淫削國，與吳王謀反，刑僇諫者[31]。吳在楚東南，天戒若曰，勿與吳為惡，將敗市朝[32]。王戊不寤，卒隨吳亡。

7 昭帝元鳳元年[33]，燕王都薊[34]大風雨，拔宮中樹七圍以上十六枚[35]，壞城樓。燕王旦不寤，謀反發覺，卒伏其辜。

8 釐公十五年[36]「九月己卯晦，震夷伯之廟[37]」。劉向以為晦，暝[38]也；震，雷也。夷伯，世大夫，正晝[39]雷，其廟獨冥[40]。天戒若曰，勿使大夫世官，將專事暝晦。明年，公子季友卒，果世官[41]，政在季氏。至成公十六年「六月甲午晦」，正晝皆暝，陰為陽，臣制君也。成公不寤，其冬季氏殺公子偃。季氏萌[42]於釐公，大於成公，此其應也。董仲舒以為夷伯，季氏之孚[43]也，陪臣[44]不當有廟。震者雷也，晦暝，雷擊其廟，明當絕去僭差[45]之類也。向又以為此皆所謂夜妖者也。劉歆以為春秋及朔言朔[46]，及晦言晦，人道所不及，則天震之。展氏有隱慝[47]，故天加誅於其祖夷伯之廟以譴告之也。

9 成公十六年[48]「六月甲午晦，晉侯及楚子、鄭伯戰于鄢陵」。皆月晦云。

10 隱公五年[49]「秋，螟」。董仲舒、劉向以為時公觀漁于棠[50]，貪利之應也。劉歆以為又逆臧釐伯之諫[51]，貪利區霿，以生羸蟲之孽也。

11 八年「九月，螟」。時鄭伯以邴[52]將易許田，有貪利心。京房易傳曰：「臣安祿茲謂貪，厥災蟲，蟲食根。德無常茲謂煩，蟲食葉。不絀無德，蟲食本。與東作[53]爭，茲謂不時[54]，蟲食節[55]。蔽惡生孽[56]，蟲食心。」

12 嚴公六年[57]「秋，螟」。董仲舒、劉向以為先是衛侯朔出奔齊[58]，齊侯會諸侯納朔，許諸侯賂。齊人歸衛寶[59]，魯受之，貪利應也。

13 文帝後六年[60]秋，螟。是歲匈奴大入上郡、雲中，烽火通長安，遣三將軍屯邊，三將軍屯京師。

14 宣公三年[61]，「郊牛之口傷，改卜牛，牛死」。劉向以為近牛禍也。是時宣公與公子遂謀共殺子赤而立，又以喪娶[62]，區霿昏亂。亂成於口，幸有季文子得免於禍。天猶惡之，生則不饗其祀[63]，死則災燔其廟[64]。董仲舒指略同。

15 秦孝文王五年[65]，斿朐衍[66]，有獻五足牛者。劉向以為近牛禍也。先是文惠王[67]初都咸陽，廣大宮室，南臨渭，北臨涇，思心失，逆土氣。足者止也，戒秦建止奢泰[68]，將致危亡，秦遂[69]不改，至於離宮[70]三百，復起阿房[71]，未成而亡。一曰，牛以力為人用，足所以行也。其後秦大用民力轉輸，起負海[72]至北邊，天下叛之。京房易傳曰：「興繇役，奪民時，厥妖牛生五足。」

16 景帝中六年[73]，梁孝王[74]田北山，有獻牛，足上出背上。劉向以為近牛禍。先是孝王驕奢，起苑[75]方三百里，宮館閣道相連三十餘里。納於邪臣羊勝之計，欲求為漢嗣，刺殺議臣爰盎[76]，事發，負斧歸死[77]。既退歸國，猶有恨心，內則思慮霿亂，外則土功過制，故牛旤作。足而出於背，下奸[78]上之象也。猶不能自解，發疾暴死，又凶短之極也。

17 左氏傳昭公二十一年[79]春，周景王將鑄無射鍾[80]，泠州鳩[81]曰：「王其以心疾死乎！夫天子省風[82]以作樂，小者不窕[83]，大者不摦[84]。摦則不容，心是以感，感實生疾。今鍾摦矣，王心弗戡[85]，其能久乎？」劉向以為是時景王好聽淫聲，適庶不明[86]，思心霿亂，明年以心疾崩，近心腹之痾，凶短之極者也。

18 昭二十五年[87]春，魯叔孫昭子[88]聘于宋，元公[89]與燕，飲酒樂，語相泣[90]也。樂祁佐[91]，告人曰：「今茲[92]君與叔孫其皆死乎！吾聞之，哀樂而樂哀[93]，皆喪[94]心也。心之精爽[95]，是謂魂魄；魂魄去之，何以能久？」冬十月，叔孫昭子死；十一月，宋元公卒。

19 昭帝元鳳元年[96]九月，燕[97]有黃鼠銜其尾舞王宮端門[98]中，往視之[99]，鼠舞如故。王使夫人[100]以酒脯祠，鼠舞不休，夜死。黃祥也。時燕剌王旦謀反將敗，死亡象也。其月，發覺伏辜。京房易傳曰：「誅不原情，厥妖鼠舞門。」

20 成帝建始元年[101]四月辛丑夜，西北有如火光。壬寅晨，大風從西北起，雲氣赤黃，四塞天下，終日夜下著地者黃土塵也。是歲，帝元舅[102]大司馬大將軍王鳳始用事；又封鳳母弟崇為安成侯，食邑[103]萬戶；庶弟譚等五人[104]賜爵關內侯，食邑三千戶。復益封鳳五千戶，悉封譚等為列侯，是為五侯。哀帝即位，封外屬丁氏、傅氏、周氏、鄭氏凡六人為列侯[105]。楊宣[106]對曰：「五侯封日，天氣赤黃，丁、傅復然。此殆爵土過制，傷亂土氣之祥也。」京房易傳曰：「經稱『觀其生[107]』，言大臣之義，當觀賢人，知其性行[108]，推而貢之，否則為聞善不與，茲謂不知[109]，厥異黃，厥咎聾，厥災不嗣。黃者，日上黃光不散如火然，有黃濁氣四塞天下。蔽賢絕道，故災異至絕世也。經曰『良馬逐[110]』。逐，進也，言大臣得賢者謀，當顯進其人，否則為下相攘[111]善，茲謂盜明，厥咎亦不嗣，至於身僇[112]家絕。」

21 史記周幽王二年[113]，周三川[114]皆震。劉向以為金木水火沴土者也。伯陽甫[115]曰：「周將亡矣！天地之氣不過其序；若過其序，民亂之也。陽伏而不能出，陰迫而不能升，於是有地震。今三川實震，是陽失其所而填[116]陰也。陽失而在陰，原[117]必塞；原塞，國必亡。夫水，土演[118]而民用也；土無所演，而民乏財用，不亡何待？昔伊雒竭而夏亡，河竭而商亡，今周德如二代之季，其原又塞，塞必竭；川竭，山必崩。夫國必依山川，山崩川竭，亡之徵也。若國亡，不過十年，數之紀也。」

22 是歲三川竭，岐山[119]崩。劉向以為陽失在陰者，謂火氣來煎枯水，故川竭也。

山川連體，下竭上崩，事勢然也。時幽王暴虐，妄誅伐，不聽諫，迷於褒姒[120]，廢其正后[121]，廢后之父申侯與犬戎共攻殺幽王。一曰，其在天文，水為辰星[122]，辰星為蠻夷。月食辰星，國以女亡。幽王之敗，女亂其內，夷攻其外。京房易傳曰：「君臣相背，厥異名水[123]絕。」

23 文公九年[124]「九月癸酉[125]，地震」。劉向以為先是時，齊桓、晉文、魯釐二伯賢君新沒[126]，周襄王失道[127]，楚穆王殺父[128]，諸侯皆不肖，權傾於下，天戒若曰，臣下彊盛者將動為害。後宋、魯、晉、莒、鄭、陳、齊皆殺君[129]，諸震，略皆從董仲舒說也。京房易傳曰：「臣事雖正，專必震，其震，於水則波，於木則搖，於屋則瓦落。大經在辟[130]而易臣，茲謂陰動，厥震搖政宮。大經搖政，茲謂不陰，厥震搖山，山出涌水。嗣子無德專祿[131]，茲謂不順，厥震動丘陵，涌水出。」

24 襄公十六年[132]「五月甲子，地震」。劉向以為先是雞澤[133]之會，諸侯盟，大夫又盟。是歲三月，諸侯為溴梁之會[134]，而大夫獨相與盟，五月地震矣。其後崔氏[135]專齊，欒盈[136]亂晉，良霄[137]傾鄭，閽殺吳子[138]，燕逐其君[139]，楚滅陳、蔡。

25 昭公十九年[140]「五月己卯，地震」。劉向以為是時季氏將有逐君之變。其後宋三臣[141]、曹會[142]皆以地叛，蔡、莒逐其君[143]，吳敗中國殺二君[144]。

26 二十三年[145]「八月乙未，地震」。劉向以為是時周景王崩，劉、單立王子猛，尹氏立子朝。其後季氏逐昭公，黑肱叛邾[146]，吳殺其君僚，宋五大夫、晉二大夫皆以地叛[147]。

27 哀公三年[148]「四月甲午，地震」。劉向以為是時諸侯皆信邪臣，莫能用仲尼，盜殺蔡侯[149]，齊陳乞弒君[150]。

28 惠帝二年[151]正月，地震隴西[152]，厭[153]四百餘家。武帝征和二年八月癸亥，地震，厭殺人。宣帝本始四年四月壬寅，地震河南以東四十九郡，北海[154]琅邪[155]壞祖宗廟城郭，殺六千餘人。元帝永光三年冬，地震。綏和二年九月丙辰，地震，自京師至北邊郡國三十餘壞城郭，凡殺四百一十五人。

29 釐公十四年[156]「秋八月辛卯，沙麓[157]崩」。穀梁傳曰：「林屬於山曰麓，沙其名也。」劉向以為臣下背叛，散落不事上之象也。先是，齊桓行伯[158]道，會諸侯，事周室。管仲既死，桓德日衰，天戒若曰，伯道將廢，諸侯散落，政逮[159]大夫，陪臣執命，臣下不事上矣。桓公不寤，天子蔽晦[160]。及齊桓死，天下散而從楚。王札子殺二大夫[161]，晉敗天子之師，莫能征討，從是陵遲[162]。公羊以為沙麓，河上邑也。董仲舒說略同。一曰，河，大川象；齊，大國；桓德衰，伯道將移於晉文，故河為徙也。左氏以為沙麓，晉地；沙，山名也；地震而麓崩，不書震，舉重者也。伯陽甫所謂「國必依山川，山崩川竭，亡之徵也；不過十年，數之紀也」。至二十四年，晉懷公殺於高梁[163]。京房易傳曰：「小人剝廬[164]，厥妖山崩，茲謂陰乘陽，弱勝彊。」

30 成公五年[165]「夏，梁山[166]崩」。穀梁傳曰廱[167]河三日不流，晉君帥群臣而哭之，迺流。劉向以為山陽，君也，水陰，民也，天戒若曰，君道崩壞，下亂，百姓將失其所矣。哭然後流，喪亡象也。梁山在晉地，自晉始而及天下也。後晉暴殺三卿[168]，厲公以弒。溴梁之會，天下大夫皆執國政，其後孫、甯出衛獻[169]，三家逐魯昭，單、尹亂王室。董仲舒說略同。劉歆以為梁山，晉望[170]也；崩，弛崩[171]也。古者三代命祀，祭不越望，吉凶禍福，不是過也。國主山川，山崩川竭，亡之徵也，美惡周必復。是歲歲在鶉火，至十七年復在鶉火，欒書、中行偃殺厲公而立悼公。

31 高后二年[172]正月，武都[173]山崩，殺七百六十人，地震至八月迺止。文帝元年[174]四月，齊楚地山二十九所[175]同日俱大發水，潰出，劉向以為近水沴土也。天戒若曰，勿盛齊楚之君，今失制度，將為亂。後十六年，帝庶兄齊悼惠王之孫文王則薨，無子，帝分齊地，立悼惠王庶子六人皆為王[176]。賈誼[177]、鼂錯[178]諫，以為違古制，恐為亂。至景帝三年[179]，齊楚七國起兵百餘萬，漢皆破之。春秋四國[180]同日災，漢七國同日眾山潰，咸被其害，不畏天威之明效也。

32 成帝河平三年[181]二月丙戌，犍為[182]柏江山崩，捐江山崩，皆廱江水，江水逆流壞城，殺十三人，地震積二十一日，百二十四動。元延三年[183]正月丙寅[184]，蜀郡[185]岷山[186]崩，廱江，江水逆流，三日迺通。劉向以為周時岐山崩，三川竭，而幽王亡。岐山者，周所興也。漢家本起於蜀漢[187]，今所起之地山崩川竭，星孛[188]又及攝提、大角[189]，從參[190]至辰[191]，殆必亡矣。其後三世亡嗣，王莽篡位。

【章旨】以上記錄因君主思心不寬，剛愎自用，不容臣下，王侯大臣奢僭犯上等，而引發的風雷、螟蟲、川竭、地震等災異，及其史事徵驗。

【注釋】❶霿　晦也。引申為昏亂、愚昧。❷凶短折　夭折；早死。鄭玄說：「未齔曰凶，未冠曰短，未婚曰折。」意思是說，還未到換牙齒的時候就死了叫做「凶」，還未到二十歲成年的時候就死了叫做「短」，還未結婚就死了叫做「折」。另一說是：傷人曰凶，禽獸曰短，草木曰折。還有一說認為：凶，夭也；兄喪弟曰短；父喪子曰折。❸脂夜之妖　脂妖和夜妖。另一說認為脂夜之妖，指以脂液汙人。夜，通「液」。❹孔子曰　原文出自於《論語．八佾》。❺區霿　昏亂愚昧。❻夭　夭折；早死。❼螟螣　蝗蟲。❽卦在三月四月　《易緯乾鑿度》謂：「〈巽〉位在四月。」又說：「〈巽〉漸三月。」因為立夏，〈巽〉才用事，在三四月之間。❾為　通「謂」。❿考終命　謂享盡天年。考，壽考。⓫釐公十六年　西元前六四四年。⓬鶂　《左傳》作「鷁」。一種水鳥，能高飛。⓭經　指《春秋經》。⓮子魚　即公子目夷。宋桓公之子。時任宋國司馬。⓯爭盟時宋襄公欲與楚國爭奪盟主地位，子魚認為小國爭盟乃是取禍之道，竭力諫阻。但襄公不聽。盟，指鹿上盟會。⑯潛龍勿用　見〈乾卦〉初九爻辭。意謂像龍潛伏著，不可有所作為。⑰不解物　謂不能沖散物。解，沖散；解散。⑱發屋　毀壞房屋。發，通「廢」。意為毀壞。⑲耄　昏亂；昏聵。⑳焱　疑「猋」字之訛。暴風；旋風。㉑絕經緯　絕，斷絕。經緯，這裡指絲帛之類。㉒道　通「導」。㉓澤　恩澤；恩惠。㉔公　指上爵之公。㉕侯　指諸侯。㉖文帝二年　西元前一七八年。㉗壽春　縣名，今安徽壽縣。漢代淮南王國都於此。㉘辟陽侯　審食其。㉙廱　漢縣名。在今陝西鳳翔南。㉚彭城　漢縣名。在今江蘇徐州。㉛刑僇諫者　僇，通「戮」。諫者，指楚相張尚，太傅趙夷吾。㉜市朝　市中通衢、人眾會聚之處。古代常在此行刑陳尸示眾。㉝昭帝元鳳元年　西元前八〇年。㉞薊　燕國國都。在今北京西南。㉟枚　樹幹。在這裡作量詞用，相當於根、棵。㊱釐公十五年　西元前六四五年。㊲震夷伯之廟　震，雷電擊之。夷伯之廟，展氏之廟。㊳暝　日暮；夜晚。㊴正晝　大白天。晝，白天。㊵冥　黑夜；夜晚；昏暗。㊶世官　世襲官位。㊷萌　草木始生曰萌，這裡引喻為開端，開始。㊸孚　信任。㊹陪臣　諸侯的大夫對天子自稱。㊺僭差　僭越失度。㊻朔　朔日。夏曆每月初一。㊼隱慝　指隱藏起來的邪念。慝，邪惡；惡念。㊽成公十六年　西元前五七五年。㊾隱公五年　西元前七一八年。㊿觀漁于棠　觀漁，觀看漁人陳設漁具捕魚。棠，魯地名。在山東魚臺東。(51)臧釐伯之諫　臧釐伯，即公子彄，孝公之子。諫，指勸諫觀漁事。(52)邴　即祊，邑名，鄭國祭祀泰山之邑。在今山東費縣東。(53)東作　春耕生產。(54)不時　謂奪農時。(55)節　植物枝稈上長枝的部位。(56)蔽惡生孽　謂奸佞之徒蔽君之明而產生災孽。(57)嚴公六年　即莊公六年，西元前六八八年。(58)衛侯朔出奔齊　魯桓公十六年，衛國左公子泄，右公子職擁立公子黔牟，衛惠公（即朔）逃奔齊國。(59)齊人歸衛寶　齊國將伐衛所得之實物送給魯國。《左傳》作「歸衛俘」。歸，通「饋」。贈送。(60)文帝後六年　西元前一五八年。(61)宣公三年　西元前六〇六年。(62)以喪娶　魯宣公元年正月，公子遂到齊國迎娶齊女，三月，遂以夫人婦姜從齊歸來，此時文公之喪尚未除。(63)不饗其祀　指郊牛傷死，意味著上天不想接受他的祭祀。(64)災燔其廟　指魯成公三年，宣公廟發生火災。(65)秦孝文王五年　此文有誤。秦孝文王柱在位僅僅一年（西元前二五〇年）就去世，無五年。(66)斿朐衍　斿，通「遊」。朐衍，地名。在今寧夏鹽池縣。(67)文惠王　當作惠文王。據《史記‧秦本紀》秦孝公十二年「作為咸陽，築冀闕，秦始都之」。(68)建止奢泰　意謂建基於奢泰。止，通「址」。即基址。奢泰，奢侈豪華。(69)遂　終於；竟至。(70)離宮　指正式宮殿之外的其他供帝王隨時遊弋之處。(71)阿房　宮名。是秦朝一座大型宮殿，遺址在今西安市西阿房村一帶，據二〇〇四年最新的考古發掘證明，這是一座尚未完全建成的大型建築。(72)負海　背海。負，背。(73)景帝中六年　西元前一四四年。(74)梁孝王　名劉武，文帝之子，本書卷四十七有傳。(75)苑　古稱養禽獸，種植花草林木的地方，也多指帝王或貴族的園林。[76]爰盎　本書卷四十九有傳。[77]負斧歸死　自己背負著斧鉞接受死刑。[78]奸　通「干」。犯；侵犯。[79]昭公二十一年　西元前五二一年。[80]無鉃鍾　即無射律之鐘。無鉃，十二律之一。[81]泠州鳩　人名。古代樂官曰泠，後世遂以為氏，州鳩其名。[82]省風　省，視察；觀察。風，風習；風俗。[83]小者不窕　此處是說小樂器而發聲不細小。窕，輕；細小。[84]大者不槬　謂大樂器而發音不大難於入耳。槬，洪大；粗大。[85]戡　通「堪」。忍受；承受。[86]適庶不明　是說嫡子庶子分不清。周太子壽卒，周景王立子猛為太子，後來又想改立子朝，使嫡庶混亂。適，通「嫡」。[87]昭二十五年　西元前五一七年。[88]叔孫昭子　叔孫婼。[89]元公　宋平公之子，宋國國君。[90]相泣　相對而泣。泣，無聲流淚或低聲而哭。[91]樂祁佐　樂祁，宋國司城子梁。佐，佐酒；陪酒。[92]今茲　今年。[93]哀樂而樂哀　哀樂，可樂而哀。樂哀，可哀而樂。[94]喪　喪失。[95]精爽　神明。[96]昭帝元鳳元年　西元前八〇年。[97]燕　封國名。[98]端門　宮殿正門。[99]往視之　其上脫一「王」字。[100]夫人　王念孫據上文記此事，以為「夫人」乃「酒」之誤。陳直認為「根據材料來源不同，似不必如王念孫說，夫人二字有誤字」。[101]成帝建始元年　西元前三二年。[102]元舅　大舅。[103]食邑　指君主賜於臣下作為世祿的封地。[104]五人　指王譚、王商、王音、王根、王逢時。[105]六人為列侯　據本書〈外戚傳〉傅太后弟子喜封高武侯、晏封孔鄉侯、商封汝昌侯、同母弟子鄭業為陽信侯，丁太后兄明封陽安侯、子滿封平周侯。六侯之中有傅氏、丁氏、鄭氏，而無周氏，「周氏」是衍文。[106]楊宣　時任諫大夫。[107]觀其生　《易・觀卦》上九爻辭。意謂觀其他的親族。[108]性行　性格與品行。[109]不知　不知道。[110]良馬逐　是說利於有所往，是出外有利。引文見《易・大畜》九三爻辭。逐，追奔。[111]攘　卻也。[112]僇　通「戮」。[113]周幽王二年　西元前七八〇年。[114]三川　指周朝境內的渭河，涇河及洛河。[115]伯陽甫　西周太史。[116]填　通「鎮」。謂陽氣為陰氣所壓迫。[117]原　通「源」。即泉源。[118]演　猶「潤」。[119]岐山　山名。主峰又名箭括嶺，在今陝西岐山縣東北。[120]褒姒　傳說是褒人獻給幽王的一個女子，其人貌美而行不正。[121]正后　指申侯的女兒申后，是周幽王的嫡后。[122]辰星　即水星。[123]名水　有名的河流。[124]文公九年　西元前六一八年。[125]癸酉　本年九月無癸酉，日月或有誤。[126]二伯賢君新沒　二伯，指齊桓公、晉文公。伯，通「霸」。賢君，指魯釐公。新沒，剛去世不久。[127]周襄王失道　周襄王，名姬鄭。西元前六五一－前六一九年在位。失道，襄王因避叔帶之亂而出奔，失去為君之道。[128]楚穆王殺父　楚穆王，姓熊，名商臣。西元前六二五－前六一四年在位。殺父，殺死其父楚成王。[129]皆殺君　指魯文公十六年宋人殺其君杵臼；十八年魯國襄仲殺死太子惡；魯宣公二年晉國趙盾殺其君夷皐；魯文公十八年莒人殺其君庶其；魯宣公四年鄭公子歸生殺死國君夷；十年陳國夏徵舒殺其國君平國；魯文公十八年，齊人殺死其國君商人。[130]大經在辟　經，謂常法。辟，通「僻」。壞也。[131]專祿　據王念孫考證，「專」上脫一臣字。他說：「《御覽・咎徵部》七引此『專祿』上有『臣』字，是也。此言嗣子無德而臣專祿則地震。故上文云『臣事雖正專必震』也。臣專祿，故曰不順。若無臣字，則義不可通」。(132)襄公十六年　西元前五五七年。(133)雞澤　衛國地名。在今河北邯鄲東。魯襄公三年六月，襄公與單子、晉侯、宋公、衛侯、鄭伯、莒子、邾子、齊世子光在二十三日同盟於雞澤。七月十三日，魯國叔孫豹與諸侯之大夫及陳袁僑又盟。(134)溴梁之會　這次盟會，魯、晉、宋、衛、鄭、曹、莒、邾、薛、小邾等國君雖都到場，但訂立盟約卻獨由各諸侯國大夫主之。溴梁，溴水之堤梁，在今河南濟源西北。溴梁之溴，景祐本作「湨」是也。(135)崔氏　謂齊卿崔杼。(136)欒盈　晉國大夫欒懷子。晉大夫欒桓子之子，魯襄公二十一年奔楚，二十三年復入晉為亂。(137)良霄　鄭大夫伯有。(138)閽殺吳子　閽，守門人。吳子，吳國國君餘祭。(139)燕逐其君　燕，北燕國。魯昭公三年冬，燕大夫殺死其國君之外嬖，逐其君伯款。(140)昭公十九年　西元前五二三年。(141)宋三臣　指宋華亥、向寧、華定。魯昭公二十年，宋三臣出奔陳國，二十一年自陳入宋南里以叛。(142)曹會　曹國大夫孫會，魯昭公二十年曹會自鄸（曹會封邑）奔宋。(143)蔡莒逐其君　魯昭公二十一年，蔡侯朱被逐，出奔於楚。魯昭公二十三年，莒子庚輿虐而好劍，被國人所逐，出奔於魯。(144)二君　魯昭公二十三年七月，吳敗楚、頓、胡、沈、蔡、陳、許之師於雞父，胡國國君髡、沈國國君逞被殺。(145)二十三年　西元前五一九年。(146)黑肱叛邾　黑肱，邾國大夫。魯昭公三十一年，黑肱以濫（邾國之邑）叛逃魯國。(147)宋五大夫晉二大夫皆以地叛　魯定公十年、十一年，宋大夫辰、仲佗、石彄、公子地、樂大心相繼反叛。魯定公十三年，晉荀寅、士吉射入朝歌以叛。(148)哀公三年　西元前四九二年。(149)盜殺蔡侯　魯哀公四年，公孫翩射殺了蔡昭侯。(150)齊陳乞弒君　魯哀公六年，陳乞殺其國君荼（齊景公之子安孺子）。(151)惠帝二年　西元前一九三年。(152)隴西　漢郡名。治狄道（今甘肅臨洮）。(153)厭　通「壓」。(154)北海　漢郡名。治營陵（今山東濰坊西南）。(155)琅邪　郡名。治東武（今山東諸城）。(156)釐公十四年　西元前六四六年。(157)沙麓　山名。在今河北大名東北。(158)伯　通「霸」。(159)逮　及也。(160)蔽晦　謂被掩蔽而昏暗。(161)二大夫　指召伯、毛伯。(162)陵遲　衰退；衰落。(163)晉懷公殺於高梁　晉懷公，名子圉，晉惠公之子。晉文公入國，將之殺死於高梁。高梁，晉國地名。在今山西臨汾東北。(164)小人剝廬　引文見《易・剝》上九爻辭，意思是說，小民無食，剝取薺菜來充飢。(165)成公五年　西元前五八六年。(166)梁山　山名。在今陝西韓城境。一說在今山西離石東北之呂梁山。但由下文「廱河」看，此即韓城境內靠黃河岸邊之梁山。(167)廱　通「壅」。堵塞。(168)三卿　指郤犨、郤錡、郤至。(169)出衛獻　出，驅逐；趕出。衛獻，衛獻公。魯襄公十四年，衛大夫孫林父、甯殖逐出衛獻公。(170)望　古代祭祀山川的稱謂，指遙望而拜祭。(171)弛崩　逐漸崩散。(172)高后二年　西元前一八六年。(173)武都　漢郡名。治武都（在今甘肅武都東北）。(174)文帝元年　西元前一七九年。(175)所　處所。(176)庶子六人皆為王　即立齊孝王將閭、濟北王志、菑川王賢、膠東王雄渠、膠西王皓、濟南王辟光。177賈誼　本書卷四十八有傳。178鼂錯　本書卷四十九有傳。179景帝三年　西元前一五四年。180四國　指春秋時的宋、鄭、陳、衛四國。181成帝河平三年　西元前二六年。182犍為　漢郡名。治武陽（今四川彭山縣東）。183元延三年　西元前一〇年。184正月丙寅　正月十日。185蜀郡　漢郡名，治成都（今四川成都）。186岷山　山名，在四川北部。187蜀漢　指蜀郡、漢中郡。188星孛　星之光芒四射而出的現象。189攝提大角　皆星名，均屬亢宿。190參　星宿名。在西方。191辰　心宿，在東方。

【語譯】傳文上說：「思考問題不明智寬宏，就叫不聖明，其過失在於昏亂愚昧，其受到的懲罰就是經常颳風，其終極惡果便是凶、短、折。有時有脂妖、夜妖，有時有花孽，有時有牛禍，有時有心腹之病，有時則有黃色的妖異、黃色的凶兆，有時則有金、木、水、火四氣相害土氣。」

2 「思考問題不明智寬宏，這就叫做不聖明」。思考問題，就是用心在思索考慮；睿，就是寬宏。孔子說：「居上位的人，心地不寬宏，讓我如何去看待他行為的好壞呢！」是說居上位的人如果不寬大包容臣下，就不能居於聖上的位置。貌、言、視、聽四事，都是以心為主，四者都有差失，就會昏亂愚昧無知，所以其過失就是愚昧。風雨乾旱寒冷溫暖，也是以風為本，四氣都亂，所以常受到風的懲罰。經常颳風，就傷害萬物，所以其結果就是凶、短、折。傷人叫凶，禽獸被傷叫短，傷害草木叫折。一種說法是，凶，就是早死；兄喪弟為短，父喪子為折。在人的腹腔中，肥腴而且包裹心臟的是脂肪，思想愚昧，就昏亂愚昧，所以有脂妖夜妖。一種說法是有脂物夜降而為妖，如果脂液夜晚汙染了衣物，就是淫亂的象徵。一種說法是，夜妖是雲風並起而昏暗，所以和常常颳風是同一徵象。天氣溫暖而颳風就會生螟蟲、螣蟲，有裸蟲的災孽。劉向認為在《易經》中，〈巽〉為風為木，卦在三月四月，繼陽治理，主宰樹木的開花結果。風氣旺盛，至秋冬樹木又再次開花，所以有花妖。一種說法認為，地氣旺盛，那麼秋冬樹木會再次開花。一種說法是，花是容色，土是內事，是為女孽。在《易經》中，〈坤〉象徵土，象徵牛，牛心雖然很大但不會思想，思心的精氣毀傷，所以會有牛禍。一種說法是，牛多死亡及變為妖怪，也是牛禍。說到人，就大多病在心腹，所以有心腹方面的疾病。土是黃色，所以有黃色妖異，黃色凶兆。凡是思想有傷害的損傷土氣，土氣受傷虛弱，於是金、木、水、火四氣就傷害它，所以說「有時有金、木、水、火四氣傷害土氣」。不說「只有」，卻說「有時有」的原因，就不是一種不祥之氣所傷害，表明它們的差異是很大的。其極點就是凶、短、折，如果能順其理，就能獲得壽考、終其天年的福佑。劉歆關於思心的解說認為，有時有裸蟲之孽，是說有螟蟲、螣蟲一類出現。眾多徵兆中的常風，劉向認為《春秋》中沒有這種應驗的記載。

3 釐公十六年「正月，六隻鶂鳥退著飛行，經過宋國都城」。《左氏傳》說「是風啊」。劉歆認為，風從別處吹來，到宋國颳得很高，鶂鳥高飛而遭遇到，所以就退著飛。經文是憑看到的東西寫成文辭，所以就記為鶂鳥退飛；傳文則真實地記載，說是風，是常風的懲罰。象徵宋襄公愚昧而自以為是，不能容納臣下，不聽司馬子魚的規勸，而與強大的楚國爭為盟主，六年以後便為楚國控制，應驗了六鶂之數。京房《易傳》說：「潛藏的蛟龍，不可有所作為。眾多違逆者同流合汙，最高尚的有道德者就潛藏起來，於是有怪異的風。這個風，行到何處也不解散，也吹不遠，雨小而使物受損。政治悖亂，道德潛匿，這就叫做亂，其風是先颳風不下雨，大風突然颳起，毀壞房屋，折斷樹木。堅守禮儀而不應時而進，這叫做昏聵，其風就與雲同起，吹折五穀莖稈。臣子改變君上的政令，這叫做不順，其風就成為暴風而毀壞房屋。田賦不治這就叫做禍，其風就絕斷經緯，風止則氣溫升高，氣溫高蟲即滋生。諸侯專擅封爵，是沒有綱紀，這風便迅急，而樹木不搖動，五穀不豐收。國君不考慮導利於下，這就叫做沒有恩澤，這風不搖動樹木，天旱而無雲，損傷禾稼。有上爵之公如果經常為自己謀利，這就叫做亂，此風乃微弱而溫暖，產生蝗災，傷害五穀。放棄正道而專肆淫亂，這叫做迷惑，其風溫暖，螟蟲發生，傷害有益於人的物類。諸侯不朝這就叫做叛逆，其風不正常，地變紅色而殺害人。」

4 文帝二年六月，淮南王國都壽春颳大風毀壞百姓房屋，死了人。劉向認為這一年南越國造反，進攻淮南國邊境，淮南王劉長大敗了南越國，兩年後入朝，殺死漢朝的前丞相辟陽侯，皇帝赦免了他，回國後又聚集奸邪之人陰謀作亂，自稱為東帝。看見異象而仍不覺悟，後來被遷往蜀地，中途死在了雝。

5 文帝五年，吳國出現了暴風雨，毀壞了都城及官府、民居。當時吳王劉濞圖謀叛亂，上天的警告屢次出現，但他始終不悔改徹悟，後來終於被誅殺。

6 五年十月，楚王國都城彭城大風從東南方吹來，毀壞了市門，死了人。這一月楚王劉戊剛繼位，後因淫亂而被削國，與吳王圖謀反叛朝廷，刑殺了直言規諫的大臣。吳國在楚國的東南方向，天的警告好像是說，不要與吳國共同作惡，將會失敗而被陳尸示眾。楚王劉戊不覺悟，終於隨同吳國一起滅亡。

7 昭帝元鳳元年，燕國都城薊颳大風下大雨，拔起宮中七圍以上粗的大樹十六棵，摧毀了城樓。燕王旦沒有覺悟，謀反之事被發覺，終於伏罪被殺。

8 釐公十五年「九月三十己卯晦日，雷電震擊了夷伯的廟」。劉向認為，晦，是夜晚；震，是巨雷。夷伯是世襲的大夫，大白天打雷，他的廟單獨昏暗。上天好像警戒說，不要讓大夫世襲為官，否則將要專斷朝政而昏昧。第二年，公子季友去世，果然亡於世官的位上，國政掌握在季氏手中。到成公十六年「六月甲午晦日」，正值大白天卻變成一片黑暗，陰代替了陽，臣控制了君。成公不覺悟，這一年冬天季氏殺了公子偃。季氏從釐公時就開始萌生了奸心，成公時開始強大，這就是它的應驗。董仲舒認為，夷伯是季氏所信任的臣子，陪臣不應當有廟。震就是雷，昏暗而雷電擊他的廟，表明應當除去那些僭越常規之人。劉向又認為這都是所謂的夜妖。劉歆認為《春秋》到朔日就說朔日，到晦日即言晦日，人道所做不到的，那麼天就有巨雷震電之。展氏有眾所不知的惡念，所以上天加懲罰給他的祖先夷伯的廟在譴責警告他。

9 成公十六年「六月甲午月末日，晉侯和楚子、鄭伯戰於鄢陵」。都是那個月的晦日。

10 隱公五年「秋天，發生了螟蟲災害」。董仲舒、劉向認為當時隱公在魯國棠地觀看漁人陳設漁具捕魚，這是貪利的應驗。劉歆認為又違背了臧釐伯的規勸，貪利而昏昧，所以產生了裸蟲之孽。

11 八年「九月，發生螟蟲之災」。當時鄭伯將要用邴邑來換取許田，有貪圖利益之心。京房《易傳》說：「臣子安於祿位這叫做貪，其引起的就是蟲災，蟲吃禾苗的根。德行變化無常這就叫煩，蟲吃禾苗的葉。不黜退那些沒有德行的人，蟲就吃掉禾苗的根本。與春耕生產爭時間，就會失掉農時，蟲就吃掉禾苗的節。邪惡之人遮蔽了君上的明察，就發生災孽，蟲就吃掉禾苗的心。」

12 莊公六年「秋天，發生螟蟲之災」。董仲舒、劉向認為，此前衛侯朔逃奔到齊國，齊侯會合諸侯送衛侯朔回國，許諾給各諸侯國賄賂。齊國把伐衛所得之寶物送給魯國，魯國接受了它，螟災就是貪利的應驗。

13 文帝後六年秋天，發生螟蟲之災。這一年，匈奴大規模地入侵上郡、雲中，警戒的烽火一直到達長安，派遣三位將軍駐守邊境，三位將軍駐守京師。

14 宣公三年，「郊祀用的牛口有傷，改卜另一頭牛，結果這頭牛死了」。劉向認為這事近於牛禍。當時宣公和公子遂陰謀共同殺死子赤而自己即位，又在文公服喪期間而娶妻，愚昧昏亂。亂成於口，多虧有季文子才得免於禍患。天也厭惡他，生著的時候不享受他的祭祀，死時就燒毀他的祠廟。董仲舒的見解與此大致相同。

15 秦孝文王五年，秦王出遊朐衍，有人獻上一頭有五隻足的牛。劉向認為此近於牛禍。在這以前，秦惠文王定都咸陽，擴大宮室，南臨渭河，北依涇水，思考問題有差失，違背了土氣。足就是止，告誡秦王擴建宮室過於奢侈豪華，將導致危亡，但秦王竟堅持不改，以至於離宮營建了三百多座，又再修建規模更大的阿房宮，宮未成而秦朝滅亡。一種說法是，牛憑藉力氣為人所用，足是用來走路的。這之後秦大肆運用民力從事轉輸運送，自背海之地直到北方邊境，於是招致天下人民的反叛。京房《易傳》說：「興發繇役，奪取民時，其應驗是妖牛生五足。」

16 景帝中六年，梁孝王在北山打獵，有人獻上一隻牛，背上長著一隻足。劉向認為此近於牛禍。在此之前，梁孝王驕橫奢侈，修建苑囿範圍廣至三百里，宮館閣道相連屬三十餘里。採納奸邪之臣羊勝的計謀，想求做漢朝的繼承人，刺殺了議臣爰盎，事件被揭發後，背著斧鉞自請接受死刑。免死退歸封地後，還懷有恨心，內則思慮昏昧，外則土木建築超越制度規定，所以有牛禍出現。足在牛背上長出，是下干於上的象徵。但仍然不能自悟，終於得病暴死，這又是凶、短之惡果。

17 《左氏傳》記昭公二十一年春季，周景王將要鑄造無射鐘，泠州鳩說：「大王大概將要患心臟病死去吧！天子省察風俗來創作音樂，小的音不細小，大的音不洪大。粗大的音響使人難容，心因此而會受到影響，心受到影響必然會產生疾病。今天鐘聲洪大，大王之心不能忍受，還能長久嗎？」劉向認為當時周景王喜好淫亂之聲，嫡子、庶子分不清，思想昏昧混亂，第二年因心病而去世，這近於心腹之病，沒有到成年便去世，這是凶、短的後果。

18 昭公二十五年春天，魯國的叔孫昭子到宋國去訪問，宋元公與他宴飲作樂，說話間兩人相對而泣。樂祁當時在佐酒，告訴別人說：「今年國君和叔孫都會死去吧！我聽說，可樂而反哀，可哀而反樂，都是喪失心神的表現。心的神明，就是魂魄；魂魄丟了，怎麼能活得長久？」這年冬天十月，叔孫昭子死了；十一月宋元公也死了。

19 昭帝元鳳元年九月，燕國有黃鼠銜著自己的尾巴在王宮的正門中舞躍，燕王前去觀察，鼠跳躍如舊。燕王派人用酒和乾肉去禱祭，黃鼠仍不停地在舞躍，到晚上黃鼠死去。這是黃祥。當時燕刺王旦謀反將要失敗，這是死亡的象徵。當月，謀反之事被發覺伏罪。京房《易傳》說：「誅殺而不推究事情的原委，其妖鼠便舞於宮殿的正門。」

20 成帝建始元年四月初八辛丑日晚上，西北方向好像有火光。四月初九壬寅日早晨，大風從西北颳起，雲氣全成紅黃顏色，四面充塞天空底下，從早晨到夜晚落到地面上的全是黃土。這一年，成帝大舅父大司馬大將軍王鳳開始執掌政事；又封王鳳同母弟王崇為安成侯，食邑萬戶；庶弟王譚等五人賜爵關內侯，食邑三千戶。再次增加王鳳封戶五千戶，盡封王譚等為列侯，這就是所謂的五侯。哀帝即位，封外戚丁氏、傅氏、周氏、鄭氏凡六人為列侯。楊宣對奏說：「五侯受封之日，天氣赤黃，丁、傅又是一樣。這大概是封爵賜地超過制度，傷亂土氣的徵兆。」京房《易傳》上說：「經文上說『觀其生』，是說大臣的責任與道義，應當觀察賢人，了解其性格與品行，推舉而獻之於朝廷，否則就是聽到賢人而不推薦，這就叫做不知道，便出現黃色的妖異，使其成為聾子，其引來的災禍是沒有繼承者。黃者，是太陽上的黃光不散像火一樣，有黃濁之氣充塞四面天下。遮蔽賢人，斷絕道義，所以災異至於斷絕後代。經上說『良馬逐』。逐就是進的意思，是說大臣得到賢者的謀策，就應當要顯揚並推薦這個人，不然就是下臣排擠善良，這就叫做盜取賢明，其災禍也是沒有繼承者，甚至於自身被殺，其家絕滅。」

21 史書記載，周幽王二年，西周境內的三條河流都發生了地震。劉向認為這是金氣、木氣、水氣、火氣傷害了土氣。伯陽甫說：「西周將要亡國了！天地之氣不能超過它們固有的秩序；如果超過了固有的秩序，百姓就要動亂了。陽氣被迫伏而不能出來，陰氣壓迫使它不能上升，於是就會有地震。現在三川確實發生了地震，這是陽氣失去了通道被陰氣所鎮而不能出升。陽失其道而為陰氣所鎮，源泉必定被堵塞；源泉被堵塞，國家必定會滅亡。水的功能是潤土而為民所用；土沒有水來潤澤，那麼人民就缺乏財用，國家不亡還等待什麼？歷史上伊水與雒水枯竭而夏朝滅亡，黃河枯竭而商朝滅亡，如今周朝的德運已像夏商二代的末年，其源泉又被堵塞，堵塞必然枯竭；河流枯竭，山岳一定會崩塌。國家必須依靠山河，山岳崩塌，河流枯竭，這是國家滅亡的象徵。如果國家滅亡，不會超過十年，這是氣數的法則。」

22 這一年，三條河流枯竭，岐山崩塌。劉向認為陽失其道而為陰氣所鎮，是說火氣把水氣煎熬枯竭了，所以河流枯竭。山與河流是連在一起的整體，下面枯竭，上面崩塌，這是事勢所迫。當時周幽王暴虐無道，胡亂征伐誅殺，不聽別人勸諫，沉迷於褒姒，廢掉他的嫡正王后，廢王后之父申侯聯合犬戎共同攻殺幽王。一種說法是，這在天文上，水為辰星，辰星代表了蠻夷族。月亮吃掉辰星，國家會因女色而亡。幽王的失敗，是因為有女子在他的國內作亂，蠻夷又在外進攻。京房《易傳》說：「君臣相違背，其異象是有名的河流枯竭。」

23 文公九年「九月癸酉日，地震」。劉向認為在這以前，齊桓公、晉文公、魯釐公二位霸主和一位賢君剛剛死亡，周襄王失去為君之道，楚穆王殺了他的父親，諸侯都不走正道，權力落到臣下手中，上天警告好像說，如果臣下強大將造成禍害。後來宋國、魯國、晉國、莒國、鄭國、陳國、齊國都殺死了他們的君主，眾多的地震，大略都像董仲舒所說的。京房《易傳》說：「臣下事君雖然都有正道，專斷卻一定地震，這個地震，在水則生波濤，在樹木就會搖動，在房屋就會使瓦震落。常法敗壞，這叫做陰氣動，其地震搖動處理政事的宮殿。大法搖動政事，這就叫做不陰，其地震搖動山岳，山岳搖動則水湧出。繼位的嗣子沒有德行而專擅祿位，這就叫做不順，這地震動搖丘陵，洪水湧出。」

24 襄公十六年「五月十三甲子日，地震」。劉向認為在此之前有雞澤會盟，諸侯會盟，大夫又會盟。這一年三月，諸侯又在溴梁會盟，而大夫卻單獨會盟，五月就發生地震了。在這之後，崔氏獨攬了齊國的政權，欒盈叛亂於晉，良霄顛覆了鄭國，守門的人殺死了吳子，莒國人趕走了國君，楚國滅亡了陳國、蔡國。

25 昭公十九年「五月十六己卯日，地震」。劉向認為當時季氏將要發動驅逐國君的政變。在這之後宋國的三個臣子，曹國的曹會都以其封地叛亂，蔡國人、莒國人驅逐了他們的國君，吳國打敗了中原諸國，殺死兩位國君。

26 昭公二十三年「八月二十六乙未日，地震」。劉向認為這時周景王逝世，劉、單擁立王子猛，尹氏立王子朝。這以後季氏驅逐昭公，黑肱反叛邾國，吳國人殺死他們的國君僚，宋國有五個大夫、晉國有二個大夫據地反叛。

27 哀公三年「四月初一甲午日，地震」。劉向認為當時諸侯都相信奸臣，而不能信用仲尼，強盜射殺了蔡昭侯，齊國的陳乞殺死了他的國君。

28 惠帝二年正月，隴西發生地震，壓壞四百餘家。武帝征和二年八月二十癸亥日，發生地震，壓死了人。宣帝本始四年四月二十九壬寅日，河南以東四十九郡發生地震，北海郡、琅邪郡都震壞了祖宗祠廟和城郭，死了六千多人。元帝永光三年冬天，發生地震。綏和二年九月二十一丙辰日發生地震，從京城到北邊三十多個郡國毀壞城郭，共死了四百一十五人。

29 釐公十四年「秋季八月辛卯日，沙麓崩塌」。《穀梁傳》說：「林和山相連屬叫做麓，沙是它的名字。」劉向認為這是臣下背叛，離散而不奉事君上的象徵。在這之前，齊桓公推行霸道，會盟諸侯，侍奉周室。管仲死後，齊桓公原先的道德已日漸衰微，天警告好像是說，霸道將要廢弛，諸侯離散，政事已落到大夫手中，陪臣執掌政令，臣下不再奉事君上了。桓公不醒悟，天子被蒙蔽而昏暗。齊桓公死後，諸侯離散而追隨楚國。王札子殺了兩位大夫，晉國打敗了天子的軍隊，沒有人能夠征討，周王室從此就衰落了。《公羊》認為沙麓是黃河邊上的城邑。董仲舒的說法與此大致相同。一種說法是，黃河是大川的象徵；齊是大國；齊桓公德行衰徵，霸道將要轉移到晉文公，所以黃河因此也要改道。《左氏》認為沙麓是晉國的一個地方；沙是山名；地震而沙麓崩，不寫作地震，是舉其重者而言。伯陽甫所說「國家必須依靠山川，山崩川竭，這是國家滅亡的象徵；不超過十年，是氣數的法則」。到二十四年，晉懷公被殺死在高梁。京房《易傳》說：「小人剝取薺菜來充飢，其妖異就是山崩，這就是所謂陰氣乘陽氣，弱者勝強者。」

30 成公五年「夏天，梁山崩塌」。《穀梁傳》上說，黃河被堵塞三天不流，晉國國君率領群臣為此而哭泣，河才開始流。劉向認為，山代表了陽氣，是君的象徵，水代表陰氣，是民的象徵，天的警告好像是說，君道崩壞，在下的臣子作亂，老百姓將失去安身之所。哭然後河水才流，這是喪亡的象徵。梁山在晉國境內，從晉國開始這種情況就遍及天下了。此後晉國殘暴地殺死了三卿，而厲公也被殺死。溴梁之會盟，各國的大夫都執掌了各國的政務，此後孫林父、甯殖趕走衛獻公，魯國大夫孟孫氏、季孫氏、叔孫氏三家驅逐了魯昭公，單氏、尹氏擾亂了周王室。董仲舒的說法與此大略相同。劉歆認為，梁山是晉國望祭的對象；崩，是漸漸崩潰的象徵。上古三代主持祭祀，祭祀不超過望，吉凶禍福，不超過這個界限。山川是國家的根本，山崩潰，川流枯竭，是國家滅亡的象徵，美惡的循環必定反覆。這一年歲星在鶉火之次，到十七年又在鶉火，欒書、中行偃殺厲公而擁立悼公。

31 高后二年正月，武都發生山崩，壓殺七百六十人，地震一直到八月才停止。文帝元年四月，齊、楚兩地的山有二十九處同時湧發大水，潰決而出，劉向認為這近於水氣傷害土氣。上天警告好像是說，不要使齊楚兩國的國君強盛，現在失去了制度，將要發生動亂。過後十六年，皇帝的庶兄齊悼惠王的孫子文王劉則去世，沒有兒子，皇帝劃分齊國為六，立悼惠王庶子六個人都為王。賈誼和鼂錯上諫，認為這種做法違犯古制，恐怕要造成動亂。到景帝三年，齊、楚七國起兵百餘萬，漢朝把他們全都打敗了。春秋時四國同日受災，漢朝時七國之眾山同日潰塌，都受到它的損害，這是不畏懼天威的明顯應驗。

32 成帝河平三年二月二十七丙戌日，犍為郡的柏江山崩塌，捐江的山也崩塌，都壅塞了江水，江水倒流而毀壞城郭，淹死十三人，地震達二十一天，震動了一百二十四次。元延三年正月初十丙寅日，蜀郡岷山崩塌，壅塞了江水，江水倒流，三天之後才通流。劉向認為西周時岐山崩塌，三條河流枯竭，而周幽王滅亡。岐山，這是周人興起的地方。漢朝本來興起於蜀漢，現在所興起的地方發生山崩河流枯竭的事，星孛又長及攝提、大角二星，且從參星一直到達辰星，漢朝大概是快要滅亡了。後來三世帝王都沒有後代，王莽篡奪了皇位。

1 傳曰：「皇之不極，是謂不建，厥咎眊❶，厥罰恆陰，厥極弱。時則有射妖，時則有龍蛇之孽，時則有馬禍，時則有下人伐上之痾，時則有日月亂行，星辰逆行。」

2 「皇之不極，是謂不建」。皇，君也；極，中❷；建，立也。人君貌言視聽思心五事皆失，不得其中，則不能立萬事，失在眊悖❸，故其咎眊也。王者自下承天理物。雲起於山，而彌❹於天；天氣亂，故其罰常陰也。一曰，上失中，則下彊盛而蔽君明也。易曰「亢龍有悔，貴而亡位，高而亡民，賢人在下位而亡輔」❺，如此，則君有南面之尊，而亡一人之助，故其極弱也。盛陽動進輕疾❻。禮，春而大射，以順陽氣。上微弱則下奮動，故有射妖。易曰「雲從龍❼」，又曰「龍蛇之蟄，以存身也❽」。陰氣動，故有龍蛇之孽。於易，乾為君為馬，馬任用而彊力，君氣毀，故有馬禍。一曰，馬多死及為怪，亦是也。君亂且弱，人之所叛，天之所去，不有明王之誅，則有篡弒之禍，故有下人伐上之痾。凡君道傷者病天氣，不言五行沴天，而曰「日月亂行，星辰逆行」者，為若下不敢沴天，猶春秋曰「王師敗績于貿戎」，不言敗之者，以自敗為文，尊尊之意也。劉歆皇極傳曰有下體生上之痾。說以為下人伐上，天誅已成，不得復為痾云。皇極之常陰，劉向以為春秋亡其應。一曰，久陰不雨是也。劉歆以為自屬常陰。

3 昭帝元平元年❾四月崩，亡嗣，立昌邑王賀。賀即位，天陰，晝夜不見日月。賀欲出，光祿大夫夏侯勝當❿車諫曰：「天久陰而不雨，臣下有謀上者，陛下欲何之？」賀怒，縛勝以屬⓫吏，吏白⓬大將軍霍光。光時與車騎將軍張安世⓭謀欲廢賀。光讓⓮安世，以為泄語，安世實不泄，召問勝。勝上洪範五行傳曰：『皇之不極，厥罰常陰，時則有下人伐上』。不敢察察⓯言，故云臣下有謀。」光、安世讀之，大驚，以此益重經術士。後數日卒共廢賀，此常陰之明效也。京房易傳曰：「有蜺、蒙⓰、霧。霧，上下合也。蒙如塵雲，蜺，日旁氣也。其占曰，后妃有專，蜺再重，赤而專⓱，至衝⓲旱。妻不壹順，黑蜺四背⓳，又白蜺雙出日中。妻以貴高夫，茲謂擅陽，蜺四方，日光不陽⓴，解而溫㉑。內取茲謂禽㉒，蜺如禽，在日旁。以尊降妃，茲謂薄嗣，蜺直而塞，六辰㉓迺除，夜星見而赤。女不變始㉔，茲謂乘夫㉕，蜺白在日側，黑蜺果㉖之，氣正直。妻不順正，茲謂擅陽，蜺中窺貫而外專。夫妻不嚴茲謂媟㉗，蜺與日會。婦人擅國茲謂頃㉘，蜺白貫日中，赤蜺四背。適不答㉙茲謂不次，蜺直在左，蜺交在右。取於不專，茲謂危嗣，蜺抱日兩未及。君淫外茲謂亡，蜺氣左日交於外。取不達茲謂不知㉚，蜺白奪明而大溫，溫而雨。尊卑不別茲謂媟，蜺三出三已，三辰㉛除，除則日出且雨。臣私祿及親，茲謂罔辟㉜，厥異蒙，其蒙先大溫，已蒙起，日不見。行善不請於上，茲謂作福，蒙一日五起五解。辟不下謀，臣辟異道，茲謂不見，上蒙下霧，風三變而俱解。立嗣子㉝疑，茲謂動欲，蒙赤，日不明。德不序茲謂不聰，蒙，日不明，溫而民病。德不試㉞，空言祿，茲謂主窳臣夭㉟，蒙起而白。君樂逸人茲謂放，蒙，日青，黑雲夾日，左右前後行過日。公不任職，茲謂怙祿，蒙三日，又大風五日，蒙不解。利邪以食，茲謂閉上，蒙大起，白雲如山行蔽日。公懼㊱不言道，茲謂閉下，蒙大起，日不見，若雨不雨，至十二日解，而有大雲蔽日。祿生於下，茲謂誣君，蒙微而小雨，已乃大雨。下相攘善，茲謂盜明，蒙黃濁。下陳功，求於上，茲謂不知，蒙微而赤，風鳴條，解復蒙。下專刑茲謂分威，蒙而日不得明。大臣厭㊲小臣茲謂蔽，蒙微，日不明，若解不解，大風發，赤雲起而蔽日。眾不惡惡㊳茲謂閉，蒙，尊卦㊴用事，三日而起，日不見。漏言亡喜，茲謂下厝㊵用，蒙微，日無光，有雨雲，雨不降。廢忠惑佞茲謂亡，蒙，天先清而暴，蒙微而日不明。有逸民茲謂不明，蒙濁，奪日光。公不任職，茲謂不絀㊶，蒙白，三辰止，則日青，青而寒，寒必雨。忠臣進善君不試，茲謂遏，蒙，先小雨，雨已蒙起，微而日不明。惑眾在位，茲謂覆國，蒙微而日不明，一溫一寒，風揚塵。知佞厚之茲謂庳㊷，蒙甚而溫。君臣故弼茲謂悖㊸，厥災風雨霧，風拔木，亂五穀，已而大霧。庶正㊹蔽惡，茲謂生孽災，厥異霧。」此皆陰雲之類云。

4 嚴公十八年㊺「秋，有蜮㊻」。劉向以為蜮生南越。越地多婦人，男女同川，淫女為主，亂氣所生，故聖人名之曰蜮。蜮猶惑也，在水旁，能射人，射人有處，甚者至死。南方謂之短弧，近射妖，死亡之象也。時嚴將取齊之淫女，故蜮至。天戒若曰，勿娶齊女，將生淫惑篡弒之禍。嚴不寤，遂取之。入後淫於二叔，二叔以死，兩子見弒，夫人亦誅。劉歆以為蜮，盛暑所生，非自越來也。京房易傳曰：「忠臣進善君不試，厥咎國生蜮。」

5 史記魯哀公時，有隼集于陳廷㊼而死，楛矢㊽貫之，石砮㊾，長尺有咫㊿。陳閔公使使(51)問仲尼，仲尼曰：「隼之來遠矣！昔武王克商，通道百蠻(52)，使各以方物(53)來貢，肅慎(54)貢楛矢，石砮長尺有咫。先王分異姓以遠方職，使毋忘服(55)，故分陳以肅慎矢。」試求之故府[56]，果得之。劉向以為隼近黑祥，貪暴類也；矢貫之，近射妖也；死於廷，國亡表也。象陳眊亂，不服事周，而行貪暴，將致遠夷之禍，為所滅也。是時中國齊晉、南夷吳楚為彊，陳交晉不親，附楚不固，數被二國之禍。後楚有白公之亂[57]，陳乘而侵之，卒為楚所滅。

6 史記夏后氏之衰，有二龍止於夏廷，而言「余，褒[58]之二君也」。夏帝卜，殺之，去之[59]，止之[60]，莫吉；卜請其漦[61]而藏之，乃吉。於是布幣策告[62]之。龍亡而漦在，乃匵[63]去之。其後夏亡，傳匵於殷周，三代莫發。至厲王末，發而觀之，漦流于廷，不可除也。厲王使婦人贏而譟[64]之，漦化為玄黿[65]，入後宮。處妾[66]遇之而孕，生子，懼而棄之。宣王立，女童謠曰：「檿弧[67]萁服[68]，實亡周國。」後有夫婦鬻[69]是器者，宣王使執而僇之。既去，見處妾所棄妖子，聞其夜號，哀而收之，遂亡奔褒。後褒人有罪，入妖子以贖，是為褒姒，幽王見而愛之，生子伯服。王廢申后及太子宜咎，而立褒姒、伯服代之。廢后之父申侯與繒[70]西畎戎[71]共攻殺幽王。詩曰：「赫赫宗周，褒姒烕之。」[72]劉向以為夏后季世，周之幽、厲，皆誖亂逆天，故有龍黿之怪，近龍蛇孽也。漦，血也，一曰沫也。檿弧，桑弓也。萁服，蓋以萁草為箭服，近射妖也。女童謠者，禍將生於女，國以兵寇[73]

亡也。

7 左氏傳昭公十九年[74]，龍鬬於鄭時門[75]之外洧淵[76]。劉向以為近龍孽也。鄭以小國攝[77]乎晉楚之間，重[78]以彊吳，鄭當其衝，不能修德，將鬬三國，以自危亡。是時子產任政，內惠於民，外善辭令，以交三國，鄭卒亡患，能以德消變之效也。京房易傳曰：「眾心不安，厥妖龍鬬。」

8 惠帝二年[79]正月癸酉旦，有兩龍見於蘭陵廷東里溫陵[80]井中，至乙亥夜去。劉向以為龍貴象而困於庶人井中，象諸侯將有幽執[81]之禍。其後呂太后幽殺三趙王[82]，諸呂亦終誅滅。京房易傳曰：「有德遭害，厥妖龍見井中。」又曰：「行刑暴惡，黑龍從井出。」

9 左氏傳魯嚴公時有內蛇與外蛇鬬鄭南門中，內蛇死。劉向以為近蛇孽也。先是鄭厲公劫相祭仲[83]而逐兄昭公代立。後厲公出奔，昭公復入[84]。死，弟子儀代立[85]。厲公自外劫大夫傅瑕[86]，使僇子儀[87]。此外蛇殺內蛇之象也。蛇死六年，而厲公立。嚴公聞之，問申繻[88]曰：「猶[89]有妖乎？」對曰：「人[90]之所忌[91]，其氣炎[92]以取之，妖由人興也。人亡舋[93]焉，妖不自作。人棄常[94]，故有妖。」京房易傳曰：「立嗣子疑，厥妖蛇居國門鬬。」

10 左氏傳文公十六年[95]夏，有蛇自泉宮[96]出，入于國，如先君之數[97]。劉向以為近蛇孽也。泉宮在囿中，公母姜氏嘗居之，蛇從之出，象宮將不居也。詩曰：「維虺維蛇，女子之祥。」[98]又蛇入國，國將有女憂也。如先君之數者，公母將薨象也。秋，公母薨。公惡之，乃毀泉臺。夫妖孽應行而自見，非見而為害也。文不改行循正，共[99]御厥罰，而作非禮，以重其過。後二年薨，公子遂殺文之二子惡、視，而立宣公。文公夫人大歸于齊[100]。

11 武帝太始四年七月，趙有蛇從郭外入，與邑中蛇鬭孝文廟下，邑中蛇死。後二年秋，有衛太子事，事自趙人江充起。

12 左氏傳定公十年[101]，宋公子地有白馬駟[102]，公嬖向魋[103]欲之，公取而朱其尾鬣[104]以予之。地怒，使其徒抶[105]魋而奪之。魋懼將走，公閉門而泣之，目盡腫。公弟辰謂地曰：「子為君禮，不過出竟，君必止子[106]。」地出奔陳，公弗止。辰為之請，不聽。辰曰：「是我迋[107]吾兄也，吾以國人出，君誰與處？」遂與其徒出奔陳。明年俱入于蕭[108]以叛，大為宋患，近馬禍也。

13 史記秦孝公二十一年[109]有馬生人，昭王二十年[110]牡馬[111]生子而死。劉向以為皆馬禍也。孝公始用商君[112]攻守之法，東侵諸侯，至於昭王，用兵彌烈[113]。其象將以兵革抗極成功，而還自害也。牡馬非生類，妄生而死，猶秦恃力彊得天下，而還自滅之象也。一曰，諸畜生非其類，子孫必有非其姓者，至於始皇，果呂不韋子[114]。京房易傳曰：「方伯分威，厥妖牡馬生子。亡天子[115]，諸侯相伐，厥妖馬生人。」

14 文帝十二年[116]，有馬生角於吳[117]，角在耳前，上鄉。右角長三寸，左角長二寸，皆大二寸。劉向以為馬不當生角，猶吳不當舉兵鄉上也。是時，吳王濞[118]封有四郡[119]五十餘城，內懷驕恣，變見於外，天戒早矣。王不寤，後卒舉兵，誅滅。京房易傳曰：「臣易上，政不順，厥妖馬生角，茲謂賢士不足。」又曰：「天子親伐，馬生角。」

15 成帝綏和二年[120]二月，大廄馬生角，在左耳前，圍長各二寸。是時王莽為大司馬，害上之萌自此始矣。哀帝建平二年[121]，定襄[122]牡馬生駒，三足，隨群飲食，太守以聞。馬，國之武用，三足，不任用之象也。後侍中董賢[123]年二十二為大司馬，居上公之位，天下不宗。哀帝暴崩，成帝母王太后[124]召弟子新都侯王莽入，收賢印綬，賢恐，自殺，莽因代之，並誅外家丁、傅[125]。又廢哀帝傅皇后，令自殺，發掘帝祖母傅太后、母丁太后陵，更以庶人葬之。辜及至尊，大臣微弱之禍也。

16 文公十一年[126]，「敗狄于鹹[127]」。穀梁、公羊傳曰，長狄兄弟三人，一者之魯[128]，一者之齊[129]，一者之晉[130]。皆殺之，身橫九畝；斷其首而載之，眉見於軾[131]。何以書？記異也。劉向以為是時周室衰微，三國為大，可責者也。天戒若曰，不行禮義，大為夷狄之行，將至危亡。其後三國皆有篡弒之禍[132]，近下人伐上之痾也。劉歆以為人變，屬黃祥。一曰，屬嬴蟲之孽。一曰，天地之性人為貴，凡人為變，皆屬皇極下人伐上之痾云。京房易傳曰：「君暴亂，疾有道，厥妖長狄入國。」又曰：「豐其屋，下獨苦。長狄生，世主虜[133]。」

17 史記秦始皇帝二十六年[134]，有大人長五丈，足履六尺，皆夷狄服，凡十二人見于臨洮[135]。天戒若曰，勿大為夷狄之行，將受其禍。是歲始皇初并六國，反喜以為瑞，銷天下兵器，作金人十二以象之。遂自賢聖，燔詩書，阬儒士；奢淫暴虐，務欲廣地；南戍五嶺，北築長城以備胡越，塹山填谷，西起臨洮，東至遼東[136]，徑數千里。故大人見於臨洮，明禍亂之起。後十四年而秦亡，亡自戍卒陳勝[137]發。

18 史記魏襄王十三年[138]，魏有女子化為丈夫。京房易傳曰：「女子化為丈夫，茲謂陰昌，賤人為王；丈夫化為女子，茲謂陰勝，厥咎亡。」一曰，男化為女，宮刑濫也；女化為男，婦政行也。

19 哀帝建平中[139]，豫章[140]有男子化為女子，嫁為人婦，生一子。長安陳鳳言此陽變為陰，將亡繼嗣，自相生之象。一曰，嫁為人婦生一子者，將復一世乃絕。

20 哀帝建平四年[141]四月，山陽方與女子田無嗇生子[142]。先未生二月，兒嗁腹中，及生，不舉，葬之陌上，三日，人過聞嗁聲，母掘收養。

21 平帝元始元年[143]二月，朔方廣牧[144]女子趙春病死，斂棺積六日，出在棺外，自言見夫死父[145]，曰：「年二十七，不當死。」太守譚以聞。京房易傳曰：『幹父之蠱，有子，考亡咎』[146]。子三年不改父道，思慕不皇[147]，亦重[148]見先人之非，不則為私，厥妖人死復生。」一曰，至陰為陽，下人為上。

22 六月，長安女子有生兒，兩頭異頸面相鄉，四臂共匈俱前鄉，尻[149]上有目長二寸所。京房易傳曰：『睽孤，見豕負塗』[150]，厥妖人生兩頭。下相攘善，妖亦同。人若六畜首目在下，茲謂亡上，正將變更。凡妖之作，以譴失正，各象其類。二首，下不壹[151]也；足多[152]，所任邪也；足少，下不勝任，或不任下也。凡下體生於上，不敬也；上體生於下，媟瀆也；生非其類，淫亂也；人生而大，上速成也；生而能言，好虛也。群妖推此類，不改乃成凶也。」

23 景帝二年[153]九月，膠東下密[154]人年七十餘，生角，角有毛。時膠東、膠西、濟南、齊四王有舉兵反謀，謀由吳王濞起，連楚、趙，凡七國。下密，縣居四齊[155]之中；角，兵象，上鄉者也；老人，吳王象也；年七十，七國象也。天戒若曰，人不當生角，猶諸侯不當舉兵以鄉京師也；禍從老人生，七國俱敗云。諸侯不寤，明年吳王先起，諸侯從之，七國俱滅。京房易傳曰：「冢宰[156]專政，厥妖人生角。」

24 成帝建始三年十月[157]丁未，京師相驚，言大水至。渭水虒上[158]小女陳持弓年九歲，走入橫城門[159]，入未央宮尚方掖門[160]，殿門門衛戶者[161]莫見，至句盾[162]禁中而覺得。民以水相驚者，陰氣盛也。小女而入宮殿中者，下人將因女寵而居有宮室之象也。名曰持弓，有似周家檿弧之祥。易曰：「弧矢之利，以威天下。」[163]是時，帝母王太后弟鳳始為上將，秉國政，天知其後將威天下而入宮室，故象先見也。其後，王氏兄弟父子五侯秉權，至莽卒篡天下，蓋陳氏之後云。京房易傳曰：「妖言動眾，茲謂不信，路將亡人，司馬[164]死。」

25 成帝綏和二年八月庚申[165]，鄭通里[166]男子王襃衣絳衣小冠，帶劍入北司馬門[167]殿東門，上前殿，入非常室[168]中，解帷組[169]結佩之，招前殿署長業等曰：「天帝令我居此。」業等收縛考問[170]，襃故公車大誰[171]卒，病狂易[172]，不自知入宮狀，下獄死。是時王莽為大司馬，哀帝即位，莽乞骸骨就第，天知其必不退，故因是而見象也。姓名章服[173]甚明，徑上前殿路寢[174]，入室取組而佩之，稱天帝命，然時人莫察。後莽就國，天下冤之，哀帝徵莽還京師。明年帝崩，莽復為大司馬，因是而篡國。

26 哀帝建平四年[175]正月，民驚走，持稾或棷[176]一枚，傳相付與，曰行詔籌。道中相過逢多至千數，或被髮徒踐[177]，或夜折關[178]，或踰牆入，或乘車騎[179]奔馳，以置驛傳行[180]，經歷郡國二十六，至京師。其夏，京師郡國民聚會里巷阡陌[181]，設祭張博具[182]，歌舞祠西王母。又傳書曰：「母告百姓，佩此書者不死。不信我言，視門樞[183]下，當有白髮。」至秋止。是時帝祖母傅太后驕，與[184]政事，故杜鄴[185]對曰：「春秋災異，以指象為言語。籌，所以紀數。民，陰，水類也。水以東流為順走，而西行，反類逆上。象數度放溢，妄以相予，違忤民心之應也。西王母，婦人之稱。博弈，男子之事。於街巷阡陌，明離闑[186]內，與疆外。臨事盤樂[187]，炕陽之意。白髮，衰年之象，體尊性弱，難理易亂。門，人之所由；樞，其要也。居人之所由，制持其要也，其明甚著[188]。今外家丁、傅並侍帷幄[189]，布於列位，有罪惡者不坐辜罰，亡功能者畢受官爵。皇甫[190]、三桓，詩人所刺，春秋所譏，亡以甚此。指象昭昭，以覺聖朝，柰何不應！」後哀帝崩，成帝母王太后臨朝，王莽為大司馬，誅滅丁、傅。一曰丁、傅所亂者小，此異乃王太后、莽之應云。

【章　旨】以上記錄因皇權不強固，權臣當政等，而引起的所謂射妖、龍蛇之孽、馬禍等災異，及其史事徵驗。

【注　釋】❶眊　昏昧；惑亂。❷中　標準；原則；準則。❸悖　昏亂；惑亂。❹彌　滿；布滿。❺易曰四句　引文見《易・乾》上九文言。意謂陽極於上，動必有悔，比喻處在高危的地位。❻輕疾　輕快；迅速。❼雲從龍　引文見《易・乾》九五文言。意為同聲相應，雲跟從龍。❽龍蛇之蟄二句　引文見《易・繫辭下》。意謂龍蛇的蟄伏，用來保存身體。蟄，昆蟲伏藏。❾昭帝元平元年　西元前七四年。❿當　通「擋」。阻擋。⓫屬　交託；交付。⓬白　告知；報告。⓭張安世　本書卷五十九有傳。⓮讓　責問；責備。⓯察察　辨明；分析明白。⓰蜺蒙　蜺，副虹。大氣中有時跟虹同時出現的一種光的現象，形成的原因和虹相同。只是光線在水珠中的反射比形成虹時多了一次，彩帶排列的順序和虹相反，紅色在內，紫色在外，顏色比虹淡。有時又統指虹霓。蒙，雲氣。即大氣中因有懸浮煙、塵等呈現出的藍色、黃色等天氣現象。⓱專　通「團」。圓也。⓲衝　即「沖」。星相數術家謂相忌相克。如子午相沖、乙未相沖等。⓳四背　四面背日。⓴陽　明亮。㉑解而溫　霓氣散開，出現溫暖。㉒內取茲謂禽　取，通「娶」。禽，迷亂，亦指禽獸。㉓六辰　指從卯至申這個時段，包括了卯、辰、巳、午、未、申。㉔女不變始　指女子的身分地位高於丈夫，終行此而不變。㉕乘夫　侵犯丈夫。乘，欺凌；侵犯。㉖果　以楊樹達說，當讀為「裹」。㉗不嚴茲謂媟　嚴，尊敬。媟，狎慢；不恭敬。㉘頃　通「傾」。傾覆。㉙適不答　適，通「嫡」。正妻。答，報也，或曰答，對也。㉚取不達茲謂不知　取，通「娶」。知，通「智」。㉛三辰　謂三個時段，從寅至辰。㉜罔辟　罔，欺騙。辟，君主。㉝嗣子　繼承人。㉞試　任用。㉟主窳臣夭　窳，愚劣。夭，屈抑。㊱懼　疑作「拒」。聲近而訛。㊲厭　通「壓」。㊳惡惡　憎恨邪惡。㊴尊卦　有二說，一說指〈乾〉、〈坤〉二卦，一說指方伯卦，即〈震〉、〈坎〉、〈兌〉、〈離〉等卦。㊵厝　通「錯」。錯用。㊶絀　通「黜」。黜廢。㊷庳　即「痺」。痲痹。㊸故弼茲謂悖　弼，違逆；違背。悖，悖亂；惑亂。㊹庶正　眾官之長。㊺嚴公十八年　西元前六七六年。㊻蜮　即螣。一種食禾苗的害蟲。或說是古代傳說一種能含沙射人的動物。㊼隼集于陳廷　隼，鳥綱，隼科各種類的通稱。廷，殿廷。㊽楛矢　用楛木作箭桿的箭。㊾砮　石箭。鏃。㊿咫　古代長度名。周制八寸為咫。(51)使使　前使字為動詞，作「派遣」講。後使字為名詞，作「使者」講。(52)百蠻　指中原華夏族以外的周邊少數民族，百是總其成數而言。(53)方物　各方之特產。(54)肅慎　古代部族名稱。主要活動在今黑龍江和松花江流域。(55)服　服事。(56)故府　舊時的府庫。(57)白公之亂　白公，名勝，楚平王太子建之子。太子建因遭到讒言而逃奔鄭國而死，勝在吳，吳人伐慎，白公敗之，他請求不解除軍隊的武備，押送俘虜到郢都奉獻，得到允許，遂乘機作亂。(58)褒　古部落方國名。姒姓，在今陝西勉縣東北，漢中西北一帶。(59)去之　驅逐。(60)止之　拘留。(61)漦　涎沫。(62)布幣策告　意思是奠幣為禮，讀策告祭。布，陳列。幣，指幣帛之類。策，策辭。(63)匵　通「櫝」。木製的櫃子。(64)譟　譟有兩說，一說當吵鬧講；一說當作「澡」講，指婦人裸體而用龍漦洗澡。(65)玄黿　俗呼癩頭鱉。玄，黑色。黿，大鱉。(66)處妾　指後宮中的處女，也即童女。(67)檿弧　以山桑製成的弓。檿，木名。即山桑。弧，木弓。(68)萁服　以萁草編織的箭袋。萁，草名。似荻而細，可以織服。服，亦作「箙」。(69)鬻　賣；出賣。(70)繒　古國名。姒姓，傳說是夏禹的後代，歷史上有兩繒國，一在今河南方城，一在今山東棗莊東北。(71)畎戎　即犬戎，古代部族名。戎族的一支。(72)詩曰三句　引詩見《詩經・小雅・正月》。赫赫，顯盛貌。宗周，指西周首都鎬京。宗者，主也，鎬京為天下所宗，故稱宗周。威，通「滅」。(73)兵寇　戰爭；軍事侵略。(74)昭公十九年　西元前五二三年。(75)時門　鄭國城門名。(76)洧淵　潭名。洧水發源於陽城山（今河南登豐東北），流經密縣，至新鄭縣南，形成洧淵潭。(77)攝　夾處。(78)重　增加；益加。(79)惠帝二年　西元前一九三年。(80)蘭陵廷東里溫陵　蘭陵，漢縣名。在今山東蒼山縣西南。廷東里，里名。溫陵，人名。(81)幽執　執拘暗殺。(82)三趙王　趙隱王劉如意，趙幽王劉發，趙共王劉恢。(83)祭仲　祭封人仲足。鄭國國卿。鄭莊公去世，祭仲擁立昭公，桓公十一年，為宋人拘執，逼其改立厲公，昭公出奔衛國。(84)昭公復入　桓公十五年，鄭厲公與祭仲之婿雍糾相謀殺害祭仲，未果，厲公出奔蔡國，這一年六月，昭公復歸鄭國。(85)子儀代立　魯桓公十七年，高渠彌殺死昭公而立其弟子亹，一年後子亹被齊人殺死，祭仲又擁立子亹之弟子儀為君。(86)傅瑕　鄭大夫。(87)使僇子儀　莊公十四年，厲公侵鄭，俘傅瑕，逼其殺子儀而納厲公。(88)申繻　魯國大夫。(89)猶　通「由」。由於。(90)人　指子儀。(91)所忌　指厲公。(92)炎　通「焰」。火焰。(93)釁　嫌隙；事端。(94)常　指仁、義、禮、智、信五常。(95)文公十六年　西元前六一一年。(96)泉宮　魯國宮名。在郎（邑名，在曲阜南郊）。(97)如先君之數　是說蛇有十七條，合於十七位國君之數。先君，指魯文公之前的魯國，自伯禽至僖公，共十七位國君。(98)詩曰三句　引詩出於《詩經・小雅・斯干》。(99)共　通「恭」。(100)文公夫人大歸于齊　文公夫人，哀姜，齊女。大歸，婦女出嫁後，又歸於娘家稱大歸。(101)定公十年　西元前五〇

○年。[102]駟　量詞。馬四匹曰駟。[103]向魋　即宋國司馬桓魋。[104]朱其尾鬣　朱，紅色，這裡作動詞用，意為染紅。鬣，馬頸上的長毛。[105]抶　擊也。[106]子為君禮三句　謂你待君之禮，見君怒而逃出國境，君必定勸阻你。竟，通「境」。[107]迋　通「誑」。欺騙。[108]蕭　宋邑。在今安徽蕭縣西北。[109]秦孝公二十一年　西元前三四一年。[110]昭王二十年　西元前二八七年。[111]牡馬　公馬。[112]商君　姓公孫，名鞅。因封於商於之地又稱商鞅。[113]彌烈　彌，更加；愈來愈。烈，激烈；猛烈。[114]果呂不韋子　關於秦始皇為呂不韋子，見《史記・呂不韋列傳》。[115]亡天子　其上當有「上」字。[116]文帝十二年　西元前一六八年。[117]吳　西漢時的封國，吳王國。[118]吳王濞　本書卷三十五有其傳。[119]四郡　東陽郡，鄣郡，會稽郡，吳郡。[120]成帝綏和二年　西元前七年。[121]哀帝建平二年　西元前五年。[122]定襄　漢郡名。治成樂（今內蒙古和林格爾西北）。[123]董賢　本書卷九十三有傳。[124]王太后　元帝皇后王政君，王莽之姑。[125]誅外家丁傅　丁傅之家因外戚關係在哀帝朝盛極一時，丁氏封侯者凡二人，大司馬一人、將軍、九卿、二千石六人，侍中諸曹十餘人，傅妃之父晏封孔鄉侯，哀帝去世，王莽執政，二家俱敗。丁家，定陶丁姬之家，哀帝之母。傅家，定陶太后從弟子。[126]文公十一年　西元前六一六年。[127]敗狄于鹹　狄，古代部族名。鹹，魯國地名。[128]一者之魯　指僑如。伐魯時為叔孫得臣俘獲。[129]一者之齊　指榮如。齊襄公二年伐齊，為王子成父所獲。[130]一者之晉　指焚如。魯宣公十五年，晉滅潞而滅之。[131]軾　車前橫木。[132]三國皆有篡弒之禍　指魯國襄仲弒惡而立宣公；齊國連稱、管至父弒襄公而立無知；晉國欒書、中行偃弒厲公而立悼公。[133]豐其屋四句　引文見《易・豐卦》上六爻辭。豐，大也。[134]秦始皇帝二十六年　西元前二二一年。[135]臨洮　縣名。今甘肅臨洮。[136]遼東　郡名。治襄平（今遼寧遼陽）。[137]陳勝　本書卷三十一有其傳。[138]魏襄王十三年　西元前三四三年。[139]哀帝建平中　建平，哀帝年號（西元前六－前三年）。[140]豫章　漢郡名。治南昌（今江西南昌）。[141]哀帝建平四年　西元前三年。[142]山陽方與女子田無嗇生子　山陽，郡名。治昌邑（今山東金鄉西北）。方與，縣名。在今山東魚臺西稍北。田無嗇，田，姓。無嗇，人名。[143]平帝元始元年　西元一年。[144]朔方廣牧　朔方，漢郡名。治朔方（今內蒙古烏拉特前旗東南）。廣牧，縣名。在今內蒙古五原西南。[145]夫死父　丈夫已故的父親。[146]京房易傳曰四句　引文見《易・蠱卦》初六爻辭。意為繼承父親的事業。一說是能匡正父親之過失。[147]皇　通「遑」。閒暇；有暇。[148]重　猶「難」。[149]尻　同「尻」。脊背的尾端；臀部。[150]京房易傳曰三句　引文見《易・睽卦》上九象辭。睽孤，旅人孤單地走路。見豕負塗，看見豬背上都是泥。塗，泥。[151]下不壹　當作「上不壹」。王念孫說：「『下不一』當為『上不一』。人首在上，故上不專一，則人生二首，上文所謂各象其類也。今作『下』者，涉上下文諸『下』字而誤。」[152]足多　當作「手多」。王念孫說：「『足多』當為『手多』。此承上文『四臂共胸』而言，故曰手多。今作『足』者，亦涉下文足字而誤。《漢紀》作『手多，下僭濫也』。《開元占經・人占篇》引〈志〉作『手多，所任邪也』，是其證。」153景帝二年　西元前一五五年。154膠東下密　膠東，漢代封國名。治即墨（今山東平度東南）。下密，縣名。在今山東昌邑東南。155四齊　膠東、膠西、濟南、齊四王國，此四國皆由齊國分出，所以叫四齊。156冢宰　周代官名，也稱太宰。掌幫治，統百官。157成帝建始三年十月　成帝建始三年，西元前三〇年。十月，〈成帝紀〉作七月為是。158虒上　地名。159橫城門　又稱橫門，亦稱光門。王莽更名朔都門。是漢長安城北面西頭的城門。門上建有門樓，下開三門道，門通城內南北大街抵直城門大街，此門以渭河橫橋（即中渭橋）北通渭北秦故都咸陽宮殿區和咸陽原上漢五陵區。橫門附近也是長安工商業中心所在。其遺址在今西安西北郊未央區六村堡鄉闞廟村與相家巷一帶。160尚方掖門　尚方，官署名。主管供應製造皇室所用器物。掖門，宮中的旁門。161門衛戶者　門衛，宮殿門戶的衛士。戶者，看管門戶的人。162句盾　官署名。少府屬官，主掌管理京城附近的小苑囿及遊觀之處。163易曰三句　引文見《易傳・繫辭下》。164司馬　官名。主掌軍政，軍賦。165成帝綏和二年八月庚申　成帝綏和二年，西元前七年。八月庚申，是年八月丙寅朔，無庚申。166鄭通里　鄭，縣名。今陝西華縣。通里，里名。167司馬門　皇宮的外門。168非常室　未央宮室名。此室為皇帝前殿下朝後的宮室，在未央宮前殿之北。169組　用絲織成的帶子。170考問　考訊審問。171大誰　屬公車司馬令。掌門衛。172病狂易　患精神失常之病。173章服　上面繡有日月、星辰等圖案的古代禮服，每圖為一章，天子十二章，群臣以品級為九、七、五、三章遞降。174路寢　古代天子諸侯的正廳。175哀帝建平四年　西元前三年。176持稾或棷　稾，禾稈。棷，通「菆」。麻稈。177被髮徒踐　被髮，披髮。徒踐，徒跣；赤足步行。178折關　毀壞關門或關牆。179車騎　車和馬。180置驛傳行　放置驛站而傳布。181里巷阡陌　里，城市居民區，二十五家一里。巷，胡同。阡陌，南北曰阡，東西曰陌。182博具　博戲器具。183樞　樞紐；門戶的軸。184與　干預。185杜鄴　本書卷八十五有其傳。186闑　門橛。即門中央設置的短木。187盤樂　耽於安樂。188其明甚著　當作「甚明甚著」。《漢紀・孝哀紀》作「甚明著」。189帷幄　室內懸掛的帳幕、帷幔。190皇甫　人名。即《詩經・小雅・十月之交》所譏刺的「皇父卿士」。總管王朝政事，他結黨營私，助王之虐，招致一系列災禍。卿士，官名。

【語　譯】傳文講：「君上如果沒有原則，就叫做不建，他的過失是昏昧，他將受到的懲罰是常陰，極端暗弱。有時有射妖，有時有龍蛇之孽，有時有馬禍，有時有在下位者攻殺君上的禍患，有時則日月亂了軌道，星辰倒行。」

2 「君上沒有原則，這叫做不建」。皇，就是指君主；極是原則；建是建立。人君的貌、言、視、聽、思心五事都有差失，不能得其中道，就不能使萬事成立，過失在於迷惑昏亂，所以其失就是昏瞶不清。君王自下奉承天道，治理萬事。雲從山中興起，而彌漫於天空；天氣亂，所以其受到的懲罰就是常陰。一種說法是，君上失去原則，那麼臣下就強盛而遮蔽君主的明察。《易經》上說「陽極於上，動必有悔，尊貴而不在位，位高而沒有人民，賢人處在下位而沒有輔佐」，這樣一來，君主雖然有王位的尊嚴，而卻沒有一個人的幫助，所以就非常微弱了。旺盛的陽氣運動而迅速。禮制規定，春天舉行大射禮，以順從陽氣。君上微弱，那麼臣下就奮進躁動，所以有射妖。《易經》說「雲從龍」，又說「龍蛇的蟄伏，用來保存身體」。陰氣運動，所以有龍蛇的妖孽出現。在《易經》〈乾〉象徵著君，象徵著馬，馬被利用且強而有力，君氣毀壞，就會有馬禍。一種說法是，馬多死或者變為妖怪，也是這種情況。君主昏亂而且軟弱，人民就叛亂，上天的捨棄，不是有英明的君王來誅殺，就是有篡弒的禍患，所以有在下位者攻殺君上的禍患。凡是君道有錯的天氣就會異常，不說五行之氣傷害天氣，而說成「日月亂了軌道，星辰倒行」的原因，就好像是下民不敢輕視天子，也正如《春秋》所說「王的軍隊在貿戎潰敗」，不說明打敗他的人，用自敗來說明，這是出於維護帝王尊嚴的意思。劉歆關於皇極方面的解說認為有下體生在上體的病。解說認為在下者伐上，上天誅伐已定，不得再算是病了。皇極裡講的常陰，劉向以為在《春秋》的記載中沒有這種應驗。一種說法是，這是久陰不雨。劉歆認為應當屬於常陰。

3 昭帝元平元年四月去世，沒有繼嗣，立昌邑王劉賀為帝。劉賀即位，天陰，晝夜看不到日月。劉賀想出遊，光祿大夫夏侯勝擋住車駕規諫說：「天久陰而不下雨，臣下中將有謀害皇上的人，陛下想到哪兒去呢？」劉賀大怒，立即綁縛了夏侯勝並把他交付給有關官吏，官吏把這件事告訴了大將軍霍光。霍光當時正同車騎將軍張安世商量想要廢黜劉賀。霍光責備張安世，以為他洩露了此事，張安世其實並未曾洩露，於是叫來夏侯勝訊問。夏侯勝奉上《洪範五行傳》說：「『君主沒有治理國家的原則，他受到的懲罰就是常陰，有時就會發生臣下謀殺君主的事』。不敢辨析明白地說，所以說臣下有謀。」霍光和張安世讀完這些話，大為吃驚，從此更加重視經學術士。過後幾天終於共同廢掉了劉賀，這是常陰的明顯應驗。京房《易傳》說：「有霓、霾、霧。霧是水氣上下相合而成的雲煙。霾是塵氣形成的煙雲，霓是日旁的雲氣。這個占兆是說，后妃有專寵，霓再重，紅而圓，到對沖的月份便乾旱。妻子不專一順從，黑霓從四周布滿圍住太陽，而且白霓會雙雙從日中出現。妻子自恃高貴而欺淩丈夫，這就叫做占盡了陽氣，四方有霓，日光不明亮，至霓散之後才有溫暖。人君在內淫亂於骨肉，猶如禽獸，霓就像禽獸，在日之旁。以其尊貴身分降臨於妃子，這就叫做輕視繼承者，霓直而充滿天空，從卯時到申時才消除，夜星可見而為紅色。婦女不改變出身高貴的身分，這就叫做侵淩丈夫，霓呈白色出現在太陽側邊，黑色霓虹包裹著它，雲氣又正又直。妻子不和順端正，這就叫做獨專陽氣，霓虹中間像管窺一樣貫穿而外圓。夫妻互相不尊敬這叫做輕侮，出現霓虹與日相會的現象。婦女專擅國權這叫做傾覆，出現霓呈白色而橫貫日中，赤霓布滿太陽四周。嫡妻有承順之心，不見丈夫的回報就是亂了次序，霓直立在左，相交在右。娶到不專一的婦女，這就叫做危害繼嗣，霓環抱太陽兩端不相接。君主如果在外淫亂，這就叫做滅亡，霓氣在太陽左邊而相交於外。娶不明事理的婦女這叫做不明智，霓呈白色奪去太陽的光輝，天氣就溫暖，溫暖便會下雨。尊卑沒有區別這就叫做狎忤，霓三次出現，三次隱沒，三個時辰消除後就出太陽且下雨。臣下私自給親友俸祿叫做欺騙君主，就會出現妖異的霾，這個霾是先大熱，霾已形成，太陽就看不見。施行善政而不請示於君上，這就叫做作福，霾一天之內五次興起，五次消散。國君不與臣下商議謀劃，君臣治國之道不統一，這就叫做不相見，上面是霾下面是霧，風歷經三次轉變霾霧才都解散。立繼承人而猶豫，這就叫做動欲，霾呈紅色，太陽不明亮。德行混亂，這叫做聽覺不靈，霾起，太陽不明亮，天熱而老百姓得病。有德行而不用，空談俸祿，這叫做君主愚劣，臣下受到屈抑，霾起而呈現白色。君主喜愛放逸之人叫做放縱，霾起，日光呈青色，黑雲夾持著太陽，左右前後超過太陽。公卿不任職，這就叫做白吃俸祿，霾會出現三天，又會颳大風五天，霾不會散去。利益邪門歪道而取食，這就叫做閉塞君主，霾將大起，太陽被如山浮動的白雲所遮蔽。公卿恐懼而不說治道法則，這就叫做閉塞臣下，霾將大起，太陽看不見，彷彿下雨又不下雨，到十二天才消散，而仍有大雲遮蔽太陽。俸祿由下面的人來把握，這就叫做欺君，霾稀微而下小雨，不久又下大雨。下面的人互相爭能，這叫做盜取英明，霾起而黃濁。在下之人陳述自己的功績，向君上索取利益，這叫做不明智，霾起稀微而呈紅色，風吹動樹枝而發聲，霾消散而又復起。臣下專斷刑罰，這叫做分威，霾起而太陽不現光明。大臣壓制小臣這叫做遮蔽，霾稀微，太陽沒有光亮，像消散又沒有消散，大風吹起，紅雲起而遮蔽太陽。眾人不憎惡邪惡這就是閉塞，霾起而〈乾〉、〈坤〉二卦用事，連續三天，太陽看不見。不聽下臣的話，喜慶便消失，這叫做錯用臣下，霾稀微，太陽無光，天空有雨雲，而卻不下雨。廢退忠臣而惑於奸佞這叫做滅亡，霾起，天空先是清而曬人，霾稀微而太陽不明亮。有避世隱居的人這叫做不英明，霾起而濁，奪走了日光。公卿大臣不任職，這叫做不廢退，霾發白色，三個時辰才停止，太陽呈青色，青色而寒冷，寒冷必然下雨。忠臣進善言善行而君主不用，這就叫做遏制，霾起，先下小雨，雨停而霾起，霾稀微而太陽無光。迷惑百姓的人在位，這就叫做顛覆國家，霾稀微而太陽無光，一暖一冷，大風揚起沙塵。明知是奸佞反而厚待之，這就叫做麻木不仁，霾濃厚而溫暖。君臣違逆不和這叫做悖亂，其災異是颳風、下雨、起霧，風拔掉樹木，毀亂五穀，隨即大霧。眾官之長掩蓋邪惡，這叫做生孽災，其引起的妖異是起霧。」這些都是陰雲一類的事情。

4　莊公十八年「秋天，有蜮災」。劉向認為蜮生長在南越，南越地方婦女多，男女同在一條河裡游泳洗浴，淫亂的婦女為主人，是動盪的亂氣所生，所以聖人給其起名叫蜮。蜮好比是惑，生長在水旁，能射人，射人有一定的部位，嚴重的能使人致死。南方叫牠為短弧，近於射妖，是死亡的徵象。當時莊公將要娶齊國的淫女，所以有蜮災的到來。上天警告好像說，不要娶齊國的女子，將要發生淫惑篡殺的禍患。莊公不覺悟，竟娶了她。娶到魯國後，竟跟二位小叔子通姦淫亂，二位小叔子因此而送了命，兩個兒子被殺，夫人也被誅。劉歆認為蜮，是盛暑天所生，並非來自於越地。京房《易傳》說：「忠臣進善言君主不聽，其受到的懲罰就是國家發生蜮災。」

5　史書記載魯哀公時，有隼鳥聚集在陳國殿廷上死去，是楛箭射穿了牠們，石箭簇長一尺八寸。陳閔公派使者去向孔子請教，孔子說：「這隻隼鳥來的地方可遠了！過去周武王戰勝商紂，開闢了通往百蠻的道路，要他們各自貢獻當地的土產物品，肅慎族進貢楛箭，石砮長一尺八寸。先王分贈異姓諸侯以遠方的貢賦，使他們不要忘記自己的職事，所以分給陳國肅慎所貢的楛矢。」試著在陳國的舊府庫中去尋找楛箭，果然找到了。劉向認為隼近於黑祥，是一種暴戾貪婪的鳥；用箭貫穿了，近之於射妖，死在朝廷，是國家滅亡的標誌。象徵陳國已昏眊惑亂，不服事周王朝，而踐行貪婪殘暴，將招致遠方夷人的禍患，被他們所滅。當時中國齊晉、南夷吳楚最為強盛，陳與晉相交但並不親密，依附楚國關係也不牢固，多次遭受這兩國的禍患。後來楚國發生了白公之亂，陳國乘機侵犯它，終於被楚國滅亡。

6 史書記載夏后的衰亡，當時有兩條龍停留在夏的朝廷，而且說「我，是褒國的兩個君主」。夏帝卜問，殺死牠們，驅逐牠們，還是拘留牠們，都不吉利；又占卜將牠們吐出的涎沫收藏起來，這樣才吉利了。於是就奠幣行禮誦讀策辭而祭告。龍消失而涎沫存在，就用櫃子儲藏起來。這之後夏朝滅亡，櫃子傳給商、周，三代沒有打開。到周厲王末年，打開櫃子觀看，涎沫流到殿廷上，不能除去。周厲王下令讓婦女們裸體喧鬧，涎沫變成黑色大鱉，入於後宮。後宮的童妾遇到牠而懷孕，生了一個孩子，因為感到害怕而丟棄了。宣王即位，當時有女童謠說：「山桑製的弓，其草編的箭袋，實要滅亡周國。」後來有夫婦二人賣這種器物，宣王派人要捉拿並殺戮他們。他們逃離開後，看到那位童妾所拋棄的妖女，聽到她晚上的哀哭，可憐而收留了她，於是逃奔到了褒國。其後褒人有罪，貢獻妖女來贖罪，這就是褒姒。幽王看見並愛上了她，生了兒子伯服。幽王廢掉了申后及太子宜咎，而立褒姒、伯服以代替廢掉的申后及宜咎。廢后的父親申侯與繒國、西畎戎共同攻殺了周幽王。《詩經》上說：「顯盛的宗周啊，被褒姒滅亡了。」劉向認為，夏后氏的末世，周朝的幽王、厲王都惑亂而違逆天意，所以才有龍黿的怪異，近乎於龍蛇之孽。漦，就是血，一說是涎沫。檿弧，是桑弓。其服，是以其草所編織的箭袋，近乎於射妖。女童謠者，表明災禍將由女人帶來，國家因戰爭而滅亡。

7 《左氏傳》昭公十九年，有龍在鄭國時門外面的洧淵裡爭鬥，劉向認為這近於龍孽。鄭作為一個小國夾處在晉國與楚國之間，再加上強大的吳國，鄭國恰好處於這個要衝之間，如果不能修善德行，將與三國發生爭鬥，是自取滅亡。當時子產執掌政權，對內施恩惠給老百姓，對外善用外交辭令，和三國進行邦交，鄭國終於沒有禍患，這是能以德行消除災變的應驗。京房《易傳》說：「眾人心裡不安定，出現龍相鬥的妖異。」

8 惠帝二年正月初四癸酉日早晨，有兩條龍在蘭陵縣廷東里溫陵的井裡出現，到初六乙亥日夜裡離去。劉向認為龍是尊貴的象徵，但卻被困在平民的井中，象徵諸侯將要有被執拘暗殺的禍患。這之後，呂太后囚禁殺害了三個趙王，諸呂也終於被誅滅。京房《易傳》說：「有德之人遭到陷害，所引起的妖異是龍在井中出現。」又說：「行刑暴虐兇惡，黑龍就從井中出來。」

9 《左氏傳》記載魯莊公時有城內的蛇與城外的蛇相鬥於鄭國的城南門，城內的蛇被咬死。劉向認為這近於蛇孽。在此之前，鄭厲公劫持宰相祭仲而趕走兄長昭公自立為國君。後來厲公逃往國外，昭公回國。昭公死後，其弟子儀代立為國君。厲公從國外劫持大夫傅瑕，要他殺掉子儀。這是外蛇殺死內蛇的徵象。蛇死了六年，而厲公即位。莊公聽到這件事，問申繻道：「厲公能夠回國，由於有蛇妖嗎？」申繻回答：「人所畏忌的，是用他的氣焰來索取，妖是由人興起來的。要是人沒有嫌隙，妖孽是不會自己興起的。人們放棄了五常之德，所以才會有妖。」京房《易傳》說：「立繼承人猶豫，其妖異是蛇在國門爭鬥。」

10 《左氏傳》記載，文公十六年夏天，有蛇從泉宮中出來，進入國都，和先君的數目一樣。劉向認為這近於蛇孽。泉宮修建在苑囿裡，文公的母親姜氏曾在這裡居住過，蛇從這裡出來，象徵此宮不能再居住了。《詩經》上說：「虺呀，蛇呀，這是女子的徵兆。」又蛇進入國都，國內將會有女人的禍患。像先君的數目一樣，這是文公的母親將要去世的徵兆。秋天，文公的母親去世。文公厭惡它，於是毀掉泉臺。妖孽是相應人事而出現的，不是出現之後而成為災害。文公不改正自己的行為，遵循正道，恭敬地對待這種懲罰，而做非禮之事，以加重自己的過失。過後二年去世，公子遂殺死文公的二個兒子惡和視，而擁立宣公。文公夫人也就此回到自己娘家齊國去了。

11 武帝太始四年七月，趙國有蛇從城郭之外進來，與城內的蛇相鬥於孝文帝廟內，城內蛇死。過了兩年的秋天，就有衛太子的事發生，事情是從趙國人江充那兒引起的。

12 《左氏傳》上記載定公十年，宋公子地有四匹白馬，定公寵愛的向魋想要這些馬，定公取來這些馬，把尾巴和鬣毛染紅後送給了他。公子地非常氣憤，派他的黨徒鞭打向魋並把馬奪了回來。向魋因害怕而準備逃走，定公為此閉門而哭，眼睛全都哭腫了。定公的弟弟辰向地說：「看見國君發怒而逃出國境，這是為臣的禮節，國君必然會阻止你。」公子地出逃陳國，定公沒有阻擋。辰替他請求，定公不聽。辰說：「是我欺騙了我的兄長，我帶領國人出逃，你將與誰相處呢？」於是和他的黨徒逃奔陳國。第二年全到宋國的蕭地反叛，成為宋國的大患，這近於馬禍。

13 史書記載秦孝公二十一年有馬生下一個人，昭王二十年有公馬生子而死。劉向認為這都是馬禍。孝公開始用商君的攻守之法，向東侵犯諸侯，到了昭王，用兵更加猛烈。它象徵著將用武力抵抗災禍極力求成功，而最終給自己帶來禍害。公馬是不能生育的，妄圖生育就要死亡，這就好像秦國自恃武力強大而取得天下一樣，最終是自己滅亡的應兆。一種說法是，各種畜牲所生養的如果不是同類的話，子孫必定有不屬於他這個姓氏的。到了秦始皇，果然是呂不韋的兒子。京房《易傳》說：「諸侯如果分去帝王的權威，它引起的妖異是公馬生子。上無天子，諸侯互相攻伐，它引起的妖異是馬生人。」

14 文帝十二年，吳國有馬生角，角長在耳朵前面，向上生長。右角長三寸，左角長二寸，都是二寸粗。劉向認為馬不應當生角，好像吳國不應當舉兵向著朝廷一樣。當時，吳王劉濞封國有四郡五十餘城，心懷驕縱，變節之心已顯現於外，上天警告很早了。但吳王不覺悟，後來終於舉兵，被誅滅。京房《易傳》說：「臣下輕慢皇帝，政事不順，其妖異就是馬生角，這就叫做賢人不足。」又說：「天子親自去討伐，馬就生角。」

15 成帝綏和二年二月，大廄有馬生角，長在左耳前方，長粗各二寸。這時王莽正做大司馬，謀害皇上的念頭也從此開始。哀帝建平二年，定襄郡有公馬生了小馬駒，長了三條腿，跟隨著眾馬飲食，太守將這件事報告給朝廷。馬是國家的武備之用，長了三條腿，是不堪任用的徵象。後來侍中董賢以二十二歲的年齡擔任大司馬，處在上公的地位，全國人都不信仰尊崇。哀帝突然去世，成帝的母親王太后召來姪子新都侯王莽入朝，收繳了董賢的印信，董賢恐懼而自殺，王莽因此而取代了他，並誅殺了外戚丁氏、傅氏。又廢掉哀帝的傅皇后，下令讓其自殺，發掘了哀帝祖母傅太后、母親丁太后的陵墓，改用平民禮儀來埋葬她們。加罪至於至尊，這是大臣軟弱無能造成的禍患。

16　文公十一年，「在魯國的鹹地打敗了狄人」。《穀梁傳》、《公羊傳》說，長狄兄弟三人，一個到魯國，一個到齊國，一個到晉國。都被殺了，暴屍於九畝；砍下他們的頭用車載著，眼眉從車前的橫木上可以看到。為什麼要記載呢？記載其怪異。劉向認為當時周室衰微，魯、齊、晉三國最為強大，這是可以責備的。上天警告好像是說，不行禮義，而卻大力從事夷狄才有的行為，將會走向滅亡的。此後三國都發生了篡位殺君的禍患，近於在下位者討伐君上的怪異。劉歆以為這是人的變亂，屬於黃祥。一種說法是，屬於裸蟲之孽。一種說法是，天地之性，人最為寶貴，凡屬於人的變亂，都是屬於皇極之類在下位者討伐君上之病。京房《易傳》說：「君主暴虐惑亂，妒嫉有道之人，其妖異便是長狄進入他的國家。」又說：「高大他的房屋，下面的百姓獨苦。長狄興起，國主被虜。」

17　史書記載秦始皇二十六年，有巨人高五丈，腳上穿著六尺長的鞋子，都穿著夷狄的衣服，總共十二個人，出現在臨洮。上天的警告好像是說，不要大力從事夷狄的作為，否則將要受到它的禍害。這一年秦始皇剛剛吞併六國，反而高興地認為這是一種祥瑞，銷熔天下兵器，鑄作了十二個金人用來象徵他們。於是自認為聖賢，焚燒《詩》、《書》，坑殺儒士；奢侈荒淫暴虐，一心想擴大他的國土；南邊派兵戍守五嶺，北邊修築長城，以防備匈奴和越人，劈山填谷，西起臨洮，東到遼東，所經數千里。所以有巨人出現在臨洮，表明禍亂將要發生了。十四年後，秦朝滅亡，亡在戍卒陳勝的發難。

18　史書記載魏襄王十三年，魏國有女子變化成了男子。京房《易傳》說：「女子變成男子，這叫做陰昌，賤人可以為王；男子變成女子，這叫做陰勝，它將受到的懲罰是滅亡。」一種說法是，男子變化為女人，這是宮刑太濫；女人變化為男人，這是婦人執政之行為。

19　哀帝建平年間，豫章郡有男子變成女子，嫁給人家做妻子，生一子。長安陳鳳說這是陽變為陰，將沒有繼承人，是自己相生的徵象。一種說法是，出嫁作為人妻生一子的，只能再傳一世就斷絕了。

20　哀帝建平四年四月，山陽郡方與縣女子田無嗇生了一個孩子。未出生前的二個月，孩子在母腹中啼哭，到生下來，沒有活，將他埋葬在田間小道上，過了三天，有人過此，聽到孩子的啼哭聲，他的母親將他挖掘出來收養。

21 平帝元始元年二月，朔方郡廣牧縣有個名叫趙春的女子病死，斂入棺材六天，她卻自己跑出棺材，自己言說看見丈夫已死的父親，說：「你年齡才二十七歲，不應當死去。」太守譚把這件事報告給朝廷。京房《易傳》說：「『兒子能匡正父親的過失，這才是真正的兒子，所以父親死後不為過失牽累』。兒子三年不改父親所走之道，如果只是思慕而無所變革，也等於難以發現先人的不對之處，這不僅是為私，而是妖人死而復生。」一種說法是，陰到極點就變為陽，在下位的人也可成為上位。

22 六月，長安有個女子生了兒子，兩個頭兩個脖子而臉面相向，四條手臂共同長在胸部向著前方，屁股上長著兩寸多長的眼睛。京房《易傳》說：「『旅人孤單地走路，看見豬背上都是泥』，其妖異是人長出兩個頭。在下的相互排斥善良，妖也相同。人如果像六畜，頭和眼睛都在下面，這就叫做無上，正道將要變更。凡是妖孽的興起，是譴責失去正道，各象徵它的那一類。兩個頭，是上面不統一；足多，是所任不正；足少，是在下之人不勝任，或不信任下人。凡下體生長在上部，是為不敬；上體生長於下部，是褻狎輕慢；生出來的不是它的同類，是淫亂；人生下來就大，這是迅速成長；生下來就會說話，這是好圖虛名。群妖由此類推，不改變就會成為凶惡。」

23 景帝二年九月，膠東國下密縣一位七十多歲的人，頭上生了角，角上長有毛。當時膠東、膠西、濟南、齊四王有舉兵反叛朝廷的陰謀，陰謀由吳王劉濞發起，串連了楚趙總共七個封國。下密縣處在齊地四國的中心；角是戰爭的象徵，又是向上的；老人，是吳王的象徵；七十歲，是七國的象徵。上天的警告好像是說，人不應當長角，猶如諸侯不應當起兵指向京師一樣；禍患從老人發生，七國都會失敗的。諸侯並不醒悟，過了一年，吳國首先起兵，諸侯響應追隨他，七國全都覆滅了。京房《易傳》說：「冢宰獨攬政權，出現的妖孽就是人生角。」

24 成帝建始三年七月二十八丁未日，京城長安的人們互相驚恐，傳言大水要來了。渭水虒上小女孩陳持弓年九歲，跑進橫城門，進入未央宮尚方署的旁門，宮殿殿門的衛士和守門人沒有看見她，直到句盾署衙中才被發現。老百姓因大水互相驚擾，這是陰氣過於旺盛。小女孩進入宮殿中，是下等人將會因為女人得寵而據有宮室的徵兆。名字叫做持弓，有點像周朝時山桑弓的凶兆。《易經》說：「弧矢之銳利，可以威懾天下。」當時，皇帝母親王太后的弟弟王鳳剛做上將，掌握著國家政權，上天知道他的後輩將威懾天下而進入宮室，所以徵兆就先出現了。此後王氏兄弟父子五侯掌權，到了王莽終於篡奪了漢家天下，原來是陳氏的後代。京房《易傳》說：「妖言驚動眾人，這叫做不信，路上將沒有人，司馬死。」

25 成帝綏和二年八月庚申那一天，鄭縣通里男子王褒身穿紅色衣服，頭戴一頂小帽，佩帶寶劍進入北司馬門殿的東門，登上了前殿，進入非常室中，解下繫帷帳的絲帶佩帶在身上，招呼前殿署長業等人說：「天帝讓我居住在此處。」業等人將他捆縛起來進行拷問，王褒原來是前公車大誰的卒吏，患有精神失常之病，不知自己闖入宮中的情況，被關進牢獄判處死刑。當時王莽為大司馬，哀帝即位，王莽請求退休還家，上天明知他是不會退職的，所以因此而顯現徵兆。王褒一事從姓名和章服來看已是十分明顯了，他一直走到前殿天子的正廳，又進入宮室收取絲帶佩在身上，自稱是天帝的命令，然而當時的人並沒有覺察此一示象。後來王莽以退為進回到封國，天下人都為他叫屈，哀帝於是徵召王莽回京師。第二年皇帝去世，王莽重新做了大司馬，並由此而篡奪了國家政權。

26 哀帝建平四年正月，老百姓受驚逃跑，手持一枚禾稈或麻稈，相互傳遞，叫做「行詔籌」。道路上往來相逢的人多至數千，有的披著髮，赤著腳行走，有的夜晚拆毀關門關牆，有的越牆而入，或者乘車騎馬奔馳，靠設置的驛站傳行，經歷二十六個郡國，到達京師。這年夏天，京師郡國的民眾聚會里巷阡陌，設置祭祀和博戲的器具，唱歌跳舞祭祀西王母。又傳書說：「西王母告訴百姓，佩帶這個書的人就不會死。如果不信我說的話，看門戶的軸下，當有白髮。」這事一直到秋天才停止。當時皇帝的祖母傅太后驕橫，干預政事，所以杜鄴奏對說：「《春秋》上說的災異，以徵象代替語言。籌，是用來計數的。民，屬陰，是水類。水向東流是順走，如果向西流，是違犯本性而逆行。象徵多次放縱氾濫，妄自傳遞，是違背民心的應驗。西王母，是婦人的稱呼。博弈是男子的事情。在街道里巷和阡陌之間，表明離開宮禁，干預疆外。臨事耽於安樂，是張皇自大的表現。頭髮白了，這是衰老的象徵，身分尊貴，性格軟弱，不容易治理而容易生亂。門，是供人出入的；樞，是門的要害部位。處在人所由出入的地方，控制他的要害部分，這道理是非常明顯的。現在外戚丁家、傅家一併奉侍宮廷，分布在列卿之位，有罪惡的人得不到懲處，沒有功勞和能力的卻全享受官爵。皇甫、三桓，這是詩人所譏刺的對象，《春秋》的譏諷，沒有比這更突出的了。指象已明明白白，用來覺悟聖朝，卻怎麼沒有反應！」後來哀帝去世，成帝母親王太后臨朝宰制，王莽成為大司馬，誅滅了丁氏、傅氏。一種說法是，丁、傅所亂是小事，這個徵異是王太后和王莽的應驗。

卷二十七下之下

五行志第七下之下

1 隱公三年❶「二月己巳，日有食之」。穀梁傳曰，言日不言朔，食晦。公羊傳曰，食二日。董仲舒、劉向以為其後戎執天子之使❷，鄭獲魯隱❸，滅戴❹，衞、魯、宋咸殺君❺。左氏劉歆以為正月二日，燕、越之分野❻也。凡日所躔❼而有變，則分野之國失政❽者受之。人君能修政，共御❾厥罰，則災消而福至；不能，則災息❿而禍生。故經書災而不記其故，蓋吉凶亡常，隨行而成禍福也。周衰，天子不班朔⓫，魯曆不正，置閏不得其月⓬，月大小不得其度。史記日食，或言朔而實非朔，或不言朔而實朔，或脫不書朔與日，皆官失之也。京房易傳曰：「亡師茲謂不御，厥異日食，其食也既⓭，並食不一處。誅眾失理，茲謂生叛，厥食既，光散。縱畔⓮茲謂不明，厥食先大雨三日，雨除而寒，寒即食。專祿不封，茲謂不安，厥食既，先日出而黑，光反外燭[15]。君臣不通茲謂亡，厥蝕三既。同姓上侵，茲謂誣君，厥食四方有雲，中央無雲，其日大寒。公欲弱主位，茲謂不知[16]，厥食中白青，四方赤，已食地震。諸侯相侵，茲謂不承，厥食三毀三復。君疾善，下謀上，茲謂亂，厥食既，先雨雹，殺走獸。弒君獲位茲謂逆，厥食既，先風雨折木，日赤。內臣外鄉[17]茲謂背，厥食食且雨，地中鳴[18]。冢宰專政茲謂因，厥食先大風，食時日居雲中，四方亡雲。伯正[19]越職，茲謂分威，厥食日中分。諸侯爭美於上茲謂泰，厥食日傷月，食半[20]，天營而鳴。賦不得茲謂竭，厥食星隨而下。受命之臣專征云試[21]，厥食雖侵光猶明，若文王臣獨誅紂[22]矣。小人順受命者征其君云殺，厥食五色，至大寒隕霜，若紂臣順武王而誅紂[23]矣。諸侯更[24]制茲謂叛，厥食三復三食，食已而風，地動。適[25]讓庶茲謂生欲，厥食日失位，光晻晻[26]，月形見。酒亡節茲謂荒，厥蝕乍青乍黑乍赤，明日大雨，發霧而寒。」凡食二十占，其形二十有四，改之輒除；不改三年，三年不改六年，六年不改九年。推隱三年之食，貫中央，上下竟而黑，臣弒從中成之形也。後衛州吁弒君而立。

2 桓公三年[27]「七月壬辰朔，日有食之，既」。董仲舒、劉向以為前事已大，後事將至者又大，則既。先是魯、宋弒君，魯又成宋亂，易許田，亡事天子之心；楚僭稱王。後鄭拒王師[28]，射桓王，又二君相篡[29]。劉歆以為六月，趙與晉分[30]。先是，晉曲沃伯再弒晉侯[31]，是歲晉大亂，滅其宗國[32]。京房易傳以為桓三年日食貫中央，上下竟而黃，臣弒而不卒之形也。後楚嚴[33]稱王，兼地千里。

3 十七年[34]「十月朔，日有食之」。穀梁傳曰，言朔不言日，食二日也。劉向以為是時衛侯朔[35]有罪出奔齊，天子更立衛君[36]。朔藉助五國[37]，舉兵伐之而自立，王命遂壞。魯夫人淫失[38]於齊，卒殺威公[39]。董仲舒以為言朔不言日，惡魯桓且有夫人之禍，將不終日也。劉歆以為楚、鄭分。

4 嚴公十八年[40]「三月，日有食之」。穀梁傳曰，不言日，不言朔，夜食[41]。史推合朔在夜，明旦日食而出，出而解[42]，是為夜食。劉向以為夜食者，陰因日明之衰而奪其光，象周天子不明，齊桓將奪其威，專會諸侯而行伯道。其後遂九合諸侯[43]，天子使世子會之[44]，此其效也。公羊傳曰食晦。董仲舒以為宿在東壁[45]，魯象也。後公子慶父、叔牙果通於夫人以弒[46]公。劉歆以為晦魯、衛分。

5 二十五年[47]「六月辛未朔，日有食之」。董仲舒以為宿在畢[48]，主邊兵夷狄象也。後狄滅邢、衛[49]。劉歆以為五月二日魯、趙分。

6 二十六年[50]「十二月癸亥朔，日有食之」。董仲舒以為宿在心[51]，心為明堂[52]，文武之道廢，中國不絕若綫之象也。劉向以為時戎侵曹，魯夫人淫於慶父、叔牙，將以弒君，故比[53]年再蝕以見戒。劉歆以為十月二日楚、鄭分。

7 三十年[54]「九月庚午朔，日有食之」。董仲舒、劉向以為後魯二君弒[55]，夫人誅[56]，兩弟死[57]，狄滅邢，徐取舒[58]，晉殺世子[59]，楚滅弦[60]。劉歆以為八月秦、周分。

8 僖公五年[61]「九月戊申朔，日有食之」。董仲舒、劉向以為先是齊桓行伯，江、黃自至[62]，南服彊楚[63]。其後不內自正，而外執陳大夫，則陳、楚不附[64]，鄭伯逃盟[65]，諸侯將不從桓政，故天見戒。其後晉滅虢，楚圍許[66]，諸侯伐鄭，晉弒二君[67]，狄滅溫[68]，楚伐黃，桓不能救。劉歆以為七月秦、晉分。

9 十二年[69]「三月庚午朔，日有食之」。董仲舒、劉向以為是時楚滅黃，狄侵衛、鄭，莒滅杞。劉歆以為三月齊、衛分。

10 十五年「五月，日有食之」。劉向以為象晉文公將行伯道，後遂伐衛，執曹伯，敗楚城濮[70]，再會諸侯[71]，召天王而朝之[72]，此其效也。日食者臣之惡也，夜食者掩其罪也，以為上亡明王，桓、文能行伯道，攘[73]夷狄，安中國，雖不正猶可，蓋春秋實與而文不與之義也。董仲舒以為後秦獲晉侯[74]，齊滅項[75]，楚敗徐于婁林[76]。劉歆以為二月朔齊、越分。

11 文公元年[77]「二月癸亥，日有食之」。董仲舒、劉向以為先是大夫始執國政[78]，公子遂如京師[79]，後楚世子商臣殺父，齊公子商人弒君，皆自立。宋子哀[80]出奔，晉滅江，楚滅六[81]，大夫公孫敖[82]、叔彭生[83]並專會盟。劉歆以為正月朔燕、越分。

12 十五年[84]「六月辛丑朔，日有食之」。董仲舒、劉向以為後宋、齊、莒、晉、鄭八年之間五君殺死[85]，楚滅舒蓼[86]。劉歆以為四月二日魯、衛分。

13 宣公八年[87]「七月甲子，日有食之，既」。董仲舒、劉向以為先是楚商臣弒父而立，至于嚴王遂彊。諸夏[88]大國唯有齊、晉，齊、晉新有篡弒之禍，內皆未安，故楚乘弱橫行，八年之間六侵伐而一滅國[89]；伐陸渾戎[90]，觀兵[91]周室；後又入鄭，鄭伯肉袒[92]謝罪；北敗晉師于邲[93]，流血色水[94]；圍宋九月，析骸而炊[95]之。劉歆以為十月二日楚、鄭分。

14 十年[96]「四月丙辰，日有食之」。董仲舒、劉向以為後陳夏徵舒弒其君[97]，楚滅蕭[98]，晉滅二國[99]，王札子殺召伯、毛伯。劉歆以為二月魯、衛分[100]。

15 十七年[101]「六月癸卯，日有食之」。董仲舒、劉向以為後邾支解鄫子[102]，晉敗王師于貿戎[103]，敗齊于鞌[104]。劉歆以為三月晦朓[105]魯、衛分。

16 成公十六年[106]「六月丙寅朔，日有食之」。董仲舒、劉向以為後晉敗楚、鄭于鄢陵[107]，執魯侯。劉歆以為四月二日魯、衛分。

17 十七年[108]「十二月丁巳朔，日有食之」。董仲舒、劉向以為後楚滅舒庸[109]，晉弒其君[110]，宋魚石[111]因楚奪君邑，莒滅鄫，齊滅萊[112]，鄭伯弒死[113]。劉歆以為九月周、楚分。

18 襄公十四年[114]「二月乙未朔，日有食之」。董仲舒、劉向以為後衛大夫孫、甯[115]共逐獻公，立孫剽[116]。劉歆以為前年十二月二日宋、燕分。

19 十五年[117]「八月丁巳朔，日有食之」。董仲舒、劉向以為先是晉為雞澤之會，諸侯盟，又大夫盟，後為溴梁之會，諸侯在而大夫獨相與盟，君若綴斿[118]，不得舉手。劉歆以為五月二日魯、趙分。

20 二十年[119]「十月丙辰朔，日有食之」。董仲舒以為陳慶虎、慶寅[120]蔽君之明，邾庶其[121]有叛心，後庶其以漆、閭丘來奔[122]，陳殺二慶。劉歆以為八月秦、周分。

21 二十一年[123]「九月庚戌朔，日有食之」。董仲舒以為晉欒盈將犯君，後入于曲沃。劉歆以為七月秦、晉分。

22 「十月庚辰朔，日有食之[124]」。董仲舒以為宿在軫、角，楚大國象也。後楚屈氏譖殺公子追舒[125]，齊慶封[126]脅君亂國。劉歆以為八月秦、周分。

23 二十三年[127]「二月癸酉朔，日有食之」。董仲舒以為後衛侯入陳儀[128]，甯喜弒其君剽[129]。劉歆以為前年十二月二日宋、燕分。

24 二十四年[130]「七月甲子朔，日有食之，既」。劉歆以為五月魯、趙分。

25 「八月癸巳朔，日有食之」。董仲舒以為比食又既，象陽[131]將絕，夷狄主上國之象也。後六君弒[132]，楚子果從諸侯伐鄭，滅舒鳩[133]，魯往朝之[134]，卒主中國[135]，伐吳討慶封[136]。劉歆以為六月晉、趙分。

26 二十七年[137]「十二月乙亥朔，日有食之」。董仲舒以為禮義將大滅絕之象也。時吳子[138]好勇，使刑人[139]守門；蔡侯通於世子之妻[140]；莒不早立嗣[141]。後閽戕[142]吳子，蔡世子般弒其父，莒人亦弒君而庶子爭[143]。劉向以為自二十年至此歲，八年間日食七作，禍亂將重[144]起，故天仍[145]見戒也。後齊崔杼弒君，宋殺世子[146]，北燕[147]伯出奔，鄭大夫[148]自外入而篡位，指略如董仲舒。劉歆以為九月周、楚分。

27 昭公七年[149]「四月甲辰朔，日有食之」。董仲舒、劉向以為先是楚靈王弒君而立，會諸侯，執徐子，滅賴，後陳公子招[150]殺世子，楚因而滅之，又滅蔡，後靈王亦弒死(151)。劉歆以為二月魯、衛分。傳曰晉侯問於士文伯(152)曰：「誰將當日食？」對曰：「魯、衛惡之(153)，衛大魯小(154)。」公曰：「何故？」對曰：「去衛地，如魯地，於是有災，其衛君乎？魯將上卿。」是歲，八月衛襄公卒，十一月魯季孫宿卒。晉侯謂士文伯曰：「吾所問日食從(155)矣，可常乎？」對曰：「不可。六物不同，民心不壹，事序不類，官職不則，同始異終，胡可常也？詩曰：『或宴宴居息，或盡顇事國。』其異終也如是(156)。」公曰：「何謂六物？」對曰：「歲、時、日、月、星、辰是謂。」公曰：「何謂辰？」對曰：「日月之會是謂。」公曰：「詩所謂『此日而食，于何不臧』(157)，何也？」對曰：「不善政之謂也。國無政，不用善，則自取適(158)于日月之災。故政不可不慎也，務三而已：一曰擇人，二曰因民，三曰從時。」此推日食之占循變復之要也。易曰：「縣象著明，莫大於日月。」(159)是故聖人重之，載于三經(160)。於易在豐之震曰：「豐其沛，日中見昧，折其右肱，亡咎。」(161)於詩十月之交，則著卿士、司徒，下至趣馬、師氏(162)，咸非其材。同於右肱之所折，協於三務之所擇，明小人乘(163)君子，陰侵陽之原也。

28 十五年(164)「六月丁巳朔，日有食之」。劉歆以為三月魯、衛分。

29 十七年(165)「六月甲戌朔，日有食之」。董仲舒以為時宿在畢，晉國象也。晉厲公誅四大夫[166]，失眾心，以弒死[167]。後莫敢復責大夫，六卿遂相與比周[168]，專晉國，君還事之。日比再食，其事在春秋後，故不載於經。劉歆以為魯、趙分。左氏傳平子[169]曰：「唯正月[170]朔，慝[171]未作，日有食之，於是乎天子不舉[172]，伐鼓於社[173]，諸侯用幣於社[174]，伐鼓於朝[175]，禮也。其餘則否。」太史[176]曰：「在此月也，日過分而未至，三辰有災，百官降物[177]，君不舉，避移時[178]，樂奏鼓，祝[179]用幣[180]，史[181]用辭，嗇夫馳，庶人走，此月朔之謂也。當夏四月，是謂孟夏。」說曰：正月謂周六月，夏四月，正陽純乾之月也。慝謂陰爻也，冬至陽爻起初，故曰復。至建巳之月為純乾，亡陰爻，而陰侵陽，為災重，故伐鼓用幣，責陰之禮。降物，素服也。不舉，去樂也。避移時，避正堂[182]，須[183]時移災復也。嗇夫，掌幣吏。庶人，其徒役也。劉歆以為六月二日魯、趙分。

30 二十一年[184]「七月壬午朔，日有食之」。董仲舒以為周景王老，劉子、單子專權，蔡侯朱[185]驕，君臣不說[186]之象也。後蔡侯朱果出奔，劉子、單子立王猛。劉歆以為五月二日魯、趙分。

31 二十二年[187]「十二月癸酉朔，日有食之」。董仲舒以為宿在心，天子之象也。後尹氏立王子朝。天王居于狄泉[188]。劉歆以為十月楚、鄭分。

32

二十四年[189]「五月乙未朔，日有食之」。董仲舒以為宿在胃，魯象也。後昭公為季氏所逐。劉向以為自十五年至此歲，十年間天戒七見，人君猶不寤。後楚殺戎蠻子[190]，晉滅陸渾戎[191]，盜殺衛侯兄[192]，蔡、莒之君出奔[193]，吳滅巢[194]，公子光殺王僚，宋三臣[195]以邑叛其君。它如仲舒。劉歆以為二日魯、趙分。是月斗建辰[196]。左氏傳梓慎[197]曰：「將大水。」昭子[198]曰：「旱也。日過分而陽猶不克[199]，克必甚，能無旱乎！陽不克，莫[200]將積聚也。」是歲秋，大雩[201]，旱也。二至二分，日有食之，不為災。日月之行也，春秋分日夜等，故同道；冬夏至長短極，故相過。相過同道而食輕，不為大災，水旱而已。

33

三十一年[202]「十二月辛亥朔，日有食之」。董仲舒以為宿在心，天子象也。時京師微弱，後諸侯果相率而城周[203]，宋中幾[204]亡尊天子之心，而不衰城[205]。劉向以為時吳滅徐，而蔡滅沈[206]，楚圍蔡，吳敗楚入郢[207]，昭王走出。劉歆以為二日宋、燕分。

34

定公五年[208]「三月辛亥朔，日有食之」。董仲舒、劉向以為後鄭滅許[209]，魯陽虎作亂，竊寶玉大弓，季桓子退仲尼，宋三臣以邑叛。劉歆以為正月二日燕、趙分。

35 十二年[210]「十一月丙寅朔，日有食之」。董仲舒、劉向以為後晉三大夫以邑叛[211]，薛弒其君[212]，楚滅頓、胡[213]，越敗吳，衛逐世子[214]。劉歆以為十二月二日楚、鄭分。

36 十五年[215]「八月庚辰朔，日有食之」。董仲舒以為宿在柳[216]，周室大壞，夷狄主諸夏之象也。明年，中國諸侯果累累[217]從楚而圍蔡，蔡恐，遷于州來[218]。晉人執戎蠻子歸于楚，京師楚[219]也。劉向以為盜殺蔡侯[220]，齊陳乞弒其君而立陽生[221]，孔子終不用。劉歆以為六月晉、趙分。

37 哀公十四年[222]「五月庚申朔，日有食之」。在獲麟[223]後。劉歆以為三月二日齊、衛分。

38 凡春秋十二公，二百四十二年，日食三十六[224]。穀梁以為朔二十六，晦七，夜二，二日一。公羊以為朔二十七，二日七，晦二。左氏以為朔十六，二日十八，晦一，不書日者二。

【章　旨】以上列舉了春秋十二公在位時的三十六次日食。古人認為日食發生在那個國家所在的分域，必與此國的政事有關，這是一種迷信的說法。

【注　釋】❶隱公三年　西元前七二〇年。❷戎執天子之使　魯隱公七年，周王派凡伯出使魯國，途經楚丘時，被戎人拘留。

戎，古代部族名。執，拘也。天子之使，指周大夫凡伯。❸鄭獲魯隱　隱公還在做公子時，曾與鄭人戰於狐壤，隱公被俘，鄭人囚之於尹氏，後賄賂尹氏方得以逃歸。鄭，指春秋時鄭國。魯隱，魯隱公。❹滅戴　隱公十年，鄭伯伐戴，取之。戴，春秋時小國。在今河南民權東。❺咸殺君　魯隱公四年，衛州吁殺其君完；魯隱公十一年，魯羽父使賊殺隱公於寪氏；魯桓公二年春，宋國華父督殺死宋殤公。❻分野　指與星次相對應的地域。古代以十二星次的位置劃分地面上州、國的位置與之相對應。就天文學說稱作分星，就地面來說，稱作分野。❼躔　日月星辰運行的度次。❽失政　政治混亂；不清明。❾共御　共，通「恭」。御，抵禦；防止。❿息　生長；滋長。⓫班朔　周代制度，天子在每年季冬都要把正朔時間頒布給諸侯，猶如後世的頒發曆書，也稱頒朔，告朔。班，頒布。⓬置閏不得其月　指曆法混亂。設置閏月沒有恰當的月分。⓭既　食盡；全食。⓮畔　通「叛」。⓯光反外燭　光不在中，反而照明在外。燭，照；明。⓰知　通「智」。⓱鄉　通「向」。⓲地中鳴　地下有聲響。⓳伯正　伯，通「霸」。正，為長帥者。⓴食半　食月之半。㉑試　嘗試；試用。㉒若文王臣獨誅紂　韋昭曰：「是時紂臣尚未欲誅紂，獨文王之臣欲誅之。」㉓若紂臣順武王而誅紂　紂的罪惡變本加厲，其臣子想順從武王而誅殺他。㉔更　更改；改變。㉕適　通「嫡」。㉖晻晻　日無光貌。㉗桓公三年　西元前七〇九年。㉘拒王師　拒，對抗。王師，周王朝軍隊。㉙二君相篡　謂鄭厲公奔蔡而昭公歸國，高渠彌殺鄭昭公而立子亶。㉚趙與晉分　古人以天宿與地域對應，參為晉分，畢為趙分，周代的六月，太陽運行去畢而入參，故曰趙與晉分。㉛晉曲沃伯再弒晉侯　曲沃伯，原是桓叔成師之封號，其後代繼承了這個封號。再弒晉侯，指魯惠公三十年，晉大夫潘父殺昭侯而納成師，不克，晉人立孝侯。魯惠公四十五年，成師之子曲沃莊伯伐翼殺孝侯。㉜滅其宗國　魯桓公八年，曲沃武公滅翼，吞併了整個晉國。曲沃武公非大宗，故曰滅其宗國。宗國，指大宗之國。㉝楚嚴　即楚莊王，因避漢明帝諱而改。㉞十七年　西元前六九五年。㉟衛侯朔　名朔，指衛惠公。桓公十六年，十一月衛惠公逃奔齊國。㊱天子更立衛君　指周天子另立公子黔牟。㊲朔藉助五國　魯莊公五年冬天，莊公會同齊、宋、陳、蔡四國軍隊攻打衛國，護送衛惠公回國。㊳淫失　放縱淫蕩。失，通「佚」。㊴威公　即桓公。㊵嚴公十八年　西元前六七六年。㊶夜食　日食發生於夜間。張晏說：「日夜食，則無影，立六尺不見其影，以此為候。」㊷出而解　謂日夜食發生在地平線以下，等待日出，食已盡。㊸九合諸侯　謂九次會合諸侯結盟。即所謂乘車之會三，兵車之會六。㊹天子使世子會之　魯僖公五年，宋、齊、陳、衛、鄭、許、曹等國諸侯會周世子於首止（今河南睢縣東南）。世子，即周太子。㊺東壁　二十八宿之一，即壁宿。北方七宿的最末一宿，有兩顆星。㊻弒　殺。㊼二十五年　魯莊公二十五年，西元前六六九年。㊽畢　二十八宿之一。西方七宿的第五宿，有八顆星。㊾狄滅邢衛　魯閔公元年，狄人伐邢，次年滅衛，後齊又立邢於夷儀（今山東聊城西南），立衛於楚丘（今山東曹縣東）。狄，古代部族名。邢衛，春秋時國名。邢，在今河北邢臺。衛，在今河南淇縣東北。(50)二十六年　魯莊公二十六年，西元前六六八年。(51)心　心宿。二十八宿之一。(52)明堂　古代天子施行政教的地方。(53)比　頻；接連。(54)三十年　魯莊公三十年，西元前六六四年。(55)二君弒　指子般、閔公被弒。(56)夫人誅　謂魯桓公夫人哀姜為齊人所殺。(57)兩弟死　指叔牙、慶父之死。(58)徐取舒　魯僖公三年，徐人取舒。徐，春秋時國名。在今江蘇泗洪南。舒，春秋時國名。在今安徽廬江縣西南。(59)晉殺世子　魯僖公五年，晉獻公殺死太子申生。(60)弦　春秋時國名。在今河南息縣東南。魯僖公五年為楚所滅。(61)僖公五年　西元前六五五年。(62)江黃自至　江、黃本為楚之與國，魯僖公二年秋天，這兩個國家歸服了齊國。江黃，春秋時國名。江國在今河南羅山縣西北。黃國在今河南潢川縣西北。(63)南服彊楚　魯僖公四年，齊桓公率諸侯軍隊伐蔡，蔡潰，遂伐楚，迫使楚與諸侯在召陵（今河南郾城東）訂立盟約。(64)陳楚不附　召陵之盟後，齊以陳轅濤塗不忠於己而執拘了他，陳國不服，楚亦不附。(65)鄭伯逃盟　魯僖公五年秋，齊桓公與諸侯在首止（今河南睢縣東南）會盟，鄭伯逃歸而不參與盟會。(66)許　春秋時國名。在今河南許昌東。(67)晉弒二君　指里克殺奚齊及卓子。(68)溫　周邑。在今河南溫縣西。(69)十二年　西元前六四八年。(70)敗楚城濮　魯僖公二十八年四月，晉楚之軍會戰於城濮，楚師敗績。城濮，衛國地名。一說在今河南陳留，一說在今山東濮縣南。(71)再會諸侯　魯僖公二十八年五月在踐土（今河南原陽西南）與諸侯會盟，同年冬天又在溫（今河南溫縣西）與諸侯會盟。(72)召天王而朝之　晉文公沒有去朝見周襄王，反而把周襄王從京師召至河陽（晉國邑名，在今河南孟縣西）舉行朝會，《春秋》為之諱，稱作「天王狩于河陽」。(73)攘　排斥。(74)秦獲晉侯　魯僖公十五年十一月，秦晉大戰於韓，秦俘虜了晉惠公。(75)項　春秋時國名。在今河南沈丘。(76)婁林　徐國邑名。在今安徽泗縣東北。(77)文公元年　西元前六二六年。(78)大夫始執國政　這裡是指魯大夫東門襄仲在魯國執政事。(79)公子遂如京師　魯僖公三十年，公子遂前往京城報周公之聘。如，往也。京師，指東周王城（今河南洛陽）。(80)宋子哀　宋國之卿高哀，魯文公十四年高哀由宋奔魯。(81)六　春秋時國名。在今安徽六安東北。(82)公孫敖　孟穆伯。(83)叔彭生　叔仲惠伯。(84)十五年　西元前六一二年。(85)五君殺死　這裡說從魯文公十六年到魯宣公四年，八年之間有五位國君被殺死，即魯文公十六年宋弒其君杵臼，十八年齊人弒其君商人，這年冬莒人弒其君庶其，魯宣公二年晉趙盾弒其君夷皋，四年鄭公子歸生弒其君夷。(86)舒蓼　春秋時國名。在今安徽舒城南。(87)宣公八年　西元前六〇一年。(88)諸夏　這裡指周代分封的中原諸侯國。稱夏是與周邊少數民族國家區分。(89)六侵伐而一滅國　這裡指魯宣公元年侵陳，三年侵鄭，四年、五年、六年侵鄭，八年伐陳。一滅國，謂魯宣公八年滅舒蓼。(90)陸渾戎　古地名，也稱瓜州。原指今甘肅敦煌一帶。戎，指居於此地的「允姓之戎」，春秋時秦晉二國將其遷居伊川（今河南伊川縣），用陸渾稱之，曰陸渾戎。91觀兵　檢閱軍隊。92肉袒　脫去上衣，裸露肢體，表示謝罪。93邲　鄭國地名。在今河南滎陽北。94流血色水　即血流入水，使水色染紅。色，作動詞用，作染講。95析骸而炊　劈析骸骨作為燃料，此處形容戰爭曠日持久，糧草斷絕，生存極為困苦。96十年　西元前五九九年。97夏徵舒弒其君　魯宣公十年五月，夏徵舒殺陳靈公。98楚滅蕭　魯宣公十二年，楚國滅蕭。蕭，春秋時國名。在今安徽蕭縣西北。99晉滅二國　魯宣公十五年晉滅赤狄潞氏，十六年滅赤狄甲氏。100二月魯衛分　錢大昕認為此處月當作日，食在四月二日。101十七年　西元前五九二年。102邾支解鄫子　魯宣公十八年，邾人殺鄫子於鄫，又分解其四肢，折斷其骨節。103貿戎　《左傳》作茅戎，戎族的一支。在今山西平陸西南。104鞌　邑名。在今山東濟南西北。105朓　夏曆月底而月亮出現於西方，謂之朓。106成公十六年　西元前五七五年。107鄢陵　鄭國邑名。在今河南鄢陵北。108十七年　西元前五七四年。109楚滅舒庸　其事在這次日食之後。舒庸，春秋時群舒之一。在今安徽舒城西南。110晉弒其君　成公十八年，周曆的正月初五，晉國欒書、中行偃派大夫程滑殺晉厲公。111魚石　宋國大夫。魯成公十五年出奔楚，十八年楚伐宋，取彭城而納之。112莒滅鄫二句　鄫、萊被滅在魯襄公六年。鄫、萊，皆春秋時國名。鄫在今山東棗莊東，萊在今山東昌邑東南。113鄭伯弒死　鄭僖公要在鄬地參加諸侯會盟，當時子駟做相禮，僖公對子駟無禮，侍者勸諫，僖公不聽，又勸諫，僖公殺了他。到達鄬地，子駟派賤人在夜裡害死了僖公。鄭伯，即鄭僖公。114襄公十四年　西元前五五八年。115孫甯　指衛國大夫孫林父、甯殖。116孫剽　穆公之孫。117十五年　西元前五五八年。118君若綴旒　謂君為大臣所控制，為人擺布，猶如綴旒隨風擺動一樣。旒，古代旌旗下垂的飄帶等飾物。119二十年　西元前五五二年。120慶虎慶寅　都是陳國大夫。121邾庶其　邾，春秋時國名。在今山東曲阜東南。庶其，邾國大夫。122庶其以漆閭丘來奔　魯襄公二十一年，庶其盜取邾國二邑逃亡到魯國。漆閭丘，邾國二邑。皆在今山東曲阜以南。123二十一年　西元前五五二年。124十月庚辰朔二句　這是《春秋》的一條誤記，因為九月庚戌既已發生日環食，十月不可能再食。125屈氏譖殺公子追舒　屈氏，楚國貴族。譖，誣傷；誣陷。公子追舒，楚莊王之子，楚令尹子南。襄公二十二年，子南被殺。126慶封　齊國大夫。魯襄公二十七年，慶封執政。127二十三年　西元前五五〇年。128衛侯入陳儀　衛侯，衛獻公。陳儀，衛國邑名。在今山東聊城西南，是邢國被狄滅後所遷之新都。129甯喜弒其君剽　魯襄公二十六年，甯喜殺剽，衛侯衎入於衛。甯喜，甯殖之子。衛國大夫。130二十四年　西元前五四九年。131陽　此處指國君。132後六君弒　謂魯襄公二十五年齊崔杼殺君齊莊公，二十六年衛國甯喜殺國君剽，二十九年吳國守門人殺其君餘祭，三十年蔡太子班殺其君固，三十一年莒人殺其君密州，魯昭公元年楚令尹子圍殺楚王郟敖。133滅舒鳩　魯襄公二十五年，楚屈建率師滅舒鳩。134魯往朝之　魯襄公二十八年，魯襄公朝楚。(135)卒主中國　魯昭公四年，楚靈王與諸侯會於申（今河南南陽北）成為盟主。(136)伐吳討慶封　楚靈王在申之會以後，進攻吳國，獲慶封而殺之。(137)二十七年　西元前五四六年。(138)吳子　即餘祭。(139)刑人　受刑之人，古代多用受刑者守門。(140)蔡侯通於世子之妻　蔡侯，蔡侯固。世子，太子般。(141)莒不早立嗣　莒犁比公密州，生去疾和展輿，既立展輿，然又廢之。立嗣，即立太子。(142)戕　殺害；殘害。(143)莒人亦弒君而庶子爭　莒人亦弒君，指展輿殺其父而自立。庶子爭，展輿和去疾都不是國君的嫡嗣，而相互爭權奪勢，故曰庶子爭。(144)重　大。(145)仍　頻仍；屢次。(146)宋殺世子　指宋平公殺太子痤。(147)北燕即春秋時燕國。(148)鄭大夫　謂伯有。(149)昭公七年　西元前五三五年。(150)公子招　陳成公子，哀公弟。昭公八年，公子招殺陳太子偃師。(151)靈王亦弒死　魯昭公十三年，楚公子比弒其君虔於乾溪。(152)士文伯　晉國大夫伯瑕。(153)魯衛惡之　意謂魯、衛將受其惡果。(154)衛大魯小　衛國受禍大、魯國受禍小。(155)從　謂情況正如士文伯之言。(156)詩曰四句　引詩見《詩經・小雅・北山》。宴宴，安逸；安然之貌。顇，通「悴」。憂傷；憂愁。(157)詩所謂此日而食二句　引詩見《詩經・小雅・十月之交》。臧，善；吉利。(158)適　通「謫」。譴謫。(159)易曰三句　引文見《易・繫辭上》。(160)三經　指《易》、《春秋》、《詩經》。(161)於易在豐之震曰五句　引文見《易・豐卦》九三爻辭。豐其沛，謂高大其草舍。昧，通「魅」。鬼怪。折其右肱亡咎，折去股肱之臣，方能免咎之謂。(162)於詩十月之交三句　《詩・小雅・節南山之什》篇名。卿士，官名。總理王朝政事。司徒，官名。掌管民政、教化。趣馬，官名。掌馬政。師氏，官名。主管對宗室、貴族子弟的教育。(163)乘　欺侮；欺凌。(164)十五年　西元前五二七年。(165)十七年　西元前五二五年。(166)晉厲公誅四大夫　四大夫謂三郤及胥童。而胥童以導亂而致死，非厲公所誅，此處是總述之。(167)以弒死　被殺死。指厲公為欒書、中行偃所殺。(168)六卿遂相與比周　六卿，指范氏、中行氏、智氏、韓、趙、魏。比周，結為朋黨。(169)平子　季平子。(170)正月　指建巳正陽的月分。(171)慝　陰氣。(172)不舉　不舉辦飲食；不進豐盛的菜餚。(173)伐鼓於社　即在土地廟裡擊鼓，用以責群陰。(174)諸侯用幣於社　即諸侯用祭品在土地神廟裡祭祀。幣，幣帛；祭品。(175)伐鼓於朝　在朝廷上擊鼓。(176)太史　官名。掌天文曆法。(177)降物　素服。(178)避移時　避正寢，過日食時。(179)祝　祭祀時司禮儀之人。(180)用幣　束繒帛用於社。(181)史　太史。(182)正堂　辦公的大廳。(183)須　等待。(184)二十一年　西元前五二一年。(185)蔡侯朱　蔡平公之子。(186)說　通「悅」。和睦。(187)二十二年　西元前五二〇年。(188)天王居于狄泉　天王，周敬王。狄泉，水名。在故洛陽城中。(189)二十四年　西元前五一八年。(190)楚殺戎蠻子　魯昭公十六年，楚王派然丹騙戎蠻子嘉而殺之，並占領了戎蠻部落，立其兒子。戎蠻，國名。在今河南臨汝西南。(191)晉滅陸渾戎　陸渾戎，戎族之一。在今河南嵩縣西。魯昭公十七年，晉荀吳率軍滅之。(192)盜殺衛侯兄　指衛靈公兄縶，魯昭公二十年衛大夫齊豹殺之。(193)蔡莒之君出奔　魯昭公二十三年，蔡侯朱、莒君庚輿出逃魯國。[194]吳滅巢　魯昭公二十四年，吳滅巢。巢，春秋國名。在今安徽巢湖市東北。[195]宋三臣　指魯昭公二十一年，宋國華亥、向寧、華定入宋南里以叛。[196]斗建辰　斗，北斗星。建辰，指斗柄指向辰。建，北斗星斗柄所指曰建。辰，十二辰之一。[197]梓慎　魯國大夫。[198]昭子　即叔孫昭子。魯卿。[199]不克　不勝。這裡是說日已過春分點，陽氣當盛而尚不勝陰。[200]莫　莫不是；莫非。[201]大雩　古代為求雨而舉行的祭祀活動。[202]三十一年　西元前五一一年。[203]城周　魯定公元年春天，晉國魏舒在狄泉會合各諸侯國大夫，準備增築成周的城牆，十六日開工，三十天完畢。[204]中幾　宋國大夫。[205]衰城　由大到小，以等級分擔築城任務。[206]沈　春秋國名。在今安徽臨泉縣。[207]郢　春秋時的楚都。今湖北江陵。[208]定公五年　西元前五〇五年。[209]鄭滅許　魯定公六年，鄭國游速率領軍隊滅許。[210]十二年　西元前四九八年。[211]晉三大夫以邑叛　指魯定公十三年，晉趙鞅入晉陽以叛，荀寅、士吉射入朝歌以叛。[212]薛弒其君　魯定公十三年，薛殺其君比。薛，春秋時國名。在今山東微山縣東北。[213]楚滅頓胡　魯定公十四年，楚公子結率師滅頓，十五年滅胡。頓，春秋時國名。在今河南項城西之南頓故城。胡，春秋時國名。在今安徽阜陽。[214]衛逐世子　魯定公十四年，太子蒯聵，即衛莊公，出奔宋。[215]十五年　西元前四九五年。[216]柳　星宿名。二十八宿之一，南方七宿之第三宿。[217]累累　連續不斷。[218]州來　地名。楚邑，在今安徽鳳臺。[219]京師楚　即以楚為京師。[220]盜殺蔡侯　魯哀公四年，蔡國公孫翩殺蔡侯申，翩非大夫，故曰盜殺。[221]陳乞弒其君而立陽生　陳乞弒其君，齊國大夫陳乞在魯哀公六年，殺其君荼。陽生，荼之兄。[222]哀公十四年　西元前四八一年。[223]獲麟　魯哀公十四年，西狩獲麟。傳說孔子作《春秋》至此而止。[224]日食三十六　《春秋》記載日食三十六次，《公羊傳》、《穀梁傳》的記載都相符，只有《左氏傳》加記了魯哀公十四年五月初一的日食，所以多一次。

【語　譯】隱公三年「二月初一己巳日，發生日食」。《穀梁傳》說，說日期不說明朔日，這是晦日發生日食。《公羊傳》說，日食有兩天。董仲舒、劉向認為在這之後，戎族拘留了天子的使者，鄭國俘獲了魯隱公，滅亡了戴國，衛國、魯國、宋國都殺死了國君。《左氏傳》上劉歆認為正月初二日，是燕國、越國的分野。大凡太陽所經行的軌跡有變，那麼分野國家失政者就要受到牽連。君主如能整治政事，恭敬地抵禦那些懲罰，那麼災難消除，福氣就會到來；如果辦不到，那麼就會災難滋生而禍患產生。所以經文記載災害而不記載災害發生的緣故，這是因為吉凶沒有一定，是隨著人的行為而形成禍或者福。周朝衰微，天子不再頒朔，魯國的曆法不正確，設置閏月沒有恰當的月分，月分的大小也不符合限度。史書所記載的日食，有的說是朔日而實際並不是朔日，有的雖沒有說是朔日，但實際上是朔日，有的脫漏沒有記載朔日與日期，這些都是官員的失誤。京房《易傳》說：「軍隊失敗了這就叫做沒有抵禦，出現的怪異便是日食，這個日食是日全食，並且日食出現不在一處。誅殺群眾不合法理，這就叫做製造叛亂，這個日食就是日全食，日光分散。放縱叛亂這就是不明智，出現的災異是日食前大雨三天，雨停止後天變寒冷，寒冷就發生日食。獨占俸祿而不封給，這就叫做不安定，這個日食就是日全食，首先太陽出來而變黑，日光反向外照。君臣之間不溝通這就叫做滅亡，它引起的日食是三次日全食。同姓犯上作亂，這叫做欺君，其日食是四方有雲，中央無雲，那一天特別寒冷。公卿想要削弱君主的地位，這就叫做不明智，這個發生的日食是中央呈青白色，四方呈火紅色，日食過去，發生地震。諸侯之間互相侵犯，這叫做不順從，其日食是三次虧損、三次復原。君主憎恨善言善行，在下的圖謀犯上，這叫做叛亂，要出現日全食，風雨冰雹先來，殺死走獸。殺死君主篡奪君位這就是叛逆，要出現日全食，先是狂風暴雨折斷樹木，後是太陽變成紅色。朝內的臣子與外國諸侯交通，這叫背叛，要出現日食並且下雨，地中有轟鳴聲。冢宰專政這叫做因利乘便，其日食是先颳大風，日食發生時太陽居於雲中，四方沒有雲。霸主長帥超越自己的職權行事，這叫做分割威權，其出現的日食是太陽分成兩半。諸侯在君主面前爭奪美名和榮譽，這叫做驕縱，其日食就損傷月亮，當食虧一半時，天際周圍有鳴叫聲。收不到賦稅，這就是財源枯竭，日食發生而且有星墜落。受命的臣子自行征伐是對僭越的嘗試，其日食雖然會遮住光但仍然有光明，好像周文王的臣子單獨要誅滅殷紂王一樣。小人順從受命去征討他的君主是篡殺，出現的日食呈現五種顏色，到大寒降霜，好像紂王的大臣順從周武王而誅滅紂王一樣。諸侯改變法定的制度這叫做叛逆，其日食是三次恢復，三次食虧，日食結束便是開始颳風，地震。嫡子謙讓於庶子這就叫做製造欲望，其日食是太陽失位，日光昏暗，月形現出。飲酒沒有節制這就是荒迷，其日食是忽然青，忽然黑，忽然紅，第二天下大雨，產生大霧而且寒冷。」凡日食共有二十種預測，它的形態共有二十四種，改過馬上就能消除；不改正就影響三年，三年不改就六年，六年不改就九年。推算隱公三年的日食，貫穿中央，上下全部變黑，這是臣子弒君從公室內部發生而成的現象。此後衛國州吁殺其國君而自己即位。

2 桓公三年「七月初一壬辰朔日，有日食，日全食」。董仲舒、劉向認為以前的事情已經很重大了，後面將要來到的事又很重大，就會日全食。在這以前，魯國、宋國殺害國君，魯國又造成宋國的動亂，更換了許田，沒有奉事周天子的心意；楚國僭越稱王。其後鄭國抗拒周王的軍隊，射傷周桓王，又接連有厲公、昭公二君的相篡奪。劉歆認為六月是趙國和晉國的分野。此前，晉的曲沃伯兩次殺害晉君，這一年晉國大亂，曲沃武公滅了他們的宗國。京房《易傳》認為桓公三年日食橫貫中央，上下食盡而呈黃色，這是臣下弒君不成之形。其後楚莊王稱王，併吞土地千里。

3 十七年「十月朔日，發生日食」。《穀梁傳》說，只說朔日而不說日期，是日食已兩天。劉向認為當時衛侯朔有罪逃奔到齊國，周天子改立了衛君。朔借助於五國的兵力，舉兵討伐衛君而自立，周天子的命令已失去作用。魯夫人在齊國放縱淫蕩，終於殺死魯威公。董仲舒認為，只說朔日而不說日期，是憎惡魯桓公將有夫人的禍患，將不會有壽終正寢的那一天了。劉歆認為是楚、鄭兩國的分野。

4 莊公十八年「三月，發生日食」。《穀梁傳》說，不說日期，不說朔日，是因為日食發生在夜間。史官推算合朔在夜間，第二天早晨日食而出，等到日出，食已盡，這就是夜食。劉向認為夜食，是陰氣趁著太陽的光明衰弱而奪去它的光亮，象徵著周天子的不英明，齊桓公將要奪取他的威權，專擅會合諸侯結盟而行其霸道。這以後齊桓公九次會盟諸侯，周天子派遣太子參加盟會，這就是日食的應驗。《公羊傳》說是日食發生在晦日。董仲舒認為在壁宿天區，是魯國的徵象。其後公子慶父、叔牙果然與夫人私通而殺死桓公。劉歆認為晦日是魯國和衛國的分野。

5 二十五年「六月初一辛未朔日，發生日食」。董仲舒認為在畢宿天區，是邊境有戰事、有夷狄的象徵。後來狄人滅掉邢國和衛國。劉歆認為五月二日是魯國和趙國的分野。

6 二十六年「十二月初一癸亥朔日，發生日食」。董仲舒認為在心宿天區，心是明堂，是施行政教的地方，文王武王的道統衰敗，是中國不絕就像絲線一樣的徵象。劉向認為，當時戎人侵犯曹國，魯夫人與慶父、叔牙通姦，將因此而殺害國君，所以頻年發生日食用來顯示警告。劉歆認為十月二日為楚和鄭的分野。

7 三十年「九月初一庚午朔日，發生日食」。董仲舒、劉向認為後來魯國兩位國君被殺，夫人被誅，兩個弟弟也死亡，狄人滅了邢國，徐人奪取了舒國，晉獻公殺了太子，楚國滅掉弦國。劉歆認為八月為秦和周的分野。

8 僖公五年「九月初一戊申朔日，發生了日食」。董仲舒、劉向認為在此之前齊桓公推行霸道，江國、黃國自動歸服，南方征服了強大的楚國。這以後國內不能端正自己的行為，而對外拘捕陳國的大夫，於是陳國、楚國不再親附，鄭伯逃離會盟，諸侯將不再聽從齊桓公的政令，所以上天顯示了警戒。這以後晉國滅亡了虢國，楚國包圍了許國，諸侯討伐鄭國，晉國里克殺了奚齊和卓子二君，狄人滅了周的溫邑，楚國攻伐黃國，齊桓公不能援救。劉歆認為七月是秦和晉的分野。

9 十二年「三月初一庚午日，發生日食」。董仲舒、劉向認為當時楚國滅了黃國，狄人侵犯衛國、鄭國，莒國滅掉杞國。劉歆認為三月是齊、衛的分野。

10 十五年「五月，發生日食」。劉向認為這象徵著晉文公將要推行霸道，後來就攻伐衛國，拘執了曹伯，在城濮打敗楚國，兩次會合諸侯，召來周王進行朝見，這就是它的應驗。白天發生日食是顯示臣子的罪過，夜間發生日食是掩蓋臣子的罪過，認為上無英明的君主，齊桓公、晉文公能行霸道，退卻夷狄，安定中原，雖然不正大但還可以，這大概是《春秋》實際上贊同而在文字上不贊同的道理。董仲舒認為，這象徵後來秦國俘獲了晉侯，齊國滅掉項國，楚打敗徐國於婁林。劉歆認為二月朔日是齊國和越國的分野。

11 文公元年「二月初一癸亥日，發生日食」。董仲舒、劉向認為此前大夫開始執掌國家政權，公子遂前往京師，後來楚國太子商臣殺死父親，齊國公子商人殺死國君，都自己自立為君。宋國之卿高哀逃亡，晉國滅掉江國，楚國滅掉六國，大夫公孫敖、叔彭生一起專擅會盟。劉歆認為正月朔為燕國、越國的分野。

12 十五年「六月初一辛丑朔日，發生日食」。董仲舒、劉向認為後來宋國、齊國、莒國、晉國、鄭國在八年之間有五位君主被殺死，楚國滅掉舒蓼。劉歆認為四月初二日是魯國和衛國的分野。

13 宣公八年「七月初一甲子日，發生日食，日全食」。董仲舒、劉向認為此前楚國商臣殺了父親而自立為國君，到楚莊王時就強盛起來。中原的大國只有齊、晉，齊、晉兩國新近有篡位殺君的禍患，內部都沒有安定，所以楚國乘著它們的衰弱橫行霸道，八年之間六次侵略別的國家又滅亡一個國家；討伐陸渾戎，在周朝的京城附近檢閱軍隊；後來又入侵鄭國，鄭伯肉袒謝罪；北面在邲地打敗晉國軍隊，血流染紅了河水；圍攻宋國達九個月之久，城內宋人甚至劈析骸骨煮食。劉歆認為十月二日是楚、鄭兩國的分野。

14 十年「四月初一丙辰日，發生日食」。董仲舒、劉向認為後來陳國的夏徵舒殺了他的國君陳靈公，楚國滅掉了蕭國，晉國滅亡了兩個國家，王札子殺死召伯、毛伯。劉歆認為二月是魯國和衛國的分野。

15 十七年「六月初一癸卯，發生日食」。董仲舒、劉向認為此後邾人肢解了鄫子，晉國在貿戎打敗了周王朝的軍隊，在鞌地打敗了齊國。劉歆認為三月的晦日是魯國和衛國的分野。

16 成公十六年「六月初一丙寅朔日，發生日食」。董仲舒、劉向以為後來晉國在鄢陵打敗楚國、鄭國，捉住了魯侯。劉歆認為四月初二日是魯國和衛國的分野。

17 十七年「十二月初一丁巳朔日，發生日食」。董仲舒、劉向認為後來楚國滅掉了舒庸，晉人殺死他們的國君，宋國魚石憑藉楚國的力量奪取了國君的城邑，莒國滅了鄫國，齊國滅了萊國，鄭伯被殺死。劉歆認為九月是周、楚的分野。

18 襄公十四年「二月初一乙未朔日，發生日食」。董仲舒、劉向認為在這之後，衛國大夫孫林父、甯殖共同驅逐了獻公，立穆公之孫剽。劉歆認為前年十二月初二日是宋、燕兩國的分野。

19 十五年「八月初一丁巳朔日，發生日食」。董仲舒、劉向認為在此之前，晉國舉辦了雞澤會盟，先是諸侯結盟，又由大夫結盟，後來召集溴梁之會，諸侯都在場而大夫卻單獨相與訂盟，君王大權旁落，猶如綴斿一樣，而不能指揮。劉歆認為五月初二日是魯國與趙國的分野。

20 二十年「十月初一丙辰朔日，發生日食」。董仲舒認為陳國的慶虎、慶寅蒙蔽君主使其不明，邾國的庶其有反叛之心，後來庶其盜取漆、閭丘二邑逃奔魯國，陳國殺了二慶。劉歆認為八月為秦、周的分野。

21 二十一年「九月初一庚戌朔日，發生日食」。董仲舒認為晉國欒盈將要侵犯君主，後來進入曲沃。劉歆認為七月是秦、晉的分野。

22 「十月初一庚辰朔日，發生日食」。董仲舒認為在軫宿、角宿天區，是楚國成為大國的徵象。其後楚國屈氏造謠中傷並殺害了公子追舒，齊國的慶封威脅君主叛亂國家。劉歆認為八月是秦、周的分野。

23 二十三年「二月初一癸酉朔日，發生日食」。董仲舒認為此後衛侯進入陳儀，甯喜殺了他的國君剽。劉歆認為前年十二月初二日是宋、燕二國的分野。

24 二十四年「七月初一甲子朔日，發生日食，日全食」。劉歆認為五月是魯、趙兩國的分野。

25 「八月癸巳朔日，發生日食」。董仲舒認為頻頻發生日食又都是日全食，象徵陽氣將要斷絕，是外族夷狄主宰上國的徵象。此後六國君主被殺，楚子果然偕同諸侯國攻打鄭國，滅掉舒鳩，魯襄公去朝見楚子，終於主宰中國，攻伐吳國，誅討慶封。劉歆認為六月是晉國和趙國的分野。

26 二十七年「十二月初一乙亥朔日，發生日食」。董仲舒認為這是禮儀將要大滅絕的象徵。當時吳子好勇，使受刑之人守門，蔡侯跟太子的妻子私通；莒國不早日決定繼承人。後來守門人殺了吳子，蔡國太子般殺了他的父親，莒人也殺了他們的君主而庶子爭權。劉向認為自從二十年到現在，八年間出現七次日食，禍亂即將大起，所以上天頻仍地顯示警戒。後來齊國崔杼殺其國君，宋國殺死太子，北燕伯逃亡，鄭國大夫從國外回國篡奪君位，發生的這些正如董仲舒所言。劉歆認為九月是周朝和楚國的分野。

27 昭公七年「四月初一甲辰朔日，發生日食」。董仲舒、劉向認為此前楚靈王殺其國君自立為王，會盟諸侯，拘捕了徐子，消滅了賴國，後來陳公子招殺太子，楚國因此而滅亡陳國，又滅蔡國，其後楚靈王也被殺死。劉歆認為二月是魯、衛之分野。傳上說晉侯問於士文伯說：「誰將受到日食的懲罰？」回答說：「魯、衛將受到日食的懲罰，衛國受禍大，魯國受禍小」。晉侯問：「為什麼？」回答說：「日食離開衛地，到達魯地，於是有災禍，大概是衛國君主吧？魯國將是上卿。」這一年八月衛襄公去世，十一月，魯國的季孫宿去世。晉侯告訴士文伯說：「我所問的日食正如你所說的，這個可以作為常例嗎？」士文伯回答說：「不可。六物不同，民心不一樣，事物的次序不相類似，官職不相同，開始相同，結果不一樣，怎麼可以作為常例呢？《詩經》上說：『有的人悠閒安居享受生活，有的人勞心勞力竭勤於王事。』它們最後的結局不同也像這樣。」晉侯問：「什麼是六物？」回答說：「六物是：歲、時、日、月、星、辰。」晉侯問：「什麼是辰？」回答說：「日月相會就叫辰。」晉公說：「《詩經》說『這日食，多麼不善』，是什麼意思呢？」回答說：「這是為政的不善。國家管理不好，又不用賢人，這是自己招致譴謫而有日月之災變。所以為政不能不謹慎，努力做好三方面工作而已：一是選擇用人，二是依靠人民，三是順從時令。」這是推算日食的占卜所遵循變化的要點。《周易》上說：「顯示現象顯著明白，沒有比日月更大的了。」所以聖人非常重視它，將其記載在三經之中。在《易經》從〈豐卦〉到〈震卦〉說：「高大他的房屋，在太陽當頂時，只能見到昏暗的光亮，折斷作為右肱的臣，就能免咎。」在《詩經・十月之交》則著明卿士、司徒，下至趣馬、師氏，都不是有才能的人。與折斷右肱的事相同，合於上述三件事情所選擇的，顯明了小人欺淩君子，陰氣侵犯陽氣的根源。

28 十五年「六月初一丁巳朔日，發生日食」。劉向認為三月是魯、衛二國的分野。

29 十七年「六月初一甲戌朔日，發生日食」。董仲舒認為當時在畢宿天區，是晉國的象徵。晉厲公誅殺四位大夫，失了民心，因而被殺死。此後誰也不敢再責備大夫，六卿於是開始結黨營私，專斷晉國政事，國君反而要奉事他們。日食頻頻發生，這事在春秋以後，所以《春秋經》上沒有記載。劉歆認為這是魯國和趙國的分野。《左氏傳》記載季平子說：「只有正月朔日，陰氣沒有發作，發生日食，於是乎天子不用豐盛的食饌，在社壇擊鼓，諸侯用繒帛祭祀土地神，在朝廷上擊鼓，這是禮制的規定。其餘則不必這樣。」太史說：「在這個月，太陽已過春分而沒有到夏至，日、月、星三辰有災，百官素服，君主不用盛饌，避正寢過日食時，樂師擊鼓，太祝用幣帛獻禮，史官用辭，嗇夫奔馳，庶人疾跑，這是正月朔日日食的關係。當夏曆四月，叫做孟夏。」傳文說：正月是周曆的六月，夏四月，是正陽純乾的月分。慝說的是陰爻，冬至陽爻初起，所以叫做復。到建巳之月是純乾，沒有陰爻，而陰氣侵犯陽氣，有重災，所以擊鼓用繒帛，是責陰的禮儀。降物，是指穿素服。不舉，是撤去樂舞。避移時，是避開正堂，等待時間過去，日食生光復圓。嗇夫，是掌祭祀禮物的官吏。庶人，是服勞役之人。劉歆認為六月初二日是魯國和趙國的分野。

30 二十一年「七月初一壬午朔日，發生日食」。董仲舒認為周景王年老，劉子、單子專權，蔡侯朱驕縱，這是君臣不相睦的象徵。後來蔡侯朱果然逃走，劉子、單子擁立太子猛為王。劉歆認為五月初二日是魯國和趙國的分野。

31 二十二年「十二月初一癸酉朔日，發生日食」。董仲舒認為在心宿天區，這是天子的象徵。後來尹氏擁立王子朝。天子遷居到狄泉。劉歆認為十月是楚、鄭兩國的分野。

32 二十四年「五月初一乙未朔日，發生日食」。董仲舒認為在胃宿天區，是魯國的徵象。後來魯昭公被季氏趕走。劉向認為自從十五年到這一年，十年之間上天七次顯現警戒，但君主還不醒悟。後來楚國誘殺了戎蠻子，晉國滅掉陸渾戎，盜賊殺了衛侯的哥哥，蔡君、莒君出逃，吳國滅掉巢國，公子光殺了君主僚，宋國三臣以他們的封地反叛君主。其他與董仲舒所說一樣。劉歆認為初二日是魯國和趙國的分野。這個月斗建在辰位。《左氏傳》記梓慎說：「將有大水。」昭子說：「是乾旱。太陽過了春分而陽氣仍然不勝，陽氣盛一定很厲害，能不乾旱嗎！陽氣不勝，莫非是將要進行積聚吧。」這一年秋天，舉行大雩祭，是天旱。夏至冬至，春分秋分，發生日食，沒有造成災害。日月的運行，春分秋分日夜相等。所以規律相同；冬至夏至，是長短的極端，所以相互經過。相互經過同一運行軌道而日食就輕，不會造成大災害，水旱而已。

33 三十一年「十二月初一辛亥朔日，發生日食」。董仲舒認為在心宿天區，是天子的徵象。當時京師微弱，後來各諸侯果然相率為周京築城。宋國大夫中幾沒有尊奉天子的心意，不願意接受按等級承擔築城的勞役。劉向認為當時吳國滅了徐國，而蔡國滅了沈國，楚國圍攻蔡國，吳國打敗楚國而進入郢都，楚昭王出逃。劉歆認為初二日是宋國和燕國的分野。

34 定公五年「三月初一辛亥朔日，發生日食」。董仲舒、劉向認為後來鄭國滅掉許國，魯國陽虎作亂，盜竊走寶玉大弓，季桓子廢退孔子，宋國三位大臣以封邑反叛。劉歆認為正月初二日是燕國和趙國的分野。

35 十二年「十一月初一丙寅朔日，發生日食」。董仲舒、劉向認為後來晉國三位大夫以其封邑叛亂，薛人殺害了他們的國君，楚國消滅了頓國、胡國，越國打敗了吳國，衛國太子逃奔到宋國。劉歆認為十二月二日是楚國和鄭國的分野。

36 十五年「八月初一庚辰朔日，發生日食」。董仲舒認為在柳宿天區，是周王室已嚴重衰敗，外族將主宰中國的徵象。第二年，中原各諸侯國果然紛紛追隨楚國去圍攻蔡國，蔡國恐懼，遷都到州來。晉國捉住戎蠻子將其交給楚國，把楚國當作自己的朝廷。劉向認為盜賊殺死蔡侯，齊國的陳乞殺了他的國君而擁立陽生，孔子始終得不到任用。劉歆認為六月是晉國和趙國的分野。

37 哀公十四年「五月初一庚申朔日，發生日食」。在獲麟之後。劉歆認為三月二日是齊國和衛國的分野。

38 總計春秋時代經歷十二位魯公，二百四十二年，發生日食三十六次。《穀梁傳》認為朔日有二十六次，晦日七次，夜間有二次，初二日一次。《公羊傳》認為朔日二十七次，初二日有七次，晦日有兩次。《左傳》認為朔日有十六次，初二日十八次，晦日一次，沒有書寫日期的有二次。

1 高帝三年❶十月甲戌晦，日有食之，在斗二十度，燕地也。後二年，燕王臧荼❷反，誅，立盧綰❸為燕王，後又反，敗。

2 十一月癸卯❹晦，日有食之，在虛❺三度，齊地也。後二年，齊王韓信❻徙為楚王，明年廢為列侯，後又反，誅。

3 九年六月乙未❼晦，日有食之，既，在張❽十三度。

4 惠帝七年正月辛丑❾朔，日有食之，在危❿十三度。谷永以為歲首正月⓫朔日，是為三朝⓬，尊者惡之。

五月丁卯[13]，先晦一日，日有食之，幾盡[14]，在七星[15]初。劉向以為五月微陰始起而犯至陽，其占重。至其八月，宮車晏駕[16]，有呂氏詐置嗣君[17]之害。京房易傳曰：「凡日食不以晦朔者，名曰薄。人君誅將不以理，或賊臣將暴起，日月雖不同宿，陰氣盛，薄日光也。」

高后二年六月丙戌[18]晦，日有食之。

七年正月己丑[19]晦，日有食之，既，在營室[20]九度，為宮室中。時高后惡之[21]，曰：「此為我也！」明年應[22]。

文帝二年[23]十一月癸卯晦，日有食之，在婺女[24]一度。

三年[25]十月丁酉晦，日有食之，在斗二十三度。

十一月丁卯[26]晦，日有食之，在虛八度。

後四年[27]四月丙辰晦，日有食之，在東井[28]十三度。

七年[29]正月辛未朔，日有食之。

景帝三年[30]二月壬午晦，日有食之，在胃二度。

七年[31]十一月庚寅晦，日有食之，在虛九度。

中元年[32]十二月甲寅晦，日有食之。

16 中二年㉝九月甲戌晦，日有食之。

17 三年㉞九月戊戌晦，日有食之，幾盡，在尾㉟九度。

18 六年㊱七月辛亥晦，日有食之，在軫七度。

19 後元年㊲七月乙巳，先晦一日㊳，日有食之，在翼㊴十七度。

20 武帝建元二年㊵二月丙戌朔，日有食之，在奎十四度。劉向以為奎為卑賤婦人，後有衛皇后自至微㊶興，卒有不終㊷之害。

21 三年㊸九月丙子晦，日有食之，在尾二度。

22 五年㊹正月己巳朔，日有食之。

23 元光元年㊺二月丙辰晦，日有食之。

24 七月癸未㊻，先晦一日，日有食之，在翼八度。劉向以為前年高園便殿災，與春秋御廩災後日食於翼、軫同。其占，內有女變，外為諸侯。其後陳皇后廢㊼，江都、淮南、衡山王謀反㊽，誅。日中時食從東北，過半，晡時㊾復。

25 元朔二年㊿二月乙巳晦，日有食之，在胃三度。

26 六年十一月癸丑(51)晦，日有食之。

27 元狩元年(52)五月乙巳晦，日有食之，在柳六度。京房易傳推以為是時日食從

旁右，法曰君失臣。明年丞相公孫弘[53]薨。日食從旁左者，亦君失臣；從上者，
臣失君；從下者，君失民。

28 元鼎五年[54]四月丁丑晦，日有食之，在東井二十三度。

29 元封四年[55]六月己酉朔，日有食之。

30 太始元年[56]正月乙巳晦，日有食之。

31 四年[57]十月甲寅晦，日有食之，在斗十九度。

32 征和四年[58]八月辛酉晦，日有食之，不盡如鉤，在亢[59]二度。晡時食從西北，
日下晡時[60]復。

33 昭帝始元三年[61]十一月壬辰朔，日有食之，在斗九度，燕地也。後四年，燕
刺王謀反，誅。

34 元鳳元年[62]七月己亥晦，日有食之，幾盡，在張十二度。劉向以為己亥而既，
其占重[63]。後六年，宮車晏駕，卒以亡嗣。

35 宣帝地節元年[64]十二月癸亥晦，日有食之，在營室十五度。

36 五鳳元年[65]十二月乙酉朔，日有食之，在婺女十度。

37 四年[66]四月辛丑朔，日有食之，在畢十九度。是為正月朔，慝未作，左氏以

為重異。

38 元帝永光二年㊿67三月壬戌朔，日有食之，在婁八度。

39 四年68六月戊寅晦，日有食之，在張七度。

40 建昭五年69六月壬申晦，日有食之，不盡如鉤，因入。

41 成帝建始三年70十二月戊申朔，日有食之，其夜未央殿中地震。谷永對曰：「日食婺女九度，占在皇后。地震蕭牆71之內，咎在貴妾。二者俱發，明同事異人，共掩制陽，將害繼嗣也。亶72日食，則妾不見；亶地震，則后不見。異日而發，則似殊事；亡故動變，則恐不知。是月后妾當有失節之郵73，故天因此兩見其變。若曰，違失婦道，隔遠74眾妾，妨絕繼嗣者，此二人75也。」杜欽76對亦曰：「日以戊申食，時加未。戊未，土也，中宮77之部。其夜殿中地震，此必適78妾將有爭寵相害而為患者。人事失於下，變象見於上。能應之以德，則咎異消；忽而不戒79，則禍敗至。應之，非誠不立，非信不行。」

42 河平元年80四月己亥晦，日有食之，不盡如鉤，在東井六度。劉向對曰：「四月交於五月，月同孝惠81，日同孝昭82。東井，京師地，且既，其占恐害繼嗣。」日蚤83食時，從西南起。

43 三年[84]八月乙卯晦，日有食之，在房[85]。

44 四年[86]三月癸丑朔，日有食之，在昴[87]。

45 陽朔元年[88]二月丁未晦，日有食之，在胃。

46 永始元年[89]九月丁巳晦，日有食之。谷永以京房易占對曰：「元年九月日食，酒亡節之所致也。獨使京師知之，四國不見者，若曰，湛[90]湎于酒，君臣不別，禍在內也。」

47 永始二年[91]二月乙酉晦，日有食之。谷永以京房易占對曰：「今年二月日食，賦斂不得度，民愁怨之所致也。所以使四方皆見，京師陰蔽者，若曰，人君好治宮室，大營墳墓，賦斂茲[92]重，而百姓屈竭[93]，禍在外也。」

48 三年[94]正月己卯晦，日有食之。

49 四年[95]七月辛未晦，日有食之。

50 元延元年[96]正月己亥朔，日有食之。

51 哀帝元壽元年[97]正月辛丑朔，日有食之，不盡如鉤，在營室十度，與惠帝七年同月日。

52 二年[98]三月壬辰晦，日有食之。

53 平帝元始元年(99)五月丁巳朔，日有食之，在東井。

54 二年(100)九月戊申晦，日有食之，既。

55 凡漢著紀十二世，二百一十二年，日食五十三，朔十四，晦三十六，先晦一日三。

【章旨】以上記載了整個西漢一代二百一十二年間五十三次日食，對照《左傳》所載日食現象，有許多相似之處，即凡日食發生的地域，都與政事有關，上天的災異預示著人事的變故，如果漠視警示，那麼禍患就會到來。

【注釋】❶高帝三年　西元前二〇四年。❷臧荼　早年為燕將，後被項羽封為燕王，之後又歸漢。❸盧綰　本書卷三十四有傳。❹十一月癸卯　夏曆十一月二十九日。❺虛　星宿名。北方七宿之第四宿。❻韓信　本書卷三十四有傳。❼九年六月乙未　漢高祖九年夏曆六月二十九日。❽張　星宿名。南方七宿之第五宿。❾惠帝七年正月辛丑　惠帝七年，西元前一八八年。正月辛丑，夏曆正月初一日。❿危　危宿。北方七宿之第五宿。⓫歲首正月　漢初沿用秦曆，以十月為歲首。⓬三朝　正月一日，是一年歲、月、日的開始，故稱為三朝。⓭五月丁卯　惠帝七年夏曆五月二十九日。⓮幾盡　將近全食。幾，幾乎；快要。⓯七星　星宿名。南方七宿之第四宿。⓰宮車晏駕　古代稱皇帝的死亡。⓱詐置嗣君　惠帝即位後，呂后立惠帝姊魯元公主女為皇后，無子，取後宮美人子詐稱皇后子，並立為太子。⓲高后二年六月丙戌　高后二年，西元前一八六年。六月丙戌，夏曆六月二十九日。⓳七年正月己丑　七年，西元前一八一年。正月己丑，夏曆正月三十日。⓴營室　即室宿。二十八宿之一，北方七宿之第六宿。㉑惡之　厭惡。㉒應　指高后的去世應驗了天象。㉓文帝二年　西元前一七八年。㉔婺女　即女宿。二十八宿之一，北方七宿之第三宿。㉕三年　西元前一七七年。㉖十一月丁卯　夏曆十一月二十九日。㉗後四年　西元前一六〇年。㉘東井　即井宿。二十八宿之一，南方七宿之第一宿。㉙七年　西元前一五七年。㉚景帝三年　西元前一五四年。㉛七年　西元前一五〇年。㉜中元年　西元前一四九年。㉝中二年　西元前一四八年。㉞三年　西元前一四七年。㉟尾　星宿名。二十八宿之一，北方七宿之第六宿。㊱六年　西元前一四四年。㊲後元年　西元前一四三年。㊳先晦一日　本書卷五〈景帝紀〉只言「晦」不言「先晦一日」。㊴翼　翼宿。二十八宿之一，南方七宿之第六宿。㊵武帝建元二年　西元前一三九年。㊶至微　極端微賤。衛皇后是平陽公主的歌女。㊷不終　不能終其天年。衛皇后其後以巫蠱事而自殺。㊸三年　西元前一三八年。㊹五年　西元前一三六年。㊺元光元年　西元前一三四年。㊻七月癸未　夏曆七月二十九日。㊼陳皇后廢　詳情見本書卷九十七〈外戚傳．孝武陳皇后〉。㊽江都淮南衡山王謀反　見本書卷五十三〈景十三王傳〉的〈江都王傳〉、〈淮南衡山王傳〉。㊾晡時　即申時。相當於下午三時至五時。㊿元朔二年　西元前一二七年。(51)六年十一月癸丑　六年，西元前一二三年。十一月癸丑，元朔六年十一月朔日為乙卯，本月無癸丑，二十九日晦日，為癸未。(52)元狩元年　西元前一二二年。(53)公孫弘　本書卷五十八有傳。(54)元鼎五年　西元前一一二年。(55)元封四年　西元前一〇七年。(56)太始元年　西元前九六年。(57)四年　西元前九三年。(58)征和四年　西元前八九年。(59)亢　亢宿。二十八宿之一，東方七宿之第二宿。(60)日下晡時　申後五刻，黃昏之後。(61)昭帝始元三年　西元前八四年。(62)元鳳元年　西元前八〇年。(63)其占重　謂預測的後果嚴重。孟康曰：「己，土；亥，水也。純陰，故食為最重。」(64)宣帝地節元年　西元前六九年。(65)五鳳元年　西元前五七年。(66)四年　西元前五四年。(67)元帝永光二年　西元前四二年。(68)四年　西元前四〇年。(69)建昭五年　西元前三四年。(70)成帝建始三年　西元前三〇年。(71)蕭牆　古代宮室內作為屏障的矮牆。(72)亶　通「但」。只有。(73)郵　通「尤」。過失。(74)遠　隔遠；疏遠。(75)此二人　指許皇后和班婕妤。(76)杜欽　見卷六十〈杜周傳〉。(77)中宮　皇后所居宮室。(78)適　通「嫡」。(79)忽而不戒　忽，疏忽。戒，警戒。(80)河平元年　西元前二八年。(81)月同孝惠　何焯曰：「孝惠時以十月為歲首，今食于夏正之月，雖變之大者，月固不同也。」何說為是。(82)日同孝昭　昭帝元鳳元年七月己亥晦。與之同日。(83)蚤　通「早」。(84)三年　西元前二六年。(85)房　房宿。二十八宿之一，東方七宿之第四宿。(86)四年　西元前二五年。(87)昴　星宿名。二十八宿之一，西方七宿之第四宿。(88)陽朔元年　西元前二四年。(89)永始元年　西元前一六年。(90)湛　通「沉」。(91)永始二年　西元前一五年。(92)茲　通「滋」。益加；更加。(93)屈竭　竭盡。(94)三年　西元前一四年。(95)四年　西元前一三年。(96)元延元年　西元前一二年。(97)哀帝元壽元年　西元前二年。(98)二年　西元前一年。(99)平帝元始元年　西元一年。(100)二年　即西元二年。

【語　譯】高帝三年十月三十甲戌晦日，發生日食，在斗宿二十度，是燕地。其後二年，燕王臧荼謀反，被殺，又立盧綰為燕王，後又反叛，失敗。

2 十一月二十九癸卯晦日，發生日食，在虛宿三度，是齊國地域。此後二年，齊王韓信調遷為楚王，第二年被廢黜為列侯，後來又反叛，被誅殺。

3 九年六月二十九乙未晦日，發生日食，是日全食，在張宿十三度。

4 惠帝七年正月初一辛丑朔日，發生日食，在危宿十三度。谷永認為歲首正月朔日，這叫做三朝，是統治者厭惡的事。

5 五月二十九丁卯，在晦日的前一天，有日食發生，幾乎全食，在七星初度。劉向認為五月微弱的陰氣初起就侵犯到陽氣，其凶占重大。到這年八月，惠帝便去世了，有呂氏詐立新君的禍害。京房《易傳》說：「凡是日食不在晦日、朔日的，其名叫薄。君主誅殺將帥不憑理，或者有賊臣將要突然興起，日月雖然不在同一天區，陰氣旺盛，也會逼薄日光。」

6 高后二年六月二十九丙戌晦日，發生日食。

7 七年正月三十己丑晦日，發生日食，是日全食，在室宿九度，正當宮室中。當時高后非常厭惡，說：「這是因為我的緣故！」第二年，高后去世，應驗了天象。

8 文帝二年十一月二十九癸卯晦日，發生日食，在女宿一度。

9 三年十月三十丁酉晦日，發生日食，在斗宿二十三度。

10 十一月二十九丁卯晦日，發生日食，在虛宿八度。

11 後四年四月二十九丙辰晦日，發生日食，在井宿十三度。

12 後七年正月初一辛未朔日，發生日食。

13 景帝三年二月三十壬午晦日，發生日食，在胃宿二度。

14 七年十一月二十九庚寅晦日，發生日食，在虛宿九度。

15 中元年十二月三十甲寅晦日，發生日食。

16 中二年九月二十九甲戌晦日，發生日食。

17 中元三年九月二十九戊戌晦日，發生日食，幾乎全食，在尾宿九度。

18 中六年七月二十九辛亥晦日，發生日食，在軫宿七度。

19 後元年七月二十九乙巳日，在晦日前一天，發生日食，在翼宿十七度。

20 武帝建元二年二月初一丙戌朔日，發生日食，在奎宿十四度。劉向認為奎星為最卑賤之夫人，後來有衛皇后從極微賤的地位而發跡，終於有不得其天年之禍害。

21 三年九月二十九丙子晦日，發生日食，在尾宿二度。

22 五年，正月初一己巳朔日，發生日食。

23 元光元年二月二十九丙辰晦日，發生日食。

24 七月二十九癸未，在晦日的前一天，發生日食，在翼宿八度。劉向認為前年高帝陵園便殿發生火災，和春秋時代御廩發生火災後在翼宿、軫宿間發生日食的情況相同。其占卜的結果是內有女變，外有諸侯之變。在這以後陳皇后被廢掉，江都、淮南、衡山王謀反被誅。太陽正午時日食，從東北開始，超過一半，申時復原。

25 元朔二年二月二十九乙巳晦日，發生日食，在胃宿三度。

26 六年十一月二十九癸未晦日，發生日食。

27 元狩元年五月三十乙巳晦日，發生日食，在柳宿六度。京房《易傳》推算認為這時日食在太陽右旁開始，占法上認為這意味著君要失臣。第二年丞相公孫弘去世。日食從左旁開始，也是君要失臣；從上方開始，是臣要失君；從下方開始，是君失民。

28 元鼎五年四月二十九丁丑晦日，發生日食，在井宿二十三度。

29 元封四年六月初一己酉朔日，發生日食。

30 太始元年正月三十乙巳晦日，發生日食。

31 四年十月三十甲寅晦日，發生日食，在斗宿十九度。

32 原。
征和四年八月三十辛酉晦日，有日食，食未盡時如鉤一樣，在亢宿二度。申時從西北開始，黃昏之後復原。

33 昭帝始元三年十一月初一壬辰朔日，發生日食，在斗宿九度，是燕國的分野。其後四年，燕剌王謀反，被殺。

34 元鳳元年七月二十九己亥晦日，發生日食，幾乎全食，在張宿十二度。劉向認為己亥全食，預測後果嚴重，其後六年，昭帝去世，最終未有繼承人。

35 宣帝地節元年十二月三十癸亥晦日，發生日食，在室宿十五度。

36 五鳳元年十二月初一乙酉朔日，發生日食，在女宿十度。

37 四年四月初一辛丑朔日，發生日食，在畢宿十九度。這是正月朔，陰氣沒有開始，《左氏》認為有重大變異。

38 元帝永光二年三月三十壬戌朔日，發生日食，在婁宿八度。

39 四年六月二十九戊寅晦日，發生日食，在張宿七度。

40 建昭五年六月二十九壬申晦日，發生日食，偏食像彎鉤一樣，隨即就落下去了。

41 成帝建始三年十二月初一戊申朔日，發生日食，當天夜裡未央殿中發生地震。谷永奏對說：「日食在女宿九度，應驗在皇后。地震在屏牆之內，災禍在貴妾。二者一起發生表明事相同而人不同，共同掩蔽陽氣，將有害於繼嗣。只有日食則妾不見，只有地震則皇后不見。不在一天發生，則似不同的事；無故動變，就恐怕不能周知。這個月皇后貴妾會有違失禮節的過失，所以上天因此而兩顯其變。好像說，違失婦道，疏遠眾妾，傷害斷絕繼承人的，就是這兩個人。」杜欽的奏對也說：「太陽在戊申未時虧食。戊、未屬於土，是中宮地區。這一夜殿中地震，這一定是正妻庶妾將會有爭寵相害而發生禍患。人事的變故過失在下，而變象在天上就顯現出來。如果能以修德來對應，那麼災害異變就會消失；如果忽視而不引起警戒，那麼禍患毀敗就會到來。回應，沒有誠心就不能確立，沒有信用便不能實行。」

42 河平元年四月二十九己亥晦日，發生日食，沒有食盡而像鉤一樣，在井宿六度。劉向奏對說：「四月交於五月，與孝惠同月，與孝昭同日。井宿，是京師的分野，將近全食，其占兆恐怕有害於繼承人。」日食最早的時候，從西南開始。

43 三年八月二十九乙卯晦日，發生日食，在房宿。

44 四年三月三十癸丑朔日，發生日食，在昴宿。

45 陽朔元年二月二十九丁未晦日，發生日食，在胃宿。

46 永始元年九月三十丁巳晦日，發生日食。谷永以京房《易占》奏對說：「元年九月日食，這是由於飲酒沒有節制所致。單獨讓京城知道，四方都不知道，好像是說，沉湎於酒，君臣不分，災禍將在朝廷內發生。」

47 永始二年二月二十九乙酉晦日，發生日食。谷永以京房《易占》奏對說：「今年二月日食，是賦稅收取不合法度，下民憂愁怨恨所致。所以讓四方都能看見，京城卻陰蔽不見，好像是說：君主喜愛修築宮室，大力營建墳墓，賦斂更加沉重，而百姓已力盡財窮，禍患將發生於朝外。」

48 三年正月三十己卯晦日，發生日食。

49 四年七月二十九辛未晦日，發生日食。

50 元延元年正月初一己亥朔日，發生日食。

51 哀帝元壽元年正月初一辛丑朔日，發生日食，偏食像彎鉤一樣，在營宿十度，和惠帝七年同月同日。

52 二年三月三十壬辰晦日，發生日食。

53 平帝元始元年五月初一丁巳朔日，發生日食，在井宿。

54 二年九月二十九戊申晦日，發生日食，日全食。

55 總計漢朝歷史記載十二代，二百一十二年，日食五十三次，朔日十四次，晦日三十六次，在晦日前三次。

1 成帝建始元年❶八月戊午，晨漏未盡三刻❷，有兩月重見。京房易傳曰：「『婦貞厲，月幾望，君子征，凶。』❸言君弱而婦彊，為陰所乘，則月並出。晦而月見西方謂之朓，朔而月見東方謂之仄慝❹，仄慝則侯王其肅，朓則侯王其舒。」劉向以為朓者疾也，君舒緩則臣驕慢，故日行遲而月行疾也。仄慝者不進之意，君肅急則臣恐懼，故日行疾而月行遲，不敢迫近君也。不舒不急，以正失之者，食朔日。劉歆以為舒者侯王展意❺顓事，臣下促急，故月行疾也。肅者王侯縮朒❻不任事，臣下弛❼縱，故月行遲也。當春秋時，侯王率多縮朒不任事，故食二日仄慝者十八，食晦日朓者一，此其效也。考之漢家，食晦朓者三十六，終亡二日仄慝者，歆說信矣。此皆謂日月亂行者也。

2 元帝永光元年❽四月，日色青白，亡景❾，正中時有景亡光❿。是夏寒，至九月，日乃有光。京房易傳曰：「美不上人，茲謂上弱，厥異日白，七日不溫。順亡所制⓫茲謂弱，日白六十日，物亡霜而死。天子親伐，茲謂不知，日白，體動而寒。弱而有任，茲謂不亡，日白不溫，明不動。辟愆公行⓬，茲謂不伸，厥異日黑，大風起，天無雲，日光晻。不難上政，茲謂見過，日黑居仄，大如彈丸。」

3 成帝河平元年⓭正月壬寅朔，日月俱在營室，時日出赤。二月癸未⓮，日朝赤，且入又赤，夜月赤。甲申⑮，日出赤如血，亡光，漏上四刻半，乃頗有光，燭地赤黃，食後乃復。京房易傳曰：「辟不聞道茲謂亡，厥異日赤。」三月乙未⑯，日出黃，有黑氣大如錢，居日中央。京房易傳曰：「祭天不順茲謂逆，厥異日赤，其中黑。聞善不予⑰，茲謂失知，厥異日黃。」夫大人者，與天地合其德，與日月合其明，故聖王在上，總命群賢，以亮⑱天功，則日之光明，五色備具，燭燿亡主；有主則為異，應行而變也。色不虛改，形不虛毀，觀日之五變，足以監⑲矣。故曰「縣象著明，莫大乎日月」，此之謂也。

【章　旨】以上敘述漢代成帝和元帝時出現的幾次日月之相變異情況。因為顯示天象最顯著者莫過於太陽和月亮，所以觀察太陽和月亮的各種變化就可以預知政事之變化。

【注　釋】❶成帝建始元年　西元前三二年。❷晨漏未盡三刻　古代以漏壺為計時器，利用滴水多寡來計量時間，在壺內刻有表示時間的刻度，晝夜百刻。晨漏未盡三刻，乃大清早。❸京房易傳曰五句　引文見《易・小畜》上九爻辭。意謂婦人占問有危險，過了陰曆月半，君子出外凶。這裡言君弱而臣強。厲，危險。幾，近於。征，行。❹仄慝　夏曆每月初一早晨，月現於東方。月亮運行速度慢，在太陽後面，應當沒而再現。❺展意　任意。❻縮朒　退怯不前，行動遲緩的樣子。《說文》：「朒，朔而月見東方，謂之縮朒。」❼弛　鬆弛；鬆懈。❽元帝永光元年　西元前四三年。❾亡景　日下無影。景，即「影」。❿有景亡光　有影而沒有光輝。⓫順亡所制　君主順從於臣下，而無能力控制。⓬辟諐公行　辟，君主。諐，通「愆」。過失。公行，公開行動。⓭成帝河平元年　西元前二八年。⓮二月癸未　夏曆二月十三日。⓯甲申　夏曆二月十四日。⓰三月乙未　該月朔日為辛丑，該月無乙未。⓱聞善不予　聽到善言不贊同。予，即「與」。贊同；讚許。⓲亮　輔佐。⓳監　通「鑑」。鑑戒。

【語　譯】成帝建始元年八月戊午日，晨漏還沒有到三刻，有兩個月亮迭相出現。京房《易傳》說：「『婦人占問有危險，過了陰曆月半，君子出外，凶。』是說君弱而婦強，為陰氣所欺凌，於是就有兩個月亮並出。月底月亮在西方出現叫做朓，夏曆初一月亮在東方出現叫做仄慝，仄慝則王侯肅急，朓則王侯舒緩。」劉向認為，朓就是急速，君主舒緩而臣下就驕慢，所以太陽運行遲緩而月亮運行疾速。仄慝是不前進的意思，君主肅急那麼臣下恐懼，所以太陽運行疾速而月亮運行遲緩，不敢迫近君主。不舒緩不疾速，以糾正其過失者，日食在朔日。劉歆認為舒者是王侯任意專斷政事，臣下促急，所以月亮運行疾速。肅急是王侯行動遲緩辦事不力，臣下就懈怠放縱，所以月亮運行遲緩。在春秋時代，王侯大多是行動遲緩而辦事不力，所以日食初二日仄慝的有十八次，日食在晦朓的一次，這是其徵驗。查考漢王朝，日食在晦朓者有三十六次，最終沒有日食在初二日仄慝的，劉歆的說法是可信的。這些都是說日月錯亂運行的情況。

2 元帝永光元年四月，太陽呈青白色，日下無影，太陽至中午時有影而沒有光輝。這年夏天寒冷，一直到九月，太陽才有光輝。京房《易傳》說：「美善不在統治者，這就叫做上弱，其徵異是太陽呈白色，七天不溫暖。順從於臣下而沒有控制臣下的能力，這叫做懦弱，太陽呈白色六十天，植物沒有降霜而死。天子親自帶兵征伐，這叫做不明智，太陽呈白色，身體雖動而寒冷。懦弱而有法制，這就叫做不亡，日光發白而不溫暖，明亮而不動。君主有過而公然去行動，這就叫做不使情理得直，其徵異是太陽光呈黑色，颳大風，天上無雲，日光發暗。不責難在上的政事，這叫做暴露過錯，太陽的側邊呈現黑色，像彈丸一樣大。」

3 成帝河平元年正月初一壬寅朔日，太陽和月亮都在室宿，當時太陽出來呈火紅色。二月十三癸未日那天，太陽早晨出來呈火紅色，將要落下去時又呈火紅色，夜晚月光呈紅色。十四甲申日，太陽出來紅如血色，沒有光芒，記時器上四刻半時，才頗有光芒，照在地上為赤黃色，早飯過後才恢復。京房《易傳》上說：「君主不知道為君之道就會滅亡，其徵異是太陽呈火紅色。」三月乙未日，太陽出來呈黃色，有黑色的氣像銅錢那樣大，處在太陽的中央。京房《易傳》上說：「祭祀天帝不恭順這就叫做忤逆，其徵異是太陽呈火紅色，中央呈黑色。聽到善言而不讚許，這就叫做失去明智，出現的徵異是太陽呈黃色。」德行高尚的人，他的道德與天地相合，與日月同光，所以聖王處在上位，全都掌握和任用賢人，來佐助上天之功，那麼太陽的光輝會五色具備，照耀無主；有主就會呈現異常現象，跟隨行為而變化。顏色是不會沒有原因而改變的，其形體也不是隨便可毀的，觀察太陽的五種變化，就足以作為鑑戒了。所以說「懸示天象非常明顯者，莫大於太陽和月亮」，就是說的這個意思。

嚴公七年❶「四月辛卯夜，恆星不見，夜中星隕❷如雨」。董仲舒、劉向以為常星二十八宿者，人君之象也；眾星，萬民之類也。列宿❸不見，象諸侯微也；眾星隕墜，民失其所也。夜中者，為中國也。不及地而復，象齊桓起而救存之也。鄉❹亡桓公，星遂至地，中國其良❺絕矣。劉向以為夜中者，言不得終性命，中道敗也。或曰象其叛也，言當中道叛其上也。天垂象以視❻下，將欲人君防惡遠❼非，慎卑省❽微，以自全安也。如人君有賢明之材，畏天威❾命，若高宗謀祖己❿，成王泣金縢⓫，改過修正，立信布德，存亡繼絕⓬，修廢舉逸⓭，下學而上達⓮，裁什一之稅⓯，復三日之役⓰，節用儉服，以惠百姓，則諸侯懷德，士民歸仁，災消而福興矣。遂莫肯改寤，法則⓱古人，而各行其私意，終於君臣乖離，上下交怨。自是之後，齊、宋之君弒⓲，譚、遂、邢、衛之國滅⓳，宿遷於宋⓴，蔡獲於楚㉑，晉相弒殺㉒，五世乃定㉓，此其效也。左氏傳曰：「恆星不見，夜明也；

星隕如雨，與雨偕也。」劉歆以為晝象中國，夜象夷狄。夜明，故常見之星皆不見，象中國微也。「星隕如雨」，如，而也，星隕而且雨，故曰「與雨偕也」，明雨與星隕，兩變相成也。洪範曰：「庶民惟星。」易曰：「雷雨作，解。」㉔是歲歲在玄枵㉕，齊分壄也。夜中而星隕，象庶民中離上也。雨以解過施，復從上下，象齊桓行伯，復興周室也。周四月，夏二月也，日在降婁㉖，魯分壄也。先是，衛侯朔奔齊，衛公子黔牟立，齊帥諸侯伐之，天子使使救衛。魯公子溺專政，會齊以犯王命㉗，嚴弗能止，卒從而伐衛，逐天王所立。不義至甚，而自以為功。民去其上，政繇㉘下作，尤著，故星隕於魯，天事常象也。

成帝永始二年二月癸未㉙，夜過中，星隕如雨，長一二丈，繹繹㉚未至地滅，至雞鳴止。谷永對曰：「日月星辰燭臨下土，其有食隕之異，則遐邇幽隱靡不咸睹。星辰附離㉛于天，猶庶民附離王者也。王者失道，綱紀廢頓，下將叛去，故星叛天而隕，以見其象。春秋記異，星隕最大，自魯嚴以來，至今再見。臣聞三代所以喪亡者，皆繇婦人群小，湛湎於酒。書云：『乃用其婦人之言，四方之逋逃多罪，是信是使。』㉜詩曰：『赫赫宗周，褒姒威之。』㉝『顛覆厥德，荒沉于酒㉞。』及秦所以二世而亡者，養生大奢，奉終大厚。方今國家兼而有之，社稷宗廟之大憂也。」京房易傳曰：「君不任賢，厥妖天雨星。」

【章　旨】以上以「星隕」為主題，旨在說明，天垂象以示下，君主當任賢者，勿用婦人之言，不要養生送終過度。

【注　釋】❶嚴公七年　西元前六八七年。❷星隕　星的墜落。❸列宿　眾星宿。❹鄉　通「向」。❺良　猶「信」。確實。❻視　通「示」。❼遠　避開；躲開。❽省　察。❾威　通「畏」。畏懼；害怕。❿高宗謀祖己　殷高宗時出現雊雉之異，祖己以此來訓誡高宗，作〈高宗肜日〉，〈高宗之訓〉。高宗，謂殷王武丁。祖己，武丁之臣。⓫成王泣金縢　據說周武王有病，周公作金縢之書為王請命。第二天武王的病便痊癒了。後來武王去世，成王即位，管蔡諸人製造流言，周公避居洛邑，當時天上雷電大作，狂風暴雨，禾苗全都被颳倒。大樹被連根拔起，成王開啟了金縢，得到了周公當年所書祝文，成王執書大哭，派遣使者迎回周公，成王去郊外，天下著雨，吹起了反向的風，倒地的禾苗全都立了起來。金縢，《尚書》篇名。⓬存亡繼絕　使滅亡了的國家恢復，接續起斷絕的世代。⓭修廢舉逸　興修廢業，舉用逸民。⓮下學而上達　謀事於群下，上通於天道。⓯什一之稅　十分而稅其一。⓰三日之役　一年只要老百姓服役三天。⓱法則　效法；學習。⓲齊宋之君弒　指魯莊公八年，齊國無知弒其君諸兒，十二年宋萬弒其君捷。⓳譚遂邢衛之國滅　以上諸國皆春秋時小國名。譚，在今山東章丘西。遂，在今山東泰安西南。邢，在今河北邢臺，後遷山東聊城西南之夷儀。衛，在今河南淇縣一帶，後遭狄人入侵，被迫遷至楚丘（今河南濮陽西南），再遷至帝丘（濮陽南）。⓴宿遷於宋　魯莊公十年，宋人遷宿而奪取其地。宿，春秋時國名。在今山東東平東南。㉑蔡獲於楚　魯莊公十年，楚打敗蔡國於莘，蔡侯獻舞被俘。㉒晉相弒殺　指晉國奚齊、卓子、懷公相繼被弒殺。㉓五世乃定　晉自獻公至懷公返國，其間凡五易國君。㉔易曰三句　引文見《易・解》彖辭。〈解〉之上卦為〈震〉，下卦為〈坎〉，〈震〉為雷，〈坎〉為雨。㉕玄枵　十二星次之一。與十二辰相配為子，與二十八宿相配為女宿，虛宿，危宿。㉖降婁　十二星次之一。與十二辰相配為戌，與二十八宿相配為奎宿，婁宿。㉗會齊以犯王命　魯莊公三年，公子溺聯合齊國之軍伐衛，而周天子出兵救衛，魯齊之師趕走了周王所立之衛君黔牟，故云「犯王命」。㉘繇　通「由」。㉙成帝永始二年二月癸未　成帝永始二年，西元前一五年，二月癸未，夏曆二月十九日。㉚繹繹　光彩耀人貌。㉛附離　即附麗，依附。㉜書云四句　引文見《尚書・周書・牧誓》。此言殷紂王惑於妲己，信用逋逃之罪人。㉝詩曰三句　引詩見《詩經・小雅・正月》。赫赫，顯赫盛大貌。褒姒，褒國女子，幽王寵妃。㉞顛覆厥德二句　引詩見《詩經‧大雅‧抑》。顛覆，敗壞。厥，其，指周王。荒沉，沉湎。

【語　譯】莊公七年「四月初六辛卯日夜晚，恆星沒有出現，半夜星星像雨一樣墜落到地面上」。董仲舒、劉向認為，常星二十八宿，是人君的象徵；眾星，是萬民一類的象徵。眾星宿不出現，象徵著諸侯的衰弱；眾星的隕落，象徵著萬民將不知所措。半夜中間，象徵著中國。不到地上又返回去，象徵齊桓公興起挽救了他。倘若沒有齊桓公，流星就會墜落到地上，中原的國家將確實滅絕了。劉向認為半夜，是說其不能壽終正寢，中道而失敗也。有的說是象徵他們的反叛，說他們中途反叛他們的君主。天上顯示徵象以告示人們，要人君防範惡遠離非道，要謹慎卑下，省察細微，以保自己的安全。如果人君有賢明的資材，敬畏上天知曉命運，像殷高宗取謀於祖己，周成王捧〈金縢〉而哭泣那樣，改正錯誤，修復正道，樹立信用，布施德行，保存亡國，繼續絕世，興修廢業，舉用逸民，廣泛聽取下民的意見，上通天道，裁減十分之一的賦稅，恢復一年三天的勞役，減省費用，節約服飾，給百姓以恩惠，那麼諸侯會感念恩德，士民歸之於仁政，災禍消除而福運興起。如不肯改正醒悟，效法古人，而各按一己之私意行事，最終是君臣乖違離散，上下互相怨恨。從這以後，齊宋國君被殺，譚、遂、邢、衛之國被滅，宿國被滅而遷於宋，蔡君為楚所俘獲，晉國連續殺害國君，經過五代才安定下來。這就是其應驗。《左氏傳》上說：「恆星不出現，由於夜間明亮；流星墜落如同下雨，與雨同時降落。」劉歆認為白天象徵中國，夜晚象徵夷狄。夜晚明亮，所以經常出現的星辰都看不見，象徵中國的微弱。「星隕如雨」，如，是而的意思，星辰墜落而且有雨，所以說「與雨偕也」，表明下雨與星墜，兩種變異是互相促成的。〈洪範〉講道：「平民是星。」《易》上說：「雷雨興起，是〈解卦〉。」這一年歲星在玄枵，是齊國的分野。半夜發生星墜，象徵庶民百姓中途背離君上。雨因之消解轉移，復又上下，象徵齊桓公推行霸道，重新復興周王室。周的四月，是夏曆二月，太陽運行在降婁星次，這是魯國的分野。在此之前，衛侯朔逃奔到齊國，衛公子黔牟即位，齊國率領諸侯國討伐他，周天子派使者救援衛國。魯國公子溺專政，聯合齊國違犯周王的命令，魯莊公不能制止，終於跟著去討伐衛國，驅逐周王所冊立的衛君黔牟。不義之極，而自己卻以為這是建立功勞。下民離去他們的君主，政事由臣下來運作，特別昭明，所以星辰墜落於魯國，這是天事的經常象徵。

成帝永始二年二月十九癸未日，夜過半，流星墜落如同下雨，長一二丈，光彩耀人，未到地面就熄滅了，到雞叫時為止。谷永奏對說：「日、月、星辰照臨大地，它有日食星隕的異常現象，無論是遠近幽暗隱蔽之處沒有看不見的。星辰附著於天空，好像是庶民百姓依附於王者一樣。君王失道，綱紀廢弛，下民就會叛離而去，所以星辰叛天而下落，用來顯示這種徵象。《春秋》記述災異，星隕是最大的，從魯莊公以來，到今天再次出現。我聽說三代所以滅亡的原因，全部都是由於婦人和一幫小人造成的，沉湎於酒。《尚書》中說：『竟聽信他的婦人的話，對於四方逃亡的罪人，信用他們，使用他們。』《詩經》上說：『顯赫盛大的宗周，褒姒把它毀滅了。』『敗壞了周王的德行，沉湎於飲酒。』以及秦朝之所以二世就滅亡的原因，就是養生太奢侈，送終過於豐厚。如今國家對這些事兼而有之，這是宗廟社稷的大憂患。」京房《易傳》說：「國君不能任用賢臣，其妖異是天上的星辰像雨一樣降落。」

1 文公十四年❶「七月，有星孛入于北斗❷」。董仲舒以為孛者惡氣之所生也。謂之孛者，言其孛孛❸有所妨蔽，闇亂不明之貌也。北斗，大國象。後齊、宋、魯、莒、晉皆弒君❹。劉向以為君臣亂於朝，政令虧於外，則上濁三光❺之精，五星❻贏縮，變色逆行，甚則為孛。北斗，人君象；孛星，亂臣類，篡殺之表也。星傳曰：「魁❼者，貴人之牢。」又曰：「孛星見北斗中，大臣諸侯有受誅者。」

一曰魁為齊、晉。夫彗星較然❽在北斗中，天之視人顯矣，史之有占明矣，時君終不改寤。是後，宋、魯、莒、晉、鄭、陳六國咸弒其君❾，齊再弒❿焉。中國既亂，夷狄並侵，兵革從⓫橫，楚乘威席勝⓬，深入諸夏，六侵伐⓭，一滅國⓮，觀兵周室。晉外滅二國⓯，內敗王師⓰，又連三國之兵大敗齊師于鞌⓱，追亡逐北，東臨海水，威陵⓲京師，武折大齊。皆孛星炎⓳之所及，流至二十八年⓴。星傳又曰：「彗星入北斗，有大戰。其流入北斗中，得名人；不入，失名人。」宋華元，賢名大夫，大棘之戰㉑，華元獲於鄭，傳舉其效云。左氏傳曰有星孛北斗，周史服㉒曰：「不出七年，宋、齊、晉之君皆將死亂。」劉歆以為北斗有環域，四星入其中也。斗，天之三辰㉓，綱紀星也。宋、齊、晉，天子方伯，中國綱紀。彗所以除舊布新也。斗七星，故曰不出七年。至十六年，宋人弒昭公；十八年，齊人弒懿公；宣公二年，晉趙穿弒靈公。

2 昭公十七年㉔「冬，有星孛于大辰㉕」。董仲舒以為大辰心也，心為明堂，天子之象。後王室大亂，三王分爭，此其效也。劉向以為星傳曰「心，大星，天王也。其前星，太子；後星，庶子也。尾為君臣乖離」。孛星加心，象天子適庶將分爭也。其在諸侯，角、亢、氐，陳、鄭也；房、心，宋也。後五年，周景王崩，王室亂，大夫劉子、單子立王猛，尹氏、召伯、毛伯立子鼂。子鼂，楚出㉖也。時楚彊，宋、衛、陳、鄭皆南附楚。王猛既卒，敬王即位，子鼂入王城，天王居狄泉，莫之敢納。五年，楚平王居卒，子鼂奔楚，王室乃定。後楚帥六國伐吳㉗，吳敗之于雞父㉘，殺獲其君臣㉙。蔡怨楚而滅沈，楚怒，圍蔡。吳人救之，遂為柏舉之戰㉚，敗楚師，屠郢都，妻昭王母，鞭平王墓。此皆孛彗流炎所及之效也。

左氏傳曰：「有星孛于大辰，西及漢㉛。申繻㉜曰：『彗，所以除舊布新也㉝，天事恆象㉞。今除於火，火出必布焉㉟。諸侯其有火災乎？』梓慎曰：『往年吾見，是其徵㊱也。火出而見，今茲火出而章，必火入而伏，其居火也久矣，其與㊲不然乎？火出，於夏為三月，於商為四月，於周為五月。夏數得天㊳，若火作，其四國當之，在宋、衛、陳、鄭乎？宋，大辰之虛㊴；陳，太昊㊵之虛；鄭，祝融㊶之虛：皆火房也。星孛及漢；漢，水祥也。衛，顓頊㊷之虛，其星為大水。水，火之牡㊸也。其以丙子若壬午作乎？水火所以合也㊹。若火入而伏，必以壬午㊺，不過見之月㊻。』」明年「夏五月，火始昏見，丙子風。梓慎曰：『是謂融風㊼，火之始也。七日其火作乎㊽？』戊寅風甚，壬午太甚，宋、衛、陳、鄭皆火」。劉歆以為大辰，房、心、尾也，八月心星在西方，孛從其西過心東及漢也。宋，大辰虛，謂宋先祖掌祀大辰星也。陳，太昊虛，虙(49)羲木德，火所生也。鄭，祝融虛，高辛氏火正也。故皆為火所舍。衛，顓頊虛，星為大水，營室也。天星既然，又四國失政相似，及為王室亂皆同。

3 哀公十三年(50)「冬十一月，有星孛于東方」。董仲舒、劉向以為不言宿名者，不加宿(51)也。以辰乘日而出，亂氣蔽君明也。明年，春秋事終。一曰，周之十一月，夏九月，日在氐。出東方者，軫、角、亢也。軫，楚；角、亢，陳、鄭也。或曰角、亢大國象，為齊、晉也。其後楚滅陳，田氏篡齊(52)，六卿分晉(53)，此其效也。劉歆以為孛，東方大辰也，不言大辰，旦而見與日爭光，星入而彗猶見。是歲再失閏，十一月實八月也。日在鶉火，周分野也。十四年冬，「有星孛」，在獲麟後。劉歆以為不言所在，官失之也。

4 高帝三年(54)七月，有星孛于大角(55)，旬餘乃入。劉向以為是時項羽為楚王，伯諸侯，而漢已定三秦，與羽相距滎陽(56)，天下歸心於漢，楚將滅，故彗除(57)王位也。一曰項羽阬秦卒，燒宮室，弒義帝，亂王位，故彗加之(58)也。

5 文帝後七年(59)九月，有星孛于西方，其本直尾、箕(60)，末指虛、危，長丈餘，及天漢，十六日不見。劉向以為尾宋地，今楚彭城(61)也。箕為燕，又為吳、越、齊。宿在漢中，負海[62]之國水澤地也。是時景帝新立，信用鼂錯[63]，將誅正[64]諸侯王，其象先見。後三年，吳、楚、四齊[65]與趙七國舉兵反，皆誅滅云。

6 武帝建元六年[66]六月，有星孛于北方。劉向以為明年淮南王安入朝，與太尉武安侯田蚡[67]有邪謀，而陳皇后[68]驕恣，其後陳后廢，而淮南王反，誅。

7 八月，長星[69]出于東方，長終天，三十日去。占曰：「是為蚩尤旗[70]，見則王者征伐四方。」其後兵誅四夷，連數十年。

8 元狩四年[71]四月，長星又出西北，是時伐胡尤甚。

9 元封元年[72]五月，有星孛于東井，又孛于三台[73]。其後江充作亂，京師紛然。此明東井、三台為秦地效也。

10 宣帝地節元年[74]正月，有星孛于西方，去太白[75]二丈所。劉向以為太白為大將，彗孛加之，掃滅象也。明年，大將軍霍光薨，後二年家夷滅。

11 成帝建始元年[76]正月，有星孛于營室，青白色，長六七丈，廣尺餘。劉向、谷永以為營室為後宮懷姙[77]之象，彗星加之，將有害懷姙絕繼嗣者。一曰，後宮將受害也。其後許皇后坐祝詛後宮懷姙者廢。趙皇后立，妹為昭儀，害兩皇子，上遂無嗣。趙后姊妹卒皆伏辜。

12

元延元年(78)七月辛未，有星孛于東井，踐五諸侯(79)，出河戍北率行軒轅、太微(80)，後日六度有餘，晨出東方。十三日夕見西方，犯次妃、長秋、斗、填(81)，蠭炎再貫紫宮(82)中，大火當後(83)，達天河，除於妃后之域(84)。南逝度犯大角、攝提，至天市(85)而按節徐行，炎入市，中旬而後西去，五十六日與蒼龍(86)俱伏。谷永對曰：「上古以來，大亂之極，所希(87)有也。察其馳騁驟步，芒炎或長或短，所歷奸(88)犯，內為後宮女妾之害，外為諸夏叛逆之禍。」劉向亦曰：「三代之亡，攝提易方；秦、項之滅，星孛大角。」是歲，趙昭儀害兩皇子。後五年，成帝崩，昭儀自殺。哀帝即位，趙氏皆免官爵，徙遼西(89)。哀帝亡嗣。平帝即位，王莽用事，追廢成帝趙皇后、哀帝傅皇后，皆自殺。外家丁、傅皆免官爵，徙合浦，歸故郡。平帝亡嗣，莽遂篡國。

【章旨】以上以「星孛」為主題，敘述了《左傳》所記及漢代多次「星孛」的天象。星孛是一種彗星現象，但古人多認為它與人間的動亂有關。以上凡記有「星孛」的地域都發生了不同程度的動亂，這是一種迷信的說法。

【注釋】❶文公十四年　西元前六一三年。❷七月二句　引自《春秋》。這是世界上關於哈雷彗星的最早記載。孛，彗星的別稱。北斗，北斗星，即大熊星座，由七顆較亮的星（即天樞，天璇，天璣，天權，玉衡，開陽，搖光）排列成斗形。❸孛　彗星光芒四射貌。❹齊宋魯莒晉皆弒君　魯文公十四年齊公子商人弒其君舍，十六年宋人弒其君杵臼，十八年襄仲殺惡及視，莒殺其君庶其，魯宣公二年晉趙穿攻靈公於桃園。❺三光　日、月、星。❻五星　指金、木、水、火、土五大行星。❼魁　星名。北斗星的一至四星為魁星。一說北斗星第一星為魁星。❽較然　明顯意。較，通「皎」。❾宋魯莒晉鄭陳六國咸弒其君　宋、魯、莒、晉弒君事已解於上。魯宣公四年鄭公子歸生弒其君夷，十年陳夏徵舒弒其君平國。❿齊再弒　指齊君舍被齊公子商人所殺，閻職等又殺商人，或齊懿公被殺。⓫從　通「縱」。⓬乘威席勝　乘著與憑藉著戰勝對方的威勢。⓭六侵伐　指魯宣公十二年春楚子圍鄭，夏戰勝晉師於邲，十三年楚伐宋，十四年楚圍宋，魯成公二年楚師侵衛，遂侵魯師於蜀，成公六年，楚國進攻鄭國。⓮一滅國　指魯宣公十二年楚子滅蕭。⓯晉外滅二國　指魯宣公十五年晉滅赤狄潞氏，十六年滅赤狄甲氏。⓰內敗王師　指魯成公元年晉敗王師於貿戎。⓱又連三國句　三國，指魯、衛、曹。鞌，齊國地名。在今山東濟南西北。⓲威陵　威脅；淩辱。⓳炎　通「焰」。⓴流至二十八年　從魯文公十四年星孛至成公六年楚公子嬰齊率師伐鄭，（西元前六一三至前五八五年）共二十八年。㉑大棘之戰　魯宣公二年，宋華元率師和鄭公子歸生戰於大棘，宋師敗績，華元為鄭所獲。大棘，宋國地名。在今河南柘城西北。㉒史服　周太史叔服。㉓三辰　日、月、星。㉔昭公十七年　西元前五二五年。㉕大辰　星次名。即大火次。即心宿二。㉖楚出　楚國女人的兒子，姊妹之子曰出。即子鼂是楚國的外甥。㉗楚帥六國伐吳　魯昭公二十三年，楚人率頓、胡、沈、蔡、陳、許之師，與吳師戰於雞父，楚敗。㉘雞父　楚地名。在今河南固始東南。㉙殺獲其君臣　雞父之戰，胡子髡，沈子逞被殺，陳國大夫夏齧被俘虜。㉚柏舉之戰　魯定公四年四月，蔡國公孫勝率領軍隊滅沈，俘獲了沈子嘉。沈是楚的與國，所以在這一年秋天楚因為沈的緣故而出兵圍蔡，這年冬天，吳國興師救蔡，和楚相遇於柏舉，楚國大敗。柏舉，楚邑名，在今湖北麻城東北。㉛漢　天漢，即銀河。㉜申繻　魯國大夫。㉝彗二句　彗星有一拖長的尾巴形似彗，所以彗星也俗稱掃帚星，掃帚去塵，故云「除舊布新」。彗，掃帚。㉞天事恆象　意謂有善事象吉，有惡事象凶的天象。恆，常。㉟今除於火二句　是說彗星掃除到火星，而火星還在藏匿不現。所以必待火星的再現，才布散為災。㊱徵　徵象；徵兆。㊲其與　其，作「豈」意。與，語氣詞。㊳夏數得天　意謂夏正與自然運行的規律相符。夏正大體上立春在正月。㊴虛　通「墟」。居所。㊵太昊　又作太皞。古帝名。即虙羲氏。㊶祝融　高辛氏的火正。㊷顓頊　古帝名。㊸水二句　是言水、火相配。水為雄，火為雌。牡，雄也。㊹其以丙子若壬午作乎二句　丙為火日，午為火位；壬為水日，子為水位，所以丙午為火，壬子為水，水火合而相薄，水少而火多，所以水不勝火。㊺若火入而伏二句　意思是說丙子、壬午雖都是水火配合的日子，但二者之間先言強，若火星伏藏，則連秋到春，歷大陰，水用事，它們雖然所欲相同，水當在火之先，所以疑火星伏藏，就必以壬午。㊻不過見之月　《左傳》杜注：「火見，周之五月。」㊼融風　張晏曰：「融風，立春木風也，火之母也，火所始生也。」㊽七日其火作乎　從丙子到壬午總共七天，既是其配合之日，又火以七為紀。㊾慮　通「伏」。㊿哀公十三年　西元前四八二年。(51)不加宿　因為此處只說到「孛于東方」，未言何宿，故云「不加宿」。(52)田氏篡齊　齊康公十九年（西元前三八六年）齊國田和執政，西元前三七九年，齊康公去世，田氏卒併齊。(53)六卿分晉　六卿指晉國的范氏、中行氏、智氏、韓、趙、魏。六卿先後執政而晉國衰落，後韓、趙、魏先後滅范氏、中行氏、智氏，而有其土地與民眾，至晉靜公時韓、趙、魏三家分晉。(54)高帝三年　西元前二〇四年。(55)大角　即牧夫座第一星。是北方天際最亮之星，古代把大角作為確定季節，定方向的標誌恆星。(56)滎陽　漢縣名。在今河南滎陽東北。(57)彗除　掃除。(58)加之　施予。(59)文帝後七年　西元前一五七年。(60)本直尾箕　本，主體；本體。直，通「值」。當。尾箕，皆星宿名。東方七宿之第六、七宿。(61)彭城　漢縣名。在今江蘇徐州。(62)負海　沿海。(63)鼂錯　本書卷四十九有傳。(64)正　通「征」。(65)四齊　指位於齊地的膠東，膠西，菑川，濟南四國。(66)武帝建元六年　西元前一三五年。(67)田蚡　本書卷五十二有傳。(68)陳皇后　本書卷九十七上有傳。(69)長星　古星名。類似彗星，有長形光芒。(70)蚩尤旗　彗星名。其外形像旗，古代認為它象徵戰爭。(71)元狩四年　西元前一一九年。(72)元封元年　西元前一一〇年。(73)三台　星官名。或寫作「三階」，「秦階」，「三能」，屬太微垣，共六星。(74)宣帝地節元年　西元前六九年。(75)太白　星名。即金星。是全天最亮的星辰，光色發白，故名太白。(76)成帝建始元年　西元前三二年。(77)懷姙　懷孕。(78)元延元年　西元前一二年。(79)五諸侯　星名。屬井宿，共有五星。(80)出河戍北率行軒轅太微　河戍，指南河星、北河星。因其位置是天帝的關梁，是需守衛的交通要衝，所以稱為河戍。軒轅，星官名。亦稱「權」。屬星宿包括十七顆星。太微，即大微垣，星官名。包括十顆星。(81)犯次妃長秋斗填　次妃，依中宮後勾四星，末大星是正妃，其餘三小星為次妃。長秋，是皇后星座。上兩星皆在紫宮中。斗，北斗星。填，土星。(82)紫宮　星座名。即紫微垣（中國古代天文學家分天體恆星為太微、紫微、天市三垣）。有十五顆星。(83)大火當後　王先謙認為「當」為衍字。(84)除於妃后之域　王先謙曰：「彗有除舊布新之意，在后妃之域，縱橫馳騁，若掃除然。」(85)天市　即天市垣。古代天文學中所說三垣之下垣，位於房宿和心宿東北，在紫微垣的下方東南角。相當於現在的武仙座、巨蛇座和蛇夫座的一部分，分東西兩區，以帝座為中樞，成屏藩之狀，星名都以各地方諸侯命名。(86)蒼龍　東方七宿的總稱。(87)希　通「稀」。少。(88)奸　通「干」。犯。(89)遼西　漢郡名。治陽東（今遼寧義縣西）。

【語　譯】文公十四年「七月，有彗星進入北斗」。董仲舒認為彗星是惡氣所產生的。稱之為孛，是說它光芒四射，有所妨礙遮蔽，暗亂不明的外表。北斗，是大國的象徵。後來齊國、宋國、魯國、莒國、晉國都發生了殺害國君的事情。劉向認為君臣在朝廷引發動亂，政令在外執行不下去，在上就混濁了日、月、星三光的精氣，金、木、水、火、土五星的長短變化，變色逆行，嚴重的便成為彗星。北斗，是人君的象徵；彗星，是亂臣之類，是實行篡殺的標誌。《星傳》上說：「魁星，是貴人的監牢。」又說：「彗星出現在北斗之中，大臣或諸侯會有被誅殺的。」一種說法是魁為齊國和晉國的分野。彗星明顯地出現在北斗中，上天對人的顯示是非常顯著的了，史官的預測是很明白的，當時在位的君主終不改過悔悟。自此之後，宋、魯、莒、晉、鄭、陳六國都殺害了國君，齊國多次發生殺害國君之事。中原諸國已經發生動亂，夷狄一起侵犯，戰爭交錯進行，楚國趁著戰勝的威勢，深入到中原諸國，六次侵伐，一次滅國，在周京郊檢閱軍隊。晉國在外滅掉兩個國家，在內打敗周王的軍隊，又聯合三國軍隊在鞌地大敗齊國的軍隊，追趕逃亡失敗之兵，東到大海之濱，威脅凌辱周朝，用武力使強大的齊國折服。這些都是彗星光焰所觸及的地方，影響達二十八年。《星傳》上還說：「彗星進入北斗，將會有大的戰爭。其火焰進入此北斗，可以得名臣；不進入，失名臣。」宋國的華元，是著名的賢大夫，大棘之戰，華元被鄭國俘虜，傳文舉出其效驗是這樣。《左氏傳》上說，有彗星入北斗，周太史叔服說：「不出七年，宋、齊、晉的君主都將死於動亂。」劉歆認為北斗有自己的環暈區域，這是四星進入了它的領域。斗，是天的三辰，眾星的綱紀。宋國、齊國、晉國是天子的諸侯，中國的綱紀。彗星是除舊布新的。北斗共七星，所以說不出七年。到魯文公十六年，宋國人殺害了宋昭公；十八年，齊國人殺害了齊懿公；宣公二年，晉國的趙穿殺了晉靈公。

2　昭公十七年「冬天，有彗星出現於大辰」。董仲舒認為大辰是心宿，心是明堂，是天子的象徵。後來王室發生大亂，三王分爭，這是它的應驗。劉向認為《星傳》上說「心，是大星，代表了天王。它前面那顆星是太子；後面的星是庶子。尾星象徵著君臣違背分離」。彗星入於心宿，象徵天子的嫡庶將要發生爭鬥。它表現在諸侯方面，角宿、亢宿、氐宿是陳國、鄭國的分野；房宿、心宿是宋國的分野。過後五年，周景王去世，王室動亂，大夫劉子、單子擁立王子猛，尹氏、召伯、毛伯擁立王子鼂，王子鼂是楚國的外甥。當時楚國強大，宋國、衛國、陳國、鄭國都向南依附楚國。王子猛既去世，敬王即位，王子鼂進入王城，天王居住到狄泉，沒有人敢於接納他。過了五年，楚平王居去世，王子鼂逃奔楚國，王室才安定下來。後來楚國率領六國軍隊討伐吳國，吳國在雞父大敗楚國，殺死和俘虜了他的君臣。蔡國怨恨楚國而滅掉其與國沈國，楚人大怒，進而圍蔡。吳國出兵援救，與楚國在柏舉交戰，打敗了楚國的軍隊，在楚國的郢都進行了屠殺，把楚昭王之母做妻子，鞭撻了楚平王屍體。這些都是彗星流焰所及之處產生的應驗。《左氏傳》上說：「有彗星出現於大辰，西邊到達銀河。申繻說：『彗，是用來除舊布新的，上天常用星象變化告示世人。今天火星已隱藏，火星出來，一定散布成災。諸侯將會有火災吧？』梓慎說：『前些年我們所看見的，就是它的徵兆。火星出來它就顯現，現在火星出來而光彩照人，必須待火星入沒它才隱伏，它居於火星時間長了，不是這樣嗎？火星出現時，於夏曆為三月，在商曆為四月，在周曆為五月。只有夏曆最合於自然運行規律，如果有火災發生，將由四個國家來承受它，會在宋、衛、陳、鄭吧？宋是大辰的故居；陳是太昊的故居；鄭是祝融的故居：都是火星的房舍。彗星及於銀河；銀河，是水吉凶的預兆。衛國，是顓頊的故居，它的星分野是大水。水是火的丈夫。火災會出現在丙子日或壬午日吧？水火是用來相配合的。如果火星隱沒而彗星藏匿，一定在壬午日，不超過它出現的月分。』」第二年「夏天五月，火星開始在黃昏出現，丙子日颳風。梓慎說：『這叫做融風，是火的開始。七天之內將會起火吧？』戊寅日風很大，壬午日更厲害，宋國、衛國、陳國、鄭國都發生火災」。劉歆認為大辰星，即房宿、心宿、尾宿三星，八月分心宿在西方，彗星從它的西邊經過心宿東邊到達銀河。宋國是大辰星的故居，是說宋人的祖先掌管祭祀大辰星。陳國是太昊的故居，虙羲屬於木德，是火產生的地方。鄭國是祝融的故居，他是高辛氏的火正。所以它們都是火星宿止的地方。衛國是顓頊的故居，其分野之星為大水，即室宿。天上的星宿既然是這樣，而四國失政又如此相像，以及跟周王室動亂都相同。

3 哀公十三年「冬季十一月，有彗星出現在東方」。董仲舒、劉向認為不說星宿名稱的原因，是沒有說到是哪個宿名。以星辰乘著太陽出來時而出來，亂氣遮蔽了君主的明智。第二年，《春秋》記事終了。一種說法是，周的十一月，是夏曆九月，日在氐宿。出現在東方的，是軫、角、亢三星。軫宿是楚國的分野；角宿、亢宿是陳國、鄭國的分野。或者說角宿、亢宿是大國的象徵，分野是齊國和晉國。在這之後楚國滅掉陳國，田氏篡奪了齊國的政權，六卿瓜分了晉國，這就是它的應驗。劉歆認為彗星，是東方的大辰，不說是大辰，因為它早上出現而且與太陽爭光，眾星隱入而彗星還顯現。這年再次出現失閏之事，十一月實際是八月。太陽在鶉火次，這是周的分野。十四年冬「有彗星」，在獵獲麒麟之後。劉歆認為不說其在什麼地方，是史官漏記的結果。

4 高帝三年七月，有彗星出現在大角星，十多天後才隱沒不見。劉向認為當時項羽做楚王，稱霸諸侯，而漢王已平定三秦，和項羽對抗於滎陽，天下人民傾心歸附漢王，楚即將滅亡，所以彗來掃除王位。一種說法是項羽坑埋秦國士兵，放火燒掉秦之宮室，殺掉義帝，擾亂了王位，所以彗星是加罪於他。

5 文帝後七年九月，有彗星出現於西方，它的本體臨向尾、箕二星宿，末尾指向虛宿和危宿，長一丈多，直到天河，十六天才消失。劉向認為尾宿是宋國分野，即今天楚國的彭城。箕宿是燕國的分野，又是吳、越、齊三國的分野。這些星宿在天河之中，指的是臨海的水澤之國。當時景帝剛剛即位，信用鼂錯，將要懲罰整治諸侯王，其天象先顯示出來。其後三年，吳國、楚國、四齊與趙七國舉兵反叛朝廷，全部被誅滅。

6 武帝建元六年六月，有彗星出現於北方。劉向認為第二年淮南王劉安入朝，與太尉武安侯田蚡有邪惡的陰謀，而陳皇后驕橫放縱，此後陳皇后被廢，而淮南王謀反，被殺。

7 八月，長星出現在東方，和天空一樣長，三十天後才消失。占卜說：「這是蚩尤旗，它出現，那麼君王征伐四方。」此後誅伐四方外族，接連數十年。

8 元狩四年四月，長星又出現在西北天空，這時討伐胡族更為厲害。

9 元封元年五月，有彗星出現在井宿，又出現於三台。這之後江充作亂，京師紛亂不安，這表明井宿、三台是秦國地域的應驗。

10 宣帝地節元年正月，有彗星出現在西方，離太白星有二丈多。劉向認為太白是大將，彗星進入於其中，是掃平滅掉的象徵。第二年，大將軍霍光去世，再後二年其家族全部被夷滅。

11 成帝建始元年正月，有彗星出現在營室，呈青白色，長六七丈，寬一尺多。劉向、谷永認為營室是妃妾懷孕的象徵，彗星進入於其中，是將有傷害懷孕者斷絕繼嗣之事。一種說法是，後宮妃妾將要受到迫害。後來許皇后因為祝詛懷孕的後宮妃妾而被廢掉。趙皇后被立，妹妹被封為昭儀，殺害了兩個皇子，皇上竟沒有了後代。趙皇后姊妹終於都伏罪被殺。

12 元延元年七月初六辛未日，有彗星出現在井宿，經過五諸侯星，經過河戍星北徑直通過軒轅、太微，落後於太陽有六度多，早晨出現在東方。十三日傍晚出現在西方，侵犯次妃星、長秋星、斗宿、填星，光芒貫穿紫微垣中，之後是大火星，到達銀河，掃過妃、后星的區域。然後向南流逝侵犯大角星、攝提星，到達天市垣後按節令緩慢進行，芒焰進入天市垣，中旬以後而西去，五十六天後與倉龍共同隱伏。谷永奏對說：「上古以來，哪怕到了大亂的極點，這種情況都是少有的。觀察它的馳騁步驟，芒焰有長有短，所經歷侵犯，內是後宮妃妾的危害，外是中原諸國叛逆的禍害。」劉向也說：「三代的滅亡，攝提星變更了方位；秦、項的滅亡，是彗星出現在大角所致。」這一年趙昭儀殺害兩個皇子。過後五年，成帝去世，昭儀自殺，哀帝即位後，趙氏全都免去了官爵，被放遷到遼西。哀帝沒有兒子。平帝即位，王莽執政，追補廢黜了成帝趙皇后，哀帝傅皇后，她們都自殺了。外戚丁、傅之家全被免掉官爵，遷徙到合浦，或回到故郡。平帝沒有兒子，王莽於是奪取了政權。

1 釐公十六年❶「正月戊申朔，隕石❷于宋，五，是月六鶂退飛過宋都」。董仲舒、劉向以為象宋襄公欲行伯道將自敗之戒也。石陰類，五陽數，自上而隕，此陰而陽行，欲高反下也。石與金同類，色以白為主，近白祥也。鶂水鳥，六陰數，退飛，欲進反退也。其色青，青祥也，屬於貌之不恭。天戒若曰，德薄國小，勿持炕陽，欲長諸侯，與彊大爭，必受其害。襄公不寤，明年齊桓❸死，伐齊喪，執滕子，圍曹，為盂之會❹，與楚爭盟，卒為所執。後得反❺國，不悔過自責，復會諸侯伐鄭❻，與楚戰于泓❼，軍敗身傷，為諸侯笑。左氏傳曰：隕石，星也；鶂退飛，風也。宋襄公以問周內史叔興曰：「是何祥也？吉凶何在？」對曰：「今茲❽魯多大喪，明年齊有亂，君將得諸侯而不終。」退而告人曰：「是陰陽之事，非吉凶之所生也。吉凶繇人，吾不敢逆君故也。」是歲，魯公子季友、鄫季姬❾、公孫茲❿皆卒。明年齊桓死，適庶亂。宋襄公伐齊行伯，卒為楚所敗。劉歆以為是歲歲在壽星⓫，其衝降婁⓬。降婁，魯分壄也，故為魯多大喪。正月，日在星紀⓭，厭在玄枵⓮。玄枵，齊分壄也。石，山物；齊，大嶽後⓯。五石象齊桓卒而五公子⓰作亂，故為明年齊有亂。庶民惟星，隕於宋，象宋襄將得諸侯之眾，而治五公子之亂。星隕而鶂退飛，故為得諸侯而不終。六鶂象後六年伯業始退，執於盂也。民反德為亂，亂則妖災生，言吉凶繇人，然後陰陽衝厭受其咎。齊、魯之災非君所致，故曰「吾不敢逆君故也」。京房易傳曰：「距諫自彊，茲謂卻行，厥異鶂退飛。適當黜，則鶂退飛。」

2 惠帝三年，隕石緜諸⓱，一。

3 武帝征和四年⓲二月丁酉，隕石雍⓳，二，天晏⓴亡雲，聲聞四百里。

4 元帝建昭元年㉑正月戊辰，隕石梁國，六。

5 成帝建始四年㉒正月癸卯，隕石亳㉓，四，肥累㉔，一。

6 陽朔三年㉕二月壬戌，隕石白馬㉖，八。

7 鴻嘉二年㉗五月癸未，隕石杜衍㉘，三。

8 元延四年㉙三月，隕石都關㉚，二。

9 哀帝建平元年㉛正月丁未，隕石北地㉜，十。其九月甲辰㉝，隕石虞㉞，二。

10 平帝元始二年㉟六月，隕石鉅鹿㊱，二。

11 自惠盡平，隕石凡十一，皆有光燿雷聲，成、哀尤屢。

【章　旨】以上是有關「隕石」的記載。隕石本是隕星墜落於地面的殘體，本段所記的多次「隕石」天象卻被古人將其與國家的內亂聯繫在一起。但隕星現象的記載又為我們提供了科學史的資料。

【注　釋】❶釐公十六年　西元前六四四年。❷隕石　墜落於地面的隕星殘體，由鐵、鎳、硅酸鹽等礦物質組成，也稱隕星石。❸齊桓　即齊桓公。❹盂之會　魯釐公二十一年春，為鹿上之盟，秋與諸侯會於盂。盂，邑名。在今河南睢縣盂亭。❺反　通「返」。❻復會諸侯伐鄭　魯釐公二十二年夏天，宋襄公合衛侯、許男、滕子三國伐鄭。❼泓　水名。在今河南柘城西北。❽今茲　謂今年。❾鄫季姬　鄫，春秋時國名。在今山東蒼山縣西北。季姬，嫁給鄫國的魯國女子。❿公孫茲　魯大夫叔孫戴伯。⓫壽星　十二星次之一。與十二辰相配為辰，與二十八宿相配為角宿和亢宿。⓬降婁　星次名。與十二辰相配為戌，與二十八宿相配為奎宿和婁宿。⑬星紀　星次名。與十二辰相配為丑，與二十八宿相配為斗宿和牛宿。⑭厭在玄枵　厭，通「壓」。玄枵，星次名。與十二辰相配為子，與二十八宿相配為女宿，虛宿至危宿。⑮大嶽後　齊國姜姓，傳說為堯時四岳之一。四岳分掌四方諸侯。⑯五公子　指無虧、元、昭、潘、商人。⑰惠帝三年二句　惠帝三年，西元前一九二年。緜諸，漢道名。在今甘肅天水市東。⑱武帝征和四年　西元前八九年。⑲雍　漢縣名。在今陝西鳳翔南。⑳晏　天氣晴朗。㉑元帝建昭元年　西元前三八年。㉒成帝建始四年　西元前二九年。㉓槀　當作「稿」。漢縣名。屬真定國，在河北欒城北。㉔肥累　漢縣名。屬真定國。在今河北晉縣西。㉕陽朔三年　西元前二二年。㉖白馬　漢縣名。在今河南滑縣東南。㉗鴻嘉二年　西元前一九年。㉘杜衍　漢縣名。在今河南南陽西南。㉙元延四年　西元前六年。㉚都關　漢縣名。在今山東鄄城東南。㉛哀帝建平元年　西元前四年。㉜北地　漢郡名。治馬領（今甘肅慶陽西北）。㉝九月甲辰　夏曆九月十五日。㉞虞　漢縣名。在今河南虞城北偏東。㉟平帝元始二年　西元二年。㊱鉅鹿　漢縣名。在今河北平鄉西南。

【語　譯】釐公十六年「正月初一戊申朔日，隕石墜落於宋國，共五塊，這個月有六隻鶂鳥退飛經過宋都」。董仲舒、劉向認為這是對宋襄公想要推行霸道將要自行失敗的警戒。石頭，屬於陰類，五屬於陽數，自上而墜落，這是陰氣而行陽道，想高飛而反下落。石和金屬於同類，顏色以白為主，近似於白色的凶兆。鶂是水鳥，六屬於陰數，退飛，是想進而反退。它的顏色是青色，這是青色的凶兆，屬於儀容不莊嚴恭敬。上天警戒好像是說，德行薄，國家小，不要自持而張皇自大，想做諸侯之長，與強國大國相爭，一定會受到它們的傷害。襄公不醒悟，第二年齊威公病死，乘著齊國有喪事而去討伐，拘執滕子，圍打曹國，在盂地舉行盟會，與楚國爭做盟主，終於被拘執。後來得以回國，仍然不悔過自責，又重新會合諸侯討伐鄭國，和楚國戰於泓水，兵敗而自身又受到創傷，被諸侯所恥笑。《左氏傳》上說：隕石，就是星；鶂鳥退飛，是大風所致。宋襄公以此事詢問周的內史叔興說：「這是什麼徵兆？吉凶在哪裡？」回答說：「今年魯國多有大喪事，明年齊國有內亂，你將得到諸侯但沒有結果。」他退去之後告訴別人說：「這是陰陽之事，不是吉凶由之產生的。吉凶在於人，我不敢違逆宋君，所以這樣回答他。」這一年魯國公子季友、鄫國季姬、公孫茲都去世。過了一年，齊威公去世，嫡庶之間發生爭位之亂。宋襄公攻伐齊國施行霸道，終於被楚國打敗。劉歆認為這一年歲星在壽星次，它碰撞了降婁星次。降婁，是魯國的分野。所以魯國多大喪。正月，太陽在星紀次，阻塞在玄枵次。玄枵，是齊國的分野，石頭是山中的產物；齊國是大嶽的後代。五石象徵齊威公去世而五公子作亂，所以第二年齊國發生內亂。庶民是星，星墜於宋國，象徵宋襄公將要贏得諸侯的民眾，處理五公子造成的內亂。星墜於地而鶂鳥退飛，是因為雖得諸侯而不能始終。六鶂象徵後六年霸業開始衰退，而在盂地被拘執。下民反德作亂，亂就會有災禍妖異發生，說吉凶由人決定，然後陰陽衝撞而受其災禍。齊國、魯國的災禍原非君主所導致，所以說這是「我不敢違背君主的原因」。京房《易傳》上說：「拒絕別人的勸諫而自己逞強，就是倒退而行，他招致的妖異是鶂鳥退飛。嫡長遭受廢黜，那麼鶂鳥退飛。」

2 惠帝三年，有隕石墜落於緜諸，一枚。

3 武帝征和四年二月初三丁酉日，有隕石墜落於雍，二枚，天空晴朗，沒有雲彩，聲音傳播達四百里。

4 元帝建昭元年正月二十九戊辰日，有隕石墜落於梁國，六枚。

5 成帝建始四年正月二十六癸卯日，隕石墜落於亶，四枚，肥纍，一枚。

6 陽朔三年二月二十七壬戌日，隕石墜落於白馬，八枚。

7 鴻嘉二年五月初六癸未日，隕石墜落於杜衍，三枚。

8 元延四年三月，隕石墜落於都關，二枚。

9 哀帝建平元年正月十四丁未日，隕石墜落於北地郡，十枚。這年九月十五甲辰日，隕石墜落於虞縣，二枚。

10 平帝元始二年六月，隕石墜落於鉅鹿，二枚。

11 自惠帝到平帝為止，隕石墜落總共十一次，都有閃光和雷聲，成帝、哀帝時尤其頻繁。

【研析】《漢書・五行志》系統地記載了自《春秋》記事起至西漢末年間的自然災異現象和其間歷代學者的相關解釋。由於其中充斥著大量「推陰陽、言災異」的內容，所以此志受到歷代諸多學者的批評。唐代劉知幾《史通》有〈漢書五行志錯誤〉和〈漢書五行志雜駁〉兩篇，批評比較激烈。其後，南宋鄭樵《通志·總序》、近代梁啟超〈陰陽五行說之來歷〉、當代柴德賡《史籍舉要》等均有深刻論述。但是，〈五行志〉是以一定的史事記錄為依託，因而也保存了大量極有歷史價值的材料：

一、〈五行志〉保存了大量自然科技史的原始材料。志中記載了大量的自然災害和奇異現象，其中許多材料對中國古代自然科技史的研究有著十分重要的參考價值。此志所記時間上從春秋至西漢末年，空間包括西漢統轄的廣大區域，所記內容非常豐富，包括天文、地學、氣象、生命現象、科學技術、昆蟲等方面均有涉獵，其中僅自然現象的材料就有二百餘條，怪異現象五十餘條，包括地震、日食、水災、旱災、雹災、蝗災、怪雨、太陽黑子、隕石、男女性別轉化、冶煉事故等。

二、〈五行志〉是研究漢代思想史的寶貴材料。西漢初期的統治者一方面實行與民休息的政策，努力發展社會經濟，一方面加強思想意識形態領域的控制，以董仲舒「天人感應」為學統的新儒家學說應運而生。之後，天人感應、陰陽五行學說成為時尚的學術，有劉向劉歆父子、夏侯勝、眭孟、谷永、京房、李尋等人均擅長此道，因而陰陽五行學說在西漢時期便成為了儒家學說最強有力的表現形式，幾乎籠罩了整個西漢學壇，成為漢代新儒家學說的主流，對當時和以後社會的政治、文化和民族心理都發生了深刻的影響。〈五行志〉對漢儒的這種陰陽五行學說進行了徵引，將董仲舒、劉向、劉歆等各家推演五行學說、論說吉凶禍福的種種不同說法羅列出來，後代已失傳的著述和學說在此得以保存。清代李慈銘曾指出：「伏生《洪範五行傳》、京房《易傳》、劉向《五行傳記》、劉歆《左氏傳說》皆幸賴此志存其梗略，歐陽、大小夏侯之《尚書說》亦可考見一二，蓋皆西漢經學大師所遺鱗爪，深可寶也。」因此，〈五行志〉在瞭解漢代新儒家學說，研究西漢乃至春秋思想史方面有著十分重要的史料價值。

三、〈五行志〉的編撰體例和方法對古文獻學影響深遠。〈五行志〉是班固在《史記》編撰體例基礎上的創新，後世之正史多效仿而設「五行」、「符瑞」等志。〈五行志〉是據漢代的社會實際而特創的史書編纂體例，編纂上也頗有章法，因此它在古文獻學上也應占有一席之地。其記述之中雜陳異說、廣泛徵引的記事方法，為後世的學者從更廣泛的範圍上認識、研究當時的社會風俗、社會思想、社會風貌提供了一些不可或缺的原始材料。

卷二十八上

地理志第八上

【題 解】本卷是二十五部「正史」中的第一部「地理志」，也是中國第一部按照政區設置論說地理形勢的著作。《漢書》的「志」繼承了《史記》「書」的體例，而《史記》八「書」中沒有「地理」一書，史書中為「地理」作專論，始自《漢書》的〈地理志〉。此前的地理著作如《山海經》、〈禹貢〉、〈職方〉等，通常都是以山川為主體，以著作者擬定的地理區域為綱領，並不重視實際的疆域政區。《漢書．地理志》所開創的體例，則是以記錄政區建置為主題，然後分條附繫各地山川物產等內容。這種著述體裁，有的學者稱之為「疆域地理志」。《漢書．地理志》不僅是一部最早的正史「地理志」，也是一部最好的正史「地理志」。其中各郡縣條下的附注，內容很豐富，包括戶口數字、山澤方位、河道源流、水利設施、城邑鄉聚、關塞亭障、祠廟古跡、當地特產、官營產業等等。〈志〉末輯錄的劉向所言「域分」，朱贛所條「風俗」，作為比《史記．貨殖列傳》更為完備的全國區域地理總論，也有重要的價值。此外，《漢書．地理志》並不僅僅以西漢當代地理作為記述對象，又「採獲舊聞，考跡《詩》《書》，推表山川」，涉及許多漢代以前的古代地理知識。也就是說，《漢書．地理志》不僅是一部地理著作，也是一部歷史地理著作。

昔在黃帝，作舟車❶以濟不通，旁行❷天下，方制❸萬里，畫❹壄分州，得百里之國萬區。是故易稱「先王以建萬國，親諸侯❺」，書云「協和萬國❻」，此之謂也。堯遭洪水，褱山襄陵❼，天下分絕，為十二州❽，使禹治之。水土既平，更制九州，列五服❾，任土作貢❿。

【章　旨】這是作者在引錄《尚書・禹貢》(即下文從「禹敷土」起至「告厥成功」止)之前一段簡略交代前代沿革的文字。簡述從黃帝到夏禹由「萬國」至「九州」的人文地理演進過程。

【注　釋】❶作舟車　黃帝號「軒轅」，據說是車輛的發明者。❷旁行　交通四方，往東西南北各個方向出行。❸方制　制為方域，形成比較確定的管理地域。❹畫　劃定疆界。❺先王以建萬國二句　這是《易》中的〈比卦〉象辭。❻協和萬國　這是《尚書・堯典》中的一句話。按：《易》和《書》都說「萬國」，是和邁進文明門檻的時代部族林立的局面一致的。❼褱山襄陵　褱，同「懷」。包圍環繞。襄，湧上；漫上。❽十二州　〈禹貢〉九州之外，有并州、幽州、營州，所以說「十二州」。❾五服　〈禹貢〉說到甸、侯、綏、要、荒「五服」，依距離中心地域的遠近規定了不同的賦役等級。❿任土作貢　任其土地所有，遵行確定的貢賦等級制度。

【語　譯】過去在黃帝的時代，製作舟車以使原本不相往來的各地得到方便的交通條件，往東西南北各個方向出行，管理的地域廣闊至於萬里，劃分各地疆界，方圓百里之國有一萬處。《易經》所謂「先王據以建立萬國，與諸侯維持著親善的關係」，《尚書》所謂「令萬國和諧共處」，說的就是這一形勢。堯的時代遭遇洪水，洪水包圍山嶺，浸漫人們居住的高地，天下分隔成十二個區域，於是派禹治理。平定洪水之後，確定了「九州」的行政區域，分列了「五服」的賦役等級，各地任其土地所有，遵行確定的貢賦等級制度。

1 曰：禹敷土❶，隨山栞木❷，奠高山大川❸。

2 冀州既載❹，壺口治梁及岐❺。既脩太原❻，至于嶽陽❼。覃懷厎績❽，至于衡章❾。厥土惟白壤❿。厥賦上上錯⓫，厥田中中⓬。恆、衛既從，大陸既作⓭。鳥夷皮服⓮。夾右碣石⓯，入于河。

3 泲⓰、河惟兗州。九河既道⓱，雷夏既澤⓲，雍、沮會同⓳，桑土既蠶，是降丘宅土⓴。厥土黑墳㉑，屮繇木條㉒。厥田中下㉓，賦貞㉔，作十有三年乃同㉕。厥貢漆絲，厥棐㉖織文㉗。浮㉘于泲、漯，通于河。

4 海、岱㉙惟青州。嵎夷㉚既略㉛，惟㉜、甾㉝其道㉞。厥土白墳㉟，海瀕㊱廣潟㊲。田上下㊳，賦中上㊴。貢鹽㊵、絺㊶，海物㊷惟錯㊸，岱畎㊹絲、枲㊺、鈆㊻、松、怪石，萊夷㊼作牧㊽，厥棐檿絲㊾。浮于汶㊿，達于泲。

5 海、岱及淮(51)惟徐州。淮、沂(52)其乂(53)，蒙、羽(54)其蓺(55)。大野(56)既豬(57)，東原(58)厎平(59)。厥土赤埴墳(60)，草木漸包(61)。田上中(62)，賦中中(63)。貢土五色(64)，羽畎(65)夏狄(66)，嶧陽(67)孤桐(68)，泗(69)瀕浮磬(70)，淮夷(71)蠙珠(72)臮(73)魚，厥棐玄纖縞(74)。浮于淮、泗，達于河(75)。

6 淮、海惟揚州。彭蠡(76)既豬，陽鳥逌居(77)。三江(78)既入，震澤(79)厎定。篠簜既敷[80]，屮夭木喬[81]。厥土塗泥[82]。田下下[83]，賦下上錯[84]。貢金三品[85]，瑤、琨[86]、篠簜，齒[87]、革、羽毛，鳥夷卉服[88]，厥篚織貝[89]，厥包[90]橘、柚，錫貢[91]。均江海，通于淮、泗[92]。

7 荊[93]及衡陽[94]惟荊州。江、漢朝宗于海[95]。九江[96]孔殷[97]。沱、濳既道[98]，雲夢土作乂[99]。厥土塗泥。田下中[100]，賦上下[101]。貢羽旄[102]、齒、革，金三品，杶[103]、幹[104]、栝[105]、柏，厲[106]、砥、砮[107]、丹[108]，惟箘簵[109]、楛[110]，三國[111]底貢厥名[112]。包匭菁茅[113]，厥篚玄纁[114]璣組[115]，九江納錫[116]大龜。浮于江、沱、濳、漢，逾[117]于洛，至于南河[118]。

8 荊、河惟豫州。伊[119]、雒[120]、瀍[121]、澗[122]既入于河。滎波[123]既豬，道荷澤[124]，被盟豬[125]。厥土惟壤[126]，下土墳壚[127]。田中上[128]，賦錯上中[129]。貢漆、枲、絺、紵[130]、篚纖纊[131]，錫貢磬錯[132]。浮于洛，入于河。

9 華陽[133]、黑水[134]惟梁州。岷[135]、嶓[136]既藝，沱、濳既道，蔡、蒙旅平[137]，和夷[138]底績。厥土青黎[139]。田下上[140]，賦下中三錯[141]。貢璆[142]、鐵、銀、鏤[143]、砮、磬，熊、羆[144]、狐、狸、織皮[145]。西頃因桓是倈[146]，浮于濳，逾于沔[147]，入于渭[148]，亂于河[149]。

10 黑水、西河(150)惟雍州。弱水(151)既西，涇屬渭汭(152)。漆、沮既從(153)，酆水逌同(154)。荊、岐既旅(155)，終南(156)、惇物(157)，至于鳥鼠(158)。原隰(159)底績，至于豬壄(160)。三危既宅，三苗丕敘(161)。厥土黃壤(162)。田上上(163)，賦中下(164)。貢球、琳、琅玕(165)。浮于積石(166)，至于龍門(167)西河，會于渭汭。織皮昆侖、析支、渠叟(168)，西戎即敘(169)。

【章　旨】以上為所引〈禹貢〉的前半部分，介紹了禹所劃分的九州之各州的治水情況、土地狀況、賦貢等級、入貢物產及入貢的交通路線。

【注　釋】❶敷土　分別區劃，分別治理各個地方。敷，本義是「分」。❷隨山栞木　隨山，巡行諸山。栞木，是在樹木上砍斫以為標記。栞，是「刊」的古字。❸奠高山大川　一種理解是使高山大川各得安定，另一種理解是為高山大川確定名稱，第三種理解是以山川確定九州的疆界。奠，定也。❹載　始也。禹治水自冀州開始。❺壺口治梁及岐　壺口，黃河晉陝峽谷中以瀑布為標誌性特徵的著名地理勝景，在今陝西宜川和山西吉縣間。梁，梁山，在陝西韓城、郃陽間。岐，岐山，在陝西岐山。❻太原　山西中部平原。❼嶽陽　「嶽」即太嶽，即今山西霍州東的霍山。山南即「嶽陽」。❽覃懷底績　覃懷，太行山南的黃河北岸地區。底績，治理成功，取得效績。❾衡章　即橫漳。漳水東流入河。❿厥土惟白壤　厥，其。白壤，白色柔軟的土壤。⓫厥賦上上錯　賦，是民眾向國家繳納的稅。上上，九等的第一等。錯，說法不一。可以理解為貢賦有時為第一等，有時為第二等。⓬中中　九等的第五等。⓭恆衛既從二句　恆水、衛水恢復原有河道，大陸澤水勢得以平定。恆、衛都是水名。大陸，澤名。⓮鳥夷皮服　鳥夷又寫作「島夷」，指東方海濱及海上居民。皮服，以動物的「皮」作為製作服飾的材料。⓯碣石　渤海濱山名。⓰泲　即濟水。源出今河南濟源西王屋山，東流入海。下游屢經變遷，今已為黃河所奪。⓱九河既道　九河，黃河下游的數條支流。《爾雅．釋水》說即徒駭、太史、馬頰、覆釜、胡蘇、簡、絜、鉤盤、鬲津。道，即「導」，疏通治理。⓲雷夏既澤　雷夏，古澤名。既澤，恢復到原有情形，也可以理解為分洪成功。⓳雍沮會同　雍水和沮水都匯流入澤。⓴桑土既蠶二句　平原發展蠶桑業的生產條件得以恢復，移住高丘躲避洪水的民眾於是走下山來，重新在平原定居。

㉑墳　土質肥沃。㉒中繇木條　「中」是「草」的古字。繇，茂盛。條，高大；直暢。中繇木條，形容在優越的自然環境下形成的良好的植被。㉓中下　九等中的第六等。㉔貞　相當。兗州在九州中位列第九，貢賦也列於第九等。㉕作十有三年乃同　禹治水十三年。兗州地勢低，水患最為嚴重，治理也最為艱難，最後才取得與其他各州同樣的成功。㉖棐　通「篚」。竹篋。㉗織文　紋樣華美的絲織品。㉘浮　水上航運。㉙岱　泰山。㉚嵎夷　地名。《史記・夏本紀》寫作「郁夷」，《今文尚書》寫作「禺鐵」。「嵎夷」的位置，有不同的理解，有人說在朝鮮境內，有人說在今山東平陰的陽谷，有人說在今山東牟平一帶。顧頡剛認為，嵎夷所在，大約在今山東蓬萊一帶瀕海的地方。㉛略　治理。㉜惟　即濰河。源出今山東五蓮箕屋山，東北流經諸城、昌邑入海。㉝甾　即淄河。源出今山東萊蕪境內，東北流經臨淄，合小清河入海。㉞道　同「導」。疏導治理。㉟白墳　灰壤。㊱瀕　水邊。㊲廣潟　土地平闊，有鹽鹼。㊳上下　九等中的第三等。㊴中上　九等中的第四等。㊵鹽　海鹽。㊶絺　細葛布。㊷海物　海產品。㊸錯　品種多樣。㊹岱畎　泰山附近的谷地。畎，山谷。㊺枲　大麻。㊻鉛　鉛，又稱「黑錫」、「青金」。㊼萊夷　「萊」地的古部族。㊽作牧　耕作畜牧。㊾檿絲　柞蠶絲。可以製作琴瑟的絃。㊿汶　汶水。51淮　淮水。源出今河南桐柏山，東流經安徽、江蘇入洪澤湖，下游經江蘇淮陰等地入海。52沂　沂水。源出今山東沂源魯山，南流經臨沂和江蘇邳州合泗水注入淮水。53乂　治理成功。54蒙羽　都是山名。蒙山在今山東蒙陰西南。羽山傳說為舜殺禹父鯀的地方，在今山東郯城東北。55蓺　可以耕種。56大壄　古代的大野澤。又寫作「鉅野澤」、「巨野澤」。漢代以後黃河多次決口，水注入澤中，元代以後已經涸為平地。57豬　水停流積聚。通常也寫作「瀦」。58東原　地名。鄭玄說為漢代東平郡。在今山東泰安西境及東平一帶。59底平　水患已除，底於平定。60赤埴墳　棕色的黏土。埴，細密黏性強的土壤。61草木漸包　草木不斷地成長繁盛。包，通「苞」。叢生；繁盛。62上中　九等中的第二等。63中中　九等中的第五等。64土五色　即青、赤、白、黑、黃五色之土。65羽畎　羽山的谷地。66夏狄　五種顏色的山雉。夏，一說作大字講；一說為地名；一說為五種顏色。狄，山雉。67嶧陽　嶧山之南。嶧，山名。舊說多以為在今江蘇邳州西南的邳嶧山。顧頡剛以為為鄒嶧山，在今山東鄒縣東南。陽，山之南曰陽。68孤桐　獨生的桐樹。桐樹是製作琴瑟的原料。69泗　泗水。四源並發，故名泗水。古泗水東南注入淮水，河道多次被黃河所占。今泗水是古泗水的上游。70浮磬　磬，古代打擊樂器，形似曲尺，有的用石製成。孔穎達以為「石在水旁，水中見石，似若中浮焉；此時可為磬，故謂之浮磬。」71淮夷　淮水流域的古代部族。72蠙珠　珍珠。73臮　通「暨」。及；與。74玄纖縞　玄，黑色。「纖」和「縞」都是絲織品之名。75河　《說文》、《水經注》作「菏」。顧頡剛以為應作「菏」，即菏水。76彭蠡　古澤名。77陽鳥逌居　候鳥所安居的地方。陽鳥，像大雁一樣遷徙的候鳥。逌，通

「攸」。《史記・夏本紀》作「所」。[78]三江　歷來說法不一。一說為鄱陽湖下流分成北、中、南三道入海的長江的三條支流；一說為長江的上流、中流、下流；一說為長江為北江，吳淞江為中江，錢塘江為南江；一說為長江之中江入太湖，分三道入海。[79]震澤　又作「具區」、「笠澤」。即太湖。[80]篠簜既敷　竹林到處分布。篠簜，《史記・夏本紀》作「竹箭」。篠為箭竹，簜為大竹。敷，《史記・夏本紀》作「布」，分布之意。[81]中夭木喬　野草繁盛，樹木高大。夭，繁盛狀。喬，高大之意。[82]塗泥　土質溼潤。[83]下下　九等中的第九等。[84]下上錯　有時為第七等，有時為第六等。下上，九等中的第七種。[85]金三品　銅的三個品種，即青銅、白銅、赤銅。[86]瑤琨　都是美玉的名稱。[87]齒　象牙。[88]卉服　用草編成的衣服。[89]織貝　絲織品的名稱。[90]包　包裹。[91]錫貢　有命令才進貢。錫，命令。[92]均江海二句　沿著江海，抵達淮水、泗水。[93]荊　山名。在今湖北南漳西。[94]衡陽　衡山的南面。衡，山名。衡山之位置歷來有爭論。[95]江漢朝宗于海　江、漢二水歸入於海，就像諸侯朝見天子。漢，漢水。長江最大的支流。朝宗，古代諸侯朝見天子，春天朝見為朝，夏天朝見為宗。這裡指長江、漢水同流入海。[96]九江　長江的眾多支流，「九」是虛數。[97]孔殷　《史記・夏本紀》作「甚中」。眾水匯集，水流壯盛。[98]沱灊既道　沱水、灊水得到疏導。沱，水名，長江支流。灊，水名，漢江支流。[99]雲夢土作乂　雲夢澤的土地得到治理。雲夢，即雲夢澤，古澤名。[100]下中　九等中的第八等。[101]上下　九等中的第三等。[102]旄　犛牛尾。[103]杶　椿樹。[104]幹　柘木。木質細密堅韌，可用來製弓。[105]栝　檜樹。木質堅硬。樹葉如柏，樹幹似松。[106]厲　即「礪」。和下文的「砥」都是磨刀石。[107]砮　一種石頭，可以作箭簇。[108]丹　朱砂。[109]箘簵　都是竹類，可以作箭桿。[110]楛　木名，可以為箭。[111]三國　三個國家，今不可確知。[112]底貢厥名　把要進貢的物品開列名單，不必以實物進貢。[113]包匭菁茅　放在匣子裡包裹著的茅草。包，包裹。匭，匣子。菁茅，一種帶毛刺的茅草，祭祀時用來縮酒。[114]玄纁　黑色、黃赤色的絲織品。[115]璣組　成串的珍珠。[116]納錫　同上文的「錫貢」。有時入貢。[117]逾　越過。[118]南河　今河南洛陽、鞏縣一帶的河，是洛水入河處。[119]伊　水名，洛水支流。源出今河南盧氏東南熊耳山，東北流經嵩縣、伊川，至洛陽附近流入洛水。[120]雒　又作「洛」，即洛水。黃河支流。源出今陝西洛南西北冢嶺山，流經河南西部，至鞏縣注入黃河。[121]瀍　水名，洛水支流。源出今河南洛陽西北。[122]澗　水名，洛水支流。源出今河南新安。[123]滎波　滎，滎澤。在今河南鄭州西北古滎鎮北。西漢平帝以後漸淤為平地。波，《史記・夏本紀》作「播」，即「潘」，水溢成淵名潘。[124]荷澤　又作「菏澤」，古澤名。在今山東定陶東北，今已堙塞。[125]被盟豬　又治理到盟豬澤。被，及；到。盟豬，古澤名。又作「孟諸」，在今河南商丘東北，今已堙塞。[126]壤　壤土。[127]下土墳壚　低窪處的土壤黑且堅硬。下土，地勢低窪。壚，黑且堅硬的土壤。[128]中上　九等中的第四等。[129]賦錯上中　有時為第二等，有時為第一等。上中，九等中的第二等。(130)紵　粗麻布。(131)纖纊　細絲棉絮。(132)磬錯　磨磬的礪石。(133)華陽　華山的南面。華山，在今陝西華陰南。(134)黑水　說法不一。多指今長江上游的金沙江。(135)岷　岷山，在今四川松潘北。綿延於今四川、甘肅兩省邊境，是長江、黃河的分水嶺。(136)嶓　嶓冢山。在今陝西寧強西北。(137)蔡蒙旅平　蔡山、蒙山的道路已經平治。蔡，蔡山，地理位置不可考證。一說為今四川峨眉山。一說為今四川雅安南蔡家山。蒙，蒙山，在今四川雅安、名山、蘆山交界處。(138)和夷　地名。約在今四川滎經一帶。(139)青黎　青黑色的肥沃土壤。(140)下上　九等中的第七等。(141)賦下中三錯　有時為第八等，有時為第七，有時為第九等。下中，九等中的第八等。(142)璆　美玉名。(143)鏤　鋼。(144)羆　似熊的哺乳動物，又稱「人熊」。(145)織皮　經過加工的毛皮。(146)西頃因桓是倈　西頃入貢的路線，必須經過桓水。西頃，山名。在今甘肅南部與青海東部交界處。桓，水名。今稱為白龍江，在今甘肅、四川二省境內。倈，同「來」。(147)沔　水名。一說為漢水支流。一說為漢水的上游。(148)渭　水名。黃河支流。源出今甘肅渭源西北鳥鼠山，流經渭河平原，在潼關附近注入黃河。(149)亂于河　橫渡黃河。亂，絕河而渡。(150)西河　指今山陝交界處黃河由北向南流向的河段，因在冀州之西，故稱「西河」。(151)弱水　即今甘肅張掖河。源出今祁連山下，經甘肅張掖西北流入索果諾爾湖和嘎順諾爾湖。(152)涇屬渭汭　涇水從渭水北岸流入渭水。涇，水名，渭水支流。源出今寧夏涇源西北，東南流至陝西高陵入渭水。汭，水之北岸稱「汭」。(153)漆沮既從　漆水、沮水恢復原有河道。漆、沮，兩水名，皆是渭水支流。一說「漆沮」為一河，即今陝西境內的洛河。(154)酆水逌同　酆水與漆水、沮水同流入渭。酆水，又作「灃水」，即今陝西西安西郊的灃河。源出秦嶺山中，北流入渭水。河道今已堙塞。(155)荊岐既旅　荊山、岐山的道路得到平治。荊，山名。在今陝西富平西南，與前文湖北荊山不同。岐，山名。在今陝西岐山東北。(156)終南　山名。又稱「周南山」、「秦山」、「南山」。在今陝西西安南。(157)惇物　山名。在今陝西武功東。(158)鳥鼠　山名。在今甘肅渭源西。(159)原隰　原，高而平的地方。隰，低而溼的地方。(160)豬壄　一說為澤名。在今甘肅民勤東北，今已乾涸。一說泛指雍州的湖泊。(161)三危既宅二句　三危地方得到安定，三苗也順服了。三危，山名。今不可確知其處。宅，安定。三苗，古部族名。據《史記・五帝本紀》，三苗原在今河南南部至湖南洞庭湖及江西鄱陽湖一帶，舜時被遷往三危山。丕，大。敘，順服。(162)黃壤　黃色的土壤。(163)上上　九等中的第一等。(164)中下　九等中的第六等。(165)球琳琅玕　都是玉的名稱。(166)積石　山名。有大、小積石山之說。小積石山在今甘肅臨夏西北。(167)龍門　山名。在今陝西韓城東北，黃河西岸，東與壺口相對。(168)織皮昆崙析支渠叟　昆崙、析支、渠叟三個部落都進貢毛皮。「昆崙」、「析支」、「渠叟」皆是山名。(169)西戎即敘　西方部族也已順服。

【語譯】〈禹貢〉上說：禹分別區劃，實現對各地的治理，巡行諸山，砍斫樹木以為標記，以高山大川確定九州的疆界。

2 禹治水以冀州為起點，壺口河段、梁山及岐山之地皆得安定。又治理了山西中部平原和太嶽以南地方。太行山以南的黃河北岸地區至於漳水下游，洪水之患都得以消除。冀州的土壤白色柔軟。冀州賦稅，有時為第一等，有時為第二等，冀州耕地的等級，則是第五等。恆水、衛水恢復原有河道，大陸澤水勢得以平定。鳥夷的毛皮製品也是貢奉的物產。入貢路線是經歷碣石山的右路，進入黃河道。

3 泲水和黃河之間是兗州。九河疏浚，雷夏澤也得以復原，雍水和沮水匯入，平原發展蠶桑業的生產條件於是恢復，移住高丘躲避洪水的民眾走下山來，重新在平原定居。兗州土壤是肥沃的黑壤，草木繁盛。耕地條件是九等中的第六等，貢賦列於第九等，治理最為艱難，十三年方得成功，與其他州的恢復狀況持平。貢品主要是漆和絲，還有盛裝在竹篋中的華麗的織品。入貢的路線是由泲水、漯水，連通到黃河。

4 大海和泰山之間是青州。嵎夷治理完畢，濰河和淄河得以疏導治理。青州的土壤是灰色的，沿海地區是平闊的鹽鹼地。耕地條件屬於九等中的第三等，貢賦列於第四等。貢品是海鹽、細葛布、品種多樣的海產品，泰山附近的谷地出產絲、大麻、鉛、松木、怪石，萊夷耕作畜牧的產品，盛裝在竹篋中的柞蠶絲。入貢的路線是由汶水，連通到濟水。

5 大海、泰山和淮水之間是徐州。淮水、沂水治理成功後，蒙山、羽山附近的土地就可以耕種了。大野澤的水得到積聚，東原的土地也得到了安定。徐州的土壤是棕色的黏土，草木可以不斷地成長繁盛。耕地條件屬於九等中的第二等，貢賦為第五等。貢品是五色土，羽山谷地的五色山雉，嶧山之南的獨生的桐樹，泗水之畔製磬的石頭，淮夷生產的珍珠和魚，盛裝在竹篋中的黑色絲織品。入貢的路線是由淮水、泗水，抵達菏水。

6 淮水和大海之間是揚州。彭蠡的水得到匯集，成為候鳥所安居的地方。三條江水被疏導入海，震澤也得到了安定。這裡竹林到處分布，野草繁盛，樹木高大。揚州的土地土質溼潤。耕地條件屬於九等中的第九等，貢賦有時為第七等，有時為第六等。貢品有三個品種的銅，名叫瑤、瓄的美玉，箭竹、大竹，象牙、皮革、羽毛，鳥夷的草編衣服，盛裝在竹篋中的織貝，有時還根據命令進貢包裹著的橘子、柚子。入貢的路線是沿著江海，抵達淮水、泗水。

7 荊山和衡山之南之間是荊州。長江和漢水歸入於海，就像諸侯朝見天子。長江的眾多支流匯集在一起，水流浩大。沱水、灊水得到疏導，雲夢澤的土地得到治理。荊州的土壤土質溼潤。耕地條件是九等中的第八等，貢賦是第三等。貢品有羽毛、氂牛尾、象牙、皮革，三個品種的銅，椿樹、柘木、檜樹、柏木，以及磨刀石、砮石、朱砂，只有箘簵和楛木，三個國家可以把要進貢的物品開列名單，不必以實物進貢。放在匣子裡包裹著的茅草，盛裝在竹篋中的黑色、黃赤色的絲織品和成串的珍珠，有時還根據命令進貢九江的大龜。入貢的路線是沿著長江、沱水、灊水、漢水，再越過洛河，到達南河地區。

8 荊山和黃河之間是豫州。伊水、雒水、瀍水、澗水都疏導進入黃河。滎澤的水得到匯集，菏澤得到疏導，又治理到盟豬澤。豫州的土地是壤土，低窪處的土壤黑且堅硬。耕地條件屬於九等中的第四等，貢賦有時為第二等，有時為第一等。貢品有漆、大麻、細葛布、粗麻布，盛裝在竹篋中的細絲棉絮，有時還根據命令進貢磨磬的礪石。入貢的路線是由洛水進入黃河。

9 華山的南面和黑水之間是梁州。岷山、嶓冢山的土地可以耕種了，沱水、灊水得到疏導，蔡山、蒙山的道路已經平治，和夷一帶的治理也取得成效。梁州的土地是青黑色的肥沃土壤。耕地的條件是九等中的第七等，貢賦有時為第八等，有時為第七，有時為第九等。貢品有美玉、鐵、銀、鋼、砮石、磬，熊、羆、狐、貍、經過加工的毛皮。西頃入貢的路線，必須經過桓水，沿著灊水，越過沔水，進入渭水，然後橫渡黃河。

10 黑水和西河之間是雍州。弱水疏通後向西流去，涇水從渭水北岸流入渭水。漆水、沮水恢復原有河道，酆水與漆水、沮水同流入渭。荊山、岐山的道路得到平治，終南、惇物、鳥鼠三山也得到治理。高原和窪地的平治也取得了功效，豬野澤也得到平定。三危地方得到安定，三苗也順服了。雍州的土壤是黃色的細土。耕地條件是九等中的第一等，貢賦是第六等。貢品是各種玉石。入貢的路線是沿著積石山，到達龍門、西河，在渭水北岸入河處匯集。昆崙、析支、渠叟三個部落都進貢毛皮，西方部族也已順服。

1 道❶汧❷及岐，至于荊山，逾于河；壺口❸、雷首❹，至于大嶽❺；底柱❻、析城❼，至于王屋❽；太行❾、恆山❿，至于碣石，入于海。西傾、朱圉、鳥鼠，至于太華⓫；熊耳⓬、外方⓭、桐柏⓮，至于倍尾⓯。道嶓冢，至于荊山；內方⓰，至于大別⓱；崏山⓲之陽，至于衡山，過九江，至于敷淺原⓳。

2 道弱水，至于合藜⓴，餘波入于流沙㉑。道黑水，至于三危，入于南海㉒。道河積石，至于龍門，南至于華陰㉓，東至于底柱，又東至于盟津㉔，東過洛汭㉕，至于大伾㉖，北過降水㉗，至于大陸，又北播㉘為九河，同為逆河，入于海㉙。嶓冢道漾㉚，東流為漢，又東為滄浪之水㉛，過三澨㉜，至于大別，南入于江，東匯澤為彭蠡，東為北江㉝，入于海。崏山道江，東別為沱，又東至于醴㉞，過九江，至于東陵㉟，東迆北會于匯㊱，東為中江㊲，入于海。道沇水㊳，東流為泲，入于河，軼為滎㊴，東出于陶丘㊵北，又東至于荷，又東北會於汶，又北東入于海。道淮自桐柏，東會于泗、沂，東入于海。道渭自鳥鼠同穴㊶，東會于灃，又東至于涇，又東過漆、沮，入于河。道洛自熊耳，東北會于澗、瀍，又東會于伊，又東北入于河。

3 九州逌同[42]，四奧既宅[43]，九山栞旅[44]，九川滌原[45]，九澤既陂[46]，四海會同[47]。六府孔修[48]，庶土交正[49]，厎慎財賦[50]，咸則三壤[51]，成賦中國[52]。錫土姓[53]：「祗台德先，不距朕行[54]。」

4 五百里甸服[55]：百里賦內總[56]，二百里內銍[57]，三百里內戛服[58]，四百里粟[59]，五百里米[60]。五百里侯服[61]：百里采[62]，二百里男國[63]，三百里諸侯[64]。五百里綏服[65]：三百里揆文教[66]，二百里奮武衛[67]。五百里要服[68]：三百里夷[69]，二百里蔡[70]。五百里荒服[71]：三百里蠻[72]，二百里流[73]。東漸于海，西被于流沙[74]，朔、南洎[75]，聲教訖于四海[76]。

5 禹錫玄圭，告厥成功[77]。

【章　旨】以上是所引〈禹貢〉的後半部分，從山脈走向和河流流向兩個方面講述了大禹治水的過程，並描述了治水成功後賜土分姓、依「五服」納貢、天下大治的局面。

【注　釋】❶道　治理。❷汧　山名。在今陝西隴縣西南。又寫作「岍」。❸壺口　山名。在今山西吉縣西北。❹雷首　山名。在今山西永濟南。❺大嶽　即太嶽山。在今山西霍州東南。❻底柱　山名。又作「砥柱」。又稱三門山。原在今河南三門峽東北黃河之中。因修建三門峽水庫，淹沒其中。❼析城　又名析津山。在今山西陽城西南。山峰四面如城，高大險峻，故名析城。❽王屋　又名天壇山。在今山西陽城與河南濟源之間。山有三重，其狀如屋，故名王屋。❾太行　即太行山。起於河南濟源，北入山西晉城，延袤千里。主峰在今山西晉城南。⑩恆山　在今河北曲陽西北。⑪西傾朱圉鳥鼠二句　西傾，即前文之「西頃」。山名。在今甘肅南部與青海東部交界處。朱圉，山名。在今甘肅甘谷西南。太華，即華山。按照地理位置，應先「西傾」，次「鳥鼠」，再「朱圉」，最後「太華」。疑此處記載顛倒，或「朱圉」另有其山。⑫熊耳　山名。在今河南盧氏東南。東西兩峰相對，形似熊耳。⑬外方　又名「嵩山」、「崈高」。在今河南登封北。山脈起自河南西峽，東北盡於鞏縣。⑭桐柏　山名。在今河南桐柏西。⑮倍尾　山名。在今湖北安陸東北。⑯內方　山名。在今湖北鍾祥西南。⑰大別　所指有爭議。一種說法為大別山。在今湖北漢陽東北。⑱嶓山　即岷山。⑲敷淺原　地名。所在地說法不一。一般認為為今江西德安南之博陽山。⑳合藜　山名。在今甘肅張掖、高臺、酒泉之北。㉑流沙　具體地點不明。可以理解為最西方的水。㉒南海　具體地點不明。可以理解為南方的大海。㉓華陰　華山的北面。山之北為陰。㉔盟津　即孟津。又稱富平津。在今河南孟津東。㉕洛汭　洛水入河處。㉖大伾　又作「大邳」。山名。在今河南滎陽汜水鎮西北。㉗降水　水名。古漳水的上游。㉘播　分布；分散。㉙同為逆河二句　九河共同迎受黃河，又入於海。逆河，河水分而復合，河水相迎受。㉚漾　水名。漢水南源。源出今陝西寧強西北嶓冢山。㉛滄浪之水　《史記正義》引庾仲雍《漢水記》說：「武當縣西四十里漢水中有洲，名滄浪洲。」滄浪洲在今湖北均縣北。「滄浪之水」是指漢水自均縣滄浪洲至襄陽一段水道。㉜三澨　又名「三參水」。源出今湖北京山潼泉山，東流至漢川縣入漢水。㉝北江　古人認為彭蠡澤向東分流入海。北面的支流稱北江。㉞醴　水名。源出今湖南桑植西北，東北流至安鄉南注入洞庭湖。㉟東陵　古地名。在今湖北廣濟、黃梅之間。㊱東迆北會于匯　向東偏北匯合於彭蠡澤。迆，水溢出。匯，即「彭蠡澤」。㊲東為中江　彭蠡澤向東分流中間的河道，與上文「北江」相對。㊳沇水　濟水的別稱。㊴軼為滎　河水溢出，匯成滎澤。軼，《史記・夏本紀》作「泆」，通「溢」。㊵陶丘　地名。在今山東定陶西南。㊶鳥鼠同穴　即「鳥鼠山」。據說該山鳥鼠同穴而居，故名「鳥鼠同穴山」。㊷九州逌同　九州地方皆已完全平治。㊸四奧既宅　四方可供人居住的土地都已安定。奧，通「隩」。可供居住之地。宅，安定。㊹九山栞旅　九州所有的山都經過治理，並且加以表幟。九山，與下文九川、九澤一樣，都是虛數，不能確指。栞，通「刊」。㊺九川滌原　九州所有的河流都已疏達其水源。滌，疏通。原，通「源」。㊻九澤既陂　九州的澤水都已停蓄起來，不致為患。陂，堤岸。這裡作動詞。㊼四海會同　九州山川皆與四海相通達。會同，通達之意。㊽六府孔修　六府的稅收大備。六府，掌管稅收的六職。孔，大。修，齊備。㊾庶土交正　九州的土壤都評定了等級。庶，眾。交，全部。㊿底慎財賦　謹慎地徵收賦稅。底慎，致慎。(51)咸則三壤　全部按照土地的三大等級作為標準。咸，全部。則，法則。三壤，土地上、中、下三種等級。(52)成賦中國　完成貢賦，運往中國。中國，古代以自己處於天下之中，故稱「中國」。(53)錫土姓　賞賜土地和姓氏。錫，通「賜」。(54)祗台德先二句　王者應當恭敬和悅，以德行為先，不要違背我的命令。這是大禹告誡諸侯的話。祗，恭敬。台，通「怡」。和悅。距，通「拒」。違背。朕，我，指大禹。行，命令；措施。(55)甸服　〈禹貢〉中劃分的「五服」之一。以國都為中心，每隔五百里劃為一個大區。由近及遠依次是甸服、侯服、綏服、要服、荒服。甸服，是國都周圍五百里的地區。主要負責繳納農作物。(56)百里賦內總　百里之內繳納的貢賦是成捆的帶著穀穗的禾稈。內，通「納」。總，成捆的帶著穀穗的禾稈。(57)銍　收割用的鐮刀。這裡借指割下來的禾穗。(58)戛服　《史記．夏本紀》作「秸服」。二字連文，即秸稈。(59)粟　穀子。為帶粗皮的米粒。(60)米　小米；精米。為去掉粗皮的米粒。(61)侯服　甸服之外五百里的地區。主要負責拱衛京畿，抵禦外侮。侯，諸侯。又可理解為通「候」，斥候之意。(62)采　采邑。卿大夫的封地。卿大夫的俸祿就來源於采邑的租賦。(63)男國　《史記．夏本紀》作「任國」。為天子服役的小國。(64)諸侯　較大的諸侯國。對外負責抵禦侵略。(65)綏服　侯服之外五百里的地區。綏，安定。(66)揆文教　估量實行中央的教化。揆，估量。(67)奮武衛　振奮武力，保衛國土。奮，振奮。(68)要服　綏服之外五百里的地區。要，用文教要約。(69)夷　平易。指施行平易的方法進行教化。(70)蔡　減殺。減少當地的貢賦。(71)荒服　要服之外五百里的地區。荒，荒遠。(72)蠻　因其俗而治，籠絡這裡的人民。(73)流　移動。夷狄流移，聽任其貢賦。(74)東漸于海二句　東方浸潤到大海，西方被覆到流沙。指天子的教化所及之廣。漸，浸潤。被，被覆。(75)朔南洎　北方和南方都有顧及。朔，北方。洎，及。(76)聲教訖于四海　天子的聲威、教化盡於四海。聲教，天子的聲威、教化。訖，盡；終止。(77)禹錫玄圭二句　大禹被賞賜了黑色的瑞玉，宣告了他的成功。玄圭，黑色的瑞玉。厥，其。

【語　譯】治理的山脈從汧山至於岐山，延伸到荊山，再越過黃河；壺口山、過雷首山，通達太嶽山；底柱山、經過析城山，抵達王屋山；太行山、到達恆山，直到碣石山，抵達大海。從西傾山、朱圉山、鳥鼠山，抵達太華山；熊耳山、通過外方山、桐柏山，抵達倍尾山。從嶓冢山，到達荊山；內方山，到達大別山；從岷山的南面，通向衡山，越過九江，到達敷淺原。

2　從弱水開始治理，到達合藜山，下游流入最西面的流沙。治理黑水，到達三危山，流入南海。治理黃河，從積石山開始，到達龍門山，向南到達華山北面，向東到達底柱，又向東抵達盟津，再向東匯合洛水，到達大伾山，北過降水，至於大陸澤，又向北分為九條河流，九河又合流共同迎受黃河，最後入於大海。從嶓冢山開始治理漾水，向東流為漢水，又向東成為滄浪之水，經過三澨，到達大別山，向南匯入長江，再向東匯合為彭蠡澤，繼續向東成為北江，注入大海。從岷山開始治理長江，向東分出支流沱水，又向東到達醴水，經過九江，到達東陵，向東偏北匯合於彭蠡澤，向東成為中江，注入於大海。治理沇水，向東流成為泲水，匯入黃河，河水溢出，匯成滎澤，向東經過陶丘北面，又向東到達菏澤，又向東北與汶水匯合，最後往東北注入大海。治理淮河從桐柏山開始，向東與泗水、沂水匯合，再向東注入大海。治理渭水從鳥鼠同穴山開始，向東與酆水匯合，又向東到達涇水，又向東經過漆水、沮水，注入黃河。治理洛水從熊耳山開始，向東北與澗水、瀍水匯合，又向東與伊水匯合，然後向東北注入黃河。

3　九州地方皆已完全平治，四方可供人居住的土地都已安定，九州所有的山都經過治理，並且加以表幟，九州所有的河流都已疏達其水源，九州的澤水都已停蓄起來，不致為患，九州山川皆與四海相通達。六府的稅收大備，九州的土壤都評定了等級，要謹慎地徵收賦稅，全部按照土地的三大等級作為標準，完成貢賦，運往中國。於是賞賜了土地和姓氏。大禹告誡諸侯說：「王者應當恭敬和悅，以德行為先，不要違背我的命令。」

4　國都周圍五百里的地區是甸服：最近的百里之內繳納的貢賦是成捆的帶著穀穗的禾稈，其次的二百里繳納割下來的禾穗，其次的三百里繳納秸稈，其次的四百里繳納帶粗皮的米粒，其次的五百里繳納去掉粗皮的米粒。甸服之外五百里的地區是侯服：最靠近甸服的一百里是卿大夫的采邑，其次的二百里是為天子服役的小國，剩餘的三百里是較大的諸侯國。侯服之外五百里的地區是綏服：靠近侯服的三百里估量實行中央的教化，剩餘的二百里振奮武力，保衛國土。綏服之外五百里的地區是要服：靠近綏服的三百里施行平易的方法進行教化，剩餘的二百里減少當地的貢賦。要服之外五百里的地區是荒服：靠近要服的三百里，因其俗而治，籠絡這裡的人民，剩餘的二百里夷狄流移，聽任其貢賦。天子的教化所及東方浸潤到大海，西方被覆到流沙，北方和南方都有顧及，天子的聲威、教化盡於四海。

5　大禹被賞賜了黑色的瑞玉，宣告了他的成功。

1 後受禪於虞❶，為夏后氏❷。

2 殷因於夏，亡所變改。周既克殷，監於二代而損益之❸。定官分職，改禹徐、梁二州合之於雍、青❹，分冀州之地以為幽、并❺。故周官有職方氏❻，掌天下之地，辯九州之國❼。

3 東南曰揚州：其山曰會稽❽，藪❾曰具區❿，川曰三江⓫，寖⓬曰五湖⓭；其利⓮金、錫、竹箭；民二男五女⓯；畜宜鳥獸，穀宜稻⓰。

4 正南曰荊州：其山曰衡，藪曰雲夢，川曰江、漢，寖⓱曰潁、湛⓲；其利丹、銀、齒、革；民一男二女；畜及穀宜，與揚州同。

5 河南曰豫州：其山曰華，藪曰圃田⓳，川曰熒⓴、雒，寖曰波、溠㉑；其利林、漆、絲枲；民二男三女；畜宜六擾㉒，其穀宜五種㉓。

6 正東曰青州：其山曰沂㉔，藪曰孟諸㉕，川曰淮、泗，寖曰沂、沭㉖；其利蒲㉗、魚；民二男三女；其畜宜雞、狗，穀宜稻、麥。

7 河東曰兗州：其山曰岱，藪曰泰壄㉘，其川曰河、泲，浸曰盧㉙、濰；其利蒲、魚；民二男三女；其畜宜六擾，穀宜四種㉚。

8 正西曰雍州：其山曰嶽㉛，藪曰弦蒲㉜，川曰涇、汭，寖曰渭、洛；其利玉、石；其民三男二女；畜宜牛、馬，穀宜黍、稷。

9 東北曰幽州：其山曰醫無閭[33]，藪曰貕養[34]，川曰河、泲，浸曰菑、時[35]；其利魚、鹽；民一男三女；畜宜四擾[36]，穀宜三種[37]。

10 河內曰冀州：其山曰霍，藪曰揚紆[38]，川曰漳[39]，寖曰汾、潞[40]；其利松、柏；民五男三女；畜宜牛、羊，穀宜黍、稷。

11 正北曰并州：其山曰恆山，藪曰昭餘祁[41]，川曰虖池、嘔夷[42]，寖曰淶、易[43]；其利布帛；民二男三女；畜宜五擾[44]，穀宜五種。

12 而保章氏[45]掌天文，以星土辯九州之地[46]，所封封域皆有分星[47]，以視吉凶。

13 周爵五等，而土三等：公、侯百里，伯七十里，子、男五十里。不滿為附庸[48]，蓋千八百國。而太昊、黃帝之後，唐、虞侯伯猶存[49]，帝王圖籍相踵[50]而可知。周室既衰，禮樂征伐自諸侯出，轉相吞滅，數百年間，列國耗盡。至春秋時，尚有數十國，五伯[51]迭興，總其盟會[52]。陵夷[53]至於戰國，天下分而為七，合從連衡[54]，經數十年。秦遂并兼四海。以為周制微弱，終為諸侯所喪，故不立尺土之封，分天下為郡縣，盪滅前聖之苗裔，靡有孑遺者矣。

14 漢興，因秦制度，崇恩德[55]，行簡易[56]，以撫海內。至武帝攘卻[57]胡、越[58]，開地斥境59，南置交阯60，北置朔方之州61，兼徐、梁、幽、并夏、周之制62，改雍曰涼，改梁曰益，凡十三部，置刺史63。先王之迹既遠，地名又數改易，是以采獲舊聞，考迹詩書，推表山川，以綴禹貢、周官、春秋，下及戰國、秦、漢焉。

【章　旨】以上敘述夏之後，歷商、周、秦三代至漢，地理劃分的基本情況和沿革變化，重點描述了周的「九州」之地理沿革和風土人情、秦以郡縣制取代分封制的歷史性變化，以及撰寫本志所述漢代各政區及地理劃分的主要依據。

【注　釋】❶虞　舜。是上古時期著名的帝王之一。❷夏后氏　一作「夏后」、「夏氏」。大禹的國號。❸監於二代而損益之　借鑑於夏、商二代的利弊，並對原有的制度進行刪補。監，通「鑑」。借鑑之意。❹改禹徐梁二州合之於雍青　將夏禹的徐州、梁州撤消，合併到雍州、青州。❺分冀州之地以為幽并　將冀州的土地分為幽州、并州。❻故周官有職方氏　因此《周官》中設有職方氏一職。周官，書名。是戰國時各國官制的彙編資料。西漢末年改名為《周禮》。作者及成書年代有爭議。職方氏，官職名。掌管天下地圖與四方職貢。❼掌天下之地二句　掌管天下的地圖與四方職貢，確定九州的界線。❽會稽　又名「防山」、「棟山」。在今浙江紹興東南。❾藪　大澤。❿具區　古澤名。即太湖。⓫三江　即前文〈禹貢〉中揚州所謂「三江」。歷來說法不一。⓬濅　可以用來灌溉的湖澤或河流。⓭五湖　說法不一，當指今太湖及其周圍的幾個湖泊。⓮利　占優勢的物產資源。⓯民二男五女　男女人口的比例為二比五。下文類同此說。⓰畜宜鳥獸二句　這裡的土地適宜飼養鳥獸，種植稻穀。⓱寖　同「濅」。⓲潁湛　潁，水名。淮河支流。源出今河南登封嵩山西南，東南流經河南、安徽，注入淮河。湛，水名。在今河南寶豐東南。⓳圃田　古澤名。又名「原圃」、「圃草澤」。在今河南中牟西。現已淤平。⓴滎　滎水。具體方位現已不明。㉑波溠　波，滎波澤。溠，水名。源出今湖北隨州西北雞鳴山，東南注入溳水。㉒六擾　即六畜。馬、牛、羊、豕、犬、雞。擾，馴養。㉓五種　五種穀物。即黍、稷、菽、麥、稻。㉔沂　山名。在今山東臨朐東南。㉕孟諸　即前文〈禹貢〉中「盟豬」。㉖沭　水名。源出今山東沂山南麓。㉗蒲　香蒲。㉘泰壄　即大野澤。㉙盧　水名。在今山東長清境內。㉚四種　黍、稷、稻、麥四種。㉛嶽　即前文〈禹貢〉中雍州的汧山（岍山）。㉜弦蒲　澤名。在今陝西隴縣西北。㉝醫無閭　山名。

又名「毉巫閭」。在今遼寧北鎮西。㉞貕養　即奚養澤。在今山東萊陽東。㉟時　水名。又名「如水」、「耏水」。上游即今山東淄博東南烏河。下游自今臨淄分為二水，一支入古濟水，一支入淄水。㊱四擾　馬、牛、羊、豕。㊲三種　黍、稷、稻。㊳揚紆　又名「陽紆」、「陽華紆」。古澤名。具體地點有爭議。㊴漳　水名。源出今山西長子西，流經今山西南部和河北、河南邊境，注入黃河。㊵汾潞　汾，水名。源出今山西寧武，南流至曲沃西北，在河津注入黃河。潞，水名。即今漳河上游濁漳水。㊶昭餘祁　又名「昭餘」、「大昭澤」。在今山西祁縣、平遙西，文水東南和介休以北。今已淤平。㊷虖池嘔夷　虖池，即今滹沱河。源出今山西繁峙東，東流入華北平原，入海。嘔夷，又名「漚夷水」。即今河北大清河支流唐河。㊸淶易　淶，水名。即今河北境內拒馬河。源出今淶源淶山，至涿州注入白溝河。易，水名。在今河北西部。源出今河北易縣，注入南拒馬河。㊹五擾　馬、牛、羊、犬、豕。㊺保章氏　周代官名。掌管觀測和記錄天象。㊻以星土辯九州之地　憑藉星辰和土地的對應位置來分辨九州區域。㊼分星　與地上各州土地相對應的星辰。㊽附庸　附屬之國。㊾而太昊黃帝之後二句　而太昊、黃帝的後代，唐堯、虞舜時就有的侯、伯封國尚存。太昊，即伏羲氏。古代傳說中的帝王。唐，唐堯，也是古代傳說中的帝王。㊿相踵　前後相連。踵，腳後跟。(51)五伯　春秋時的五個霸主。一般認為是齊桓公、晉文公、秦穆公、宋襄公、楚莊王。伯，通「霸」。(52)總其盟會　統領會盟之事。總，統領。(53)陵夷　衰落。(54)合從連衡　戰國時以蘇秦為代表的人遊說東方六國聯合抗秦，稱為「合從」。以張儀為代表的人遊說六國服從秦國，稱為「連衡」。一說南北為縱，六國南北方向聯合抗秦稱「合從」，東西為橫，六國東西方向服從秦國稱「連衡」。從，通「縱」。衡，通「橫」。(55)崇恩德　推崇恩德以治理國家。(56)行簡易　為政簡單平易。(57)攘卻　擊退；打敗。(58)胡越　胡，泛指古代北方的少數民族。越，又稱「百越」。這裡泛指南方的少數民族。(59)開地斥境　開拓土地，擴大疆域。(60)交阯　即交趾。漢代指今越南一帶。(61)朔方之州　即朔方州。武帝所置十三州之一。(62)兼徐梁幽并夏周之制　加上夏代、周代設置的徐州、梁州、幽州、并州。(63)刺史　始置於秦。漢武帝元封五年（西元前一〇六年）設置州刺史，負責監察郡國的官吏。

【語　譯】後來接受了虞舜禪讓的帝位，成為夏后氏。

2　殷商繼承了夏代的制度，沒有什麼改變。周代克殷之後，借鑑於夏、商二代的利弊，並對原有的制度進行刪補。設定官制，分配職位，將夏禹的徐州、梁州撤消，合併到雍州、青州，將冀州的土地分為幽州、并州。因此《周官》中設有職方氏一職，掌管天下的地圖與四方職貢，確定九州的界線。

3 東南地區稱作揚州：揚州的大山叫會稽山，大澤叫具區，大河叫三江，可以用來灌溉的湖澤是五湖；占優勢的物產資源有金、錫、竹箭；男女人口的比例為二比五；這裡的土地適宜飼養鳥獸，種植稻穀。

4 正南的地區稱作荊州：荊州的大山叫衡山，大澤叫雲夢，大河叫江水、漢水，可以用來灌溉的河流叫潁水、湛水；占優勢的物產資源有朱砂、銀、象牙、皮革；男女人口的比例為一比二；這裡適宜飼養的鳥獸和適宜種植的穀物同揚州一樣。

5 黃河之南的地區稱作豫州：豫州的大山叫華山，大澤叫圃田，大河叫滎水、雒水，可以用來灌溉的湖澤和河流叫滎波澤、溠水；占優勢的物產資源有林木、漆、絲麻；男女人口的比例為二比三；這裡適宜飼養六畜，種植五種穀物。

6 正東的地區稱作青州：青州的大山叫沂山，大澤叫孟諸，大河叫淮水、泗水，可以用來灌溉的河流叫沂水、沭水；占優勢的物產資源有香蒲、魚類；男女人口的比例為二比三；這裡適宜飼養雞、狗，種植稻、麥。

7 黃河之東的地區稱作兗州：兗州的大山叫泰山，大澤叫大野澤，大河叫黃河、泲水，可以用來灌溉的河流叫盧水、濰水；占優勢的物產資源有香蒲、魚類；男女人口的比例為二比三；這裡適宜飼養六畜，種植黍、稷、稻、麥四種穀物。

8 正西的地區稱作雍州：雍州的大山叫嶽山，大澤叫弦蒲澤，大河叫涇水、汭水，可以用來灌溉的河流叫渭水、洛水；占優勢的物產資源有玉、石料；男女人口的比例為三比二；這裡適宜飼養牛、馬，種植黍、稷。

9 東北地區稱作幽州：幽州的大山叫醫無閭，大澤叫貕養，大河叫黃河、泲水，可以用來灌溉的河流叫菑水、時水；占優勢的物資有魚類和海鹽；男女人口的比例為一比三；這裡適宜飼養馬、牛、羊、豕，種植黍、稷、稻。

10 河內地區稱作冀州：冀州的大山叫霍山，大澤叫揚紆澤，大河叫漳水，可以用來灌溉的河流叫汾水、潞水；占優勢的物產資源有松樹、柏樹；男女人口的比例為五比三；這裡適宜飼養牛、羊，種植黍、稷。

11 正北的地區稱作并州：并州的大山叫恆山，大澤叫昭餘祁，大河叫虖池、嘔夷，可以用來灌溉的河流叫淶水、易水；占優勢的物產資源有布帛；男女人口的比例為二比三；這裡適宜飼養馬、牛、羊、犬、豕，種植五穀。

12 而保章氏掌管天文，憑藉星辰和土地的對應位置來分辨九州區域，所分封的區域都有分星對應，來了解吉凶。

13 周代的爵位有五等，而封地有三個等級：公爵、侯爵的封地方圓百里，伯爵的封地方圓七十里，子爵、男爵的封地方圓五十里。不滿五十里的是附庸之國，一共約有一千八百個國家。而太昊、黃帝的後代，唐堯、虞舜時就有的侯、伯封國尚存，這些都可以通過帝王的地圖、戶籍資料連貫地知曉。周王室衰落之後，禮樂征伐的大權都被諸侯掌握，互相吞滅，數百年間，許多國家都被消滅。到了春秋時，尚且存在數十個國家，春秋五霸相繼興起，統領會盟之事。周王室繼續衰落到戰國時代，天下分為七個國家，合縱連橫，經過了數十年。秦代終於統一了四海。秦代統治者認為周代的制度衰弱，導致了最終自己被諸侯所消滅，所以不再分封一寸土地，將天下劃分為郡縣，全部消滅前代帝王的後代，沒有一個遺留下來。

14 漢代興起，承襲秦代的制度，推崇恩德以治理國家，為政簡單平易，以安撫天下百姓。到了武帝時擊退北方、南方的少數民族，開拓土地，擴大疆域，南方設置交阯州，北方設立朔方州，加上夏代、周代設置的徐州、梁州、幽州、并州，改雍州為涼州，改梁州為益州，總共十三部，設置刺史。現在先王的遺跡已十分遙遠，地名也多次變化，因此要採集過去的舊聞，考證《詩經》、《書經》中的記錄，推究山川的位置，以向上連接〈禹貢〉、《周官》、《春秋》，向下連繫及戰國、秦代、漢代。

1 京兆尹❶，故秦內史❷，高帝元年屬塞國❸，二年❹更為渭南郡，九年罷❺，復為內史。武帝建元六年分為右內史❻，太初元年❼更為京兆尹。元始二年❽戶十九萬五千七百二，口六十八萬二千四百六十八。縣十二：長安[9]，高帝五年置。惠帝元年[10]初城，六年成。戶八萬八百，口二十四萬六千二百。王莽[11]曰常安。新豐[12]，驪山[13]在南，故驪戎國。秦曰驪邑。高祖七年置[14]。船司空[15]，莽曰船利。藍田[16]，山出美玉，有虎候山祠，秦孝公[17]置也。華陰[18]，故陰晉[19]，秦惠文王五年[20]更名寧秦，高帝八年[21]更名華陰。太華山[22]在南，有祠，豫州山。集靈宮[23]，武帝起。莽曰華壇也。鄭[24]，周宣王弟鄭桓公邑。有鐵官[25]。湖[26]，有周天子祠二所。故曰胡，武帝建元年[27]更名湖。下邽[28]，南陵[29]，文帝七年置[30]。沂水出藍田谷[31]，北至霸陵入霸水[32]。霸水亦出藍田谷，北入渭。古曰茲水，秦穆公更名以章霸功，視子孫[33]。奉明[34]，宣帝[35]置也。霸陵，故芷陽，文帝更名。莽曰水章也。杜陵[36]，故杜伯[37]國，宣帝更名。有周右將軍杜主祠四所。莽曰饒安也。

2 左馮翊[38]，故秦內史，高帝元年屬塞國，二年更名河上郡，九年罷，復為內史。武帝建元六年分為左內史，太初元年更名左馮翊。戶二十三萬五千一百一，口九十一萬七千八百二十二。縣二十四：高陵[39]，左輔都尉[40]治。莽曰千春。櫟陽[41]，秦獻公自雍徙[42]。莽曰師亭。翟道[43]，莽曰渙。池陽[44]，惠帝四年[45]置。巀嶭山[46]在北。夏陽[47]，故少梁，秦惠文王十一年[48]更名。禹貢梁山在西北，龍門山[49]在北。有鐵官。莽曰冀亭。衙[50]，莽曰達昌。粟邑[51]，莽曰粟城。谷口[52]，九嵕山[53]在西。有天齊公[54]、五牀山[55]、僊人[56]、五帝[57]祠四所。莽曰谷喙。

蓮勺[58]，鄜[59]，莽曰脩令。頻陽[60]，秦厲公[61]置。臨晉[62]，故大荔，秦獲之，更名。有河水祠。芮鄉[63]，故芮國[64]。莽曰監晉。重泉[65]，莽曰調泉。郃陽[66]，祋祤[67]，景帝二年[68]置。武城[69]，莽曰桓城。沈陽[70]，莽曰制昌。褱德[71]，禹貢北條荊山在南，下有彊梁原[72]。洛水東南入渭，雍州寖。莽曰德驩。徵[73]，莽曰汜愛。雲陵[74]，昭帝[75]置也。萬年[76]，高帝置。莽曰異赤。長陵[77]，高帝置。戶五萬五十七，口十七萬九千四百六十九。莽曰長平。陽陵[78]，故弋陽，景帝更名。莽曰渭陽。雲陽[79]。有休屠[80]、金人及徑路[81]神祠三所，越巫䗘鄹[82]祠三所。

3 右扶風[83]，故秦內史，高帝元年屬雍國[84]，二年更為中地郡。九年罷，復為內史。武帝建元六年[85]分為右內史，太初元年更名主爵都尉[86]為右扶風。戶二十一萬六千三百七十七，口八十三萬六千七十。縣二十一：渭城[87]，故咸陽，高帝元年更名新城，七年罷，屬長安。武帝元鼎三年[88]更名渭城。有蘭池宮[89]。莽曰京城。槐里[90]，周曰犬丘，懿王都之。秦更名廢丘。高祖三年更名。有黃山宮[91]，孝惠二年[92]起。莽曰槐治。鄠[93]，古國。有扈谷亭[94]。扈，夏啟所伐。酆水出東南，又有潏水[95]，皆北過上林苑[96]入渭。有萯陽宮[97]，秦文王[98]起。盩厔[99]，有長楊宮，有射熊館[100]，秦昭王[101]起。靈軹渠[102]，武帝穿也。斄[103]，周后稷[104]所封。郁夷[105]，詩「周道郁夷[106]」。有汧水祠。莽曰郁平。美陽[107]，禹貢岐山在西北。中水鄉[108]，周大王[109]所邑。有高泉宮，秦宣太后起也。郿[110]，成國渠首受渭[111]，東北至上林入蒙籠渠[112]。右輔都尉[113]治。雍[114]，秦惠公都之。有五畤[115]，太昊、黃帝以下祠三百三所。橐泉宮，孝公起。祈年宮[116]，惠公起。棫陽宮[117]，昭王起。有鐵官。漆[118]，水在縣西。有鐵官。莽曰漆治。栒邑[119]，有豳鄉[120]，詩豳國，公劉[121]所都。隃麋[122]，有黃帝子祠。莽曰扶亭。陳倉[123]，有上公[124]、明星[125]、黃帝孫、舜妻盲冢祠。有羽陽宮，秦武王[126]起也。杜陽[127]，杜水[128]南入渭。詩曰「自杜」[129]。莽曰通杜。汧[130]，吳山在西，古文以為汧山。雍州山。北有蒲谷鄉弦中谷[131]，雍州弦蒲藪。汧水[132]出西北，入渭。芮水[133]出西北，東入涇。詩芮阸[134]，雍州川也。好畤[135]，垝山在東。有梁山宮[136]，秦始皇起。莽曰好邑。虢[137]，有黃帝子、周文武祠。虢宮，秦宣太后起也。安陵[138]，惠帝置。莽曰嘉平。茂陵[139]，武帝置。戶六萬一千八十七，口二十七萬七千二百七十七。莽曰宣城。平陵[140]，昭帝置。莽曰廣利。武功[141]。太壹山[142]，古文以為終南。垂山，古文以為敦物。皆在縣東。斜水[143]出衙領山[144]北，至郿入渭。褒水[145]亦出衙領，至南鄭[146]入沔。有垂山、斜水、褒水祠三所。莽曰新光。

【章　旨】以上所記為三輔（京兆尹、左馮翊、右扶風），概述其行政建置及沿革、人口、自然地理等方面的內容。

【注　釋】❶京兆尹　政區名。它與左馮翊、右扶風合稱三輔，其長官同名。西漢太初元年（西元前一〇四年）取右內史部分地區設置。治長安。❷內史　秦代的行政區名。掌管治理京師。西漢景帝時分置左右內史，武帝時改右內史為京兆尹，左內史為左馮翊。〈地理志〉在各郡國下都敘述歷史沿革，追溯至秦代。❸高帝元年屬塞國　高帝元年，西元前二〇六年。塞國，秦亡後，項羽封秦降將司馬欣而置。❹二年　據《史記・秦楚之際月表》、本書卷十三〈異姓諸侯王表〉，當作「元年」。但是施之勉以為「二年」不誤。❺罷　撤消。❻武帝建元六年分為右內史　此處誤，應為景帝二年（西元前一五五年）。❼太初元年　即西元前一〇四年。❽元始二年　即西元二年。元始，漢平帝年號。〈地理志〉所載各郡國戶口均據此年統計數字。這是我國見於文獻記載的最早的可信的戶口統計數字。❾長安　故城在今陝西西安北。❿惠帝元年　即西元前一九四年。漢惠帝劉盈，西元前一九五至前一八八年在位。⓫王莽　新朝建立者。西元八至二三年在位。王莽稱帝後曾大規模更改漢代郡縣名稱，故〈地理志〉予以注明。⓬新豐　縣名。在今陝西臨潼東北。秦時稱驪邑。⓭驪山　又作「酈山」。在今陝西臨潼東南。⓮高祖七年置　《史記·高祖本紀》作「十年」。⓯船司空　縣名。在今陝西華陰東北。本為掌管船政的官名，後以此為縣名。⓰藍田　縣名。在今陝西藍田西。⓱秦孝公　秦國國君。西元前三八一至前三三八年在位。⓲華陰　縣名。在今陝西華陰東南。清人全祖望認為華陰縣名後脫漏「京輔都尉治」五字。⓳陰晉　戰國時魏國邑名，並入秦後改稱寧秦。⓴秦惠文王五年　王先謙《漢書補注》認為當作「六年」。秦惠文王，秦國國君。西元前三三七至前三一一年在位。㉑高帝八年　即西元前一九九年。㉒太華山　即華山。㉓集靈宮　宮名。故址在今華山下王道村。㉔鄭　縣名。在今陝西華縣。㉕鐵官　官名。武帝時將鹽鐵業收歸官營。分置鹽鐵官於鹽鐵產地。㉖湖　縣名。在今河南靈寶西北。㉗武帝建元年　建元後應有年數，此處脫漏。錢大昕認為應作「建元元年」。㉘下邽　縣名。在今陝西渭南下邽鎮東南。㉙南陵　縣名。在今陝西西安東。㉚文帝七年置　即西元前一七三年。西元前一八〇至前一五七年在位。㉛沂水出藍田谷　沂水，全祖望認為應為滻水。今陝西境內灞河支流。藍田谷，在今陝西西安東南。灞水的發源地。㉜北至霸陵入霸水　霸陵，縣名。在今陝西西安東北。是漢文帝的陵邑。霸水，又作「灞水」。一名「茲水」。渭河支流，在今陝西境內。㉝古曰茲水三句　中華本有此三句，殿本無。此三句前原衍「師」字，誤作顏師古注，今據錢大昕說改。句意謂古代稱為茲水，秦穆公更改名稱以彰顯自己的霸業功績，昭示子孫。秦穆公，秦國國君，春秋五霸之一。章，通「彰」。彰顯。視，通「示」。昭示。㉞奉明　縣名。在今陝西西安西北。㉟宣帝　西元前七四至前四九年在位。㊱杜陵　縣名。在今陝西西安東南。是漢宣帝的陵邑。㊲杜伯　周宣王時大夫。曾任右將軍。封於杜地，無罪被冤殺。㊳左馮翊　政區名。三輔之一。轄境為今陝西境內渭河以北、涇河以東以及洛河中下游地區。馮翊，依靠；輔助。㊴高陵　縣名。秦代即已設置。在今陝西高陵。㊵左輔都尉　官名。負責地方的軍事和治安。㊶櫟陽　縣名。在今陝西富平東南。㊷秦獻公自雍徙　秦獻公從雍地遷徙至此。秦獻公，秦國國君。西元前三八四至前三六二年在位。雍，春秋時期秦國的國都。在今陝西鳳翔南。㊸翟道　縣名。在今陝西黃陵西北。㊹池陽　縣名。在今陝西涇陽西北。㊺惠帝四年　即西元前一九一年。㊻巀嶭山　即今嵯峨山。在今陝西涇陽、三原、淳化交界處。㊼夏陽　縣名。在今陝西韓城南。㊽秦惠文

王十一年　即西元前三二七年。(49)龍門山　在今陝西韓城東北。(50)衙　縣名。在今陝西白水東北。(51)粟邑　縣名。在今陝西白水西北。(52)谷口　縣名。在今陝西禮泉東北。(53)九嵕山　在今陝西禮泉東北。(54)天齊公　天齊，古代齊地的「八神」之一，天主。一說「天齊」為泰山的別稱，「天齊公」為泰山神。(55)五牀山　在今陝西永壽東。(56)僊人　一種說法認為是古代神話傳說中的僊人王子喬。(57)五帝　漢代神靈祭祀系統的重要組成部分。「五帝」分別是東方青帝、南方赤帝、西方白帝、北方黑帝、中央黃帝。(58)蓮勺　又作「蓮芍」。縣名。在今陝西渭南北。(59)鄜　縣名。在今陝西洛川東南。(60)頻陽　縣名。在今陝西富平東北。(61)秦厲公　秦國國君。西元前四七六至前四四三年在位。(62)臨晉　縣名。在今陝西大荔東南。(63)芮鄉　地名。在今陝西大荔東南。(64)芮國　商代至春秋時期的姬姓諸侯國。國都在今陝西大荔東南。西元前六四〇年為秦國所滅。(65)重泉　縣名。在今陝西蒲城東南。(66)郃陽　縣名。在今陝西合陽東南。(67)祋祤　縣名。在今陝西耀縣。(68)景帝二年　即西元前一五五年。(69)武城　縣名。在今陝西華縣東。(70)沈陽　縣名，在今陝西華縣東北。全祖望認為「沈」字為傳抄之訛。(71)襄德　縣名。秦代始設。在今陝西大荔東南。(72)彊梁原　地名。在今陝西大荔東南。(73)徵　縣名。在今陝西澄城西南。(74)雲陵　縣名。在今陝西淳化東南。是武帝鉤弋夫人陵墓所在地。(75)昭帝　劉弗陵。西元前八六至前七四年在位。(76)萬年　縣名。漢高帝分櫟陽縣而設，與櫟陽同在今陝西富平東南。(77)長陵　縣名。在今陝西咸陽東北。是漢高帝劉邦的陵邑。(78)陽陵　縣名。在今陝西咸陽東北。是漢景帝的陵邑。(79)雲陽　縣名。在今陝西淳化西北。(80)休屠　在今甘肅武威北。匈奴休屠王的都城。(81)徑路　匈奴神名。王先謙認為是匈奴休屠王之名。(82)駘鄭　越人神名。(83)右扶風　政區名。三輔之一。轄境為今陝西秦嶺以北，戶縣、咸陽以西地區。(84)雍國　秦亡後項羽封秦降將章邯而置。(85)武帝建元六年　據〈百官公卿表〉，應為「景帝二年」。(86)主爵都尉　官名。掌管封爵。(87)渭城　縣名。在今陝西咸陽東北。(88)元鼎三年　即西元前一一四年。(89)蘭池宮　宮名。故址在今陝西咸陽東北。(90)槐里　縣名。在今陝西興平東南。(91)黃山宮　宮名。故址在今陝西興平西南。(92)孝惠二年　即西元前一九三年。(93)鄠　縣名。在今陝西戶縣。(94)扈谷亭　亭名。在今陝西戶縣南。(95)潏水　源出今陝西長安縣東南秦嶺中，北流至西安西北注入渭河。(96)上林苑　秦代始設。漢武帝時擴建，供皇帝遊樂和狩獵的皇家園林。(97)萯陽宮　又作「倍陽宮」。故址在今戶縣西南。(98)秦文王　秦國國君。在位三日即亡。(99)盩厔　縣名。在今陝西周至東南。(100)射熊館　與上文長楊宮同在今陝西周至東南。(101)秦昭王　秦國國君。西元前三〇六至前二五一年在位。(102)靈軹渠　故址在今周至東北靈軹原下，東北流入渭河。(103)斄　即邰。縣名。在今陝西武功西。(104)后稷　周祖的祖先。善於種植糧食作物，曾任堯舜時的農官，封於邰。(105)郁夷　縣名。在今陝西寶雞西。(106)周道郁夷　周國的道路經過郁夷。出自《詩經・小雅》中的〈四牡〉。(107)美陽　縣名。在今陝西扶風東南。108中水鄉　地名。在今陝西岐山北、岐山之南。109周大王　周族首領古公亶父。帶領周族遷至岐山周原，發展農業生產，對周族的崛起起了重要作用。110郿　縣名。在今陝西眉縣東。111成國渠首受渭　成國渠的起點受渭水而始。成國渠，漢武帝時開鑿。自今眉山東北引渭水東流，經興平、咸陽，復注入渭河。112蒙籠渠　成國渠向東北延伸的部分。113右輔都尉　官名。主管右扶風地區的軍事和治安。114雍　縣名。在今陝西鳳翔西南。春秋時期秦國故都。115五畤　秦漢時期祭祀五帝的場所。在今陝西鳳翔南。116祈年宮　又作「蘄年宮」。故址在今陝西鳳翔南。117棫陽宮　故址在今陝西扶風東北。118漆　縣名。在今陝西彬縣。119栒邑　縣名。在今陝西旬邑東北。120豳鄉　地名。在今陝西彬縣與旬邑之間。121公劉　周族祖先。帶領周族遷居到豳地。122隃麋　縣名。在今陝西千陽東。123陳倉　縣名。在今陝西寶雞東。124上公　周代規定三公、八命出封時，加一命，稱為上公。125明星　金星。126秦武王　秦國國君。西元前三一〇至前三〇七年在位。127杜陽　縣名。在今陝西麟游西北。128杜水　即今漆水河。源出麟游境內，在岐山北部流入渭河。129詩曰自杜　殿本無此四字，今據景祐本補。《詩經・大雅・綿》有「人之初生，自杜、漆、沮」句。是說公劉帶領周族遷移至杜、漆、沮居住。130汧　縣名。在今陝西隴縣南。春秋時期曾為秦國都城。131蒲谷鄉弦中谷　地名。在今甘肅華亭西南。132汧水　即今千河。渭河支流。源出弦中谷，東南流入渭河。133芮水　即今芮河。源出甘肅境內，向東注入涇水。134阬　河岸。135好畤　縣名。在今陝西乾縣東。136梁山宮　故址在今陝西乾縣西北。137虢　縣名。在今陝西寶雞虢鎮。138安陵　縣名。在今陝西咸陽東北。是漢惠帝的陵邑。139茂陵　縣名。在今陝西興平東北。是漢武帝的陵邑。140平陵　縣名。在今陝西咸陽西北。是漢昭帝的陵邑。141武功　縣名。在今陝西眉縣東南、渭河南岸。142太壹山　又作「太一山」、「太乙山」。即今陝西秦嶺終南山。一說為秦嶺主峰太白山。143斜水　渭河支流。源出今陝西太白縣東，向北注入渭河。144衙領山　在今陝西太白東。145褒水　源出衙嶺山，南流至陝西太白注入漢水。146南鄭　縣名。在今陝西漢中。

【語譯】京兆尹，原是秦內史的一部分，高帝元年時歸屬塞國，二年改為渭南郡，九年撤消，恢復為內史。武帝建元六年分設為右內史，太初元年更名為京兆尹。元始二年的戶數為十九萬五千七百二戶，人口為六十八萬二千四百六十八人。下轄十二個縣：長安，高帝五年設置。惠帝元年開始築城，惠帝六年建成。戶數為八萬零八百戶，人口為二十四萬六千二百人。王莽時稱常安。新豐，驪山在該縣南部，原為驪戎國。秦代稱驪邑。高祖七年設置。船司空，王莽時稱船利。藍田，該縣山上出產美玉，設有虎候山祠，為秦孝公時所置。

華陰，原稱陰晉，秦惠文王五年更名為寧秦，高帝八年更名為華陰。太華山在其南側，山上有祠所，此山屬於豫州之山。縣內有集靈宮，是漢武帝時建造。王莽時稱為華壇。鄭，原為周宣王之弟鄭桓公的封邑。縣內設有鐵官。湖，縣內設有周天子的祠所二座。原稱胡，武帝建元元年更名為湖。下邽，南陵，文帝七年時設置。沂水發源於藍田谷，向北到達霸陵注入霸水。霸水也發源於藍田谷，向北注入渭水。古代稱為茲水，秦穆公更改名稱以彰顯自己的霸業功績，昭示子孫。奉明，宣帝時設置。霸陵，以前稱為芷陽，文帝時改名。王莽時稱水章。杜陵，以前的杜伯國，宣帝時改名。縣內有周右將軍杜主祠所四座。王莽時稱為饒安。

2 左馮翊，原是秦內史的一部分，高帝元年時歸屬塞國，二年改名為河上郡，九年撤消，恢復為內史。武帝建元六年分設為左內史，太初元年更名左馮翊。戶口數為二十三萬五千一百一戶，人口為九十一萬七千八百二十二人。下轄二十四個縣：高陵，是左輔都尉治所。王莽時稱千春。櫟陽，秦獻公從雍地遷徙至此。王莽稱師亭。翟道，王莽時稱渙。池陽，惠帝四年設置。巀嶭山在該縣北部。夏陽，原稱作少梁，秦惠文王十一年更名。〈禹貢〉中所謂梁山在該縣西北，龍門山在該縣北部。縣內設有鐵官。王莽時稱冀亭。衙，王莽時稱達昌。粟邑，王莽時稱粟城。谷口，九嵕山在該縣西部。縣內設有天齊公、五牀山、僊人、五帝祠四座祠所。王莽時稱谷喙。蓮勺，鄜，王莽時稱脩令。頻陽，秦厲公時設置。臨晉，原稱作大荔，秦國得到此地後，改名為臨晉。縣內有河水祠。芮鄉，原稱作芮國。王莽時稱監晉。重泉，王莽時稱調泉。郃陽，祋祤，景帝二年設置。武城，王莽時稱桓城。沈陽，王莽時稱制昌。褱德，〈禹貢〉中所謂北條荊山在該縣南部，山下有彊梁原。洛水在該縣東南注入渭水，是雍州的灌溉河流。王莽時稱德驩。徵，王莽時稱汜愛。雲陵，昭帝時設置。萬年，高帝時設置。王莽時稱異赤。長陵，高帝時設置。戶數有五萬零五十七戶，人口十七萬九千四百六十九人。王莽時稱長平。陽陵，原稱弋陽，景帝時改名。王莽時稱渭陽。雲陽。縣內設有休屠、金人及徑路神的祠所三座，越巫䘁鄹祠所三座。

3 右扶風，原是秦內史的一部分，高帝元年時歸屬雍國，二年改名為中地郡。九年撤消，恢復為內史。武帝建元六年分為設為右內史，太初元年改主爵都尉為右扶風。戶數為二十一萬六千三百七十七戶，人口為八十三萬六千零七十人。下轄二十一個縣：渭城，原稱咸陽，高帝元年更名為新城，七年撤消，歸屬長安。武帝元鼎三年更名為渭城。縣內有蘭池宮。王莽時稱京城。槐里，周代時稱作犬丘，周懿王曾遷都至此。秦代更名為廢丘。高祖三年改名為槐里。縣內有黃山宮，孝惠二年時建造。王莽時稱槐治。鄠，原為鄠國。縣內有扈谷亭。扈，曾為夏啟所伐。酆水發源於該縣東南部，該縣還有潏水，兩河都向北流經上林苑注入渭河。縣內有萯陽宮，是秦文王時建造。盩厔，縣內有長楊宮，有射熊館，秦昭王時建造。縣內有靈軹渠，是漢武帝時開鑿。斄，是周族祖先后稷的封地。郁夷，即《詩經》中所謂「周道郁夷」的「郁夷」。縣內有汧水祠。王莽時稱郁平。美陽，〈禹貢〉中所謂岐山在該縣西北。中水鄉，是周太王建造的城邑。縣內有高泉宮，秦宣太后時建造。郿，成國渠的源頭始自渭水，向東北流至上林苑進入蒙籠渠。該縣是右輔都尉的治所。雍，秦惠公時以此為都。縣內有五畤，太昊、黃帝以下各種祠所三百零三座。縣內的橐泉宮，秦孝公時建造。祈年宮，秦惠公時建造。棫陽宮，秦昭王時建造。該縣設有鐵官。漆，漆水在該縣西部。該縣設有鐵官。王莽時稱漆治。栒邑，縣內有豳鄉，《詩經》中所謂豳國所在地，是公劉時期周的都城。隃麋，縣內設有黃帝子祠。王莽時稱扶亭。陳倉，縣內設有上公、明星、黃帝孫、舜的妻子盲家的祠所。該縣有羽陽宮，秦武王時建造。杜陽，杜水在此向南注入渭水。《詩經》中所謂「自杜」的所在地。王莽時稱通杜。汧，吳山在該縣西部，古文以為是汧山。此山屬於雍州之山。縣北有蒲谷鄉弦中谷，屬於雍州的弦蒲藪。汧水發源於該縣西北，注入渭水。芮水發源於該縣西北，向東注入涇水。《詩經》中所謂芮阸，是屬於雍州的河流。好畤，垝山在該縣東部。縣內建有梁山宮，是秦始皇時建造。王莽時稱好邑。虢，縣內設有黃帝子、周文王、周武王的祠所。縣內有虢宮，是秦宣太后時建造。安陵，漢惠帝時設置。王莽時稱嘉平。茂陵，漢武帝時置。戶數為六萬一千零八十七戶，人口為二十七萬七千二百七十七人。王莽時稱宣城。平陵，昭帝時設置。王莽時稱廣利。武功，太壹山，古文認為此山是終南山。垂山，古文認為此山是敦物山。二山都在該縣東部。斜水發源於衙領山之北，流至郿縣注入渭水。褒水也發源於衙領山，流至南鄭注入沔水。該縣設有垂山、斜水、褒水的祠所三座。王莽時稱新光。

1 弘農郡❶，武帝元鼎四年❷置。莽曰右隊。戶十一萬八千九十一，口四十七萬五千九百五十四。有鐵官，在黽池❸。縣十一：弘農❹，故秦函谷關❺。衙山領❻下谷，爤水❼所出，北入河。盧氏❽，熊耳山在東。伊水出，東北入雒，過郡一，行四百五十里。又有育水❾，南至順陽❿入沔。又有洱水⓫，東南至魯陽⓬，亦入沔。皆過郡二，行六百里。莽曰昌富。陝⓭，故虢國⓮。有焦城⓯，故焦國⓰。北虢在大陽⓱，東虢在滎陽⓲，西虢在雍州⓳。宜陽⓴，在黽池有鐵官也。黽池，高帝八年㉑復㉒黽池中鄉民。景帝中二年㉓初城，徙萬家為縣。穀水㉔出穀陽谷，東北至穀城㉕入雒。莽曰陝亭。丹水㉖，水出上雒㉗冢領山，東至析入鈞㉘。密陽鄉㉙，故商密也。新安㉚，禹貢澗水在東，南入雒。商㉛，秦相衛鞅㉜邑也。析㉝，黃水㉞出黃谷，鞠水㉟出析谷，俱東至酈㊱入湍水㊲。莽曰君亭。陸渾㊳，春秋遷陸渾戎㊴於此。有關。上雒。禹貢雒水出冢領山，東北至鞏㊵入河，過郡二，行千七十里，豫州川。又有甲水㊶，出秦領山，東南至錫㊷入沔，過郡三，行五百七十里。熊耳獲輿山㊸在東北。

2 河東郡㊹，秦置。莽曰兆陽㊺。有根倉、溼倉㊻。戶二十三萬六千八百九十六，口九十六萬二千九百一十二。縣二十四：安邑㊼，巫咸山㊽在南，鹽池在西南。魏絳㊾自魏徙此，至惠王㊿徙大梁。有鐵官、鹽官(51)。莽曰河東。大陽，吳山(52)在西，上有吳城，周武王封太伯(53)後於此，是為虞公，為晉所滅。有天子廟。莽曰勤田。猗氏(54)，解(55)，蒲反(56)，有堯山(57)、首山(58)祠。雷首山在南。故曰蒲，秦更名。莽曰蒲城。河北(59)，詩魏國(60)，晉獻公(61)滅之，以封大夫畢萬(62)，曾孫絳徙安邑也。左邑(63)，莽曰兆亭。汾陰(64)，介山(65)在南。聞喜(66)，故曲沃。晉武公(67)自晉陽徙此。武帝元鼎六年(68)行過，更名。濩澤(69)，禹貢析城山在西南。端氏(70)，臨汾(71)，垣(72)，禹貢王屋山在東北，沇水(73)所出，東南至武德(74)入河，軼出滎陽北地中，又東至琅槐(75)入海，過郡九，行千八百四十里。皮氏(76)，耿鄉，故耿國(77)，晉獻公滅之，以賜大夫趙夙。後十世獻侯徙中牟(78)。有鐵官。莽曰延平。長脩(79)，平陽(80)，韓武子(81)玄孫貞子居此。有鐵官。莽曰香平。襄陵(82)，有班氏鄉亭。莽曰幹昌。彘(83)，霍大山在東，冀州山，周厲王(84)所奔。莽曰黃城。楊(85)，莽曰有年亭。北屈(86)，禹貢壺口山在東南。莽曰朕北。蒲子(87)，絳(88)，晉武公自曲沃徙此。有鐵官。狐讘(89)，騏(90)。侯國。

3 太原郡(91)，秦置。有鹽官，在晉陽(92)。屬并州。戶十六萬九千八百六十三，口六十八萬四百八十八。有家馬官(93)。縣二十一：晉陽，故詩唐國(94)，周成王滅唐，封弟叔虞。龍山(95)在西北。有鹽官，晉水所出，東入汾。葰人(96)，界休(97)，莽曰界美。榆次(98)，涂水鄉(99)，晉大夫知徐吾邑。梗陽鄉(100)，魏戊邑。莽曰太原亭。中都(101)，于離(102)，莽曰于合。茲氏(103)，莽曰茲同。狼孟(104)，莽曰狼調。鄔(105)，九澤(106)在北，是為昭餘祁，并州藪。晉大夫司馬彌牟邑。盂(107)，晉大夫孟丙邑。平陶(108)，莽曰多穰。汾陽(109)，北山(110)，汾水所出，西南至汾陰入河，過郡二，行千三百四十里，冀州寖。京陵[111]，莽曰致城。陽曲[112]，大陵[113]，有鐵官。莽曰大寧。原平[114]，祁[115]，晉大夫賈辛邑。莽曰示。上艾[116]，緜曼水[117]，東至蒲吾[118]，入虖池水。慮虒[119]，陽邑[120]，莽曰繁穰。廣武[121]。句注[122]、賈屋山[123]在北。都尉治[124]。莽曰信桓。

4 上黨郡[125]，秦置，屬并州。有上黨關、壺口關、石研關、天井關[126]。戶七萬三千七百九十八，口三十三萬七千七百六十六。縣十四：長子[127]，周史辛甲[128]所封。鹿谷山[129]，濁漳水所出，東至鄴[130]入清漳。屯留[131]，桑欽[132]言「絳水出西南，東入海」。余吾[133]，銅鞮[134]，有上虒亭[135]，下虒聚[136]。沾[137]，大黽谷，清漳水所出，東北至邑成入大河，過郡五，行千六百八十里，冀州川。涅氏[138]，涅水也。襄垣[139]，莽曰上黨亭。壺關[140]，有羊腸阪[141]。沾水[142]東至朝歌[143]入淇[144]。泫氏[145]，楊谷[146]，絕水[147]所出，南至壄王[148]入沁[149]。高都[150]，莞谷[151]，丹水所出，東南入泫水。有天井關。潞[152]，故潞子國。陭氏[153]，陽阿[154]，穀遠[155]。羊頭山世靡谷[156]，沁水所出，東南至滎陽入河，過郡三，行九百七十里。莽曰穀近。

5 河內郡[157]，高帝元年為殷國[158]，二年更名。莽曰後隊，屬司隸[159]。戶二十四萬一千二百四十六，口百六萬七千九十七。縣十八：懷[160]，有工官[161]。莽曰河內。汲[162]，武德[163]，波[164]，山陽[165]，東太行山在西北。河陽[166]，莽曰河亭。州[167]，共[168]，故國。北山，淇水所出，東至黎陽[169]入河。平皋[170]，朝歌[171]，紂所都。周武王弟康叔所封，更名衛。莽曰雅歌。脩武[172]，溫[173]，故國，己姓，蘇忿生[174]所封。壄王，太行山在西北。衛元君[175]為秦所奪，自濮陽[176]徙此。莽曰平壄。獲嘉[177]，故汲之新中鄉，武帝行過更名也。軹[178]，沁水[179]，隆慮[180]，國水東北至信成[181]入張甲河[182]，過郡三，行千八百四十里。有鐵官。蕩陰[183]。蕩水[184]東至內黃澤。西山，羑水[185]所出，亦至內黃入蕩。有羑里城[186]，西伯所拘也。

6 河南郡[187]，故秦三川郡，高帝更名。雒陽戶五萬二千八百三十九[188]。莽曰保忠信鄉，屬司隸也。戶二十七萬六千四百四十四，口一百七十四萬二百七十九。有鐵官、工官。敖倉[189]在滎陽。縣二十二：雒陽[190]，周公[191]遷殷民，是為成周。春秋昭公二十二年[192]，晉合諸侯于狄泉[193]，以其地大成周之城，居敬王。莽曰宜陽[194]。滎陽，卞水[195]、馮池[196]皆在西南。有狼湯渠[197]，首受泲，東南至陳[198]入潁[199]，過郡四，行七百八十里。偃師[200]，尸鄉[201]，殷湯所都。莽曰師成。京[202]，平陰[203]，中牟[204]，圃田澤[205]在西，豫州藪。有筦叔邑[206]，趙獻侯自耿徙此。平[207]，莽曰治平。陽武[208]，有博狼沙[209]。莽曰陽桓。河南[210]，故郟鄏[211]地。周武王遷九鼎，周公致太平，營以為都，是為王城，至平王[212]居之。緱氏[213]，劉聚[214]，周大夫劉子邑，有延壽城仙人祠。莽曰中亭。卷[215]，原武[216]，莽曰原桓。鞏[217]，東周所居。穀成[218]，禹貢瀍水出朁亭[219]北，東南入雒。故市[220]，密[221]，故國。有大騩山[222]，潩水所出，南至臨潁[223]入潁。新成[224]，惠帝四年[225]置。蠻中[226]，故戎蠻子國。開封[227]，逢池[228]在東北，或曰宋之逢澤也。成皋[229]，故虎牢。或曰制。苑陵㉚，莽曰左亭。梁㉛，睘狐聚㉜，秦滅西周徙其君於此。陽人聚㉝，秦滅東周徙其君於此。新鄭㉞。詩鄭國，鄭桓公㉟之子武公所國，後為韓所滅，韓自平陽徙都之。

【章　旨】以上所記為屬司隸部所轄的四郡（弘農、河東、河內、河南）以及其北方附近的太原、上黨二郡（屬并州），概述各郡的行政建置及沿革、人口、自然地理等方面的內容。

【注　釋】❶弘農郡　漢代司隸部屬郡。轄境為今陝西洛水、丹江上游和河南黃河以南，宜陽、嵩縣、淅川以西地區。郡治在弘農。❷元鼎四年　即西元前一一三年。弘農郡在此年從京兆尹分離而出。❸黽池　縣名。在今河南澠池西。❹弘農　縣名。在今河南靈寶東北。❺故秦函谷關　原是秦代的函谷關。西漢元鼎三年（西元前一一四年）將函谷關移至三百里東的新安縣。❻衙山領　山名。在今河南西部崤山山脈西南部。領，通「嶺」。❼爥水　源出衡嶺下山谷，北流至今河南靈寶東注入黃河。爥，通「燭」。❽盧氏　縣名。在今河南盧氏。❾育水　源出河南盧氏西南熊耳山，東南流經今河南西峽，在今淅川南注入丹水。❿順陽　縣名。在今河南淅川南。⓫洱水　古水名。約在今河南南陽一帶。⓬魯陽　縣名。在今河南魯山。⓭陝　縣名。在今河南三門峽西。⓮虢國　周代封國。有三個地方：西虢為周文王弟虢仲（一說虢叔）封地，在今陝西寶雞；東虢為周文王弟虢叔（一說為虢仲）封地，在今河南滎陽東北；北虢在今河南陝縣和山西平陸一帶。⓯焦城　地名。在今河南陝縣。⓰焦國　周代封國。都城在焦城。⓱大陽　縣名。在今山西平陸西南。⓲滎陽　縣名。在今河南滎陽東北。⓳雍州　西虢所在地。在今陝西寶雞。一說「州」字為「縣」字。⓴宜陽　縣名。在今河南宜陽西。㉑高帝八年　即西元前一九九年。㉒復　免除賦稅或勞役。㉓景帝中二年　即西元前一四八年。㉔穀水　源出穀陽谷，東北流經今澠池、新安，注入洛水。㉕穀城　縣名。在今河南洛陽西北。㉖丹水　縣名。在今河南淅川西南。㉗上雒　縣名。在今陝西商縣。㉘鈞　即育水。㉙密陽鄉　地名。原為商代密邑，春秋時為下都國都城。故址在今河南淅川西南。㉚新安　縣名。在今河南黽池東。㉛商　縣名。在今陝西丹鳳。㉜衛鞅　即商鞅（約西元前三九〇－前三三八年），姓公孫，名鞅。因封在商地，故稱「商鞅」。秦孝公時曾主持商鞅變法。㉝析　縣名。在今河南西峽。㉞黃水　源出今河南淅川東北，流經今河南內鄉，今注入湍河。㉟鞠水　源出今河南陝縣東北，今注入湍河。㊱酈　縣名。在今河南南陽西北，後移至今內鄉北。㊲湍水　即今湍河。源出伏牛山脈南麓，東南流經今內鄉、鄧州，注入漢水。(38)陸渾　縣名。在今河南嵩縣西。(39)陸渾戎　古代西北部族。原居陸渾（今甘肅敦煌一帶），春秋時遷往伊川一帶。(40)鞏　縣名。在今河南鞏縣西南。(41)甲水　即今金錢河。源出秦嶺終南山南麓，東南流經今陝西白河注入漢水。(42)錫　縣名。在今白河東。當時屬於益州刺史部。(43)熊耳獲輿山　在今陝西洛南與商縣之間。(44)河東郡　漢代司隸部屬郡。轄境為今山西沁水以西、霍山以南地區。郡治在安邑。(45)兆陽　據本書卷九十九〈王莽傳〉記載，「兆陽」應為「兆隊」。(46)根倉溼倉　二者都是當時重要的糧倉。(47)安邑　縣名。在今山西夏縣西北。(48)巫咸山　山名。在今山西夏縣東。(49)魏絳　即魏莊子。春秋時期晉國大夫。曾受晉侯之命與西北諸戎聯盟。(50)惠王　即魏惠王。初都安邑，後徙大梁。(51)鹽官　官名。掌管鹽業事務，一般設在產鹽的地區。(52)吳山　又名「虞坂」、「鹽坂」。在今山西平陸北。(53)太伯　周太王的長子。為讓賢季歷而主動放棄王位，和弟仲雍避居吳地，是吳國的始祖。(54)猗氏　縣名。在今山西臨猗南。(55)解　縣名。在今山西臨猗西南。(56)蒲反　縣名。在今山西永濟西蒲州鎮。反，通「阪」。(57)堯山　在今山西永濟南。(58)首山　即首陽山。在今永濟西南。(59)河北　縣名。在今山西芮城西南。(60)魏國　周代封國。在今芮城北。西元前六六一年為晉所滅。(61)晉獻公　晉國國君。西元前六七六至前六五一年在位。(62)畢萬　春秋時晉國大夫。因輔佐晉獻公滅霍、耿、魏有功，封於魏。(63)左邑　縣名。在今山西聞喜。(64)汾陰　縣名。在今山西萬榮。(65)介山　又名「介休山」、「綿山」。在今山西介休東南。傳說為介子推隱居之山。(66)聞喜　縣名。在今山西聞喜東北。(67)晉武公　晉國國君。西元前七一六至前六七八年在位。(68)元鼎六年　即西元前一一一年。(69)濩澤　縣名。在今山西陽城西北。(70)端氏　縣名。在今山西沁水東北。(71)臨汾　縣名。在今山西新絳東北。(72)垣　縣名。在今山西垣曲東南。(73)沇水　即濟水。(74)武德　縣名。在今河南武陟東南。(75)琅槐　縣名。在今山東廣饒東北。(76)皮氏　縣名。在今山西河津。(77)耿國　春秋時諸侯國。(78)中牟　邑名。在今河南鶴壁西。一說在今中牟東。(79)長脩　縣名。在今山西新絳西北。(80)平陽　縣名。在今山西臨汾西南。(81)韓武子　韓國國君。西元前四二四至前四〇九年在位。(82)襄陵　縣名。在今山西臨汾東南。此地有晉襄公陵墓。(83)彘　縣名。在今山西霍州。(84)周厲王　西周國君。在位期間發生了著名的「國人暴動」。(85)楊　縣名。在今山西洪洞東南。(86)北屈　縣名。在今山西吉縣東北。(87)蒲子　縣名。在今山西隰縣。(88)絳　縣名。在今山西曲沃西南。(89)狐讘　縣名。在今山西永和西南。(90)騏　侯國名。漢武帝時置。都城在今山西鄉寧東南。(91)太原郡　郡名。轄境為今山西五臺山和管涔山以南、霍山以北地區。郡治在晉陽。(92)晉陽　縣名。在今山西太原西南。(93)家馬官　官名。漢代太僕的屬官。掌管乳馬。(94)唐國　西周封國。都城在今山西翼城唐城。春秋時移都鄂邑（今山西寧鄉）。(95)龍山　山名。在今山西渾源西南。(96)葰人　縣名。在今山西繁峙東北。(97)界休　縣名。在今山西介休東南。(98)榆次　縣名。在今山西榆次。99涂水鄉　地名。在今榆次西南。100梗陽鄉　地名。在今山西清徐。101中都　縣名。在今山西平遙西南。102于離　縣名。今地不可考。103茲氏　縣名。在今山西汾陽東南。104狼孟　縣名。在今山西陽曲。105鄔　縣名。在今山西介休東北。106九澤　又名「烏澤」、「烏城泊」，即下文的「昭餘祁」。107盂　縣名。在今山西陽曲東北。108平陶　縣名。在今山西文水西南。109汾陽　縣名。在今山西靜樂西北。110北山　山名。在今山西寧武西管涔山一帶。111京陵　縣名。在今山西平遙東。112陽曲　縣名。在今山西定襄東。113大陵　縣名。在今山西文水東北。114原平　縣名。在今山西原平東。115祁　縣名。在今山西祁縣東南。116上艾　縣名。在今山西平定東南。117緜曼水　水名。古虖池河支流。源出今山西壽陽東，東北流經今山西平定，在今河北平山注入滹沱河。118蒲吾　縣名。在今河北平山東南。119慮虒　縣名。在今山西五臺東北。120陽邑　縣名。在今山西太谷東北。121廣武　縣名。在今山西代縣西南。122句注　殿本作「河主」。王念孫說當作「句注」。據改。一作「勾注」。又名「陘嶺」、「西陘山」。在今山西代縣西北。123賈屋山　又名「夏壺山」、「賈母山」、「夏屋山」。在今代縣東北，與句注山相連。124都尉治　郡都尉的治所所在地。125上黨郡　郡名。轄境為今山西和順、榆社以南，沁水流域以東地區。郡治在長子縣。126上黨關壺口關石研關天井關　均為關名，均在今山西境內。上黨關，在今山西屯留西（一說晉城南）。壺口關，在今長治東。石研關，位置不詳。天井關，又名太行關，在今晉城南。127長子　縣名。在今山西長子西。128辛甲　又稱「辛尹」。西周初年史官。原為商紂王臣子，後棄商歸周。129鹿谷山　山名。在今長子西。130鄴　縣名。在今河北臨漳西南鄴鎮。131屯留　縣名。在今山西屯留南。132桑欽　漢代學者。河南人。著有《水經》三卷。133余吾　縣名。在今山西屯留西北。134銅鞮　縣名。在今山西沁縣南。135上虒亭　地名。在今山西襄垣西北。136下虒聚　地名。在今山西襄垣西北。137沾　縣名。在今山西和順西北。138涅氏　縣名。在今山西武鄉西北。139襄垣　縣名。在今山西襄垣西北。垣，殿本作相，據景祐本改。140壺關　縣名。在今山西長治北。141羊腸阪　地名。在今山西壺關東南。阪，通「坂」。142沾水　源出於今山西壺關東南，東流至河南湯陰入淇水。143朝歌　縣名。在今河南淇縣。144淇　水名。源出今山西陵川，東南流入今河南境內。145泫氏　縣名。在今山西高平。146楊谷　地名。在今山西高平北。147絕水　源出今山西高平西北華蓋山。南流經高平縣城，匯合丹水、泫水後，東南注入沁水。148壄王　縣名。在今河南沁陽。149沁　即沁水。黃河支流。流經山西南部地區。150高都　縣名。在今山西晉城。151莞谷　地名。在今晉城西北。152潞　縣名。在今山西黎城西南。本為西周潞國，是赤狄族的居地，後為晉所滅。153猗氏　縣名。在今山西安澤南。154陽阿　縣名。在今山西陽城西北。155穀遠　縣名。在今山西沁源。156羊頭山世靡谷　地名。在沁源北，是沁水的發源地。157河內郡　郡名。轄境為今河南黃河以北，安陽、汲縣以西地區。郡治在懷。158殷國　秦亡後項羽封司馬卬所置。都城在朝歌。後為劉邦所滅。(159)司隸　官名。掌管三輔地區及河東、河內、河南、弘農等郡的治安、監察工作。(160)懷　縣名。在今河南武陟西南。(161)工官　官名。掌管武器、金屬生活用具及各項手工藝品的製造。(162)汲　縣名。在今河南汲縣西南。(163)武德　縣名。在今河南武陟東南。(164)波　縣名。在今河南濟源東南。(165)山陽　縣名。在今河南焦作東。(166)河陽　縣名。在今河南孟縣。(167)州　縣名。在今河南溫縣東北。(168)共　縣名。在今河南輝縣。(169)黎陽　縣名。在今河南浚縣東北。(170)平皋　縣名。在今河南溫縣東北。(171)朝歌　縣名。在今河南淇縣。(172)脩武　縣名。在今河南獲嘉。(173)溫　縣名。在今河南溫縣西南。(174)蘇忿生　周武王時任司寇，主管刑法。(175)衛元君　衛國國君。為秦所俘，遷往埜王。(176)濮陽　縣名。在今河南濮陽西南。春秋時衛國都城。(177)獲嘉　縣名。在今河南新鄉西。(178)軹　縣名。在今河南濟源東南。(179)沁水　縣名。在今河南濟源東北。(180)隆慮　縣名。在今河南林縣。(181)信成　縣名。在今河北清河西北。(182)張甲河　故黃河分河道。自今館陶附近分古黃河水東北而流，至今東光復入黃河。原河道今已堙塞。(183)蕩陰　縣名。在今河南湯陰。(184)蕩水　源出於今河南湯陰西北，東北而流，注入今湯陰東北的黃澤。(185)羑水　與蕩水同源，並行東流後注入黃澤。(186)羑里城　地名。故址在今河南湯陰北，周文王曾被商紂囚禁於此。(187)河南郡　郡名。轄境為今河南黃河以南，洛陽、伊川、汝陽以東，原陽、中牟以西，新鄭、密縣、臨汝以北地區。郡治在雒陽。(188)雒陽戶五萬二千八百三十九　此處戶數應注於下文「雒陽」之後。(189)敖倉　倉名。故址在今河南鄭州西北邙山上。(190)雒陽　縣名。在今河南洛陽東北。(191)周公　即周文王之子姬旦。曾輔佐周成王平定三監叛亂，營建雒邑，制定禮樂制度。(192)昭公二十二年　即西元前五二〇年。(193)狄泉　又作「翟泉」。水名。在今河南洛陽東北。(194)宜陽　據本書卷九十九〈王莽傳〉應作「義陽」。(195)卞水　一作「汴水」。即今河南滎陽西索河。(196)馮池　澤名。在今河南滎陽西南。(197)狼湯渠　一作「蒗蕩渠」。即鴻溝。故道自今河南滎陽北引黃河東南流，經今開封，淮陽東南注入潁水。(198)陳　縣名。在今河南淮陽。(199)潁　水名。源出今河南登封西南，東南流經今禹州、項城和今安徽界首、潁上等縣注入淮河。(200)偃師　縣名。在今河南偃師東南。(201)尸鄉　又稱「西亳」。在今河南偃師西。(202)京　縣名。在今河南滎陽東南。(203)平陰　縣名。在今河南孟津東北。(204)中牟　縣名。在今河南中牟東。(205)圃田澤　即前文《周禮・職方氏》中的「藪曰圃田」。(206)筦叔邑　地名。在今河南鄭州。是西周時周武王弟管叔鮮的封地。(207)平　縣名。在今河南孟津東南。(208)陽武　縣名。在今河南原陽東南。(209)博狼沙　一作「博浪沙」。在今原陽東南。即張良使客椎擊秦始皇處。(210)河南　縣名。在今河南洛陽西。(211)郟鄏　周王城所在地。(212)平王　即周平王。其父為犬戎所殺。即位後將都城東遷至洛邑。(213)緱氏　縣名。在今河南偃師東南。(214)劉聚　一作「劉邑」、「留邑」。在今河南偃師南。本為春秋時鄭國地，後為周大夫劉子的封邑。(215)卷　縣名。在今河南原陽西。(216)原武　縣名。在今河南原陽。217鞏　縣名。在今河南鞏縣西南。218穀成　縣名。在今河南洛陽西北。219晉亭　地名。故址在今河南孟津西北。220故市　縣名。在今河南滎陽東北。221密　縣名。在今河南密縣東南。222大騩山　位於密縣之南。是當時溱水的發源地。223臨潁　縣名。在今河南臨潁西北。224新成　一作「新城」。縣名。在今河南伊川西南。225惠帝四年　即西元前一九一年。226蠻中　地名。在今河南汝陽東南。227開封　縣名。在今河南開封西南。228逢池　又名「逢澤」。在今河南滎陽西北。229成皋　縣名。在今河南滎陽西北。春秋時屬鄭國，稱「虎牢」。230苑陵　縣名。在今河南新鄭東北。231梁　縣名。在今河南臨汝西南。232罳狐聚　地名。在今河南臨汝西北。233陽人聚　又名「陽人邑」。在今河南臨汝西北。234新鄭　縣名。在今河南新鄭。235鄭桓公　周宣王之弟，封於鄭。在位三十六年。

【語譯】弘農郡，漢武帝元鼎四年設置。王莽時稱右隊。戶數為十一萬八千零九十一戶，人口為四十七萬五千九百五十四人。郡內設有鐵官，在黽池縣。下轄十一個縣：弘農，是原秦代的函谷關所在地。衙山嶺下的山谷，是燭水的發源地，向北注入黃河。盧氏，熊耳山在該縣東部。是伊水的發源地，往東北方向注入洛水，流經一個郡，全長四百五十里。該縣又有育水，向南流至順陽注入沔水。又有洱水，向東南流至魯陽，也注入沔水。二水都經過兩個郡，全長六百里。王莽時稱昌富。陝，原為虢國。縣內有焦城，是原焦國。北虢在大陽，東虢在滎陽，西虢在雍州。王莽時稱黃眉。宜陽，在黽池設有鐵官。黽池，高帝八年曾免除黽池縣中鄉人民的賦役。景帝中二年開始建城，移徙一萬家到此設縣。穀水發源於穀陽谷，向東北方向流至穀城注入洛水。王莽時稱陝亭。丹水，發源於上雒的冢嶺山，向東流至析注入鈞水。密陽鄉，就是原商代的密邑。新安，〈禹貢〉中的澗水在該縣東部，向南注入洛水。商，秦相衛鞅的封邑。析，黃水發源於黃谷，鞠水發源於析谷，都向東流至酈縣注入湍水。王莽時稱君亭。陸渾，春秋時遷徙陸渾戎到此。縣內設有關卡。上洛。〈禹貢〉中的洛水發源於冢嶺山，向東北流至鞏縣注入黃河，流經二郡，全長一千零七十里，是屬於豫州的河流。該縣又有甲水，發源於秦嶺山，向東南流至錫縣注入沔水，流經三個郡，全長五百七十里。熊耳獲輿山在該縣東北。

2 河東郡，秦代時設置。王莽時稱兆陽。縣內設有根倉和溼倉。戶數為二十三萬六千八百九十六戶，人口為九十六萬二千九百一十二人。下轄二十四個縣：安邑，巫咸山在該縣南部，鹽池在該縣西南。魏絳自魏遷徙至此，到惠王時又遷徙至大梁。縣內設有鐵官、鹽官。王莽時稱河東。大陽，吳山在該縣西部，山上築有吳城，周武王封太伯的後代在此，就是虞公，後來為晉國所滅。縣內設有天子廟。王莽時稱勤田。猗氏，解，蒲反，縣內設有堯山、首山的祠所。雷首山在該縣南部。原稱作蒲，秦代時改名。王莽時稱蒲城。河北，即《詩經》中所謂魏國所在地，晉獻公將它消滅，用來封大夫畢萬，畢萬的曾孫畢絳後來遷徙到安邑。左邑，王莽時稱兆亭。汾陰，介山在該縣南部。聞喜，原為曲沃。晉武公自晉陽遷徙至此。漢武帝元鼎六年武帝經過此處，改名為聞喜。濩澤，〈禹貢〉中所謂析城山在該縣西南。端氏，臨汾，垣，〈禹貢〉中所謂王屋山在該縣東北，是沇水的發源地，向東南流至武德注入黃河，在滎陽的北部溢出，又東流至琅槐注入大海，經過九個郡，全長一千八百四十里。皮氏，縣內的耿鄉，是原來的耿國，晉獻公將其消滅，用以賞賜大夫趙夙。後來到十世趙獻侯時遷徙至中牟。縣內設有鐵官。王莽時稱延平。長脩，平陽，韓武子的玄孫韓貞子在此居住。縣內設有鐵官。王莽時稱香平。襄陵，縣內有班氏鄉亭。王莽時稱幹昌。彘，霍太山在該縣東部，屬於冀州之山，周厲王出奔至此。王莽時稱黃城。楊，王莽時稱有年亭。北屈，〈禹貢〉中所謂壺口山在該縣東南。王莽時稱朕北。蒲子，絳，晉武公自曲沃遷徙至此。縣內設有鐵官。狐讘，騏，是侯國。

3 太原郡，秦代時設置。郡內設有鹽官，在晉陽。該郡屬於并州。戶數為十六萬九千八百六十三戶，人口為六十八萬零四百八十八人。郡內設有家馬官。下轄二十一個縣：晉陽，《詩經》中所謂唐國所在地，周成王滅唐後，封弟叔虞於此。龍山在該縣西北。縣內設有鹽官，是晉水的發源地，向東注入汾水。葰人，界休，王莽時稱界美。榆次，縣內的涂水鄉，晉大夫知徐吾的封邑。梗陽鄉，是魏戊的封邑。王莽時稱太原亭。中都，于離，王莽時稱于合。茲氏，王莽時稱茲同。狼孟，王莽時稱狼調。鄔，九澤在該縣北部，即昭餘祁，屬於并州的大澤。是晉大夫司馬彌牟的封邑。盂，晉大夫孟丙的封邑。平陶，王莽時稱多穰。汾陽，北山，汾水的發源地，向西南流至汾陰注入黃河，流經二郡，行程一千三百四十里，屬於冀州的水利設施。京陵，王莽時稱致城。陽曲，大陵，縣內設有鐵官。王莽時稱大寧。原平，祁，晉大夫賈辛的封邑。王莽時稱示。

上艾，縣內有緜曼水，向東流至蒲吾，注入虖池水。慮虒，陽邑，王莽時稱繁穰。廣武。句注、賈屋山在該縣北部。是郡都尉治所。王莽時稱信桓。

4 上黨郡，秦代時設置，屬於并州。郡內設有上黨關、壺口關、石研關、天井關。戶數為七萬三千七百九十八戶，人口為三十三萬七千七百六十六人。下轄十四個縣：長子，是周代史官辛甲的封邑。縣內的鹿谷山，是濁漳水的發源地，向東流至鄴注入清漳水。屯留，桑欽說「絳水發源於西南，東流注入大海」。余吾，銅鞮，縣內有上虒亭，下虒聚。沾，大黽谷，是清漳水的發源地，東北流至邑成注入黃河，流經五個郡，全長一千六百八十里，是屬於冀州的河流。涅氏，是涅水的發源地。襄垣，王莽時稱上黨亭。壺關，縣內有羊腸阪。沾水向東流至朝歌注入淇水。泫氏，縣內的楊谷，是絕水的發源地，向南流至壄王注入沁水。高都，縣內的莞谷，是丹水的發源地，向東南注入泫水。縣內設有天井關。潞，原為潞子國。陭氏，陽阿，穀遠。縣內的羊頭山世靡谷，是沁水的發源地，東南流至滎陽注入黃河，流經三個郡，全長九百七十里。王莽時稱穀近。

5 河內郡，高帝元年時為殷國，二年改名。王莽時稱後隊，屬於司隸部。戶數為二十四萬一千二百四十六戶，人口為一百零六萬七千零九十七人。下轄十八個縣：懷，縣內設有工官。王莽時稱河內。汲，武德，波，山陽，東太行山在該縣西北。河陽，王莽時稱河亭。州，共，原為共國。縣內的北山，是淇水的發源地，向東流至黎陽注入黃河。平皋，朝歌，是商紂王的都城。後來周武王的弟弟康叔的封地，更名為衛。王莽時稱雅歌。脩武，溫，原溫國，己姓，周武王司寇蘇忿生的封地。壄王，太行山在該縣西北。衛元君被秦國所虜掠，自濮陽遷徙至此。王莽時稱平壄。獲嘉，原為汲縣的新中鄉，武帝巡行經過此地而改名。軹，沁水，隆慮，國水自東北流至信成注入張甲河，流經三個郡，全長一千八百四十里。縣內設有鐵官。蕩陰。蕩水向東流至內黃澤。西山，羑水的發源地，也流至內黃注入蕩水。縣內有羑里城，是西伯被囚禁的地方。

6 河南郡，原秦代的三川郡，漢高帝時改名河南郡。王莽時稱保忠信鄉，屬於司隸部。戶數為二十七萬六千四百四十四戶，人口為一百七十四萬零二百七十九人。郡內設有鐵官、工官。敖倉位於滎陽。下轄二十二個縣：雒陽，戶數為五萬二千八百三十九戶。周公遷徙商代遺民於此，就是成周。《春秋・昭公二十二年》記載，晉與諸侯在狄泉會盟，在這裡擴大成周的規模，讓周敬王居住在此地。王莽時稱宜陽。滎陽，卞水、馮池都在該地西南。縣內有狼湯渠，源頭始自泲水，向東南流至陳注入潁水，流經四個郡，全長七百八十里。偃師，尸鄉，是商湯時商的都城。王莽時稱師成。京，平陰，中牟，圃田澤在該縣西部，是屬於豫州的大澤。縣內有筦叔邑，趙獻侯曾自耿遷徙至此。平，王莽時稱治平。陽武，縣內有博狼沙。王莽時稱陽桓。河南，是過去的郟鄏之地。周武王遷九鼎於此，周公使天下太平，營建此處作為都城，就是王城，到周平王時遷都至此。緱氏，劉聚，是周大夫劉子的封地，縣內有延壽城、仙人祠。王莽時稱中亭。卷，原武，王莽時稱原桓。鞏，是東周國所在地。穀成，〈禹貢〉中的瀍水發源於朁亭的北部，向東南注入洛水。故市，密，原為密國。縣內有大騩山，是潩水的發源地，向南流至臨潁注入潁水。新成，惠帝四年時設置。蠻中，原為戎蠻子國。開封，逢池在該縣東北，有人認為是宋國的逢澤。成皋，原為虎牢。有人稱作制。苑陵，王莽時稱左亭。梁，瞿狐聚，秦國消滅西周後遷徙它的國君至此。陽人聚，秦國消滅東周後遷徙它的國君至此。新鄭。《詩經》中所謂鄭國所在地，鄭桓公之子武公所營建的國都，後來為韓國所滅，韓國自平陽遷徙都城於此。

1 東郡❶，秦置。莽曰治亭。屬兗州。戶四十萬一千二百九十七，口百六十五萬九千二十八。縣二十二：濮陽❷，衛成公❸自楚丘❹徙此。故帝丘❺，顓頊虛。莽曰治亭。畔觀❻，莽曰觀治。聊城❼，頓丘❽，莽曰順丘。發干❾，莽曰戢楯。范❿，莽曰建睦。茌平⓫，莽曰功崇。東武陽⓬，禹治漯水，東北至千乘⓭入海，過郡三，行千二十里。莽曰武昌。博平⓮，莽曰加睦。黎⓯，莽曰黎治。清⓰，莽曰清治。東阿⓱，都尉治。離狐⓲，莽曰瑞狐。臨邑⓳，有泲廟。莽曰穀城亭。利苗⓴，須昌㉑，故須句國㉒，太昊後，風姓。壽良㉓，蚩尤㉔祠在西北沛上。有朐城[25]。樂昌[26]，陽平[27]，白馬[28]，南燕[29]，南燕國，姞姓，黃帝後。廩丘[30]。

2 陳留郡[31]，武帝元狩元年[32]置。屬兗州。戶二十九萬六千二百八十四，口一百五十萬九千五十。縣十七：陳留[33]，魯渠[34]水首受狼湯渠，東至陽夏[35]，入渦渠[36]。小黃[37]，成安[38]，寧陵[39]，莽曰康善。雍丘[40]，故杞國[41]也，周武王封禹後東樓公。先春秋時徙魯東北，二十一世簡公為楚所滅。酸棗[42]，東昏[43]，莽曰東明。襄邑[44]，有服官[45]。莽曰襄平。外黃[46]，都尉治。封丘[47]，濮渠[48]水首受沛，東北至都關[49]，入羊里水[50]，過郡三，行六百三十里。長羅[51]，侯國。莽曰惠澤。尉氏[52]，傿[53]，莽曰順通。長垣[54]，莽曰長固。平丘[55]，濟陽[56]，莽曰濟前。浚儀[57]。故大梁。魏惠王自安邑徙此。睢水首受狼湯水，東至取慮[58]入泗，過郡四，行千三百六十里。

3 潁川郡[59]，秦置。高帝五年為韓國，六年復故。莽曰左隊。陽翟有工官。屬豫州。戶四十三萬二千四百九十一，口二百二十一萬九百七十三。縣二十：陽翟[60]，夏禹國[61]。周末，韓景侯[62]自新鄭徙此。戶四萬一千六百五十，口十萬九千。莽曰潁川。昆陽[63]，潁陽[64]，定陵[65]，有東不羹[66]。莽曰定城。長社[67]，新汲[68]，襄城[69]，有西不羹[70]。莽曰相城。郾[71]，郟[72]，舞陽[73]，潁陰[74]，崈高[75]，武帝置，以奉太室山，是為中岳。有太室、少室山廟。古文以崈高為外方山也。許[76]，故國，姜姓，四岳後，太叔所封，二十四世為楚所滅。傿陵[77]，戶四萬九千一百一，口二十六萬一千四百一十八。莽曰左亭。臨潁[78]，莽曰監潁。父城[79]，應鄉[80]，故國，周武王弟所封[81]。成安[82]，侯國也。周承休[83]，侯國，元帝[84]置，元始二年[85]更名鄭公。莽曰嘉美。陽城[86]，陽城山[87]，洧水所出，東南至長平[88]入潁，過郡三，行五百里。陽乾山[89]，潁水所出，東至下蔡[90]入淮，過郡三，行千五百里，荊州寖。有鐵官。綸氏[91]。

4 汝南郡[92]，高帝置。莽曰汝汾。分為賞都尉[93]。屬豫州。戶四十六萬一千五百八十七，口二百五十九萬六千一百四十八。縣三十七：平輿[94]，陽安[95]，陽城[96]，侯國。莽曰新安。濦強[97]，富波[98]，女陽[99]，鮦陽[100]，吳房[101]，安成[102]，侯國。莽曰至成。南頓[103]，故頓子國，姬姓。朗陵[104]，細陽[105]，莽曰樂慶。宜春[106]，侯國。莽曰宣孱。女陰[107]，故胡國[108]。都尉治。莽曰汝墳。新蔡[109]，蔡平侯自蔡徙此，後二世徙下蔡。莽曰新遷。新息[110]，莽曰新德。灈陽[111]，期思[112]，慎陽[113]，慎[114]，莽曰慎治。召陵[115]，弋陽[116]，侯國。西平[117]，有鐵官。莽曰新亭。上蔡[118]，故蔡國，周武王弟叔度所封。度放，成王封其子胡，十八世徙新蔡。寖[119]，莽曰閏治。西華[120]，莽曰華望。長平[121]，莽曰長正。宜祿[122]，莽曰賞都亭。項[123]，故國。新郪[124]，莽曰新延。歸德[125]，侯國。宣帝置。莽曰歸惠。新陽[126]，莽曰新明。安昌[127]，侯國。莽曰始成。安陽[128]，侯國。莽曰均夏。博陽[129]，侯國。莽曰樂家。成陽[130]，侯國。莽曰新利。定陵[131]。高陵山[132]，汝水出，東南至新蔡入淮，過郡四，行千三百四十里。

5 南陽郡[133]，秦置。莽曰前隊。屬荊州。戶三十五萬九千三百一十六，口一百九十四萬二千五十一。縣三十六：宛[134]，故申伯國[135]。有屈申城。縣南有北筮山[136]。戶四萬七千五百四十七。有工官、鐵官。莽曰南陽。犨[137]，杜衍[138]，莽曰閏衍。酇[139]，侯國。莽曰南庚。育陽[140]，有南筮聚[141]，在東北。博山[142]，侯國。哀帝[143]置。故順陽。涅陽[144]，莽曰前亭。陰[145]，堵陽[146]，莽曰陽城。雉[147]，衡山[148]，澧水所出，東至郾[149]入汝。山都[150]，蔡陽[151]，莽之母功顯君邑。新野[152]，筑陽[153]，故穀伯國[154]。莽曰宜禾。棘陽[155]，武當[156]，舞陰[157]，中陰山[158]，瀙水所出，東至蔡[159]入汝。西鄂[160]，穰[161]，莽曰農穰。酈[162]，育水出西北，南入漢。安眾[163]，侯國。故宛西鄉。冠軍[164]，武帝置。故穰盧陽鄉、宛臨駣聚。比陽[165]，平氏[166]，禹貢桐柏大復山[167]在東南，淮水所出，東南至淮浦[168]入海，過郡四，行三千二百四十里，青州川。莽曰平善。隨[169]，故國。厲鄉[170]，故厲國[171]也。葉[172]，楚葉公邑。有長城，號曰方城。鄧[173]，故國。都尉治。朝陽[174]，莽曰厲信。魯陽[175]，有魯山[176]。古魯縣，御龍氏[177]所遷。魯山，滍水[178]所出，東北至定陵入汝。又有昆水[179]，東南至定陵入汝。舂陵[180]，侯國。故蔡陽白水鄉。上唐鄉[181]，故唐國[182]。新都[183]，侯國。莽曰新林。湖陽[184]，故廖國也。紅陽[185]，侯國。莽曰紅俞。樂成[186]，侯國。博望[187]，侯國。莽曰宜樂。復陽[188]，侯國。故湖陽樂鄉。

6 南郡[189]，秦置，高帝元年更為臨江郡，五年復故[190]。景帝二年復為臨江，中二年復故。莽曰南順。屬荊州。戶十二萬五千五百七十九，口七十一萬八千五百四十。有發弩官[191]。縣十八：江陵[192]，故楚郢都，楚文王自丹陽徙此。後九世平王城之。後十世秦拔我郢，徙陳[193]。莽曰江陸。臨沮[194]，禹貢南條荊山在東北，漳水所出，東至江陵入陽水[195]，陽水入沔，行六百里。夷陵[196]，都尉治。莽曰居利。華容[197]，雲夢澤在南，荊州藪。夏水[198]首受江，東入沔，行五百里。宜城[199]，故鄢，惠帝三年[200]更名。郢，楚別邑，故郢。莽曰郢亭。邔[201]，當陽[202]，中廬[203]，枝江[204]，故羅國[205]。江沱[206]出西，東入江。襄陽[207]，莽曰相陽。編[208]，有雲夢官[209]。莽曰南順。秭歸[210]，歸鄉[211]，故歸國。夷道[212]，莽曰江南。州陵[213]，莽曰江夏。若[214]，楚昭王[215]畏吳，自郢徙此，後復還郢。巫[216]，夷水[217]東至夷道入江，過郡二，行五百四十里。有鹽官。高成[218]。洈山[219]，洈水所出，東入繇[220]。繇水南至華容入江，過郡二，行五百里。莽曰言程。

7 江夏郡[221]，高帝置。屬荊州。戶五萬六千八百四十四，口二十一萬九千二百一十八。縣十四：西陵[222]，有雲夢官。莽曰江陽。竟陵[223]，章山在東北，古文以為內方山。鄖鄉[224]，楚鄖公邑。莽曰守平。西陽[225]，襄[226]，莽曰襄非。邾[227]，衡山王吳芮[228]都。軑[229]，故弦子國[230]。鄂[231]，安陸[232]，橫尾山[233]在東北，古文以為陪尾山。沙羨[234]，蘄春[235]，鄳[236]，雲杜[237]，下雉[238]，莽曰閏光。鍾武[239]。侯國。莽曰當利。

8 廬江郡[240]，故淮南，文帝十六年別為國。金蘭[241]西北有東陵鄉，淮水出。屬揚州。廬江出陵陽[242]東南，北入江。戶十二萬四千三百八十三，口四十五萬七千三百三十三。有樓船官[243]。縣十二：舒[244]，故國[245]。莽曰昆鄉。居巢[246]，龍舒[247]，臨湖[248]，雩婁[249]，決水[250]北至蓼[251]入淮，又有灌水[252]，亦北至蓼入決，過郡二，行五百一十里。襄安[253]，莽曰廬江亭也。樅陽[254]，尋陽[255]，禹貢九江在南，皆東合為大江。灊[256]，天柱山[257]在南。有祠。沘山[258]，沘水[259]所出，北至壽春[260]入芍陂[261]。晥[262]，有鐵官。湖陵邑[263]，北湖[264]在南。松茲[265]。侯國。莽曰誦善。

9 九江郡[266]，秦置，高帝四年[267]更名為淮南國，武帝元狩元年[268]復故。莽曰延平。屬揚州。戶十五萬五十二，口七十八萬五百二十五。有陂官[269]、湖官[270]。縣十五：壽春邑[271]，楚考烈王[272]自陳徙此。浚遒[273]，成德[274]，莽曰平阿。橐皋[275]，陰陵[276]，莽曰陰陸。歷陽[277]，都尉治。莽曰明義。當塗[278]，侯國。莽曰山聚。鍾離[279]，莽曰蠶富。合肥[280]，東城[281]，莽曰武城。博鄉[282]，侯國。莽曰揚陸。曲陽[283]，侯國。莽曰延平亭。建陽[284]，全椒[285]，阜陵[286]。莽曰阜陸。

【章　旨】以上所記為東、陳留（屬兗州），潁川、汝南（屬豫州），南陽、南、江夏（屬荊州），廬江、九江（屬揚州）等九郡，概述各郡的行政建置及沿革、人口、自然地理等方面的內容。

【注　釋】❶東郡　郡名。轄境為今山東西北部茌平、聊城、陽穀、范縣和河南濮陽、滑縣等縣。郡治在濮陽。❷濮陽縣　名。在今河南濮陽西南。❸衛成公　春秋時衛國國君。在位三十五年。❹楚丘　地名。故址在今河南滑縣東北。❺帝丘　地名。故址在今河南濮陽西南。東周時為衛國都城。❻畔觀　縣名。在今河南清豐南。陳景雲、王先謙皆曰「畔」字衍。❼聊城　一作「聊成」。縣名。在今山東聊城西北。❽頓丘　縣名。在今河南清豐西南。❾發干　縣名。在今山東冠縣東南。❿范縣名。在今山東梁山西北。⓫茌平　縣名。在今山東茌平西南。⓬東武陽　縣名。在今山東莘縣東南。⓭千乘　縣名。在今山東高青東北。⓮博平　縣名。在今山東茌平西北。⓯黎　縣名。在今山東鄆縣西。⓰清　縣名。在今山東聊城西南。⓱東阿　縣名。在今山東陽穀東北。⓲離狐　縣名。在今河南濮陽東南。⓳臨邑　縣名。在今山東東阿。⓴利苗　縣名。今地不可考。㉑須昌　縣名。在今山東東平西北。㉒須句國　春秋時諸侯國。相傳為伏羲氏後裔所建。西元前六三六年，為邾所併。㉓壽良　縣名。在今山東東平西南。㉔蚩尤　古代傳說中的部落首領，被黃帝擊敗。㉕朐城　邑名。戰國時屬齊國。㉖樂昌　縣名。在今河南南樂西北。㉗陽平　縣名。在今山東莘縣。㉘白馬　縣名。在今河南滑縣東。㉙南燕　縣名。在今河南延津東北。一說「南」字為衍文。㉚廩丘　縣名。在今山東鄆縣西北。㉛陳留郡　郡名。轄境為今河南東北部自延津、封丘、杞縣至睢縣一帶地區。郡治在陳留縣。㉜元狩元年　西元前一二二年。㉝陳留　縣名。在今河南開封東南。㉞魯渠　渠名。自當時陳留縣西北引狼湯渠水，東南流經陽夏注入渦渠。㉟陽夏　縣名。在今河南太康。㊱渦渠　即今淮河支流渦河。㊲小黃　縣名。在今河南開封東北。㊳成安　縣名。在今河南民權東北。㊴寧陵　縣名。在今河南寧陵東南。㊵雍丘　縣名。在今河南杞縣。㊶杞國　西周諸侯國。相傳開國君主是夏禹後裔東樓公。西元前四四五年為楚所滅。㊷酸棗　縣名。在今河南延津西南。㊸東昏　縣名。在今河南蘭考北。㊹襄邑　縣名。在今河南睢縣。㊺服官　官名。負責宮廷服裝的生產、供應。㊻外黃　縣名。在今河南民權西北。㊼封丘　縣名。在今河南封丘西南。㊽濮渠　又名「濮河」、「普河」。今已堙塞。㊾都關　縣名。在今山東鄆城東北。㊿羊里水　指瓠子河匯合濮渠水後注入古巨野澤的一段河道。(51)長羅　侯國名，在今河南長垣東北。(52)尉氏　縣名。在今河南尉氏。(53)傿　通「鄢」。縣名。在今河南寧陵南。(54)長垣　縣名。在今河南長垣東北。(55)平丘　縣名。在今河南封丘東。(56)濟陽　縣名。在今河南蘭考東北。(57)浚儀　縣名。在今河南開封。(58)取慮　縣名。在今安徽靈璧東北。(59)潁川郡　郡名。轄境為今河南中部登封、長葛、鄢陵與臨汝、寶豐、舞陽等縣之間地區。郡治在陽翟。(60)陽翟　縣名。在今河南禹州。(61)夏禹國　相傳為夏禹所都。(62)韓景侯　戰國時韓國國君。曾將都城遷至陽翟。(63)昆陽　縣名。在今河南葉縣。(64)潁陽　縣名。在今河南許昌西南。(65)定陵　縣名。在今河南舞陽東北。(66)東不羹　邑名。故址在今河南舞陽東北。(67)長社　縣名。在今河南長葛東北。(68)新汲　縣名。在今河南扶溝西南。(69)襄城　縣名。在今河南襄城。(70)西不羹　邑名。故址在今河南襄城東南。(71)郾　縣名。在今河南郾城西南。(72)郟　縣名。在今河南郟縣。(73)舞陽　縣名。在今河南舞陽西北。

(74)潁陰　縣名。在今河南許昌。(75)崈高　縣名。在今河南登封。崈，通「崇」。(76)許　縣名。在今河南許昌東。西周初曾為
姜姓封國。戰國時為楚國所滅。(77)傿陵　縣名。在今河南鄢陵西北。(78)臨潁　縣名。在今河南臨潁西北。(79)父城　縣名。在
今河南寶豐東。(80)應鄉　地名。在今河南寶豐南。(81)周武王弟所封　一說為周武王之子所封。(82)成安　縣名。在今河南臨汝
東南。(83)周承休　侯國名。漢武帝元鼎四年（西元前一一三年）置周子南君，漢元帝初元五年（西元前四四年）改封為周承
休侯。(84)元帝　即漢元帝劉奭。西元前四九至前三三年在位。(85)元始二年　即西元二年。本書卷十二〈平帝紀〉中此事在元
始四年。(86)陽城　縣名。在今河南登封東南。(87)陽城山　又名「東嶺山」、「馬嶺山」。在登封東北。(88)長平　縣名。在今河
南西華東北。(89)陽乾山　在今登封西南。(90)下蔡　縣名。在今安徽鳳臺。(91)綸氏　縣名。在今河南登封西南。(92)汝南郡　郡
名。轄境為今河南東南部西華、西平、確山、息縣與安徽西北部界首、利辛、潁上等縣之間地區。郡治在平輿。(93)賞都尉
據齊召南考證應為「賞都郡」。(94)平輿　縣名。在今河南平輿北。(95)陽安　縣名。在今河南確山東北。(96)陽城　侯國名。在
今河南漯河東。(97)灈強　縣名。在今河南臨潁東南。(98)富波　縣名。在今安徽阜南東南。(99)女陽　即汝陽。縣名。在今河南
周口西南。(100)鮦陽　縣名。在今安徽臨泉西。(101)吳房　縣名。在今河南遂平。(102)安成　侯國名。在今河南正陽東北。(103)南頓
縣名。在今河南項城西。(104)朗陵　縣名。在今河南確山西南。(105)細陽　縣名。在今安徽太和東南。(106)宜春　侯國名。在今河
南確山東。(107)女陰　即汝陰。縣名。在今安徽阜陽。(108)胡國　西周、春秋時諸侯國。戰國時為楚所滅。(109)新蔡　縣名。在今
河南新蔡。(110)新息　縣名。在今河南息縣。(111)灈陽　縣名。在今河南遂平東北。(112)期思　縣名。在今河南淮濱東南。(113)慎陽
縣名。在今河南正陽北。(114)慎　縣名。在今安徽潁上西北。(115)召陵　縣名。在今河南郾城東。(116)弋陽　侯國名。在今河南潢
川西北。(117)西平　縣名。在今河南西平西。(118)上蔡　縣名。在今河南上蔡西南。(119)寖　縣名。在今安徽臨泉。(120)西華　縣名。
在今河南西華西南。(121)長平　縣名。在今河南西華東北。(122)宜祿　縣名。在今河南鄲成東南。(123)項　縣名。在今河南沈丘。
(124)新郪　縣名。在今安徽界首東北。(125)歸德　侯國名。今地不可考。(126)新陽　縣名。在今安徽界首北。(127)安昌　侯國名。在
今河南周口東南。(128)安陽　侯國名。在今河南正陽南。(129)博陽　侯國名。在今河南周口東南。(130)成陽　侯國名。在今河南信
陽西北。(131)定陵　縣名。在今河南臨潁西南。(132)高陵山　在當時南陽郡北部。(133)南陽郡　郡名。轄境為今河南西南部熊耳山
以南，葉縣、信陽以西和湖北北部應山、襄樊以北地區。郡治在宛。(134)宛　縣名。在今河南南陽。(135)申伯國　西周時期諸侯
國。姜姓。春秋時為楚文王所滅。(136)北筮山　在今河南南陽南。一說「山」當作「聚」，與下文「南筮聚」相對。(137)犨　縣名。
在今河南葉縣西北。(138)杜衍　縣名。在今河南南陽西南。(139)酇　侯國名。為西漢功臣蕭何後代的封國。都城在今湖北均縣東

南。(140)育陽　縣名。在今河南鄧州東北。(141)南筮聚　地名。在今河南南陽西南。(142)博山　侯國名。在今河南淅川東南。(143)哀帝　漢哀帝劉欣。西元前七至前一年在位。(144)涅陽　縣名。在今河南南陽西南。(145)陰　縣名。在今湖北老河口西北。(146)堵陽縣名。在今河南方城東。(147)雉　縣名。在今河南南召東南。(148)衡山　在今河南方城西北。(149)鄜　應為「酈」。縣名。治今河南酈城西南。(150)山都　縣名。在今湖北老河口東南。(151)蔡陽　縣名。在今湖北襄樊東北。(152)新野　縣名。在今河南新野。(153)筑陽　縣名。在今湖北穀城東北。(154)穀伯國　春秋時諸侯國，後為楚所滅。(155)棘陽　縣名。在今河南南陽南。(156)武當　縣名。在今湖北均縣西北。(157)舞陰　縣名。在今河南社旗東南。(158)中陰山　在今河南社旗東。(159)蔡　縣名。指上蔡。在今河南上蔡西南。(160)西鄂　縣名。在今河南南陽東北。(161)穰　縣名。在今河南鄧州。(162)酇　縣名。在今河南南陽西北。(163)安眾　侯國名。在今河南鄧州東北。(164)冠軍　縣名。在今河南鄧州西北。西漢大將冠軍侯霍去病的封地。(165)比陽　縣名。在今河南泌陽。(166)平氏　縣名。在今河南唐河東南。(167)大復山　在今河南桐柏西北，與桐柏山相連。(168)淮浦　縣名。在今江蘇漣水西。各本原作「淮陵」，誤。據齊召南說改。(169)隨　縣名。在今湖北隨州。西周、春秋時隨國所在地。(170)厲鄉　地名。在今湖北隨州東北。(171)厲國　一作「賴國」。西周、春秋時諸侯國，後為楚所滅。(172)葉　縣名。在今河南葉縣西南。(173)鄧　縣名。在今湖北襄樊西北。鄧在西周、春秋時為諸侯國，西元前六七八年為楚所滅。(174)朝陽　縣名。在今河南新野西南。(175)魯陽　縣名。在今河南魯山。(176)魯山　又名「露山」。在今河南魯山東北。(177)御龍氏　複姓。相傳夏代劉累學習養龍，以事夏帝孔甲，孔甲因此賜姓為御龍氏。(178)滍水　又名「泜水」、「滍川」。即今河南魯山縣、葉縣境內的沙河。(179)昆水　在今葉縣境內，沙河支流。(180)春陵　侯國名，在今湖北棗陽南。(181)上唐鄉　地名。在今湖北棗陽東南。(182)唐國　西周、春秋時諸侯國。都城在今湖北隨州西北唐城鎮。後為楚所滅。(183)新都　侯國名，在今河南新野東南。(184)湖陽　縣名。在今河南新野東南。(185)紅陽　侯國名。在今河南葉縣南。(186)樂成　侯國名。在今河南鄧州西南。(187)博望　侯國名。在今河南南陽東北。(188)復陽　侯國名。在今河南桐柏西北。(189)南郡　郡名。轄境為今湖北西南部和中部，即重慶巫山以東，湖北荊門、潛江、洪湖等縣以西，襄樊以南，宣恩、宜昌、公安、監利等縣以北的地區。郡治在江陵。(190)高帝元年二句　此處有誤。南郡在楚漢之際為臨江國，高帝五年方屬漢，改為臨江郡。(191)發弩官　官名。主教弩的使用的軍事教官。(192)江陵　縣名。在今湖北江陵。(193)陳　縣名。在今河南淮陽。(194)臨沮　縣名。治今湖北遠安西北。(195)陽水　漢水支流。是古漳河下游即今湖北江陵至淺江之間的一段河道。(196)夷陵　縣名。在今湖北宜昌東南。(197)華容　縣名。在今湖北沙東。(198)夏水　漢水支流。自今沙南分長江東去，經監利、沔陽注入漢水。(199)宜城　縣名。在今湖北宜城南。(200)惠帝三年　即西元前一九二年。(201)郢　縣名。在今湖北宜城北。(202)當陽　縣名。在今湖北荊門南。203中廬　縣名。在今湖北襄樊西南。204枝江　縣名。在今湖北枝江東北。205羅國　春秋時國名。熊姓。都城初在今湖北宜城西，為楚所迫，後遷至今枝江東北，後遷至湖南平江南。後滅於楚。206江沱　又名「沱」、「沱水」。即〈禹貢〉中荊州部分所說的沱水。原為長江支流。207襄陽　縣名。在今湖北襄樊漢水北岸。208編　縣名。在今湖北宜城西南。209雲夢官　掌管雲夢澤的官員。一說「官」為「宮」。210秭歸　縣名。在今湖北秭歸東南。211歸鄉　地名。在今湖北秭歸東南。212夷道　道名。在今湖北宜都。213州陵　縣名。在今湖北嘉魚西北。214若　一作「鄀」。縣名。治今湖北宜城東南。215楚昭王　春秋時楚國國君。在位二十七年。楚昭王即位十年，吳王闔閭聯合唐、蔡伐楚，昭王曾被迫遷都於若。216巫　縣名。在今重慶巫山北。217夷水　即今湖北西部長江支流清江及其上源小河。218高成　縣名。在今湖北松滋南。219潙山　在今松滋西，是潙水的發源地。220繇　即今松滋河支流。源出今五峰東，東北流至今公安西北注入長江。後改道注入今松滋河。221江夏郡　郡名。轄境為今湖北東部鍾祥、潛江以東，蒲圻、陽新以北及河南南部信陽、光山以南地區。郡治在西陵。222西陵　縣名。在今湖北新洲西。223竟陵　縣名。在今湖北潛江西北。戰國時屬楚國。224鄖鄉　地名。故址在今潛江西北。225西陽　縣名。在今河南光山西南。226襄　縣名。今地不可考。227邾　縣名。在今湖北黃岡西北。228吳芮　（西元前？—前二〇二年），漢初諸侯王。秦末率越人起兵，被項羽封為衡山王。漢朝建立後，改封為長沙王。229軑　縣名。在今河南光山縣西北。230弦子國　即弦國。春秋時諸侯國。後為楚所滅。231鄂　縣名。在今湖北鄂城。232安陸　縣名。在今湖北雲夢。233橫尾山　在今湖北安陸北。234沙羨　縣名。在今湖北武昌西。235蘄春　縣名。在今湖北蘄春西南。236鄳　縣名。在今湖南羅山。237雲杜　縣名。在今湖北京山。238下雉　縣名。在今湖北陽新東南。239鍾武　縣名。在今河南信陽東南。240廬江郡　郡名。轄境為今安徽西南部大別山和霍山、舒城、巢湖市等與長江之間，以及河南南部、湖北東部的小部分地區。郡治在舒縣。241金蘭　縣名。在今湖北麻城東北。242陵陽　縣名。在今安徽太平西北。243樓船官　官名。水軍指揮官。古時稱戰船為樓船。244舒　縣名。在今安徽廬江西南。245故國　西周和春秋時舒縣為舒國，後為楚所滅。246居巢　縣名。在今安徽桐城南。247龍舒　縣名。在今安徽桐城西北。248臨湖　縣名。在今安徽銅陵西北。249雩婁　縣名。在今河南固始東南與安徽交界處。250決水　淮河支流。源出當時金蘭，北流至今河南固始北合灌水注入淮河。251蓼　縣名。在今河南固始東北。252灌水　即今河南南部史河支流灌河。253襄安　縣名。在今安徽無為西南。254樅陽　縣名。在今安徽樅陽。255尋陽　縣名。在今湖北廣濟東北。256灊　縣名。在今安徽霍山東北。257天柱山　又名「霍山」、「衡山」。在今安徽霍山西南。258沘山　在今安徽霍山南。259沘水　即今安徽境內的淠河。源出當時的沘山，北流經芍陂後注入淮水。260壽春　縣名。在今安徽壽縣。261芍陂　又名「龍泉陂」。澤名。在今壽縣南。今大部分已淤涸。262睆　縣名。在今安徽潛山。睆，通「皖」。263湖陵邑　地名，在今安徽太湖東南。264北湖　澤名。即今安徽宿松東的湖泊。今大部分已淤平。265松茲　侯國名，在今安徽宿松東北。266九江郡　郡名。轄境為今安徽東部鳳陽、壽縣、六安與巢湖市、全椒、來安等縣之間地區。郡治在壽春。267高帝四年　即西元前二〇三年。268元狩元年　即西元前一二二年。269陂官　官名。主管堤防事務。270湖官　官名。負責湖澤管理。271壽春邑　都邑名。即戰國末年楚國都城郢。272楚考烈王　戰國末年楚國國君。西元前二六二至前二三八年在位。273浚遒　縣名。在今安徽肥東東。274成德　縣名。在今安徽壽縣南。275橐皋　縣名。在今安徽巢湖市西北。276陰陵　縣名。在今安徽長豐東北。277歷陽　縣名。在今安徽和縣。278當塗　侯國名，在今安徽蚌埠西南。279鍾離　縣名。在今安徽鳳陽東北。280合肥　縣名。在今安徽合肥。281東城　縣名。在今安徽定遠東南。282博鄉　侯國名，在今安徽六安西南。283曲陽　侯國名，在今安徽淮南東。284建陽　縣名。在今安徽滁州東。285全椒　縣名。在今安徽全椒。286阜陵　縣名。在今安徽和縣西。

【語譯】東郡，秦代時設置。王莽時稱治亭。屬於兗州。戶數為四十萬一千二百九十七戶，人口為一百六十五萬九千零二十八人。下轄二十二個縣：濮陽，衛成公自楚丘遷徙至此。原為帝丘，顓頊帝的居所。王莽時稱治亭。畔觀，王莽時稱觀治。聊城，頓丘，王莽時稱順丘。發干，王莽時稱戢楯。范，王莽時稱建睦。茬平，王莽時稱功崇。東武陽，大禹曾在此治理漯水，漯水向東北流至千乘注入大海，流經三個郡，全長一千零二十里。王莽時稱武昌。博平，王莽時稱加睦。黎，王莽時稱黎治。清，王莽時稱清治。東阿，是郡都尉的治所。離狐，王莽時稱瑞狐。臨邑，縣內設有泲廟。王莽時稱穀城亭。利苗，須昌，原為須句國，是太昊的後裔，風姓。壽良，蚩尤祠在該縣西北的泲水旁邊。縣內有朐城。樂昌，陽平，白馬，南燕，原是南燕國，姞姓，是黃帝的後裔。廩丘。

2　陳留郡，武帝元狩元年時設置。屬於兗州。戶數為二十九萬六千二百八十四戶，人口為一百五十萬九千零五十人。下轄十七個縣：陳留，魯渠的起點受狼湯渠而始，向東流至陽夏，注入渦渠。小黃，成安，寧陵，王莽時稱康善。雍丘，原為杞國，周武王封大禹的後裔東樓公的封地。春秋之前遷徙至魯國的東北，至二十一世簡公被楚國消滅。酸棗，東昏，王莽時稱東明。襄邑，縣內設有服官。王莽時稱襄平。外黃，是郡都尉的治所。封丘，濮渠的起點受泲水而始，向東北流至都關，注入羊里水，流經三個郡，全長六百三十里。長羅，是侯國。王莽時稱惠澤。尉氏，傿，王莽時稱順通。長垣，王莽時稱長固。平丘，濟陽，王莽時稱濟前。浚儀。原為大梁。魏惠王自安邑遷徙至此。睢水的源頭始自狼湯水，向東流至取慮注入泗水，流經四個郡，全長一千三百六十里。

3 潁川郡，秦代時設置。高帝五年時為韓國，六年復為潁川郡。王莽時稱左隊。陽翟設有工官。屬於豫州。戶數為四十三萬二千四百九十一戶，人口為二百二十一萬零九百七十三人。下轄二十個縣：陽翟，夏禹的國都。周代末年，韓景侯自新鄭遷徙至此。戶數為四萬一千六百五十戶，人口為十萬九千人。王莽時稱潁川。昆陽，潁陽，定陵，縣內有東不羹。王莽時稱定城。長社，新汲，襄城，縣內有西不羹。王莽時稱相城。郾，郟，舞陽，潁陰，崈高，武帝時設置，用以供奉太室山，就是中岳。縣內設有太室山、少室山之廟。古文以崇高山作為外方山。許，原為許國，姜姓，是四岳的後裔，為太叔所封，至二十四世時被楚國消滅。傿陵，戶數為四萬九千一百零一戶，人口為二十六萬一千四百一十八人。王莽時稱左亭。臨潁，王莽時稱監潁。父城，應鄉，原為應國，是周武王的弟弟的封地。成安，是侯國。周承休，是侯國，漢元帝時設置，元始二年更名為鄭公。王莽時稱嘉美。陽城，縣內有陽城山，是洧水的發源地，向東南流至長平注入潁水，流經三個郡，全長五百里。陽乾山，是潁水的發源地，向東流至下蔡注入淮水，流經三個郡，全長一千五百里，是屬於荊州的灌溉河流。縣內設有鐵官。綸氏。

4 汝南郡，漢高帝時設置。王莽時稱汝汾。又分該郡為賞都尉。屬於豫州。戶數為四十六萬一千五百八十七戶，人口為二百五十九萬六千一百四十八人。下轄三十七個縣：平輿，陽安，陽城，是侯國。王莽時稱新安。灈強，富波，女陽，鮦陽，吳房，安成，是侯國。王莽時稱至成。南頓，原為頓子國，姬姓。朗陵，細陽，王莽時稱樂慶。宜春，是侯國。王莽時稱宣孱。女陰，原為胡國。是郡都尉的治所。王莽時稱汝墳。新蔡，蔡平侯自蔡遷徙至此，後來第二代遷徙至下蔡。王莽時稱新遷。新息，王莽時稱新德。灈陽，期思，慎陽，慎，王莽時稱慎治。召陵，弋陽，是侯國。西平，縣內設有鐵官。王莽時稱新亭。上蔡，原為蔡國，是周武王的弟弟叔度的封地。叔度被流放後，成王將此地封其子胡，到第十八代遷徙至新蔡。鬵，王莽時稱閏治。西華，王莽時稱華望。長平，王莽時稱長正。宜祿，王莽時稱賞都亭。項，原為項國。新郪，王莽時稱新延。歸德，是侯國。漢宣帝時設置。王莽時稱歸惠。新陽，王莽時稱新明。安昌，是侯國。王莽時稱始成。安陽，是侯國。王莽時稱均夏。博陽，是侯國。王莽時稱樂家。成陽，是侯國。王莽時稱新利。定陵。縣內的高陵山，是汝水的發源地，向東南流至新蔡注入淮水，流經四個郡，全長一千三百四十里。

5 南陽郡，秦代設置。王莽時稱前隊。屬於荊州。戶數為三十五萬九千三百一十六戶，人口為一百九十四萬二千零五十一人。下轄三十六個縣：宛，原為申伯國。縣內有屈申城。縣南有北筮山。戶數為四萬七千五百四十七戶。該縣設有工官、鐵官。王莽時稱南陽。犨，杜衍，王莽時稱閏衍。酇，是侯國。王莽時稱南庚。育陽，縣內有南筮聚，在該縣東北。博山，是侯國。漢哀帝時設置。原為順陽。涅陽，王莽時稱前亭。陰，堵陽，王莽時稱陽城。雉，縣內有衡山，是澧水的發源地，向東流至郾注入汝水。山都，蔡陽，王莽的母親功顯君的封邑。新野，筑陽，原為穀伯國。王莽時稱宜禾。棘陽，武當，舞陰，縣內有中陰山，是瀙水的發源地，向東流至蔡注入汝水。西鄂，穰，王莽時稱農穰。酈，育水發源於該縣西北部，向南注入漢水。安眾，是侯國。原為宛縣的西鄉。冠軍，漢武帝時設置。原為穰縣的盧陽鄉、宛縣的臨駣聚。比陽，平氏，〈禹貢〉中所謂桐柏大復山在該縣的東南，是淮水的發源地，向東南流至淮浦注入大海，經過四個郡，全長三千二百四十里，是屬於青州的河流。王莽時稱平善。隨，原為隨國。厲鄉，就是原來的厲國。葉，楚國葉公的封邑。該縣內有長城，稱作方城。鄧，原為鄧國。是郡都尉的治所。朝陽，王莽時稱厲信。魯陽，縣內有魯山。古代的魯縣，是御龍氏所遷徙的地方。縣內的魯山，是滍水的發源地，向東北流至定陵注入汝水。該縣又有昆水，向東南流至定陵注入汝水。舂陵，是侯國。原為蔡陽的白水鄉。上唐鄉，原為唐國。新都，是侯國。王莽時稱新林。湖陽，是原來的廖國。紅陽，是侯國。王莽時稱紅俞。樂成，是侯國。博望，是侯國。王莽時稱宜樂。復陽，是侯國。原為湖陽的樂鄉。

6 南郡，秦代設置，漢高帝元年改為臨江郡，五年復為南郡。景帝二年又改為臨江郡，中二年又改為南郡。

王莽時稱南順。屬於荊州。戶數為十二萬五千五百七十九戶，人口為七十一萬八千零五百四十人。郡內設有發弩官。下轄十八個縣：江陵，原為楚國的郢都，楚文王自丹陽遷徙至此。後來第九代楚平王建築都城。後來第十代時秦國攻破郢都，遷徙到陳地。王莽時稱江陸。臨沮，〈禹貢〉中所謂南條荊山在該縣東北，是漳水的發源地，向東流至江陵注入陽水，陽水注入沔水，全長六百里。夷陵，是郡都尉的治所。王莽時稱居利。華容，雲夢澤在該縣南部，是荊州的大澤。夏水的水源始自長江，向東注入沔水，全長五百里。宜城，原為鄢，惠帝三年改名為宜城。郢，楚國另外的都邑，原來為郢都。王莽時稱郢亭。邔，當陽，中廬，枝江，原為羅國。江沱出自該縣西部，向東注入長江。襄陽，王莽時稱相陽。編，該縣設有雲夢官。王莽時稱南順。秭歸，縣內的歸鄉，原為歸國。夷道，王莽時稱江南。州陵，王莽時稱江夏。若，楚昭王畏懼吳國，自郢遷徙至此，後來再次回到郢都。巫，夷水向東流至夷道注入江，流經二郡，全長五百四十里。該縣設有鹽官。高成。縣內的洈山，是洈水的發源地，向東注入繇水。繇水向南流至華容注入長江，流經二郡，全長五百里。王莽時稱言程。

7 江夏郡，漢高帝時設置。屬於荊州。戶數為五萬六千八百四十四戶，人口為二十一萬九千二百一十八人。下轄十四個縣：西陵，縣內設有雲夢官。王莽時稱江陽。竟陵，章山在該縣東北，古文以為此山為內方山。鄖鄉，是楚國鄖公的封邑。王莽時稱守平。西陽，襄，王莽時稱襄非。邾，衡山王吳芮的都城。軑，原為弦子國。鄂，安陸，橫尾山在該縣東北，古文以為此山為陪尾山。沙羨，蘄春，鄳，雲杜，下雉，王莽時稱閨光。鍾武，是侯國。王莽時稱當利。

8 廬江郡，原為淮南國，文帝十六年分設為廬江國。金蘭縣西北有東陵鄉，是淮水的發源地。屬於揚州。廬江發源於陵陽的東南，向北注入長江。戶數為十二萬四千三百八十三戶，人口為四十五萬七千三百三十三人。郡內設有樓船官。下轄十二個縣：舒，原為舒國。王莽時稱昆鄉。居巢，龍舒，臨湖，雩婁，縣內的決水向北流至蓼注入淮水，該縣又有灌水，也向北流至蓼注入決水，流經二郡，全長五百一十里。襄安，王莽時稱廬江亭。樅陽，尋陽，〈禹貢〉中所謂九江在該縣南部，都向東匯合為長江。灊，天柱山在該縣南部。縣內設有祠所。泚山，是泚水的發源地，向北流至壽春注入芍陂。睆，縣內設有鐵官。湖陵邑，北湖在該邑南部。松茲，是侯國。王莽時稱誦善。

9 九江郡，秦代時設置，漢高帝四年時更名為淮南國，漢武帝元狩元年時恢復為九江郡。王莽時稱延平。屬於揚州。戶數為十五萬零五十二戶，人口為七十八萬零五百二十五人。郡內設有陂官、湖官。下轄十五個縣：壽春邑，楚考烈王自陳遷徙至此。浚遒，成德，王莽時稱平阿。橐皋，陰陵，王莽時稱陰陸。歷陽，是郡都尉的治所。王莽時稱明義。當塗，是侯國。王莽時稱山聚。鍾離，王莽時稱蠶富。合肥，東城，王莽時稱武城。博鄉，是侯國。王莽時稱揚陸。曲陽，是侯國。王莽時稱延平亭。建陽，全椒，阜陵。王莽時稱阜陸。

1 山陽郡❶，故梁。景帝中六年別為山陽國。武帝建元五年別為郡❷。莽曰鉅野。屬兗州。戶十七萬二千八百四十七，口八十萬一千二百八十八。有鐵官。縣二十三：昌邑❸，武帝天漢四年❹更山陽為昌邑國。有梁丘鄉❺。春秋傳❻曰「宋、齊會于梁丘」。南平陽❼，莽曰黽平。成武❽，有楚丘亭❾。齊桓公❿所城，遷衛文公⓫於此。子成公徙濮陽。莽曰成安。湖陵⓬，禹貢「浮于泗、淮，通于河」，水在南。莽曰湖陸。東緡⓭，方與⓮，橐⓯，莽曰高平。鉅壄⓰，大壄澤在北，兗州藪。單父⓱，都尉治。莽曰利父。薄⓲，都關⓳，城都⓴，侯國。莽曰城穀。黃㉑，侯國。爰戚㉒，侯國。莽曰戚亭。郜成㉓，侯國。莽曰告成。中鄉㉔，侯國。平樂㉕，侯國。包水㉖東北至沛入泗。鄭㉗，侯國。瑕丘㉘，甾鄉㉙，侯國。栗鄉㉚，侯國。莽曰足亭。曲鄉㉛，侯國。西陽㉜。侯國。

2 濟陰郡[33]，故梁。景帝中六年別為濟陰國[34]。宣帝甘露二年[35]更名定陶。禹貢荷澤在定陶東。屬兗州。戶二十九萬二千五，口百三十八萬六千二百七十八。縣九：定陶[36]，故曹國，周武王弟叔振鐸所封。禹貢陶丘在西南[37]。陶丘亭[38]。冤句[39]，莽改定陶曰濟平，冤句縣曰濟平亭。呂都[40]，莽曰祈都。葭密[41]，成陽[42]，有堯冢[43]靈臺[44]。禹貢雷澤在西北。鄄城[45]，莽曰鄄良。句陽[46]，秺[47]，莽曰萬歲。乘氏[48]。泗水東南至睢陵[49]入淮，過郡六，行千一百一十里。

3 沛郡[50]，故秦泗水郡。高帝更名。莽曰吾符。屬豫州。戶四十萬九千七十九，口二百三萬四百八十。縣三十七：相[51]，莽曰吾符亭。龍亢[52]，竹[53]，莽曰篤亭。穀陽[54]，蕭[55]，故蕭叔國[56]，宋別封附庸也。向[57]，故國[58]。春秋曰「莒人入向」。姜姓，炎帝[59]後。銍[60]，廣戚[61]，侯國。莽曰力聚。下蔡，故州來國[62]，為楚所滅，後吳取之，至夫差遷昭侯[63]於此。後四世侯齊竟為楚所滅。豐[64]，莽曰吾豐。鄲[65]，莽曰單城。譙[66]，莽曰延成亭。蘄[67]，⿱垂缶鄉[68]。高祖破黥布[69]。都尉治。莽曰蘄城。⿰王厶[70]，莽曰貢。輒與[71]，莽曰華樂。山桑[72]，公丘[73]，侯國。故滕國，周懿王[74]子錯叔繡所封，三十一世為齊所滅。符離[75]，莽曰符合。敬丘[76]，侯國。夏丘[77]，莽曰歸思。洨[78]，侯國。垓下[79]，高祖破項羽。莽曰育成。沛[80]，有鐵官。芒[81]，莽曰博治。建成[82]，侯國。城父[83]，夏肥水東南至下蔡入淮，過郡二，行六百二十里。莽曰思善。建平[84]，侯國。莽曰田平。酇[85]，莽曰贊治。栗[86]，侯國。莽曰成富。扶陽[87]，侯國。莽曰合治。高(88)，侯國。高柴(89)，侯國。漂陽(90)，平阿(91)，侯國。莽曰平寧。東鄉(92)，臨都(93)，義成(94)，祁鄉(95)。侯國。莽曰會穀。

4 魏郡(96)，高帝置。莽曰魏城。屬冀州。戶二十一萬二千八百四十九，口九十萬九千六百五十五。縣十八：鄴(97)，故大河(98)在東北入海。館陶(99)，河水別出為屯氏河(100)，東北至章武入海，過郡四，行千五百里。斥丘(101)，莽曰利丘。沙(102)，內黃(103)，清河水出南。清淵(104)，魏(105)，都尉治。莽曰魏城亭。繁陽(106)，元城(107)，梁期(108)，黎陽(109)，莽曰黎蒸。即裴(110)，侯國。莽曰即是。武始(111)，漳水東至邯鄲入漳，又有拘澗水(112)，東北至邯鄲入白渠。邯會(113)，侯國。陰安(114)，平恩(115)，侯國。莽曰延平。邯溝(116)，侯國。武安(117)。欽口山(118)，白渠水所出，東至列人(119)入漳。又有寖水(120)，東北至東昌入虖池河，過郡五，行六百一里。有鐵官。莽曰桓安。

5 鉅鹿郡(121)，秦置。屬冀州。戶十五萬五千九百五十一，口八十二萬七千一百七十七。縣二十：鉅鹿(122)，禹貢大陸澤在北。紂所作沙丘臺(123)在東北七十里。南䜌(124)，莽曰富平。廣阿(125)，象氏(126)，侯國。莽曰寧昌。廮陶(127)，宋子(128)，莽曰宜子。楊氏(129)，莽曰功陸。臨平(130)，下曲陽(131)，都尉治。貰(132)，鄡(133)，莽曰秦聚。新市(134)，侯國。莽曰市樂。堂陽(135)，有鹽官。嘗分為經縣(136)。安定(137)，侯國。敬武(138)，歷鄉(139)，侯國。莽曰歷聚。樂信(140)，侯國。武陶(141)，侯國。柏鄉(142)，侯國。安鄉(143)。侯國。

6 常山郡[144]，高帝置。莽曰井關。屬冀州。戶十四萬一千七百四十一，口六十七萬七千九百五十六。縣十八：元氏[145]，沮水[146]首受中丘西山窮泉谷，東至堂陽入黃河。莽曰井關亭。石邑[147]，井陘山在西，洨水所出，東南至廮陶入泜。桑中[148]，侯國。靈壽[149]，中山[150]桓公居此。禹貢衛水出東北，東入虖池。蒲吾[151]，有鐵山。大白渠[152]水首受緜曼水，東南至下曲陽入斯洨。上曲陽[153]，恆山[154]北谷在西北。有祠。并州山。禹貢恆水所出，東入滱。莽曰常山亭。九門[155]，莽曰久門。井陘[156]，房子[157]，贊皇山，濟水所出，東至廮陶入泜。莽曰多子。中丘[158]，逢山[159]長谷，諸水所出，東至張邑[160]入濁[161]。莽曰直聚。封斯[162]，侯國。關[163]，平棘[164]，鄗[165]，世祖[166]即位，更名高邑。莽曰禾成亭。樂陽[167]，侯國。莽曰暢苗。平臺[168]，侯國。莽曰順臺。都鄉[169]，侯國。有鐵官。莽曰分鄉。南行唐[170]。牛飲山[171]白陸谷，滋水[172]所出，東至新市入虖池。都尉治。莽曰延億。

7 清河郡[173]，高帝置。莽曰平河。屬冀州。戶二十萬一千七百七十四，口八十七萬五千四百二十二。縣十四：清陽[174]，王都[175]。東武城[176]，繹幕[177]，靈[178]，河水別出為鳴犢河[179]，東北至蓨[180]入屯氏河。莽曰播。厝[181]，莽曰厝治。鄃[182]，莽曰善陸。貝丘[183]，都尉治。信成[184]，張甲河首受屯氏別河[185]，東北至蓨入漳水。㮨題[186]，東陽[187]，侯國。莽曰胥陵。信鄉[188]，侯國。繚[189]，棗彊[190]，復陽[191]。莽曰樂歲。

8 涿郡[192]，高帝置。莽曰垣翰。屬幽州。戶十九萬五千六百七，口七十八萬二千七百六十四。有鐵官[193]。縣二十九：涿[194]，桃水[195]首受淶水[196]，分東至安次[197]入河。迺[198]，莽曰迺屏。穀丘[199]，故安[200]，閻鄉[201]，易水[202]所出，東至范陽[203]入濡[204]也，并州寖。水亦至范陽入淶。南深澤[205]，范陽，莽曰順陰。蠡吾[206]，容城[207]，莽曰深澤。易[208]，廣望[209]，侯國。鄚[210]，莽曰言符。高陽，莽曰高亭。州鄉[211]，侯國。安平[212]，都尉治。莽曰廣望亭。樊輿[213]，侯國。莽曰握符。成[214]，侯國。莽曰宜家。良鄉[215]，侯國。垣水[216]南東至陽鄉[217]入桃。莽曰廣陽。利鄉[218]，侯國。莽曰章符。臨鄉[219]，侯國。益昌[220]，侯國。莽曰有秩。陽鄉，侯國。莽曰章武。西鄉[221]，侯國。莽曰移風。饒陽[222]，中水[223]，武垣[224]，莽曰垣翰亭。阿陵[225]，莽曰阿陸。阿武[226]，侯國。高郭[227]，侯國。莽曰廣隄。新昌[228]，侯國。

9 勃海郡[229]，高帝置。莽曰迎河。屬幽州。戶二十五萬六千三百七十七，口九十萬五千一百一十九。縣二十六：浮陽[230]，莽曰浮城。陽信[231]，東光[232]，有胡蘇亭[233]。阜城[234]，莽曰吾城。千童[235]，重合[236]，南皮[237]，莽曰迎河亭。定[238]，侯國。章武[239]，有鹽官。莽曰桓章。中邑[240]，莽曰檢陰。高成[241]，都尉治也。高樂[242]，莽曰為鄉。參戶[243]，侯國。成平[244]，虖池河，民曰徒駭河。莽曰澤亭。柳[245]，侯國。臨樂[246]，侯國。莽曰樂亭。東平舒[247]，重平[248]，安次[249]，脩市[250]，侯國。莽曰居寧。文安[251]，景成[252]，侯國。東州[253]，建成[254]，章鄉[255]，侯國。蒲領[256]。侯國。

【章旨】以上所記為山陽、濟陰（屬兗州），沛（屬豫州），魏、鉅鹿、常山、清河（屬冀州），涿、勃海（屬幽州）等九郡，概述各郡的行政建置及沿革、人口、自然地理等方面的內容。

【注釋】❶山陽郡　郡名。轄境為今山東西南部獨山湖以西，鄆城以南，成武、曹縣以東，單縣以北地區，兼有獨山湖以東鄒縣、兗州部分地區。郡治在昌邑。❷故梁三句　山陰郡在漢高帝五年（西元前二〇二年）時為梁國，漢景帝中元六年（西元前一四四年）時分梁國地置山陽國，漢武帝建元三年（西元前一三八年）時改為山陰郡。❸昌邑　縣名。在今山東金鄉西北。❹天漢四年　即西元前九七年。❺梁丘鄉　地名。在今山東成武東北。春秋時為宋國之地。❻春秋傳　解釋儒家經典《春秋》的書籍。著名的有《左氏》、《公羊》、《穀梁》三傳。❼南平陽　縣名。在今山東鄒城。❽成武　縣名。在今山東成武。❾楚丘亭　地名。在今山東曹縣東南。❿齊桓公（西元前？—前六四三年），春秋時齊國國君。西元前六八五至前六四三年在位。任用管仲為相，使齊國富強。齊桓公是春秋時期第一個霸主。⓫衛文公（西元前？—前六三五年），春秋時衛國國君。因內亂出奔至齊，後在齊桓公幫助下在楚丘立為國君。⓬湖陵　縣名。在今山東魚臺東南。⓭東緡　縣名。在今山東金鄉。⓮方與　縣名。在今山東魚臺西。⓯橐　縣名。在今山東魚臺東北。⓰鉅壄　縣名。在今山東巨野東北。⓱單父　縣名。在今山東單縣。⓲薄　通「亳」。縣名。在今山東曹縣東南。⓳都關　縣名。在今山東鄄城東北。⓴城都　侯國名，在今山東鄄城東南。㉑黃　侯國名，在今河南民權東南。㉒爰戚　侯國名，在今山東嘉祥東南。㉓郜成　侯國名，在今山東單縣西北。㉔中鄉　侯國名。今地不可考。㉕平樂　侯國名，在今山東單縣東南。㉖包水　即泡水。在當時單父、平樂境內。自今單縣流經江蘇豐縣、沛縣，合於泗水。㉗鄭　侯國名。今地不可考。㉘瑕丘　縣名。在今山東兗州東北。㉙甾鄉　侯國名。今地不可考。㉚栗鄉　侯國名。今地不可考。㉛曲鄉　侯國名。今地不可考。㉜西陽　據《後漢書》「西陽」應為「西防」。㉝濟陰郡　郡名。轄境為今山東西部菏澤周圍，南至定陶，北近范縣的地區。郡治在定陶。㉞故梁二句　濟陰郡在漢高帝五年（西元前二〇二年）時為梁國，漢景帝中元六年（西元前一四四年）時分梁國地置濟陰國，漢武帝建元三年（西元前一三八年）時改為濟陰郡。㉟甘露二年　即西元前五二年。㊱定陶　縣名。在今山東定陶西北。㊲陶丘在西南　據《史記集解》，應為「定陶丘在西南」。㊳陶丘亭　地名。在當時縣治之南，即山東定陶西南。㊴冤句　一作「冤朐」、「宛句」。縣名。治今山東菏澤西南。(40)呂都　縣名。在今山東菏澤西北。(41)葭密　縣名。在今山東菏澤西北。(42)成陽　縣名。在今山東菏澤東北。(43)堯冢　即堯陵。《史記集解》引《皇覽》認為，堯冢在濟陰城陽（成陽）。(44)靈臺　地名。在堯冢之南。(45)郪城　縣名。在今山東鄄城北。(46)句陽　縣名。在今山東菏澤北。(47)秺　縣名。在今山東定陶東南。(48)乘氏　縣名。在今山東巨野西南。(49)睢陵　縣名。在今江蘇泗洪東南洪澤湖中。(50)沛郡　郡名。轄境為今安徽北部淮河以北，蕭縣和河南夏邑以南，安徽亳州、利辛以東，泗縣、五河以西，兼有今江蘇豐縣、沛縣地區。郡治在相縣。(51)相　縣名。在今安徽淮北西北。(52)龍亢　縣名。在今安徽蒙城東南。(53)竹　縣名。在今安徽宿州北。(54)穀陽　縣名。在今安徽固鎮西北。(55)蕭　縣名。在今安徽蕭縣西北。(56)蕭叔國　春秋時宋國的附庸國。子姓。因始封之君為蕭叔大心，故稱蕭叔國。(57)向　縣名。在今安徽懷遠西北。(58)故國　指向國。西周時諸侯國，後為莒國所滅。(59)炎帝　傳說中古代著名帝王，又稱神農氏。(60)銍　縣名。在今安徽宿州西南。(61)廣戚　侯國名，在今江蘇沛縣東南廣戚。(62)州來國　春秋時國名。為楚所滅。(63)昭侯　蔡昭侯。在位二十八年。(64)豐　縣名。治今江蘇豐縣。(65)酇　縣名。治今安徽渦陽東北。(66)譙　縣名。治今安徽亳州。(67)蘄　縣名。治今安徽宿州東南。(68)鄱鄉　地名。在今安徽宿州南。(69)黥布　即英布（西元？—前一九五年）。因犯法被黥面，故稱黥布。歸漢後，被封為淮南王。後因叛亂被殺。(70)虹　縣名。治今安徽五河西北。(71)輒與　縣名。今地不可考。(72)山桑　縣名。在今安徽蒙城北。(73)公丘　侯國名，在今山東滕州西南。(74)周懿王　應為周文王。(75)符離　縣名。在今安徽宿州東北。(76)敬丘　侯國名，在今河南夏邑東南。(77)夏丘　侯國名，在今安徽泗縣。(78)洨　侯國名，在今安徽固鎮東。(79)垓下　地名。在今安徽靈璧東南。(80)沛　縣名。在今江蘇沛縣。(81)芒　縣名。在今河南永城北。(82)建成　侯國名，治今河南永城東南。(83)城父　縣名。治今安徽渦陽西北。(84)建平　侯國名，治今河南夏邑西南。(85)酇　縣名。在今河南永城西北。(86)栗　侯國名，在今河南夏邑。(87)扶陽　侯國名，在今安徽淮北東北。(88)高　侯國名。今地不可考。(89)高柴　侯國名。今地不可考。(90)漂陽　殿本作溧陽，景祐本作「漂陽」。案：漂陽在丹陽郡，此處當作「漂陽」。(91)平阿　侯國名，在今安徽鳳臺東北。(92)東鄉　縣名。今地不可考。(93)臨都　縣名。今地不可考。(94)義成　縣名。在今安徽懷遠東北。(95)祁鄉　侯國名，在今河南虞城東北。(96)魏郡　郡名。轄境為今河北南部武安、肥鄉、丘縣以南，河南安陽、淇縣、滑縣、濮陽以北地區。郡治在鄴。(97)鄴　縣名。在今河北臨漳西南。(98)大河　古時黃河決於今河南滑縣西南，分流至今河北肥鄉東北注入漳水。這段河道稱為大河。(99)館陶　縣名。治今河北館陶。(100)屯氏河　西漢武帝元封以後，黃河決於今館陶境，分為屯氏河，東北流至今河北吳橋境復合於黃河原河道，再東北流至今河北黃驊西北注入海。(101)斥丘　縣名。在今河北魏縣西北。(102)沙　縣名。在今河北涉縣西北。(103)內黃　縣名。在今河南內黃西北。(104)清淵縣名。在今河北館陶東北。105魏　縣名。在今河北魏縣東南。106繁陽　縣名。在今河南內黃西北。107元城　縣名。在今河北大名東北。108梁期　縣名。在今河北邯鄲南。109黎陽　縣名。在今河南浚縣東。110即裴　侯國名，在今河北廣平西。111武始　縣名。在今河北武安東南。112拘澗水　即牛首水。源出當時魏郡武安縣東南堵山，東北流至趙國邯鄲注入白渠。113邯會　侯國名，在今河北肥鄉西南。114陰安　縣名。在今河南內黃東北。115平恩　侯國名，在今河北丘縣西南。116邯溝　侯國名，在今河北肥鄉西。117武安　縣名。在今河北武安西南。118欽口山　在當時武安東南，是白渠水的發源地。119列人　縣名。在今河北肥鄉東北。120寖水　源出當時武安西北，東北流經大陸澤和原為漳河，在信都國東昌縣境注入虖池河。121鉅鹿郡　郡名。轄境為今河北深澤以南，平鄉以北，臨城以東，新河以西地區，治鉅鹿。122鉅鹿　縣名。在今河北平鄉西南。123沙丘臺　地名。故址在今河北廣宗西北。相傳商紂曾在此建臺畜養禽獸。124南䜌　縣名。在今河北鉅鹿北。125廣阿　縣名。在今河北隆堯東。126象氏　侯國名，在今河北柏鄉東南。127廮陶　縣名。在今河北柏鄉東。128宋子　縣名。在今河北趙縣東北。129楊氏　縣名。在今河北寧晉。130臨平　縣名。在今河北束鹿北。131下曲陽　縣名。在今河北晉縣西。132貰　縣名。在今河北寧晉東北。133鄡　縣名。在今河北束鹿東南。134新市　侯國名，在今河北新河南。135堂陽　縣名。在今河北新河西北。136經縣　縣名。在今河北廣宗東北。137安定　縣名。在今河北束鹿東北。138敬武　縣名。在今河北寧晉北。139歷鄉　侯國名，在今河北寧晉東。140樂信　侯國名，在今河北束鹿東南。141武陶　侯國名。今地不可考。142柏鄉　侯國名，在今河北柏鄉西南。143安鄉　侯國名，在今河北晉縣東南。144常山郡　郡名。轄境為今河北西部太行山以東，曲陽、新樂、正定、趙縣、臨城等縣以西，阜平以南，內丘以北地區。郡治在元氏。145元氏　縣名。在今河北元氏西北。146沮水　應為泜水。即今槐河。147石邑　縣名。在今河北石家莊西南。148桑中　侯國名，在今河北井陘東北。149靈壽　縣名。在今河北靈壽西北。150中山　春秋時國名。為白狄別族建立。故址在今河北正定東北。戰國時遷都靈壽，西元前二九六年為趙國所滅。151蒲吾　縣名。在今河北靈壽西南。152大白渠　溝通當時緜曼水和斯洨水的河渠。153上曲陽　縣名。在今河北曲陽西。154恆山　在今河北阜平東北與山西接壤處。古代「五嶽」中的北嶽。155九門　縣名。在今河北石家莊東北。156井陘　縣名。在今河北井陘西北。157房子　縣名。在今河北高邑西南。158中丘　縣名。在今河北內丘西。159逢山　在今內丘西北，當時諸水的發源地。160張邑　即張縣。在今河北邢臺東北。161濁　指濁漳河。殿本「濁」作「蜀」。162封斯　侯國名，在今河北趙縣西北。163關　縣名。在今河北欒城西北。164平棘　縣名。在今河北趙縣東南。165鄗　縣名。在今河北高邑東南。166世祖　漢光武帝劉秀（西元前六－五七年）。東漢王朝的建立者。劉秀在鄗縣稱帝，改鄗為高邑，見《後漢書・光武帝紀》。殿本「世祖」誤作「高祖」。167樂陽　侯國名，治今河北石家莊西北。(168)平臺　侯國名。今地不可考。(169)都鄉　侯國名。今地不可考。(170)南行唐　縣名。治今河北行唐北。(171)牛飲山　在今河北阜平西。(172)滋水　源出當時牛飲山，東南流經今河北新樂南後注入今滹沱河。(173)清河郡　郡名。轄境為今河北南部故城、南宮、威縣與山東西北部平原、高唐等縣之間的地區。郡治在清陽。(174)清陽　縣名。在今河北清河東南。(175)王都　指原代王劉義徙封後的都城。漢武帝元鼎三年（西元前一一四年），劉義遷為清河王，都城設在清陽。(176)東武城　縣名。在今山東武城西北。(177)繹幕　縣名。在今山東平原西北。(178)靈　縣名。在今山東高唐南。(179)鳴犢河　自今山東高唐南分黃河水，北流至今河北景縣南復入古黃河的一段河道。(180)蓨　或作「條」、「脩」。縣名。治今河北景縣南。(181)厝　縣名。在今山東臨清東北。(182)鄃　縣名。在今山東高唐東北。(183)貝丘　縣名。在今山東臨清東南。(184)信成　縣名。在今河北清河西北。(185)屯氏別河　屯氏河分流的一段河道。自當時清淵境分屯氏河北流，至信成南，接張甲河東北流入古黃河。(186)⿱此心題　縣名。治今河北南宮東。(187)東陽　侯國名，治今河北故城南。(188)信鄉　侯國名，治今河北臨清東北。(189)繚　縣名。在今河北南宮東南。(190)棗彊　縣名。治今河北棗強東南。(191)復陽　縣名。治今河北故城西南。(192)涿郡　郡名。轄境為今河北中部北京房山以南，安平、河間等縣以北，易縣、清苑等縣以東，霸縣、任丘等縣以西的地區。治涿。(193)有鐵官　此注文置於戶口數之後，與前後各郡注文體例不合，疑為錯亂。(194)涿　縣名。治今河北涿州。(195)桃水　古水名。自今涿縣西北分淶水東南流，經今安次境，至霸縣東入古滱河（今唐河）。(196)淶水　即今拒馬河。源出今河北淶源淶山，東南流至今河北容城附近注入白溝河。(197)安次　縣名。在今河北安次西北。(198)迺　縣名。在今河北淶水。(199)穀丘　在今河北安平西南。(200)故安　在今河北易縣東南。(201)閻鄉　地名。在今河北淶源東南。(202)易水　其水有三，都發源於今河北易縣：起自今定興西南入拒馬河者為中易，今大部分已乾涸；在定興西名沙河合於中易者為北易；經徐水名瀑河者為南易。(203)范陽　縣名。在今河北徐水東北。(204)濡　一名曲逆水。即今源出河北完縣西北祁河及其下流方順河、石橋河，東流與博水（今金線河）、滱水（今唐河）、易水相會後，仍通稱為濡水。(205)南深澤　縣名。在今河北安平西南。(206)蠡吾　縣名。在今河北博野西南。(207)容城　縣名。在今河北新城南。(208)易　縣名。在今河北雄縣西北。(209)廣望　侯國名，治今河北清苑西南。(210)鄚　縣名。在今河北高陽東。(211)州鄉　侯國名，在今河北河間東北。(212)安平　縣名。即今河北安平。(213)樊輿　侯國名，在今河北徐水東南。(214)成　侯國名。今地不可考。(215)良鄉　侯國名，在今北京房山東南。(216)垣水　在今河北涿州西北，是當時桃水上源至涿縣的一段河道。(217)陽鄉　縣名。在今河北涿州東北。(218)利鄉　侯國名。今地不可考。(219)臨鄉　侯國名，在今河北固安西南。(220)益昌　侯國名，在今河北永清東南。(221)西鄉　侯國名，在今北京房山西南。(222)饒陽　縣名。在今河北饒陽東北。(223)中水　縣名。在今河北獻縣西北。(224)武垣　縣名。

在今河北肅寧東南。225阿陵　縣名。在今河北任丘東北。226阿武　侯國名，在今河北河間南。227高郭　侯國名，在今河北任丘西北。228新昌　侯國名，在今河北定興東。229勃海郡　郡名。轄境為今河北東部即天津和安次以南，山東丘陵、無棣以北，河北文安、交河、阜城等縣以東地區。郡治在浮陽。230浮陽　縣名。在今河北滄州東南。231陽信　縣名。在今山東無棣東北。232東光　縣名。在今河北東光東。233胡蘇亭　地名。在今東光西南。古代九河之一的胡蘇河，即在該亭之東。234阜城　縣名。在今河北阜城東。235千童　縣名。在今河北鹽山西南。236重合　縣名。在今山東樂陵西北。237南皮　縣名。在今河北南皮東北。238定　侯國名，在今山東樂陵北。239章武　縣名。在今河北黃驊西北。240中邑　縣名。在今河北滄州東北。241高成　縣名。在今河北鹽山東南。當時郡都尉官署設此。242高樂　縣名。在今河北南皮東南。243參戶　侯國名，在今河北清縣西南。244成平　縣名。在今河北滄州西南。245柳　侯國名，在今河北海興西北。246臨樂　侯國名，在今河北南皮東南。247東平舒　縣名。在今河北大城。248重平　縣名。在今山東陵縣東北。249安次　縣名。在今河北安次西北。250脩市　侯國名，在今河北景縣西北。251文安　縣名。在今河北文安東北。252景成　侯國名，在今河北滄州西。253束州　縣名。在今河北大城西南。254建成　縣名。在今河北南皮西北。255章鄉　應為「童鄉」。侯國名，治今山東樂陵西北。256蒲領　侯國名，在今河北阜城東北。

【語譯】山陽郡，原為梁國。漢景帝中六年分設為山陽國。漢武帝建元五年分設為山陽郡。王莽時稱鉅野。屬於兗州。戶數為十七萬二千八百四十七戶，人口為八十萬一千二百八十八人。郡內設有鐵官。下轄二十三個縣：昌邑，漢武帝天漢四年改山陽為昌邑國。縣有梁丘鄉。即《春秋傳》中所謂「宋、齊會于梁丘」的梁丘。南平陽，王莽時稱黽平。成武，縣內有楚丘亭。為齊桓公時所築，把衛文公遷徙至此。到子成公時遷徙至濮陽。王莽時稱成安。湖陵，〈禹貢〉中所謂「浮于泗、淮，通于河」的泗水，在該縣南部。王莽時稱湖陸。東緡，方與，橐，王莽時稱高平。鉅壄，大壄澤在該縣北部，屬於兗州的大澤。單父，是郡都尉的治所。王莽時稱利父。薄，都關，城都，是侯國。王莽時稱城穀。黃，是侯國。爰戚，是侯國。王莽時稱戚亭。郜成，是侯國。王莽時稱告成。中鄉，是侯國。平樂，是侯國。包水向東北流至沛縣注入泗水。鄭，是侯國。瑕丘，甾鄉，是侯國。栗鄉，是侯國。王莽時稱足亭。曲鄉，是侯國。西陽，是侯國。

2 濟陰郡，原為梁國。漢景帝中六年分置為濟陰國。漢宣帝甘露二年更名為定陶。〈禹貢〉中所謂荷澤在定陶縣的東部。屬於兗州。戶數為二十九萬零二十五戶，人口為一百三十八萬六千二百七十八人。下轄九個縣：定陶，原為曹國，周武王的弟弟叔振鐸的封地。〈禹貢〉所謂陶丘在該縣西南。縣內有陶丘亭。冤句，王莽時改定陶為濟平，冤句縣為濟平亭。呂都，王莽時稱祈都。葭密，成陽，縣內有堯冢和靈臺。〈禹貢〉所謂雷澤在該縣西北。鄄城，王莽時稱鄄良。句陽，秺，王莽時稱萬歲。乘氏。泗水向東南流至睢陵注入淮水，流經六個郡，全長一千一百一十里。

3　沛郡，原為秦代的泗水郡。漢高帝時更名為沛郡。王莽時稱吾符。屬於豫州。戶數為四十萬九千零七十九戶，人口為二百零三萬零四百八十人。下轄三十七個縣：相，王莽時稱吾符亭。龍亢，竹，王莽時稱篤亭。穀陽，蕭，原為蕭叔的封國，是宋國分封的附庸國。向，原為向國。《春秋》所謂「莒人入向」的「向」所在地。姜姓，是炎帝的後裔。銍，廣戚，是侯國。王莽時稱力聚。下蔡，原為州來國，後為楚所滅，之後吳國占領了此地，到夫差時遷蔡昭侯於此。後來到第四世時蔡侯齊最終被楚國消滅。豐，王莽時稱吾豐。鄲，王莽時稱單城。譙，王莽時稱延成亭。蘄，甀鄉。是漢高祖攻敗黥布的地方。是郡都尉的治所。王莽時稱蘄城。虹，王莽時稱貢。輒與，王莽時稱華樂。山桑，公丘，是侯國。原為滕國，周懿王的兒子錯叔繡的封地，到第三十一世時被齊國消滅。符離，王莽時稱符合。敬丘，是侯國。夏丘，王莽時稱歸思。洨，是侯國。垓下，是漢高祖擊敗項羽的地方。王莽時稱育成。沛，縣內設有鐵官。芒，王莽時稱博治。建成，是侯國。城父，縣內的夏肥水向東南流至下蔡注入淮水，流經二郡，全長六百二十里。王莽時稱思善。建平，是侯國。王莽時稱田平。酇，王莽時稱贊治。栗，是侯國。王莽時稱成富。扶陽，是侯國。王莽時稱合治。高，是侯國。高柴，是侯國。漂陽，平阿，是侯國。王莽時稱平寧。東鄉，臨都，義成，祁鄉，是侯國。王莽時稱會穀。

4　魏郡，漢高帝時設置。王莽時稱魏城。屬於冀州。戶數為二十一萬二千八百四十九戶，人口為九十萬九千六百五十五人。下轄十八個縣：鄴，過去的黃河在該縣東北注入大海。館陶，黃河水分流為屯氏河，向東北流至章武注入大海，流經四個郡，全長一千五百里。斥丘，王莽時稱利丘。沙，內黃，清河水發源於該縣南部。清淵，魏，是郡都尉的治所。王莽時稱魏城亭。繁陽，元城，梁期，黎陽，王莽時稱黎蒸。即裴，是侯國。王莽時稱即是。武始，漳水向東流至邯鄲注入漳水，又有拘澗水，向東北流至邯鄲注入白渠。邯會，是侯國。陰安，平恩，是侯國。王莽時稱延平。邯溝，是侯國。武安。縣內的欽口山，是白渠水的發源地，向東流至列人注入漳水。該縣又有寖水，向東北流至東昌注入虖池河，流經五個郡，全長六百零一里。該縣設有鐵官。王莽時稱桓安。

5 鉅鹿郡，秦代時設置。屬於冀州。戶數為十五萬五千九百五十一戶，人口為八十二萬七千一百七十七人。下轄二十個縣：鉅鹿，〈禹貢〉中所謂大陸澤在該縣北部。商紂時所建的沙丘臺在該縣東北七十里。南緣，王莽時稱富平。廣阿，象氏，是侯國。王莽時稱寧昌。廮陶，宋子，王莽時稱宜子。楊氏，王莽時稱功陸。臨平，下曲陽，是郡都尉的治所。貰，鄡，王莽時稱秦聚。新市，是侯國。王莽時稱市樂。堂陽，該縣設有鹽官。曾經被分為經縣。安定，是侯國。敬武，歷鄉，是侯國。王莽時稱歷聚。樂信，是侯國。武陶，是侯國。柏鄉，是侯國。安鄉，是侯國。

6 常山郡，漢高帝時設置。王莽時稱井關。屬於冀州。戶數為十四萬一千七百四十一戶，人口為六十七萬七千九百五十六人。下轄十八個縣：元氏，沮水的源頭始自中丘縣西山的窮泉谷，向東流至堂陽注入黃河。王莽時稱井關亭。石邑，井陘山在該縣西部，是洨水的發源地，向東南流至廮陶注入泜水。桑中，是侯國。靈壽，中山桓公曾居住於此。〈禹貢〉中所謂衛水發源於該縣東北，向東注入虖池。蒲吾，縣內有鐵山。大白渠的開端始自緜曼水，向東南流至下曲陽注入斯洨水。上曲陽，恆山的北谷在該縣西北。有祠所。是屬於并州的大山。〈禹貢〉中所謂恆水的發源地，向東注入滱水。王莽時稱常山亭。九門，王莽時稱久門。井陘，房子，縣內有贊皇山，是濟水的發源地，向東流至廮陶注入泜水。王莽時稱多子。中丘，逢山的長谷，是諸水的發源地，向東流至張邑注入濁漳河。王莽時稱直聚。封斯，是侯國。關，平棘，鄗，世祖光武帝即位後，更名為高邑。王莽時稱禾成亭。樂陽，是侯國。王莽時稱暢苗。平臺，是侯國。王莽時稱順臺。都鄉，是侯國。縣內設有鐵官。王莽時稱分鄉。南行唐。牛飲山的白陸谷，是滋水的發源地，向東流至新市注入虖池。是郡都尉的治所。王莽時稱延億。

7 清河郡，漢高帝時設置。王莽時稱平河。屬於冀州。戶數為二十萬一千七百七十四戶，人口為八十七萬五千四百二十二人。下轄十四個縣：清陽，是清河王的都城。東武城，繹幕，靈，黃河水分流而出成為鳴犢河，向東北流至蓚注入屯氏河。王莽時稱播。厝，王莽時稱厝治。鄃，王莽時稱善陸。貝丘，是郡都尉的治所。信成，張甲河的源頭始自屯氏的分流河，向東北流至蓚注入漳水。搋題，東陽，是侯國。王莽時稱胥陵。信鄉，是侯國。繚，棗彊，復陽。王莽時稱樂歲。

8 涿郡，漢高帝時設置。王莽時稱垣翰。屬於幽州。戶數為十九萬五千六百零七戶，人口為七十八萬二千七百六十四人。郡內設有鐵官。下轄二十九個縣：涿，桃水的源頭始自淶水，向東分流至安次注入黃河。迺，王莽時稱迺屏。穀丘，故安，縣內的閻鄉，是易水的發源地，向東流至范陽注入濡水，是屬於并州的灌溉河流。易水也流至范陽注入淶水。南深澤，范陽，王莽時稱順陰。蠡吾，容城，王莽時稱深澤。易，廣望，是侯國。鄚，王莽時稱言符。高陽，王莽時稱高亭。州鄉，是侯國。安平，是郡都尉的治所。王莽時稱廣望亭。樊輿，是侯國。王莽時稱握符。成，是侯國。王莽時稱宜家。良鄉，是侯國。境內的垣水向東南流至陽鄉注入桃水。王莽時稱廣陽。利鄉，是侯國。王莽時稱章符。臨鄉，是侯國。益昌，是侯國。王莽時稱有祑。陽鄉，是侯國。王莽時稱章武。西鄉，是侯國。王莽時稱移風。饒陽，中水，武垣，王莽時稱垣翰亭。阿陵，王莽時稱阿陸。阿武，是侯國。高郭，是侯國。王莽時稱廣隄。新昌，是侯國。

9 勃海郡，漢高帝時設置。王莽時稱迎河。屬於幽州。戶數為二十五萬六千三百七十七戶，人口為九十萬五千一百一十九人。下轄二十六個縣：浮陽，王莽時稱浮城。陽信，東光，縣內有胡蘇亭。阜城，王莽時稱吾城。千童，重合，南皮，王莽時稱迎河亭。定，是侯國。章武，縣內設有鹽官。王莽時稱桓章。中邑，王莽時稱檢陰。高成，是郡都尉的治所。高樂，王莽時稱為鄉。參戶，是侯國。成平，縣內的虖池河，當地人稱作徒駭河。王莽時稱澤亭。柳，是侯國。臨樂，是侯國。王莽時稱樂亭。東平舒，重平，安次，脩市，是侯國。王莽時稱居寧。文安，景成，是侯國。東州，建成，章鄉，是侯國。蒲領，是侯國。

1 平原郡❶，高帝置。莽曰河平。屬青州。戶十五萬四千三百八十七，口六十六萬四千五百四十三。縣十九：平原❷，有篤馬河❸，東北入海，五百六十里。鬲❹，平當❺以為鬲津。莽曰河平亭。高唐❻，桑欽言漯水所出。重丘❼，平昌❽，侯國。羽❾，侯國。莽曰羽貞。般❿，莽曰分明。樂陵⓫，都尉治。莽曰美陽。祝阿⓬，莽曰安成。瑗⓭，莽曰東順亭。阿陽⓮，漯陰⓯，莽曰翼成⓰。朸⓱，莽曰張鄉。富平⓲，侯國。莽曰樂安亭。安惪⓳，合陽⓴，侯國。莽曰宜鄉。樓虛㉑，侯國。龍頟㉒，侯國。莽曰清鄉。安㉓。侯國。

2 千乘郡㉔，高帝置。莽曰建信。屬青州。戶十一萬六千七百二十七，口四十九萬七百二十。有鐵官、鹽官、均輸官㉕。縣十五：千乘㉖，有鐵官。東鄒㉗，溼沃㉘，莽曰延亭。平安㉙，侯國。莽曰鴻睦。博昌㉚，時水東北至鉅定㉛入馬車瀆㉜，幽州寖。蓼城，都尉治。莽曰施武。建信㉝，狄㉞，莽曰利居。琅槐㉟，樂安㊱，被陽㊲，侯國。高昌㊳，繁安㊴，侯國。莽曰瓦亭。高宛㊵，莽曰常鄉。延鄉㊶。

3 濟南郡㊷，故齊。文帝十六年㊸別為濟南國。景帝二年㊹為郡。莽曰樂安。屬青州。戶十四萬七百六十一，口六十四萬二千八百八十四。縣十四：東平陵㊺，有工官、鐵官。鄒平㊻，臺㊼，莽曰臺治。梁鄒㊽，土鼓㊾，於陵㊿，都尉治。莽曰於陸。陽丘，般陽(51)，莽曰濟南亭。菅(52)，朝陽(53)，侯國。莽曰脩治。歷城(54)，有鐵官。猇(55)，侯國。莽曰利成。著(56)，宜成(57)。侯國。

4 泰山郡(58)，高帝置。屬兗州。戶十七萬二千八十六，口七十二萬六千六百四。有工官。汶水(59)出萊毋，西入濟。縣二十四：奉高(60)，有明堂(61)，在西南四里，武帝元封二年(62)造。有工官。博(63)，有泰山廟。岱山(64)在西北，兗州山(65)。茬(66)，盧(67)，都尉治。濟北王(68)都也。肥成(69)，虵丘(70)，隧鄉(71)，故隧國。春秋曰「齊人殲于隧」也。剛(72)，故闡。莽曰柔。柴(73)，蓋(74)，臨樂子山(75)，洙水(76)所出，西北至蓋入池水(77)。又沂水南至下邳(78)入泗，過郡五，行六百里，青州寖。梁父(79)，東平陽(80)，南武陽(81)，冠石山(82)，治水(83)所出，南至下邳入泗，過郡二，行九百四十里。莽曰桓宣。萊蕪(84)，原山(85)，甾水(86)所出，東至博昌入泲，幽州寖。又禹貢汶水出西南入泲。汶水，桑欽所言。鉅平(87)，有亭亭山祠。嬴(88)，有鐵官。牟(89)，故國。蒙陰(90)，禹貢蒙山在西南，有祠。顓臾(91)國在蒙山下。莽曰蒙恩。華(92)，莽曰翼陰。寧陽(93)，侯國。莽曰寧順。乘丘(94)，富陽(95)，桃山(96)，侯國。莽曰裒魯(97)。桃鄉(98)，侯國。莽曰鄣亭。式(99)。

5 齊郡(100)，秦置。莽曰濟南。屬青州。戶十五萬四千八百二十六，口五十五萬四千四百四十四。縣十二：臨淄(101)，師尚父(102)所封。如水(103)西北至梁鄒入泲。有服官、鐵官。莽曰齊陵。昌國(104)，德會水(105)西北至西安入如。利(106)，莽曰利治。西安(107)，莽曰東寧。鉅定(108)，馬車瀆水首受鉅定(109)，東北至琅槐入海。廣(110)，為山(111)，濁水(112)所出，東北至廣饒(113)入鉅定。廣饒，昭南[114]，臨朐[115]，有逢山祠。石膏山[116]，洋水[117]所出，東北至廣饒入鉅定。莽曰監朐。北鄉[118]，侯國。莽曰禺聚。平廣[119]，侯國。臺鄉[120]。

6 北海郡[121]，景帝中二年[122]置。屬青州。戶十二萬七千，口五十九萬三千一百五十九。縣二十六：營陵[123]，或曰營丘。莽曰北海亭。劇魁[124]，侯國。莽曰上符。安丘[125]，莽曰誅郅。瓡[126]，侯國。莽曰道德。淳于[127]，益[128]，莽曰探陽。平壽[129]，劇[130]，侯國。都昌[131]，有有鹽官。平望[132]，侯國。莽曰所聚。平的[133]，侯國。柳泉[134]，侯國。莽曰弘睦。壽光[135]，有鹽官。莽曰翼平亭。樂望[136]，侯國。饒[137]，侯國。斟[138]，故國，禹後。桑犢[139]，覆甑山[140]，溉水[141]所出，東北至都昌入海。平城[142]，侯國。密鄉[143]，侯國。羊石[144]，侯國。樂都[145]，侯國。莽曰拔壟，一作杖，一作枝也。石鄉[146]，侯國。一作止鄉。上鄉[147]，侯國。新成[148]，侯國。成鄉[149]，侯國。莽曰石樂。膠陽[150]。侯國。

7 東萊郡[151]，高帝置。屬青州。戶十萬三千二百九十二，口五十萬二千六百九十三。縣十七：掖[152]，莽曰掖通。腄[153]，有之罘山[154]祠。居上山[155]，聲洋丹水[156]所出，東北入海。平度[157]，莽曰利盧。黃[158]，有萊山[159]松林萊君祠。莽曰意母。臨朐[160]，有海水祠。莽曰監朐。曲成[161]，有參山[162]萬里沙祠。陽丘山[163]，治水所出，南至沂入海。有鹽官。牟平[164]，莽曰望利。東牟[165]，有鐵官、鹽官。莽曰弘德。㡆[166]，有百支萊王祠。有鹽官。育犂[167]，昌陽[168]，有鹽官。莽曰夙敬亭。不夜(169)，有成山(170)日祠。莽曰夙夜。當利(171)，有鹽官。莽曰東萊亭。盧鄉(172)，陽樂(173)，侯國。莽曰延樂。陽石(174)，莽曰識命。徐鄉(175)。

8
琅邪郡(176)，秦置。莽曰填夷。屬徐州。戶二十二萬八千九百六十，口一百七萬九千一百。有鐵官。縣五十一：東武(177)，莽曰祥善。不其(178)，有太一(179)、僊人祠九所，及明堂，武帝所起。海曲(180)，有鹽官。贛榆(181)，朱虛(182)，凡山(183)，丹水(184)所出，東北至壽光入海。東泰山(185)，汶水(186)所出，東至安丘入維(187)。有三山(188)、五帝祠。諸(189)，莽曰諸并。梧成(190)，靈門(191)，有高柘山(192)。壺山(193)，浯水(194)所出，東北入淮(195)。姑幕(196)，都尉治。或曰薄姑。莽曰季睦。虛水(197)，侯國。臨原(198)，侯國。莽曰填夷亭。琅邪(199)，越王句踐(200)嘗治此，起館臺。有四時祠。祓(201)，侯國。柜(202)，根艾水(203)東入海。莽曰祓同。鉼(204)，侯國。邦(205)，膠水(206)東至平度入海。莽曰純德。雩叚(207)，侯國。黔陬(208)，故介國也。雲(209)，侯國。計斤(210)，莒子(211)始起此，後徙莒。有鹽官。稻(212)，侯國。皋虞(213)，侯國。莽曰盈廬。平昌(214)，長廣(215)，有萊山萊王祠。奚養澤(216)在西，秦地圖曰劇清池(217)，幽州藪。有鹽官。橫(218)，故山(219)，久台水(220)所出，東南至東武入淮(221)。莽曰令丘。東莞(222)，術水(223)南至下邳入泗，過郡三，行七百一十里，青州寖。魏其(224)，侯國。莽曰青泉。昌(225)，有環山祠。茲鄉(226)，侯國。箕(227)，侯國。禹貢濰水北至都昌入海，過郡三，行五百二十里，兗州寖也。椑(228)，夜頭水(229)南至海。莽曰識命(230)。高廣(231)，侯國。高鄉(232)，侯國。柔(233)，侯國。即來[234]，侯國。莽曰盛睦。麗[235]，侯國。武鄉[236]，侯國。莽曰順理。伊鄉[237]，侯國。新山[238]，侯國。高陽[239]，侯國。昆山[240]，侯國。參封[241]，侯國。折泉[242]，侯國。折泉水[243]北至莫入淮[244]。博石[245]，侯國。房山[246]，侯國。慎鄉[247]，侯國。騶望[248]，侯國。莽曰泠鄉。安丘[249]，侯國。莽曰寧鄉。高陵[250]，侯國。莽曰蒲陸。臨安[251]，侯國。莽曰誠信。石山[252]。侯國。

9 東海郡[253]，高帝置[254]。莽曰沂平。屬徐州。戶三十五萬八千四百一十四，口百五十五萬九千三百五十七。縣三十八：郯[255]，故國，少昊[256]後，盈姓。蘭陵[257]，莽曰蘭東。襄賁[258]，莽曰章信。下邳[259]，葛嶧山[260]在西，古文以為嶧陽。有鐵官。莽曰閏儉。良成[261]，侯國。莽曰承翰。平曲[262]，莽曰平端。戚[263]，朐[264]，秦始皇立石海上以為東門闕。有鐵官。開陽[265]，故鄅國。莽曰厭虜。費[266]，故魯季氏[267]邑。都尉治。莽曰順從。利成[268]，莽曰流泉。海曲[269]，莽曰東海亭。蘭祺[270]，侯國。莽曰博睦。繒[271]，故國，禹後。莽曰繒治。南成[272]，侯國。山鄉[273]，侯國。建鄉[274]，侯國。即丘[275]，莽曰就信。祝其[276]，禹貢羽山[277]在南，鯀[278]所殛[279]。莽曰猶亭。臨沂[280]，厚丘[281]，莽曰祝其亭。容丘[282]，侯國。祠水[283]東南至下邳入泗。東安[284]，侯國。莽曰業亭。合鄉[285]，莽曰合聚。承[286]，莽曰承治。建陽[287]，侯國。莽曰建力。曲陽[288]，莽曰從羊。司吾[289]，莽曰息吾。于鄉[290]，侯國。平曲[291]，侯國。莽曰端平。都陽[292]，侯國。陰平[293]，侯國。郚鄉[294]，侯國。莽曰徐亭。武陽[295]，侯國。莽曰弘亭。新陽[296]，侯國。莽曰博聚。建陵[297]，侯國。莽曰付亭。昌慮(298)，侯國。莽曰慮聚。都平(299)。侯國。

臨淮郡(300)，武帝元狩六年置。莽曰淮平。戶二十六萬八千二百八十三，口百二十三萬七千七百六十四。縣二十九：徐(301)，故國，盈姓。至春秋時徐子章禹為楚所滅(302)。莽曰徐調。取慮(303)，淮浦(304)，游水(305)北入海。莽曰淮敬。盱眙(306)，都尉治。莽曰武匡。厹猶(307)，莽曰秉義。僮(308)，莽曰成信。射陽(309)，莽曰監淮亭。開陽(310)，贅其(311)，高山(312)，睢陵(313)，莽曰睢陸。鹽瀆(314)，有鐵官。淮陰(315)，莽曰嘉信。淮陵(316)，莽曰淮陸。下相(317)，莽曰從德。富陵(318)，莽曰櫟虜。東陽(319)，播旌(320)，莽曰著信。西平(321)，莽曰永聚。高平(322)，侯國。莽曰成丘。開陵(323)，侯國。莽曰成鄉。昌陽(324)，侯國。廣平(325)，侯國。莽曰平寧。蘭陽(326)，侯國。莽曰建節。襄平(327)，侯國。莽曰相平。海陵(328)，有江海會祠。莽曰亭間。輿(329)，莽曰美德。堂邑(330)，有鐵官。樂陵(331)。侯國。

【章旨】以上所記為泰山（屬兗州），平原、千乘、濟南、齊、北海、東萊（屬青州），琅邪、東海、臨淮（屬徐州）等十郡，概述各郡的行政建置及沿革、人口、自然地理等方面的內容。

【注釋】❶平原郡　郡名。轄境為今山東北部平原、陵縣、禹城、齊河、臨邑、商河、惠民、陽信等縣地。郡治在平原。❷平原　縣名。在今山東平原西南。❸篤馬河　即今馬頰河。自今平原分古黃河，東北流經今陵縣、樂陵入海。❹鬲　縣名。在今山東陵縣西北。❺平當　（西元前？—前五年），西漢人。漢成帝曾派他去整治黃河，主持河堤工程。❻高唐　縣名。在今山東高唐東北。❼重丘　縣名。在今山東陵縣東北。❽平昌　侯國名，在今山東商河西北。❾羽　侯國名，在今山東高唐東南。⑩般　縣名。在今山東樂陵西南。⑪樂陵　縣名。在今樂陵東南。⑫祝阿　縣名。在今山東齊河東南。⑬瑗　縣名。在今齊河西。⑭阿陽　縣名。在今山東禹城西南。⑮漯陰　縣名。在今禹城東。⑯莽曰翼成　《水經注》為「莽曰巨武」。⑰朸　縣名。在今山東惠民西南。⑱富平　侯國名，在今惠民東北。⑲安惪　縣名。在今山東陵縣東南。⑳合陽　侯國名。今地不可考。㉑樓虛　侯國名，在今山東茌平東北。㉒龍頟　侯國名，在今山東齊河西北。㉓安　侯國名。今地不可考。㉔千乘郡　郡名。轄境為今山東北部博興、高青、濱縣、利津等地。郡治在千乘。㉕均輸官　官名。屬大司農。掌管徵收、買賣和運輸貨物，以調劑各地物資供應。㉖千乘　縣名。在今山東高青高苑鎮北。㉗東鄒　縣名。在今山東高青西南。㉘溼沃　應為「漯沃」。縣名。治今山東高青北。㉙平安　侯國名，在今山東桓臺東北。㉚博昌　縣名。在今山東博興東南。㉛鉅定　縣名。在今山東廣饒北。㉜馬車瀆　水名。指當時齊郡境內分鉅定澤之水，北流入海的一條河道。㉝建信　縣名。在今山東高青西北。㉞狄　縣名。在今山東高青東南。㉟琅槐　縣名。在今山東博興東北。㊱樂安　縣名。在今山東博興東北。㊲被陽　侯國名，在今山東博興西南。㊳高昌　縣名。在今山東博興西南。㊴繁安　侯國名。今地不可考。㊵高宛　縣名。在今山東桓臺西。㊶延鄉　縣名。在今山東淄博西北。㊷濟南郡　郡名。轄境為今山東北部濟南和章丘、濟陽、鄒平等地。郡治在東平陵。㊸文帝十六年　即西元前一六四年。㊹景帝二年　即西元前一五五年。㊺東平陵　縣名。在今山東章丘西北。㊻鄒平　縣名。在今山東鄒平西北。㊼臺　縣名。在今山東濟陽東南。㊽梁鄒　縣名。在今鄒平北。㊾土鼓　縣名。在今山東章丘西北。㊿於陵　縣名。在今山東鄒平東南。51般陽　縣名。在今山東淄博西南。52菅　縣名。在今山東濟陽東。53朝陽　侯國名，在今山東濟陽東北。54歷城　縣名。在今山東歷城西南。55猇　侯國名，在今山東鄒平西北。56著　縣名。在今山東濟陽西北。57宜成　侯國名，在今山東臨邑東。58泰山郡　郡名。轄境為今山東中部淄博和長清以南，寧陽、平邑以北，肥城以東，沂源、蒙陰以西地區。郡治在奉高。59汶水　即今山東西部大汶河。源出今萊蕪東北，本自今東平西南流注濟水，今主流改由東平西北注入東平湖。60奉高　縣名。在今山東泰安東。61明堂　古代帝王宣明政教的地方。凡朝會、祭祀、慶賞、選士、養老、教學等大典，都在此舉行。62元封二年　即西元前一〇九年。63博　縣名。在今山東泰安東南。64岱山　泰山的別稱。65兗州山　原作「求山上」三字，據錢大昕說改。66茬　縣名。在今山東長清東南。67盧　縣名。在今山東長清西南。68濟北王　漢初封濟北王者前後有三人，即劉興居、劉志（都是漢高帝庶長子劉肥的兒子）、劉勃（漢高帝少子劉長的兒子）。69肥成　縣名。在今山東肥城。70虵丘　縣名。在今山東寧陽東北。71隧鄉　地名。在當時虵丘縣西北（今山東肥城南）。周代為隧國，媯姓，相傳為舜帝後裔。春秋時為秦所滅。72剛　縣名。在今山東寧陽東北。春秋時曾是魯國的闡邑。

[73]柴　縣名。在今山東泗水北。[74]蓋　縣名。在今山東沂源東南。[75]臨樂子山　即臨樂山。在今沂源西南。[76]洙水　源出今沂源西南，西南流經今泗水北與泗水合流。後河道屢有變遷。[77]西北至蓋入池水　指臨樂山北麓的河道，西北流至當時蓋縣注入沂水，然後合泗水注入淮水。[78]下邳　縣名。在今江蘇邳州西南。當時屬於東海郡。[79]梁父　縣名。在今山東泰安東南。因縣北有梁父山而得名。[80]東平陽　縣名。在今山東新泰。[81]南武陽　縣名。在今山東平邑。[82]冠石山　在今平邑北。是當時治水的發源地。[83]治水　即今山東南部的浚河。源出今平邑北，南流經平邑、費縣、至臨沂注入沂水。後上游河道有變遷。[84]萊蕪　縣名。在今山東淄博南。[85]原山　在今山東萊蕪南。[86]甾水　濟水入海處支流之一。源出當時原山，東北流經今臨淄、桓臺東北，至今博興注入濟水。[87]鉅平　縣名。在今山東泰安南。[88]嬴　縣名。在今山東萊蕪西北。[89]牟　縣名。在今山東萊蕪東。春秋時曾為牟國。[90]蒙陰　縣名。在今山東蒙陰。[91]顓臾　春秋時諸侯國名。相傳為伏羲後裔，風姓。是魯國的附庸國。[92]華　縣名。治今山東費縣東北。[93]寧陽　侯國名，在今山東寧陽南。[94]乘丘　應為「桑丘」。縣名。在今山東濟寧東北。[95]富陽　縣名。在今山東肥城南。[96]桃山　侯國名。在今山東寧陽東北。[97]裒魯　殿本作「襄魯」。此據景祐本、汲古閣本改。[98]桃鄉　侯國名，在今山東寧陽西北。[99]式　縣名。今地不可考。[100]齊郡　郡名。轄境為今山東北部淄博和青州、廣饒、臨朐等地區。郡治在臨淄。[101]臨淄　縣名。在今山東淄博臨淄。[102]師尚父　即太公望。姓呂，名尚，號太公望。周武王尊之為師尚父。他輔佐周武王滅商，後被封於齊。[103]如水　水名。源出於當時齊郡臨淄縣西南，西北流流至濟南郡梁鄒縣（今山東鄒平北）注入古濟水。[104]昌國　縣名。在今山東淄博南。[105]德會水　水名。源出當時昌國縣南，西北流流至今山東桓臺東注入如水。[106]利　縣名。在今山東博興東。[107]西安　縣名。在今山東桓臺東。[108]鉅定　縣名。在今山東廣饒北。[109]鉅定　指當時的鉅定澤。西漢時面積廣闊，淄水、時水、女水、濁水、洋水等都匯於此，後逐漸淤塞而縮小。[110]廣　縣名。治今山東青州西南。[111]為山　山名。在今山東青州西。[112]濁水　水名。源出當時為山，東北流流至今山東壽光境注入當時鉅定澤。[113]廣饒　縣名。在今山東壽光東北。[114]昭南　縣名。不詳，約在今青州一帶。[115]臨朐　縣名。在今山東臨朐。[116]石膏山　山名。在今山東臨朐西北。[117]洋水　水名。源出當時石膏山，東北流經今壽光東北注入當時的鉅定澤。[118]北鄉　侯國名。今地不可考。[119]平廣　侯國名。今地不可考。[120]臺鄉　縣名。在今山東壽光東北。[121]北海郡　郡名。轄境為今山東北部濰坊及安丘、昌樂、壽光、昌邑等地。郡治在營陵。[122]景帝中二年　即西元前一四八年。[123]營陵　縣名。在今山東安丘西北。[124]劇魁　侯國名，在今山東昌樂西北。[125]安丘　縣名。在今山東安丘西南。[126]瓡　通「執」。侯國名。今地不可考。約在今山東北部。[127]淳于　縣名。在今山東安丘東北。[128]益　縣名。在今山東壽光東南。[129]平壽　縣名。在今山東濰坊。[130]劇　侯國名，

在今山東壽光南。漢文帝分齊國設置菑川侯國，後併入北海郡。(131)都昌　縣名。在今山東昌邑西。(132)平望　侯國名，在今山東壽光東北。(133)平的　侯國名。今地不可考。(134)柳泉　侯國名，在今山東昌樂南。(135)壽光　縣名。在今山東壽光東北。(136)樂望　侯國名，在今山東壽光東南。(137)饒　侯國名，在今山東壽光東北。(138)斟　縣名。在今山東安丘北。(139)桑犢　縣名。在今山東濰坊東南。(140)覆甑山　又名「溉源山」、「塔山」。在今山東濰坊東南。(141)溉水　又名「鹿孟水」、「利孟水」。源出溉源山，向北流經今濰坊東及濰縣、昌邑西入海。(142)平城　侯國名，在今山東昌邑東北。(143)密鄉　侯國名，在今山東昌邑東南。(144)羊石　侯國名。今地不可考。(145)樂都　侯國名。今地不可考。(146)石鄉　侯國名。今地不可考。(147)上鄉　侯國名。今地不可考。(148)新成　侯國名。今地不可考。(149)成鄉　侯國名，在今山東安丘東北。(150)膠陽　侯國名，在今山東高密西北。(151)東萊郡　郡名。轄境為今山東東部掖縣、棲霞、乳山等地與蓬萊、煙臺、威海之間的地區。郡治在掖。(152)掖　縣名。在今山東掖縣。(153)腄　縣名。在今山東煙臺福山。(154)之罘山　山名。在當時腄縣東北，即今煙臺北之罘島。(155)居上山　應為「居止山」。在今山東棲霞東南一帶。(156)聲洋丹水　即今白洋河。俗稱夾河。源出今山東棲霞東南靈山，北流折東北經今福山合大姑夾河，北流入海。王先謙說「丹」字為衍文。(157)平度　縣名。在今山東平度西北。(158)黃　縣名。在今山東黃縣東。商代曾為萊國，西元前五六七年為齊國所滅。(159)萊山　山名。在今山東黃縣東南。(160)臨朐　縣名。在今山東掖縣西北。(161)曲成　縣名。在今山東招遠西北。(162)參山　山名。在當時曲成縣西海濱。該山建有萬里沙祠，漢武帝元封元年（西元前一一〇年）曾在此祭神。(163)陽丘山　山名。在當時曲城縣東北。(164)牟平　縣名。在今山東福山西北。(165)東牟　縣名。在今山東牟平。(166)㡉　縣名。在今山東黃縣西南。(167)育犁　縣名。在今山東福山西北。(168)昌陽　縣名。在今山東文登西南。(169)不夜　縣名。在今山東榮成北。(170)成山　山名。在今山東榮成東北成山角。秦始皇曾巡遊至此。(171)當利　縣名。在今山東掖縣西南。(172)盧鄉　縣名。在今山東掖縣西南。(173)陽樂　侯國名，在今山東掖縣西南。(174)陽石　縣名。在今山東掖縣南。(175)徐鄉　縣名。在今山東黃縣西北。(176)琅邪郡　郡名。轄境為今山東半島東南部海陽、即墨、膠南、日照、莒南等地和沂水、臨朐、安丘等地以東地區。郡治在東武。(177)東武　縣名。在今山東諸城。(178)不其　縣名。在今山東即墨西南。(179)太一　又作「泰一」。是漢代神靈祭祀系統中地位最高的神。(180)海曲　縣名。在今山東日照西南。(181)贛榆　縣名。在今江蘇贛榆北。(182)朱虛　縣名。在今山東安丘西。(183)凡山　山名。在當時朱虛縣北，今山東昌樂南。(184)丹水　即今昌樂西的西丹河。源出當時的凡山，向北流經今昌樂境合白狼河入海。(185)東泰山　又名「沂山」。在今山東沂源東。(186)汶水　即今濰河的西支流汶河。源出沂山東麓，東北流至今安丘西合濰河之後，經昌邑北流入海。(187)維　即濰河。(188)三山　古代神話傳說中的蓬萊、方丈、瀛洲三座仙山。(189)諸　縣名。在今山東諸城西南。(190)梧

成　縣名。在今山東安丘西南。(191)靈門　縣名。在今山東諸城西北。(192)高桼山　在當時靈門縣西北。(193)壺山　即今浯山。在當時靈門縣西北。(194)浯水　水名。源出今浯山，東北流經今山東安丘，合濰河北流入海。(195)淮　浯水不可能入淮，「淮」當作「濰」。(196)姑幕　縣名。在今山東安丘東南。(197)虛水　侯國名。今地不可考。(198)臨原　侯國名，在今山東臨朐東。(199)琅邪　縣名。在今山東膠南西南海濱。(200)越王句踐（西元前？—前四六五年），春秋時越國國君。曾為吳國所敗，後臥薪嘗膽、發憤圖強，最終擊敗吳國。後在徐州會盟，成為一代霸主。(201)祓　侯國名，在今山東諸城東北。(202)柜　縣名。在今山東膠南北。(203)根艾水　應為「柜艾水」。源出當時柜縣西南山地，北流折東流經今膠南北注入膠州灣。(204)缾　縣名。在今山東臨朐東南。(205)邞　縣名。在今山東諸城東北。(206)膠水　即今膠河。源出今山東膠南西，向北流經高密、昌邑等地入海。(207)雩叚　侯國名。今地不可考。(208)黔陬　縣名。在今山東膠州西南。春秋時為介國地。(209)雲　侯國名。今地不可考。(210)計斤　縣名。在今山東膠州東北。(211)莒子　西周時諸侯國君。嬴姓。相傳為少昊氏後裔。西元前四三一年為楚所滅。(212)稻　侯國名，在今山東高密西南。(213)皋虞　侯國名，在今山東即墨東北。(214)平昌　縣名。在今山東諸城西北。(215)長廣　縣名。在今山東萊陽東。(216)奚養澤　澤名。在當時長廣縣西北，即今萊陽東北。已堙塞。(217)劇清池　原作「劇清地」，據王先謙說改。(218)横　縣名。在今山東諸城東南。(219)故山　山名。在當時横縣東南。(220)久台水　即今濰河源頭之一。源出當時的故山，流經今諸城東，向北注入濰河。久，殿本譌作「名」。(221)淮　當作「濰」。(222)東莞　縣名。在今山東沂水。(223)術水　即今沭河。源出當時東莞縣北東泰山，南流至下邳東南注入泗水。(224)魏其　侯國名，在今山東臨沂東南。(225)昌　縣名。在今山東諸城東南。(226)茲鄉　侯國名，在今山東安丘東南。春秋時為莒國地。(227)箕　侯國名，在今山東沂水東北。(228)椑　一作「稗」。縣名。治今山東日照西。周代時為向國封地。(229)夜頭水　水名。今地不可考。清人全祖望引《樂史》，認為即當時椑縣附近的向水。(230)莽曰識命　前文東萊郡石縣下也有「莽曰識命」四字，疑二者之一有誤。(231)高廣　侯國名，在今山東莒縣東南。(232)高鄉　侯國名，在今山東莒縣南。(233)柔　侯國名。今地不可考。(234)即來　侯國名。今地不可考。(235)麗　侯國名，在今山東諸城西南。(236)武鄉　侯國名。今地不可考。(237)伊鄉　侯國名。今地不可考。(238)新山　侯國名，在今山東莒縣西南。(239)高陽　侯國名，在今山東莒縣東南。(240)昆山　侯國名，在今山東五蓮西北。(241)參封　侯國名。今地不可考。(242)折泉　侯國名，在今山東五蓮西北。(243)折泉水　即今濰河上源。源出當時折泉縣東南山地，西北流經今五蓮，折東北在今諸城西北注入濰河。(244)北至莫入淮　莫，地名。今地不可考。淮，當作「濰」。(245)博石　侯國名。今地不可考。(246)房山　侯國名，今山東昌樂東南。(247)慎鄉　侯國名。今地不可考。(248)翩望　侯國名。今地不可考。(249)安丘　侯國名，今山東安丘東南。(250)高陵　侯國名。今地不可考。(251)臨安　侯國名。今地不可考。(252)石山　侯國名。今地不可考。(253)東海郡　郡名。轄境為今山東東南部臨沂、費縣、滕州等地以南，江蘇灌南、沭陽、宿遷等地以北地區。郡治在郯。(254)高帝置　東海郡為秦代設置。楚漢之際改為郯郡，漢高帝五年（西元前二〇二年）仍改為東海郡，屬楚國。(255)郯　縣名。在今山東郯城西北。(256)少昊　古代傳說中東夷族的首領。相傳他曾以鳥名作為官名。春秋時的郯國即其後代。(257)蘭陵　縣名。在今山東蒼山西南。(258)襄賁　縣名。在今山東蒼山東南。(259)下邳　縣名。在今江蘇邳州西南。(260)葛嶧山　山名。在當時下邳縣的西北，即今江蘇邳州西南的巨山。(261)良成　侯國名，在今江蘇邳州東南。(262)平曲　縣名。在今江蘇東海東南。(263)戚　縣名。在今山東微山。(264)朐　縣名。在今江蘇連雲港西南。(265)開陽　縣名。在今山東臨沂北。春秋時為鄅國地。(266)費　縣名。在今山東費縣西北。古代為費國地。(267)季氏　又稱孫季氏。春秋時魯桓公之子季有的後裔。(268)利成　縣名。在今江蘇贛榆西。(269)海曲　應為「海西」。縣名。治今江蘇灌南東南。「海曲」當時屬東海郡。(270)蘭祺　侯國名。今地不可考。(271)繒　又作「曾」、「鄫」。縣名。在今山東蒼山西北。古代為繒國，姒姓。相傳是夏禹的後裔。(272)南成　侯國名，在今山東費縣西南。(273)山鄉　侯國名。今地不可考。(274)建鄉　侯國名。今地不可考。(275)即丘　縣名。在今山東臨沭西南。(276)祝其　縣名。在今江蘇贛榆西北。(277)羽山　山名。在今江蘇贛榆西南。(278)鯀　古代傳說中的大禹的父親。曾受帝堯之命治水，沒有成功，被流放到羽山。(279)殛　懲罰；流放。(280)臨沂　縣名。在今山東臨沂西北。(281)厚丘　縣名。在今江蘇東海南。(282)容丘　侯國名，在今江蘇邳州北。(283)祠水　應為「桐水」。源出當時繒縣東北，南流經今山東蒼山、江蘇邳州注入古泗水。(284)東安　侯國名，在今江蘇東海西北。(285)合鄉　縣名。在今山東滕州東北。(286)承　縣名。在今山東棗莊東南。(287)建陽　侯國名，在今山東棗莊西南。(288)曲陽　縣名。在今江蘇沭陽東南。(289)司吾　縣名。在今江蘇新沂南。(290)于鄉　侯國名。今地不可考。(291)平曲　侯國名。今地不可考。(292)都陽　侯國名，在今山東棗莊南。(293)陰平　侯國名，在今山東棗莊西南。(294)郚鄉　侯國名，在今山東泗水東南。(295)武陽　侯國名。今地不可考。(296)新陽　侯國名，在今山東棗莊西北。(297)建陵　侯國名，在今江蘇新沂西南。(298)昌慮　侯國名，在今山東滕州東南。(299)都平　侯國名。今地不可考。(300)臨淮郡　郡名。轄境為今江蘇中部睢寧、宿遷、漣水、阜寧與海安、泰州、六合之間，除泗水國、廣陵國以外的地區。郡治在徐。(301)徐　縣名。在今江蘇泗洪南。(302)為楚所滅　應為「為吳所滅」。事見《春秋・昭公三十年》：「冬十有二月，吳滅徐，徐子章羽奔楚」。「章羽」即注文中的「章禹」，春秋時徐國國君。(303)取慮　縣名。在今安徽靈璧東北。(304)淮浦　縣名。在今江蘇漣水西。(305)游水　自當時淮浦縣東分淮水而北流，經今江蘇灌南、灌雲，至連雲港西北入海。(306)盱眙　縣名。在今江蘇盱眙東北。(307)厹猶　縣名。在今江蘇宿遷東南。(308)僮　縣名。在今安徽泗縣東北。(309)射陽　縣名。在今江蘇建湖西南。(310)開陽　縣名。今地不可考。(311)贅其縣名。在今江蘇盱眙西南。312高山　縣名。在今江蘇盱眙南。313睢陵　縣名。在今江蘇洪澤西。其地今已為洪澤湖。314鹽瀆　縣名。在今江蘇鹽城。315淮陰　縣名。在今江蘇淮陰西南。316淮陵　縣名。在今安徽五河東南。317下相　縣名。在今江蘇宿遷西南。318富陵　縣名。在今江蘇洪澤西北。其地今已為洪澤湖。319東陽　縣名。在今江蘇金湖西南。320播旌　縣名。今地不可考。321西平　縣名。今地不可考。322高平　侯國名，在今江蘇泗洪東南。323開陵　侯國名。今地不可考。324昌陽　侯國名。今地不可考。325廣平　侯國名。今地不可考。326蘭陽　侯國名。今地不可考。327襄平　侯國名。今地不可考。328海陵　縣名。在今江蘇泰州。329輿　縣名。在今江蘇儀徵北。330堂邑　縣名。在今江蘇六合西北。331樂陵　侯國名。今地不可考。

【語　譯】平原郡，漢高帝時設置。王莽時稱河平。屬於青州。戶數為十五萬四千三百八十七戶，人口為六十六萬四千五百四十三人。下轄十九個縣：平原，縣內有篤馬河，向東北注入大海，全長五百六十里。鬲，平當認為是高津。王莽時稱河平亭。高唐，桑欽說該縣是漯水的發源地。重丘，平昌，是侯國。羽，是侯國。王莽時稱羽貞。般，王莽時稱分明。樂陵，是郡都尉的治所。王莽時稱美陽。祝阿，王莽時稱安成。瑗，王莽時稱東順亭。阿陽，漯陰，王莽時稱翼成。朸，王莽時稱張鄉。富平，是侯國。王莽時稱樂安亭。安悳，合陽，是侯國。王莽時稱宜鄉。樓虛，是侯國。龍頟，是侯國。王莽時稱清鄉。安，是侯國。

2　千乘郡，漢高帝時設置。王莽時稱建信。屬於青州。戶數為十一萬六千七百二十七戶，人口為四十九萬零七百二十人。郡內設有鐵官、鹽官、均輸官。下轄十五個縣：千乘，縣內設有鐵官。東鄒，溼沃，王莽時稱延亭。平安，是侯國。王莽時稱鴻睦。博昌，縣內的時水向東北流至鉅定注入馬車瀆，是屬於幽州的灌溉河流。蓼城，是郡都尉的治所。王莽時稱施武。建信，狄，王莽時稱利居。琅槐，樂安，被陽，是侯國。高昌，繁安，是侯國。王莽時稱瓦亭。高宛，王莽時稱常鄉，延鄉。

3　濟南郡，原為齊國。漢文帝十六年分設為濟南國。漢景帝二年設為濟南郡。王莽時稱樂安。屬於青州。戶數為十四萬零七百六十一戶，人口為六十四萬二千八百八十四人。下轄十四個縣：東平陵，縣內設有工官、鐵官。鄒平，臺，王莽時稱臺治。梁鄒，土鼓，於陵，是郡都尉的治所。王莽時稱於陸。陽丘，般陽，王莽時稱濟南亭。菅，朝陽，是侯國。王莽時稱脩治。歷城，縣內設有鐵官。猇，是侯國。王莽時稱利成。著，宣成，是侯國。

4 泰山郡，漢高帝時設置。屬於兗州。戶數為十七萬二千零八十六戶，人口為七十二萬六千六百零四人。郡內設有工官。汶水發源於萊毋，向西注入濟水。下轄二十四個縣：奉高，縣內設有明堂，在該縣西南四里，是漢武帝元封二年時建造。該縣設有工官。博，縣內有泰山廟。岱山在該縣西北，是屬於兗州的大山。茬，盧，是郡都尉的治所。濟北王的國都。肥成，虵丘，縣內的隧鄉，原為隧國。《春秋》中說「齊人殲于隧」的隧國即此。剛，原為闡邑。王莽時稱柔。柴，蓋，縣內的臨樂子山，是洙水的發源地，向西北流至蓋縣注入池水。該縣又有沂水，向南流至下邳注入泗水，流經五個郡，全長六百里，是屬於青州的水利河流。梁父，東平陽，南武陽，縣內的冠石山，是治水的發源地，向南流至下邳注入泗水，流經二郡，全長九百四十里。王莽時稱桓宣。萊蕪，縣內的原山，是甾水的發源地，向東流至博昌注入泲水，是屬於幽州的灌溉河流。該縣又有〈禹貢〉中所謂汶水，發源於該縣西南注入泲水。這條汶水，就是桑欽所說汶水。鉅平，縣內有亭亭山祠。嬴，縣內設有鐵官。牟，原為牟國。蒙陰，〈禹貢〉中所謂蒙山在該縣西南，縣內設有祠所。顓臾國在蒙山之下。王莽時稱蒙恩。華，王莽時稱翼陰。寧陽，是侯國。王莽時稱寧順。乘丘，富陽，桃山，是侯國。王莽時稱宜魯。桃鄉，是侯國。王莽時稱鄣亭。式。

5 齊郡，秦代時設置。王莽時稱濟南。屬於青州。戶數為十五萬四千八百二十六戶，人口為五十五萬四千四百四十四人。下轄十二個縣：臨淄，是師尚父的封地。縣內的如水向西北流至梁鄒注入泲水。該縣設有服官、鐵官。王莽時稱齊陵。昌國，縣內德會水向西北流至西安注入如水。利，王莽時稱利治。西安，王莽時稱東寧。鉅定，馬車瀆水的源頭始自鉅定澤，向東北流至琅槐注入大海。廣，縣內的為山，是濁水的發源地，向東北流至廣饒注入鉅定澤。廣饒，昭南，臨朐，縣內設有逢山祠。縣內的石膏山，是洋水的發源地，東北流至廣饒注入鉅定澤。王莽時稱監朐。北鄉，是侯國。王莽時稱禺聚。平廣，是侯國。臺鄉。

6 北海郡，景帝中二年時設置。屬於青州。戶數為十二萬七千戶，人口為五十九萬三千一百五十九人。下轄二十六個縣：營陵，或稱作營丘。王莽時稱北海亭。劇魁，是侯國。王莽時稱上符。安丘，王莽時稱誅郅。

瓡，是侯國。王莽時稱道德。淳于，益，王莽時稱探陽。平壽，劇，是侯國。都昌，該縣設有鹽官。平望，是侯國。王莽時稱所聚。平的，是侯國。柳泉，是侯國。王莽時稱弘睦。壽光，該縣設有鹽官。王莽時稱翼平亭。樂望，是侯國。饒，是侯國。斟，原為斟國，是大禹的後裔。桑犢，縣內的覆甑山，是溉水的發源地，向東北流至都昌注入大海。平城，是侯國。密鄉，是侯國。羊石，是侯國。樂都，是侯國。王莽時稱拔壟，一作杖，一作枝。石鄉，是侯國。一作止鄉。上鄉，是侯國。新成，是侯國。成鄉，是侯國。王莽時稱石樂。膠陽，是侯國。

7 東萊郡，漢高帝時設置。屬於青州。戶數為十萬三千二百九十二戶，人口為五十萬二千六百九十三人。下轄十七個縣：掖，王莽時稱掖通。腄，縣內有之罘山的祠所。該縣的居上山，是聲洋丹水的發源地，向東北注入大海。平度，王莽時稱利盧。黃，縣內有萊山松林萊君祠。王莽時稱意母。臨朐，縣內有海水祠。王莽時稱監朐。曲成，縣內設有參山萬里沙祠。該縣有陽丘山，是治水的發源地，向南流至沂縣注入大海。該縣設有鹽官。牟平，王莽時稱望利。東牟，縣內有鐵官、鹽官。王莽時稱弘德。㡉，縣內有百支萊王祠。該縣有鹽官。育犁，昌陽，該縣有鹽官。王莽時稱夙敬亭。不夜，該縣的成山設有日祠。王莽時稱夙夜。當利，該縣設有鹽官。王莽時稱東萊亭。盧鄉，陽樂，是侯國。王莽時稱延樂。陽石，王莽時稱識命。徐鄉。

8 琅邪郡，秦代時設置。王莽時稱填夷。屬於徐州。戶數為二十二萬八千九百六十戶，人口為一百零七萬九千一百人。郡內設有鐵官。下轄五十一個縣：東武，王莽時稱祥善。不其，該縣設有太一、僊人的祠所九座，還有明堂，是漢武帝時所建造。海曲，該縣設有鹽官。贛榆，朱虛，縣內的凡山，是丹水的發源地，向東北流至壽光注入大海。縣內的東泰山，是汶水的發源地，向東流至安丘注入維水。縣內有三山、五帝的祠所。諸，王莽時稱諸并。梧成，靈門，縣內有高泉山。還有壺山，是浯水的發源地，向東北注入淮水。姑幕，是郡都尉的治所。有人稱為薄姑。王莽時稱季睦。虛水，是侯國。臨原，是侯國。王莽時稱填夷亭。琅邪，越王句踐曾經在此建城，建起館舍樓臺。該縣設有四時祠。袚，是侯國。柜，縣內的根艾水向東注入大海。王莽時稱袚同。缾，是侯國。邞，縣內的膠水向東流至平度注入大海。王莽時稱純德。雩叚，是侯國。黔陬，原來是介國。雲，是侯國。計斤，莒子開始從此建國，後來遷徙到莒國。該縣設有鹽官。稻，是侯國。皋虞，是侯國。王莽時稱盈廬。平昌，長廣，縣內有萊山萊王祠。奚養澤在該縣西部，秦代的地圖上稱作劇清池，是屬於幽州的大澤。該縣設有鹽官。橫，縣內的故山，是久台水的發源地，向東南流至東武注入淮水。王莽時稱令丘。東莞，縣內的術水向南流至下邳注入泗水，流經三個郡，全長七百一十里，是屬於青州的灌溉河流。魏其，是侯國。王莽時稱青泉。昌，縣內有環山祠。茲鄉，是侯國。箕，是侯國。〈禹貢〉中所謂濰水向北流至都昌注入大海，流經三個郡，全長五百二十里，是屬於兗州的灌溉河流。椑，縣內的夜頭水向南流至大海。王莽時稱識命。高廣，是侯國。高鄉，是侯國。柔，是侯國。即來，是侯國。王莽時稱盛睦。麗，是侯國。武鄉，是侯國。王莽時稱順理。伊鄉，是侯國。新山，是侯國。高陽，是侯國。昆山，是侯國。參封，是侯國。折泉，是侯國。折泉水向北流至莫地注入淮水。博石，是侯國。房山，是侯國。慎鄉，是侯國。騶望，是侯國。王莽時稱泠鄉。安丘，是侯國。王莽時稱寧鄉。高陵，是侯國。王莽時稱蒲陸。臨安，是侯國。王莽時稱誠信。石山，是侯國。

9 東海郡，漢高帝時設置。王莽時稱沂平。屬於徐州。戶數為三十五萬八千四百一十四戶，人口為一百五十五萬九千三百五十七人。下轄三十八個縣：郯，原為郯國，是少昊的後裔，盈姓。蘭陵，王莽時稱蘭東。襄賁，王莽時稱章信。下邳，葛嶧山在該縣西部，古文以此山為嶧陽山。該縣設有鐵官。王莽時稱閏儉。良成，是侯國。王莽時稱承翰。平曲，王莽時稱平端。戚，朐，秦始皇在該縣的海邊樹立石碑作為秦帝國的東門闕。該縣設有鐵官。開陽，原為鄅國。王莽時稱厭虜。費，原為魯季氏的封地。是郡都尉的治所。王莽時稱順從。利成，王莽時稱流泉。海曲，王莽時稱東海亭。蘭祺，是侯國。王莽時稱博睦。繒，原為繒國，是大禹的後裔。王莽時稱繒治。南成，是侯國。山鄉，是侯國。建鄉，是侯國。即丘，王莽時稱就信。祝其，〈禹貢〉中所謂羽山在該縣南部，是鯀所流放的地方。王莽時稱猶亭。臨沂，厚丘，王莽時稱祝其亭。容丘，是侯國。境內祠水向東南流至下邳注入泗水。東安，是侯國。王莽時稱業亭。合鄉，王莽時稱合聚。承，王莽時稱承治。建陽，是侯國。曲陽，王莽時稱從羊。司吾，王莽時稱息吾。于鄉，是侯國。

平曲，是侯國。王莽時稱端平。都陽，是侯國。陰平，是侯國。郚鄉，是侯國。王莽時稱徐亭。武陽，是侯國。王莽時稱弘亭。新陽，是侯國。王莽時稱博聚。建陵，是侯國。王莽時稱付亭。昌慮，是侯國。王莽時稱慮聚。都平，是侯國。

10 臨淮郡，漢武帝元狩六年設置。王莽時稱淮平。戶數為二十六萬八千二百八十三戶，人口為一百二十三萬七千七百六十四人。下轄二十九個縣：徐，原為徐國，盈姓。到春秋時徐子章禹被楚國所滅。王莽時稱徐調。取慮，淮浦，縣內的游水向北注入大海。王莽時稱淮敬。盱眙，是郡都尉的治所。王莽時稱武匡。厹猶，王莽時稱秉義。僮，王莽時稱成信。射陽，王莽時稱監淮亭。開陽，贅其，高山，睢陵，王莽時稱睢陸。鹽瀆，縣內設有鐵官。淮陰，王莽時稱嘉信。淮陵，王莽時稱淮陸。下相，王莽時稱從德。富陵，王莽時稱櫟虜。東陽，播旌，王莽時稱著信。西平，王莽時稱永聚。高平，是侯國。王莽時稱成丘。開陵，是侯國。王莽時稱成鄉。昌陽，是侯國。廣平，是侯國。王莽時稱平寧。蘭陽，是侯國。王莽時稱建節。襄平，是侯國。王莽時稱相平。海陵，有江海會祠。王莽時稱亭間。輿，王莽時稱美德。堂邑，縣內設有鐵官。樂陵，是侯國。

1 會稽郡❶，秦置。高帝六年❷為荊國，十二年更名吳。景帝四年❸屬江都❹。屬揚州。戶二十二萬三千三十八，口百三萬二千六百四。縣二十六：吳❺，故國，周太伯❻所邑。具區澤❼在西，揚州藪，古文以為震澤。南江❽在南，東入海，揚州川。莽曰泰德。曲阿❾，故雲陽。莽曰風美。烏傷❿，莽曰烏孝。毗陵⓫，季札⓬所居。江⓭在北，東入海，揚州川。莽曰毗壇。餘暨⓮，蕭山⓯，潘水所出，東入海。莽曰餘衍。陽羨⓰，諸暨⓱，莽曰疏虜。無錫⓲，有歷山⓳，春申君⓴歲祠以牛。莽曰有錫。山陰㉑，會稽山㉒在南，上有禹冢、禹井，揚州山。

越王句踐本國。有靈文園[23]。丹徒[24]，餘姚[25]，婁[26]，有南武城[27]，闔閭[28]所起以候越。莽曰婁治。上虞[29]，有仇亭[30]。柯水[31]東入海。莽曰會稽。海鹽[32]，故武原鄉。有鹽官。莽曰展武。剡[33]，莽曰盡忠。由拳[34]，柴辟[35]，故就李鄉，吳、越戰地。大末[36]，穀水[37]東北至錢唐[38]入江[39]。莽曰末治。烏程[40]，有歐陽亭[41]。句章[42]，渠水[43]東入海。餘杭[44]，莽曰進睦。鄞[45]，有鎮亭[46]，有鮚埼亭[47]。東南有天門水[48]入海。有越天門山[49]。莽曰謹。錢唐[50]，西部都尉治[51]。武林山[52]，武林水[53]所出，東入海，行八百三十里。莽曰泉亭。鄮[54]，莽曰海治。富春[55]，莽曰誅歲。治[56]，回浦[57]。南部都尉治。

2 丹陽郡[58]，故鄣郡。屬江都。武帝元封二年更名丹陽[59]。屬揚州。戶十萬七千五百四十一，口四十萬五千一百七十。有銅官[60]。縣十七：宛陵[61]，彭澤聚[62]在西南。清水[63]西北至蕪湖入江。莽曰無宛。於朁[64]，江乘[65]，莽曰相武。春穀[66]，秣陵[67]，莽曰宣亭。故鄣[68]，莽曰候望。句容[69]，涇[70]，丹陽[71]，楚之先熊繹[72]所封，十八世，文王[73]徙郢。石城[74]，分江水[75]首受江，東至餘姚入海[76]，過郡二，行千二百里。胡孰[77]，陵陽[78]，桑欽言淮水出東南，北入大江。蕪湖[79]，中江[80]出西南，東至陽羡入海，揚州川。黝[81]，漸江水[82]出南蠻夷中，東入海。成帝鴻嘉二年[83]為廣德王國。莽曰愬虜。溧陽[84]，歙[85]，都尉治。宣城[86]。

3 豫章郡[87]，高帝置。莽曰九江。屬揚州。戶六萬七千四百六十二，口三十五萬一千九百六十五。縣十八：南昌[88]，莽曰宜善。廬陵[89]，莽曰桓亭。彭澤[90]，禹貢彭蠡澤在西。鄱陽[91]，武陽鄉[92]右十餘里有黃金采[93]。鄱水[94]西入湖漢[95]。莽曰鄉亭。歷陵[96]，傅昜山[97]、傅昜川在南，古文以為傅淺原。莽曰蒲亭。餘汗[98]，餘水[99]在北，至鄡陽[100]入湖漢。莽曰治干。柴桑[101]，莽曰九江亭。艾[102]，脩水[103]東北至彭澤入湖漢，行六百六十里。莽曰治翰。贛[104]，豫章水[105]出西南，北入大江。新淦[106]，都尉治。莽曰偶亭。南城[107]，盱水[108]西北至南昌入湖漢。建成[109]，蜀水[110]東至南昌入湖漢。莽曰多聚。宜春[111]，南水[112]東至新淦入湖漢。莽曰脩曉。海昏[113]，莽曰宜生。雩都[114]，湖漢水東至彭澤入江，行千九百八十里。鄡陽，莽曰豫章。南壄[115]，彭水[116]東入湖漢。安平[117]。侯國。莽曰安寧。

4 桂陽郡[118]，高帝置。莽曰南平。屬荊州。戶二萬八千一百一十九，口十五萬六千四百八十八。有鐵官[119]。縣十一：郴[120]，耒山[121]，耒水所出，西至湘南[122]入湖[123]。項羽[124]所立義帝[125]都此。莽曰宣風。臨武[126]，秦水[127]東南至湞陽[128]入匯[129]，行七百里。莽曰大武。便[130]，莽曰便屏。南平[131]，耒陽[132]，舂山[133]，舂水[134]所出，北至酃[135]入湖，過郡二，行七百八十里。莽曰南平亭。桂陽[136]，匯水南至四會[137]入鬱[138]，過郡二，行九百里。陽山[139]，侯國。曲江[140]，莽曰除虜。浛洭[141]，湞陽，莽曰基武。陰山[142]。侯國。

5 武陵郡[143]，高帝置[144]。莽曰建平。屬荊州。戶三萬四千一百七十七，口十八萬五千七百五十八。縣十三：索(145)，漸水(146)東入沅。孱陵(147)，莽曰孱陸。臨沅(148)，莽曰監原。沅陵(149)，莽曰沅陸。鐔成(150)，康谷水(151)南入海。玉山(152)，潭水(153)所出，東至阿林(154)入鬱，過郡二，行七百二十里。無陽(155)，無水(156)首受故且蘭(157)，南入沅，八百九十里。遷陵(158)，莽曰遷陸。辰陽(159)，三山谷(160)，辰水(161)所出，南入沅，七百五十里。莽曰會亭。酉陽(162)，義陵(163)，鄜梁山(164)，序水(165)所出，西入沅。莽曰建平。佷山(166)，零陽(167)，充(168)。酉原山(169)，酉水(170)所出，南至沅陵入沅，行千二百里。歷山(171)，澧水(172)所出，東至下雋(173)入沅，過郡二，行一千二百里。

6 零陵郡(174)，武帝元鼎六年置(175)。莽曰九疑。屬荊州。戶二萬一千九十二，口十三萬九千三百七十八。縣十：零陵(176)，陽海山(177)，湘水(178)所出，北至酃入江，過郡二，行二千五百三十里。又有離水(179)，東南至廣信(180)入鬱林(181)，行九百八十里。營道(182)，九疑山(183)在南。莽曰九疑亭。始安(184)，夫夷(185)，營浦(186)，都梁(187)，侯國。路山(188)，資水(189)所出，東北至益陽(190)入沅(191)，過郡二，行千八百里。泠道(192)，莽曰泠陵。泉陵(193)，侯國。莽曰溥閏。洮陽(194)，莽曰洮治。鍾武(195)。莽曰鍾桓。

【章旨】以上所記為會稽、丹陽、豫章（屬揚州），桂陽、武陵、零陵（屬荊州）等六郡，概述各郡的行政建置及沿革、人口、自然地理等方面的內容。

【注釋】❶會稽郡 郡名。轄境為今江蘇長江以南，茅山以東之地及浙江、福建兩省幾乎全部地區。郡治在吳。境內有會稽山，因此得名。❷高帝六年　即西元前二〇一年。❸景帝四年　即西元前一五三年。❹江都　指江都國。❺吳　縣名。在今江蘇蘇州。❻周太伯　周太王古公亶父的長子。❼具區澤　即今江蘇蘇州西的西湖。❽南江　即吳淞江。在今蘇州南。源出今太湖，東流經今上海注入海。❾曲阿　縣名。在今江蘇丹陽。❿烏傷　縣名。在今浙江義烏。⓫毗陵　縣名。在今江蘇常州。⓬季札　又名「公子札」。春秋時吳國貴族，吳王壽夢少子。多次推讓君位。先後被封於延陵、州來。⓭江　指江水。今長江。⓮餘暨　縣名。在今浙江蕭山。⓯蕭山　山名。在今浙江蕭山西。是當時的潘水的發源地。⓰陽羨　縣名。在今江蘇宜興西南。⓱諸暨　縣名。在今浙江諸暨。⓲無錫　縣名。在今江蘇無錫。⓳歷山　山名。在今無錫西。⓴春申君　即黃歇（西元前？—前二三八年）。戰國時「四公子」之一。在楚國為相二十五年，有食客三千餘人。被封為春申君，賜淮北之地十二縣，後改封江東。㉑山陰　縣名。在今浙江紹興。㉒會稽山　山名。在今紹興東南。㉓靈文園　漢文帝母薄太后之父靈文侯的園陵。㉔丹徒　縣名。在今江蘇鎮江東南。㉕餘姚　縣名。在今浙江餘姚。㉖婁　縣名。在今江蘇崑山東北。㉗南武城　邑名。在今江蘇崑山北。㉘闔閭　即吳王姬光。吳王諸樊之子。西元前五一四至前四九六年在位。㉙上虞　縣名。在今浙江上虞。㉚仇亭　地名。在今上虞東北。㉛柯水　即今曹娥江。源出今浙江東陽東山地，北流經今嵊縣、上虞注入杭州灣。㉜海鹽　縣名。在今浙江平湖東北。㉝剡　縣名。在今浙江嵊縣西南。㉞由拳　縣名。在今浙江嘉興東南。㉟柴辟　地名。在浙江嘉興西南。㊱大末　縣名。在今浙江衢州東北。㊲穀水　即今浙江西部的衢江。源出今浙江境內的仙霞嶺，東北流經今江山、衢州和金華西，在建務東注入今桐江。㊳錢唐　指浙江錢塘。㊴江　指錢塘江。㊵烏程　縣名。在今浙江湖州西南。㊶歐陽亭　地名。在今浙江湖州東。㊷句章　縣名。在今浙江餘姚東南。㊸渠水　水名。源出今浙江餘姚南，北流折東在寧波境與天門水合流注入海。㊹餘杭　縣名。在今浙江杭州西。㊺鄞　縣名。在今浙江奉化東。㊻鎮亭　地名。在今浙江奉化西南。㊼鮚埼亭　地名。在今浙江奉化東南。㊽天門水　水名。在今浙江奉化西北，流經今浙江寧波東北注入海。㊾天門山　山名。在今浙江奉化南。㊿錢唐　縣名。在今浙江杭州西南。(51)西部都尉治　會稽郡是大郡，所以分設西部都尉和南部都尉。當時西部都尉官署設在錢唐。(52)武林山　即今杭州西靈隱、天竺諸山。古代以武林作為杭州別稱。(53)武林水　即今杭州境內的西澗水。源出靈隱山，東流注入西湖後注入杭州灣。(54)鄮　縣名。在今浙江鎮海西南。(55)富春　縣名。在今浙江富陽。(56)治　縣名。即今福建福州。(57)回浦　縣名。在今浙江臨海東南臺州灣口。(58)丹陽郡　郡名。轄境為今安徽長江以南，江蘇天目山脈以西，浙江新安江支流武強溪以北地區。郡治在宛陵。王鳴盛認為郡治在丹陽。丹陽，又作「丹楊」、「丹揚」。(59)故鄣郡三句　丹陽郡楚漢之際為楚國鄣郡，景帝四年（西元前一五三年）屬江都國。武帝元封二年（西元前一〇九年）改鄣郡為丹陽郡。[60]有銅官　此注文不當置於戶口數之後，疑有錯亂。[61]宛陵　今安徽宣城。[62]彭澤聚　地名。在今安徽宣城西南。[63]清水　即今水陽江。源出今安徽寧國西南，西北流經宣城，在今蕪湖東注入古中江。[64]於朁　縣名。在今浙江臨安西南。[65]江乘　縣名。在今江蘇南京東北。[66]春穀　縣名。在今安徽蕪湖西南。[67]秣陵　縣名。在今江蘇江寧南。[68]故鄣　縣名。在今浙江安吉西北。[69]句容　縣名。在今江蘇句容。[70]涇　縣名。在今安徽涇縣西北。[71]丹陽　縣名。在今安徽當塗東北。[72]熊繹　西周時楚國的建立者。相傳是祝融氏的後裔。[73]文王　指春秋時楚國國君楚文王熊貲。[74]石城　縣名。在今安徽馬鞍山東南。[75]分江水　當在今馬鞍山境內。[76]東至餘姚入海　分江水東流注入具區再注入大海，不流經餘姚。疑注文有誤。[77]胡孰　縣名。在今江蘇江寧東南。[78]陵陽　縣名。在今安徽太平西北。[79]蕪湖　縣名。在今安徽蕪湖東南。[80]中江　這裡指自今蕪湖西南分長江之水東流，連接今蕪湖和江蘇高淳、溧陽、宜興等縣注入太湖的河道。[81]黝　應為「黟」。縣名。治今安徽黟縣東北。[82]漸江水　又名「漸水」、「浙江」、「制江」等。即今浙江錢塘江、富春江。上游即源自安徽南部的新安江。[83]鴻嘉二年　即西元前一九年。[84]溧陽　縣名。在今江蘇溧陽西北。[85]歙　縣名。在今安徽歙縣。[86]宣城　縣名。在今安徽宣城西。[87]豫章郡　郡名。轄境為今江西之地。郡治在南昌。[88]南昌　縣名。在今江西南昌。[89]廬陵　縣名。在今江西吉安西南、泰和西北。[90]彭澤　縣名。在今江西湖口東南。[91]鄱陽　縣名。在今江西鄱陽東北。[92]武陽鄉　地名。在今江西鄱陽西南鄱陽湖畔。[93]有黃金采　有黃金可供開採。[94]鄱水　源出今江西景德鎮東北山地，西南流經今景德鎮、鄱陽後，合古湖漢水注入古彭蠡澤。[95]湖漢　即今江西贛江上源貢水，並兼指其下游贛江主流。[96]歷陵　縣名。在今江西德安東北。[97]傅易山　在今江西德安西北。山南有傅易水，東流注入古彭蠡澤。易，古「陽」字。[98]餘汗　縣名。即今江西餘干。[99]餘水　源出今江西玉山北，西北流經今上饒和弋陽、貴溪、餘干等縣，合當時湖漢水注入古彭蠡澤。[100]鄡陽　縣名。在今江西鄱陽西北。其地今已成為鄱陽湖。[101]柴桑　縣名。在今江西九江西南。[102]艾　縣名。在今江西脩水西。[103]脩水　源出今江西脩水西幕阜山麓，東北流經今脩水、永脩等地，合湖漢水注入古彭蠡澤。[104]贛　縣名。在今江西贛州南。[105]豫章水　即今江西贛江上源章水，並兼指其下游贛江主流。[106]新淦　縣名。在今江西清江。[107]南城　縣名。在今江西南城東南。[108]盱水　即今江西東部的盱河。[109]建成　縣名。在今江西高安。[110]蜀水　即今江西西北部的錦江。[111]宜春　縣名。在今江西宜春。[112]南水　即今江西西部的袁水。[113]海昏　縣名。在今江西永修西北。[114]雩都　縣名。在今江西于都北。[115]南壄　縣名。在今江西南康南。[116]彭水　即今江西南部的桃江。贛江源流之一。[117]安平　侯國名，在今江西安福東南。[118]桂陽郡　郡名。轄境為今湖南東南部桂東、耒陽以東，廣東陽山、英德、翁原以北地區。郡治在郴。[119]鐵官　官名。掌管採鐵之事。景祐木、汲古閣本作「金官」。

120郴　縣名。治今湖南郴州。121耒山　山名。在今湖南汝城南。是當時耒水（即今湘江支流耒水流經今汝城境的河道）的發源地。122湘南　縣名。在今湖南湘鄉東北。當時屬長沙國。123湖　這裡指當時的洞庭湖。124項羽　（西元前二三二—前二〇二年），名籍，字羽，下相（今江蘇宿遷）人。秦末起義軍領袖。125義帝　即熊心（西元前？—前二〇五年）。戰國時楚懷王熊槐之孫。秦末項梁立他為楚懷王，項羽自立為西楚霸王後，佯尊他為義帝，並將其遷往郴（今湖南郴州），途中將其殺害。126臨武　縣名。在今湖南臨武東。127秦水　即今廣東境內的武水和北江上游。源出今臨武西南，東南流經今廣東樂昌、韶關、曲江，至英德境注入古洭水（今連江）。128湞陽　縣名。在今廣東英德東南。129匯　應為「洭」。下文「匯水南至四會入鬱」中的「匯」，同此。洭，水名。又稱湟水。即今廣東北部的連江。源出今連縣西北，東南流至今英德西南入北江。130便　縣名。在今湖南永興。131南平　縣名。在今湖南藍山東北。132耒陽　縣名。在今湖南耒陽。133舂山　山名。在今湖南新田西北。134舂水　即今湖南南部的舂陵水。135酃　縣名。在今湖南衡陽東。當時屬長沙國。136桂陽　縣名。在今廣東連縣。137四會　縣名。在今廣東四會。138鬱　水名。即今流經廣西境內的右江、鬱江、潯江和廣東境內的西江。原作「鬱林」，此據景祐本改。139陽山　侯國名，在今廣東陽山東南。140曲江　一作「曲紅」。縣名。治今廣東曲江東北。141洽洭　縣名。在今廣東英德西北。142陰山　侯國名，在今湖南攸縣西南。143武陵郡　郡名。轄境為今湖北長陽、五峰、鶴峰、來鳳等地，湖南沅江流域以西和貴州東部地區。郡治在義陵。144高帝置　武陵在秦代時為黔中郡。高帝二年（西元前二〇五年）屬漢，改名為武陵郡。145索　縣名。在今湖南常德東北。146漸水　又名「澹水」、「興水」、「鼎水」。在今湖南常德北，東流注入沅江。147孱陵　縣名。在今湖北公安西南。148臨沅　縣名。在今湖南常德。149沅陵　縣名。在今湖南沅陵南。150鐔成　縣名。在今湖南靖縣西南。151康谷水　即今廣西北部的洛清江。源出今廣西龍勝南，南流注入今柳江、潯江、西江注入南海。152玉山　山名。在今湖南靖縣東南與廣西交界處。153潭水　即今廣西境內的融江、柳江、黔江。154阿林　縣名。在今廣西桂平東南。155無陽　縣名。在今湖南芷江北。156無水　即今湖南和貴州交界處的沅江上源潕陽河及潕水。157故且蘭　縣名。在今貴州凱里西北。158遷陵　縣名。在今湖南保靖東北。159辰陽　縣名。在今湖南辰溪西南。160三山谷　地名。在今貴州思南東。161辰水　即今沅江上源支流錦江和辰水。162酉陽　縣名。在今湖南古丈西北。163義陵　縣名。在今湖南漵浦南。按志文各郡體例，當置於各縣之首，即戶口數之後。164鄜梁山　山名。在今湖南黔陽東北。165序水　即今沅江上源支流漵水。166佷山　縣名。在今湖北長陽西南。167零陽　縣名。在今湖南慈利東北。168充　縣名。在今湖南桑植。169酉原山　山名。在今湖北宣恩東。170酉水　即今沅江上源支流北河和酉水。171歷山　山名。在今湖南桑植西北。172澧水　即今湖南北部的澧水。173下雋　縣名。在今湖北通城西北。174零

陵郡　郡名。轄境為今湖南西南部邵陽、武岡、城步、祁陽、零陵、寧遠和廣西全州、興安、陽朔、桂林地區。郡治在零陵。(175)元鼎六年置　零陵原屬桂陽郡。武帝元鼎六年（西元前一一一年）分其地而置。(176)零陵　縣名。在今廣西興安東北。(177)陽海山　在今廣西興安。(178)湘水　即今湖南境內的湘江。(179)離水　即今廣西境內的灕江和桂江。源出今興安東北山地，東南流注入今西江。(180)廣信　縣名。在今廣西梧州。(181)鬱林　應為「鬱水」。鬱水，即今廣西右江、鬱江、潯江及廣東西江。(182)營道　道名。在今湖南寧遠東南。(183)九疑山　一作「九嶷山」，又名「蒼梧山」。在今寧遠南。(184)始安　縣名。在今廣西桂林。(185)夫夷　縣名。在今湖南邵陽西。(186)營浦　縣名。在今湖南道縣東北。(187)都梁　侯國名，在今湖南武岡東北。(188)路山　山名。在今湖南武岡西南。(189)資水　即今湖南境內的資江。(190)益陽　縣名。即今湖南益陽。當時屬長沙國。(191)入沅　當時資水與沅水在今湖南華容南會合後，至今華容東又合澧水流注入長江。(192)泠道　道名。在今湖南寧遠東。(193)泉陵　侯國名，在今湖南零陵。(194)洮陽　縣名。在今廣西全州西北。(195)鍾武　縣名。在今湖南衡陽西。

【語譯】會稽郡，秦代時設置。漢高帝六年改為荊國，十二年又更名為吳國。景帝四年歸屬江都國。屬於揚州。戶數為二十二萬三千零三十八戶，人口為一百零三萬二千六百零四人。下轄二十六個縣：吳，原為吳國，是周太伯的封地。具區澤在該縣西部，是屬於揚州的大澤，古文以為它是震澤。南江在該縣南部，向東注入海，是屬於揚州的河流。王莽時稱為泰德。曲阿，原為雲陽。王莽時稱風美。烏傷，王莽時稱烏孝。毗陵，是季札的居地。長江在該縣北部，向東注入大海，是屬於揚州的河流。王莽時稱毗壇。餘暨，縣內的蕭山，是潘水的發源地，向東注入大海。王莽時稱餘衍。陽羨，諸暨，王莽時稱疏虜。無錫，縣內有歷山，春申君曾經每年用牛祭祀該山。王莽時稱有錫。山陰，會稽山在該縣南部，山上有禹冢、禹井，是屬於揚州的大山。曾是越王句踐的本國。縣內有靈文園。丹徒，餘姚，婁，縣內有南武城，是闔閭所築用來防備越國的。王莽時稱婁治。上虞，縣內有仇亭。柯水向東注入大海。王莽時稱會稽。海鹽，原為武原鄉。該縣設有鹽官。王莽時稱展武。剡，王莽時稱盡忠。由拳，縣內的柴辟，原為就李鄉，曾是吳、越兩國交戰之地。大末，縣內的穀水向東北流至錢唐注入錢塘江。王莽時稱末治。烏程，縣內有歐陽亭。句章，縣內的渠水向東注入大海。餘杭，王莽時稱進睦。鄞，縣內有鎮亭，還有鮚埼亭。該縣東南有天門水注入大海。該縣還有越國時的天門山。王莽時稱謹。錢唐，是西部都尉的治所。縣內的武林山，是武林水的發源地，向東注入大海，全長八百三十里。王莽時稱泉亭。鄮，王莽時稱海治。富春，王莽時稱誅歲。治，回浦。是南部都尉的治所。

2 丹陽郡，原為鄣郡。屬於江都國。漢武帝元封二年更名為丹陽。屬於揚州。戶數為十萬七千五百四十一戶，人口為四十萬五千一百七十人。郡內設有銅官。下轄十七個縣：宛陵，彭澤聚在該縣西南。清水向西北流至蕪湖注入長江。王莽時稱無宛。於朁，江乘，王莽時稱相武。春穀，秣陵，王莽時稱宣亭。故鄣，王莽時稱候望。句容，涇，丹陽，楚國的祖先熊繹的封地，到第十八代，楚文王遷徙至郢。石城，縣內的分江水的源頭始自長江，向東流至餘姚注入大海，流經二郡，全長一千二百里。胡孰，陵陽，桑欽說淮水發源於該縣東南，向北注入長江。蕪湖，中江發源於該縣西南，向東流至陽羨注入大海，是屬於揚州的河流。黝，漸江水發源於該縣的南蠻夷中，向東注入大海。成帝鴻嘉二年改為廣德王國。王莽時稱愬虜。溧陽，歙，是郡都尉的治所。宣城。

3 豫章郡，漢高帝時設置。王莽時稱九江。屬於揚州。戶數為六萬七千四百六十二戶，人口為三十五萬一千九百六十五人。下轄十八個縣：南昌，王莽時稱宜善。廬陵，王莽時稱桓亭。彭澤，〈禹貢〉中所謂彭蠡澤在該縣西部。鄱陽，縣內的武陽鄉右方十餘里有黃金可供開採。縣內的鄱水向西注入湖漢水。王莽時稱鄉亭。歷陵，傅易山、傅易川在該縣南部，古文以為此處是傅淺原。王莽時稱蒲亭。餘汗，餘水在該縣北部，流至鄡陽注入湖漢水。王莽時稱治干。柴桑，王莽時稱九江亭。艾，縣內的脩水向東北流至彭澤注入湖漢水，全長六百六十里。王莽時稱治翰。贛，豫章水發源於該縣西南，向北注入長江。新淦，是郡都尉的治所。王莽時稱偶亭。南城，縣內的盱水向西北流至南昌注入湖漢水。建成，縣內的蜀水向東流至南昌注入湖漢水。王莽時稱多聚。宜春，縣內的南水向東流至新淦注入湖漢水。王莽時稱脩曉。海昏，王莽時稱宜生。雩都，湖漢水向東流至彭澤注入長江，全長一千九百八十里。鄡陽，王莽時稱豫章。南埜，縣內的彭水向東注入湖漢水。安平，是侯國。王莽時稱安寧。

4 桂陽郡，漢高帝時設置。王莽時稱南平。屬於荊州。戶數為二萬八千一百一十九戶，人口為十五萬六千四百八十八人。郡內設有鐵官。下轄十一個縣：郴，縣內的耒山，是耒水的發源地，向西流至湘南注入洞庭湖。項羽所立的義帝建都於此。王莽時稱宣風。臨武，縣內的秦水向東南流至湞陽注入匯水，全長七百里。王莽時稱大武。便，王莽時稱便屏。南平，耒陽，舂山，是縣內舂水的發源地，向北流至酃注入洞庭湖，流經二郡，全長七百八十里。王莽時稱南平亭。桂陽，縣內的匯水向南流至四會注入鬱水，流經二郡，全長九百里。陽山，是侯國。曲江，王莽時稱除虜。浛洭，湞陽，王莽時稱基武。陰山，是侯國。

5 武陵郡，漢高帝時設置。王莽時稱建平。屬於荊州。戶數為三萬四千一百七十七戶，人口為十八萬五千七百五十八人。下轄十三個縣：索，縣內的漸水向東注入沅水。孱陵，王莽時稱孱陸。臨沅，王莽時稱監原。沅陵，王莽時稱沅陸。鐔成，縣內的康谷水向南注入大海。該縣的玉山，是潭水的發源地，向東流至阿林注入鬱水，流經二郡，全長七百二十里。無陽，縣內的無水的源頭始自故且蘭，向南注入沅水，全長八百九十里。遷陵，王莽時稱遷陸。辰陽，縣內的三山谷，是辰水的發源地，向南注入沅水，全長七百五十里。王莽時稱會亭。酉陽，義陵，縣內的鄜梁山，是序水的發源地，向西注入沅水。王莽時稱建平。佷山，零陽，充。縣內的酉原山，是酉水的發源地，向南流至沅陵注入沅水，全長一千二百里。該縣的歷山，是澧水的發源地，向東流至下雋注入沅水，流經二郡，全長一千二百里。

6 零陵郡，漢武帝元鼎六年設置。王莽時稱九疑。屬於荊州。戶數為二萬一千零九十二戶，人口為十三萬九千三百七十八人。下轄十個縣：零陵，縣內的陽海山，是湘水的發源地，向北流至酃注入長江，流經二郡，全長二千五百三十里。該縣又有離水，向東南流至廣信注入鬱水，全長九百八十里。營道，九疑山在該縣南部。王莽時稱九疑亭。始安，夫夷，營浦，都梁，是侯國。該縣的路山，是資水的發源地，向東北流至益陽注入沅水，流經二郡，全長一千八百里。泠道，王莽時稱泠陵。泉陵，是侯國。王莽時稱溥閏。洮陽，王莽時稱洮治。鍾武。王莽時稱鍾桓。

1 漢中郡[1]，秦置[2]。莽曰新成。屬益州。戶十萬一千五百七十，口三十萬六百一十四。縣十二：西城[3]，旬陽[4]，北山[5]，旬水[6]所出，南入沔。南鄭[7]，旱山[8]，池水[9]所出，東北入漢。褒中[10]，都尉治。漢陽鄉[11]。房陵[12]，淮山[13]，淮水[14]所出，東至中廬[15]入沔。又有筑水[16]，東至筑陽[17]亦入沔。東山[18]，沮水[19]所出，東至郢入江，行七百里。安陽[20]，鬵谷水[21]出西南，北入漢。在谷水[22]出北，南入漢。成固[23]，沔陽[24]，有鐵官。錫[25]，莽曰錫治。武陵[26]，上庸[27]，長利[28]。有鄖關[29]。

2 廣漢郡[30]，高帝置[31]。莽曰就都。屬益州。戶十六萬七千四百九十九，口六十六萬二千二百四十九。有工官[32]。縣十三：梓潼[33]，五婦山[34]，馳水[35]所出，南入涪[36]，行五百五十里。莽曰子同。什方[37]，莽曰美信。涪[38]，有潺亭[39]。莽曰統睦。雒[40]，章山[41]，雒水所出，南至新都谷[42]入湔[43]。有工官。莽曰吾雒。緜竹[44]，紫巖山[45]，緜水[46]所出，東至新都[47]北入雒。都尉治。廣漢[48]，莽曰廣信。葭明[49]，郪[50]，新都，甸氏道[51]，白水[52]出徼外[53]，東至葭明入漢，過郡一，行九百五十里。莽曰致治。白水[54]，剛氐道[55]，涪水出徼外，南至墊江[56]入漢，過郡二，行千六十九里。陰平道[57]。北部都尉治。莽曰摧虜。

3 蜀郡[58]，秦置[59]。有小江[60]入，并行千九百八十里。禹貢桓水[61]出蜀山[62]西南，行羌[63]中，入南海[64]。莽曰導江。屬益州。戶二十六萬八千二百七十九，口百二十四萬五千九百二十九。縣十五：成都⑥⑤，戶七萬六千二百五十六。有工官。郫⑥⑥，禹貢江沱在西，東入大江⑥⑦。繁⑥⑧，廣都⑥⑨，莽曰就都亭。臨邛⑦⓪，僕千水⑦①東至武陽入江，過郡二，行五百一十里。有鐵官、鹽官。莽曰監邛。青衣⑦②，禹貢蒙山⑦③谿大渡水東南至南安⑦④入渽。江原⑦⑤，鄗水⑦⑥首受江，南至武陽入江。莽曰邛原。嚴道⑦⑦，邛來山⑦⑧，邛水⑦⑨所出，東入青衣⑧⓪。有木官⑧①。莽曰嚴治。緜虒⑧②，玉壘山⑧③，湔水⑧④所出，東南至江陽⑧⑤入江，過郡三，行千八百九十里。旄牛⑧⑥，鮮水⑧⑦出徼外，南入若水⑧⑧。若水亦出徼外，南至大莋⑧⑨入繩⑨⓪，過郡二，行千六百里。徙⑨①，湔氐道⑨②，禹貢嶓山⑨③在西徼外，江水所出⑨④，東南至江都⑨⑤入海，過郡七，行二千六百六十里。汶江⑨⑥，渽水出徼外，南至南安，東入江，過郡三，行三千四十里。江沱在西南，東入江。廣柔⑨⑦，蠶陵⑨⑧。莽曰步昌。

4 犍為郡⑨⑨，武帝建元六年開⑩⓪。莽曰西順。屬益州。戶十萬九千四百一十九，口四十八萬九千四百八十六。縣十二：僰道⑩①，莽曰僰治。江陽⑩②，武陽⑩③，有鐵官。莽曰戢成。南安⑩④，有鹽官、鐵官。資中⑩⑤，符⑩⑥，溫水⑩⑦南至鄨⑩⑧入黚水⑩⑨，黚水亦南至鄨入江。莽曰符信。牛鞞⑪⓪，南廣⑪①，汾關山⑪②，符黑水⑪③所出，北至僰道入江。又有大涉水⑪④，北至符入江，過郡三，行八百四十里。漢陽⑪⑤，都尉治。山闟谷⑪⑥，漢水所出，東至鄨入延⑪⑦。莽曰新通。𨛜䣕⑪⑧，莽曰孱䣕。朱提⑪⑨，山出銀。堂琅⑫⓪。

5 越巂郡[121]，武帝元鼎六年開[122]。莽曰集巂。屬益州。戶六萬一千二百八，口四十萬八千四百五。縣十五：邛都[123]，南山[124]出銅。有邛池澤[125]。遂久[126]，繩水出徼外，東至僰道入江，過郡二，行千四百里。靈關道[127]，臺登[128]，孫水[129]南至會無[130]入若[131]，行七百五十里。定莋[132]，出鹽。步北澤[133]在南。都尉治。會無，東山[134]出碧[135]。莋秦[136]，大莋[137]，姑復[138]，臨池澤[139]在南。三絳[140]，蘇示[141]，𡰥江[142]在西北。闌[143]，卑水[144]，灊街[145]，青蛉[146]。臨池灊[147]在北。僕水[148]出徼外，東南至來惟[149]入勞[150]，過郡二，行千八百八十里。則禺同山[151]，有金馬、碧雞[152]。

6 益州郡[153]，武帝元封二年開[154]。莽曰就新。屬益州。戶八萬一千九百四十六，口五十八萬四百六十三。縣二十四：滇池[155]，大澤[156]在西，滇池澤[157]在西北。有黑水祠。雙柏[158]，同勞[159]，銅瀨[160]，談虜山[161]，迷水[162]所出，東至談槀[163]入溫。連然[164]，有鹽官。俞元[165]，池[166]在南，橋水[167]所出，東至毋單[168]入溫，行千九百里。懷山[169]出銅。收靡[170]，南山臘谷[171]，涂水[172]所出，西北至越巂入繩，過郡二，行千二十里。穀昌[173]，秦臧[174]，牛蘭山[175]，即水所出，南至雙柏入僕，行八百二十里。邪龍[176]，味[177]，昆澤[178]，葉榆[179]，葉榆澤[180]在東。貪水[181]首受青蛉，南至邪龍入僕，行五百里。律高[182]，西石空山[183]出錫，東南監町山[184]出銀、鉛。不韋[185]，雲南[186]，巂唐[187]，周水[188]首受徼外。又有類水[189]，西南至不韋，行六百五十里。弄棟[190]，東農山[191]，毋血水[192]出，北至三絳[193]南入繩，行五百一十里。比蘇[194]，賁古[195]，北采山[196]出錫，西羊山[197]出銀、鉛，南烏山[198]出錫。毋棳[199]，橋水首受橋山，東至中留[200]入潭[201]，過郡四，行二千一百二十里。莽曰有棳。勝休[202]，河水[203]東至毋棳入橋。莽曰勝僰。健伶[204]，來唯[205]。從陜山[206]出銅。勞水出徼外，東至麋泠[207]入南海，過郡三，行三千五百六十里。

7 牂柯郡[208]，武帝元鼎六年開[209]。莽曰同亭。有柱蒲關[210]。屬益州。戶二萬四千二百一十九，口十五萬三千三百六十。縣十七：故且蘭[211]，沅水東南至益陽入江，過郡二，行二千五百三十里。鐔封[212]，溫水東至廣鬱[213]入鬱[214]，過郡二，行五百六十里。鄨[215]，不狼山[216]，鄨水[217]所出，東入沅，過郡二，行七百三十里。漏臥[218]，平夷[219]，同並[220]，談指[221]，宛溫[222]，毋斂[223]，剛水[224]東至潭中[225]入潭[226]。莽曰有斂。夜郎[227]，豚水[228]東至廣鬱。都尉治。莽曰同亭。毋單[229]，漏江[230]，西隨[231]，麋水[232]西受徼外，東至麋泠入尚龍谿[233]，過郡二，行千一百六里。都夢[234]，壺水[235]東南至麋泠入尚龍谿，過郡二，行千一百六十里。談稾[236]，進桑[237]，南部都尉治。有關。句町[238]。文象水[239]東至增食[240]入鬱。又有盧唯水、來細水、伐水[241]。莽曰從化。

8 巴郡[242]，秦置。屬益州。戶十五萬八千六百四十三，口七十萬八千一百四十八。縣十一：江州[243]，臨江[244]，莽曰監江。枳[245]，閬中[246]，彭道將池[247]在南，彭道魚池[248]在西南。墊江[249]，朐忍[250]，容毋水所出，南入江[251]。有橘官[252]、鹽官。安漢[253]，是魚池[254]在南。莽曰安新。宕渠[255]，符特山[256]在西南。潛水西南入江[257]。不曹水[258]出東北徐谷[259]，南入灊[260]。魚復[261]，江關[262]，都尉治。有橘官。充國[263]，涪陵[264]。莽曰巴亭。

【章旨】以上所記為漢中、廣漢、蜀、犍為、越嶲、益州、牂柯、巴（皆屬益州）等八郡，概述各郡的行政建置及沿革、人口、自然地理等方面的內容。

【注釋】❶漢中郡　郡名。轄境相當今陝西秦嶺與今米山、大巴山之間地區。郡治在西城。❷秦置　漢中在戰國時本為楚國之郡。秦惠文王後十三年（西元前三一二年），秦取楚漢中地六百里置郡，仍用漢中郡之名。❸西城　縣名。在今陝西安康西北。❹旬陽　縣名。在今陝西旬陽北。❺北山　山名。在今陝西西安西南秦嶺山脈。❻旬水　即今陝西南部的洵河。❼南鄭　縣名。在今陝西漢中。❽旱山　山名。在今漢中南米倉山山脈。❾池水　水名。源出於旱山，向東北注入漢水。❿褒中　縣名。在今陝西漢中西北。⓫漢陽鄉　地名。在今漢中西北。⓬房陵　縣名。在今湖北房縣。⓭淮山　應為「維山」。在今湖北襄樊西南。⓮淮水　應為「維水」。⓯中廬　今湖北南漳東北。⓰筑水　又名「彭水」。即今湖北境內漢水支流南河及其支流馬欄河。⓱筑陽　縣名。在今湖北穀城東北。當時屬南陽郡。⓲東山　山名。在今湖北房縣東南。⓳沮水　即今湖北西北部沮漳河的西源沮水。⓴安陽　縣名。在今陝西洋縣西北。㉑鬵谷水　水名。源出今陝西城固南山地，與前文所說的池水並行向北，注入漢水。㉒在谷水　應為「左谷水」。即今陝西西南部的湑水河。源出今秦嶺山脈，南流至今城固東，注入漢水。㉓成固　縣名。在今陝西城固。㉔沔陽　縣名。在今陝西勉縣東南。㉕錫　縣名。在今陝西白河東南。㉖武陵　縣名。在今湖北竹山西北。㉗上庸　縣名。在今湖北竹山縣西南。㉘長利　縣名。在今湖北鄖西西南。㉙鄖關　關名。在當時長利縣東南。即今湖北鄖縣。㉚廣漢郡　郡名。轄境為今甘肅文縣、陝西寧強以南，四川旺蒼、劍閣、蓬溪以西，潼南、遂寧、新都以北，什邡、北川以東地區。郡治在梓潼。㉛高帝置　指高帝六年（西元前二〇一年）分秦時巴、蜀、漢中三郡之地而置廣漢郡。㉜有工官　此注不宜置於戶口數之後，疑注文錯亂所致。㉝梓潼　縣名，在今四川梓潼。㉞五婦山　山名。在今四川梓潼西北。㉟馳水　即今四川境內涪江的上源之一。㊱涪　涪水。即今涪江的西源。㊲什方　即「仁方」。縣名。治今四川什邡。㊳涪　縣名。在今四川綿陽東。㊴潺亭　地名。在今四川鹽亭。㊵雒　縣名。在今四川廣漢北。㊶章山　山名。在今四川綿竹西南。是當時雒水的發源地。㊷新都谷　地名。在今四川新都境內。㊸湔　湔水。其源有三。這裡指其下游，即今四川金堂以下的沱江。㊹緜竹　縣名。在今四川綿竹東南。㊺紫巖山　山名。在今四川綿竹西北。㊻緜水　源出當時紫巖山北，東南流至今四川金堂境注入今沱江。㊼新都　縣名。在今四川新都。㊽廣漢　縣名。在今四川射洪南。㊾葭明　縣名。在今四川劍閣東北。㊿郪　縣名。在今四川中江東南。因境內有郪江而得名。(51)甸氐道　道名。治今四川平武西北。(52)白水　即今四川、甘肅二省交界處嘉陵江的支流白龍江。(53)徼外　塞外；邊境之外。(54)白水　縣名。在今四川青川東北。(55)剛氐道　道名。治今四川平武。(56)墊江　縣名。在今四川合川。當時屬巴郡。(57)陰平道　道名。在今甘肅文縣西北。(58)蜀郡　郡名。轄境為今四川中部松潘以南，漢源、九龍以北邛崍山、大雪山以東，北川、彭州、洪雅以西地區。郡治在成都。(59)秦置　蜀在戰國時為蜀國，秦惠文王後十四年（西元前三一一年）成為秦國之郡。(60)小江　指流入蜀郡境內，與長江並行南流的湔水、若水。因流域較長江水小，所以稱「小江」。(61)桓水　即今白龍江的上源。(62)蜀山　山名。在今甘肅瑪曲東北，四川、甘肅兩省交界處。(63)羌　我國古代西方部族名。主要分布在今甘肅、青海、四川一帶。秦漢時部落眾多，居住分散，以游牧為主。(64)南海　今人以為蜀郡之水，皆入於江。入南海可疑。(65)成都　縣名，在今四川成都。(66)郫　縣名。指今四川郫縣。(67)大江　指長江。相對前文所說的「小江」而言。(68)繁　縣名。在今四川彭州西北。(69)廣都　縣名。在今四川成都南。(70)臨邛　縣名。在今四川邛崍。(71)僕千水　今邛水。源出今邛崍西南，東流經當時臨邛、武陽，西北注入江水（今長江支流岷江）。(72)青衣　縣名。在今四川名山北。(73)蒙山　山名。在今名山西北，邛崍山脈的南端。(74)南安　縣名。在今四川樂山。(75)江原　縣名。在今四川雙流西。(76)鄗水　指今岷江自四川灌縣南流至今雙流的一段河道。(77)嚴道　道名。在今四川滎經。(78)邛來山　即邛崍山。在今四川滎經西南。(79)邛水　水名。源出邛崍山，北流經嚴道境合大渡水注入江水。(80)青衣　青衣水。又稱「大渡水」。即今青衣江。(81)木官　官名。掌管林木採伐等事。(82)緜虒　道名。在今四川灌縣西。(83)玉壘山　山名。在今四川汶川東南。(84)湔水　今沱江上游支流。在今四川灌縣西。(85)江陽　縣名。在今四川瀘州。(86)旄牛　縣名。在今四川漢源。(87)鮮水　今四川境內雅礱江上源之一。(88)若水　即今雅礱江。(89)大筰　縣名。在今四川鹽邊東南。(90)繩　繩水。即今金沙江。(91)徙　縣名。在今四川天全東南。(92)湔氐道　道名。在今四川松潘北。(93)嶓山　即岷山。嶓，通「岷」。(94)江水所出　事實上岷山只是長江上游支流岷江發源地。古人囿於當時認識，所以有這樣的說法。(95)江都　縣名。在今江蘇揚州西南。(96)汶江　道名。在今四川茂汶北。(97)廣柔　縣名。在今四川理縣東北。(98)蠶陵　縣名。在今四川茂汶西北。(99)犍為郡　郡名。轄境為今四川南部簡陽、新津以南，雲南東北部東川和貴州西北部六盤水以北，岷江、大渡河、金沙江三水下游以東，四川大足、合江以西地區。郡治在僰道。(100)武帝建元六年開　犍為原為大夜郎國，武帝建元六年（西元前一三五年）開邊而置郡。(101)僰道　縣名。在今四川宜賓西南。(102)江陽　縣名。在今四川瀘州。(103)武陽　縣名。在今四川彭山東南。(104)南安　縣名。在今四川樂山。(105)資

中　縣名。在今四川資陽。(106)符　縣名。在今四川合江。(107)溫水　在今貴州遵義東北。(108)鷩　縣名。在今遵義西。(109)黚水　源出今婁山山脈，與溫水並行南流，二水匯合後注入長江支流延江水。(110)牛鞞　縣名。在今四川簡陽。(111)南廣　縣名。在今四川鹽津東。(112)汾關山　山名。在今雲南威信東。(113)符黑水　即今長江支流南廣河。(114)大涉水　即今雲南、貴州、四川三省交界處的赤水河。(115)漢陽　縣名。在今貴州六盤水西北。(116)山闟谷　地名。約在今貴州威寧東。(117)延　延江水。長江支流。即今烏江。(118)郁鄔　縣名。在今雲南宣威北。一說在今四川宜賓。殿本「郁」譌作「郁」。(119)朱提　縣名。在今雲南昭通。(120)堂琅　縣名。在今雲南巧家東。(121)越嶲郡　郡名。轄境為今四川西南部峨邊、冕寧以南，木里以東，雷波、金陽以西和雲南西北部麗江、永勝、永仁、大姚等地。郡治在邛都。(122)武帝元鼎六年開　越嶲原為邛都國，武帝元鼎六年（西元前一一一年）開邊而設郡。(123)邛都　縣名。在今四川西昌東南。(124)南山　山名。在今四川西昌東南。(125)邛池澤　澤名。即今邛海。在今四川西昌東南。(126)遂久　縣名。在今雲南麗江。(127)靈關道　道名。在今四川峨邊南。(128)臺登　縣名。在今四川冕寧東南。(129)孫水　即今雅礱江支流安寧河。(130)會無　縣名。在今四川會理西。(131)若　若水。即今雅礱江。(132)定莋　縣名。在今四川鹽源。(133)步北澤　澤名。在今四川鹽源西南。(134)東山　山名。在今四川會理東南。(135)碧　青綠色的玉石。(136)莋秦　縣名。在今四川冕寧。(137)大莋　縣名。在今四川鹽邊東南。(138)姑復　縣名。在今雲南永勝北。(139)臨池澤　澤名。即今程海。在今雲南永勝西南。(140)三絳　縣名。在今雲南永仁東南。(141)蘇示　縣名。在今四川西昌西北。(142)尼江　即夷江。在今四川西昌西北。(143)闌　縣名。在今四川越西東北。(144)卑水　縣名。在今四川昭覺。(145)灊街　縣名。在今四川美姑東金沙江畔。(146)青蛉　縣名。在今雲南大姚。(147)臨池灊　澤名。即今東龍湖。在今四川雷波。(148)僕水　即今雲南境內的禮社江及其下游元江。(149)來惟　縣名。在今越南北部的萊州附近。(150)勞　勞水。即今雲南境內的川河、把邊江、李仙江和越南境內的黑水河。(151)禺同山　山名。在今雲南永仁西。(152)金馬碧雞　即金馬山和碧雞山。在今雲南昆明。(153)益州郡　郡名。轄境約為今中緬邊境高黎貢山以東，雲南曲靖、宜良、華寧、蒙自等地以西，劍川、姚安、東川等地以南，保山、魏山、元江等地及越南萊州以北地區。郡治在滇池。(154)武帝元封二年開　益州原為滇國，其葉榆縣、不韋縣原為葉榆國和九隆哀牢國。武帝元封二年（西元前一〇九年）開邊而設郡。(155)滇池　縣名。在今雲南晉寧東北。(156)大澤　澤名。今地不可考。(157)滇池澤　澤名。即今雲南滇池。(158)雙柏　縣名。在今雲南雙柏東南。(159)同勞　縣名。在今雲南陸良西。(160)銅瀨　縣名。在今雲南馬龍境內。(161)談虜山　山名。在今馬龍西北。(162)迷水　源出當時談虜山，東流至今曲靖東北注入今南盤江。(163)談稾　縣名。在今貴州盤縣西南。(164)連然　縣名。在今雲南安寧。(165)俞元　縣名。在今雲南澄江。(166)池　澤名。即今雲南撫仙湖，在今雲南澄江南。是橋水的流入地。(167)橋水即今南盤江支流曲江。(168)毋單　縣名。在今雲南澄江東南。(169)懷山　應為「橋山」。在今雲南江川西南，是橋水的發源地。(170)收靡　應為「牧靡」。縣名。治今雲南尋甸境內。(171)南山臘谷　地名。在今雲南尋甸南。「谷」字原脫，據王先謙《漢書補注》補。(172)涂水　當時繩水的支流。即今金沙江支流牛欄江。(173)穀昌　縣名。在今雲南昆明東北。(174)秦臧　縣名。在今雲南祿豐東。(175)牛蘭山　在今雲南祿豐東北。是當時即水的發源地。(176)邪龍　縣名。在今雲南巍山北。(177)味　縣名。在今雲南曲靖。(178)昆澤　縣名。在今雲南宜良。(179)葉榆　縣名。在今雲南大理西北。(180)葉榆澤　澤名。又名西洱河。即今雲南西部洱河。(181)貪水　當時僕水（今禮社江）上源之一。源出今雲南祥雲西北。(182)律高　縣名。在今雲南開遠北。(183)石空山　山名。在今雲南開遠西北。(184)盬町山　山名。在今雲南開遠東。(185)不韋　縣名。在今雲南保山東北。(186)雲南　縣名。在今雲南祥雲東南。(187)巂唐　縣名。在今雲南永平西北。(188)周水　即今怒江。(189)類水　即今瀾滄江支流。周水和類水都在今雲南永平西。(190)弄棟　縣名。在今雲南姚安北。(191)東農山　山名。在今雲南姚安東南。(192)毋血水　即今金沙江支流龍川江。(193)三絳　縣名。在今雲南永仁東。當時屬越巂郡。(194)比蘇　縣名。在今雲南雲龍。(195)賁古　縣名。在今雲南蒙自西南。(196)北采山　山名。在今雲南蒙自西北。(197)西羊山　山名。在今雲南蒙自西。(198)南烏山　山名。在今雲南蒙自西南。(199)毋棳　縣名。在今雲南通海東南。(200)中留　縣名。在今廣西武宣西南。(201)潭　潭水。即今廣西境內的融江、柳江和黔江。橋水自當時毋棳縣東北注入溫水，東南流至中留縣西北再入潭水。(202)勝休　縣名。在今雲南江川北。(203)河水　指當時橋水下游自毋棳縣至今雲南江川東流入池澤的這段河道。(204)健伶　即「建伶」。縣名。治今雲南晉寧南。(205)來唯　縣名。在今越南北部萊州附近。(206)從⿰阝虫山　山名。在今雲南昆明北。(207)麋泠　縣名。在今越南永富安朗縣西夏雷鄉。(208)牂柯郡　郡名。轄境為今貴州大部、雲南東部和廣西北部地區。郡治在故且蘭。(209)武帝元鼎六年開　牂柯原為夜郎國，漢武帝元鼎六年（西元前一一一年）開邊而設郡。(210)柱蒲關　關隘名。今地不可考。(211)故且蘭　縣名。今貴州凱里西北。(212)鐔封　縣名。在今雲南開遠東北。(213)廣鬱　縣名。在今廣西凌雲東。當時屬鬱林郡。(214)鬱　鬱水。即今廣西、廣東境內的潯江、西江。(215)鄨　縣名。在今貴州遵義西。(216)不狼山　山名。在今貴州遵義西。當時是鄨水的發源地。(217)鄨水　即今烏江在貴州遵義境內的支流湘江。(218)漏臥　縣名。在今雲南羅平南。(219)平夷　縣名。在今貴州畢節東。(220)同並　縣名。在今雲南彌勒東南。(221)談指　縣名。在今貴州貞豐西北。(222)宛溫　縣名。在今雲南丘北南。(223)毋斂　縣名。在今貴州獨山。(224)剛水　即今沅江上游、貴州東部的清水江。(225)潭中　縣名。在今廣西柳州東南。(226)潭　即潭水。即今融江、柳江、黔江。(227)夜郎　縣名。治今貴州關嶺西。(228)豚水　即今雲南、貴州兩省境內的北盤江。(229)毋單　縣名。在今雲南澄江東南。(230)漏江　縣名。在今雲南瀘西東。(231)西隨　縣名。在今雲南金平北。(232)麋水　即今越南境內的紅河。(233)尚龍谿　水名，在今越南河內西北。(234)都夢　縣名。在今雲南文山東。(235)壺水　即今雲南境內的盤龍河。(236)談稾　縣名。在今貴州盤縣西南。(237)進桑　縣名。在今雲南屏邊東。當時郡的南部都尉官署設此。所置進桑關在今屏邊西南。(238)句町　縣名。在今雲南廣南西北。(239)文象水　即今雲南、廣西境內，右江上源之一的西洋江。(240)增食　縣名。在今廣西隆安東。當時屬鬱林郡。(241)盧唯水來細水伐水　均水名。當在今雲南廣南一帶，源流不詳。(242)巴郡　郡名。轄境為今四川東部旺卷、西充、永川、綦江以東地區。郡治在江州。(243)江州　縣名。在今重慶嘉陵江北岸。(244)臨江　縣名。在今重慶忠縣。(245)枳　縣名。在今四川涪陵東北。(246)閬中　縣名。即今四川閬中。(247)彭道將池　澤名。在今四川閬中東南。(248)彭道魚池　澤名。在今四川閬中西南。(249)墊江　縣名。在今四川合川。(250)朐忍　縣名。在今四川雲陽西南。(251)容毋水二句　容毋水，水名。在今四川雲陽一帶，注入今長江。源流不詳。各本原無「入江」二字，據王先謙《漢書補注》補。(252)橘官　官名。主管柑橘採集、運輸事務。(253)安漢　縣名。在今四川南充東北。(254)是魚池　澤名。約在今四川南充附近。(255)宕渠　縣名。在今四川渠縣東北。石過水為宕，水所蓄為渠，宕渠之名由此而來。(256)符特山　山名。在今四川渠縣西北。(257)潛水句　潛水，指今重慶合川以上至四川南江北的渠江、南江。「入江」，殿本譌作「入灊」。(258)不曹水　即今渠江支流之一的後江。殿本譌作「徐曹水」。(259)徐谷　地名。在今四川萬源東北米倉山脈與大巴山脈之間的任河河谷。(260)南入灊　灊，同「潛」。即上文「潛水西南入江」的「潛水」。上文「徐谷」原在「灊」字下，今據王先謙《漢書補注》改。(261)魚復　縣名。在今重慶奉節東。(262)江關　又名「扞關」。相傳戰國時巴、楚相爭，曾在今重慶奉節東長江北岸赤甲山上置關，所以得名。後移於長江南岸，為瞿塘峽南面屏障，故又名「瞿塘關」。(263)充國　縣名。在今四川閬中南。(264)涪陵　縣名。在今重慶彭水。

【語　譯】漢中郡，秦代時設置。王莽時稱新成。屬於益州。戶數為十萬一千五百七十戶，人口為三十萬零六百一十四人。下轄十二個縣：西城，旬陽，縣內的北山，是旬水的發源地，向南注入沔水。南鄭，縣內的旱山，是池水的發源地，向東北注入漢水。褒中，是郡都尉的治所。縣內有漢陽鄉。房陵，縣內的維山，是維水的發源地，向東流至中廬注入沔水。該縣又有筑水，向東流至筑陽也注入沔水。縣內的東山，是沮水的發源地，向東流至郢注入長江，全長七百里。安陽，鬵谷水發源於該縣西南，向北注入漢水。左谷水的源頭出自該縣北部，向南注入漢水。成固，沔陽，該縣設有鐵官。錫，王莽時稱錫治。武陵，上庸，長利。縣內有鄖關。

2　廣漢郡，漢高帝時設置。王莽時稱就都。屬於益州。戶數為十六萬七千四百九十九戶，人口為六十六萬二千二百四十九人。郡內設有工官。下轄十三個縣：梓潼，縣內的五婦山，是馳水的發源地，向南注入涪水，全長五百五十里。王莽時稱子同。什方，王莽時稱美信。涪，縣內有潺亭。王莽時稱統睦。雒，縣內的章山，是雒水的發源地，向南流至新都谷注入湔水。該縣設有工官。王莽時稱吾雒。綿竹，縣內的紫巖山，是綿水的發源地，向東流至新都再向北注入雒水。是郡都尉的治所。廣漢，王莽時稱廣信。葭明，郪，新都，甸氏道，縣內的白水發源於境外，向東流至葭明注入漢水，流經一個郡，全長九百五十里。王莽時稱致治。白水，剛氐道，道內的涪水發源於境外，向南流至墊江注入漢水，流經二郡，全長一千零六十九里。陰平道。是該郡北部都尉的治所。王莽時稱摧虜。

3 蜀郡，秦代時設置。郡內有很多小江流入，總長度一千九百八十里。〈禹貢〉中所謂桓水發源於蜀山的西南，流經羌地之中，注入南海。王莽時稱導江。屬於益州。戶數為二十六萬八千二百七十九戶，人口為一百二十四萬五千九百二十九人。下轄十五個縣：成都，戶數為七萬六千二百五十六戶。縣內設有工官。郫，〈禹貢〉中所謂江沱在該縣西部，向東注入長江。繁，廣都，王莽時稱就都亭。臨邛，僕千水向東流至武陽注入長江，流經二郡，全長五百一十里。該縣設有鐵官、鹽官。王莽時稱監邛。青衣，〈禹貢〉中所謂蒙山谿大渡水，向東南流至南安注入渽水。江原，鄗水的源頭始自長江，向南流至武陽又注入長江。王莽時稱邛原。嚴道，邛來山，是邛水的發源地，向東注入青衣水。縣內設有木官。王莽時稱嚴治。緜虒，縣內的玉壘山，是湔水的發源地，向東南流至江陽注入長江，流經三個郡，全長一千八百九十里。旄牛，縣內的鮮水發源於境外，向南注入若水。若水也發源於境外。向南流至大莋注入繩水，流經二郡，全長一千六百里。徙，湔氐道，〈禹貢〉中所謂嶓山在該縣西部境外，是長江的發源地，向東南流至江都注入大海，流經七個郡，全長二千六百六十里。汶江，渽水發源於境外，向南流至南安，向東注入長江，流經三個郡，全長三千零四十里。江沱在該縣西南，向東注入長江。廣柔，蠶陵。王莽時稱步昌。

4 犍為郡，漢武帝建元六年開邊後設置。王莽時稱西順。屬於益州。戶數為十萬九千四百一十九戶，人口為四十八萬九千四百八十六人。下轄十二個縣：僰道，王莽時稱僰治。江陽，武陽，縣內設有鐵官。王莽時稱戢成。南安，縣內設有鹽官、鐵官。資中，符，溫水向南流至鼈縣注入黚水，黚水也向南流至鼈縣注入長江。王莽時稱符信。牛鞞，南廣，縣內的汾關山，是符黑水的發源地，向北流至僰道注入長江。該縣又有大涉水，向北流至符縣注入長江，流經三個郡，全長八百四十里。漢陽，是郡都尉的治所。山闟谷，是漢水的發源地，向東流至鼈縣注入延水。王莽時稱新通。郁鄢，王莽時稱孱鄢。朱提，縣內的山中出產銀礦。堂琅。

5　越巂郡，漢武帝元鼎六年開邊後設置。王莽時稱集巂。屬於益州。戶數為六萬一千二百零八戶，人口為四十萬八千四百零五人。下轄十五個縣：邛都，縣內的南山出產銅礦。縣內有邛池澤。遂久，繩水發源於境外，向東流至僰道注入江，流經二郡，全長一千四百里。靈關道，臺登，縣內的孫水向南流至會無注入若水，全長七百五十里。定莋，出產鹽。步北澤在該縣南部。是郡都尉的治所。會無，縣內的東山出產碧石。莋秦，大莋，姑復，臨池澤在該縣南部。三絳，蘇示，𡰥江在該縣西北。闌，卑水，灊街，青蛉。臨池灊在該縣的北部。僕水發源於境外，向東南流至來惟注入勞水，流經二郡，全長一千八百八十里。縣內有禺同山，有金馬山、碧雞山。

6　益州郡，漢武帝元封二年開邊後設置。王莽時稱就新。屬於益州。戶數為八萬一千九百四十六戶，人口為五十八萬零四百六十三人。下轄二十四個縣：滇池，大澤在該縣西部，滇池澤在該縣西北。縣內設有黑水祠。雙柏，同勞，銅瀨，縣內的談虜山，是迷水的發源地，向東流至談稾注入溫水。連然，縣內設有鹽官。俞元，池澤在該縣南部，是橋水的發源地，向東流至毋單注入溫水，全長一千九百里。懷山出產銅礦。收靡，縣內的南山臘谷，是涂水的發源地，向西北流至越巂注入繩水，流經二郡，全長一千零二十里。穀昌，秦臧，縣內的牛蘭山，是即水的發源地，向南流至雙柏注入僕水，全長八百二十里。邪龍，味，昆澤，葉榆，葉榆澤在該縣東部。貪水的發源地始自青蛉水，向南流至邪龍注入僕水，全長五百里。律高，縣西的石空山出產錫礦，東南盢町山出產銀礦、鉛礦。不韋，雲南，巂唐，縣內周水的源頭始自境外。該縣又有類水，向西南流至不韋，全長六百五十里。弄棟，縣內的東農山，是毋血水的發源地，向北流至三絳縣的南邊注入繩水，全長五百一十里。比蘇，賁古，縣內的北采山出產錫礦，西羊山出產銀礦、鉛礦，南烏山出產錫礦。毋棳，縣內的橋水的源頭始自橋山，向東流至中留注入潭水，流經四個郡，全長二千一百二十里。王莽時稱有棳。勝休，縣內的河水向東流至毋棳注入橋水。王莽時稱勝僰。健伶，來唯。縣內的從陟山出產銅礦。勞水發源於境外，向東流至麋泠注入南海，流經三個郡，全長三千五百六十里。

7 牂柯郡，漢武帝元鼎六年開邊後設置。王莽時稱同亭。郡內設有柱蒲關。屬於益州。戶數為二萬四千二百一十九戶，人口為十五萬三千三百六十人。下轄十七個縣：故且蘭，縣內的沅水向東南流至益陽注入江，流經二郡，全長二千五百三十里。鐔封，溫水向東流至廣鬱注入鬱水，流經二郡，全長五百六十里。鱉，縣內的不狼山，是鱉水的發源地，向東注入沅水，流經二郡，全長七百三十里。漏臥，平夷，同並，談指，宛溫，毋斂，剛水向東流至潭中注入潭水。王莽時稱有斂。夜郎，豚水向東流至廣鬱。是郡都尉的治所。王莽時稱同亭。毋單，漏江，西隨，麋水來自西部境外，向東流至麋泠注入尚龍谿，流經二郡，全長一千一百零六里。都夢，縣內的壺水向東南流至麋泠注入尚龍谿，流經二郡，全長一千一百六十里。談稾，進桑，是該郡南部都尉的治所。縣內設有關卡。句町。文象水向東流至增食注入鬱水。該縣又有盧唯水、來細水、伐水。王莽時稱從化。

8 巴郡，秦代時設置。屬於益州。戶數為十五萬八千六百四十三戶，人口為七十萬八千一百四十八人。下轄十一個縣：江州，臨江，王莽時稱監江。枳，閬中，彭道將池在該縣南部，彭道魚池在該縣西南。墊江，朐忍，是容毋水的發源地，向南注入長江。縣內設有橘官、鹽官。安漢，是魚池在該縣南部。王莽時稱安新。宕渠，符特山在該縣西南。潛水向西南注入長江。不曹水出自該縣東北的徐谷，向南注入灊水。魚復，江關，是郡都尉的治所。該縣設有橘官。充國，涪陵。王莽時稱巴亭。

卷二十八下

地理志第八下

1 武都郡❶，武帝元鼎六年置❷。莽曰樂平。戶五萬一千三百七十六，口二十三萬五千五百六十。縣九：武都，東漢水❸受氐道水❹，一名沔，過江夏❺，謂之夏水，入江。天池大澤❻在縣西。莽曰循虜。上祿❼，故道❽，莽曰善治。河池❾，泉街水❿南至沮⓫入漢，行五百二十里。莽曰樂平亭。平樂道⓬，沮，沮水⓭出東狼谷⓮，南至沙羨⓯南入江，過郡五，行四千里，荊州川⓰。嘉陵道⓱，循成道⓲，下辨道⓳。莽曰揚德。

2 隴西郡⓴，秦置。莽曰厭戎。戶五萬三千九百六十四，口二十三萬六千八百二十四。有鐵官、鹽官㉑。縣十一：狄道，白石山㉒在東。莽曰操虜。上邽㉓，安故㉔，氐道㉕，禹貢養水㉖所出，至武都為漢。莽曰亭道。首陽㉗，禹貢鳥鼠同穴山在西南，渭水所出，東至船司空㉘入河，過郡四，行千八百七十里，雍州寖。予道㉙，莽曰德道。大夏㉚，莽曰順夏。羌道[31]，羌水[32]出塞外，南至陰平[33]入白水[34]，過郡三，行六百里。襄武[35]，莽曰相桓。臨洮[36]，洮水[37]出西羌[38]中，北至枹罕[39]東入河。禹貢西頃山在縣西，南部都尉治也。西[40]。禹貢嶓冢山，西漢[41]所出，南入廣漢[42]白水，東南至江州[43]入江，過郡四，行二千七百六十里。莽曰西治。

3 金城郡[44]，昭帝始元六年置[45]。莽曰西海。戶三萬八千四百七十，口十四萬九千六百四十八。縣十三：允吾，烏亭逆水[46]出參街谷[47]，東至枝陽[48]入湟[49]。莽曰修遠。浩亹[50]，浩亹水[51]出西塞外，東至允吾入湟水。莽曰興武。令居[52]，澗水[53]出西北塞外，至縣西南，入鄭伯津[54]。莽曰罕虜。枝陽，金城[55]，莽曰金屏。榆中[56]，枹罕[57]，白石[58]，離水[59]出西塞外，東至枹罕入河。莽曰順礫。河關[60]，積石山[61]在西南羌中。河水行塞外，東北入塞內，至章武[62]入海，過郡十六[63]，行九千四百里。破羌[64]，宣帝神爵二年[65]置。安夷[66]，允街[67]，宣帝神爵二年置。莽曰修遠[68]。臨羌[69]，西北至塞外，有西王母石室[70]、僊海[71]、鹽池[72]。北則湟水所出，東至允吾入河。西有須抵池[73]，有弱水、昆侖山祠。莽曰鹽羌。

4 天水郡[74]，武帝元鼎三年置[75]。莽曰填戎。明帝[76]改曰漢陽。戶六萬三百七十，口二十六萬一千三百四十八。縣十六：平襄，莽曰平相。街泉[77]，戎邑道[78]，莽曰填戎亭。望垣[79]，莽曰望亭。罕幵[80]，緜諸道[81]，阿陽[82]，略陽道[83]，冀[84]，禹貢朱圄山在縣南梧中聚(85)。莽曰冀治。勇士(86)，屬國都尉(87)治滿福(88)。莽曰紀德。成紀(89)，清水(90)，莽曰識睦。奉捷(91)，隴(92)，豲道(93)，騎都尉(94)治密艾亭(95)。蘭干(96)。莽曰蘭盾。

武威郡(97)，故匈奴(98)休屠王(99)地。武帝太初四年開(100)。莽曰張掖。戶萬七千五百八十一，口七萬六千四百一十九。縣十：姑臧(101)，南山(102)，谷水(103)所出，北至武威入海(104)，行七百九十里。張掖(105)，武威，休屠澤(106)在東北，古文(107)以為豬野澤。休屠(108)，莽曰晏然。都尉治熊水障(109)。北部都尉治休屠城。揟次(110)，莽曰播德。鸞鳥(111)，樸𠝹(112)，莽曰敷虜。媼圍(113)，蒼松(114)，南山，松陜水(115)所出，北至揟次入海(116)。莽曰射楚。宣威(117)。

張掖郡(118)，故匈奴昆邪王(119)地，武帝太初元年開(120)。莽曰設屏。戶二萬四千三百五十二，口八萬八千七百三十一。縣十：觻得，千金渠(121)西至樂涫(122)入澤(123)中。羌谷水(124)出羌中，東北至居延(125)入海(126)，過郡二，行二千二百里。莽曰官式。昭武(127)，莽曰渠武。刪丹(128)，桑欽以為道弱水自此，西至酒泉(129)合黎(130)。莽曰貫虜。氐池(131)，莽曰否武。屋蘭(132)，莽曰傳武。日勒(133)，都尉治澤索谷(134)。莽曰勒治。驪靬(135)，莽曰揭虜。番和(136)，農都尉治。莽曰羅虜。居延，居延澤在東北，古文以為流沙。都尉(137)治。莽曰居成。顯美(138)。

酒泉郡(139)，武帝太初元年開(140)。莽曰輔平。戶萬八千一百三十七，口七萬六千七百二十六。縣九：祿福，呼蠶水(141)出南羌中，東北至會水入羌谷(142)。莽曰顯德。表是(143)，莽曰載武。樂涫(144)，莽曰樂亭。天𨹧(145)，玉門(146)，莽曰輔平亭。會水(147)，北部都尉治偃水障(148)。東部都尉治東部障(149)。池頭(150)，綏彌(151)，乾齊(152)。西部都尉治西部障(153)。莽曰測虜。

8 敦煌郡(154)，武帝後元年(155)分酒泉置。正西關外有白龍堆沙(156)，有蒲昌海(157)。莽曰敦德。戶萬一千二百，口三萬八千三百三十五。縣六：敦煌，中部都尉治步廣候官(158)。杜林(159)以為古瓜州地，生美瓜。莽曰敦德。冥安(160)，南籍端水(161)出南羌中，西北入其澤(162)，溉民田。效穀(163)，淵泉(164)，廣至(165)，宜禾都尉治昆侖障(166)。莽曰廣桓。龍勒(167)，有陽關(168)、玉門關(169)，皆都尉治。氐置水(170)出南羌中，東北入澤(171)，溉民田。

9 安定郡(172)，武帝元鼎三年置(173)。戶四萬二千七百二十五，口十四萬三千二百九十四。縣二十一：高平，莽曰鋪睦。復累(174)，安俾(175)，撫夷(176)，莽曰撫寧。朝那(177)，有端旬祠十五所，胡巫祝。又有湫淵祠。涇陽(178)，开頭山(179)在西，禹貢涇水所出，東南至陽陵(180)入渭，過郡三，行千六十里(181)，雍州川。臨涇(182)，莽曰監涇。鹵(183)，灈水(184)出西。烏氏(185)，烏水(186)出西，北入河。都盧山(187)在西。莽曰烏亭。陰密(188)，詩密人國(189)。有囂安亭。安定(190)，參䜌(191)，主騎都尉治。三水(192)，屬國都尉治。有鹽官。莽曰廣延亭。陰槃(193)，安武(194)，莽曰安桓。祖厲(195)，莽曰鄉禮。爰得(196)，眴卷(197)，河水別出為河溝(198)，東至富平(199)北入河。彭陽(200)，鶉陰(201)，月氏道(202)。莽曰月順。

【章　旨】以上所記為與開拓西北邊疆有關的武都、隴西、金城、天水、武威、張掖、酒泉、敦煌、安定等九郡，概述各郡的行政建置及沿革、人口、自然地理等方面的情況。

【注　釋】❶武都郡　郡名。轄境相當於今甘肅東部武都、成縣、徽縣、西和、兩當、康縣及陝西西南部鳳縣、略陽等地。郡治在武都（今甘肅武都東北）。❷元鼎六年置　武都原本為白馬氐國，武帝元鼎六年（西元前一一一年）開拓邊疆時設郡。❸東漢水　即今漢水。因位於西漢水東邊而得名。❹氐道水　即今嘉陵江西源西漢水。因其源出氐道（今甘肅禮縣西北）而得名。❺江夏　指江夏郡。漢水下游流經該郡，因此這段河道又稱為夏水。❻天池大澤　澤名。今甘肅西和西。❼上祿　縣名。今甘肅成縣西。❽故道　道名。今陝西寶雞西南。❾河池　縣名。今甘肅徽縣西北。❿泉街水　漢水上源之一。發源於今甘肅徽縣東南，向南流注入今漢水。⓫沮　縣名。今陝西勉縣西北。⓬平樂道　道名。今甘肅成縣西南。⓭沮水　即今陝西西南部漢水的北源黑河。⓮東狼谷　地名。今陝西留壩西北。⓯沙羨　縣名。今湖北武昌西。當時屬於江夏郡。⓰荊州川　沮水在益州境內，文中的「荊州川」，大約是就其下流漢水的大部分流域和歸宿在荊州而言。⓱嘉陵道　道名。今陝西略陽東北與甘肅交界處。⓲循成道　應為「修成道」。道名。今甘肅成縣東南。⓳下辨道　道名。今成縣西北。⓴隴西郡　郡名。轄境相當於今甘肅東鄉以東的洮河中游，武山以西的渭河上游，禮縣以北的西漢水上游以及天水東部地區。郡治在狄道（今甘肅臨洮南）。因該郡位於隴山之西，故名隴西。㉑有鐵官鹽官　該注被置於戶口數之下，欠妥。疑為錯亂所致。㉒白石山　山名。位於今甘肅臨洮東南。㉓上邽　縣名。今甘肅天水。其名相對於當時地處渭水下游之京兆尹的「下邽」而得。㉔安故　縣名。今臨洮東南。㉕氐道　道名。今甘肅武山東南。㉖養水　又作瀁水、漾水。即當時的西漢水。〈禹貢〉中有「嶓冢道漾，東流為漢」的話。㉗首陽　縣名。今甘肅渭源東北。㉘船司空　縣名。今陝西華陰東北。當時屬於京兆尹。㉙予道　道名。今地不詳。㉚大夏　縣名。今甘肅廣河西北。㉛羌道　道名。今甘肅舟曲北。㉜羌水　即今甘肅東南部的岷江。發源於今岷縣境內，向東南流至舟曲東注入白龍江。㉝陰平　道名。今甘肅文縣西。當時屬於廣漢郡。㉞白水　即今甘肅東南部的白水江。㉟襄武　縣名。今甘肅隴西東南。㊱臨洮　縣名。今甘肅岷縣。是當時該郡的南部都尉治所。㊲洮水　即今甘肅境內黃河的支流洮河。㊳西羌　指當時西部邊境羌族的居住地。洮水上源位於今甘肅瑪曲西北，此地正是當時羌族的聚居地。㊴枹罕　縣名。今甘肅臨夏西南。當時屬於金城郡。㊵西　縣名。今甘肅天水西南。㊶西漢　西漢水。即上文氐道注文中所說的「養水」。㊷廣漢　廣漢郡。㊸江州　縣名。今重慶嘉陵江北岸。當時屬於巴郡。㊹金城郡　郡名。轄境相當於今甘肅蘭州以西，青海青海湖以東的黃河流域和大通河下游與大夏河下游之間的地區。郡治在允吾（今甘肅永靖西北）。㊺始元六年置　指漢昭帝始元六年（西元前八一年）分天水、隴西、張掖等郡各二縣之地而設置金城郡。㊻烏亭逆水　即今甘肅境內的莊浪河。㊼參街谷　地名。位於今甘肅古浪西南。㊽枝陽　縣名。今甘肅蘭州西北。㊾湟　水名。即今青海、甘肅二省境內的湟水。是黃河的支流。㊿浩亹　縣名。今甘肅永登西南的大通河東岸。51浩亹水　又名閤門河。即今湟水的支流大通河。52令居　縣名。今甘肅永登西北。53澗水　水名。應當位於今甘肅永登西南。此水向東南流注入今湟水。其源流不詳。54鄭伯津　渡口名。指當時金城郡治允吾以北湟水北岸的一個渡口。津，渡口。55金城　縣名。今甘肅蘭州西北。56榆中　縣名。今甘肅榆中西北的黃河北岸。57枹罕　縣名。今甘肅臨夏西南。58白石　縣名。今甘肅臨夏。59離水　即今黃河上游的支流大夏河。60河關　縣名。今青海同仁北。一說位於今青海貴德西南。61積石山　此處指小積石山。位於今甘肅臨夏西北。62章武　縣名。今河北黃驊西北。當時屬於勃海郡。63過郡十六　黃河自金城郡至入海處，應當流經二十三個郡。此處說十六個，疑有脫漏。64破羌　縣名。今青海樂都東南。65神爵二年　即西元前六〇年。清人全祖望認為，破羌縣名注文中脫漏了「屬國都尉治」五個字。66安夷　縣名。今青海樂都西。67允街　縣名。今甘肅永登東南。68莽曰修遠　上文允吾縣下注文已有「莽曰修遠」，此處重複出現，疑有誤。69臨羌　縣名。今青海湟源東南。70西王母石室　供有西王母（神話傳說中的女神）神像的石窟或石結構建築。71僊海　澤名。即今青海境內的青海湖。72鹽池　澤名。即今青海境內剛察東南的尕海。73須抵池　澤名。靠近今青海湖東南端。74天水郡　郡名。轄境相當於今甘肅通渭、靜寧、秦安、定西、清水、莊浪、甘谷、張家川等地以及天水西北部，隴西東部，榆中東北部地區。郡治在平襄（今通渭西北）。75元鼎三年置　指漢武帝元鼎三年（西元前一一四年）分隴西郡之地而設置天水郡。76明帝　即東漢明帝劉莊。在位十八年（西元五八—七五年）。77街泉　縣名。今甘肅莊浪東南。78戎邑道　道名。今甘肅秦安東北。王莽時稱為填戎亭。79望垣　縣名。今甘肅秦安西南。80罕幵　縣名。今甘肅天水東南。因原罕幵（即枹罕）的羌族遷居於此而得名。81緜諸道　道名。今甘肅天水東。82阿陽　縣名。今甘肅靜寧西南。83略陽道　道名。今甘肅莊浪西南。84冀　縣名。今甘肅甘谷東。85梧中聚　地名。今甘谷西南。其北有朱圄山，即〈禹貢〉中所說的朱圉山。86勇士　縣名。今甘肅蘭州東。87屬國都尉　官名。漢代曾經在邊疆各郡設置此官，管理歸屬漢王朝的少數民族事務。88滿福　地名。今地不詳。89成紀　縣名。今甘肅通渭東北。90清水　縣名。今甘肅清水西北。91奉捷　縣名。今地不詳。92隴　縣名。今甘肅莊浪東南。93豲道　道名。今甘肅武山縣西。94騎都尉　官名。是騎兵的指揮官。始設置於漢武帝時。95密艾亭　地名。今陝西隴西東北。96蘭干　縣名。今地不詳。97武威郡　郡名。轄境相當於今甘肅境內的黃河以西，武威以東以及大東河、大西河流域地區。郡治在武威（今民勤東北）。[98]匈奴　我國古代北方部族名。居住在大漠南北，以游牧為主。詳見卷九十四〈匈奴傳〉。[99]休屠王　匈奴部落王，漢武帝時意圖率領部眾降漢，中途反悔，被另一個匈奴部落王昆邪王殺害。[100]太初四年開　此處注文與〈武帝紀〉所載不符。設郡時間應該是武帝元狩二年（西元前一二一年）。[101]姑臧　縣名。今甘肅武威。武威郡治最初在武威，東漢時移到姑臧，故此處將姑臧列於各縣之首。[102]南山　即今冷龍嶺。位於今甘肅武威南。[103]谷水　即今三岔河，又名郭河。發源於今甘肅武威西南山地，向北流入沙漠。[104]海　即下文所說的休屠澤。[105]張掖　縣名。今甘肅古浪西北。[106]休屠澤　即今魚海，又名白亭海。位於今甘肅民勤東北。因西漢初為匈奴休屠王居地而得名。[107]古文　指《尚書・禹貢》。書中有「原隰底績，至於豬野」的記載。[108]休屠　縣名。今甘肅武威北。[109]熊水障　要塞名。今地不詳。障，漢代設置在邊郡險要地區的戍守據點。[110]揟次　縣名。今甘肅武威東南。[111]鸞鳥　縣名。今甘肅武威南。「烏」，一本作「鳥」。根據居延木簡釋文，應為「鸞鳥」。「烏」為傳寫之誤。[112]樸劖　也作「撲劖」。縣名。今甘肅古浪東北。[113]媼圍　縣名。今甘肅皋蘭西北。[114]蒼枌　縣名。今甘肅古浪西北。[115]枌陝水　即今古浪河。[116]海　指休屠澤。[117]宣威　縣名。今甘肅民勤西南。[118]張掖郡　郡名。轄境相當於今甘肅永昌以西，高臺以東地區。郡治在觻得（今張掖西北）。[119]昆邪王　匈奴部落王。與休屠王共同居住在匈奴西部地區。武帝元狩二年（西元前一二一年），霍去病率軍擊敗匈奴，奪取焉支山、祁連山後，昆邪王殺休屠王，率所部四萬人歸漢。自此，漢地通往西域的道路被打通。[120]太初元年開　此處注文與〈武帝紀〉所載不符。當依據〈武帝紀〉改為武帝元鼎六年（西元前一一一年）分武威郡之地而設置。[121]千金渠　從今黑河引出的河渠。因其水利價值極高，故名「千金」。[122]樂涫　縣名。今甘肅酒泉東南。當時屬於酒泉郡。[123]澤　指當時的居延澤。位於今內蒙古額濟納旗北，是當時弱水（今黑河）的匯聚之處。原本是一個湖，後來逐漸淤塞縮小，分為東海（蘇古諾爾）和西海（嘎順諾爾）。[124]羌谷水　即今黑河。發源於甘肅、青海的祁連山麓，經張掖向北流，與弱水匯合後注入當時的居延澤。[125]居延　縣名。今內蒙古額濟納旗東南哈拉和圖。[126]海　指居延澤。[127]昭武　縣名。今甘肅高臺東南。[128]刪丹　縣名。今甘肅山丹。[129]酒泉　指酒泉郡。[130]合黎　羌谷水（黑河）的別名。「合黎」是「黑」的意思。[131]氐池　縣名。今甘肅民樂。[132]屋蘭　縣名。今甘肅張掖東南。[133]日勒　縣名。今甘肅民樂東。[134]澤索谷　地名。今地不詳。當時該地為郡都尉治所。[135]驪靬　縣名。今甘肅永昌西南。[136]番和　縣名。今甘肅永昌。當時該地為農都尉治所。[137]都尉　清人全祖望認為，書中指屬國都尉。[138]顯美　縣名。今甘肅永昌東南。[139]酒泉郡　郡名。轄境相當於今甘肅疏勒河以東，高臺以西地區。郡治在祿福（今甘肅酒泉）。[140]太初元年開　酒泉郡原本為匈奴昆邪王所部的駐牧地。武帝元狩二年（西元前一二一年）開拓邊疆時設置為郡。此處注文時間有誤，當依據〈武帝紀〉改正。(141)呼蠶水　即今甘肅境內的北大河。發源於當時的羌族聚居地（今祁連山南麓），於會水縣（今甘肅金塔東南）注入羌谷水（今黑河）。(142)羌谷　指羌谷水。(143)表是　縣名。今甘肅高臺西。(144)樂涫　縣名。今甘肅酒泉東南。(145)天阹　縣名。今甘肅玉門南。(146)玉門　縣名。今甘肅玉門西北。(147)會水　縣名。今甘肅金塔東南。因眾多河流匯合於境內而得名。(148)偃水障　要塞名。今甘肅金塔東北的北大河畔。是當時該郡的北部都尉治所。景祐本作「偃泉障」。(149)東部障　要塞名。今甘肅金塔東南的黑河東岸。是當時該郡的東部都尉治所。(150)池頭　縣名。今甘肅玉門西北。(151)綏彌　縣名。今甘肅酒泉東。(152)乾齊　縣名。今甘肅玉門西北。(153)西部障　要塞名。位於今甘肅玉門西北、疏勒河東岸。是當時該郡的西部都尉治所。(154)敦煌郡　郡名。轄境相當於今甘肅疏勒河以西、以南地區。郡治在敦煌（今甘肅敦煌西）。(155)後元年　此處時間有誤，應當為武帝元鼎六年（西元前一一一年）。(156)白龍堆沙　即白龍堆沙漠。地處今新疆羅布泊與甘肅敦煌玉門關之間。(157)蒲昌海　又名鹽澤、牢蘭海、輔日海、臨海。即今新疆境內的羅布泊。(158)候官　邊防軍事機構設置。據敦煌出土的漢代木簡記載，敦煌郡中部都尉下轄步廣、平望二候官，玉門都尉下轄玉門、大煎都二候官（參閱王國維《遺書》外編〈乾隆浙江通志考異〉）。步廣，殿本譌作「部廣」。(159)杜林　（？—西元四七年），扶風茂陵（今陝西興平）人。東漢經學家、文字學家，官至侍御史、大司空。(160)冥安　縣名。今甘肅安西東南。(161)籍端水　即今甘肅境內的疏勒河上游。(162)澤　指冥澤。位於今甘肅安西東，為當時籍端水、冥水（今疏勒河）的匯聚處。原面積很大，後逐漸淤涸。因此今疏勒河至此折向西行流入今哈拉湖。(163)效穀　縣名。今甘肅安西西南。(164)淵泉　縣名。今甘肅安西東。(165)廣至　縣名。今甘肅安西西南。(166)昆侖障　要塞名。今甘肅安西南。為當時的宜禾都尉治所。(167)龍勒　縣名。今甘肅敦煌西南。(168)陽關　關隘名。今甘肅敦煌西南。(169)玉門關　關隘名。今甘肅敦煌西北。(170)氐置水　即今甘肅西部邊境的黨河。發源於今祁連山南麓，向西北流經今甘肅敦煌注入西北湖澤（即今哈拉湖）。(171)澤　即今甘肅敦煌西北的哈拉湖。原面積很大，後逐漸淤縮。(172)安定郡　郡名。轄境相當於今甘肅景泰、靖遠、會寧、平涼、涇川、鎮原以及寧夏中寧、中衛、同心、固原等地。郡治在高平（今寧夏固原）。(173)元鼎三年置　指武帝元鼎三年（西元前一一四年）分隴西郡之地而設置安定郡。(174)復累　縣名。今地不詳。(175)安俾　縣名。今地不詳。(176)撫夷　縣名。今甘肅鎮原北。(177)朝那　縣名。今寧夏固原東南。(178)涇陽　縣名。今甘肅平涼西北。(179)幵頭山　即今六盤山。位於今甘肅平涼西北。(180)陽陵　縣名。今陝西咸陽東北。當時屬於左馮翊。(181)千六十里　一說應當為千六百里。(182)臨涇　縣名。今甘肅涇川北。(183)鹵　縣名。今地不詳。(184)灈水　水名。源流不詳。(185)烏氏　縣名。今寧夏固原東南。(186)烏水　即今黃河支流清水河。(187)都盧山　山名。位於今寧夏固原南。(188)陰密　縣名。今甘肅涇川東南。(189)密人國　即密國。又名密須國。商代諸侯國。都城位於今甘肅靈臺西南。後為周文王併滅。(190)安定　縣名。今甘肅涇川北部的涇水北岸。(191)參䜌　縣名。今甘肅環縣南。是當時該郡的主騎都尉治所。(192)三水　縣名。今寧夏同心東。是當時的屬國都尉治所。(193)陰槃　縣名。今甘肅涇川東。(194)安武　縣名。今甘肅鎮原西南。(195)祖厲　縣名。今甘肅靖遠東南祖厲河東岸。(196)爰得　縣名。今甘肅涇川東南。(197)眴卷　縣名。今寧夏中寧東北。(198)河溝　指當時的黃河在今寧夏中寧附近分流的河道。(199)富平　縣名。位於今寧夏吳忠西南的黃河東岸。當時屬於北地郡。(200)彭陽　縣名。今甘肅鎮原東南。(201)鶉陰　縣名。今甘肅靖遠西北。(202)月氏道　道名。今寧夏隆德境內。

【語　譯】武都郡，武帝元鼎六年設置。王莽時稱為樂平。戶籍為五萬一千三百七十六戶，人口為二十三萬五千五百六十人。下轄九個縣：武都，境內的東漢水發源於氐道水，又稱為沔水，流經江夏縣一帶的河段，稱為夏水，最後注入長江。天池大澤在縣西。王莽時稱為循虜。上祿，故道，王莽時稱為善治。河池，境內的泉街水南流至沮縣，注入漢水，全長五百二十里。王莽時稱為樂平亭。平樂道，沮縣，沮水發源於東狼谷，南流至沙羨縣境內，往南注入長江，流經五個郡，全長四千里，是古荊州境內的大河。嘉陵道，循成道，下辨道。王莽時稱為揚德。

2　隴西郡，秦朝時設置。王莽時稱為厭戎。戶籍為五萬三千九百六十四戶，人口為二十三萬六千八百二十四人。郡內設置有鐵官、鹽官。下轄十一個縣：狄道，白石山在縣東。王莽時稱為操虜。上邽，安故，氐道，〈禹貢〉所說養水發源於該縣，流至武都縣境內成為漢水。王莽時稱為亭道。首陽，〈禹貢〉所說鳥鼠同穴山位於縣西南，是渭水的發源地，渭水向東流至船司空縣注入黃河，它流經四個郡，全長一千八百七十里，是雍州的灌溉水利。予道，王莽時稱為德道。大夏，王莽時稱為順夏。羌道，羌水發源於塞外，向南流至陰平縣注入白水，它流經三個郡，全長六百里。襄武，王莽時稱為相桓。臨洮，洮水發源於西羌，向北流至枹罕縣，再折向東注入黃河。〈禹貢〉所說西頃山位於縣西。該縣是隴西郡的南部都尉治所。西縣。〈禹貢〉所說該縣境內的嶓冢山，是西漢水的發源地，此水向南流注入廣漢郡的白水，然後向東南流至江州縣注入長江，它流經四個郡，全長二千七百六十里。王莽時稱為西治。

3 金城郡，昭帝始元六年設置。王莽時稱為西海郡。戶籍為三萬八千四百七十戶，人口為十四萬九千六百四十八人。下轄十三個縣：允吾，境內的烏亭逆水發源於參街谷，向東流至枝陽縣，注入湟水。王莽時稱為修遠。浩亹，浩亹水發源於西部塞外，向東流至允吾縣，注入湟水。王莽時稱為興武。令居，澗水發源於西北部的塞外，流至縣城西南，注入鄭伯渠。王莽時稱為罕虜。枝陽，金城，王莽時稱為金屏。榆中，枹罕，白石，離水發源於西部的塞外，向東流至枹罕縣，注入黃河。王莽時稱為順礫。河關，積石山位於縣西南的羌族聚居地。黃河來自塞外，東北向流入塞內，至章武縣注入大海，它流經十六個郡，全長九千四百里。破羌，宣帝神爵二年設置。安夷，允街，宣帝神爵二年設置。王莽時稱為修遠。臨羌。縣西北至塞外一帶，有西王母石室、僊海、鹽池。縣北便是湟水的發源地，此水向東流至允吾縣，注入黃河。縣西有須抵池，有弱水、昆侖山祠。王莽時稱為鹽羌。

4 天水郡，武帝元鼎三年設置。王莽時稱為填戎。明帝時改名漢陽。戶籍為六萬零三百七十戶，人口為二十六萬一千三百四十八人。下轄十六個縣：平襄，王莽時稱為平相。街泉，戎邑道，王莽時稱為填戎亭。望垣，王莽時稱為望亭。罕幵，緜諸道，阿陽，略陽道，冀縣，〈禹貢〉所說朱圄山在縣南的梧中聚。王莽時稱為冀治。勇士，屬國都尉官署駐在縣內的滿福。王莽時稱為紀德。成紀，清水，王莽時稱為識睦。奉捷，隴縣，獂道，騎都尉官署駐在縣內的密艾亭。蘭干。王莽時稱為蘭盾。

5 武威郡，原本是匈奴休屠王的領地。武帝太初四年開拓邊疆時設置。王莽時稱為張掖郡。戶籍為一萬七千五百八十一戶，人口為七萬六千四百一十九人。下轄十個縣：姑臧，縣境內的南山，是谷水的發源地，此水向北流至武威縣，注入居延澤，全長七百九十里。張掖，武威，休屠澤位於縣東北，古文獻中稱為豬壄澤。休屠，王莽時稱為晏然。郡都尉官署駐在熊水障，北部都尉官署駐在休屠城。揟次，王莽時稱為播德。鸞鳥，樸劖，王莽時稱為敷虜。媼圍，蒼枀，縣境內的南山，是枀陝水的發源地，此水向北流至揟次縣，注入休屠澤。王莽時稱為射楚。宣威。

6 張掖郡，原本是匈奴昆邪王的領地，武帝太初元年開拓邊疆時設置。王莽時稱為設屏郡。戶籍為二萬四千三百五十二戶，人口為八萬八千七百三十一人。下轄十個縣：觻得，千金渠向西流至樂涫縣，注入居延澤中。羌谷水發源於羌族聚居地，向東北流至居延縣，注入居延澤中，它流經兩個郡，全長二千二百里。王莽時稱為官式。昭武，王莽時稱為渠武。刪丹，桑欽認為夏禹從這裡開始疏導弱水，然後向西延伸到酒泉郡合黎山一帶。王莽時稱為貫虜。氐池，王莽時稱為否武。屋蘭，王莽時稱為傳武。日勒，郡都尉官署駐在澤索谷。王莽時稱為勒治。驪靬，王莽時稱為揭虜。番和，農都尉治所。王莽時稱為羅虜。居延，居延澤位於縣東北，古文中稱它為流沙。郡都尉治所。王莽時稱為居成。顯美。

7 酒泉郡，武帝太初元年開拓邊疆時設置。王莽時稱為輔平。戶籍為一萬八千一百三十七戶，人口為七萬六千七百二十六人。下轄九個縣：祿福，呼蠶水發源於南羌一帶，向東北流至會水縣，注入羌谷水。王莽時稱為顯德。表是，王莽時稱為載武。樂涫，王莽時稱為樂亭。天陈，玉門，王莽時稱為輔平亭。會水，北部都尉治所在偃水障，東部都尉治所在東部障。王莽時稱為蕭武。池頭，綏彌，乾齊。西部都尉治所在西部障。王莽時稱為測虜。

8 敦煌郡，武帝後元元年分酒泉郡之地而設置。縣城正西關外有白龍堆沙，還有蒲昌海。王莽時稱為敦德郡。戶籍為一萬一千二百戶，人口為三萬八千三百三十五人。下轄六個縣：敦煌，中部都尉治所設置在步廣候官。杜林認為這裡屬於古瓜州之地，出產好瓜。王莽時稱為敦德。冥安，縣南的籍端水發源於南羌一帶，向西北流入冥澤，灌溉民田。效穀，淵泉，廣至，宜禾都尉官署駐在昆侖障。王莽時稱為廣桓。龍勒。境內有陽關、玉門關，兩地都是都尉治所。氐置水發源於南羌一帶，向東北流入湖中，灌溉民田。

9 安定郡，武帝元鼎三年設置。戶籍為四萬二千七百二十五戶，人口為十四萬三千二百九十四人。下轄二十一個縣：高平，王莽時稱為鋪睦。復累，安俾，撫夷，王莽時稱為撫寧。朝那，縣內有端旬祠十五座，有胡人巫祝主管。還有湫淵祠。涇陽，幵頭山位於縣西，是〈禹貢〉所說的涇水的發源地，此水向東南流至陽陵縣，注入渭水，它流經三個郡，全長一千零六十里，是古雍州的大川。臨涇，王莽時稱為監涇。鹵縣，灈水發源於縣西。烏氏，烏水發源於縣西，向北流入黃河。都盧山位於縣西。王莽時稱為烏亭。陰密，即《詩經》中所說的密人國。縣內有囂安亭。安定，參巒，主騎都尉治所。三水，屬國都尉治所。設有鹽官。王莽時稱為廣延亭。陰槃，安武，王莽時稱為安桓。祖厲，王莽時稱為鄉禮。爰得，眴卷，黃河水在此分流為河溝水，河溝水向東流至富平縣北面，在那裡注入黃河。彭陽，鶉陰，月氏道。王莽時稱為月順。

1 北地郡[1]，秦置。莽曰威成。戶六萬四千四百六十一，口二十一萬六百八十八。縣十九：馬領[2]，直路[3]，沮水出西，東入洛[4]。靈武[5]，莽曰威成亭。富平[6]，北部都尉治神泉障[7]。渾懷都尉治塞外渾懷障[8]。莽曰特武。靈州[9]，惠帝四年[10]置。有河奇苑、號非苑[11]。莽曰令周。昫衍[12]，方渠[13]，除道[14]，莽曰通道。五街[15]，莽曰吾街。鶉孤[16]，歸德[17]，洛水出北蠻夷中，入河。有堵苑、白馬苑[18]。回獲[19]，略畔道[20]，莽曰延年道。泥陽[21]，莽曰泥陰。郁郅[22]，泥水[23]出北蠻夷中。有牧師苑官[24]。莽曰功著。義渠道[25]，莽曰義溝。弋居[26]，有鹽官。大𡖖[27]，廉[28]。卑移山[29]在西北。莽曰西河亭。

2 上郡[30]，秦置[31]，高帝元年[32]更為翟國，七月復故。匈歸都尉治塞外匈歸障[33]。屬并州。戶十萬三千六百八十三，口六十萬六千六百五十八。縣二十三：膚施，有五龍山[34]、帝[35]、原水[36]、黃帝祠四所。獨樂[37]，有鹽官。陽周[38]，橋山[39]在南，有黃帝冢。莽曰上陵畤。木禾[40]，平都[41]，淺水[42]，莽曰廣信。京室[43]，莽曰積粟。洛都[44]，莽曰卑順。白土[45]，圜水[46]出西，東入河[47]。莽曰黃土。襄洛[48]，莽曰上黨亭。原都[49]，漆垣[50]，莽曰漆牆。奢延[51]，莽曰奢節。離陰(52)，推邪(53)，莽曰排邪。楨林(54)，莽曰楨幹。高望(55)，北部都尉治。莽曰堅寧。雕陰道(56)，龜茲(57)，屬國都尉治。有鹽官。定陽(58)，高奴(59)，有洧水(60)，可難(61)。莽曰利平。望松(62)，北部都尉治。宜都(63)。莽曰堅寧小邑。

3 西河郡(64)，武帝元朔四年置(65)。南部都尉治塞外翁龍、埤是(66)。莽曰歸新。屬并州。戶十三萬六千三百九十，口六十九萬八千八百三十六。縣三十六：富昌(67)，有鹽官。莽曰富成。騶虞(68)，鵠澤(69)，平定，莽曰陰平亭。美稷(70)，屬國都尉治。中陽(71)，樂街(72)，莽曰截虜。徒經(73)，莽曰廉恥。皋狼(74)，大成(75)，莽曰好成。廣田(76)，莽曰廣翰。圜陰(77)，惠帝五年(78)置。莽曰方陰。益蘭(79)，莽曰香蘭。平周(80)，鴻門(81)，有天封苑火井祠(82)，火從地出也。藺(83)，宣武(84)，莽曰討貉。千章(85)，增山(86)，有道西出眩雷塞(87)，北部都尉治。圜陽(88)，廣衍(89)，武車(90)，莽曰桓車。虎猛(91)，西部都尉治。離石(92)，穀羅(93)，武澤(94)在西北。饒(95)，莽曰饒衍。方利(96)，莽曰廣德。隰成(97)，莽曰慈平亭。臨水(98)，莽曰監水。土軍(99)，西都(100)，莽曰五原亭。平陸(101)，陰山(102)，莽曰山寧。觬是(103)，莽曰伏觬。博陵(104)，莽曰助桓。鹽官(105)。

4 朔方郡(106)，武帝元朔二年開(107)。西部都尉治窳渾(108)。莽曰溝搜。屬并州。戶三萬四千三百三十八，口十三萬六千六百二十八。縣十：三封(109)，武帝元狩三年(110)城。朔方，金連鹽澤、青鹽澤(111)皆在南。莽曰武符。修都(112)，臨河(113)，莽曰監河。呼遒(114)，窳渾，有道西北出雞鹿塞[115]。屠申澤[116]在東。莽曰極武。渠搜[117]，中部都尉治。莽曰溝搜[118]。沃壄[119]，武帝元狩三年城。有鹽官。莽曰綏武。廣牧[120]，東部都尉治。莽曰鹽官。臨戎[121]。武帝元朔五年[122]城。莽曰推武。

5 五原郡[123]，秦九原郡，武帝元朔二年[124]更名。東部都尉治稒陽[125]。莽曰獲降。屬并州。戶三萬九千三百二十二，口二十三萬一千三百二十八。縣十六：九原，莽曰成平。固陵[126]，莽曰固調。五原[127]，莽曰填河亭。臨沃[128]，莽曰振武。文國[129]，莽曰繁聚。河陰[130]，蒲澤[131]，屬國都尉治。南興[132]，莽曰南利。武都[133]，莽曰桓都。宜梁[134]，曼柏[135]，莽曰延柏。成宜[136]，中部都尉治原高[137]，西部都尉治田辟[138]。有鹽官。莽曰艾虜。稒陽，北出石門障[139]得光祿城[140]，又西北得支就城[141]，又西北得頭曼城，又西北得虖河城，又西得宿虜城。莽曰固陰。莫䵣[142]，西安陽[143]，莽曰鄣安。河目[144]。

6 雲中郡[145]，秦置。莽曰受降。屬并州。戶三萬八千三百三，口十七萬三千二百七十。縣十一：雲中，莽曰遠服。咸陽[146]，莽曰賁武。陶林[147]，東部都尉治。楨陵[148]，緣胡山[149]在西北。西部都尉治。莽曰楨陸。犢和[150]，沙陵[151]，莽曰希恩。原陽[152]，沙南[153]，北輿[154]，中部都尉治。武泉[155]，莽曰順泉。陽壽[156]。莽曰常得。

7 定襄郡[157]，高帝置[158]。莽曰得降。屬并州。戶三萬八千五百五十九，口十六萬三千一百四十四。縣十二：成樂，桐過[159]，莽曰椅桐。都武[160]，莽曰通德。武進[161]，白渠水[162]出塞外，西至沙陵[163]入河。西部都尉治。莽曰伐蠻。襄陰[164]，武皋[165]，荒干水[166]出塞外，西至沙陵入河。中部都尉治。莽曰永武。駱[167]，莽曰遮要。安陶[168]，武城[169]，莽曰桓就。武要[170]，東部都尉治。莽曰厭胡。定襄[171]，莽曰著武。復陸[172]。莽曰聞武。

8 鴈門郡[173]，秦置。句注山[174]在陰館[175]。莽曰填狄。屬并州。戶七萬三千一百三十八，口二十九萬三千四百五十四。縣十四：善無，莽曰陰館。沃陽[176]，鹽澤[177]在東北，有長丞[178]。西部都尉治。莽曰敬陽。繁畤[179]，莽曰當要。中陵[180]，莽曰遮害。陰館，樓煩鄉[181]。景帝後三年[182]置。累頭山[183]，治水[184]所出，東至泉州[185]入海，過郡六，行千一百里。莽曰富代。樓煩[186]，有鹽官。武州[187]，莽曰桓州。汪陶[188]，劇陽[189]，莽曰善陽。崞[190]，莽曰崞張。平城[191]，東部都尉治。莽曰平順。埒[192]，莽曰填狄亭。馬邑[193]，莽曰章昭。彊陰[194]。諸聞澤[195]在東北。莽曰伏陰。

【章旨】以上所記為與北部邊防有關的北地、上、西河、朔方、五原、雲中、定襄、鴈門等八郡，概述各郡的行政建置及沿革、人口、自然地理等方面的情況。

【注釋】❶北地郡　郡名。轄境相當於今寧夏境內的賀蘭山、青銅峽、山水河以東以及甘肅環江、馬蓮河地域。郡治在馬領（今甘肅慶陽西北）。❷馬領　即馬嶺。領，通「嶺」。❸直路　縣名。今陝西富縣西南。❹沮水出西二句　沮水，即東沮水。洛水上游的支流。位於今陝西黃陵西。原作「出東，西入洛」，王念孫、陳澧、王先謙都說「西」、「東」誤倒。❺靈武　縣名。今寧夏賀蘭西北。❻富平　縣名。今寧夏吳忠西南。❼神泉障　要塞名。位於今寧夏靈武東部的長城附近。❽渾懷障　要塞名。位於今寧夏陶樂西南。❾靈州　縣名。今寧夏靈武北。州，殿本作「洲」。❿惠帝四年　即西元前一九一年。⓫河奇苑號非苑　均為苑名。位於今寧夏銀川附近：河奇苑位於市區東南，號非苑位於市區南。⓬昫衍　縣名。今寧夏鹽池。⓭方渠　縣名。今甘肅環縣東南。⓮除道　道名。今地不詳。⓯五街　縣名。今地不詳。⓰鶉孤　縣名。今甘肅涇川東南。⓱歸德　縣名。今陝西吳旗西北。⓲堵苑白馬苑　均為苑名。應當位於今陝西吳旗一帶。⓳回獲　縣名。今地不詳。⓴略畔道　道名。今甘肅合水北。㉑泥陽　縣名。今甘肅正寧西。㉒郁郅　縣名。今甘肅慶陽。㉓泥水　即今甘肅境內的涇河支流馬蓮河及其上游東河。㉔牧師菀官　官名。主管牧場事務。位於今甘肅慶陽西北。菀，同「苑」。㉕義渠道　道名。今甘肅合水西。㉖弋居　縣名。今甘肅寧縣東南。㉗大𡡾　縣名。今甘肅寧縣。𡡾，古文「要」。㉘廉　縣名。今寧夏銀川西北。㉙卑移山　即今賀蘭山。位於今寧夏銀川西北。㉚上郡　郡名。轄境相當於今陝西無定河流域以及內蒙古鄂托克旗等地。郡治在膚施（今陝西榆林東南）。㉛秦置　上郡原本為戰國時的魏國設置。秦惠文王十年（西元前三二八年），魏納上郡於秦，漢代又將其分為上郡和西河郡。㉜高帝元年　即西元前二〇六年。㉝匈歸障　要塞名。位於今寧夏鹽池東和內蒙古交界處。是當時的匈歸都尉治所。㉞五龍山　山名。位於今陝西米脂西北的無定河畔。㉟帝　帝水。即今無定河上游的輸林河。㊱原水　即今無定河。按：此處注文後有脫漏。應補「莽曰增山」一句。㊲獨樂　縣名。今陝西米脂西北。㊳陽周　縣名。今陝西綏德西面的大理河東岸。㊴橋山　山名。位於今陝西綏德西南。今陝西黃陵亦有橋山，山脈綿亙八百餘里。㊵木禾　縣名。今地不詳。㊶平都　縣名。今陝西子長西南。㊷淺水　縣名。今陝西黃陵西北。㊸京室　縣名。今地不詳。㊹洛都　縣名。今地不詳。㊺白土　縣名。今陝西神木西。㊻圜水　即今陝西北部的黃河支流禿尾河。圜，通「圁」。㊼東入河　《水經注》作「南入河」。實際上是東南流注入河水（黃河）。㊽襄洛　縣名。今陝西甘泉西南。㊾原都　縣名。今地不詳。㊿漆垣　縣名。今陝西銅川西北。(51)奢延　縣名。今陝西靖邊西北內蒙古境內的紅柳河東岸。(52)雕陰　縣名。今陝西富縣西北。(53)推邪　縣名。今地不詳。(54)楨林　縣名。今內蒙古準噶爾旗西南。(55)高望　縣名。今內蒙古烏審旗西北的毛烏素沙漠中。(56)雕陰道　道名。今陝西甘泉西。(57)龜茲　縣名。今陝西榆林北。(58)定陽　縣名。今陝西甘泉東北。(59)高奴　縣名。今陝西延安北。(60)洧水　即今陝西境內的黃河支流延河。(61)可難　此處注文應當依據《水經注》改為：「有洧水肥可燃。」又依據《博物志》記載，「其水有肥如肉汁，取著器中，如黃後黑如凝膏，然極明，與膏無異。」這是關於我國石油礦最早的記載。(62)望松　縣名。

今地不詳。按：該縣與上文高望縣下，均有「北部都尉治」的注文，疑二者之一有誤。(63)宜都　縣名。今地不詳。(64)西河郡　郡名。轄境相當於今內蒙古伊克昭盟東部，山西呂梁山、蘆芽山以西，石樓以北以及陝西宜川以北的黃河沿岸地帶。郡治在平定(今內蒙古準噶爾旗西南)。(65)元朔四年置　指武帝元朔四年(西元前一二五年)分上郡之地而設置西河郡。(66)翁龍埤是　要塞名。都位於當時的大成縣南，即今內蒙古伊金霍洛旗西。(67)富昌　縣名。今內蒙古準噶爾旗東南。按：富昌非西河郡郡治，不應當列在各縣之首，而應當將後文中的「平定」列於此。懷疑此處文字有錯亂。(68)騶虞　縣名。今地不詳。(69)鵠澤　縣名。今地不詳。(70)美稷　縣名。今內蒙古準噶爾旗西北。是當時的屬國都尉治所。(71)中陽　縣名。今山西中陽。(72)樂街　縣名。今地不詳。(73)徒經　縣名。今地不詳。(74)皋狼　縣名。今山西離石西北。(75)大成　縣名。今內蒙古伊金霍洛旗西。(76)廣田　縣名。今地不詳。(77)圜陰　縣名。今陝西神木西南的禿尾河西岸。(78)惠帝五年　即西元前一九〇年。(79)益蘭　縣名。今地不詳。蘭，景祐本、慶元本、蔡琪本、汲古閣本皆作「闌」。(80)平周　縣名。今山西孝義西南。(81)鴻門　縣名。今陝西榆林東北。與當時京兆尹境內戲水西岸的鴻門並非一地。(82)天封苑火井祠　苑名、祠名。應當位於今陝西榆林一帶，具體方位不詳。(83)藺　縣名。今山西離石西。(84)宣武　縣名。今地不詳。(85)千章　縣名。今地不詳。(86)增山　縣名。治今內蒙古東勝西北。是當時該郡的北部都尉治所。(87)眩雷塞　要塞名。位於今內蒙古杭錦旗東面的沙漠中。(88)圜陽　縣名。今陝西佳縣北。(89)廣衍　縣名。今內蒙古準噶爾旗西南。(90)武車　縣名。今地不詳。(91)虎猛　縣名。今內蒙古伊金霍洛旗西南。是當時該郡的西部都尉治所。(92)離石　縣名。今山西離石。(93)穀羅　縣名。今內蒙古準噶爾旗西南。(94)武澤　疑為虎澤。今內蒙古準噶爾旗西北。(95)饒　縣名。今地不詳。(96)方利　縣名。今地不詳。(97)隰成　縣名。今山西離石西南的三川河北岸。(98)臨水　縣名。今山西臨縣東北。(99)土軍　縣名。今山西石樓。(100)西都　縣名。今地不詳。(101)平陸　縣名。今地不詳。(102)陰山　縣名。今陝西宜川東北。(103)觬是　一作「觬氏」。縣名。今地不詳。(104)博陵　縣名。今地不詳。(105)鹽官　縣名。今地不詳。(106)朔方郡　郡名。轄境相當於今內蒙古河套西北部以及後套地區。郡治在朔方(今杭錦旗北)。(107)元朔二年開　朔方在秦朝屬於九原郡，漢初為匈奴所占。武帝元朔二年(西元前一二七年)開拓邊疆時設置為郡。後又設置朔方州，下轄朔方、五原、上郡、金城、武威、張掖、酒泉、敦煌等八郡。(108)窳渾　縣名。今內蒙古杭錦後旗西南的烏蘭布和沙漠中。(109)三封　縣名。今內蒙古磴口西北。按：三封非朔方郡治而置於各縣之首，不妥。疑此文有錯亂。(110)元狩三年　即西元前一二〇年。(111)金連鹽澤青鹽澤　鹽澤名。均位於今內蒙古杭錦旗西北的巴彥烏蘇鎮一帶，今已淤涸。(112)修都　縣名。今內蒙古杭錦旗西北。(113)臨河　縣名。今內蒙古杭錦後旗東北的烏加河南。(114)呼遒　縣名。今內蒙古烏特拉前旗東南。(115)雞鹿塞　要塞名。今內蒙古杭錦旗西南。[116]屠申澤　澤名。今內蒙古杭錦旗西南，東與黃河相通。乾涸已久。[117]渠搜　縣名。今內蒙古烏特拉前旗東南。[118]莽曰溝搜　《水經注》作「莽曰溝搜亭」。〈地理志〉脫「亭」字，應補。[119]沃壄　縣名。今內蒙古臨河西南。[120]廣牧　縣名。今內蒙古五原西南的黃河南岸。[121]臨戎　縣名。今內蒙古磴口北。[122]元朔五年　即西元前一二四年。[123]五原郡　郡名。轄境相當於今內蒙古後套以東，陰山以南，包頭以西以及達拉特旗、準噶爾旗地區。郡治在九原（今包頭西北）。[124]元朔二年　即西元前一二七年。[125]稒陽　縣名。治今內蒙古包頭東。是當時該郡的東部都尉治所。[126]固陵　縣名。今地不詳。[127]五原　縣名。治今內蒙古包頭西北。[128]臨沃　縣名。治今內蒙古包頭西。[129]文國　一作父國。縣名。今地不詳。[130]河陰　縣名。治今內蒙古達拉特旗西北的黃河南岸。[131]蒲澤　縣名。今地不詳。是當時的屬國都尉治所。[132]南興　《水經注》作「南輿」。縣名。治今內蒙古準噶爾旗東。[133]武都　縣名。今內蒙古托克托西南。[134]宜梁　縣名。今內蒙古包頭西北。[135]曼柏　縣名。今內蒙古東勝東北。[136]成宜　縣名。今內蒙古烏拉特前旗東南。[137]原高　《水經注》作「原亭」。地名。故址位於當時成宜縣東南的黃河岸邊，即今內蒙古烏拉特前旗東南。[138]田辟　地名。位於今內蒙古烏拉特前旗東南。[139]石門障　要塞名。位於今內蒙古包頭北。[140]光祿城　要塞名。漢武帝時修築。位於今內蒙古包頭西北。[141]支就城　和下文的頭曼城、虖河城、宿虜城均為要塞名。都位於今內蒙古包頭以北地區。[142]莫䵣　縣名。今地不詳。[143]西安陽　縣名。今內蒙古烏拉特前旗東南。[144]河目　縣名。今內蒙古烏拉特前旗東北的烏梁素海東岸。[145]雲中郡　郡名。轄境相當於今內蒙古土默特右旗以東，大青山以南，呼和浩特以西，托克托、清水河等地以北地區。郡治在雲中（今托克托東北）。[146]咸陽　縣名。今內蒙古土默特右旗以東。[147]陶林　縣名。今內蒙古呼和浩特東北。是當時該郡的東部都尉治所。[148]楨陵　縣名。今內蒙古清水河西北。是當時該郡的西部都尉治所。[149]緣胡山　山名。位於今內蒙古托克托東南。[150]犢和　縣名。今內蒙古固陽東南。[151]沙陵　縣名。今內蒙古托克托北。[152]原陽　縣名。今內蒙古呼和浩特東南。[153]沙南　縣名。今內蒙古托克托東南。[154]北輿　縣名。今內蒙古呼和浩特。是當時該郡的中部都尉治所。[155]武泉　縣名。今內蒙古呼和浩特東北。[156]陽壽　縣名。今內蒙古托克托。[157]定襄郡　郡名。轄境相當於今內蒙古長城以北的卓資、和林格爾、清水河等地區。郡治在成樂（今和林格爾西北）。[158]高帝置　指高帝六年（西元前二〇一年）分秦時的太原、雁門二郡地區而設置定襄郡。[159]桐過　縣名。今內蒙古清水河西北。[160]都武　縣名。今地不詳。[161]武進　縣名。今內蒙古和林格爾東北。是當時該郡的西部都尉治所。[162]白渠水　黃河在內蒙古境內的支流之一。發源於今內蒙古涼城西部，與今大黑河合流後向西南流經今內蒙古托克托注入黃河。[163]沙陵　即當時雲中郡的沙陵縣。今內蒙古托克托北。[164]襄陰　縣名。今地不詳。[165]武皋　縣名。今內蒙古呼和浩特東北。是當時該郡的中部都尉治所。[166]荒干水　《水經注》作「芒干水」。即今內蒙古境內的大黑河。167駱　縣名。今內蒙古清水河西南。168安陶　縣名。今內蒙古呼和浩特東部。169武城　縣名。今內蒙古清水河北。與當時左馮翊之武城縣並非一地。170武要　縣名。今內蒙古卓資西北。171定襄　縣名。今內蒙古呼和浩特東南。172復陸　縣名。今地不詳。173鴈門郡　郡名。轄境相當於今山西河曲、五寨、寧武等地以北，恆山以西，內蒙古黃旗海、岱海以南地區。郡治在善無（今山西右玉南）。174句注山　又名陘嶺、西陘山。位於今山西朔州東南。175陰館　縣名。今山西朔州東南。176沃陽　縣名。今內蒙古涼城西南。是當時該郡的西部都尉治所。177鹽澤　澤名。即今岱海。地處內蒙古涼城東北。178長丞　長官和副手。179繁畤　縣名。今山西渾源西南。180中陵　縣名。今山西平魯西北。181樓煩鄉　地名。今山西寧武東北。182景帝後三年　即西元前一四一年。183累頭山　山名。位於今山西寧武東北。184治水　即今桑乾河上游。185泉州　縣名。今天津武清西南。當時屬於漁陽郡。186樓煩　縣名。今山西寧武。187武州　縣名。今山西左雲。188洼陶　縣名。今山西應縣西。189劇陽　縣名。今山西應縣東北。190崞　縣名。今山西渾源西北。191平城　縣名。今山西大同東北。是當時該郡的東部都尉治所。192埒　縣名。今山西神池東北。193馬邑　縣名。今山西朔州。194彊陰　縣名。今內蒙古涼城東部。195諸聞澤　澤名。即今黃旗海，位於今內蒙古集寧東南。

【語譯】北地郡，秦朝時設置。王莽時稱為威成郡。戶籍為六萬四千四百六十一戶，人口為二十一萬零六百八十八人。下轄十九個縣：馬領，直路，沮水發源於縣西，向東流入洛水。靈武，王莽時稱為威成亭。富平，北部都尉官署駐在神泉障。渾懷都尉官署駐在塞外的渾懷障。王莽時稱為特武。靈州，惠帝四年設置。境內有河奇苑、號非苑。王莽時稱為令周。昫衍，方渠，除道，王莽時稱為通道。五街，王莽時稱為吾街。鶉孤，歸德，洛水發源於北方蠻夷聚居之地，注入黃河。境內有堵苑、白馬苑。回獲，略畔道，王莽時稱為延年道。泥陽，王莽時稱為泥陰。郁郅，泥水發源於北方蠻夷聚居之地。境內設有牧師菀官。王莽時稱為功著。義渠道，王莽時稱為義溝。弋居，設有鹽官。大要，廉縣。卑移山位於縣西北。王莽時稱為西河亭。

2　上郡，秦朝時設置，高帝元年改稱翟國，同年七月又改稱上郡。匈歸都尉官署設置在塞外的匈歸障。該郡屬於并州。戶籍為十萬三千六百八十三戶，人口為六十萬六千六百五十八人。下轄二十三個縣：膚施，境內有五龍山、帝水、原水、黃帝祠等四座祠廟。獨樂，設有鹽官。陽周，橋山位於縣南，這裡有黃帝的墳墓。

王莽時稱為上陵畤。木禾，平都，淺水，王莽時稱為廣信。京室，王莽時稱為積粟。洛都，王莽時稱為卑順。白土，圜水發源於縣西，向東流注入黃河。王莽時稱為黃土。襄洛，王莽時稱為上黨亭。原都，漆垣，王莽時稱為漆牆。奢延，王莽時稱為奢節。雕陰，推邪，王莽時稱為排邪。楨林，王莽時稱為楨幹。高望，該郡的北部都尉治所。王莽時稱為堅寧。雕陰道，龜茲，屬國都尉治所。縣內設有鹽官。定陽，高奴，境內有洧水，水中含有油脂，可以燃燒。王莽時稱為利平。望松，該郡的北部都尉治所。宜都。王莽時稱為堅寧小邑。

3 西河郡，武帝元朔四年設置。南部都尉治所位於塞外的翁龍、埤是。王莽時稱為歸新郡。該郡屬於并州。戶籍為十三萬六千三百九十戶，人口為六十九萬八千八百三十六人。下轄三十六個縣：富昌，設有鹽官。王莽時稱為富成。騶虞，鵠澤，平定，王莽時稱為陰平亭。美稷，屬國都尉治所。中陽，樂街，王莽時稱為截虜。徒經，王莽時稱為廉恥。皋狼，大成，王莽時稱為好成。廣田，王莽時稱為廣翰。圜陰，惠帝五年設置。王莽時稱為方陰。益蘭，王莽時稱為香蘭。平周，鴻門，境內有天封苑和火井祠，火井祠因為火從地下噴出而得名。藺縣，宣武，王莽時稱為討貉。千章，增山，有道路通往縣西的眩雷塞，北部都尉治所。圜陽，廣衍，武車，王莽時稱為桓車。虎猛，西部都尉治所。離石，穀羅，武澤位於縣西北。饒縣，王莽時稱為饒衍。方利，王莽時稱為廣德。隰成，王莽時稱為慈平亭。臨水，王莽時稱為監水。土軍，西都，王莽時稱為五原亭。平陸，陰山，王莽時稱為山寧。觬是，王莽時稱為伏觬。博陵，王莽時稱為助桓。鹽官。

4 朔方郡，武帝元朔二年開拓邊疆時設置。西部都尉治所在窳渾。王莽時稱為溝搜。屬於并州。戶籍為三萬四千三百三十八戶，人口為十三萬六千六百二十八人。下轄十個縣：三封，武帝元狩三年建城。朔方，金連鹽澤、青鹽澤都位於縣南。王莽時稱為武符。修都，臨河，王莽時稱為監河。呼遒，窳渾，有道路通往縣西北的雞鹿塞。屠申澤位於縣東。王莽時稱為極武。渠搜，中部都尉治所。王莽時稱為溝搜。沃壄，武帝元狩三年建城。縣內設有鹽官。王莽時稱為綏武。廣牧，東部都尉治所。王莽時稱為鹽官。臨戎。武帝元朔五年建城。王莽時稱為推武。

5 五原郡，秦朝時稱為九原郡，武帝元朔二年改名。東部都尉治所在稒陽。王莽時稱為獲降郡。屬於并州。

戶籍為三萬九千三百二十二戶，人口為二十三萬一千三百二十八人。下轄十六個縣：九原，王莽時稱為成平。固陵，王莽時稱為固調。五原，王莽時稱為填河亭。臨沃，王莽時稱為振武。文國，王莽時稱為繁聚。河陰，蒲澤，屬國都尉治所。南興，王莽時稱為南利。武都，王莽時稱為桓都。宜梁，曼柏，王莽時稱為延柏。成宜，該郡的中部都尉治所在原高，西部都尉治所在田辟。縣內設有鹽官。王莽時稱為艾虜。稒陽，出了縣北的石門障，可以到達光祿城，再向西北行可以到達支就城，再向西北行可以到達頭曼城，再向西北行可以到達虖河城，再向西行可以到達宿虜城。王莽時稱為固陰。莫䵣，西安陽，王莽時稱為鄣安。河目。

6 雲中郡，秦朝時設置。王莽時稱為受降郡。屬於并州。戶籍為三萬八千三百零三戶，人口為十七萬三千二百七十人。下轄十一個縣：雲中，王莽時稱為遠服。咸陽，王莽時稱為賁武。陶林，東部都尉治所。楨陵，緣胡山位於縣西北。西部都尉治所。王莽時稱為楨陸。犢和，沙陵，王莽時稱為希恩。原陽，沙南，北輿，中部都尉治所。武泉，王莽時稱為順泉。陽壽。王莽時稱為常得。

7 定襄郡，高帝時設置。王莽時稱為得降郡。屬於并州。戶籍為三萬八千五百五十九戶，人口為十六萬三千一百四十四人。下轄十二個縣：成樂，桐過，王莽時稱為椅桐。都武，王莽時稱為通德。武進，境內的白渠水發源於塞外，向西流至沙陵縣，注入黃河。西部都尉治所。王莽時稱為伐蠻。襄陰，武皋，境內的荒干水發源於塞外，向西流至沙陵縣，注入黃河。中部都尉治所。王莽時稱為永武。駱縣，王莽時稱為遮要。安陶，王莽時稱為迎符。武城，王莽時稱為桓就。武要，東部都尉治所。王莽時稱為厭胡。定襄，王莽時稱為著武。復陸。王莽時稱為聞武。

8 鴈門郡，秦朝時設置。句注山位於該郡的陰館縣。王莽時稱為填狄郡。屬於并州。戶籍為七萬三千一百三十八戶，人口為二十九萬三千四百五十四人。下轄十四個縣：善無，王莽時稱為陰館。沃陽，鹽澤位於縣東北部，設有正副長官管理。西部都尉治所。王莽時稱為敬陽。繁時，王莽時稱為當要。中陵，王莽時稱為遮害。陰館，境內有樓煩鄉。該縣為景帝後元三年設置。縣內的累頭山，是治水的發源地，此水向東流至泉州縣，注入大海，流經六個郡，全長一千一百里。王莽時稱為富代。樓煩，設有鹽官。武州，王莽時稱為桓州。涅陶，劇陽，王莽時稱為善陽。崞縣，王莽時稱為崞張。平城，東部都尉治所。王莽時稱為平順。埒縣，王莽時稱為填狄亭。馬邑，王莽時稱為章昭。彊陰。諸聞澤位於縣東北。王莽時稱為伏陰。

1 代郡❶，秦置。莽曰厭狄。有五原關❷、常山關❸。屬幽州。戶五萬六千七百七十一，口二十七萬八千七百五十四。縣十八：桑乾❹，莽曰安德。道人❺，莽曰道仁。當城❻，高柳❼，西部都尉治。馬城❽，東部都尉治。班氏❾，秦地圖書❿班氏。莽曰班副。延陵⓫，狋氏⓬，莽曰狋聚。且如⓭，于延水⓮出塞外，東至寧⓯入沽⓰。中部都尉治。平邑⓱，莽曰平胡。陽原⓲，東安陽⓳，莽曰竟安。參合⓴，平舒㉑，祁夷水㉒北至桑乾入沽。莽曰平葆。代，莽曰厭狄亭。靈丘㉓，滱河㉔東至文安㉕入大河㉖，過郡五，行九百四十里。并州川。廣昌㉗，淶水㉘東南至容城㉙入河，過郡三，行五百里，并州寖。莽曰廣屏。鹵城㉚，虖池河㉛東至參戶㉜入虖池別㉝，過郡九，行千三百四十里，并州川。從河東至文安入海，過郡六，行千三百七十里。莽曰魯盾。

2 上谷郡㉞，秦置。莽曰朔調。屬幽州。戶三萬六千八，口十一萬七千七百六十二。縣十五：沮陽，莽曰沮陰。泉上㉟，莽曰塞泉。潘㊱，莽曰樹武。軍都㊲，溫餘水㊳東至路㊴，南入沽㊵。居庸㊶，有關。雊瞀㊷，夷輿㊸，莽曰朔調亭。寧㊹，西部都尉治。莽曰博康。昌平[45]，莽曰長昌。廣寧[46]，莽曰廣康。涿鹿[47]，莽曰抪陸。且居[48]，陽樂水出東，南入沽[49]。莽曰久居。茹[50]，莽曰穀武。女祁[51]，東部都尉治。莽曰祁。下落[52]。莽曰下忠。

3 漁陽郡[53]，秦置。莽曰通路。屬幽州。戶六萬八千八百二，口二十六萬四千一百一十六。縣十二：漁陽，沽水[54]出塞外，東南至泉州[55]入海，行七百五十里。有鐵官。莽曰得漁。狐奴[56]，莽曰舉符。路[57]，莽曰通路亭。雍奴[58]，泉州，有鹽官。莽曰泉調。平谷[59]，安樂[60]，厗奚[61]，莽曰敦德。獷平[62]，莽曰平獷。要陽[63]，都尉治。莽曰要術。白檀[64]，洫水[65]出北蠻夷。滑鹽[66]。莽曰匡德。

4 右北平郡[67]，秦置。莽曰北順。屬幽州。戶六萬六千六百八十九，口三十二萬七百八十。縣十六：平剛，無終[68]，故無終子國[69]。浭水[70]西至雍奴入海，過郡二，行六百五十里。石成[71]，廷陵[72]，莽曰鋪武。俊靡[73]，灅水[74]南至無終東入庚。莽曰俊麻。薋[75]，都尉治。莽曰裦睦。徐無[76]，莽曰北順亭。字[77]，榆水[78]出東。土垠[79]，白狼[80]，莽曰伏狄。夕陽[81]，有鐵官。莽曰夕陰。昌城[82]，莽曰淑武。驪成[83]，大揭石山[84]在縣西南。莽曰揭石。廣成[85]，莽曰平虜。聚陽[86]，莽曰篤睦。平明[87]。莽曰平陽。

5 遼西郡[88]，秦置。有小水四十八，并行三千四十六里。屬幽州。戶七萬二千六百五十四，口三十五萬二千三百二十五。縣十四：且慮[89]，有高廟[90]。莽曰鉏[91]慮。海陽[92]，龍鮮水東入封大水[93]。封大水、緩虛水皆南入海。有鹽官。新安平[94]，夷水[95]東入塞外。柳城[96]，馬首山[97]在西南。參柳水[98]北入海[99]。西部都尉治。令支[100]，有孤竹城[101]。莽曰令氏亭。肥如[102]，玄水[103]東入濡水。濡水南入海陽。又有盧水[104]，南入玄。莽曰肥而。賓從[105]，莽曰勉武。交黎[106]，渝水[107]首受塞外，南入海[108]。東部都尉治。莽曰禽虜。陽樂，狐蘇[109]，唐就水[110]至徒河[111]入海。徒河，莽曰河福。文成[112]，莽曰言虜。臨渝[113]，渝水首受白狼[114]，東入塞外。又有侯水[115]，北入渝。莽曰馮德。絫[116]。下官水[117]南入海。又有揭石水、賓水，皆南入官[118]。莽曰選武。

6 遼東郡[119]，秦置。屬幽州。戶五萬五千九百七十二，口二十七萬二千五百三十九。縣十八：襄平，有牧師官[120]。莽曰昌平。新昌[121]，無慮[122]，西部都尉治。望平[123]，大遼水[124]出塞外，南至安市[125]入海，行千二百五十里。莽曰長說。房[126]，候城[127]，中部都尉治。遼隊[128]，莽曰順睦。遼陽[129]，大梁水[130]西南至遼陽入遼[131]。莽曰遼陰。險瀆[132]，居就[133]，室僞山[134]，室僞水所出，北至襄平入梁[135]也。高顯[136]，安市，武次[137]，東部都尉治。莽曰桓次。平郭[138]，有鐵官、鹽官。西安平[139]，莽曰北安平。文[140]，莽曰文亭。番汗[141]，沛水[142]出塞外，西南入海[143]。沓氏[144]。

7 玄菟郡[145]，武帝元封四年開[146]。高句驪[147]，莽曰下句驪。屬幽州。戶四萬五千六，口二十二萬一千八百四十五。縣三：高句驪，遼山[148]，遼水所出，西南至遼隊[149]入大遼水。又有南蘇水(150)，西北經塞外。上殷台(151)，莽曰下殷。西蓋馬(152)。馬訾水(153)西北入鹽難水(154)，西南至西安平(155)入海，過郡二，行二千一百里。莽曰玄菟亭。

8 樂浪郡(156)，武帝元封三年開。莽曰樂鮮。屬幽州。戶六萬二千八百一十二，口四十萬六千七百四十八。有雲鄣(157)。縣二十五：朝鮮，䛁邯(158)，浿水(159)，水西至增地(160)入海。莽曰樂鮮亭。含資(161)，帶水(162)西至帶方(163)入海。黏蟬(164)，遂成(165)，增地，莽曰增土。帶方，駟望(166)，海冥(167)，莽曰海桓。列口(168)，長岑(169)，屯有(170)，昭明(171)，南部都尉治。鏤方(172)，提奚(173)，渾彌(174)，吞列(175)，分黎山(176)，列水所出，西至黏蟬入海(177)，行八百二十里。東暆(178)，不而(179)，東部都尉治。蠶台(180)，華麗(181)，邪頭昧(182)，前莫(183)，夫租(184)。

【章　旨】以上所記為東北邊境的代、上谷、漁陽、右北平、遼西、遼東、玄菟、樂浪（皆屬幽州）等八郡，概述各郡的行政建置及沿革、人口、自然地理等方面的情況。

【注　釋】❶代郡　郡名。轄境相當於今河北懷安、蔚縣以西，山西陽高、渾源等地以東內外長城之間的地區以及長城以外的東洋河流域。郡治在代縣（今蔚縣東北）。❷五原關　應當為「五阮關」。關隘名。即今河北易縣西北的紫荊關。❸常山關　又名鴻上關。關隘名。即今河北唐縣西北太行山東麓的倒馬關。代郡在西漢時屬於并州，東漢時方屬於幽州。此處所說的「屬幽州」有誤。❹桑乾　縣名。今河北陽原東。桑乾縣非代郡郡治，不應列於各縣之首，疑此處有錯亂。❺道人　縣名。今山西陽高東南。❻當城　縣名。今河北蔚縣東北。❼高柳　縣名。今山西陽高。是當時該郡的西部都尉治所。❽馬城　縣名。今河北懷安西北。是當時該郡的東部都尉治所。❾班氏　縣名。今山西大同東南。❿書　書寫；標記。⓫延陵　縣名。今河北懷安西。⓬狋氏　縣名。今山西渾源東北。⓭且如　縣名。今內蒙古興和西北。是當時該郡的中部都尉治所。⓮于延水即今內蒙古、河北兩省區境內桑乾河的支流洋河。⑮寧　縣名。今河北萬全。當時屬於上谷郡。⑯沽　應當為「治」。治水，即今桑乾河。當時于延水之注入地應當為治水，而非沽水（今河北境內的白河）。沽、治二水平行向東南流注入勃海，且二水之上源相距甚遠。⑰平邑　縣名。今山西大同東南。⑱陽原　縣名。今河北陽原西南。⑲東安陽　縣名。今河北陽原東南。⑳參合　縣名。今山西陽高南。參，通「三」。㉑平舒　縣名。今山西廣靈西北。㉒祁夷水　即今桑乾河支流之一。發源於今山西廣靈西北，向東北流經今河北蔚縣，在河北陽原注入桑乾河。與于延水一樣，祁夷水也注入治水。此處的「沽」，也應當改為「治」。㉓靈丘　縣名。今山西靈丘東。㉔滱河　即今河北境內的唐河。㉕文安　縣名。今河北文安東北。當時屬於勃海郡。㉖大河　應當為「大海」。㉗廣昌　縣名。今河北淶源北。㉘淶水　即今河北境內的拒馬河。㉙容城　縣名。今河北容城北。當時屬於涿郡。㉚鹵城　縣名。今山西靈丘西南。㉛虖池河　即今山西、河北兩省境內的滹沱河。㉜參戶　縣名。今河北青縣西南。當時屬於勃海郡。原作「參合」。齊召南、王先謙都說「參合」當是「參戶」之誤。㉝虖池別　即虖池別水。當時從河間國武隧縣（今河北武強西北）東南，虖池河分流為南北並行的兩條支流（今子牙河和清涼江下游）。這兩條支流又在參戶縣東北（今青縣）重新注入虖池河，再注入勃海。為了與虖池河相區別，稱之為虖池別水。㉞上谷郡　郡名。轄境相當於今河北張家口、小五臺山以東，赤城、北京延慶以西以及內長城、昌平以北地區。郡治在沮陽（今河北懷來東南）。㉟泉上　縣名。今河北懷來東北。㊱潘　縣名。今河北涿鹿西南。㊲軍都　縣名。今北京昌平西南。㊳溫餘水　應當為「濕餘水」。位於今北京昌平境內。㊴路　縣名。今河北三河西南。當時屬於漁陽郡。㊵沽　沽水。即今白河。㊶居庸　縣名。今北京延慶。㊷雊瞀　縣名。今河北蔚縣東北。㊸夷輿　縣名。今北京延慶東北。㊹寧　縣名。今河北萬全。是當時該郡的西部都尉治所。㊺昌平　縣名。今北京昌平東南。㊻廣寧　縣名。今河北張家口。㊼涿鹿　縣名。今河北涿鹿東南。㊽且居　縣名。今河北懷來西。㊾陽樂水二句　原作「樂陽水出東，南入海」。據王念孫說改。陽樂水，即今河北境內的白河上游支流。㊿茹　縣名。今河北涿鹿東北。(51)女祁　縣名。今河北赤城南。是當時該郡的東部都尉治所。(52)下落　縣名。今河北涿鹿。(53)漁陽郡　郡名。轄境相當於今河北圍場以南，天津以北，北京懷柔、通縣以東，薊運河以西地區。郡治在漁陽（今北京密雲西南）。(54)沽水　上游即今河北境內的白河，下游自今北京順義東南流經通州注入海河。(55)泉州　縣名。今天津武清西南。(56)狐奴　縣名。今北京順義東北。(57)路　縣名。今河北三河西南。(58)雍奴　縣名。今天津寶坻西南。(59)平谷　縣名。今北京平谷東北。(60)安樂　縣名。今北京順義西北。(61)厗奚　縣名。今北京密雲東北。(62)獷平　縣名。今北京密雲東北。(63)要陽　縣名。今河北灤平西北。是當時該郡的都尉治所。(64)白檀　縣名。今河北灤平北。(65)洫水　應當為濡水。即今河北東北部的灤河。古稱難河。發源於當時與烏桓部族接界的北部邊境，向東南流注入勃海。(66)滑鹽　縣名。今河北灤平南。(67)右北平郡　郡名。轄境相當於今河北承德、天津薊縣以東大部和遼寧大凌河上游以南、六股河以西地區。郡治在平剛（今遼寧淩源西南）。(68)無終　縣名。今天津薊縣。(69)無終子國　即無終國。春秋時山戎國名。原本位於今天津薊縣，後遷至今河北張家口以北的崇禮一帶。(70)浭水　又名還鄉河。即今河北薊運河的上游。(71)石成　即石城。縣名。今遼寧建昌西。成，通「城」。(72)廷陵　縣名。今地不詳。(73)俊靡　縣名。今河北遵化西北。(74)灅水　即今河北遵化境內的沙河。又名十河。發源於縣北的長城外，向南流經縣西，折西南注入庚水（今沽河）。(75)薋　縣名。在今河北遵化境內。是當時該郡的都尉治所。(76)徐無　縣名。今河北遵化東。(77)字　縣名。今河北平泉東北。(78)榆水　即今遼寧境內的大凌河。發源於當時的字縣東部，向東流再折南，於今錦州東注入遼東灣。(79)土垠　縣名。今河北豐潤東。(80)白狼　縣名。今遼寧建昌西北。(81)夕陽　縣名。今河北遷西西南。(82)昌城　縣名。今河北唐山西。(83)驪成　縣名。大約位於今河北撫寧境內。(84)大揭石山　即〈禹貢〉所說的碣石山。位於今河北昌黎西北。一說位於今河北樂亭西南。揭，通「碣」。(85)廣成　縣名。今遼寧建昌。(86)聚陽　縣名。今地不詳。(87)平明　縣名。今地不詳。(88)遼西郡　郡名。轄境相當於今河北遷西、樂亭等地以東，長城以南，遼寧松嶺山以東，大凌河下游以西地區。郡治在陽樂（今遼寧義縣西南）。(89)且慮　縣名。今遼寧義縣東北。且慮非遼西郡郡治，不應當列於各縣之首。懷疑此文有錯亂。(90)高廟　指漢高帝劉邦的祠廟。(91)鉏　通「鋤」。(92)海陽　縣名。今河北灤縣西南。(93)龍鮮水東入封大水　龍鮮水、封大水，二水均發源於今河北唐山北部，向南流經今唐山注入勃海灣。下文中的緩虛水，發源於今河北遷安西的山地，向南流經當時的海陽縣西注入勃海。今河道已湮。(94)新安平　縣名。今河北灤縣西北。(95)夷水　與漁陽郡注文中提到的沺水一樣，該水亦應當為濡水。即今河北境內的灤河。(96)柳城　縣名。今遼寧朝陽西南。是當時該郡的西部都尉治所。(97)馬首山　即今遼寧朝陽西南的首山（一作手山）。(98)參柳水　即今遼寧境內的孟克河。(99)海　該處指內陸湖。位於今吉林奈曼旗西北。(100)令支　縣名。今河北遷安西。(101)孤竹城　地名。今河北盧龍南。(102)肥如　縣名。今河北遷安東北。(103)玄水　即今河北境內灤河的支流青龍河。(104)盧水　當時玄水（今青龍河）的支流。今河道已湮。(105)賓從　應當為「賓徒」。縣名。治今遼寧錦州北。(106)交黎　縣名。治今遼寧義縣。(107)渝水　應當為「榆水」。即今大凌河。該處指當時榆水的北源侯水（今牤牛河）。(108)海　文中指勃海。即今遼東灣。(109)狐蘇　縣名。今遼寧錦州西北的小凌河北岸。(110)唐就水　即今遼寧境內的小凌河。(111)徒河　縣名。今遼寧錦州。(112)文成　縣名。今遼寧建昌東。(113)臨渝　縣名。今遼寧朝陽東。(114)白狼　水名。即今遼寧境內大凌河的南源。(115)侯水　當時榆水（今大凌河）的北源。即今牤牛河。(116)絫　縣名。今河北昌黎南。(117)下官水　與下文的揭石水、賓水等均位於今河北昌黎東北，揭石水、賓水匯入下官水後向南流注入勃海。118官　指下官水。119遼東郡　郡名。轄境相當於今遼寧大淩河以東地區。郡治在襄平（今遼寧遼陽）。120牧師官　掌管牧場事務的機構設置。121新昌　縣名。今遼寧海城東北。122無慮　縣名。今遼寧北鎮東南。是當時該郡的西部都尉治所。123望平　縣名。今遼寧瀋陽西。124大遼水　即今流經內蒙古、吉林、遼寧等省區境內的西遼河及其下游遼河。125安市　縣名。今遼寧海城東南。126房　縣名。今遼寧盤山東南。127候城　縣名。今遼寧瀋陽東南。是當時該郡的中部都尉治所。128遼隊　縣名。今遼寧鞍山西部的太子河畔。129遼陽　縣名。今遼寧遼中東部的渾河河畔。130大梁水　即今遼寧境內渾河的支流太子河。131遼　遼水。當時大遼水的支流。即今渾河。132險瀆　縣名。今遼寧台安東南。133居就　縣名。今遼寧鞍山東南。134室偽山　山名。位於今遼寧海城東南。是當時室偽水（今太子河支流）的發源地。135梁　指大梁水。即今太子河。136高顯　縣名。今遼寧鐵嶺。137武次　縣名。今遼寧鳳城東北的靉河西岸。是當時該郡的東部都尉治所。138平郭　縣名。今遼寧蓋縣西南。139西安平　縣名。今遼寧丹東東北靉河入鴨綠江處。140文　縣名。今遼寧營口東南。141番汗　縣名。今朝鮮平安北道博川南部的博陵城。142沛水　即今朝鮮北部境內的大寧江。143海　此處指今西朝鮮灣。144沓氏　縣名。治今遼寧金縣南。一說位於今遼寧鳳城境內。145玄菟郡　郡名。轄境相當於今遼寧東部至朝鮮咸鏡道一帶。起初，郡治在沃沮（今朝鮮咸鏡南道咸興郡），漢昭帝始元五年（西元前八二年）遷至高句驪（今遼寧新賓西南）。146元封四年開　玄菟郡原本為朝鮮國之地，漢武帝時開拓邊疆後設置為郡。根據〈武帝紀〉記載，成郡時間為元封三年（西元前一〇八年），疑注文時間有誤。147高句驪　又作高句麗。按：「高句驪，莽曰下句驪」一句置於郡名之下，與各郡注文體例不合，疑此處有錯亂。148遼山　山名。位於今遼寧清原東北遼寧、吉林兩省的交界處。是當時遼水（今遼寧金內的渾河）的發源地。149遼隊　即當時遼東郡的遼隊縣（今遼寧鞍山西）。150南蘇水　即今渾河支流蘇子河。151上殷台　縣名。今吉林通化。152西蓋馬　縣名。今朝鮮鴨綠江東畔的楚山附近。153馬訾水　即今中朝兩國交界的鴨綠江。154鹽難水　又名沸流水。即今鴨綠江位於遼寧、吉林兩省境內的支流渾江。155西安平　即當時遼東郡的西安平縣（今遼寧丹東東北）。156樂浪郡　郡名。轄境相當於今朝鮮平安南道、黃海南北道、江原道和咸鏡南道等地區。郡治在朝鮮（今朝鮮平壤市南）。原本為朝鮮國之地，漢武帝元封三年（西元前一〇八年）開拓邊疆後設置為郡。157雲鄣　要塞名。今地不詳。此注置於戶口數之後，欠妥。疑有錯亂。158詌邯　縣名。今朝鮮平壤西北。159浿水　縣名。今朝鮮熙川東、清川江上游南岸。160增地　縣名。今朝鮮新安州東南。161含資　縣名。今朝鮮黃海北道瑞興郡。162帶水　即流經今朝鮮黃海南道、黃海北道的載寧江。163帶方　縣名。今朝鮮黃海道鳳山郡境內。164黏蟬　縣名。今朝鮮平安南道龍岡郡西的于乙洞古城。165遂成　縣名。今朝鮮平壤西南西江郡西咸從里。(166)駟望　縣名。今朝鮮平壤東北、平安南道江東郡境內。(167)海冥　縣名。今朝鮮黃海道海州西。(168)列口　一作「洌口」。縣名。治今朝鮮黃海南道殷栗。(169)長岑　即長嶺。縣名。治今朝鮮黃海南道長淵郡境內。一說位於松禾郡境內。(170)屯有　縣名。今朝鮮黃海北道黃州境內。一說位於黃州東南風山郡或開城西南的丰德。(171)昭明　縣名。今朝鮮黃海南道信川郡西湖里。是當時該郡的南部都尉治所。(172)鏤方　縣名。今朝鮮平安南道陽德郡西。(173)提奚　縣名。今朝鮮黃海北道瑞興郡東南。根據漢印文字，「提奚」應當為「提翼」。「奚」為傳寫之誤。(174)渾彌　縣名。今朝鮮新安州西南。(175)吞列　縣名。今朝鮮大同江上游平安南道西北部。(176)分黎山　即今朝鮮境內的狼林山、小白山。是當時列水（今大同江）的發源地。(177)海　此處指今西朝鮮灣。(178)東暆　縣名。今朝鮮江原南道江陵。一說位於今江原道元山、德源一帶。(179)不而　即不耐。縣名。今朝鮮江原道安邊郡。一說位於江原道德源一帶。是當時該郡的東部都尉治所。(180)蠶台　縣名。今朝鮮江原道襄陽一帶。(181)華麗　縣名。今朝鮮咸鏡南道永興附近。(182)邪頭昧　縣名。今朝鮮江原道通川附近。根據漢印文字，「邪頭昧」應當為「邪頭眛」。「昧」為傳寫之誤。(183)前莫　縣名。今朝鮮江原道高城附近。(184)夫租　一作沃沮。縣名。今朝鮮咸鏡南道咸興郡。

【語　譯】代郡，秦朝時設置。王莽時稱為厭狄郡。境內有五原關、常山關。屬於幽州。戶籍為五萬六千七百七十一戶，人口為二十七萬八千七百五十四人。下轄十八個縣：桑乾，王莽時稱為安德。道人，王莽時稱為道仁。當城，高柳，西部都尉治所。馬城，東部都尉治所。班氏，秦朝的地圖上稱為班氏。王莽時稱為班副。延陵，狋氏，王莽時稱為狋聚。且如，境內的于延水發源於塞外，向東流至寧縣注入沽水。中部都尉治所。平邑，王莽時稱為平胡。陽原，東安陽，王莽時稱為竟安。參合，平舒，境內的祁夷水向北流至桑乾縣，注入沽水。王莽時稱為平葆。代縣，王莽時稱為厭狄亭。靈丘，境內的滱河向東流至文安縣，注入大河，此水流經五個郡，全長九百四十里。它是并州的大川。廣昌，境內的淶水向東南流至容城縣，注入黃河，它流經三個郡，全長五百里，是并州的灌溉水利。王莽時稱為廣屏。鹵城。境內的虖池河向東流至參戶縣，注入虖池別水，它流經九個郡，全長一千三百四十里，是并州的大川。虖池別水從黃河東部流至文安縣一帶，注入大海，它流經六個郡，全長一千三百七十里。王莽時稱為魯盾。

2　上谷郡，秦朝時設置。王莽時稱為朔調郡。屬於幽州。戶籍為三萬六千零八戶，人口為十一萬七千七百六十二人。下轄十五個縣：沮陽，王莽時稱為沮陰。泉上，王莽時稱為塞泉。潘縣，王莽時稱為樹武。軍都，境內的溫餘水向東流至路縣，再向南注入沽水。居庸，設有關防。雊瞀，夷輿，王莽時稱為朔調亭。寧縣，西部都尉治所。王莽時稱為博康。昌平，王莽時稱為長昌。廣寧，王莽時稱為廣康。涿鹿，王莽時稱為抪陸。且居，境內的陽樂水發源於縣東，向南流入沽水。王莽時稱為久居。茹縣，王莽時稱為穀武。女祁，東部都尉治所。王莽時稱為祁縣。下落。王莽時稱為下忠。

3 漁陽郡，秦朝時設置。王莽時稱為通路郡。屬於幽州。戶籍為六萬八千八百零二戶，人口為二十六萬四千一百一十六人。下轄十二個縣：漁陽，境內的沽水發源於塞外，向東南流至泉州縣，注入大海，全長七百五十里。縣內設有鐵官。王莽時稱為得漁。狐奴，王莽時稱為舉符。路縣，王莽時稱為通路亭。雍奴，泉州，設有鹽官。王莽時稱為泉調。平谷，安樂，厗奚，王莽時稱為敦德。獷平，王莽時稱為平獷。要陽，該郡的都尉治所。王莽時稱為要術。白檀，境內的洫水發源於北部的蠻夷地區。滑鹽。王莽時稱為匡德。

4 右北平郡，秦朝時設置。王莽時稱為北順郡。屬於幽州。戶籍為六萬六千六百八十九戶，人口為三十二萬零七百八十人。下轄十六個縣：平剛，無終，原本為無終子國。境內的浭水向西流至雍奴縣，注入大海，它流經兩個郡，全長六百五十里。石成，廷陵，王莽時稱為鋪武。俊靡，境內的灅水向南流至無終縣，再向東流注入庚水。王莽時稱為俊麻。薋縣，該郡的都尉治所。王莽時稱為褎睦。徐無，王莽時稱為北順亭。字縣，榆水發源於縣東。土垠，白狼，王莽時稱為伏狄。夕陽，設有鐵官。王莽時稱為夕陰。昌城，王莽時稱為淑武。驪成，大揭石山位於縣西南。王莽時稱為揭石。廣成，王莽時稱為平虜。聚陽，王莽時稱為篤睦。平明。王莽時稱為平陽。

5 遼西郡，秦朝時設置。境內有小河四十八條，總長度為三千零四十六里。屬於幽州。戶籍為七萬二千六百五十四戶，人口為三十五萬二千三百二十五人。下轄十四個縣：且慮，縣內有高廟。王莽時稱為鉏慮。海陽，境內的龍鮮水向東流注入封大水。封大水、緩虛水都向南流注入大海。縣內設有鹽官。新安平，境內的夷水向東流到塞外。柳城，馬首山位於縣西南。參柳水向北流入大海。西部都尉治所。令支，境內有孤竹城。

王莽時稱為令氏亭。肥如，境內的玄水向東流注入濡水。濡水向南流入海陽縣境。又有盧水，向南流注入玄水。王莽時稱為肥而。賓從，王莽時稱為勉武。交黎，渝水發源於塞外，向南流注入大海。東部都尉治所。王莽時稱為禽虜。陽樂，狐蘇，唐就水流至徒河縣，注入大海。徒河，王莽時稱為河福。文成，王莽時稱為言虜。臨渝，渝水是白狼水的分支，它向東流至塞外。又有侯水，向北流注入渝水。王莽時稱為馮德。絫縣。境內的下官水向南流注入大海。又有揭石水、賓水，都向南流注入官水。王莽時稱為選武。

6 遼東郡，秦朝時設置。屬於幽州。戶籍為五萬五千九百七十二戶，人口為二十七萬二千五百三十九人。下轄十八個縣：襄平，設有牧師官。王莽時稱為昌平。新昌，無慮，西部都尉治所。望平，境內的大遼水發源於塞外，向南流至安市縣，注入大海，全長一千二百五十里。王莽時稱為長說。房縣，候城，中部都尉治所。遼隊，王莽時稱為順睦。遼陽，境內的大梁水向西南流至遼陽縣，注入遼水。王莽時稱為遼陰。險瀆，居就，境內有室僞山，是室僞水的發源地，此水向北流至襄平縣，注入梁水。高顯，安市，武次，東部都尉治所。王莽時稱為桓次。平郭，設有鐵官、鹽官。西安平，王莽時稱為北安平。文縣，王莽時稱為文亭。番汗，境內的沛水發源於塞外，向西南流注入大海。沓氏。

7 玄菟郡，武帝元封四年開拓邊疆時設置。郡治是高句驪，王莽時稱為下句驪。屬於幽州。戶籍為四萬五千零六戶，人口為二十二萬一千八百四十五人。下轄三個縣：高句驪，境內的遼山，是遼水的發源地，向西南流至遼隊縣，注入大遼水。又有南蘇水，向西北流至塞外。上殷台，王莽時稱為下殷。西蓋馬。境內的馬訾水向西北流注入鹽難水，然後向西南流至西安平縣，注入大海，此水流經兩個郡，全長一千一百里。王莽時稱為玄菟亭。

8 樂浪郡，武帝元封三年開拓邊疆時設置。王莽時稱為樂鮮郡。屬於幽州。戶籍為六萬二千八百一十二戶，人口為四十萬六千七百四十八人。境內有雲鄣。下轄二十五個縣：朝鮮，誹邯，浿水，此水向西流至增地縣，注入大海。王莽時稱為樂鮮亭。含資，境內的帶水向西流至帶方縣，注入大海。黏蟬，遂成，增地，王莽時稱為增土。帶方，駟望，海冥，王莽時稱為海桓。列口，長岑，屯有，昭明，南部都尉治所。鏤方，提奚，渾彌，吞列，境內的分黎山，是列水的發源地，此水向西流至黏蟬縣，注入大海，全長八百二十里。東暆，不而，東部都尉治所。蠶台，華麗，邪頭昧，前莫，夫租。

1 南海郡❶，秦置。秦敗，尉佗❷王❸此地。武帝元鼎六年❹開。屬交州。戶萬九千六百一十三，口九萬四千二百五十三。有圃羞官❺。縣六：番禺，尉佗都。有鹽官。博羅❻，中宿❼，有洭浦官❽。龍川❾，四會❿，揭陽⓫。莽曰南海亭。

2 鬱林郡⓬，故秦桂林郡，屬尉佗。武帝元鼎六年開，更名。有小谿川水七，并行三千一百一十里。莽曰鬱平。屬交州。戶萬二千四百一十五，口七萬一千一百六十二。縣十二：布山，安廣⓭，阿林⓮，廣鬱⓯，鬱水⓰首受夜郎⓱豚水⓲，東至四會⓳入海，過郡四，行四千三十里。中留⓴，桂林㉑，潭中㉒，莽曰中潭。臨塵㉓，朱涯水㉔入領方㉕。又有斤員水㉖。又有侵離水㉗，行七百里。莽曰監塵。定周㉘，周水㉙首受無斂㉚，東入潭㉛，行七百九十里。增食㉜，驩水㉝首受牂柯東界㉞，入朱涯水，行五百七十里。領方。斤員水入鬱。又有墧水㉟。都尉治。雍雞㊱。有關。

3 蒼梧郡㊲，武帝元鼎六年開。莽曰新廣。屬交州。有離水關㊳。戶二萬四千三百七十九，口十四萬六千一百六十。縣十：廣信，莽曰廣信亭。謝沐㊴，有關。高要㊵，有臨官。封陽[41]，臨賀[42]，莽曰大賀。端谿[43]，馮乘[44]，富川[45]，荔蒲[46]，有荔平關[47]。猛陵[48]。龍山[49]，合水所出，南至布山[50]入海[51]。莽曰猛陸。

4 交趾郡[52]，武帝元鼎六年開，屬交州。戶九萬二千四百四十，口七十四萬六千二百三十七。縣十：羸𨻻，有羞官[53]。安定[54]，苟屚[55]，麊泠[56]，都尉治。曲昜[57]，北帶[58]，稽徐[59]，西于[60]，龍編[61]，朱䳒[62]。

5 合浦郡[63]，武帝元鼎六年開。莽曰桓合。屬交州。戶萬五千三百九十八，口七萬八千九百八十。縣五：徐聞[64]，高涼[65]，合浦，有關。莽曰桓亭。臨允[66]，牢水[67]北入高要入鬱，過郡三，行五百三十里。莽曰大允。朱盧[68]，都尉治。

6 九真郡[69]，武帝元鼎六年開。有小水五十二，并行八千五百六十里。戶三萬五千七百四十三，口十六萬六千一十三。有界關[70]。縣七：胥浦，莽曰驩成。居風[71]，都龐[72]，餘發[73]，咸驩[74]，無切[75]，都尉治。無編[76]。莽曰九真亭。

7 日南郡[77]，故秦象郡[78]，武帝元鼎六年開，更名。有小水十六，并行三千一百八十里。屬交州。戶萬五千四百六十，口六萬九千四百八十五。縣五：朱吾[79]，比景[80]，盧容[81]，西捲，水入海，有竹，可為杖。莽曰日南亭。象林[82]。

【章　旨】以上所記為開拓南部邊疆所設的南海、鬱林、蒼梧、交趾、合浦、九真、日南（皆屬交州）等七郡，概述各郡的行政建置及沿革、人口、自然地理等方面的情況。

【注　釋】❶南海郡　郡名。轄境相當於今廣東滃江、大羅山以南，珠江三角洲以及綏江流域以東地區。郡治在番禺（今廣州）。❷尉佗　（西元前？—前一三七年），即趙佗。秦二世時為南海郡龍川縣令。後繼任南海郡尉，稱尉佗。漢高帝時被立為南越王。呂后時自尊為南越武帝，文帝時去帝號稱臣。❸王　稱王。用如動詞。❹元鼎六年　即西元前一一一年。❺圃羞官　掌管珍稀果品等生產、採集等事務的機構設置。❻博羅　縣名。今廣東博羅。❼中宿　縣名。今廣東清遠西北。❽洭浦官　官名。掌管洭浦關關防事務的官吏。洭浦關位於今廣東英德西南的連江口。洭即洭水，一名湟水、桂水。即今廣東北部的連江。❾龍川　縣名。今廣東龍川西南。❿四會　縣名。即今廣東四會。⓫揭陽　縣名。今廣東揭陽西北。⓬鬱林郡　郡名。轄境相當於今廣西除桂林、梧州以及玉林等地以外的廣大地區。郡治在布山（今桂平西故城）。⓭安廣　縣名。今廣西橫縣西北。⓮阿林　縣名。今廣西桂平東南。⓯廣鬱　縣名。今廣西淩雲東南。⓰鬱水　即流經今廣西、廣東兩省區境內的右江、鬱江、潯江和西江。⓱夜郎　古國名。位於今貴州西部、北部和雲南東北部以及四川南部一帶。西漢時，該地曾設置牂柯郡。該郡夜郎縣（今貴州關嶺西南）境內設置有夜郎都尉。⓲豚水　即今雲南、貴州兩省境內的北盤江。按：注文「鬱水首受夜郎豚水」有誤。鬱水的上源實為雲南、貴州兩省境內的西洋江和馱娘江。⓳四會　即上文南海郡的四會縣（今廣東四會）。⓴中留　縣名。今廣西武宣西南。㉑桂林　縣名。今廣西象州東南。㉒潭中　縣名。今廣西柳州東南的柳江西岸。㉓臨塵　縣名。今廣西崇左。㉔朱涯水　即今左江支流。發源於今越南高平西北，向東南流至廣西龍州境內注入左江。㉕領方　縣名。今廣西賓陽西南。是當時該郡的都尉治所。㉖斤員水　一作斤南水。即今左江。㉗侵離水　即今左江支流明江。㉘定周　縣名。今廣西宜山。㉙周水　即今廣西境內的龍江。㉚無斂　即當時牂柯郡的毋斂縣（今貴州獨山附近）。周水上游（今打狗河）發源於該縣東南的山地。㉛潭　潭水。㉜增食　縣名。今廣西隆安東。㉝驩水　即今左江支流。發源於今廣西靖西西，向東南流經今大新、崇左等縣之西，與當時的朱涯水（也為今左江支流）同注入斤員水（今左江）。㉞牂柯東界　指當時牂柯郡與鬱林郡的交界處，即今廣西靖西。㉟墧水　一作橋水。即今廣西境內的紅水河支流清水江。發源於今廣西上林西北，向東南流再折北，在今廣西來賓南注入紅水河。㊱雍雞　縣名。今廣西龍州北。㊲蒼梧郡　郡名。轄境相當於今廣西都龐嶺、大瑤山以東，廣東肇慶、羅定等縣以西，湖南江永、江華等縣以南，廣西藤縣、廣東信宜以北地區。郡治在廣信（今廣西梧州）。按：依據前文體例，郡名後應當加上：「故秦桂林郡，後為蒼梧郡」。(38)離水關　關隘名。位於今廣西蒼梧北。(39)謝沐　縣名。今湖南江永西南。(40)高要　縣名。今廣東肇慶高要。(41)封陽　縣名。今廣東懷集西賀江西岸。(42)臨賀　縣名。今廣西賀縣東南賀江西岸。(43)端谿　縣名。今廣東德慶。(44)馮乘　縣名。今湖南江華西南。(45)富川　縣名。今廣西鍾山。(46)荔蒲　縣名。今廣西荔蒲西南。(47)荔平關　關隘名。應當位於今廣西荔蒲一帶。確址不詳。(48)猛陵　縣名。今廣西藤縣東北的潯江北岸。(49)龍山　山名。今廣西金秀南。是當時合水（今潯江支流）的發源地。(50)布山　即當時鬱林郡郡治布山縣（今廣西桂平西）。(51)海　指南海。(52)交趾郡　郡名。轄境相當於今越南北部南定至和平等縣以北的廣大地區。郡治在羸𨻻（今越南河內西北）。交趾，一作交阯或交止。(53)羞官　官名。主管山珍海味等物資採集事務。(54)安定　縣名。今越南南河省南定西北的紅河南岸。(55)苟扇　縣名。今越南河西省石寶縣。(56)麊泠　縣名。今越南永富省安朗縣西的夏雷鄉。是當時該郡的都尉治所。(57)曲昜　縣名。今越南海興省海陽附近。昜，古「陽」字。(58)北帶　縣名。今越南河內市東的文林附近。(59)稽徐　縣名。今越南海興省計瑟附近。(60)西于　縣名。今越南永富省東英縣古螺鄉。(61)龍編　縣名。今越南北寧省仙游東。(62)朱䳒　縣名。今越南海興省快州附近。(63)合浦郡　郡名。轄境相當於今廣東新興、開平以西，廣西容縣、橫縣以南地區。郡治在合浦（今廣西合浦東北）。按：郡名後應當加上：「故屬秦桂林郡，後復為駱越諸種國，屬尉佗。」(64)徐聞　縣名。今廣東徐聞西南。按：徐聞非合浦郡治，似不應置於各縣之首。(65)高涼　縣名。今廣東陽春東南。(66)臨允　縣名。今廣東新興西南的新興江上游東岸。(67)牢水　即今廣東境內西江支流新興江。(68)朱盧　縣名。今地不詳。是當時該郡的都尉治所。(69)九真郡　郡名。轄境相當於今越南清化、河靜兩省以及義安省東部地區。郡治在胥浦（今越南清化省清化西北的東山縣陽舍村）。按：郡名後應當依據前文體例加上：「故屬秦南海郡，後復為駱越諸種國，屬尉佗。」(70)界關　指設置在兩郡邊界上的關隘。(71)居風　縣名。今越南清化省以北的馬江南岸。(72)都龐　縣名。今越南清化省石城附近。(73)餘發　縣名。今越南清化省峨山縣附近。(74)咸驩　縣名。今越南義安省演州西。(75)無切　應當為「無功」。縣名。今越南寧平省寧平附近。是當時該郡的都尉治所。(76)無編　縣名。今越南清化省靖嘉西部的龍施。(77)日南郡　郡名。轄境相當於今越南中部北起橫山、南抵大嶺之地。郡治在西捲（今越南廣治省廣治東北的廣治河與甘露河的交匯處）。(78)故秦象郡　此句下應當依據前文體例加上：「後復為駱越諸種國，屬尉佗。」(79)朱吾　縣名。今越南廣平省洞海西南的美麗附近。按：朱吾非日南郡郡治，不應當列於各縣之首。疑史文有錯亂。(80)比景　縣名。今越南廣平省宋河下游的高牢下村。(81)盧容　縣名。今越南承天省順化北部廣田縣東的香江與蒲江交匯處。(82)象林　縣名。今越南廣南省維川縣南部的茶轎。

【語譯】南海郡，秦朝時設置。秦朝敗亡後，尉佗在這裡稱王。武帝元鼎六年開拓邊疆時設置為郡。屬於交州。戶籍為一萬九千六百一十三戶，人口為九萬四千二百五十三人。境內有圃羞官。下轄六個縣：番禺，尉佗的都城。設有鹽官。博羅，中宿，設有洭浦官。龍川，四會，揭陽。王莽時稱為南海亭。

2 鬱林郡，原本是秦朝時的桂林郡，被尉佗控制。武帝元鼎六年開拓邊疆時改名為鬱林郡。境內有小溪小河七條，總長度為三千一百一十里。王莽時稱為鬱平。屬於交州。戶籍為一萬二千四百一十五戶，人口為七萬一千一百六十二人。下轄十二個縣：布山，安廣，阿林，廣鬱，境內的鬱水是夜郎縣內的豚水的分支，向東流至四會縣，注入大海，此水流經四個郡，全長四千零三十里。中留，桂林，潭中，王莽時稱為中潭。臨塵，境內的朱涯水流入領方縣境內。又有斤員水。還有侵離水，全長七百里。王莽時稱為監塵。定周，周水發源於無斂縣境內，向東流注入潭水，全長七百九十里。增食，驩水發源於牂柯郡東部邊界一帶，此水流入朱涯水，全長五百七十里。領方。境內的斤員水注入鬱水。還有橋水。該郡的都尉治所。雍雞。設有關防。

3 蒼梧郡，武帝元鼎六年開拓邊疆時設置。王莽時稱為新廣郡。屬於交州。境內有離水關。戶籍為二萬四千三百七十九戶，人口為十四萬六千一百六十人。下轄十個縣：廣信，王莽時稱為廣信亭。謝沐，設有關防。高要，設有鹽官。封陽，臨賀，王莽時稱為大賀。端谿，馮乘，富川，荔蒲，境內有荔平關。猛陵。境內的龍山，是合水的發源地，此水向南流至布山縣，注入大海。王莽時稱為猛陸。

4 交趾郡，武帝元鼎六年開拓邊疆時設置，屬於交州。戶籍為九萬二千四百四十戶，人口為七十四萬六千二百三十七人。下轄十個縣：羸𨻻，設有羞官。安定，苟屚，麊泠，該郡的都尉治所。曲陽，北帶，稽徐，西于，龍編，朱䳒。

5 合浦郡，武帝元鼎六年開拓邊疆時設置。王莽時稱為桓合。屬於交州。戶籍為一萬五千三百九十八戶，人口為七萬八千九百八十人。下轄五個縣：徐聞，高涼，合浦，設有關防。王莽時稱為桓亭。臨允，境內的牢水向北流入高要縣境內，注入鬱水，牢水流經三個郡，全長五百三十里。王莽時稱為大允。朱盧。該郡的都尉治所。

6 九真郡，武帝元鼎六年開拓邊疆時設置。境內有小河五十二條，總長度為八千五百六十里。戶籍為三萬五千七百四十三戶，人口為十六萬六千零一十三人。邊界設有關防。下轄七個縣：胥浦，王莽時稱為驩成。居風，都龐，餘發，咸驩，無切，該郡的都尉治所。無編。王莽時稱為九真亭。

7 日南郡，原本是秦朝時的象郡。武帝元鼎六年開拓邊疆時改名為日南郡。境內有小河十六條，總長度為三千一百八十里。屬於交州。戶籍為一萬五千四百六十戶，人口為六萬九千四百八十五人。下轄五個縣：朱吾，比景，盧容，西捲，境內的西捲水注入大海，出產竹子，可以用來製作手杖。王莽時稱為日南亭。象林。

1 趙國❶，故秦邯鄲郡，高帝四年❷為趙國，景帝三年❸復為邯鄲郡，五年復故。莽曰桓亭。屬冀州。戶八萬四千二百二，口三十四萬九千九百五十二。縣四：邯鄲，堵山❹，牛首水所出，東入白渠❺。趙敬侯❻自中牟❼徙此。易陽❽，柏人❾，莽曰壽仁。襄國❿，故邢國⓫。西山⓬，渠水⓭所出，東北至任⓮入寖⓯。又有蓼水、馮水，皆東至朝平⓰入湡。

2 廣平國⓱，武帝征和二年⓲置為平干國，宣帝五鳳二年⓳復故。莽曰富昌。屬冀州。戶二萬七千九百八十四，口十九萬八千五百五十八。縣十六：廣平，張⓴，朝平㉑，南和㉒，列葭水東入⿰氵虒㉓。列人㉔，莽曰列治。斥章㉕，任㉖，曲周㉗，武帝建元四年㉘置。莽曰直周。南曲㉙，曲梁㉚，侯國。莽曰直梁。廣鄉㉛，平利㉜，平鄉㉝，陽臺㉞，侯國。廣年㉟，莽曰富昌㊱。城鄉㊲。

3 真定國[38]，武帝元鼎四年[39]置。屬冀州。戶三萬七千一百二十六，口十七萬八千六百一十六。縣四：真定，故東垣，高帝十一年[40]更名。莽曰思治。稾城[41]，莽曰稾實。肥纍[42]，故肥子國[43]。緜曼[44]。斯洨水[45]首受太白渠[46]，東至鄡入河。莽曰緜延。

4 中山國[47]，高帝郡，景帝三年[48]為國。莽曰常山。屬冀州。戶十六萬八百七十三，口六十六萬八千八十。縣十四：盧奴，北平[49]，徐水[50]東至高陽[51]入博[52]。又有盧水[53]，亦至高陽入河[54]。有鐵官。莽曰善和。北新成[55]，桑欽言易水[56]出西北，東入滱。莽曰朔平。唐[57]，堯山在南。莽曰和親。深澤[58]，莽曰翼和。苦陘[59]，莽曰北陘。安國[60]，莽曰興睦。曲逆[61]，蒲陽山[62]，蒲水[63]所出，東入濡。又有蘇水，亦東入濡。莽曰順平。望都[64]，博水東至高陽入河。莽曰順調。新市[65]，新處[66]，毋極[67]，陸成[68]，安險[69]。莽曰寧險。

5 信都國[70]，景帝二年為廣川國[71]，宣帝甘露三年[72]復故。莽曰新博。屬冀州。戶六萬五千五百五十六，口三十萬四千三百八十四。縣十七：信都，王都。故章河[73]、故虖池皆在北，東入海。禹貢絳水亦入海。莽曰新博亭。歷[74]，莽曰歷寧。扶柳[75]，辟陽[76]，莽曰樂信。南宮[77]，莽曰序下。下博[78]，莽曰閏博。武邑[79]，莽曰順桓。觀津[80]，莽曰朔定亭。高隄[81]，廣川[82]，樂鄉[83]，侯國。莽曰樂丘。平隄[84]，侯國。桃[85]，莽曰桓分。西梁[86]，侯國。昌成[87]，侯國。東昌[88]，侯國。莽曰田昌。脩[89]。莽曰脩治。

6 河間國(90)，故趙，文帝二年(91)別為國。莽曰朔定。戶四萬五千四十三，口十八萬七千六百六十二。縣四：樂成，虖池別水(92)首受虖池河，東至東光(93)入虖池河。莽曰陸信。侯井(94)，武隧(95)，莽曰桓隧。弓高(96)。虖池別河首受虖池河，東至平舒(97)入海。莽曰樂成。

7 廣陽國(98)，高帝燕國(99)，昭帝元鳳元年(100)為廣陽郡，宣帝本始元年(101)更為國。莽曰廣有。戶二萬七百四十，口七萬六百五十八。縣四：薊，故燕國，召公(102)所封。莽曰伐戎。方城(103)，廣陽(104)，陰鄉(105)。莽曰陰順。

8 菑川國(106)，故齊(107)，文帝十八年(108)別為國。後并北海(109)。戶五萬二百八十九，口二十二萬七千三十一。縣三：劇，義山(110)，蓩水(111)所出，北至壽光(112)入海。莽曰俞。東安平(113)，菟頭山(114)，女水出，東北至臨菑入鉅定。樓鄉(115)。

9 膠東國(116)，故齊(117)，高帝元年(118)別為國，五月復屬齊國，文帝十六年(119)復為國(120)。莽曰郁秩。戶七萬二千二，口三十二萬三千三百三十一。縣八：即墨，有天室山(121)祠。莽曰即善。昌武(122)，下密(123)，有三石山(124)祠。壯武(125)，莽曰曉武。郁秩(126)，有鐵官。挺(127)，觀陽(128)，鄒盧(129)。莽曰始斯。

10 高密國(130)，故齊(131)，文帝十六年別為膠西國，宣帝本始元年(132)更為高密國。戶四萬五百三十一，口十九萬二千五百三十六。縣五：高密，莽曰章牟。昌安(133)，石泉(134)，莽曰養信。夷安[135]，莽曰原亭。成鄉[136]。莽曰順成。

11 城陽國[137]，故齊[138]，文帝二年[139]別為國。莽曰莒陵[140]。屬兗州。戶五萬六千六百四十二，口二十萬五千七百八十四。縣四：莒，故國，盈姓，三十世為楚所滅。少昊後。有鐵官。莽曰莒陵。陽都[141]，東安[142]，慮[143]。莽曰著善。

12 淮陽國[144]，高帝十一年置[145]。莽曰新平。屬兗州。戶十三萬五千五百四十四，口九十八萬一千四百二十三。縣九：陳，故國，舜後，胡公[146]所封，為楚所滅。楚頃襄王自郢徙此。莽曰陳陵。苦[147]，莽曰賴陵。陽夏[148]，寧平[149]，扶溝[150]，渦水[151]首受狼湯渠，東至向[152]入淮，過郡三，行千里。固始[153]，圉[154]，新平[155]，柘[156]。

13 梁國[157]，故秦碭郡，高帝五年[158]為梁國。莽曰陳定。屬豫州。戶三萬八千七百九，口十萬六千七百五十二。縣八：碭，山出文石[159]。莽曰節碭。甾[160]，故戴國[161]。莽曰嘉穀。杼秋[162]，莽曰予秋。蒙[163]，獲水[164]首受甾獲渠[165]，東北至彭城[166]入泗，過郡五，行五百五十里。莽曰蒙恩。已氏[167]，莽曰已善。虞[168]，莽曰陳定亭。下邑[169]，莽曰下洽。睢陽[170]。故宋國[171]，微子所封。禹貢盟諸澤在東北。

14 東平國[172]，故梁國[173]，景帝中六年[174]別為濟東國，武帝元鼎元年[175]為大河郡，宣帝甘露二年[176]為東平國。莽曰有鹽。屬兗州。戶十三萬一千七百五十三，口六十萬七千九百七十六。

有鐵官。縣七[177]：無鹽，有郈鄉[178]。莽曰有鹽亭。任城[179]，故任國，太昊後，風姓。莽曰延就亭。東平陸[180]，富城[181]，莽曰成富。章[182]，亢父[183]，詩亭[184]，故詩國[185]。莽曰順父。樊[186]。

15 魯國[187]，故秦薛郡，高后元年[188]為魯國。屬豫州[189]。戶十一萬八千四十五，口六十萬七千三百八十一。縣六：魯，伯禽[190]所封。戶五萬二千。有鐵官。卞[191]，泗水西南至方與[192]入沛[193]，過郡三，行五百里，青州川。汶陽[194]，莽曰汶亭。蕃[195]，南梁水[196]西至胡陵入沛渠。騶[197]，故邾國[198]，曹姓，二十九世為楚所滅。嶧山[199]在北。莽曰騶亭。薛[200]，夏車正奚仲[201]所國，後遷于邳[202]，湯相仲虺[203]居之。

16 楚國[204]，高帝置[205]，宣帝地節元年[206]更為彭城郡，黃龍元年[207]復故。莽曰和樂。屬徐州。戶十二萬四千七百三十八，口四十九萬七千八百四。縣七：彭城，古彭祖國[208]。戶四萬一百九十六。有鐵官。留[209]，梧[210]，莽曰吾治。傅陽[211]，故偪陽國[212]。莽曰輔陽。呂[213]，武原[214]，莽曰和樂亭。甾丘[215]。莽曰善丘。

17 泗水國[216]，故東海郡[217]，武帝元鼎四年[218]別為泗水國。莽曰水順。戶二萬五千二十五，口十一萬九千一百一十四。縣三：淩，莽曰生夌。泗陽[219]，莽曰淮平亭。于[220]。莽曰于屏。

18 廣陵國[221]，高帝六年屬荊國，十一年更屬吳，景帝四年更名江都，武帝元狩三年更名廣陵[222]。

莽曰江平。屬徐州。戶三萬六千七百七十三，口十四萬七百二十二。有鐵官(223)。縣四：廣陵，江都易王非(224)、廣陵厲王胥(225)皆都此，并得鄣郡(226)，而不得吳(227)。莽曰安定。江都(228)，有江水祠。渠水(229)首受江，北至射陽(230)入湖。高郵(231)，平安(232)。莽曰杜鄉。

19 六安國(233)，故楚，高帝元年別為衡山國，五年(234)屬淮南(235)，文帝十六年(236)復為衡山，武帝元狩二年(237)別為六安國。莽曰安風。戶三萬八千三百四十五，口十七萬八千六百一十六。縣五：六，故國，皋繇(238)後，偃姓，為楚所滅。如谿水(239)首受沘，東北至壽春(240)入芍陂(241)。蓼(242)，故國(243)，皋繇後，為楚所滅。安豐(244)，禹貢大別山在西南。莽曰美豐。安風(245)，莽曰安風亭。陽泉(246)。

20 長沙國(247)，秦郡，高帝五年為國(248)。莽曰填蠻。屬荊州。戶四萬三千四百七十，口二十三萬五千八百二十五。縣十三：臨湘，莽曰撫睦。羅(249)，連道(250)，益陽(251)，湘山(252)在北。下雋(253)，莽曰閏雋。攸(254)，酃(255)，承陽(256)，湘南(257)，禹貢衡山(258)在東南，荊州山。昭陵(259)，茶陵(260)，泥水(261)西入湘(262)，行七百里。莽曰聲鄉。容陵(263)，安成(264)。廬水(265)東至廬陵(266)入湖漢(267)。莽曰思成。

【章 旨】以上所記為二十個重要封國，概述各封國的行政建置及沿革、人口、自然地理等方面的情況。

【注釋】❶趙國　王國名。轄境相當於今河北邯鄲、邢臺、沙河和隆堯、永年的西部地區。都城在邯鄲（今邯鄲西南）。❷高帝四年　即西元前二〇三年。❸景帝三年　指景帝前元三年。即西元前一五四年。❹堵山　山名。位於今河北武安西南。是當時牛首水（今滏陽河支流）的發源地。❺白渠　指發源於當時堵山東南，向東北流經今河北邯鄲，在今河北肥鄉北注入清漳水（今漳河）的河道。與當時京都長安以北的白渠並非一地。❻趙敬侯　趙章。戰國時的趙國國君。在位十二年。❼中牟　戰國時的縣名。今河南鶴壁西。當時屬於河內郡。❽易陽　縣名。今河北邯鄲東北。❾柏人　縣名。今河北內丘東北。❿襄國　縣名。今河北邢臺。⓫邢國　西周時的諸侯國。開國君主是周公的第四子。春秋時被魏國滅掉。⓬西山　山名。指今西部晉冀邊界的太行山。⓭渠水　應當為「湡水」。和下文的蓼水、馮水都是發源於當時襄國縣西山的河道。湡水，即今河北境內的沙河。⓮任　縣名。今河北任縣東部。當時屬於廣平國。⓯寖　寖水。即今河北西南部的洺河。⓰朝平　即當時廣平國的朝平縣（今任縣東南）。⓱廣平國　王國名。轄境相當於今河北任縣、南和、雞澤、曲周、永年等縣以及平鄉西北、肥鄉東北之地。都城在廣平（今河北雞澤東南）。按：廣平國名之下，應當依據前文體例加上：「故秦鉅鹿郡，景帝中元六年分置廣平郡。武帝征和二年設置為平干國，宣帝五鳳二年復故，哀帝建平三年更置廣平國。」⓲征和二年　即西元前九一年。⓳五鳳二年　即西元前五六年。⓴張　縣名。今河北邢臺東北。㉑朝平　縣名。今河北任縣東南。㉒南和　縣名。今河北南和。㉓列葭水東入滮　列葭水，即今河北南部沙河的支流。滮，滮水。即今百泉河。發源於今河北邢臺附近，向東北流入今沙河後匯入當時的太陸澤（今已淤為平地）。㉔列人　縣名。今河北肥鄉東北。㉕斥章　縣名。今河北曲周東南。㉖任　縣名。今河北任縣東部。㉗曲周　縣名。今河北曲周東北。㉘建元四年　即西元前一三七年。㉙南曲　縣名。今河北丘縣東北。㉚曲梁　侯國名。都城位於今河北曲周西南。㉛廣鄉　縣名。今河北任縣西。㉜平利　縣名。今地不詳。㉝平鄉　縣名。今河北平鄉西南。㉞陽臺　侯國名。今地不詳。㉟廣年　縣名。今河北永年東北。㊱莽曰富昌　此注與上文「廣平國」下的注文重複，二者之一有誤。㊲城鄉　縣名。今地不詳。㊳真定國　王國名。轄境相當於今河北石家莊以及稾城、正定之地。都城位於真定（今河北正定南）。㊴元鼎四年　即西元前一一三年。武帝於此年分常山郡之地設置真定國。㊵高帝十一年　即西元前一九六年。㊶稾城　縣名。今河北石家莊東南。㊷肥纍　縣名。今河北晉縣西。㊸肥子國　春秋時的國名。子爵。後為晉國所滅。㊹緜曼　縣名。今河北獲鹿東北。㊺斯洨水　即今滏陽河的上源洨河。㊻太白渠　渠名。自今河北靈壽西南分緜曼水向東流，於當時鄡縣（今河北辛集東南）境內與斯洨水匯合後注入古漳河（今滏陽河）。㊼中山國　王國名。轄境相當於今河北易縣西南狼牙山以南，保定、安國以西，唐縣、新樂以東以及滹沱河以北地區。都城在盧奴（今定州）。按：中山國名後，應當去掉「高帝郡」三字，加上「故屬代郡，高帝分置，屬趙國。」〔48〕景帝三年　指景帝前元三年。即西元前一五四年。〔49〕北平　縣名。今河北滿城北。〔50〕徐水　即今河北境內的漕河。發源於今易縣的五回嶺，向東南流經今河北安新而注入白洋澱。〔51〕高陽　縣名。今河北高陽東。當時屬於涿郡。〔52〕博　博水。滱水（今唐河）的支流。即今金線河。流經今河北望都、清苑。〔53〕盧水　滱水（今唐河）的支流。流經今河北保定南，向東南流注入今唐河。〔54〕河　當時的博水、盧水注入滱水（今唐河）之後向東流匯入勃海，並不注入古黃河，故此處的「河」應當指滱水。〔55〕北新成　縣名。今河北保定東北。〔56〕易水　即今易水。〔57〕唐　縣名。今河北唐縣東北。〔58〕深澤　縣名。今河北深澤。〔59〕苦陘　縣名。今河北新樂東南。〔60〕安國　縣名。今河北安平東北。〔61〕曲逆　縣名。今河北完縣東南。〔62〕蒲陽山　山名。今河北滿城西北。〔63〕蒲水　今唐河支流。與當時的蘇水在今完縣東南合流後匯入濡水（此水與當時漁陽、右北平等郡內的濡水，即今灤河，並非一水），再注入滱河（今唐河）。〔64〕望都　縣名。今河北望都。〔65〕新市　縣名。今河北新樂南。〔66〕新處　一作辛處或薪處。縣名。今河北望都西南。〔67〕毋極　縣名。今河北無極西。〔68〕陸成　縣名。今河北蠡縣南。〔69〕安險　縣名。今河北安國。〔70〕信都國　王國名。轄境相當於今河北冀州、深州、武邑、棗強、衡水、南宮、景縣以及山東德州部分地區。都城在信都（今冀州）。按：信都國名後，應當依據前文體例加上「故秦屬邯鄲郡」一句。〔71〕景帝二年為廣川國　應當改為「景帝二年別為廣川國」。景帝二年，即西元前一五五年。〔72〕甘露三年　即西元前五一年。〔73〕章河　指故漳河。是當時虖池河（今滹沱河）的上游。即今河北隆堯至武強南的河道。今已湮塞。〔74〕歷　縣名。今河北故城東北。〔75〕扶柳　縣名。今河北冀州西北。〔76〕辟陽　縣名。今河北棗強西南。〔77〕南宮　縣名。今河北南宮西北。〔78〕下博　縣名。今河北深州東南。〔79〕武邑　縣名。今河北武邑。〔80〕觀津　縣名。今河北武邑東。〔81〕高隄　縣名。今河北武邑東南。〔82〕廣川　縣名。今河北棗強東北。〔83〕樂鄉　侯國名。都城位於今河北深州東南。〔84〕平隄　侯國名。都城位於今河北衡水東南。〔85〕桃　侯國名。都城位於今河北衡水西北。〔86〕西梁　侯國名。都城位於今河北辛集南。〔87〕昌成　一作昌城。侯國名。都城位於今河北新河東北。〔88〕東昌　侯國名。都城位於今河北武邑東北。〔89〕脩　縣名。今河北吳橋西北。〔90〕河間國　王國名。轄境相當於今河北獻縣、交河、東光、阜城、武強的部分地區。都城在樂成（即樂城，今河北獻縣東南）。〔91〕文帝二年　即西元前一七八年。〔92〕虖池別水　指虖池河（今滹沱河）自今河北武強至青縣一帶分而復合的兩條河道子牙河和清涼江下游。〔93〕東光　即當時勃海郡的東光縣。位於今河北東光東。〔94〕候井　縣名。今河北交河東。〔95〕武隧　一作「武遂」。縣名。今河北武強西北。〔96〕弓高　縣名。今河北阜城南。〔97〕平舒　即當時勃海郡的東平舒縣。位於今河北大城。〔98〕廣陽國　王國名。轄境相當於今北京大興以及河北固安之地。都城在薊（今北京南）。〔99〕高帝燕國　廣陽國在秦時屬漁陽郡（一說秦始皇滅燕後即置廣陽郡），楚漢之際為燕國。高帝六年屬漢，仍為燕國。[100]元鳳元年　即西元前八〇年。[101]本始元年　即西元前七三年。[102]召公　即姬奭。周文王庶子。曾輔佐武王滅商，其長子被武王封於薊丘以南地區（即今北京房山琉璃河一帶），成為燕國始祖。[103]方城　縣名。今河北固安西南。[104]廣陽　縣名。今北京房山良鄉鎮東北。[105]陰鄉　縣名。今北京南。[106]甾川國　王國名。轄境相當於今山東淄博以及壽光、益都的部分地區。都城在劇（今山東壽光南）。[107]故齊　指甾川國原本為齊國之地。[108]文帝十八年　即西元前一六二年。[109]并北海　併入北海郡。[110]義山　山名。地處今山東昌樂西南。[111]蕤水　即今山東北部的瀰河。發源於當時的義山，向東北流經今昌樂西、壽光東，注入萊州灣。[112]壽光　即當時北海郡的壽光縣（今山東壽光東北）。[113]東安平　縣名。今山東淄博東北。[114]菟頭山　山名。地處今山東淄博臨淄鎮東南。是當時女水的發源地。[115]樓鄉　一作「橋鄉」。縣名。今山東壽光西。[116]膠東國　王國名。轄境相當於今山東平度、萊陽、萊西以及迤南一帶。都城在即墨（今山東平度東南）。[117]故齊　指膠東國原本為齊國之地。[118]高帝元年　即西元前二〇六年。[119]文帝十六年　即西元前一六四年。[120]復為國　恢復膠東國。[121]天室山　山名。地處今山東萊西西南。[122]昌武　縣名。今地不詳。[123]下密　縣名。今山東昌邑東。[124]三石山　應當為三戶山。山名。地處今山東平度西的萊河河畔。[125]壯武　縣名。今山東膠州東北。[126]郁秩　縣名。今山東平度。[127]挺　縣名。今山東萊陽南。按：根據漢印文字，挺，應當為「梃」。[128]觀陽　縣名。今山東萊陽東北。[129]鄒盧　縣名。今山東萊西東北。[130]高密國　王國名。轄境相當於今山東高密一帶。都城在高密（今山東高密西南）。[131]故齊　指高密國原本為齊國之地。[132]本始元年　即西元前七三年。[133]昌安　縣名。今山東安丘東南。[134]石泉　縣名。今山東諸城東北。[135]夷安　縣名。今山東高密。[136]成鄉　縣名。今山東安丘東北。[137]城陽國　王國名。轄境相當於今山東莒縣、沂南以及蒙陰東部地區。都城在莒縣（今山東莒縣）。[138]故齊　指城陽國原本為齊國之地。[139]文帝二年　即西元前一七八年。[140]莽曰莒陵　此注與此前的注文重複。[141]陽都　縣名。今山東沂南南。[142]東安　縣名。今山東沂南東北。[143]慮　應當為「盧」。縣名。今山東蒙陰東北。[144]淮陽國　王國名。轄境相當於今河南淮陽、鹿邑、太康、柘城、扶溝等地。都城在陳（今河南淮陽）。[145]高帝十一年置　淮陽在秦時為郡，楚漢之際屬楚國。高帝五年（西元前二〇二年）歸漢後，仍屬楚國。高帝六年（西元前二〇一年）設置淮陽郡，十一年（西元前一九六年）改郡為國。[146]胡公　媯滿。周初諸侯國陳國的開國君主，相傳是舜的後代。國都在宛丘（今河南淮陽）。西元前四七九年為楚所滅。[147]苦　縣名。今河南鹿邑。[148]陽夏　縣名。今河南太康。[149]寧平　縣名。今河南鄲城東北。[150]扶溝　縣名。今河南扶溝東北。[151]渦水　即今流經河南、安徽二省境內的淮河支流渦河。古源為古狼湯渠，今源為賈魯河。[152]向　即當時沛郡的向縣（今安徽懷遠西北）。[153]固始　縣名。今河南太康南。[154]圉　縣名。今河南通許東南。[155]新平　縣名。今河南淮陽東北。[156]柘　縣名。今河南柘城西北。[157]梁國　王國名。轄境相當於今河南商丘、虞城、民權以及安徽碭山等地。都城在睢陽（今河南商丘南）。[158]高帝五年　即西元前二〇二年。[159]文石　一種有玻璃光澤和花紋的黃白色石子。[160]甾　縣名。今河南民權東北。[161]戴國　西周時的諸侯國。姬姓。都城在今河南民權東。春秋時為宋所滅。[162]杼秋　縣名。今安徽碭山東南。[163]蒙　縣名。今河南商丘東北。[164]獲水　指當時杼秋縣至盟諸澤（地處今河南商丘東北，今已淤涸）的一段河道。[165]甾獲渠　指當時盟諸澤至今河南開封的一段河渠。[166]彭城　即當時楚國的國都彭城縣（今江蘇徐州）。[167]已氏　縣名。今山東曹縣東南。[168]虞　縣名。今河南虞城北。[169]下邑　縣名。今安徽碭山東。[170]睢陽　縣名。今河南商丘南。[171]宋國　周武王滅商後，封商紂王之子武庚於舊都（今河南商丘）。成王時，武庚叛亂，被殺。又以其地封紂王庶兄微子，號宋公，成為宋國的開國君主。春秋時為十二大諸侯國之一。戰國時為齊所滅。[172]東平國　王國名。轄境相當於今山東濟寧，汶上、東平等地。都城在無鹽（今山東東平東）。[173]梁國　東平在秦時屬齊郡。楚漢之際屬楚國。高帝五年歸漢後屬梁國。[174]景帝中六年　即西元前一四四年。[175]元鼎元年　即西元前一一〇年。[176]甘露二年　即西元前五二年。[177]縣七　根據本書卷八十八〈儒林傳〉記載，王式為「東平新桃人」。而〈地理志〉的東平國卻無新桃縣名。疑有缺漏。[178]郈鄉　地名。位於今山東東平東南。[179]任城　縣名。今山東濟寧東南。[180]東平陸　縣名。今山東汶上西北。[181]富城　縣名。今山東肥城西南。[182]章　縣名。今山東東平東北。[183]亢父　縣名。今山東魚臺西北。[184]詩亭　即郕亭。地名。位於今山東魚臺北部的南陽湖中。[185]詩國　即郕國。春秋時的小國。[186]樊　縣名。今山東濟寧東北。[187]魯國　王國名。轄境相當於今山東曲阜、滕州、泗水等地。都城在魯（今山東曲阜）。[188]高后元年　即西元前一八七年。高后，（西元前二四一—前一八〇年），即呂后。漢高帝的皇后。詳見卷三〈高后紀〉。按：此句注文有誤。應當改為「景帝二年（西元前一五五年）為魯國」。[189]屬豫州　一說魯國原本屬徐州，東漢光武帝時改屬豫州，此處應當為「徐州」。[190]伯禽　又稱禽父。周公旦的長子。武庚叛亂平息後，成王封他為魯公，即魯國的始祖。[191]卞　縣名。今山東泗水東。[192]方與　即當時山陽郡的方與縣（今山東魚臺西）。[193]泲　即下文中的泲渠。是當時溝通泲水（今濟水）與泗水的河渠。西起菏澤（今山東定陶東北），東至方與。[194]汶陽　一作文陽。縣名。今山東寧陽東北。[195]蕃　縣名。今山東滕州。[196]南梁水　即今流經山東滕州注入昭陽湖的河道。發源於當時卞縣南部的山地，向西南流經蕃縣至胡陵（今山東魚臺東南）流入沛郡境內的泗水，略循廢黃河水道，至臨淮郡的睢陵縣淮泗口（今江蘇洪澤西）注入淮河。[197]騶　縣名。今山東鄒城東南。[198]邾國　春秋時的諸侯國。開國君主為曹挾。後為楚國所滅。[199]嶧山　又名鄒嶧山或邾嶧山。地處今山東鄒城東南。[200]薛　縣名。今山東微山東北。[201]奚仲　夏朝的異姓諸侯，任姓。因擅長造車，曾任車正（掌管車服等事務的官職），受封於薛，成為薛國的始祖。(202)邳　古地名，今江蘇邳州東北的邳城鎮。(203)仲虺　人名。商湯的左相。(204)楚國　王國名。轄境相當於今山東微山以南，安徽境內的濉河以北以及蕭縣與江蘇邳州之間的地區。都城在彭城（今江蘇徐州）。(205)高帝置　楚國在秦時原本為郡，楚漢之際為楚國。高帝五年歸漢後，仍屬楚國。(206)地節元年　即西元前六九年。(207)黃龍元年　即西元前四九年。(208)彭祖國　又作大彭國。商代封國名。彭祖姓籛名鏗，相傳為顓頊帝玄孫陸終氏的第三子。堯帝時被封於彭城。(209)留　縣名。今江蘇沛縣東南的微山湖西岸。(210)梧　縣名。今安徽淮北東北。(211)傅陽　縣名。今山東棗莊南。(212)偪陽國　西周時諸侯國，妘姓。後為晉所滅。(213)呂　縣名。今江蘇徐州東南。(214)武原　縣名。今江蘇邳州西北。(215)甾丘　縣名。今安徽淮北東南。(216)泗水國　王國名。轄境相當於今江蘇成子湖和泗陽一帶。都城在淩（今江蘇泗陽西北）。(217)故東海郡　指漢高帝時屬東海郡。(218)元鼎四年　注文時間有誤，應當為元鼎二年（西元前一一五年）。(219)泗陽　縣名。今江蘇泗陽東南。(220)于　縣名。今地不詳。(221)廣陵國　王國名。轄境相當於今江蘇境內長江以北、射陽湖西南、儀徵以東地區。都城在廣陵（今江蘇揚州西北）。(222)高帝六年屬荊國四句　此處注文有誤。應當改為「高帝六年為荊國，十二年為吳國。景帝三年為郡，四年更為江都國。武帝元狩二年改為廣陵」。(223)有鐵官　戶口數後列此注，疑注文有錯亂。(224)江都易王非　即劉非。漢景帝第五子。初立為汝南王，後改封江都王。「易」是他的諡號。詳見卷五十三〈景十三王傳·江都易王劉非〉。(225)廣陵厲王胥　即劉胥。漢武帝第五子。被立為廣陵王。諡號為「厲」。詳見卷六十三〈武五子傳·廣陵厲王劉胥〉。(226)鄣郡　郡名。轄境相當於今江蘇、安徽兩省境內的長江以南，浙江境內的新安江以北之地。郡治在故鄣（今浙江安吉西北）。漢元狩二年改為丹陽郡。(227)吳　郡名。轄境相當於今江蘇境內的長江以南，大茅山以及浙江長興、吳興、天目山以東地區。郡治在吳縣（今江蘇蘇州）。(228)江都　縣名。今江蘇揚州西南。(229)渠水　指自廣陵經高郵至射陽湖的河渠。(230)射陽　即當時臨淮郡的射陽縣（今江蘇寶應東北的射陽鎮）。(231)高郵　縣名。今江蘇高郵。(232)平安　縣名。今江蘇寶應西南。(233)六安國　王國名。轄境相當於今安徽境內淮河以南，霍丘、六安以東以及河南固始地方。都城在六（今安徽六安北）。(234)五年　高帝五年。即西元前二〇二年。(235)淮南　指淮南國。(236)文帝十六年　即西元前一六四年。(237)元狩二年　即西元前一二一年。按：一說六安國設置於元狩元年（西元前一二二年）。(238)皋繇　即皋陶，又作咎繇。傳說中東夷族的首領。偃姓。曾被舜任命為刑法官。後被禹選為繼承人。因早死未繼位。據說春秋時的英、六、舒等小國，都是其後裔。(239)如谿水　即今注入安徽西部城東湖的河道。其上源分當時的泚水（即今淠河）而北流，至今霍丘東又併入泚水，再注入淮水。(240)壽春　即當時九江郡的壽春縣（今安徽壽縣）。(241)芍陂　又名龍泉陂。澤名。位於今安徽壽縣南。今大部分已淤涸，僅殘留今安豐塘。(242)蓼　縣名。今河南固始北。

(243)故國　蔞縣西周時曾為諸侯封國。(244)安豐　縣名。今河南固始東南。(245)安風　縣名。今安徽霍丘西南。(246)陽泉　縣名。今安徽霍丘西南。(247)長沙國　王國名。轄境相當於今湖南東部、南部和廣西全州，廣東連縣、陽山。都城在臨湘（今湖南長沙）。(248)高帝五年為國　長沙國在秦時為郡，高帝二年分其地設置桂陽郡，五年（西元前二〇二年）為長沙國。(249)羅　縣名。今湖南汨羅西北。(250)連道　道名。今湖南漣源東南的漣水南岸。(251)益陽　縣名。今湖南益陽東。(252)湘山　又名君山、洞庭山。位於今湖南岳陽西南。原本位於洞庭湖中，現已與陸地相連。(253)下雋　縣名。今湖北通城西北。(254)攸　縣名。今湖南攸縣東北。(255)酃　縣名。今湖南衡陽東。(256)承陽　縣名。今湖南邵東東南的蒸水北岸。(257)湘南　縣名。今湖南湘潭西南的漣水北岸。(258)衡山　又名岣嶁山。五嶽之一。位於今湖南衡山西。(259)昭陵　縣名。今湖南邵陽。(260)茶陵　縣名。今湖南茶陵東北。(261)泥水　即今湖南茶陵、攸縣境內的湘江支流洣水。(262)湘　湘水。即今湘江。(263)容陵　縣名。今湖南攸縣西南。(264)安成　縣名。今江西蓮花東北。(265)廬水　即今流經湖南、江西邊境的贛江支流瀘水。(266)廬陵　即當時豫章郡的廬陵縣（今江西吉安西南）。(267)湖漢　湖漢水。即今江西境內的贛江。

【語譯】趙國，原本是秦朝時的邯鄲郡，高帝四年設置為趙國，景帝三年時又改為邯鄲郡，景帝五年復為趙國。王莽時稱為桓亭。屬於冀州。戶籍為八萬四千二百零二戶，人口為三十四萬九千九百五十二人。下轄四個縣：邯鄲，境內的堵山，是牛首水的發源地，此水向東流注入白渠。趙敬侯時，國都從中牟縣遷至此地。易陽，柏人，王莽時稱為壽仁。襄國。原本為邢國。境內的西山，是渠水的發源地，此水向東北流至任縣，注入寖水。又有蔞水、馮水，都向東流至朝平縣，注入湡水。

2　廣平國，武帝征和二年設置平干國，宣帝五鳳二年復原。王莽時稱為富昌，屬於冀州。戶籍為二萬七千九百八十四戶，人口為十九萬八千五百五十八人。下轄十六個縣：廣平，張縣，朝平，南和，境內的列葭水向東流注入𣴛水。列人，王莽時稱為列治。斥章，任縣，曲周，武帝建元四年設置。王莽時稱為直周。南曲，曲梁，是侯國。王莽時稱為直梁。廣鄉，平利，平鄉，陽臺，是侯國。廣年，王莽時稱為富昌。城鄉。

3　真定國，武帝元鼎四年設置。屬於冀州。戶籍為三萬七千一百二十六戶，人口為十七萬八千六百一十六人。下轄四個縣：真定，原本為東垣縣，高帝十一年改名。王莽時稱為槀實。肥纍，原為肥子國。緜曼。境內的斯洨水發源於太白渠，向東流至鄡縣，注入黃河。王莽時稱為緜延。

4 中山國，高帝時設置為郡，景帝三年改置為國。王莽時稱為常山。屬於冀州。戶籍為十六萬零八百七十三戶，人口為六十六萬八千零八十人。下轄十四個縣：盧奴，北平，境內的徐水向東流至高陽縣，注入博水。又有盧水，也流至高陽縣，注入滱水。設有鐵官。王莽時稱為善和。北新成，桑欽認為易水發源於該縣西北，向東流注入滱水。王莽時稱為朔平。唐縣，堯山地處該縣南部。王莽時稱為和親。深澤，王莽時稱為翼和。苦陘，王莽時稱為北陘。安國，王莽時稱為興睦。曲逆，境內的蒲陽山，是蒲水的發源地，此水向東流注入濡水。又有蘇水，也向東流注入濡水。王莽時稱為順平。望都，境內的博水向東流至高陽縣，注入滱水。王莽時稱為順調。新市，新處，毋極，陸成，安險。王莽時稱為寧險。

5 信都國，景帝二年改置為廣川國，宣帝甘露三年復原。王莽時稱為新博。屬於冀州。戶籍為六萬五千五百五十六戶，人口為三十萬四千三百八十四人。下轄十七個縣：信都，國都。古章河和古虖池水都位於縣北，向東流注入大海。〈禹貢〉說絳水也注入大海。王莽時稱為新博亭。歷縣，王莽時稱為歷寧。扶柳，辟陽，王莽時稱為樂信。南宮，王莽時稱為序下。下博，王莽時稱為閏博。武邑，王莽時稱為順桓。觀津，王莽時稱為朔定亭。高隄，廣川，樂鄉，是侯國。王莽時稱為樂丘。平隄，是侯國。桃縣，王莽時稱為桓分。西梁，是侯國。昌成，是侯國。東昌，是侯國。王莽時稱為田昌。脩縣。王莽時稱為脩治。

6 河間國，原本屬於趙國轄境，文帝二年分設河間國。王莽時稱為朔定。戶籍為四萬五千零四十三戶，人口為十八萬七千六百六十二人。下轄四個縣：樂成，境內的虖池別水源頭承接虖池河，向東流至東光，注入虖池河。王莽時稱為陸信。候井，武隧，王莽時稱為桓隧。弓高。虖池別河的源頭承接虖池河，向東流至平舒縣，注入大海。王莽時稱為樂成。

7 廣陽國，高帝時為燕國，昭帝元鳳元年改為廣陽郡，宣帝本始元年改為國。王莽時稱為廣有。戶籍為二萬零七百四十戶，人口為七萬零六百五十八人。下轄四個縣：薊縣，原本為燕國，是召公的封地。王莽時稱為伐戎。方城，廣陽，陰鄉。王莽時稱為陰順。

8 甾川國，文帝十八年分設甾川國。後併入北海郡。戶籍為五萬零二百八十九戶，人口為二十二萬七千零三十一人。下轄三個縣：劇縣，境內的義山，是蕤水的發源地，此水向北流至壽光，注入大海。王莽時稱為俞縣。東安平，境內的菟頭山，是女水的發源地，此水向東北流至臨甾境，注入鉅定澤。樓鄉。

9 膠東國，原屬齊國，高帝元年分設膠東國，同年五月復歸屬齊國，文帝十六年復為膠東國。王莽時稱為郁秩。戶籍為七萬二千零二戶，人口為三十二萬三千三百三十一人。下轄八個縣：即墨，縣內有天室山祠。王莽時稱為即善。昌武，下密，境內有三石山祠。壯武，王莽時稱為曉武。郁秩，設有鐵官。挺縣，觀陽，鄒盧。王莽時稱為始斯。

10 高密國，原屬齊國，文帝十六年分設膠西國。宣帝本始元年改置為高密國。戶籍為四萬零五百三十一戶，人口為十九萬二千五百三十六人。下轄五個縣：高密，王莽時稱為章牟。昌安，石泉，王莽時稱為養信。夷安，王莽時稱為原亭。成鄉。王莽時稱為順成。

11 城陽國，原屬齊國。文帝二年分設為國。王莽時稱為莒陵。屬於兗州。戶籍為五萬六千六百四十二戶，人口為二十萬五千七百八十四人。下轄四個縣：莒縣，原為莒國，盈姓，傳位三十代後被楚國攻滅。該國是少昊的後裔。縣內設有鐵官。王莽時稱為莒陵。陽都，東安，慮縣。王莽時稱為著善。

12 淮陽國，高帝十一年設置。王莽時稱為新平。屬於兗州。戶籍為十三萬五千五百四十四戶，人口為九十八萬一千四百二十三人。下轄九個縣：陳縣，原本為陳國，是虞舜的後裔，胡公的封地，後被楚國攻滅。楚頃襄王從郢都遷都此地。王莽時稱為陳陵。苦縣，王莽時稱為賴陵。陽夏，寧平，扶溝，境內的渦水源頭承接狼湯渠，向東流至向縣，注入淮水，此水流經三個郡，全長一千里。固始，圉縣，新平，柘縣。

13 梁國，原本為秦朝時的碭郡，高帝五年設置為梁國。王莽時稱為陳定。屬於豫州。戶籍為三萬八千七百零九戶，人口為十萬六千七百五十二人。下轄八個縣：碭縣，該縣的碭山出產文石。王莽時稱為節碭。甾縣，原本為戴國。王莽時稱為嘉穀。杼秋，王莽時稱為予秋。蒙縣，境內的獲水源頭承接甾獲渠，此水向東北流至彭城，注入泗水，它流經五個郡，全長五百五十里。王莽時稱為蒙恩。已氏，王莽時稱為已善。虞縣，王莽時稱為陳定亭。下邑，王莽時稱為下洽。睢陽。原本為宋國，是微子的封地。〈禹貢〉說盟諸澤位於該縣東北。

14 東平國，原屬梁國，景帝中元六年分設濟東國，武帝元鼎元年改為大河郡，宣帝甘露二年改為東平國。王莽時稱為有鹽。屬於兗州。戶籍為十三萬一千七百五十三戶，人口為六十萬七千九百七十六人。境內設有鐵官。下轄七個縣：無鹽，境內有郈鄉。王莽時稱為有鹽亭。任城，原本為任國，是太昊的後裔，風姓。王莽時稱為延就亭。東平陸，富城，王莽時稱為成富。章縣，亢父，該縣境內的詩亭，是從前的詩國。王莽時稱為順父。樊縣。

15 魯國，原本為秦朝時的薛郡，高后元年設置為魯國。屬於豫州。戶籍為十一萬八千零四十五戶，人口為六十萬七千三百八十一人。下轄六個縣：魯縣，是伯禽的封地。戶籍為五萬二千戶。設有鐵官。卞縣，泗水向西南流至方與，注入沛水，泗水流經三個郡，全長五百里，是古青州的大河。汶陽，王莽時稱為汶亭。蕃縣，境內的南梁水向西流至胡陵，注入沛渠。騶縣，原本為邾國，曹姓，傳位二十九代後被楚國攻滅。嶧山位於該縣北部。王莽時稱為騶亭。薛縣。夏朝車正奚仲的封國，其後裔遷徙至邳鄉，商湯的左相仲虺曾在這裡居住。

16 楚國，高帝時設置。宣帝地節元年改為彭城郡，黃龍元年又改為楚國。王莽時稱為和樂。屬於徐州。戶籍為十二萬四千七百三十八戶，人口為四十九萬七千八百零四人。下轄七個縣：彭城，古代的彭祖國。戶籍為四萬零一百九十六戶。設有鐵官。留縣，梧縣，王莽時稱為吾治。傅陽，原為偪陽國。王莽時稱為輔陽。呂縣，武原，王莽時稱為和樂亭。甾丘。王莽時稱為善丘。

17 泗水國，原本屬於東海郡，武帝元鼎四年分設為泗水國。王莽時稱為水順。戶籍為二萬五千零二十五戶，人口為十一萬九千一百一十四人。下轄三個縣：淩縣，王莽時稱為生夌。泗陽，王莽時稱為淮平亭。于縣，王莽時稱為于屏。

18 廣陵國，高帝六年劃歸荊國，十一年改屬吳國，景帝四年改名為江都國，武帝元狩三年改名為廣陵國。

王莽時稱為江平。屬於徐州。戶籍為三萬六千七百七十三戶，人口為十四萬零七百二十二人。境內設有鐵官。下轄四個縣：廣陵，江都易王劉非、廣陵厲王劉胥都曾以此地為國都，二人的封國同時轄有鄣郡，而不轄有吳地。王莽時稱為安定。江都，有江水祠。境內的渠水來自長江，向北流至射陽，注入射陽湖。高郵，平安。王莽時稱為杜鄉。

19 六安國，原本屬於楚國轄境，高帝元年分設為衡山國，五年劃歸淮南國，文帝十六年又復為衡山國，武帝元狩二年分設六安國。王莽時稱為安風。戶籍為三萬八千三百四十五戶，人口為十七萬八千六百一十六人。下轄五個縣：六縣，原本為六國，國君是皋繇的後裔，偃姓，後被楚國攻滅。境內的如谿水來自沘水，向東北流至壽春，注入芍陂澤。蓼縣，原本為蓼國，國君是皋繇的後代，被楚國攻滅。安豐，〈禹貢〉說大別山位於該縣西南。王莽時稱為美豐。安風，王莽時稱為安風亭。陽泉。

20 長沙國，秦朝時為郡，高帝五年改為國。王莽時稱為填蠻。屬於荊州。戶籍為四萬三千四百七十戶，人口為二十三萬五千八百二十五人。下轄十三個縣：臨湘，王莽時稱為撫睦。羅縣，連道，益陽，湘山在縣北。下雋，王莽時叫閏雋。攸縣，酃縣，承陽，湘南，〈禹貢〉說衡山位於該縣東南，是荊州的大山。昭陵，茶陵，泥水向西流注入湘水，全長七百里。王莽時稱為聲鄉。容陵，安成。境內的廬水向東流至廬陵縣，注入湖漢水。王莽時稱為思成。

本秦京師為內史，分天下作三十六郡❶。漢興，以其郡太大，稍復開置，又立諸侯王國。武帝開廣三邊❷。故自高祖增二十六，文、景各六，武帝二十八，昭帝一，訖❸於孝平❹，凡郡國一百三，縣邑千三百一十四，道三十二，侯國二百四十一。地東西九千三百二里，南北萬三千三百六十八里。提封❺田一萬萬四千五百一十三萬六千四百五頃，其一萬萬二百五十二萬八千八百八十九頃，邑居道路，山川林澤，群❻不可墾，其三千二百二十九萬九百四十七頃，可墾不可墾，定墾田❼八百二十七萬五百三十六頃。民戶千二百二十三萬三千六十二，口五千九百五十九萬四千九百七十八。漢極盛矣。

凡民函五常❽之性，而其剛柔緩急，音聲不同，繫水土之風氣，故謂之風；好惡取舍，動靜亡常，隨君上之情欲，故謂之俗。孔子曰：「移風易俗，莫善於樂。」❾言聖王在上，統理人倫，必移其本❿，而易其末，此混同天下壹之虖⓫中和⓬，然後王教⓭成也。漢承百王⓮之末⓯，國土變改，民人遷徙，成帝⓰時劉向⓱略言其地分，丞相張禹⓲使屬潁川朱贛條⓳其風俗，猶未宣究⓴，故輯而論之，終其本末著於篇。

【章旨】此部分在總體上記載了漢代的郡國、田地以及戶口數目，指明了不同地區之間存在著風俗的差別，並且說明篇末論述各地的形成歷史、風俗特色等探討的主旨，即以前人研究為基礎，系統地、具體地了解各地的地理情況、歷史傳承脈絡和風俗習性，以此為依據，進而達到齊同風俗的目的。

【注釋】❶三十六郡　秦統一全國後，推行郡縣制，於始皇二十六年（西元前二二一年）分天下為三十六郡。即三川、河東、南陽、南郡、九江、鄣郡、會稽、潁川、碭郡、泗水、薛郡、東郡、琅邪、齊郡、上谷、漁陽、右北平、遼西、遼東、代郡、鉅鹿、邯鄲、上黨、太原、雲中、九原、雁門、上郡、隴西、北地、漢中、巴郡、蜀郡、黔中、長沙，共三十五，與內史合為三十六郡。一說內史為京師，不應在郡數內，應補以郯郡（即東海郡）。近人王國維《觀堂集林・秦郡考》則主張秦郡應為四十八郡。因為始皇之後又增設了十二郡。即桂林、南海、象郡、九原、陳郡、東海、膠東、膠西、濟北、博陽、成陽、廣陽等郡。但究竟多少郡，尚難確定。❷三邊　漢代泛指從東北到西南也就是古代冀州、雍州、梁州的邊境地區為「三邊」。❸訖　通「迄」。至；到。❹孝平　即漢平帝劉衎。在位五年。詳見卷十二〈平帝紀〉。❺提封　一作堤封。諸侯或宗室的封地。這裡指四境之內管轄的封地。也可作大凡、總共解。❻群　眾。引申為「都」。❼定墾田　指確定可以開墾的田地。❽五常　指人的五種性情。說法不一。或指喜、怒、哀、樂、怨；或指仁、義、禮、智、信。❾孔子曰三句　這裡的引文見《孝經》。引文中的「樂」，通常兼指音樂、舞蹈、詩歌三者而言。這裡泛指文化教育。❿本　指人們的本性即上文所謂的「風」。下句的「末」，指人性的表現形式，即上文所謂的「俗」。⓫虖　通「乎」。於。⓬中和　中正和平。儒家的中庸之道認為：凡事能達到中和，就無事不能達到和諧的境界。⓭王教　帝王的教化。⓮百王　歷代帝王。⓯末　末尾；最後。⓰成帝　即漢成帝劉驁。在位二十六年（西元前三三－前七年）。詳見卷十〈成帝紀〉。⓱劉向　（西元前七六－前五年），沛（今江蘇沛縣）人。經學家、文學家。撰有《新序》、《說苑》及辭賦三十餘篇。又整理宮廷藏書，撰成《別錄》，為我國目錄學之祖。詳見卷三十六附〈劉向傳〉。⓲張禹　軹（今河南濟源）人。成帝的師傅。官至丞相，封安昌侯。詳見卷八十一〈張禹傳〉。⓳條　分條列舉。用如動詞。⓴宣究　解說研究。

【語　譯】秦朝稱京師為內史，將天下分為三十六個郡。漢朝立國後，因為秦郡的範圍太大，便將其拆分，逐漸增設了一些郡，又設立了諸侯王國。武帝擴充了北、西、南三邊疆界。縱觀西漢一朝，高帝時，增設了二十六個郡，文帝、景帝時各增設六個郡，武帝時增設二十八個郡，昭帝時增設一個郡，截至平帝時為止，共計有郡國一百零三個，縣邑一千三百一十四個，道三十二個，侯國二百四十一個。地域範圍東西為九千三百零二里，南北為一萬三千三百六十八里。土地總面積為一億四千五百一十三萬六千四百零五頃，其中一億零二百五十二萬八千八百八十九頃為城市住宅、交通道路、山川林澤，都不可開墾，三千二百二十九萬零九百四十七頃為半耕種性質的土地，可耕地面積為八百二十七萬零五百三十六頃。民眾戶籍為一千二百二十三萬三千零六十二戶，人口為五千九百五十九萬四千九百七十八人。漢朝真是興盛極了。

人的性情大致相同，都有喜怒哀樂怨，但是這又有剛柔緩急之分，各地的語言也有差異，這與水土有關聯，被稱為風；人的人生觀、價值觀、生活方式各有特點，這隨著君上的性情欲望而改變，被稱為俗。孔子說：「移風易俗，再沒有比文化教育更好的方法了。」這是說聖王在上，統一條理人們之間的尊卑長幼等級關係，必須改變其根本，才能改變其枝節，標本兼治，天下完全達到了中正和平，那麼，帝王的教化也就成功了。漢朝承接了前代的悠久歷史，國土有了改變，人民有了遷移，成帝時劉向曾簡要地論述過各地的情況，丞相張禹曾派屬員潁川郡的朱贛分別列論各地的風俗，但他們的分析、論述並不是很系統、詳細，因此，這裡將前人的資料與成果收集整理，並加以論述，總結各地的地理狀況、歷史傳承脈絡以及風土人情，並分析各地不同風俗形成、發展、演變的原因，將其著於本篇。

1 秦地，於天官❶東井、輿鬼❷之分壄❸也。其界自弘農故關以西，京兆、扶風、馮翊、北地、上郡、西河、安定、天水、隴西，南有巴、蜀、廣漢、犍為、武都，西有金城、武威、張掖、酒泉、敦煌，又西南有牂柯、越巂、益州，皆宜屬焉。

2 秦之先曰柏益❹，出自帝顓頊，堯時助禹治水，為舜朕虞❺，養育草木鳥獸，賜姓嬴氏，歷夏、殷為諸侯。至周有造父❻，善馭習馬，得華騮❼、綠耳❽之乘，幸於穆王❾，封於趙城，故更為趙氏。後有非子❿，為周孝王養馬汧、渭之間。孝王曰：「昔伯益⓫知禽獸，子孫不絕。」迺封為附庸，邑之⓬於秦，今隴西秦亭秦谷是也。至玄孫，氏⓭為莊公⓮，破西戎，有其地。子襄公⓯時，幽王為犬戎所敗，平王東遷雒邑。襄公將兵救周有功，賜受岐、酆之地⑯，列為諸侯。後八世，穆公⑰稱伯⑱，以河為竟⑲。十餘世，孝公⑳用商君㉑，制轅田㉒，開仟伯㉓，東雄㉔諸侯。子惠公㉕初稱王，得上郡、西河。孫昭王㉖開巴蜀，滅周，取九鼎㉗。昭王曾孫政㉘并六國，稱皇帝，負力怙㉙威，燔書阬儒㉚，自任私智㉛。至子胡亥㉜，天下畔㉝之。

3 故秦地於禹貢時跨雍、梁二州，詩風兼秦、豳㉞兩國。昔后稷㉟封斄㊱，公劉處豳，大王㊲徙岐，文王作酆，武王治鎬㊳，其民有先王遺風，好稼穡㊴，務本業，故豳詩言農桑衣食之本㊵甚備。有鄠㊶、杜㊷竹林，南山㊸檀柘，號稱陸海㊹，為九州膏腴㊺。始皇之初，鄭國㊻穿渠，引涇水溉田，沃野千里，民以富饒。漢興，立都長安，徙齊諸田，楚昭、屈、景及諸功臣家於長陵㊼。後世世徙吏二千石㊽、高訾㊾富人及豪桀㊿并兼之家於諸陵。蓋亦以彊幹弱支(51)，非獨為奉山園(52)也。是故五方(53)雜厝(54)，風俗不純。其世家(55)則好禮文(56)，富人則商賈(57)為利，豪桀則游俠通姦(58)。瀕(59)南山，近夏陽(60)，多阻險(61)輕薄(62)，易為盜賊，常為天下劇(63)。又郡國輻湊(64)，浮食者(65)多，民去本就末(66)，列侯(67)貴人車服(68)僭上(69)，眾庶放(70)效，羞不相及，嫁娶尤崇侈靡，送死(71)過度。

4 天水、隴西，山多林木，民以板為室屋。及安定、北地、上郡、西河，皆迫近戎狄[72]，修習[73]戰備，高上[74]氣力，以射獵為先。故秦詩[75]曰「在其板屋」；又曰「王于興師，修我甲兵，與子偕行[76]」。及車轔[77]、四臷[78]、小戎[79]之篇，皆言車馬田狩[80]之事。漢興，六郡[81]良家子[82]選給羽林[83]、期門[84]，以材力[85]為官，名將多出焉。孔子曰：「君子有勇而亡誼則為亂，小人有勇而亡誼則為盜。」[86]故此數郡，民俗質木[87]，不恥寇盜[88]。

5 自武威以西，本匈奴昆邪王、休屠王地，武帝時攘[89]之，初置四郡[90]，以通西域[91]，鬲[92]絕南羌、匈奴。其民或以關東[93]下貧[94]，或以報怨過當[95]，或以詩逆亡道[96]，家屬徙焉。習俗頗殊，地廣民稀，水中宜畜牧，故涼州[97]之畜為天下饒。保邊塞，二千石治之，咸以兵馬為務；酒禮之會[98]，上下通焉，吏民相親。是以其俗風雨時節[99]，穀糴[100]常賤，少盜賊，有和氣之應[101]，賢[102]於內郡。此政寬厚，吏不苛刻之所致也。

6 巴、蜀、廣漢本南夷，秦并[103]以為郡，土地肥美，有江水沃野，山林竹木疏食果實之饒。南賈滇[104]、僰[105]僮[106]，西近邛、莋[107]馬旄牛。民食稻魚，亡凶年[108]憂，俗不愁苦，而輕易淫泆[109]，柔弱褊阸[110]。景、武間，文翁[111]為蜀守，教民讀書法令，未能篤信道德，反以好文刺譏，貴慕112權勢。及司馬相如113游宦114京師諸侯，以文辭顯於世，鄉黨115慕循其迹。後有王褒116、嚴遵117、揚雄118之徒，文章冠天下。繇119文翁倡其教，相如為之師，故孔子曰：「有教亡類120。」

7 武都地雜氐121、羌122，及犍為、牂柯、越巂，皆西南外夷，武帝初開置。民俗略與巴、蜀同，而武都近天水，俗頗似焉。

8 故秦地天下三分之一，而人眾不過什三123，然量其富居什六。秦、豳吳札124觀樂，為之歌秦，曰：「此之謂夏125聲。夫126能夏則大127，大之至也，其周舊乎！」

9 自井128十度129至柳130三度，謂之鶉首之次131，秦之分132也。

【章　旨】以上具體介紹了秦地的地理範圍及其歷史發展軌跡，記述了該地域內不同地區的自然地理、經濟地理和風俗習慣等情況。

【注　釋】❶天官　天文。古代天文學家把天空眾星劃分為若干區域，認為眾星也有尊卑隸屬的關係，如同人間的官吏職位一樣，所以稱為天官。❷東井輿鬼　即二十八宿的井宿和鬼宿。❸分壄　分野，古代天文學家將天空星辰的位置，跟地上州、國的位置相對應。例如以鶉火對應周，鶉尾對應楚等。就天文說，稱為分星；就地理說，稱為分野。《史記・天官書》以二十八宿配十二州，《漢書・地理志》則用以配戰國時的地域。古人迷信，還常以天象的變異來比附州國的吉凶。❹柏益　又作「伯翳」、「大費」。夏朝時東夷族首領。嬴姓各支嫡系的祖先。長於畜牧、狩獵，舜時被任為虞。因助禹治水有功，被選為繼承人。禹死後，被啟攻殺。❺朕虞　朕，我。虞，管理山林川澤的官。《史記・五帝本紀》：「舜曰：『誰能訓予上下草木鳥獸？』皆曰益可。於是以益為朕虞。」「朕」在這裡是用第一人稱口氣，而非官名的一部分。❻造父　人名。西周時著名御車者。傳說曾取駿馬八匹獻給周穆王，並在平定徐偃王叛亂中為穆王御車，因功被封於趙（今山西洪洞北），成為趙國始祖。❼華騮　也作「華騮」。赤身黑鬣的馬。❽綠耳　也作「騄耳」。耳為綠色的駿馬。❾穆王　指周穆王姬滿。西周國王。曾西擊犬戎，東攻徐戎，在塗山（今安徽懷遠東南）大會諸侯。後世傳說他曾周遊天下。《穆天子傳》即寫他西遊故事。❿非子　一作「飛子」。也是西周時著名御者。傳說為嬴姓部落首領，原居犬丘（今陝西興平東南），因善養馬，受到周孝王召見，在汧、渭二水間（今隴東一帶）主管畜牧，以功被封於秦（今甘肅張家川東），作為周的附庸。他因而成為秦國的始祖。⓫伯益　即柏益。⓬邑之　封給他城邑。邑，用如動詞。⓭氏　通「是」。⓮莊公　秦國君。在位四十四年（西元前八二一—前七七八年）。周宣王時，其兄弟五人曾應徵率兵七千人大破西戎，因功封為西陲大夫，居犬丘。⓯襄公　在位十二年（西元前七七七—前七六六年）。申侯召犬戎兵攻殺周幽王時，他因帶兵救周，擁護周平王東遷雒邑（今河南洛陽）有功，平王賜給他岐西之地，列為諸侯。⓰郊酆之地　今陝西岐山和戶縣一帶。郊，通「岐」。⓱穆公　指秦穆公嬴任好。春秋五霸之一。在位三十九年（西元前六五九—前六二一年）。任用百里奚、蹇叔、由餘等，勵精圖治，國勢日強。後征服西戎，攻滅十二國，開地千里，成為西方諸侯之霸。⓲伯　通「霸」。⓳竟　通「境」。疆界。⓴孝公　指秦孝公嬴渠梁（西元前三八一—前三三八年），在位二十四年（西元前三六一—前三三八年），任用商鞅變法，開闢疆土，發展農業，使國勢強盛。㉑商君　即商鞅（約西元前三九〇—前三三八年），姓公孫，名鞅。衛國人。戰國時政治家、思想家。因功封於商，也稱商鞅、商君。輔助秦孝公變法，廢井田，開阡陌，獎勵耕戰，使秦國富強。孝公死後，被誣陷謀反，車裂而死。㉒轅田　也稱「爰田」。指按休耕需要分配的土地。具體情況是，「民受田，上田，夫百畝；中田，夫二百畝；下田，夫三百畝。歲耕種者為不易上田；休一歲者為一易中田；休二歲者為再易下田；三歲更耕之，自爰其處。」（見卷二十四〈食貨志〉）商鞅制轅田是按休耕需要一次性分配土地，改變以往隔一定時期重新分配土地的辦法。㉓仟伯　同「阡陌」。指縱橫交錯的田界。古代南北稱「阡」，東西稱「陌」，合稱「阡陌」。㉔雄　稱雄。用如動詞。㉕惠公　即秦惠文王嬴駟。在位二十七年。以張儀為相，得魏國上郡十五縣，又取楚國漢中之地六百里。㉖昭王　指秦昭襄王嬴稷（西元前三二五—前二五一年），在位五十六年（西元前三〇六—前二五一年）。在位期間，堅持東進政策，連續擊破六國的合縱勢力，奪取許多戰略要地，開闢黔中（今湖南沅陵以西）、巫郡（今重慶巫山一帶）、南陽（今河南南陽一帶）、上黨（今山西長治一帶）等郡，為後來秦統一全國奠定了基礎。㉗九鼎　古代象徵國家政權的傳國之寶。相傳商湯遷九鼎於商邑，周武王遷之於洛邑。戰國時，秦楚兩國都有興師到周問鼎之事。㉘政　即秦始皇嬴政（西元前二五九—前二一〇年），我國歷史上第一個統一的中央集權制封建國家秦王朝的建立者。㉙怙　依靠；倚仗。㉚燔書阬儒　指秦始皇焚燒典籍、坑殺儒生的事件。秦始皇三十四年（西元前二一三年），博士淳于越反對郡縣制，要求根據古制分封子弟。丞相李斯加以駁斥，主張禁止儒生以古非今，議論朝政。秦始皇採納李斯建議，下令焚燒除秦記、醫藥、種樹等以外的書。有敢談論《詩》《書》的處死。次年，盧生、侯生等方士、儒生攻擊朝政，秦始皇派御史查究，將四百六十餘名方士、儒生坑殺於咸陽。㉛自任私智　自以為是，依恃自己的聰明才力任性行事。㉜胡亥　（西元前二三〇—前二〇七年），秦始皇少子，秦始皇死後，宦官趙高與丞相李斯合謀，偽造始皇詔書，得以襲位為二世皇帝。在位四年（西元前二一〇—前二〇七年）中，趙高專權，濫用民力，大興土木，賦稅徭役較始皇時更為繁重。不久，即爆發陳勝、吳廣領導的農民起義。後為趙高逼迫而自殺。㉝畔　通「叛」。背叛。㉞豳　同「邠」。古國名。位於今陝西旬邑、彬縣一帶。周族后稷的曾孫公劉由邰（今陝西武功西南）遷居於此。觀察地形水利，開墾荒地，安定居處。到文王祖父太王時又遷於岐。㉟后稷　姬姓，名棄。周部族的始祖。舜時任農官，教民耕稼。我國以農立國，依傳統慣例，敬他為稷神。㊱斄　同「邰」。位於今陝西武功西南。相傳周部族始祖自后稷至公劉曾定居於此。㊲大王　指周太王。大，通「太」。㊳鎬　鎬京。位於今陝西西安西灃水東岸。周武王推翻商紂王的暴虐統治後，在此建立西周王朝。㊴稼穡　種穀為稼，收穫為穡。合起來泛指農業勞動。㊵豳詩言農桑衣食之本　指《詩經・豳風》中的〈七月〉一詩。詩中寫西周時農夫們一年間每月為貴族從事的農業勞動和生活情況，十分詳細。全詩共八章，八十八句，是〈國風〉中最長的一首詩。㊶鄠　秦為鄠邑。漢初置縣，屬右扶風。治今陝西戶縣。㊷杜　縣名。位於今陝西戶縣東。鄠、杜相連。㊸南山　山名。即今陝西西安南秦嶺山脈。㊹陸海　形容陸地高而物產饒，就如無所不出的大海一樣，所以稱為陸海。㊺膏腴　指土地肥沃而物產富饒的地區。㊻鄭國　人名。韓國人。戰國時水利家。由他主持開鑿西引涇水，東注洛河的灌溉渠，長達三百餘里，灌田四萬餘頃（約相當於今二百八十萬畝），使關中成為沃野，秦國得以富強。其渠因而命名為「鄭國渠」。㊼長陵　縣名。治今陝西咸陽東北。因境內有漢高帝的陵墓長陵而得名。㊽二千石　漢代對郡守一級官員的通稱。漢代官吏等級，以俸祿多少為序。如三公為萬石，九卿為中二千石，郡太守為二千石，西漢時月俸一萬二千錢。㊾高訾　錢財多。訾，通「資」。資財。㊿豪桀　才幹出眾的人。這裡指有權勢的豪強大族。桀，通「傑」。(51)彊幹弱支　加強中央力量，削弱地方勢力。幹，比喻中央。支，通「枝」。比喻地方。(52)山園　這裡指帝王的墓地。(53)五方　東、西、南、北、中。這裡指來自各處的人。(54)雜厝　雜亂。厝，通「錯」。錯雜。(55)世家　世代顯貴的家族。(56)禮文　禮儀。(57)商賈　作買賣。販運曰商，坐地開店曰賈，俗稱行商坐賈。(58)通姦　勾結惡人。姦，奸猾；為非作歹的人。(59)瀕　迫近；靠近。(60)夏陽　戰國時秦地。位於今陝西韓城南。(61)阻險　地勢險要；憑藉險要地形。(62)輕薄　不厚道，不穩重。(63)劇　甚；

極。這裡指最難治理。(64)輻湊　車輻集中於軸心。比喻各郡國人民聚集在京城。(65)浮食者　指流浪在外，不務正業的人。(66)去本就末　本末，分別指農桑與工商。(67)列侯　即徹侯。秦漢二十級爵位中最高的一等（第二十等）。漢代為避武帝劉徹名諱，改稱通侯或列侯。(68)車服　車馬和服飾。(69)僭上　超越本分。(70)放　通「仿」。仿效。(71)送死　指喪葬之事。(72)戎狄　古代泛指我國西部和北部的各部族。(73)修習　整治，研習。(74)高上　看重；崇尚。上，通「尚」。(75)秦詩　指《詩經》中的〈秦風・小戎〉。全句為：「在其板屋，亂我心曲。」敘述秦襄公出征時，軍人妻子在板屋（木板建造的房屋）中思念丈夫的情形。大意是：他該是駐在西戎的板屋裡，想念他亂得我心頭直奔突。(76)王于興師三句　見《詩・秦風・無衣》。大意是：國家調兵作戰，咱們把甲冑修整，我們一同前進。(77)車轔　又作〈車鄰〉。《詩・秦風》篇名。是讚美周宣王時秦國國君秦仲車馬儀仗浩大的詩。(78)四載　又作〈駟驖〉。《詩・秦風》篇名。是讚美秦襄公狩獵之樂的詩。(79)小戎　《詩・秦風》篇名。是讚美兵車並對出征西戎的將士表示懷念的詩。小戎，即兵車。(80)田狩　打獵。田，通「畋」。打獵。(81)六郡　指隴西、天水、安定、北地、上郡、西河六郡。都是當時西北邊疆的幾個郡。(82)良家子　清白人家的子弟。漢朝制度，凡從軍不在七科謫內者，叫做良家子。所謂七科謫，是指有罪的官吏，逃亡的罪犯，入贅的女婿，有「市籍」（在市內特定商業區內營業的商賈的戶籍）的商人、曾經有「市籍」的人、父母曾經有「市籍」的人、祖父母曾經有「市籍」的人等七種人。(83)羽林　皇帝警衛部隊的名稱。漢武帝初置建章營騎，後改羽林騎，宣帝時稱羽林郎。(84)期門　官名。掌管皇帝出入的護衛事務。漢武帝喜歡便裝出行，常命護衛人員在殿門侍候，所以稱之為期門。(85)材力　勇力；膂力。(86)孔子曰三句　引自《論語・陽貨》。大意是：君子只有勇，沒有義，就會搗亂造反；小人只有勇，沒有義，就會做土匪強盜。(87)質木　質樸；沒有文飾。含有頭腦簡單的意思。(88)不恥寇盜　不以做土匪強盜為恥辱。(89)攘　擊退；驅趕。(90)四郡　指武威、張掖、酒泉、敦煌四郡。(91)西域　漢代指今玉門關以西、巴爾喀什湖以東和以南的廣大地區。(92)鬲　通「隔」。阻隔。(93)關東　秦漢時泛指函谷關以東的地區。(94)下貧　極窮的人。(95)報怨過當　報仇殺人而過了頭。過當，超過了相當之數。(96)詩逆亡道　逆亂無道。亡，通「無」。(97)涼州　州名。漢武帝所置十三刺史部之一。元封五年（西元前一〇六年），除京城附近七郡外，武帝將全國一百零幾個郡國分為十三部，每部設刺史，掌管監察該部官吏和強宗豪族，定為常設制度。十三部中大都採用〈禹貢〉、〈職方〉裡的州名，稱作某州刺史部，因此習慣上又以一部為一州，合稱十三州。涼州之名為漢時所命，轄有敦煌、酒泉、張掖、武威、金城、隴西、天水、安定八郡。(98)酒禮之會　以酒宴之禮聚會賓客。(99)風雨時節　指當地風俗如風雨那樣，能適時調節，十分和諧。(100)穀糴　買入穀物。這裡指買入穀物時的糧價。(101)應　應和。(102)賢　勝過。指風氣比內地各郡要好。(103)并　兼併；吞併。(104)滇　即今雲南境。戰國時為滇國，因境內有滇池而得名。[105]僰　指今四川宜賓一帶。古代為僰族聚居之地。[106]僮　僮僕。未成年的奴僕。[107]邛莋　指越嶲郡的邛都（今四川西昌東南）、蜀郡的莋都（今四川漢源東北）一帶。[108]凶年　荒年。[109]淫泆　縱慾放蕩。[110]褊阸　狹隘險惡。[111]文翁　舒（今安徽廬江）人。景帝末年任蜀郡太守。重視教育，興辦學校，推廣教化，規定入學者可免除傜役，成績優秀者可任為郡縣官吏，使地處邊鄙的蜀地文化可與東部發達地區齊、魯媲美。詳見卷八十九〈循吏傳・文翁〉。[112]貴慕　敬重和羨慕。[113]司馬相如　（西元前？—前一一八年），蜀郡成都（今四川成都）人。著名辭賦家。著有〈子虛〉、〈上林〉、〈大人〉等名賦。詳見卷五十七〈司馬相如傳〉。[114]游宦　本指春秋戰國時士人離開本國至他國求官謀職。後泛指離開家鄉在外謀官或做官。[115]鄉黨　鄉里；當地。古一萬二千五百家為鄉，五百家為黨。[116]王褒　蜀郡資中（今四川資陽）人。辭賦家。宣帝時官至諫大夫。著有賦十六篇，今存〈洞簫〉、〈九懷〉等十一篇。詳見卷六十四〈王褒傳〉。[117]嚴遵　字君平，蜀郡成都（今四川成都）人。學者。揚雄年輕時曾向他求學。著有《老子指歸》（今佚）、《道德指歸》。[118]揚雄　（西元前五三—西元一八年），字子雲，蜀郡成都人。著名辭賦家。好讀書，尤愛學司馬相如、屈原辭賦。成帝時，作有〈甘泉〉、〈河東〉等賦。晚年轉而研究哲學，著有《法言》、《太玄》等。詳見卷八十七〈揚雄傳〉。[119]繇　通「由」。從；自。[120]有教亡類　施教不分對象。即不分貴賤賢愚，都可作為教育的對象。這是孔子的教育主張。語見《論語・衛靈公》。[121]氐　又稱西戎。古代西北部族名。分布在今陝西、甘肅、四川等地，從事畜牧業和農業。[122]羌　古代西北部族名。主要分布在今甘肅、青海、四川等地。秦漢時部落眾多而且分散，以游牧為主，與漢人雜處的部分羌人逐漸從事農耕。[123]什三　即十分之三。下句的「什六」，即十分之六。什，通「十」。[124]吳札　即季札。公子札。曾北遊列國，觀樂於魯。[125]夏　古代漢族自稱為夏。也稱華夏、諸夏。[126]夫　句首語氣詞。無義。[127]能夏則大　能創作夏聲的便是偉大的國家。古代稱大也叫「夏」。《方言》：「自關而西，秦晉之間，凡物之壯大者而愛偉之，謂之夏。」[128]井　星官名。二十八宿之一。也稱東井。南方朱鳥七宿的第一宿，有星八顆。[129]度　古代天文學將周天分為三百六十五又四分之一度。現分為三百六十度。[130]柳　星官名。二十八宿之一。南方朱鳥七宿的第三宿有星八顆。南方朱鳥有井、鬼、柳、星、張、翼、軫七宿。首位者（井、鬼）稱為鶉首，中部者（柳、星、張）稱為鶉火，末位者（翼、軫）稱為鶉尾。按照〈地理志〉的說法，其中鶉首的井、鬼二宿的對應方位，就是秦國的轄境。[131]次　星次。古代天文學以日月相會之處為「次」。日月一年有十二次相會，星次便有十二個，其名稱有星紀、降婁、玄枵等。[132]分　指分星。

【語　譯】秦國的地域，在天文中是井宿、鬼宿的分野。它的疆界從弘農縣舊城關以西起，包括京兆、扶風、馮翊、北地、上郡、西河、安定、天水、隴西各郡，南部包括巴郡、蜀郡、廣漢、犍為、武都各郡，西部包括金城、武威、張掖、酒泉、敦煌各郡，還包括西南部的牂柯、越巂、益州各郡，以上各地都應屬於它的範圍。

2　秦國的祖先叫柏益，是顓頊大帝的後代，唐堯時協助夏禹治水，後來做了虞舜的虞官，主管山林川澤和鳥獸，賜姓嬴氏，其後裔在夏代、商代一直做諸侯。周代時，其後人造父，善於養馬馭馬，曾得到駿馬華騮、綠耳，將其獻給周穆王作為御馬，造父受到周穆王的寵信，受封於趙城，所以改姓趙氏。其後人非子，在汧水、渭水地區給周孝王養馬。周孝王說：「從前伯益熟知馴養禽獸，他的子孫應當像他一樣封侯立業。」於是，他就封嬴氏一族為附庸國，在秦地給他們建造城邑，即今隴西郡境內的秦亭、秦谷。到了非子的玄孫，即秦莊公時，秦國打敗西戎人，占領了他們的地盤。到秦莊公的兒子秦襄公時，周幽王被犬戎打敗，周平王東遷雒邑。秦襄公因領兵救周有功，得到了邠、酆一帶地方作為賞賜，列為諸侯。後來傳到第八代，秦穆公稱霸，擴展疆域，以黃河為界。到十餘代時，秦孝公任用商鞅，制定轅田分地制度，廣開耕地，使秦國得以向東稱霸於諸侯。秦孝公的兒子秦惠公開始稱王，攻取上郡、西河兩郡。秦孝公的孫子秦昭王開闢巴、蜀兩郡，滅掉周朝，奪取九鼎。秦昭王的曾孫嬴政吞併六國，自稱為皇帝，倚仗威勢，焚書坑儒，任性自負。到他的兒子胡亥時，天下人都起來反抗秦朝的統治。

3　秦國一統前的疆土，按〈禹貢〉的記載跨有雍、梁兩州，按《詩經·國風》的記載兼有秦、豳兩國。從前，后稷被封在斄邑，公劉遷居豳地，太王遷到郊地，文王經營酆邑，武王建都鎬京，這裡的民眾保留著先王的遺風，愛好耕耘種植，致力於農業，所以〈豳風〉中描寫從事農桑衣食勞動的詩篇很多。該地有鄠縣、杜縣的竹林，有南山的檀樹、柘樹，號稱陸海，是九州中土肥物饒的地區。秦王政即位初期，水工鄭國主持開鑿渠道，引來涇水灌溉農田，使千里平原成為沃野，廣大百姓得以富裕。漢朝興起，建都長安，將齊國田氏宗族、楚國昭、屈、景三大族和漢朝開國功臣的家族遷至長陵。後世歷代皇帝都把二千石級的官吏之家、資財富足之家和有權有勢的豪強大族遷至各陵縣。此舉也是為了加強朝廷力量，削弱地方勢力，並非單純為了奉守帝王陵園。由於居民來自各方，人員混雜，風俗也就不純了。其中，世代顯貴之家則喜好禮儀，富裕之家則經商牟利，豪強之家則交通往來、為非作歹。這裡緊靠南山、臨近夏陽，地形險要，民風浮薄，容易發生盜竊劫掠事件，所以，此地常常是全國最難治理的地方。加上京城及其周圍聚集著許多來自全國各地的人，不務正業的流民很多，民眾大都捨本求末，棄農經商，列侯貴人們車服僭擬君上，平民百姓加以仿效，互相攀比，嫁女迎娶尤其講究排場，喪葬之禮大大超出常規。

4 天水、隴西兩郡，山上林木多，人們用木板作房屋。至於安定、北地、上郡、西河各郡，因為緊鄰戎狄部族，民眾熟習戰備，崇尚力氣，把射箭打獵作為頭等大事。所以〈秦詩〉中說「他應該是住在那西戎的板屋裡」；又說「國家調兵作戰，咱們把甲胄修整一下，一同出征」。還有〈車轔〉、〈四載〉、〈小戎〉這些篇章，都描敘到乘車馳馬打獵的事。漢朝興起後，上述六郡的清白人家的子弟被選送羽林、期門等禁衛部隊，憑藉勇力做官，當時的名將大多出於這班人中間。孔子說：「君子只有勇力沒有仁義，就會搗亂造反；小人只有勇力沒有仁義，就會做土匪強盜。」這幾個郡的民風質樸，百姓頭腦簡單，不以當土匪強盜為恥。

5 武威郡以西的地區，本是匈奴昆邪王、休屠王的駐牧地，武帝時，漢廷奪取了這些地方，最初設置四個郡，藉以交通西域，隔絕羌與匈奴的關係。這裡的居民是因為在關東生活極其貧困，或是家裡有人報仇殺人而行為過度，或是家裡有人犯了大逆不道的罪，而被遷徙來的。這裡的風俗習慣頗為特殊，地廣人稀，水草豐茂，適宜發展畜牧業，所以涼州的畜產量為天下第一。保衛邊境，由二千石級的官員負責，他們以訓練兵馬作為主要任務；此地設宴飲酒、聚會賓客時，官兵上下溝通，吏民互相親近。因此這裡的風俗就像風雨那樣能適時調節，穀價常常很低，盜賊少見，人民和氣，社會風氣比內地各郡要好。這是政令寬厚，官吏對百姓不苛刻的結果。

6 巴、蜀、廣漢三郡本屬南夷之地，秦朝將它們兼併以後設置為郡，這裡土地肥美，有豐富的水利和山林竹木蔬菜水果等自然資源。在南部，你可買到滇、僰兩地的僮僕，西部則接近盛產馬匹和犛牛的邛、莋地區。

這裡的民眾以稻米、魚類為食，無荒年之憂，百姓無飢寒之苦，因而性情輕慢放蕩、狹隘險惡。景帝、武帝年間，文翁任蜀郡太守，教導民眾誦讀書籍法令，但未能使他們忠實地信仰禮儀道德，反而被人以喜歡舞文弄墨相譏諷，人們看重、羨慕的是權勢。後來，司馬相如在京都諸侯中求官謀職，以文章顯揚於世，當地人很羨慕他，並且紛紛仿效他，去研讀詩書、外出遊宦。後有王褒、嚴遵、揚雄之輩，他們的文章曾雄冠天下。這是文翁提倡文教，司馬相如作出表率的結果，所以，正如孔子所說：「有教無類。」

7 武都地區雜居著氐族、羌族，犍為、牂柯、越巂各郡是西南夷族聚居之地，這些郡是武帝開邊擴疆時設置的。該地的風俗大致與巴、蜀兩郡相同，而武都郡接近天水郡，風俗也就跟那裡頗為相似了。

8 秦國一統前的土地占全國的三分之一，而人口不到全國的十分之三，但是，估計其財富占全國的十分之六。秦詩〈豳風〉記載說，吳季札觀樂時，魯人給他演唱秦國民歌，他說：「這是華夏的歌聲。能歌唱華夏之聲的國家便是偉大的國度。國家偉大到了極點，這大概是周朝的遺風吧！」

從井宿十度到柳宿三度，稱為鶉首次，是秦國的分星。

1 魏地，觜觿❶、參❷之分野也。其界自高陵❸以東，盡河東、河內，南有陳留及汝南之召陵、濦彊、新汲❹、西華、長平，潁川之舞陽、郾、許、傿陵，河南之開封、中牟、陽武、酸棗❺、卷，皆魏分也。

2 河內本殷之舊都，周既滅殷，分其畿內❻為三國，詩風邶❼、庸、衛國是也。邶，以封紂子武庚；庸，管叔尹❽之；衛，蔡叔尹之：以監殷民，謂之三監。故書序曰「武王崩，三監畔」，周公誅之，盡以其地封弟康叔❾，號曰孟侯❿，以夾輔⑪周室；遷邶、庸之民于雒邑，故邶、庸、衛三國之詩相與⑫同風。邶詩曰「在浚之下⑬」，庸曰「在浚之郊⑭」；邶又曰「亦流于淇⑮」，「河水洋洋⑯」，庸曰「送我淇上⑰」，「在彼中河⑱」，衛曰「瞻彼淇奧⑲」，「河水洋洋⑳」。故吳公子札聘㉑魯觀周樂，聞邶、庸、衛之歌，曰：「美哉淵㉒乎！吾聞康叔之德如是，是其衛風乎？」至十六世，懿公㉓亡道，為狄所滅。齊桓公㉔帥諸侯伐狄，而更封衛於河南曹㉕、楚丘㉖，是為文公㉗。而河內殷虛㉘，更屬于晉。康叔之風既歇㉙，而紂之化猶存，故俗剛彊，多豪桀侵奪，薄恩禮，好生分㉚。

3 河東土地平易㉛，有鹽鐵之饒，本唐堯所居，詩風唐、魏之國也。周武王子唐叔㉜在母未生，武王夢帝㉝謂己曰：「余名而㉞子曰虞，將與之唐，屬之參㉟。」及生，名之曰虞。至成王㊱滅唐，而㊲封叔虞。唐有晉水，及叔虞子燮為晉侯云，故參為晉星。其民有先王遺教，君子深思㊳，小人儉陋㊴。故唐詩蟋蟀、山樞、葛生之篇曰「今我不樂，日月其邁㊵」；「宛其死矣，它人是媮㊶」；「百歲之後，歸于其居㊷」。皆思奢儉之中㊸，念死生之慮。吳札聞唐之歌，曰：「思深哉！其㊹有陶唐氏之遺民乎？」

4 魏國㊺，亦姬姓也，在晉之南河曲㊻，故其詩曰「彼汾一曲㊼」；「寘諸河之側[48]」。自唐叔十六世至獻公[49]，滅魏以封大夫畢萬[50]，滅耿以封大夫趙夙[51]，及大夫韓武子[52]食采[53]於韓原，晉於是始大。至於文公[54]，伯[55]諸侯，尊周室，始有河內之土。吳札聞魏之歌，曰：「美哉渢渢[56]乎！以德輔此，則明主也。」文公後十六世為韓、魏、趙所滅，三家皆自立為諸侯，是為三晉。趙與秦同祖[57]，韓、魏皆姬姓也。自畢萬後十世[58]稱侯，至孫[59]稱王，徙都大梁，故魏一[60]號為梁，七世為秦所滅。

【章　旨】以上具體介紹了魏地的地理範圍及其歷史發展軌跡，記述了該地域內不同地區的自然地理、經濟地理和風俗習慣等情況。

【注　釋】❶觜觿　星官名。二十八宿之一。西方白虎七宿的第六宿。有星三顆，今屬獵戶座。❷參　星官名。二十八宿之一。西方白虎七宿的最末一宿。有星七顆，今屬獵戶座。❸高陵　戰國時魏地。位於今河南舞陽北。西漢時屬潁川郡。❹新汲　應當屬潁川郡。此處歸屬汝南郡，誤。❺酸棗　應當屬陳留郡。此處歸屬汝南郡，誤。❻畿內　天子直屬領地的古稱。後泛指京城轄區。❼邶　也作「鄁」。古國名。周武王滅商後，分朝歌以北為邶（今河南湯陰東南），以南為鄘（今河南新鄉西南），以東為衛（今河南淇縣），將商的舊都朝歌封給紂王之子武庚。為了監視武庚，武王將邶、鄘、衛分別封給自己的弟弟霍叔姬處、管叔姬鮮和蔡叔姬度。❽尹　治理；管轄。❾康叔　姬封。周文王少子。原本封於康（今河南禹州西北），史稱康叔封。武王死後，成王年幼，周公攝政，管叔、蔡叔和霍叔等人勾結武庚叛周。周公平息叛亂後，將商朝原統治地區封給康叔，仍以朝歌為都，監管商的遺民；又分給他商民七族，建立衛國。故康叔成為衛國的始祖。成王親政後，康叔曾任司寇。❿孟侯　諸侯之長的意思。孟，兄弟排行居長者。⓫夾輔　在左右輔佐。⓬相與　共同；互相。⓭在浚之下　見《詩・邶風・凱風》。〈凱風〉是一首抒發兒女對母親辛勞的詠歎的詩。引用的原句為「爰有寒泉，在浚之下」。大意是：寒泉之水又冷又清，在浚邑（今河南浚縣）之南川流不息。⑭在浚之郊　見《詩・鄘風・干旄》。〈干旄〉是一首描寫延聘賢德之人的詩。引用的原句為「孑孑干旄，在浚之郊」。大意是：旄旗在高高的旗杆上飄揚，已經到達浚邑城外了。⑮亦流于淇　見《詩・邶風・泉水》。〈泉水〉是一首描寫出嫁他國的女子對故國懷念的詩。引用的原句為「毖彼泉水，亦流于淇」。大意是：噴湧出來的泉水，流到衛國的淇河裡。⑯河水洋洋　今《詩・邶風》各詩均無此句，但其〈新臺〉一詩中有「河水瀰瀰」（河水漲得很滿）、「河水浼浼」（河水流得又平又慢）的詩句。懷疑此處引用有誤。⑰送我淇上　見《詩・鄘風・桑中》。〈桑中〉是一首描寫男女相思、會面和分別情景的詩。引用的原句為「期我乎桑中，要我乎上宮，送我乎淇之上矣」。大意是：在桑樹林中與我約會，邀請我到上宮遊玩，與我在淇水上送別。⑱在彼中河　見《詩・鄘風・柏舟》。〈柏舟〉是一首描寫女子表示對愛情堅貞不渝的詩。引用的原句為「汎彼柏舟，在彼中河」。大意是：柏木船在漂蕩，漂蕩在河中央。⑲瞻彼淇奧　見《詩・衛風・淇奧》。〈淇奧〉是一首讚頌衛武公文采、品德的詩。引用的原句為「瞻彼淇奧，綠竹猗猗」。大意是：看那淇水蜿蜒，綠竹婀娜。⑳河水洋洋　見《詩・衛風・碩人》。〈碩人〉是一首讚美衛莊公夫人莊姜的詩。引用的原句為「河水洋洋，北流活活」。大意是：河水浩浩蕩蕩，滔滔地流向北方。㉑聘　訪問。㉒淵　精深。㉓懿公　指衛懿公姬赤。㉔齊桓公　春秋時齊國國君，在位四十三年（西元前六八五－前六四三年）。他任用管仲進行改革，富國強兵，北伐山戎，南抑強楚，成為春秋時期的第一個霸主。㉕曹　一作「漕」。邑名。春秋初為衛國都城。故址位於今河南滑縣東。㉖楚丘　邑名。春秋時衛國曾遷都於此。故址位於今河南滑縣東北。㉗文公　姬燬。春秋時衛國國君。衛國被狄人攻滅後，齊桓公率諸侯擊敗狄人，並築楚丘，立姬燬為衛國國君。他在位二十五年（西元前六五九－前六三五年）。他為政賢明，重振衛國。㉘殷虛　即殷墟。商代都城。周代後，其地逐漸荒蕪，故稱殷墟。故址包括今河南安陽西北的小屯村以及其北面的洹河南岸一帶。㉙歇　盡；竭。引申為衰敗。㉚生分　父母在世而兄弟分居、另立門戶。一說性情乖戾、忤逆不馴。㉛平易　指地勢平坦開闊。㉜唐叔　即姬虞。周武王之子。史稱唐叔虞。成王時，唐（今山西翼城西）人作亂。周公平亂後，將唐封給姬虞。後其子燮父遷居晉水（今山西太原南）旁，改稱晉侯，成為晉國的始祖。㉝帝　指天帝。㉞而　你的。㉟參　參宿。指唐地為參宿的分野。㊱成王　周武王之子。繼位時年幼，由周公攝政。成王親政後，大封諸侯，加強了宗法統治勢力，又委任周公制作禮樂，規劃典章制度，奠定了周王朝的統治基礎。㊲而　就；才。㊳深思　思想深刻周密。㊴儉陋　處事節儉而簡陋。㊵今我不樂二句　見《詩・唐風・蟋蟀》。〈蟋蟀〉是一首勉勵人們及時努力的詩。這兩句的大意是：現在我不行樂，日月東出西落，時光就會消失。㊶宛其死矣二句　見《詩・唐風・山有樞》。〈山有樞〉是一首諷刺貴族們貪吝、偽善的詩。這兩句的大意是：要是你一旦死去，別人就會來享受它。婾，通「愉」。㊷百歲之後二句　見《詩・唐風・葛生》。〈葛生〉是一首敘述妻子失去丈夫後淒涼難熬情景的詩。這兩句的大意是：只有百年之後，到他的墳墓裡相會啊。㊸中　中肯；恰當。㊹其　表示揣測的副詞，有「大概」的意思。㊺魏國　西周諸侯國。都城位於今山西芮城北。西元前六六一年為晉獻公所滅，賜給大夫畢萬為封邑。㊻河曲　地名。春秋時的晉邑。位於今山西芮城西風陵渡的黃河曲流處。㊼彼汾一曲　見《詩・魏風・汾沮洳》。〈汾沮洳〉是一首歎息隱居的賢者的詩。引用的原句為：「彼汾一曲，言采其藚。」大意是：那汾水的水灣裡，有人在摘澤瀉（一種水草）。㊽寘諸河之側　見《詩・魏風・伐檀》。〈伐檀〉是一首諷刺官吏不勞而獲，靠剝削自肥的詩。引用的原句為：「坎坎伐輻兮，寘之河之側兮，河水清且直猗。」大意是：坎坎地砍那木做車輻啊，把它放在河旁啊，河水清澈而平靜的流淌。㊾獻公　指晉獻公姬詭諸。春秋時晉國的國君。在位二十六年（西元前六七六—前六五一年）。㊿畢萬　春秋時晉國的大夫，周文王之子畢公高的後裔。事晉獻公。因滅霍（今山西霍州西南）、耿（今山西河津東南）、魏有功，被封於魏。其後代與韓、趙分晉，成為戰國七雄之一。(51)趙夙　春秋時晉國的大夫。因助晉獻公滅霍、耿、魏有功，被封於耿。(52)韓武子　即韓萬。春秋時晉國的大夫。本姬姓，因帶兵伐翼（今山西翼城東南）有功，被封於韓原（今山西河津東），此後便以韓為姓氏。(53)食采　指受封者在采邑（封地）徵收賦稅，供自己衣食之用。(54)文公　指晉文公姬重耳（西元前六九七—前六二八年）。春秋時晉國的國君。因遭驪姬之難，流亡在外十九年。後由秦穆公發兵護送回國，在位九年（西元前六三六—前六二八年）。他修明內政，加強戰備，又號召諸侯勤王，平定周王室內亂，迎接襄王復位，樹立了政治威信。後晉軍於城濮（今山東鄄城西南的臨濮集）打敗楚軍。不久，晉國在踐土（今河南原陽西南）主盟諸侯，周王參加並且策命重耳為「侯伯」（霸主）。(55)伯　通「霸」。稱霸，做諸侯盟主。用如動詞。(56)渢渢　形容樂聲婉轉悠揚。(57)同祖　即趙與秦同為嬴姓。(58)後十世　指魏文侯魏斯（西元前？—前三九六年）。在位五十年（西元前四四五—前三九六年）。三家分晉後，他一度滿足於前人業績，晚年任用李悝為相，吳起、樂羊為將，西門豹為鄴令，獎勵耕戰，使國家富強。(59)孫　指魏文侯之孫魏惠王魏罃（西元前四〇〇—前三三五年）。又叫梁惠王。在位三十五年（西元前三六九—前三三五年）。繼位後，他將國都由安邑（今山西夏縣西北）遷到大梁（今河南開封西北），於西元前三四四年稱王。他曾任惠施為相，白圭理財，龐涓治軍。因其對外忽縱忽橫，舉棋不定，樹敵太多，魏國終被齊國戰敗，潰退於馬陵（今山東范縣西南），喪地於秦七百里，又受辱於楚，國勢從此衰落。(60)一　另一。

【語　譯】魏國的地域，是觜宿、參宿的分野。它的疆界從高陵縣以東起，至河東、河內郡為止，南部包括陳留郡和汝南郡的召陵、濦彊、新汲、西華、長平各縣，潁川郡的舞陽、郾縣、許縣、傿陵各縣，河南郡的開封、中牟、陽武、酸棗、卷縣各縣，都屬於魏國的分野。

2 河內郡本來是商朝的舊都，周朝滅亡殷商以後，將它的京都地區分為三國，就是《詩經・國風》中的邶國、鄘國和衛國。邶國，封給商紂王之子武庚；鄘國，由管叔治理；衛國，由蔡叔治理：周王任用這三人來監管商殷的遺民，稱之為三監。所以《書經・序》說「武王逝世，三監叛變」，周公討滅他們，把這些地區全封給自己的弟弟康叔，稱之為孟侯，以便於從東西兩邊輔佐周朝；他又將邶國、鄘國的百姓遷往雒邑，所以邶、鄘、衛三國的詩歌彼此風格相同。〈邶風〉說「在浚邑的下邊」，〈鄘風〉說「在浚邑的郊野」；〈邶風〉又說「流到衛國的淇河裡」，「河水多麼盛大」，〈鄘風〉說「送我到淇水之上」，「飄蕩在河的中央」，〈衛風〉說「看那淇水彎彎」，「河水浩浩蕩蕩」。所以吳季札訪問魯國，觀賞周朝音樂演出，聽到〈邶風〉、〈鄘風〉、〈衛風〉等歌時，讚美道：「真是優美精深啊！我聽說康叔的德行就是如此，這大概是〈衛風〉吧？」衛國傳位到第十六代時，衛懿公暴虐無道，衛國被狄族消滅。齊桓公率領諸侯打敗狄人，改封衛國國君於黃河以南的曹邑和楚丘邑，擁立了衛文公。而河內的殷墟，則改屬於晉國。康叔時代的風氣已經衰落，而商紂時代的風俗仍舊保存著，所以當地人性情剛強，豪強侵犯他人、掠奪財物的事時常發生，人們輕視恩誼禮貌，為人忤逆不馴。

3 河東郡地勢平坦開闊，有富饒的鹽鐵資源，本為唐堯的居地，即《詩經・國風》中記載的唐國、魏國。周武王的兒子唐叔在母腹中未出生時，武王曾夢見天帝對自己說：「我給你兒子起名叫虞，將賜給他唐國，唐國屬於參宿的分野。」等到唐叔生下來，武王便給他起名為虞。周成王攻滅唐國後，將其地封給叔虞。唐國境內有晉水，因此，到叔虞的兒子姬燮時，封君便稱為晉侯，所以參宿是晉國的分星。這裡的民眾受到先王遺教的影響，君子處事深思熟慮，平民生活勤儉簡樸。所以〈唐風〉中的〈蟋蟀〉、〈山樞〉、〈葛生〉等篇說「現在我不行樂，日月東出西落，時光就會消失」；「要是你一旦死去，別的人就會來享受它」；「只有百年之後，到他的墳墓裡相會」。這些詩句都聯想到了生活享受的中庸之道，考慮到了死生關係的奧祕。吳季札聽了〈唐風〉這樣的民歌，讚歎道：「思想真是精深啊！大概有陶唐氏遺民的風氣吧？」

4 魏國，也是姬姓之國，在晉國以南的河曲一帶，所以它的詩歌說「那汾水的灣灣裡」；「把它放在河旁」。到唐叔的第十六代孫晉獻公時，晉國滅掉魏國，把它封給大夫畢萬；滅掉耿國，把它封給大夫趙夙；加上大夫韓武子被封到韓原，晉國便從這時開始強大起來。到晉文公時，晉國稱霸諸侯，尊崇周室，擁有了河內的土地。吳季札聽了〈魏風〉中的民歌，讚歎道：「這悠揚婉轉的歌聲，真是美啊！如果能用道德來輔助自己治理國家，那就是英明的君主了。」晉文公以後第十六代時，晉國被韓氏、魏氏、趙氏滅掉，三家都自立為諸侯，這就是三晉。趙國和秦國為同一祖先，韓國、魏國都為姬姓國家。魏國於畢萬以後的第十代孫魏斯在位時稱侯，到魏斯的孫子魏罃在位時稱王，遷都大梁，所以魏國又稱為梁國，到稱王後的第七代被秦國滅亡。

1 周地，柳、七星❶、張❷之分野也。今之河南雒陽、穀成、平陰、偃師、鞏、緱氏，是其分也。

2 昔周公營雒邑，以為在于土中❸，諸侯蕃屏❹四方，故立京師。至幽王❺淫褒姒❻，以滅宗周❼，子平王❽東居雒邑。其後五伯❾更帥諸侯以尊王室，故周於三代❿最為長久。八百餘年⓫至於赧王⓬，乃為秦所兼⓭。初雒邑與宗周通封畿⓮，東西長而南北短，短長相覆為千里⓯。至襄王⓰以河內賜晉文公，又為諸侯所侵，故其分墜小。

3 周人之失⓱，巧偽趨利⓲，貴⓳財賤⓴義，高富下貧，憙㉑為商賈，不好仕宦㉒。

4 自柳三度至張十二度，謂之鶉火之次㉓，周之分也。

【章旨】以上具體介紹了周地的地理範圍及其歷史發展軌跡，並且簡要介紹了該地民眾的風俗習慣。

【注釋】❶七星 即星宿。星官名。二十八宿之一。南方朱鳥七宿中的第四宿，有星七顆，今屬長蛇座。❷張 星官名。二十八宿之一。南方朱鳥七宿中的第五宿，有星六顆，今屬長蛇座。❸土中 四方領土的中心。❹蕃屏 像屏障一樣捍衛。蕃，通「藩」。❺幽王 即周幽王姬宮星。西周國君。在位十一年，任用妄臣，偏聽寵妃褒姒讒言，使國家瀕臨衰竭。後被殺於驪山。西周從此滅亡。❻褒姒 姒姓，褒國（今陝西漢中）人。生子伯服。幽王為博得她的歡心，廢去申后母子，改立她為后，立伯服為太子。他們謊報敵警，舉烽火以戲諸侯，由此失信於諸侯。後犬戎兵至，攻殺幽王於驪山（今陝西臨潼東南）下，褒姒被擄走。❼宗周 周王為諸侯所宗仰，故王都所在地稱宗周。這裡指周的宗廟社稷。❽平王 即周平王姬宜臼（西元前？—前七二〇年），東周的第一位國君，幽王之子，在位五十一年（西元前七七〇—前七二〇年）。幽王被殺，鎬京殘破後，他受到部分諸侯擁戴，被立為國君。不久遷都雒邑，史稱東周。❾五伯 即五霸。指春秋時勢力強大、稱霸一時的五大諸侯。一般認為是齊桓公、晉文公、秦穆公、宋襄公、楚莊王。伯，諸侯盟長。❿三代 指夏、商、周。⓫八百餘年 根據《帝王世紀》記載，「周凡三十七王，八百六十七年。」⓬赧王 即周赧王姬延（西元前？—前二五六年），在位五十九年（西元前三一四—前二五六年）。當時周朝京畿已經分裂為東周、西周兩個小國。赧王名為天子，實際已成傀儡。他與諸侯約縱攻秦，為秦所滅。赧王死，周朝從此滅亡。⓭兼 兼併；吞滅。⓮封畿 京都一帶帝王所領的地域。⓯短長相覆為千里 以長折短，大致面積方千里。⓰襄王 指周襄王姬鄭，在位三十三年（西元前六五一—前六一九年）。⓱失 過失。引申為弊病、弱點。⓲巧偽趨利 用奸詐欺騙的手段去謀取利益。⓳貴 看重。下句的「高」字與此近義。⓴賤 輕視。下句的「下」字與此近義。㉑憙 通「喜」。喜歡；愛好。㉒仕宦 做官。㉓鶉火之次 指柳宿、星宿、張宿，屬於「鶉火」星次。

【語譯】周京的地域，是柳宿、星宿和張宿的分野。如今河南郡的雒陽、穀成、平陰、偃師、鞏縣、緱氏各縣，就屬於這個地域。

2 從前周公營造雒邑，他認為這裡是天下的中心地區，有諸侯作屏障環衛於四方，所以在此建立京都。此後，周幽王沉溺於褒姒的美色，致使周朝宗廟社稷被毀滅，他的兒子周平王東遷，移居雒邑。此後五霸相繼率領諸侯尊崇周朝王室，所以周朝是夏、商、周三代中立國最為長久的。經歷八百多年，直到周赧王時，周國才被秦國吞併。起初，雒邑與西周都城鎬京相通，京郊地區東西距離長而南北距離短，縱橫相折，地域有方一千里。此後，周襄王將河內地區賜給了晉文公，周王室轄地又被諸侯侵奪，因此它的分野地域範圍較小。

3 周人的弊病，在於巧詐虛偽，追求財利，重財輕義，嫌貧愛富，喜歡經商，不愛做官。

4 從柳宿三度至張宿十二度，稱為鶉火次，是周朝京郊地區的分星。

1 韓地，角、亢、氐❶之分野也。韓分晉得南陽郡及潁川之父城❷、定陵、襄城、潁陽、潁陰、長社、陽翟、郟，東接汝南，西接弘農得新安、宜陽，皆韓分也。及詩風陳❸、鄭❹之國，與韓同星分❺焉。

2 鄭國，今河南之新鄭，本高辛氏❻火正❼祝融❽之虛❾也。及成皋、滎陽，潁川之崇高、陽城，皆鄭分也。本周宣王弟友❿為周司徒⓫，食采於宗周畿內，是為鄭。鄭桓公問於史伯⓬曰：「王室多故⓭，何所可以逃死？」史伯曰：「四方之國，非王母弟⓮甥舅則夷狄，不可入也，其濟、洛、河、潁之間乎！子男之國⓯，虢⓰、會⓱為大，恃勢與險，崇侈貪冒⓲，君若寄帑⓳與賄⓴，周亂而敝㉑，必將背君；君以成周㉒之眾，奉辭㉓伐罪，亡不克矣。」公曰：「南方不可乎？」對曰：

「夫楚，重黎㉔之後也，黎為高辛氏火正，昭顯天地㉕，以生柔嘉之材㉖。姜、嬴、荊、芈㉗，實與諸姬代相干㉘也。姜，伯夷㉙之後也；嬴，伯益㉚之後也。伯夷能禮於神以佐堯，伯益能儀百物㉛以佐舜，其後皆不失祠㉜，而未有興者，周衰將起，不可偪也。」桓公從其言，乃東寄帑與賄，虢、會受之。後三年，幽王敗，桓公死，其子武公與平王東遷，卒定虢、會之地，右雒左泲，食溱㉝、洧㉞焉。土陿而險㉟，山居谷汲㊱，男女亟㊲聚會，故其俗淫。鄭詩曰：「出其東門，有女如雲㊳。」又曰：「溱與洧方灌灌兮，士與女方秉菅兮。」「恂盱且樂，惟士與女，伊其相謔。」㊴此其風也。吳札聞鄭之歌，曰：「美哉！其細㊵已甚，民弗堪也。是其先亡㊶乎？」自武公後二十三世，為韓所滅。

3 陳國，今淮陽之地。陳本太昊㊷之虛，周武王封舜後嬀滿於陳，是為胡公，妻㊸以元女㊹大姬。婦人尊貴，好祭祀，用史巫㊺，故其俗巫鬼。陳詩曰：「坎其擊鼓，宛丘之下，亡冬亡夏，值其鷺羽㊻。」又曰：「東門之枌，宛丘之栩，子仲之子，婆娑其下㊼。」此其風也。吳札聞陳之歌，曰：「國亡主㊽，其能久乎！」自胡公後二十三世為楚所滅。陳雖屬楚，於天文自若其故㊾。

4 潁川、南陽，本夏禹之國。夏人上忠㊿，其敝(51)鄙朴(52)。韓自武子後七世稱侯，六世稱王，五世而為秦所滅。秦既滅韓，徙天下不軌[53]之民於南陽，故其俗夸奢[54]，上氣力，好商賈漁獵，藏匿難制御[55]也。宛[56]，西通武關[57]，東受江、淮，一都之會[58]也。宣帝時，鄭弘[59]、召信臣[60]為南陽太守，治皆見紀[61]。信臣勸民農桑，去末歸本[62]，郡以殷富。潁川，韓都。士有申子[63]、韓非[64]，刻害[65]餘烈[66]，高仕宦，好文法[67]，民以貪遴[68]爭訟[69]生分[70]為失。韓延壽[71]為太守，先之以敬讓[72]；黃霸[73]繼之，教化大行，獄或八年亡重罪囚。南陽好商賈，召父[74]富以本業；潁川好爭訟分異，黃、韓化以篤厚[75]。「君子之德風也，小人之德草也[76]」，信矣。

自東井六度至亢六度，謂之壽星[77]之次，鄭之分野，與韓同分。

【章　旨】以上具體介紹了韓地（包括鄭地、陳地）的地理範圍及其歷史發展軌跡，記述了該地域內不同地區的自然地理、經濟地理和風俗習慣等情況。

【注　釋】❶角亢氐　均為星官名。分別屬於東方蒼龍七宿中的第一宿、第二宿和第三宿。角宿有星兩顆，亢宿有星四顆，氐宿有星四顆。❷父城　一作「城父」，位於今河南寶豐東，平頂山西北。❸陳　西周諸侯國。嬀姓。相傳開國君主胡公（嬀滿）是舜的後裔，周武王滅商後所封。轄有今河南東部以及安徽部分地區。國都在宛丘（今河南淮陽）。西元前四七九年為楚所滅。❹鄭　西周諸侯國。姬姓。開國君主為周宣王之弟鄭桓公姬友。國都最初在鄭（今陝西華縣東），西周末年東遷，鄭武公時建都新鄭（今河南新鄭）。春秋初期為強國，後逐漸衰弱，西元前三七五年為韓所滅。❺同星分　指屬於同一星次對應的分野範圍。按：清人全祖望認為，鄭、韓可屬於同一分野，陳屬於楚國，不應當將陳與韓國劃在同一分野。❻高辛氏　即帝嚳。相傳為黃帝之孫，炎黃部落聯盟的重要首領之一。居亳（今河南登封境內）。有四妻四子：姜源生棄（即后稷），是周的祖先；簡狄生契，是商的祖先；慶都生堯；常儀生摯。❼火正　古官名。掌管火星的祭祀和關於火的政令。❽祝融　傳說中的古帝，是高陽氏（顓頊）後裔的一支，居地位於今河南新鄭一帶。帝嚳時他擔任火正，後被奉為火神。❾虛　通「墟」。處所；所在地。❿友　指鄭桓公姬友。⓫司徒　官名。主管教化，為周代六卿之一。⓬史伯　周朝的太史，為史官與歷官之長。⓭多故　多變亂。⓮母弟　同母之弟。此句的意思是：不是兄弟甥舅那樣的親戚之邦，就是夷狄那樣的敵對之國。⓯子男之國　爵位等級為子爵和男爵的小國。周代爵位分公、侯、伯、子、男五等，子、男是較低的等級。⓰虢　指東虢。西周時諸侯國，姬姓。周文王弟虢叔（一說虢仲）的封地。國都位於今河南滎陽。後為鄭武公所滅。⓱會　即鄶。西周時諸侯國。妘姓，相傳為祝融後裔的封地，位於今河南密縣東南。後為鄭武公所滅。⓲貪冒　貪圖財利。冒，也是貪的意思。⓳帑　通「孥」。妻子兒女。⓴賄　財物。㉑敝　疲敗。㉒成周　指西周的東都雒邑，位於今河南洛陽東北，成王時，由周公主持建造。㉓奉辭　奉命。㉔重黎　古代掌管天文、地理的二官，分別為羲、和二氏的祖先。根據《國語‧楚語》記載，「顓頊受之，乃命南正重司天以屬神，命火正黎司地以屬民。……堯復育重、黎之後，不忘舊者，使復典之，以至於夏、商。」㉕昭顯天地　使天地之理得以彰明。㉖柔嘉之材　溫柔美善的人才。㉗芈　春秋時楚國國君的姓。㉘干　犯；觸犯。㉙伯夷　舜的臣子，曾任秩宗（禮儀官），主管祭祀天地宗廟之禮。此人與商末孤竹國的伯夷同名。㉚伯益　即前文敘述秦地時提到的柏益。㉛儀百物　安定各種事物。指伯益曾任虞官，擅長於狩獵和畜牧。儀，通「宜」。安的意思。㉜皆不失祠　都未失去祭祀。意思是都有後嗣繼承其業。祠，通「祀」。㉝溱　溱水。發源於今河南密縣東北，向東南流入洧水。㉞洧　洧水。即今雙洎河。發源於今河南登封東，向東流至今河南新鄭，匯入溱水成為雙洎河，後注入賈魯河。㉟土陿而險　地形狹窄，地勢險要。㊱山居谷汲　在山谷中居住、取水。指生活在山中。㊲亟　屢次；經常。㊳出其東門二句　見《詩‧鄭風‧出其東門》。〈出其東門〉是一首愛情詩。文中引用詩句的大意是：走出東門去遊逛，美女多得像雲一樣。㊴溱與洧方灌灌兮五句　見《詩‧鄭風‧溱洧》。〈溱洧〉是一首描寫三月上巳節遊樂盛況的詩。文中引用詩句的大意是：溱水、洧水嘩嘩地流淌，男男女女手中拿著芳香的蘭草。他們真是快樂無邊，互相嬉戲、歡天喜地。灌灌，一作「渙渙」，水流盛大的樣子。菅，水邊蘭草。恂，確實。盱，廣大。謔，調侃；開玩笑。㊵細　形容樂聲細膩、柔弱。㊶先亡　首先亡國。㊷太昊　也作「太皓」。相傳為東夷族首領，風姓。東夷族共分九支，古稱「九夷」。其中最大的一支被奉為共同首領，活動於陳（今河南淮陽），後沿淮河北岸向東發展，建立任、宿、須句、顓臾等小國。其與後起的少昊合稱「二昊」。㊸妻　嫁女。㊹元女　長女。㊺史巫　即巫史，也稱巫祝。古代從事通鬼敬神等迷信職業的人。㊻坎其擊鼓四句　見《詩‧陳風‧宛丘》。〈宛丘〉是一首描寫巫女美妙舞姿的詩。文中引用詩句的大意是：咚咚地敲起鼓，來到那宛丘的山腳下。不分冬夏，舞動著鷺鷥羽毛是多裊娜啊。坎，鼓聲。值，持。鷺羽，用白鷺鷥鳥的羽毛製作的舞蹈道具。㊼東門之枌四句　見《詩·陳風·東門之枌》。〈東門之枌〉是一首描寫男女在集市上聚會，互相讚美、贈答的詩。文中引用詩句的大意是：東門那兒的白榆，宛丘那兒的柞樹。子仲家裡的小伙子翩然起舞。枌，即白榆。因樹皮為白色而得名。栩，柞木。子仲之子，子仲家的這個小夥子。㊽亡主　無主。指婦人干預國政，不以國君為主。㊾自若其故　還像沒有亡國前那樣。指陳國與韓國、鄭國仍屬於同一分野。㊿上忠　崇尚忠誠。上，通「尚」。推崇；提倡。(51)敝　弊端；弊病。(52)鄙朴　粗陋簡樸。(53)不軌　越出常軌；不守法度。(54)夸奢　奢侈；鋪張浪費。(55)制御　制服；管理。(56)宛　宛邑。即今河南南陽。(57)武關　關隘名。戰國時的秦國設置。故址位於今陝西商南南部的丹江北岸。它是當時的軍事要地，也是出入關中的重要通道。(58)一都之會　一處大城市。之，衍文。(59)鄭弘　精通經學、法律，曾任南陽太守、淮陽國相、御史大夫等官職。詳見卷六十六〈鄭弘傳〉。(60)召信臣　九江壽春（今安徽壽縣）人，曾任零陵、南陽太守，重視農業和水利建設。因有惠政，他被時人稱為「召父」。詳見卷八十九〈循吏傳·召信臣〉。(61)見紀　見到成效。紀，法度；治理。引申為成效。(62)去末歸本　指放棄工商末業，回到農業生產本業上來。(63)申子　即申不害（約西元前三八五—前三三七年），鄭國京（今河南滎陽）人。戰國時的法家，研究黃老刑名之學。他任韓相十五年，內修政教，外應諸侯，使韓國國治兵強。本書卷三十〈藝文志〉著錄〈申子〉六篇，早佚。(64)韓非　（約西元前二八〇—前二三三年），韓國公族出身，戰國時的法家，與李斯同為荀卿的學生。他曾多次上書韓王要求變法，未被採用。秦王政仰慕其名而強邀其來秦，李斯忌妒其才能而誣害之，韓非冤死獄中。今傳《韓非子》二十卷。(65)刻害　刻薄殘忍。指法家主張嚴酷的法治，反對禮樂教化等。(66)餘烈　遺留的功業。這裡指法家思想留下的影響。餘，餘緒。烈，功績。(67)文法　法律；法令。(68)貪遴　貪婪、吝嗇。遴，通「吝」。(69)爭訟　爭辯是非。(70)生分　忤逆。指父母在世時兄弟分財、異居、別籍。(71)韓延壽　（西元前？—前五七年），燕（今北京）人。曾任淮陽、東郡太守，甚有政績。後來他繼任左馮翊，遭誣劾而死。詳見卷七十六〈韓延壽傳〉。(72)敬讓　互相尊重，彼此謙讓。(73)黃霸　（西元前？—前五一年），淮陽陽夏（今河南太康）人。歷任潁川太守、揚州刺史、御史大夫、丞相，封建成侯。他在任職期間，重視農桑，為政寬和，甚得民心。詳見卷八十九〈循吏傳·黃霸〉。(74)召父　詳解見上文。(75)篤厚　忠厚老實。(76)君子之德風也二句　見《論語·顏淵》。引文是孔子回答季康子關於為政問題的話。原文為「子為政，焉用殺？子欲善而民善矣。君子之德風，小人之德草。草上之風，必偃。」大意是：您治理國政，為何要用殺戮的手段呢？您想把國家治理好，百姓就會好起來。執政者的作風好比風，百姓的作風好比草。風向哪邊吹，草就必定往哪邊倒。(77)壽星　星次名。

十二星次之一。

【語　譯】韓國的地域，是角宿、亢宿、氐宿的分野。韓國瓜分晉國，取得了南陽郡和潁川郡的父城、定陵、襄城、潁陽、潁陰、長社、陽翟、郟縣。其地東接汝南郡，西接弘農郡並且兼有該郡的新安、宜陽兩縣，這些都屬於韓國的地域。《詩經・國風》中記載的陳國、鄭國，與韓國屬於相同的分星。

2 鄭國，地處今河南郡的新鄭縣，這裡本是高辛氏的火正祝融的居地。它和成皐、滎陽以及潁川郡的崇高、陽城兩縣，都屬於鄭國的地域。從前，周宣王的弟弟姬友任周朝的司徒，封地在京城鎬京的郊區，這就是鄭國。鄭桓公曾問史伯說：「王室常有變亂，往哪裡去可以避免一死？」史伯說：「四方各國，不是兄弟甥舅那樣的親戚，就是夷狄那樣的敵國，都是不可去的，大概濟、洛、河、潁等水之間可以吧！在子爵、男爵的國家裡，虢國、會國為大國，它們仗著地勢險阻，崇尚奢侈，貪圖財利，您若將家室財物寄放到那兒，當周王室發生動亂變得疲敗時，這兩個國家必定會背叛您；您憑藉東都雒邑的人馬，以正當的理由，討伐有罪之君，就會攻無不克了。」鄭桓公問道：「南方不可以嗎？」史伯回答說：「楚國是重黎的後代，黎做過高辛氏的火正，使天地之理得以彰明，從而產生出溫和美善的人才來。姜姓、嬴姓、荊姓、芈姓，實在是與姬姓各族世代相抵觸的。姜氏，是伯夷的後裔；嬴氏，是伯益的後裔。伯夷能祭祀神靈而輔佐唐堯，伯益能安定百物而輔佐虞舜。他們的後代都繼承了先人的事業，但沒有一個是興旺的，周朝衰落之後，他們將要興起，這是一定的。」鄭桓公聽從了他的話，便將家室和財物東寄於虢國、會國，兩國接受了。三年後，周幽王敗亡，鄭桓公死去，他的兒子鄭武公隨周平王東遷，最終平定了虢、會兩國之地，這樣，鄭國的右邊是雒水，左邊是泲水，食邑在溱水、洧水一帶。那裡地形狹窄險要，人們在山谷中居住生活，男女經常聚會，所以這裡的風俗淫亂。〈鄭風〉中的詩歌說：「走出東門去遊逛，美女多得像雲一樣。」又說：「溱水、洧水嘩嘩地流淌，男男女女手裡拿著芳香的蘭草。」「他們真是快樂無邊，男女互相戲謔、熱鬧得很。」這些詩句所反映的就是這種風俗。吳季札聽了〈鄭風〉中的民歌，感歎道：「優美啊！樂聲太細膩柔弱了，民眾是經受不住的。鄭國可能會先滅亡吧？」鄭國傳位到鄭武公以後的第二十三代時，被韓國滅亡。

3 陳國，地處今淮陽國一帶。它本是太昊的居地，周武王將它封給虞舜的後裔媯滿，即陳胡公，並將長女大姬嫁給他。這裡的婦人地位尊貴，愛好祭祀，任用巫祝，所以當地風俗中信奉巫祝鬼神。〈陳風〉中說：「咚咚咚地敲起鼓兒，在那宛丘的山腳下，不分冬夏，舞著鷺鷥羽毛多裊娜。」又說：「東門那兒的白榆，宛丘那兒的柞樹，子仲家的小夥子，在樹下翩翩地起舞。」這便是當地的風氣。吳季札聽了〈陳風〉中的民歌，感歎道：「婦人干預國政，國家不以國君為主，它能夠長久維持下去嗎！」從陳胡公以後，傳到第二十三代時，陳國被楚國滅亡。陳國雖然屬於楚國了，但是在天文分野上，仍像它先前那樣。

4 潁川、南陽兩郡，原本是夏禹的國土。夏人崇尚忠厚，其弊端在於粗陋簡樸。韓國自從韓武子以後，到第七代稱侯；又傳六代而稱王，再過五代被秦國滅亡。秦國滅亡韓國後，將天下不法之民遷至南陽，所以這裡的風氣奢侈浪費，崇尚力氣，喜好經商和捕魚打獵，東躲西藏難以控制。宛縣，西通武關，東臨長江、淮河，是一處大都市。宣帝時，鄭弘、召信臣任南陽郡太守，治政頗見成效。召信臣勸導百姓從事耕織，棄商務農，郡中因而變得殷實富足。潁川曾是韓國的都城。這裡湧現出了申子、韓非這樣的士人，他們主張為政苛嚴的思想在這裡留下影響，人們推崇做官，喜好法令，致使當地民俗失之於貪婪吝嗇、愛爭辯是非、鬧分家析居。韓延壽任太守時，首先倡導互尊互讓的風氣；黃霸對此加以繼承，使得政教風化大大推行，以致有的監獄八年裡都沒有一個重罪囚犯。南陽地方的人喜歡經商，召信臣靠提倡農業使他們致富；潁川地方的人喜歡鬧糾紛、打官司、鬧分家，黃霸和韓延壽便通過推廣忠厚誠實的風氣去改變它。孔子所謂「執政者的作風就像風，老百姓的風氣好比草」的說法，是令人信服的。

5 從井宿六度到亢宿六度，稱為壽星次，是鄭國的分野，與韓國相同。

1 趙地，昴❶、畢❷之分壄。趙分晉❸，得趙國。北有信都、真定、常山、中山，又得涿郡之高陽、鄚、州鄉；東有廣平、鉅鹿、清河、河間，又得渤海郡之東平舒、中邑、文安、束州、成平、章武，河以北也；南至浮水❹、繁陽、內黃、斥丘；西有太原、定襄、雲中、五原、上黨。上黨，本韓之別郡❺也，遠韓近趙，後卒降趙，皆趙分也。

2 自趙夙後九世稱侯，四世敬侯❻徙都邯鄲，至曾孫武靈王❼稱王，五世❽為秦所滅。

3 趙、中山地薄人眾，猶有沙丘❾紂淫亂餘民❿。丈夫⓫相聚游戲，悲歌忼慨，起則椎剽掘冢⓬，作姦巧⓭，多弄物⓮，為倡優⓯。女子彈弦跕躧⓰，游媚富貴，徧諸侯之後宮⓱。

4 邯鄲北通燕、涿，南有鄭、衛，漳、河之間一都會也。其土廣俗雜，大率⓲精急⓳，高氣勢⓴，輕為姦。

5 太原、上黨又多晉公族㉑子孫，以詐力相傾㉒，矜夸㉓功名，報仇過直㉔，嫁取㉕送死奢靡。漢興，號為難治，常擇嚴猛㉖之將，或任㉗殺伐為威。父兄被誅，子弟怨憤，至告訐㉘刺史二千石，或報殺㉙其親屬。

6 鍾、代、石、北㉚，迫近胡寇，民俗懻忮㉛，好氣㉜為姦，不事農商，自全晉㉝

時，已患其剽悍㉞，而武靈王又益厲之㉟。故冀州之部㊱，盜賊常為它州劇。

7 定襄、雲中、五原，本戎狄地，頗有趙、齊、衛、楚之徙㊲。其民鄙朴，少禮文，好射獵。雁門亦同俗，於天文別屬燕。

【章　旨】以上具體介紹了趙地的地理範圍及其歷史發展軌跡，記述了該地域內不同地區的自然地理、經濟地理和風俗習慣等情況。

【注　釋】❶昴　星官名。二十八宿之一。西方白虎七宿的第四宿，有星七顆。❷畢　星官名。二十八宿之一。西方白虎七宿的第五宿，有星八顆。❸趙分晉　指趙烈侯（趙籍，原為晉國大夫）和韓、魏三家瓜分晉國而自立。趙得到今河北南部、山西北部地區，西元前四〇三年被周威烈王承認為諸侯，建都晉陽（今山西太原西南）。西元前三八六年，趙國遷都邯鄲（今河北邯鄲）。長平之戰後，趙國國勢漸衰。西元前二二二年，趙國為秦所滅。❹浮水　水名。約位於當時勃海郡浮陽縣（今河北滄州東南）境內。源流不詳。❺別郡　另外的郡。指較偏遠的郡。❻敬侯　趙章。戰國時趙國的國君，在位十二年（西元前三八六—前三七五年），即位後遷都邯鄲。❼武靈王　（西元前？—前二九五年），趙雍。戰國時趙國的國君，在位二十七年（西元前三二五—前二九九年）。執政期間，他奮發圖強，實行軍事改革，提倡胡服騎射。趙國攻滅中山，攻破林胡、樓煩，國勢大盛。後趙雍讓位給其少子趙何，自稱主父。這引起了內訌，主父被叛軍圍困在沙丘宮，飢餓而死。❽五世　指武靈王的第四代孫代王趙嘉，他在位六年，於西元前二二二年為秦所滅。❾沙丘　地名。故址位於今河北廣宗西北的大平臺。根據《史記·殷本紀》記載，紂王在此築臺，畜養禽獸，造酒池肉林，使男女裸身相戲其中，通宵狂歡。❿淫亂餘民　指受紂王淫亂之風影響的沙丘居民。⓫丈夫　對成年男子的通稱。⓬椎剽掘冢　殺人搶劫，掘墓盜財。椎，用椎擊殺。剽，劫掠。⓭姦巧　奸險狡詐。⓮弄物　指外貌美好的男子。⓯倡優　古代以歌舞雜技為業的藝人。⓰彈弦跕躧　彈奏絃樂，輕歌曼舞。跕躧，足尖輕輕著地而行。躧，同「屣」。一種無跟的小鞋。⓱後宮　即內宮。指宮中妃嬪的住處。⓲大率　大致；大概。⓳精急　精明迅疾。⓴氣勢　氣概、勇力。㉑公族　諸侯的同族。㉒傾　勝過；超越。指爭強鬥勝。㉓矜夸　驕傲自大。㉔過直　過當；失當。超過了限度。㉕取　通「娶」。㉖嚴猛　嚴厲威猛。㉗任　憑藉；倚仗。㉘告訐　告發；上訴。訐，揭發隱私。

㉙報殺　為了報復而殺人。㉚鍾代石北　根據王先謙《漢書補注》所引清人錢坫的觀點，鍾為鍾山，也稱陰山（今內蒙古境內河套以北的陰山山脈）；代為代郡或其郡治代縣（今河北蔚縣東北）；石為石城，又名石邑（今河北獲鹿東南）；北為北平（今河北滿城北）。㉛懻忮　剛硬兇狠。㉜好氣　任性；意氣用事。㉝全晉　指韓、趙、魏三家瓜分之前的晉國。㉞剽悍　輕捷驍勇。㉟益厲之　指趙武靈王提倡胡服騎射，更加助長了當地的剽悍風氣。㊱冀州之部　指當時的冀州刺史部。戰國時的趙國，屬於漢代的冀州刺史部轄區。㊲趙齊衛楚之徙　指這四國遷徙來的居民。

【語　譯】趙國的地域，是昴宿、畢宿的分野。趙氏瓜分晉國而建立了趙國。它的北部包括信都、真定、常山、中山各郡國，還包括涿郡的高陽、鄚縣、州鄉各縣；東部包括廣平、鉅鹿、清河、河間各郡國，又有渤海郡的東平舒、中邑、文安、束州、成平、章武各縣，這些縣都地處黃河以北；南部到達浮水、繁陽、內黃、斥丘各縣；西部包括太原、定襄、雲中、五原、上黨各郡。上黨，本是韓國的一塊土地，與韓國本土相距較遠，而離趙國卻很近，最後終於歸降趙國，都屬趙國的分野範圍。

2 趙國從趙夙以後的第九代開始稱侯，又過四代到趙敬侯時遷都邯鄲，到他的曾孫趙武靈王時稱王，再過五代被秦國滅亡。

3 趙國和中山國土地貧瘠，人口眾多，又有沙丘一帶受商紂淫亂之風影響的居民。男人們聚在一起玩樂鬼混，有時意氣衝動，慷慨悲歌，他們糾合在一起時，則殺人搶劫，偷掘墳墓，幹出奸詐邪惡的勾當來，其中好多有美色的男子，去充當倡優。女人們則擅長彈奏樂器、表演歌舞，藉此向有錢有勢的人獻媚討好，其中被納入後宮的人，遍及諸侯各國。

4 邯鄲北通燕國、涿郡，南連鄭國、衛國之地，是漳水、黃河之間的一個都市。這裡地域遼闊，民俗複雜，百姓大都精明、性急，崇尚氣概勇力，輕視作奸弄巧。

5 太原、上黨兩郡又有很多晉國公族的子孫，他們憑藉欺詐和勢力爭強鬥勝，倚仗功名，驕傲自大，報仇失去分寸，婚喪之事，鋪張浪費。自從漢朝建立以來，該地就號稱難治之郡，中央政府通常選派嚴厲威猛的官吏出任郡守，其中有的人以殺戮作為威壓的手段。這樣，父兄被殺便引起了其子弟的怨恨，他們中間甚至有人控告刺史、郡守，有的則進行報復，殺害官吏們的親屬。

6 鍾山、代縣、石城、北平等地，靠近胡人，民俗剛強兇狠，人們常意氣用事、做出不法勾當，不從事農商職業。自三家尚未分晉時政府就對其強悍驍勇感到頭痛，而趙武靈王實行的胡服騎射又越發助長了這種風氣。所以冀州刺史部的盜賊為害情況通常要比其他州部嚴重。

7 定襄、雲中、五原三郡，本是戎狄的居地，居民中有好些是從趙、齊、衛、楚等國遷來的。這裡的民眾粗陋簡樸，缺少禮節、修養，喜好射獵。雁門郡也是同樣的風俗，但在天文上另屬於燕地範圍。

1 燕地，尾、箕❶分壄也。武王定殷，封召公❷於燕，其後三十六世與六國❸俱稱王。東有漁陽、右北平、遼西、遼東，西有上谷、代郡、雁門，南得涿郡之易、容城、范陽、北新成❹、故安、涿縣、良鄉、新昌，及勃海之安次，皆燕分也。樂浪、玄菟，亦宜屬焉。

2 燕稱王十世，秦欲滅六國，燕王太子丹❺遣勇士荊軻西刺秦王，不成而誅，秦遂舉兵滅燕。

3 薊❻，南通齊、趙，勃、碣❼之間一都會也。初太子丹賓養❽勇士，不愛後宮美女，民化以為俗，至今猶然❾。賓客相過❿，以婦侍宿，嫁取之夕，男女無別，反以為榮。後稍頗止，然終未改。其俗愚悍少慮⓫，輕薄無威⓬，亦有所長，敢於急人⑬，燕丹⑭遺風也。

4 上谷至遼東，地廣民希⑮，數被⑯胡寇，俗與趙、代相類，有漁鹽棗栗之饒。北隙⑰烏丸⑱、夫餘⑲，東賈⑳真番㉑之利。

5 玄菟、樂浪，武帝時置，皆朝鮮㉒、濊貉㉓、句驪㉔蠻夷。殷道衰，箕子㉕去之朝鮮㉖，教其民以禮義，田蠶織作。樂浪朝鮮民犯禁㉗八條：相殺以當時㉘償殺；相傷以穀償；相盜者男沒入為其家奴，女子為婢，欲自贖者，人五十萬㉙。雖免為民，俗猶羞之，嫁取無所讎㉚，是以其民終不相盜，無門戶之閉，婦人貞信㉛不淫辟㉜。其田民㉝飲食以籩豆㉞，都邑頗放效吏及內郡賈人，往往以杯器食。郡初㉟取吏於遼東，吏見民無閉臧㊱，及賈人往者，夜則為盜，俗稍益薄㊲。今於犯禁寖多㊳，至六十餘條。可貴哉，仁賢之化㊴也！然東夷㊵天性柔順，異於三方㊶之外，故孔子悼㊷道不行，設浮於海，欲居九夷㊸，有以㊹也夫！樂浪海中有倭㊺人，分為百餘國，以歲時來獻見㊻云。

6 自危㊼四度至斗㊽六度，謂之析木㊾之次，燕之分也。

【章旨】以上具體介紹了燕地的地理範圍及其歷史發展軌跡，記述了該地域內不同地區的自然地理、經濟地理和風俗習慣等情況。

【注釋】❶尾箕　尾宿和箕宿。均屬於二十八宿。尾宿為東方蒼龍七宿中的第六宿，有星九顆；箕宿為東方蒼龍七宿中的末宿，有星四顆。❷召公　西周初期的政治家姬奭。❸六國　指戰國七雄中除燕國以外的秦、楚、齊、韓、趙、魏六國。❹北新成　西漢時屬中山國，此處誤屬涿郡。❺太子丹　（西元前？—前二二六年），姬丹。戰國末期燕王喜的太子，曾作為人質送往秦國，後逃歸。因恐秦軍逼境，派荊軻入秦行刺秦王。事敗後，秦國發兵攻破燕國，他逃奔遼東，被其父斬首獻給秦國。五年後，秦國再次發兵攻燕，虜燕王喜，燕國滅亡。❻薊　戰國時的燕國國都，故址位於今北京城區西南隅。❼勃碣　即勃海和碣石山。❽賓養　以賓客之禮收養。戰國時，各國為了籠絡人才，都有養士的風氣。❾猶然　還是這樣。❿過　過訪；探望。⓫愚悍少慮　愚昧勇猛，處事缺少考慮。⓬輕薄無威　輕浮放浪，缺少尊嚴。⓭急人　救人急難。⓮燕丹　燕太子丹的簡稱。⓯希　通「稀」。稀少；稀疏。⓰被　遭遇；遭受。⓱隙　際；鄰接。⓲烏丸　即烏桓。古代部族名，東胡族的一支。秦末，東胡被匈奴擊破後，部分遷往烏桓山（今大興安嶺南端）一帶，因此得名。它以游牧、狩獵為主要生活方式。漢初，烏桓歸附匈奴，武帝後附漢，被漢政府遷至上谷、漁陽、右北平、遼西、遼東等五郡塞外，屬護烏桓校尉管轄。⓳夫餘　即扶餘。古代部族名，聚居於今松花江流域，以農耕為主要生活方式，當時屬玄菟郡管轄。⓴賈　謀求；獲取。㉑真番　郡名。漢武帝元封三年（西元前一〇八年）設置，轄境相當於今朝鮮黃海北道大部，黃海南道以及京畿道北部，昭帝始元五年（西元前八二年）廢除，部分併入樂浪郡。㉒朝鮮　古國名，位於今朝鮮半島。相傳周初，商族後裔箕子在此建國；傳位四十世至箕准時，燕人衛滿於西元前一九四年率部入居此地為王。漢武帝滅衛氏朝鮮後，建立樂浪、玄菟、臨屯、真番四郡。㉓濊貉　一作濊貊，古代部族名。因居於濊水（今遼寧鳳城以東）之濱而得名。西元前後，它活動於今朝鮮東海岸咸鏡南道和江源道一帶。㉔句驪　即高句麗，古代國名、縣名，位於今遼寧新賓東部，建國年代無從考證。漢武帝滅衛氏朝鮮後，於元封四年（西元前一〇七年）設置玄菟郡，以高句麗縣為郡治。㉕箕子　商紂王叔父，官至太師，受封於箕（今山西太谷東北）。他與比干等人勸諫紂王，因紂王殘暴，箕子為保命而佯狂為奴，被紂王囚禁。周武王滅商後，將他釋放。後來，箕子率國人遠徙朝鮮，並且在那裡建國。㉖去之朝鮮　《史記》作「武王伐紂，封箕子于朝鮮」，說法與此不同。㉗犯禁　禁止違犯的條規。㉘當時　即時。㉙欲自贖者二句　指贖出一人，需要贖金五十萬。殿本「贖」譌作「償」，他本不誤。㉚無所讎　無人相配。讎，匹配。㉛貞信　貞節；忠誠。㉜淫辟　指男女間不正當的結合。辟，通「僻」。㉝田民　田家；農民。㉞籩豆　古代盛食品的器具，似高腳盤，有蓋。竹製的為籩，木製的為豆，陶製的為登。㉟郡初　指剛設郡時。㊱閉臧　收藏。㊲稍益薄　逐漸變得越來越壞。薄，指風氣不如從前敦厚。㊳寖多　逐漸增多。㊴仁賢之化　仁愛賢良的教化。㊵東夷　古代華夏族對東方各少數民族的稱呼。㊶三方　指南、西、北三方。㊷悼　傷感；傷心。㊸九夷　指東夷各族之地。九，泛指多。據說孔子曾有移居九夷的想法，《論語・公冶長》有「道不行，乘桴（木筏）浮於海」的記載。大意是：我的主張在國內行不通了，我想坐木筏到海外去。㊹以　原因。㊺倭　古代對日本人的稱呼。根據《魏略》記載：「倭在帶方東南大海中，依山島為國，度海千里，復在國，皆倭種。」帶方，今朝鮮黃海道鳳山郡境內。㊻歲時來獻見　每年按一定的時節前來朝見，進獻貢品。㊼危　應當為「尾」。星官名。二十八宿之一。為東方蒼龍七宿中的第六宿，有星九顆。㊽斗　又稱南斗。星官名。二十八宿之一。為北方玄武七宿中的第一宿，有星六顆。㊾析木　十二星次之一。從尾宿十度至箕宿七度再至南斗十一度，古稱析木之津。古時以十二星次配十二分野，燕國為析木的分野。

【語譯】燕國的地域，是尾宿、箕宿的分野。周武王平定商殷後，封召公於燕地，建立了燕國。傳位三十六代後，燕國與六個諸侯國一起稱王。燕地東部包括漁陽、右北平、遼西、遼東各郡，西部包括上谷、代郡、雁門各郡，南部轄有涿郡的易縣、容城、范陽、北新成、故安、涿縣、良鄉、新昌各縣以及勃海郡的安次縣，這些地區都屬於燕國的分野範圍。樂浪、玄菟兩郡，也應屬於它的範圍。

2 燕國稱王後，傳位到第十代時，秦國想要吞滅六國，燕太子丹派勇士荊軻西行刺殺秦王，行動失敗，荊軻被殺，於是秦國派兵滅掉了燕國。

3 薊縣南通齊趙兩國，是勃海與碣石山之間的一個大都市。當初燕太子丹收養勇士，不吝惜後宮美女，民眾因受影響而形成風俗，至今仍是這樣。賓客來訪時，主人讓自家婦女陪宿，嫁女娶婦之夜，男女無別，人們反以此為榮。後來，這種風俗略有收斂，但終究沒有改變。這裡的百姓愚昧兇悍，處事缺少考慮，舉止輕佻而不莊重，但他們也有長處，敢於急人救難，這是燕太子丹的遺風。

4 上谷郡至遼東郡一帶，地廣人稀，屢遭胡人掠奪，其風俗與趙地、代地相似，有漁、鹽、棗、栗等豐富的物產。該地的北面鄰接烏桓、夫餘，向東可以獲取同真番一帶通商的利益。

5 玄菟、樂浪兩郡，武帝時設置，居民大都是朝鮮、濊貉、句驪各部蠻夷。商朝政治衰敗後，箕子離開中原前去朝鮮，以禮儀教導那裡的百姓並且教他們種田、養蠶、紡織、製作。箕氏朝鮮規定百姓不得違犯的禁令有八條，例如：殺人致死者當即償命；傷人者用穀物作為賠償；偷盜者，男子充當被盜者的家奴，女子充當女僕，想要自贖者，一人贖金五十萬。即使免罪成為平民，人們仍然認為這些人是恥辱的，他們連嫁人、娶婦也找不到對象，因此這裡的居民始終互不偷盜，家家不必關門閉戶，婦女貞潔忠誠，品行正派。此地的農民用竹木製的盆碗作為飲食的器具，城鎮居民很多都仿效官吏和內地商人，往往用杯子等金屬器具來盛放食品。設郡之初，該地的官吏從遼東郡抽調，那些官吏看到百姓沒有收藏財物的習慣，等到商人去了那裡，這些人就在夜晚行竊，該地的風氣才逐漸變壞。如今，禁止違犯的條令遂漸增多，達到六十多條。這說明：仁愛賢良的教化是十分可貴的！然而，東夷人天性柔順，與南、西、北三方以外的各族不同，所以孔子在感歎自己的政治主張在國內行不通時，曾設想漂渡海外，到東夷各族之地去定居，這是有其原因的呀！樂浪郡一帶的大海中有倭人生活，他們分成一百多個國家，每年按一定時節前來朝見、進獻貢品。

6　從危宿四度至斗宿六度，稱作析木次，是燕國的分星。

1　齊[1]地，虛[2]、危[3]之分壄也。東有甾川、東萊、琅邪、高密、膠東，南有泰山、城陽，北有千乘，清河以南，勃海之高樂、高城、重合、陽信，西有濟南、平原，皆齊分也。

2　少昊之世有爽鳩氏[4]，虞、夏時有季崱[5]，湯[6]時有逢公柏陵[7]，殷末有薄姑氏[8]，皆為諸侯，國[9]此地。至周成王時，薄姑氏與四國共作亂，成王滅之，以封師尚父[10]，是為太公。詩風齊國是也。臨甾名營丘，故齊詩曰：「子之營兮，遭我虖嶩之間兮[11]。」又曰：「竢我於著乎而[12]。」此亦其舒緩之體也。吳札聞齊之歌，曰：「泱泱⑬乎，大風⑭也哉！其太公乎？國未可量也。」

3 古有分土⑮，亡分民⑯。太公以齊地負海舃鹵⑰，少五穀而人民寡，迺勸以女工⑱之業，通魚鹽之利，而人物輻湊。後十四世，桓公用管仲⑲，設輕重⑳以富國，合諸侯成伯功㉑，身在陪臣而取三歸㉒。故其俗彌㉓侈，織作冰紈綺繡純麗之物㉔，號為冠帶衣履天下㉕。

4 初太公治齊，修道術㉖，尊賢智㉗，賞有功，故至今其土多好經術，矜㉘功名，舒緩闊達㉙而足智㉚。其失夸奢朋黨㉛，言與行繆㉜，虛詐不情㉝，急㉞之則離散，緩之則放縱。始桓公兄襄公㉟淫亂，姑姊妹㊱不嫁，於是令國中民家長女不得嫁，名曰「巫兒」，為家主祠，嫁者不利其家，民至今以為俗。痛乎，道民㊲之道，可不慎哉！

5 昔太公始封，周公問：「何以治齊？」太公曰：「舉賢而上功㊳。」周公曰：「後世必有篡殺之臣㊴。」其後二十九世為彊臣㊵田和所滅，而和自立為齊侯。初，和之先陳公子完㊶有罪來奔齊，齊桓公以為大夫，更稱田氏。九世至和而篡齊，至孫威王㊷稱王，五世為秦所滅。

6 臨甾，海㊸、岱㊹之間一都會也，其中具㊺五民㊻云。

【章　旨】以上具體介紹了齊地的地理範圍及其歷史發展軌跡，記述了該地的自然地理、經濟地理和風俗習慣等情況。

【注　釋】❶齊　古國名，姜姓，位於今山東北部，開國君主為姜尚，建都營丘（後稱臨淄，位於今山東淄博東北）。春秋時齊桓公任用管仲實行改革，國力富強，成為霸主。春秋末期，其君權逐漸為大臣田氏所奪。西元前三八六年周安王承認田和為齊侯，田和傳三代至齊威王，他實施改革，國力強盛，打敗魏國，齊始稱王，成為戰國七雄之一。此後，齊長期與秦東西對峙，五國聯合攻齊後，齊之國勢衰弱。西元前二二一年，齊為秦所滅。❷虛　星官名。二十八宿之一。為北方玄武七宿中的第四宿，有星二顆。❸危　星官名。二十八宿之一。為北方玄武七宿中的第五宿，有星三顆。❹爽鳩氏　古官名，是掌管刑獄的司法官。❺季萴　人名。❻湯　又稱成湯、武湯，商朝的建立者，原本是商部族的首領。他以亳（今河南商丘）為據點，任用伊尹為相，先後經十一戰而滅夏。❼逢公柏陵　人名。❽薄姑氏　即蒲姑氏，古國名，位於今山東博興東南。周成王時它隨武庚和東方夷族反周，為周公所滅，作為呂尚的封地。❾國　建國。用如動詞。❿師尚父　即姜尚，號太公望。武王伐紂時，他任統兵的太師，被尊為師尚父；成王時，他因功被封於齊。⓫子之營兮二句　見《詩・齊風・營》。〈營〉是一首描寫獵人出獵相逢、互相讚美的詩。引文的大意是：你到營丘去啊，在嶩山裡碰見我啊。營，一作「還」。虖，通「乎」。嶩，山名，地處今山東淄博臨淄鎮南。⓬竢我於著乎而　見《詩・齊風・著》。〈著〉是一首描寫女子張望迎娶她的夫婿的詩。此句的大意是：他在門屏之間等待我呀。著，指門屏之間。⓭泱泱　形容宏大的樣子。⓮大風　大國之風。指宏偉的氣派。⓯分土　分封土地；劃分疆界。⓰亡分民　無法將各地百姓之間的往來遷徙隔絕。亡，通「無」。⓱負海舄鹵　指齊地背靠大海，土壤中鹽鹼含量過多。舄鹵，也作瀉鹵。土地含鹽鹼過多，不適合耕種。⓲女工　即女功，也作女紅。指紡織、刺繡、縫紉等婦女做的工作。⓳管仲　（西元前？—前六四五年），名夷吾，字仲，潁上（今安徽境內）人。春秋初期政治家，被齊桓公所重用，使齊國不斷富強。⓴輕重　指調節商品、貨幣流通和控制物價的經濟政策。㉑伯功　霸業。伯，通「霸」。㉒取三歸　收取多項按常例應當上繳的市租。關於三歸，另有多種說法：或說為三姓女子，或說為管仲自行修築的臺名，或說為管仲的封地，或說為收藏錢幣的府庫等，均欠妥。㉓彌　愈益；更加。㉔冰紈綺繡純麗之物　指各種光澤鮮潔、製作精細、色彩華麗的絲織品。冰紈，指色潔如冰、質地細膩的絲織品。繡，白底繡花的絲織品。純麗，精美。㉕冠帶衣履天下　形容齊地的服飾之盛，能滿足天下人的需要。冠帶，頭冠和腰帶。衣履，衣服和鞋子。㉖道術　指治理國政的方法。㉗賢智　賢良而有才智，指德才兼備的人。㉘矜　崇尚。㉙舒緩闊達　寬容徐緩，開朗通達。㉚足智　謀略多。㉛夸奢朋黨　鋪張奢侈，結黨營私。㉜繆　通「謬」。乖錯；違背。㉝不情　不能得到其實情。㉞急　緊，指治政苛嚴。下句的「緩」，指治政寬鬆。㉟襄公　（西元前？—前六八六年），姜諸兒。春秋時的齊國國君，在位十二年（西元前六九七—前六八六年）。他為政暴虐，後為公子無知所殺。㊱姑姊妹　父親的姊妹稱姑，也叫姑姊妹。㊲道民　引導人民。道，通「導」。㊳上功　崇尚功績。㊴篡殺之臣　殺君奪位的臣子。㊵彊臣　擅權的大臣。㊶陳公子完　春秋時陳厲公之子，因內亂逃奔齊國，齊桓公任命其為工正（掌管百工的官），後改姓田氏。㊷威王　（西元前？—前三二〇年），田因齊。戰國時的齊國國君，在位三十七年（西元前三五六年—前三二〇年）。即位後，他致力於修政整軍，任用賢才，國勢日趨強盛，使齊國成為一時之雄。㊸海　東海，即今勃海和黃海北部海域。㊹岱　泰山的別稱。㊺具　俱備；齊備。㊻五民　指五方（東、西、南、北、中）之民。一說指士、農、商、工、賈，亦通。

【語　譯】齊國的地域，是虛宿、危宿的分野。它的東部包括甾川、東萊、琅邪、高密、膠東各郡，南部包括泰山郡和城陽國，北部包括千乘郡，清河郡以南地區以及勃海郡的高樂、高城、重合、陽信各縣，西部包括濟南、平原各郡，這些地區都屬於齊國的分野。

2　少昊時代的爽鳩氏，虞舜時和夏代的季崱，商湯時代的逢公柏陵，商末時的薄姑氏，都是諸侯，在此地建立國家。到周成王時，薄姑氏與四國一起作亂，成王誅滅它，將它封給師尚父，這就是齊太公。《詩經・國風》中所說的齊國，就是此地。臨甾又名營丘，所以〈齊風〉中說：「你到營丘去，在嶩山裡碰見了我。」又說：「他在門屏之間等待著我。」這些詩句都體現了那種從容舒緩的風習。吳季札聽了〈齊風〉中的民歌後，讚美道：「宏偉啊，有大國之風！大概是太公的遺風吧？這樣的國家，前途不可限量。」

3　自古以來有劃分疆土的制度，但是這不能隔絕各地百姓之間的往來、遷徙。太公因為齊地背靠大海，土壤中鹽鹼過多，農業生產條件差，人煙稀少，便鼓勵婦女從事紡織、刺繡等工作，讓人們販運魚鹽以獲取利益，結果人口和財物逐漸歸聚到齊國，如同車輻集中於車軸一樣。後來，傳到第十四代時，齊桓公任用管仲，制定經濟政策使齊國得以富強，於是，齊國會盟諸侯，成就了霸業，管仲雖然身為陪臣，卻享受到了極為優厚的待遇。因此，該地的風俗更加奢侈，能生產出各種質地細膩、光澤鮮潔、色彩華麗的絲織品，冠帶衣履的產量號稱能滿足天下的需要。

4 當初太公治理齊國時，研究治國之術，尊重德才兼備之士，獎賞有功之人，所以至今當地的很多人喜好經術，崇尚功名，其性情寬容徐緩，為人開朗通達而足智多謀。該地的流弊在於世風鋪張浪費、結黨營私，人們的言行不一、虛詐不實，施政苛嚴時人民就離散，寬鬆時則放任。當初，齊桓公之兄齊襄公淫亂，不讓自己的姊妹出嫁，他還下令全國，規定百姓家的長女不得出嫁，並且把這種女子稱作「巫兒」，讓她們留在家裡主持祭祀，嫁了對家裡不吉利，百姓至今依舊延續著這個風俗。痛心啊，引導人民的方法一定不要不謹慎啊！

5 從前太公剛受封時，周公問他：「你用什麼辦法治理齊國？」太公說：「選用賢人，崇尚功績。」周公說：「如此看來，你的後世必定有殺君奪位的臣子。」這以後，到第二十九代時，姜姓齊國果然被擅權專政的大臣田和所滅，而田和自立為齊侯。當初，田和的先祖陳公子完因罪逃奔到齊國，齊桓公任命他為大夫，陳完改姓田氏。傳到第九代，田和篡奪了齊國政權，到田和的孫子威王時，齊國稱王，傳國五代後被秦國滅亡。

6 臨淄，是東海與泰山之間的一個大都市，其居民包括士、農、商、工、賈，可謂五民俱全。

1 魯❶地，奎❷、婁❸之分壄也。東至東海，南有泗水，至淮，得臨淮之下相、睢陵、僮、取慮，皆魯分也。

2 周興，以少昊之虛曲阜封周公子伯禽為魯侯，以為周公主❹。其民有聖人之教化，故孔子曰：「齊一變至於魯，魯一變至於道❺。」言近正❻也。瀕洙泗之水，其民涉度❼，幼者扶老而代其任❽。俗既益薄❾，長老不自安，與幼少相讓❿，故曰：「魯道衰，洙泗之間齗齗如也⓫。」孔子閔⓬王道⓭將廢，迺修六經⓮，以述唐虞三代之道，弟子受業而通者七十有七人。是以其民好學，上禮義，重廉恥。周公始封，太公問：「何以治魯？」周公曰：「尊尊⓯而親親⓰。」太公曰：「後世寖弱⓱矣。」故魯自文公⓲以後，祿⓳去公室⓴，政在大夫，季氏㉑逐昭公㉒，陵夷㉓微弱，三十四世而為楚所滅。然本大國，故自為分壄。

3 今去聖㉔久遠，周公遺化㉕銷微㉖，孔氏庠序㉗衰壞。地陿民眾，頗有桑麻之業，亡林澤之饒。俗儉嗇愛財，趨商賈，好訾毀㉘，多巧偽㉙，喪祭之禮文備實寡㉚，然其好學猶愈㉛於它俗。

4 漢興以來，魯東海多至卿相㉜。東平、須昌、壽張，皆在濟東，屬魯，非宋地也，當考㉝。

【章　旨】以上具體介紹了魯地的地理範圍及其歷史發展軌跡，記述了該地的自然地理、經濟地理和風俗習慣等情況。

【注　釋】❶魯　古國名。開國君主為周公旦之子伯禽，位於今山東西南部，建都曲阜（今山東曲阜）。春秋時國勢衰弱。它在戰國時成為小國，西元前二五六年為楚所滅。❷奎　星官名，二十八宿之一，西方白虎七宿中的第一宿，有星十六顆。

❸婁　星官名，二十八宿之一，西方白虎七宿中的第二宿，有星三顆。❹周公主　主持周公的祭祀。❺齊一變至於魯二句　見《論語・雍也》。大意是：齊國的政治和教育一有改變，便達到魯國的樣子；魯國的政治和教育一有改革，便進而合於大道了。❻正　正確；中肯。❼涉度　涉水渡河。度，通「渡」。❽代其任　替他背東西。任，負載。❾薄　指敬老的風氣淡薄。❿讓　指責。⓫魯道衰二句　見《史記・魯周公世家》。大意是：魯國的道德，真是衰微到了極點，洙、泗之間的人爭辯起來，竟然是這個樣子。斷斷，形容爭辯的樣子。⓬閔　憐憫；哀傷。⓭王道　儒家稱以仁義治天下為王道，這與經營武力、爭當諸侯盟主的「霸道」相對。⓮六經　也稱六藝，指《詩》、《書》、《禮》、《樂》、《易》、《春秋》等六部儒家的經典著作。⓯尊尊　尊敬尊長者。前一個「尊」字用如動詞。⓰親親　親愛親近者。前一個「親」字用如動詞。⓱寖弱　浸弱，漸漸衰弱。⓲文公　（西元前？—前六〇九年），姬興。春秋時的魯國國君，在位十八年（西元前六二六—前六〇九年）。⓳祿　祿位；官職。引申為權力。⓴公室　春秋戰國時諸侯的家族，也用來指諸侯國的政權。㉑季氏　又稱季孫氏，春秋時魯桓公之子季友的後裔。自文公以後，季孫行父、季孫宿等世為大夫，專攬國政，公室日卑。㉒昭公　（西元前？—前五一〇年），姬稠。春秋時的魯國國君，在位三十二年（西元前五四一—前五一〇年）。㉓陵夷　逐漸衰落。㉔聖　聖人，此處指周公。在古代，聖人指道德、智能極高的人。㉕遺化　遺留下來的風氣、影響。㉖銷微　消耗而變得微弱。銷，通「消」。㉗庠序　古代地方所設置的學校，與帝王的辟雍、諸侯的泮宮等大學相對而言，後來泛指學校。㉘訾毀　詆毀；非議。㉙巧偽　奸巧虛偽。㉚文備實寡　形式完備繁多而實際內容很少，含有華而不實的意思。㉛愈　勝過。㉜卿相　卿和相，古代對天子、諸侯所屬的高級長官的稱謂。卿始設於西周，春秋時各國的大權都在卿之手。戰國時各國（除楚國設令尹外）都先後設相，稱為相邦；秦以後，相國或丞相成為輔佐皇帝的最高官職。㉝當考　指還須要進一步考證。從「東平」到「當考」共十八字，漢代學者以為似非原文，或後人增記而誤入《漢書》本文。又「壽張」，景祐本、慶元本、汲古閣本等皆作「壽良」，本志亦作「壽良」。

【語　譯】魯國的地域，是奎宿、婁宿的分野。它的轄境東至東海，南部包括泗水流域，並且一直延伸到淮水流域，它還擁有臨淮郡的下相、睢陵、僮縣、取慮各縣，這些地區都屬於魯國的分野。

2　周朝興起時，周王將少昊的故城曲阜封給周公之子伯禽，稱之為魯侯，以主持周公的祭祀。這裡的民眾受到聖人政教風化的影響，所以孔子說：「齊國一有改革，便進而合於魯國的樣子；魯國一有改革，便進而合於治道了。」這個分析很正確。魯國瀕臨洙水、泗水，這裡的百姓渡水過河時，年幼的扶著年長的，替他背東西。敬老的風氣逐漸淡薄後，年長的人不安分，與年輕人互相指責，所以人們說：「魯國的道德真是衰微到了極點，洙水泗水一帶的人，爭辯起來竟是這個樣子。」孔子痛感仁義的王道將要衰敗，便整理《六經》，用它們來闡述唐堯虞舜與夏商周三代的治道、事理，跟從他學習的弟子中，通達淵博的有七十七人。因此這裡的民眾喜歡學習，崇尚禮義，看重廉恥。周公剛受封時，太公問他：「您用什麼辦法治理魯國？」周公說：「尊敬尊長者，親愛親近者。」太公說：「如此看來，您的後世必將逐漸衰弱。」所以，魯國自文公以後，公室失去了權力，政權歸於大夫，季氏驅逐了魯昭公，其國勢逐漸衰落，傳到第三十四代時，魯國被楚國滅亡。但由於魯國本是大國，所以將其作為獨立的分野。

3 如今離周公的時代已經很久遠了，周公的遺風逐漸消弱，孔氏的校舍已經頹壞。這裡地域狹小，人口眾多，桑麻之業發達，卻缺乏森林、湖澤資源。人們節儉吝嗇愛惜財貨，趨向於經商，喜歡詆毀別人，為人巧詐虛偽，喪葬和祭祀的禮儀華而不實，但人們的好學之風，還是勝過其他地區。

4 漢朝興起以來，魯國東海郡出了許多位至九卿宰相的大官。東平、須昌、壽張各縣，都位於濟水東岸，應屬於魯國，不屬於宋國地域，這還須進一步考證。

1 宋❶地，房❷、心❸之分野也。今之沛、梁、楚、山陽、濟陰、東平及東郡之須昌、壽張❹，皆宋分也❺。

2 周封微子❻於宋，今之睢陽是也，本陶唐氏火正閼伯❼之虛也。濟陰定陶，詩風曹國❽也。武王封弟叔振鐸於曹，其後稍大，得山陽、陳留，二十餘世為宋所滅。

3 昔堯作游成陽，舜漁❾靁澤，湯止于亳，故其民猶有先王遺風，重厚❿多君子，好稼穡，惡衣食⓫，以致⓬畜藏⓭。

4 宋自微子二十餘世，至景公⓮滅曹⓯，滅曹後五世亦為齊、楚、魏所滅，參⓰分其地。魏得其梁、陳留，齊得其濟陰、東平，楚得其沛。故今之楚彭城，本宋也，春秋經曰「圍宋彭城」。宋雖滅，本大國，故自為分野。

5 沛楚之失，急疾顓己⓱，地薄民貧，而山陽好為姦盜⓲。

【章旨】以上具體介紹了宋地的地理範圍及其歷史發展軌跡，記述了該地域內不同地區的風俗習慣。

【注釋】❶宋　古國名，開國君主為商紂王庶兄微子啟，子姓。周公平定武庚之亂後，將商的舊都周圍地區分封給微子，建都於商丘（今河南商丘南）。宋國領有今河南東部和山東、安徽、江蘇等省的部分地區。春秋時，宋襄公企圖稱霸，未果。西元前二八六年為齊所滅。❷房　星官名，二十八宿之一，東方蒼龍七宿中的第四宿，有星四顆。❸心　星官名，二十八宿之一，東方蒼龍七宿中的第五宿，有星三顆。❹壽張　應當為壽良。❺皆宋分也　上文已說「東平、須昌、壽張，皆在濟東，屬魯，非宋地也，當考」，此處卻肯定「東平及東郡之須昌、壽張，皆宋分也」，前後說法互相抵觸。❻微子　商紂王庶兄，名啟，受封於微（今山東梁山西北），故稱微子。他多次向紂王強諫，未被採納，微子憤而出走。後來他歸降於周，被封於宋，成為宋國始祖。❼閼伯　人名，相傳為高辛氏的長子，被后帝（即昊天上帝）遷往商丘，主管星辰等天文事務。❽曹國　西周諸侯國，姬姓，開國君主為周武王之弟叔振鐸；建都陶丘（今山東定陶西北），轄有今山東西部，西元前四八七年為宋所滅。❾漁　捕魚。❿重厚　莊重寬厚。⓫惡衣食　不講究穿衣、飲食。⓬致　達到；得到。⓭畜藏　積蓄（財物）。畜，通「蓄」。⓮景公　指宋景公，春秋時的宋國國君，在位六十四年（西元前五一六—前四五三年）。⓯滅曹　指西元前四八七年，宋人攻曹，虜其國君伯陽，曹國滅亡。⓰參　通「三」。⓱急疾顓己　急躁狹隘，專執己見。顓，通「專」。⓲姦盜　指邪惡和偷竊劫奪的壞事。

【語譯】宋國的地域，是房宿、心宿的分野。如今的沛郡、梁國、楚國、山陽郡、濟陰郡、東平國以及東郡的須昌、壽張兩縣，都屬於宋國的分野。

2 周朝封微子於宋國，即如今的睢陽，這裡本是陶唐氏的火正閼伯的居地。濟陰郡的定陶縣，就是《詩經・國風》中所說的曹國。周武王封他的弟弟叔振鐸於曹國，後來曹國轄境漸漸擴大，得到山陽、陳留兩郡，傳國二十多代後，它被宋國滅亡。

3 從前，唐堯曾在成陽生活，虞舜曾在雷澤捕魚，商湯曾在亳都居住，所以，這裡的民眾還保留有先王的遺風，莊重寬厚，君子很多，他們勤於農事，粗衣劣食，以此來積蓄財物。

4 宋國從微子傳位二十餘代後，到宋景公時滅掉了曹國，滅曹之後傳位五代，也被齊國、楚國、魏國滅亡，其地被三國瓜分。魏國得到了它的梁和陳留等地，齊國得到了它的濟陰、東平等地，楚國得到了它的沛地。所以，如今楚國的彭城，本來屬於宋國，《春秋》經文上說「圍困宋軍於彭城」。宋國雖被滅亡，但它原本是大國，所以成為獨立的分野。

5 沛郡、楚國一帶民俗的弊病，在於急躁狹隘，固執己見；該地土地貧瘠，人民貧窮，山陽一帶的人喜歡幹邪惡、盜竊的事。

1 衛❶地，營室❷、東壁❸之分埜也。今之東郡及魏郡黎陽，河內之野王、朝歌，皆衛分也。

2 衛本國既為狄所滅，文公徙楚丘，三十餘年，子成公❹徙於帝丘。故春秋經曰「衛遷于帝丘」，今之濮陽是也。本顓頊之虛，故謂之帝丘。夏后❺之世，昆吾氏❻居之。成公後十餘世，為韓、魏所侵，盡亡其旁邑❼，獨有濮陽。後秦滅濮陽，置東郡，徙之於野王。始皇既并天下，猶獨置衛君，二世時乃廢為庶人。凡四十世，九百年，最後絕，故獨為分野。

3 衛地有桑間❽濮上❾之阻❿，男女亦亟⓫聚會，聲色⓬生焉，故俗稱鄭衛之音。周末有子路⓭、夏育⓮，民人慕之，故其俗剛武，上氣力。漢興，二千石治者亦以殺戮為威。宣帝時韓延壽為東郡太守，承聖恩，崇禮義，尊諫爭⓯，至今東郡號善為吏，延壽之化也。其失頗奢靡，嫁取送死過度，而野王好氣任俠⓰，有濮上風。

【章　旨】以上具體介紹了衛地的地理範圍及其歷史發展軌跡，記述了該地的社會生活、風俗習慣等情況。

【注　釋】❶衛　古國名，開國君主為周武王之弟康叔，領有原商都周圍地區，成為當時的諸侯大國，建都朝歌（今河南淇縣）。西元前六六〇年衛被狄人擊敗，遷都楚丘（今河南滑縣東）。後來，衛又遷都帝丘（今河南濮陽西南），西元前二五四年為魏所滅，後在秦的支持下復國，遷都野王（今河南沁陽），作為秦的附庸。❷營室　即室宿，星官名，二十八宿之一，北方玄武七宿中的第六宿，有星二顆。❸東壁　即壁宿，星官名，二十八宿之一，北方玄武七宿中的第七宿，有星二顆。❹成公（西元前？—前六〇〇年），姬鄭，在位三十五年（西元前六三四—前六〇〇年）。❺夏后　即夏后氏，我國歷史上的第一個朝代——夏朝。❻昆吾氏　古部族名，夏的同盟部落，己姓。其地最初位於今河南濮陽一帶，後遷至今河南許昌東。其國人善於製作陶器，鑄造銅器。夏啟曾命人在昆吾鑄鼎。❼旁邑　指除國都以外的各個城邑。❽桑間　地名。位於古代濮水（古黃河與濟水的支流）之濱。❾濮上　濮水一帶。桑間、濮上都在衛國境內，位於今河南封丘、長垣至山東鄄城一帶。據說曾以奢靡之樂聞名於世。後以此作為淫靡風俗流行之地的代稱，而稱男女幽會為「桑間濮上之行」。❿阻　阻隔。這裡指隱蔽僻靜，便於男女幽會的地方。⓫亟　屢次；經常。⓬聲色　音樂和女色。⓭子路　即仲由（西元前五四二—前四八〇年），字子路，春秋末期魯國卞（今山東泗水）人。是孔子的得意門生之一。為人剛直魯莽，好勇力。⓮夏育　戰國時衛國著名勇士。據說能力舉千鈞，拔斷牛尾。⓯諫爭　直言規勸。爭，通「諍」。⓰好氣任俠　喜歡意氣用事，打抱不平。

【語譯】 衛國的地域，是室宿、壁宿的分野。如今的東郡和魏郡的黎陽縣以及河內郡的野王、朝歌兩縣，都屬於衛國的分野。

2 起初，衛國被狄人攻滅，衛文公被遷封於楚丘，三十多年後，他的兒子衛成公又遷都帝丘。所以《春秋》經文說「衛君遷都於帝丘」，即如今的濮陽縣。這裡本是顓頊帝的居地，所以稱它為帝丘。夏朝時，昆吾氏住在這裡。至衛成公的十幾代孫時，衛國受到韓國、魏國的侵略，國都附近的城邑都被攻占了，只剩下濮陽。後來，秦國攻占了濮陽，於此設置了東郡，將衛君遷往野王。秦始皇兼併天下後，唯獨保留了衛君，秦二世時才把他廢黜為平民。衛國傳國共四十代，歷時九百年，在戰國各國中最後滅絕，所以將其作為獨立的分野。

3 衛地有桑間、濮水一帶那樣的隱蔽僻靜之處，男女時常於此相聚幽會，輕佻音樂、桃色故事層出不窮，所以人們稱奢靡、輕佻的音樂為鄭衛之音。周代末年，這裡湧現出了子路、夏育這樣的勇士，人民仰慕他們，所以，這裡的人剛強勇猛，崇尚力氣。漢朝興起後，治政的郡守們也以殺戮來樹立威勢。宣帝時，韓延壽任東郡太守，秉承聖上恩澤，推崇禮義，尊重直諫，至今東郡人稱自己善於做官，這是受了韓延壽的影響。這裡風俗的弊病是頗為奢侈浪費，辦理婚喪事務超出規格，而野王一帶的人則喜歡意氣用事、好打抱不平，與濮水一帶的風習相近。

1 楚❶地，翼❷、軫❸之分壄也。今之南郡、江夏、零陵、桂陽、武陵、長沙及漢中、汝南郡，盡楚分也。

2 周成王時，封文、武❹先師鬻熊❺之曾孫熊繹於荊蠻❻，為楚子，居丹陽。後十餘世至熊達❼，是為武王，寖以彊大。後五世至嚴王❽，總帥諸侯，觀兵周室，并吞江、漢之間，內滅陳、魯之國。後十餘世，頃襄王❾東徙于陳。

3 楚有江漢川澤山林之饒；江南地廣，或火耕水耨❿。民食魚稻，以漁獵山伐⓫為業，果蓏蠃蛤⓬，食物常足。故呰窳⓭媮生⓮，而亡積聚，飲食還給⓯，不憂凍餓，亦亡千金之家⓰。信巫鬼，重淫祀⓱。而漢中淫失⓲枝柱⓳，與巴蜀同俗。汝南之別，皆急疾有氣勢⓴。江陵，故郢都，西通巫、巴㉑，東有雲夢之饒，亦一都會也。

【章　旨】以上具體介紹了楚地的地理範圍及其歷史發展軌跡，記述了該地域內不同地區的社會生活和風俗習慣等情況。

【注　釋】❶楚　古國名。芈姓。始祖鬻熊。西周時立國於荊山一帶。建都丹陽（今湖北秭歸東南），常與周發生戰爭，周人稱之為荊蠻。熊渠為國君時，疆界擴大到長江中游地區。後建都於郢（今湖北江陵西北紀南城）。春秋時兼併周圍小國，與晉更迭成為霸主。戰國時疆域又有擴大，楚懷王時攻滅越國，擴大到今江、浙一帶。後屢為秦國所敗，先後遷都於陳（今河南淮陽）、巨陽（今安徽太和東南）、壽春（今安徽壽縣）。西元前二二三年為秦所滅。❷翼　星官名。南方朱鳥七宿中的第六宿，有星二十二顆，是二十八宿中星數最多的一宿。❸軫　星官名。二十八宿之一。南方朱鳥七宿中的第七宿，有星四顆。

❹文武　指周文王和周武王。❺鬻熊　也作「粥熊」。楚人的祖先。據說是季連的後裔，曾做過周文王的老師。❻荊蠻　本為古代中原地區對楚人的稱呼，這裡泛指當時楚人所居之地，即今湖北、湖南一帶。❼熊達　應為熊通。即春秋時楚國國君楚武王（西元前？—前六九〇年）。❽嚴王　指楚莊王熊侶（《漢書》避東漢明帝諱，改莊為「嚴」）。春秋時楚國國君。在位二十三年（西元前六一三—前五九一年）。在位期間，攻滅庸國，進攻陸渾之戎，陳兵周郊，問鼎周室。後又大敗晉軍，陸續使魯、宋、鄭、陳等國歸附，成為當時霸主。❾頃襄王　（西元前？—前二六三年），熊橫。戰國末期楚國國君。在位三十六年（西元前二九八—前二六三年）。❿火耕水耨　古代一種粗放的耕作方法。先用火燒掉田裡的雜草，作為肥料；然後放水種稻。等到雜草又生出來，再割除。⓫山伐　砍取山上竹木。⓬果蓏蠃蛤　瓜果田螺蛤蜊。蓏，瓜類等蔓生植物的果實。蠃（通「螺」）和蛤都是有殼的蚌類軟體動物，肉可食用。⓭呰窳　苟且懶惰。⓮媮生　苟且生活，得過且過。⓯還給　指趕得上供給的需求。還，及；夠。⓰千金之家　富裕殷實的人家。⓱淫祀　指不合正道，超越禮儀規定的祭祀。⓲淫失　即淫佚。指縱慾放蕩。失，通「佚」。⓳枝柱　抵觸；不順從。⓴急疾有氣勢　急躁而有氣概、勇力。㉑巫巴　指巫峽和巴峽。

【語　譯】楚國的地域，是翼宿、軫宿的分野。如今的南郡、江夏、零陵、桂陽、武陵、長沙和漢中、汝南各郡國，全都屬於楚國的分野。

2　周成王時，封文王、武王師傅鬻熊的曾孫熊繹於荊蠻之地，稱之為楚子，他居住在丹陽。後傳十多代後，熊達自稱為楚武王，其國勢逐漸強大。又傳位五代後，楚嚴王統帥諸侯之兵向周王朝示威，楚國吞併了長江、漢水之間的地區，並且向內地擴張，滅亡了陳國、魯國。以後再傳十多代，到楚頃襄王時，楚國東遷到了陳地。

3　楚國有長江、漢水這樣的河流湖泊以及豐富的山林資源；江南地域遼闊，有些地方採用火耕水種。百姓以魚和稻穀為食，以捕魚打獵伐木為業，瓜果、田螺、蛤蜊等食物常常很充足。因此，人們苟且偷生混日子，光顧眼前而無積蓄，生活物資的出產能夠滿足日常的需求，人們不必擔心受凍挨餓，但也沒有家藏千金的富戶。當地人信奉巫師鬼神，重視旁門左道的祭祀。而漢中郡民俗放蕩縱欲，忤逆不馴，與巴、蜀兩郡相同。汝南郡的不同之處在於，人們大都急躁而有氣概。江陵縣，原是楚國的郢都，西通巫峽、巴峽，其東部有雲夢澤豐饒的物產，也是一處大都市。

1 吳❶地，斗❷分埜也。今之會稽、九江、丹陽、豫章、廬江、廣陵、六安、臨淮郡，盡吳分也。

2 殷道既衰，周大王亶父❸興郊梁之地，長子大伯❹，次曰仲雍，少曰公季❺。公季有聖子❻昌❼，大王欲傳國焉。大伯、仲雍辭行采藥，遂奔荊蠻。公季嗣位，至昌為西伯，受命而王。故孔子美而稱曰：「大伯，可謂至惪也已矣！三以天下讓，民無得而稱焉。」謂：「虞仲夷逸，隱居放言，身中清，廢中權。」❽大伯初奔荊蠻，荊蠻歸之，號曰句吳。大伯卒，仲雍立，至曾孫周章，而武王克殷，因而封之❾。又封周章弟中於河北，是為北吳，後世謂之虞，十二世為晉所滅。後二世而荊蠻之吳子壽夢❿盛大稱王。其少子則季札，有賢材。兄弟欲傳國，札讓而不受。自壽夢稱王六世，闔廬⓫舉伍子胥⓬、孫武⓭為將，戰勝攻取，興伯名於諸侯。至于夫差⓮，誅子胥，用宰嚭⓯，為粵⓰王句踐所滅。

3 吳、粵之君皆好勇，故其民至今好用劍，輕死易發⓱。

4 粵既并吳，後六世為楚所滅。後秦又擊楚，徙壽春⓲，至子⓳為秦所滅。

5 壽春、合肥受⑳南北湖㉑皮革、鮑㉒、木之輸，亦一都會也。始楚賢臣屈原㉓被讒放流，作離騷諸賦以自傷悼。後有宋玉㉔、唐勒之屬慕而述之，皆以顯名。漢興，高祖王兄子濞㉕於吳，招致天下之娛游子弟，枚乘㉖、鄒陽㉗、嚴夫子㉘之徒興於文、景之際。而淮南王安㉙亦都壽春，招賓客著書。而吳有嚴助㉚、朱買臣㉛，貴顯漢朝，文辭並發，故世傳楚辭㉜。其失巧而少信㉝。初淮南王異㉞國中民家有女者，以待游士而妻之，故至今多女而少男。本吳粵與楚接比㉟，數相并兼，故民俗略同。

6 吳東有海鹽章山之銅，三江五湖㊱之利，亦江東之一都會也。豫章出黃金，然菫菫㊲物之所有，取之不足以更費㊳。江南卑溼，丈夫多夭㊴。

7 會稽海外有東鯷㊵人，分為二十餘國，以歲時來獻見㊶云。

【章旨】以上具體介紹了吳地的地理範圍及其歷史發展軌跡，記述了該地域的自然地理、經濟地理和不同地區的風俗習慣等情況。

【注釋】❶吳 古國名。也稱句吳、攻吳。姬姓。開國君主是周太王之子太伯、仲雍。轄有今上海和江蘇大部，安徽、浙江兩省的一部分。太伯至十九世孫壽夢皆居梅里（今江蘇無錫東南），號句吳。壽夢子諸樊南徙吳。諸樊子光命伍子胥築闔閭城而都之（今江蘇蘇州）。春秋後期，國力開始強盛。西元前五〇六年，吳王闔閭一度攻破楚國。傳到其子夫差，又戰勝越國，迫使越王句踐屈膝求和，又北上與晉國爭霸。西元前四七三年反為越國所滅。❷斗 也稱北斗或南斗。星官名。二十八宿之一。北方玄武七宿中的第一宿，有星六顆。均屬人馬座。❸周大王亶父　即周文王的祖父周太王公亶父。大，通「太」。❹大伯　周太王的長子。太王晚年，想傳位給少子季歷，他和弟弟仲雍一起，率部分周人出走江南，被推戴為君長，號稱「句吳」，建都梅里（今江蘇無錫東南），成為吳國始祖。大，通「太」。❺公季　一作王季。周太王少子季歷，文王之父。即位後，師承太王遺道，積極吸收商族文化，不斷擴充軍事實力，被商王文丁封為「牧師」，成為西方諸侯之長。❻聖子　德才超凡的兒子。❼昌　指周文王姬昌。據說太王預見到姬昌的聖德，想打破慣例，傳位給幼子季歷，從而傳給姬昌，大伯為實現他父親的意願，便偕同仲雍出走。後來姬昌果然使國勢大張，擁有天下的三分之二，到他的兒子武王姬發，終於滅商而統一了天下。❽孔子美而稱曰十句　見《論語・泰伯》和《論語・微子》。大意是：太伯，他的品德可以說是極高的了！他多次把天下讓給公季，老百姓無法用語言來讚美他。虞仲和夷逸，隱居世外，不談世務，行為謙潔，不貪戀權勢。❾封之　周武王滅商後，封仲雍的曾孫周章為吳君，列為諸侯。又封周章之弟仲於黃河以北的虞（今山西平陸北），稱為虞仲。❿壽夢　春秋時吳國國君。周章第十四代孫。在位二十五年（西元前五八五—前五六一年）國勢開始強盛。⓫闔廬　（西元前？—前四九六年），一作「闔閭」。姬光。春秋末期吳國國君，壽夢之孫。在位十九年（西元前五一四—前四九六年）。曾派勇士專諸刺殺吳王僚，代立為王。後任用伍子胥、孫武，不斷加強戰備，聯合唐、蔡二國大敗楚師。後被越王句踐戰敗，受傷而死。⓬伍子胥　（西元前？—前四八四年），名員，字子胥。吳國大臣。因避難從楚逃來吳國，依附公子光門下，輔佐他整頓軍備，一舉攻楚克郢。吳王夫差時，因受太宰嚭誣陷而自殺。⓭孫武　齊國人。春秋末期軍事家。據說流寓於吳，以精通兵法被吳王任為將。後與伍子胥共謀伐楚，五戰五勝，北威齊晉，南服越人，顯名諸侯。所著《孫子》是我國最早的兵法，歷來被譽為「兵學聖典」。⓮夫差　（西元前？—前四七三年），吳王闔廬之子。在位二十三年（西元前四九五—前四七三年）。即位後，教人耳提面命，誓報父仇，在夫椒（今江蘇吳縣西南）大敗越兵。後不聽伍子胥勸告，許越降為屬國，又北上攻齊，大會諸侯，與晉爭霸。越乘虛襲吳，他被困姑蘇，自刎而死。⓯宰嚭　吳國大臣。原為楚人，逃難至吳，受任為大夫。夫差即位，升任太宰。為人諂諛，巧於逢迎，頗受吳王信任。越人兵敗後乞和，他貪受賄賂，力勸吳王許越求和，不聽伍子胥規勸。後又陷害伍子胥至死。吳亡後，他亦被殺。⓰粵　通「越」。越國國君句踐夫椒之戰中被吳戰敗，用范蠡之計，向吳乞和。臥薪嘗膽，十年生聚，十年教訓，銳意滅吳雪恥。後乘吳北上爭霸之機發兵滅吳，並大會諸侯，成為霸主。⓱發　發生，奮起行動。指生事。⓲徙壽春　指西元前二四一年，楚考烈王將國都東遷壽春。⓳子　指考烈王之子楚幽王悍（一作悼）。在位十年卒。其弟郝即位為哀王。後負芻殺哀王自立，不久為秦所虜。⓴受　容納。㉑南北湖　指位於南部的巢湖（在當時合肥東南）和位於北部的芍陂（在當時壽春南）。㉒鮑　鮑魚，即乾鹹魚。㉓屈原　（約西元前三四〇—前二七八年），戰國時楚國大臣、文學家。因主張選賢任能、富國強兵而遭人讒毀，最後投汨羅江（今湖南汨羅江）而死。名作有〈離騷〉、〈天問〉、〈九章〉、〈九歌〉等。㉔宋玉　戰國時楚國文學家。通曉辭賦、音律。擅長辭令，不敢直諫，抑鬱而死。所著〈九辯〉、〈招魂〉等，模仿屈原之賦，較有意境。㉕濞　即劉濞（西元前二一五—前一五四年），西漢時諸侯王，劉邦兄劉仲之子。封於沛（今江蘇沛縣），後立為吳王。西元前一五四年率七國叛亂，事敗被殺。㉖枚乘　（西元前？—前一四〇年），西漢辭賦家。著有〈七發〉、〈柳賦〉等。㉗鄒陽　（西元前二〇六—前一二九年），西漢文學家。著有〈上吳王書〉、〈獄中上梁王書〉等。㉘嚴夫子　即莊忌（約西元前一八八—前一〇五年），西漢辭賦家。著有辭賦二十四篇。今僅存〈哀時命〉一篇。㉙安　即劉安（西元前一七九—前一二二年），西漢諸侯王。好讀書，善鼓琴，才思敏捷，尤工辭賦。文帝時襲父封為淮南王。他招致賓客方術之士，編成《淮南子》一書。㉚嚴助　西漢大臣。武帝時任中大夫，後出任會稽太守。因受劉安謀反事株連而被殺。本姓莊，後避漢明帝劉莊諱改。㉛朱買臣　（西元前？—前一一五年），西漢大臣。曾出任會稽太守。他精於辭賦，曾任漢武帝文學侍臣。㉜楚辭　劉向所輯楚賦總集。收屈原、宋玉等人楚賦十六篇。具有濃厚的楚國地方色彩，故名《楚辭》。㉝巧而少信　虛偽而欠誠實。㉞異　優異；特殊。引申為優待。指對有女子的人家給予優待。㉟接比　接近。比，相近。㊱三江五湖　即前文《周官・職方氏》中揚州部分所說的三江五湖。三江指注入太湖的吳淞江、東江和婁江，五湖指今太湖及附近的四個小湖，合稱五湖。㊲菫菫　即僅僅。菫，通「僅」。㊳不足以更費　指黃金儲量少，金的價值不足以抵償開採費用。更，交換；償還。㊴夭　夭折；短命早死。㊵東鯷　又稱鯷海。古國名。在當時會稽郡以東海中，由二十多個小國組成。㊶獻見　拜見並進獻物品。

【語　譯】吳國的地域，是斗宿的分野。如今的會稽、九江、丹陽、豫章、廬江、廣陵、六安、臨淮各郡國，全屬於吳國的分野。

2　商朝政治衰敗時，周太王古公亶父興起於郊山、梁山一帶，他的長子叫太伯，次子叫仲雍，最小的兒子叫公季。公季有個德才出眾的兒子叫姬昌，太王想傳位給他。太伯、仲雍便以採藥為由出走，投奔荊蠻部落。這樣，公季得以繼位，其子姬昌在位時成為西伯，接受天命而稱王。所以，孔子很讚美這件事，稱道說：「太伯，他的品德可以說是極高尚的了！他多次把天下讓給公季，老百姓無法用語言來讚美他。」又說：「虞仲和夷逸，隱居世外，不談世務，行為謙潔，不貪戀權勢。」當初，太伯逃亡到荊蠻部落，荊蠻人歸服他，稱他為「句吳」。太伯去世後，仲雍繼立，傳位至曾孫周章時，武王已戰勝商紂，因而封他為吳君。武王又封周章的弟弟中於黃河以北地區，即北吳，後世稱它為虞國，該國在傳位十二代後被晉國滅亡。兩代之後，荊蠻地區的吳子壽夢勢力強盛，開始稱王。他的小兒子就是季札，具有賢德和才能。他的兄弟想傳位給他，季札推辭不受。壽夢稱王後，傳國到第六代時，吳王闔廬任用伍子胥、孫武為將，克敵制勝，攻城掠地，在諸侯中號稱霸主。等到夫差即位後，殺伍子胥，任用太宰伯嚭，結果吳國被越王句踐滅亡。

3　吳國、越國的君長都喜好勇武，所以這裡的人們至今喜歡用劍，輕視生死，容易發難生事。

4　越國吞併吳國之後，傳國到第六代，被楚國滅亡。後來秦國又進攻楚國，楚考烈王遷都壽春，他的兒子在位時，楚國被秦國滅亡。

5　壽春、合肥容納了巢湖、芍陂南北兩地彙集的皮革、鮑魚、木材，也是一處大都市。當初，楚國賢臣屈原因遭讒言而被流放，寫作《離騷》等賦來抒發自己的傷感和懷念之情。後來，宋玉、唐勒等輩仿效這種體裁寫作，都因此而揚名。漢朝興起後，高帝封姪兒劉濞於吳國，他招攬天下遊樂子弟，枚乘、鄒陽、嚴忌等輩顯名於文帝、景帝年間。淮南王劉安也建都壽春，招來賓客著書。吳地湧現出嚴助、朱買臣等人，他們在漢朝官位顯貴，文名並進，所以，現今仍然流傳著彙集以上各家作品的《楚辭》。這一帶風俗的弊病在於言詞花巧，缺少信用。起初，淮南王劉安對國中有女子的人家給予優待，讓這些女子接待各方遊士，並且嫁給他們為妻，所以，至今，當地女子多而男子少。吳國、越國本來就與楚國地域接近，又加上幾國之間多次互相兼併，所以，這些地方的民俗大體相同。

6　吳國的東部出產海鹽，擁有章山的銅礦，更有三江五湖的資源，也是江東的一處大都市。豫章郡出產黃金，但礦藏量並不多，如果開採，所得價值還不足以支付有關費用。江南一帶地勢低窪、氣候潮溼，大多數男子短命早死。

7　會稽郡一帶的海外分布有東鯷人，他們分為二十多個國家，每年按時來朝拜並進獻貢品。

1 粵❶地，牽牛❷、婺女❸之分壄也。今之蒼梧、鬱林、合浦、交阯、九真、南海、日南，皆粵分也。

2 其君禹後❹，帝少康❺之庶子云，封於會稽，文身斷髮❻，以避蛟龍之害。後二十世，至句踐稱王，與吳王闔廬戰，敗之雋李❼。夫差立，句踐乘勝復伐吳，吳大敗之，棲會稽，臣服❽請平。後用范蠡❾、大夫種❿計，遂伐滅吳，兼并其地。度⓫淮與齊、晉諸侯會，致貢於周。周元王⓬使使⓭賜命為伯，諸侯畢賀。後五世為楚所滅，子孫分散，君服⓮於楚。後十世，至閩⓯君搖，佐諸侯平秦。漢興，復立搖為越王。是時，秦南海尉趙佗亦自王，傳國至武帝時，盡滅以為郡云。

3 處近海，多犀、象、毒冒⓰、珠璣⓱、銀、銅、果⓲、布之湊⓳，中國⓴往商賈者多取富焉。番禺㉑，其一都會也。

【章　旨】以上具體介紹了越地的地理範圍及其歷史發展軌跡，記述了該地的風俗習慣、經濟地理等情況。

【注　釋】❶粵　通「越」。也稱「於越」。古國名。姒姓。相傳始祖為夏代少康之後。建都會稽（今浙江紹興），春秋末年常與吳國交戰，為吳所敗。越王句踐發憤圖強，滅吳北上，成為霸主。擁有今江蘇、安徽、江西、浙江等省部分地區。戰國時力漸衰弱，約西元前三〇六年，為楚所滅。據文意，此當指南粵，然下段云「其君禹後」等，似包舉百粵而言，其地域遠不止蒼梧、日南等郡。❷牽牛　即牛宿。二十八宿之一。北方玄武七宿的第二宿，有星六顆。❸婺女　也稱須女。即女宿。

二十八宿之一。北方玄武七宿中的第三宿，有星四顆。❹禹後　夏禹的後代。❺少康　姒姓，夏朝國王。父被寒浞殺害後，與夏朝遺臣及同姓齊心協力。攻殺寒浞，恢復夏朝。史稱「少康中興」。❻文身斷髮　古代吳越一帶的風俗。斷髮，截短頭髮。文身，用針在身體肌肉上刺畫花紋圖案，再染上顏色。❼雋李　一作「醉李」、「就李」。邑名。春秋時吳、越戰地。故址位於今浙江嘉興南。雋，通「檇」。❽臣服　稱臣屈服。❾范蠡　春秋時越國大夫。越被吳打敗後，他與文種協力圖強，終於一舉滅吳。後棄官至陶（今山東定陶西北）經商，資財千萬，世稱「陶朱公」。❿大夫種　即文種。⓫度　通「渡」。⓬周元王　姬仁。戰國初期的周王。在位七年（西元前四七五—前四六九年）。⓭使使　派遣使者。⓮君服　稱對方為君，表示服從。與前文「臣服」相對而言。⓯閩　古部族名。聚居在今福建境和浙江南部一帶。⓰毒冒　即玳瑁。海龜的一種，甲片可以做裝飾品。⓱珠璣　珍珠。璣，不圓的珠。⓲果　指荔枝、龍眼之類。⓳湊　會合；聚集。⓴中國　這裡泛指當時中原地區。㉑番禺　邑名，今廣東廣州。

【語譯】越國的地域，是牛宿、女宿的分野。如今的蒼梧、鬱林、合浦、交阯、九真、南海、日南各郡，都屬於越國的分野。

2　越國國君是夏禹的後代、少康帝的庶子，受封於會稽。當地人紋身斷髮，以避免水中蛟龍的傷害。越國傳位二十代，到句踐時稱王，他與吳王闔廬交戰，在雋李將其打敗。夫差繼位，句踐乘勝再次攻打吳國，結果吳國大敗越國，句踐困守會稽山上，向吳王稱臣屈服，請求講和。後來，句踐採納范蠡和大夫文種的計策，終於攻滅吳國，兼併了它的國土。他又渡過淮河，與齊、晉等國諸侯會盟，一起向周朝進貢。周元王派使者賜命越王句踐為霸主，諸侯都來祝賀。以後，越國傳到第五代，被楚國滅亡，其子孫離散，尊楚為君。十代以後，到閩君搖時，越人幫助諸侯攻滅秦朝。漢朝興起後，立搖為越王。當時，原秦朝南海郡尉趙佗也自立為王。漢武帝時，漢廷消滅了全部的百越君長，在那裡設置了郡縣。

3　越國位於近海地區，犀角、象牙、玳瑁、珍珠、銀、銅、水果、粗布之類的物品產量很大，中原地區前往該地經商的人，很多都發財致富了。番禺，是當地的一個大都市。

自合浦徐聞南入海，得大州，東西南北方千里，武帝元封元年❶略以為儋耳❷、珠厓郡。民皆服布如單被，穿中央為貫頭❸。男子耕農，種禾稻紵麻，女子桑蠶織績。亡馬與虎，民有五畜❹，山多麈麖❺。兵則矛、盾、刀，木弓弩，竹矢，或骨為鏃❻。自初為郡縣，吏卒中國人多侵陵❼之，故率❽數歲壹反。元帝時，遂罷棄之。

【章　旨】以上大體介紹了儋耳郡、珠厓郡的地理方位及其歷史發展軌跡，記述了該地區的社會生活等情況。

【注　釋】❶武帝元封元年　即西元前一一〇年。按〈武帝紀〉作元鼎六年，即西元前一一一年。❷儋耳　古部族名。聚居在今海南島。漢武帝時置郡。轄境相當於今海南島東北部地區。治瞫都（今海口西南）。❸穿中央為貫頭　指著裝時讓衣服中央的圓孔從頭頂直穿下來。相當於現在連衣裙的穿法。❹五畜　指牛、羊、豕、雞、犬五種家禽家畜。❺麈麖　獸名。外形像鹿。其中麈較鹿大，麖較鹿小。❻鏃　箭頭。❼侵陵　侵犯欺侮。❽率　大率；通常。

【語　譯】從合浦郡徐聞縣入海南行，可以到達一個很大的島嶼，該島東西南北縱橫千里，武帝元封元年奪取了該地，並且設置了儋耳郡和珠厓郡。這裡的百姓都披著像被單一樣的布服，著裝為套頭的連體衣。男人們耕作務農，種植禾稻、苧麻，女人們採桑養蠶，績麻織布。這裡沒有馬和虎，民家養有牛、羊、豬、雞、狗五畜，山中麈、麖很多。人們使用的兵器有矛、盾、刀，木製的弓弩，竹箭，或用獸骨製作的箭頭。自最初成為郡縣以來，中原來的官吏士兵大都欺侮當地人，所以，這裡大約每隔幾年就要發生一起反叛事件。到元帝時，漢中央政府便放棄了這個地方。

自日南障塞❶、徐聞、合浦船行可❷五月，有都元國❸；又船行可四月，有邑盧沒國❹；又船行可二十餘日，有諶離國❺；步行可十餘日，有夫甘都盧國❻。自夫甘都盧國船行可二月餘，有黃支國❼，民俗略與珠厓相類。其州廣大，戶口多，多異物，自武帝以來皆獻見。有譯長，屬黃門❽，與應募者俱入海市❾明珠❿、壁流離⓫、奇石異物，齎⓬黃金雜繒而往。所至國皆稟食為耦⓭，蠻夷賈船，轉送致之。亦利交易⓮，剽殺人。又苦逢風波溺死，不者⓯數年來還。大珠至圍⓰二寸以下。平帝⓱元始⓲中，王莽輔政，欲燿威德，厚遺⓳黃支王，令遣使獻生犀牛。自黃支船行可八月，到皮宗⓴；船行可二月，到日南象林㉑界云。黃支之南，有已程不國㉒，漢之譯使㉓自此還矣。

【章　旨】以上大體介紹了南洋各國的地理方位、風土人情及其與漢朝的聯繫與交往情況。

【注　釋】❶障塞　要塞。這裡相當於現在的海關。❷可　大約。❸都元國　古國名。位於今越南南部。自日南障塞或徐聞、合浦船行五月至都元國，全程約一千零六十里。❹邑盧沒國　古國名。位於今泰國華富里。都元國至邑盧沒國船行四月，全程約八百四十里。❺諶離國　古國名。即暹羅古都佛統。距邑盧沒國約一百餘里。❻夫甘都盧國　古國名。位於今緬甸蒲甘地區，與下緬甸直來人居地，包括薩爾溫江入海處和仰光一帶。❼黃支國　古國名。位於今印度塔米納杜邦的坎契普藍。❽有譯長二句　譯長，主管翻譯的長官。黃門，官署名。侍奉帝王生活起居的機構。❾市　購買。❿明珠　珍珠。⓫流離　即琉璃。⓬齎　攜帶。⓭稟食為耦　送給食物，相隨為伴。耦，通「偶」。⓮利交易　通過交易贏利。⓯不者　否則；不是這樣的話。不，通「否」。⓰圍　圓周。⓱平帝　指漢平帝劉衎。九歲登基，在位五年（西元一－五年）。詳見卷十二〈平帝紀〉。

⑱元始　平帝的年號。⑲遺　贈送。⑳皮宗　地名。位於今印度尼西亞蘇門答臘島西北部一帶。距黃支國一千七百里。㉑象林　縣名。位於今越南峴港。距皮宗一千七百里。㉒已程不國　古國名。即今斯里蘭卡。「已程不」是獅子之洲的意思。㉓譯使　擔任翻譯的使節。

【語　譯】從日南郡的關防邊塞和徐聞縣、合浦縣等地坐船航行約五個月，可以到達都元國；又航行約四個月，可以到達邑盧沒國；又航行約二十多天，可以到達諶離國；再步行約十多天，可以到達夫甘都盧國。從夫甘都盧國坐船航行約兩個多月，可以到達黃支國，那裡的民俗大致與珠厓郡相類似。這個地區面積廣大，人口眾多，奇巧的物品不少，自武帝時起都曾來朝拜進貢。漢廷設有翻譯官長，他們隸屬於黃門署，與招募來的人員一起，攜帶黃金和各色絲織品，前往海外購買珍珠、璧琉璃和寶石異物。他們所到的國家，都給他們提供食物，並且派遣隨從陪伴漢朝使者；這些蠻夷族人還買來船隻，將漢朝使者轉送到目的地。那裡的人很樂於作交易，但也會搶劫殺人。外地人苦於在海上航行時遇到風浪淹死，否則數年可往返一次。那裡的大珠子周長在二寸以下。平帝元始年間，王莽輔政，他為炫耀自己的聲威功德，曾厚贈黃支國王，讓他派遣使者進獻活犀牛。從黃支國坐船航行約八個月，可以到達皮宗；再航行約兩個月，就可以到達日南郡的象林縣界。黃支國的南面，有個已程不國，漢朝的使節和翻譯人員到這裡便返回了。

【研　析】《漢書·地理志》的寫作意義主要有以下幾個方面：

其一，漢朝繼秦朝之後一統天下，它承襲秦制而設郡置縣；漢武帝時，漢廷開邊拓土、增設新郡，又於郡之上設置十三州部。後世之時，此制沿襲不變，漢家的統治達到了極盛的程度。但是，從三代直至戰國、秦、漢，行政建置變化很大，地名數次改易，而《山海經》、〈禹貢〉、〈職方〉等地理著作並沒有對疆域政區地理的沿革做出細緻的總結、歸納，《史記·貨殖列傳》則主要從經濟地理的角度對當時的區劃進行論述，對政區地理的紀錄相對薄弱。這無疑會對政府政策方針的制定、後世學者的研究工作，尤其是人類文明傳承的紀錄，產生負面的影響。《漢書·地理志》則以記錄政區建置為主題，並分條附繫各地的山川物產等內容，又涉及到漢代以前的古代地理知識，這就解決了前代地理著作中存在的許多不足。

其二，《漢書·地理志》末尾輯錄了劉向、朱贛等人的調查、研究成果，對全國各個地區的地理情況、歷史發展進程、經濟特點，特別是在這些方面影響下所逐漸形成的社會風俗，做出了系統、具體的論述。這些論述對統治者制定方針政策具有參考、借鑑的作用。他們可以根據不同地區的特定情況而因時制宜、因地制宜，從而，為達到移風易俗、九州同一、天下大治的理想境界邁出實際的一步。

其三，行政建置的變化，政區範圍的擴減，地理名稱的更改，既能夠反映出某一地區不同歷史時期的社會發展趨勢與面貌，也能夠體現出整個國家的歷史走向。這些都是人類文明傳承、發展的紀錄，是偉大的祖先留給我們的文化遺產，應該好好的繼承。此外，這些紀錄為後人的歷史研究工作提供了直觀的、較為可靠的資料，意義同樣重大。

其四，《漢書·地理志》開創的全新體例，為後世史籍中相關內容的著述樹立了典範。《續漢書·郡國志》、《晉書·地理志》等都是參照其體例撰寫的。這就在宏觀上為我們展現出中國古代在地理建置及其相關方面的沿革情況。

卷二十九

溝洫志❶第九

【題 解】本卷為一篇完整的西漢一代水利史，在《史記・河渠書》之基礎上加以補充而成。二者均記載水利史，《史記・河渠書》寫到漢武帝時止，《漢書・溝洫志》則一直寫到王莽時，有繼承和發展之關係。〈溝洫志〉續寫武帝太初以後至於王莽時期的水利事業，特詳於西漢後期治河問題及賈讓論治河三策，抓住主題，重點突出。同時，對〈河渠書〉的錯誤之處有所修正，疏漏之處有所增補。這些都反映出班固在論治水關係「國之利害」之時，非常注意有關國計民生的水利事業。

1 夏書❷：禹❸堙洪水十三年❹，過家不入門❺。陸行載車，水行乘舟，泥行乘毳，山行則梮❻，以別九州❼；隨山浚川❽，任土作貢❾；通九道，陂九澤，度九山❿。然河災之羨溢⓫，害中國也尤甚⓬。唯是為務⓭，故道⓮河自積石⓯，歷龍門⓰，南到華陰⓱，東下底柱⓲，及明津⓳、雒內⓴，至于大伾㉑。於是㉒禹以為河所從來者高[23]，水湍悍[24]，難以行平地，數為敗[25]，迺釃[26]二渠[27]以引其河，北載之高地[28]，過降水[29]，至於大陸[30]，播為九河[31]，同為逆河[32]，入于勃海[33]。九川既疏[34]，九澤既陂[35]，諸夏乂安[36]，功施乎三代[37]。

2 自是[38]之後，滎陽[39]下引河東南為鴻溝[40]，以通宋[41]、鄭[42]、陳[43]、蔡[44]、曹[45]、衛[46]，與濟[47]、汝[48]、淮[49]、泗[50]會。於[51]楚[52]，西方則通渠漢川[53]、雲夢[54]之際，東方則通溝[55]江淮之間。於吳[56]，則通渠三江[57]、五湖[58]。於齊[59]，則通淄[60]濟之間。於蜀[61]，則蜀守李冰[62]鑿離崖[63]，避沫水[64]之害，穿二江成都中[65]。此渠[66]皆可行舟，有餘則用溉[67]，百姓饗[68]其利。至於它[69]，往往引其水[70]，用溉田，溝渠甚多，然莫足數也[71]。

3 魏文侯[72]時，西門豹[73]為鄴[74]令，有令名[75]。至文侯曾孫襄王[76]時，與群臣飲酒，王為[77]群臣祝[78]曰：「令吾臣皆如西門豹之為人臣[79]也！」史起進曰：「魏氏之行田也以百畝[80]，鄴獨二百畝，是田惡也。漳水[81]在其旁，西門豹不知用，是不智也。知而不興，是不仁也。仁智豹未之盡，何足法[82]也！」於是以史起為鄴令，遂引漳水溉鄴，以富魏之河內[83]。民歌之曰：「鄴有賢令兮為史公[84]，決漳水兮灌鄴旁[85]，終古舄鹵兮生稻粱[86]。」

4

其後韓[87]聞秦[88]之好興事[89]，欲罷之，無令東伐[90]。迺使水工鄭國間說秦[91]，令鑿涇水[92]，自中山西邸瓠口為渠[93]，並北山[94]，東注洛[95]，三百餘里，欲以溉田。中作[96]而覺，秦欲殺鄭國。鄭國曰：「始臣為間，然渠成亦秦之利也。臣為韓延數歲之命，而為秦建萬世之功。」秦以為然[97]，卒使就渠[98]。渠成而用溉注填閼之水[99]，溉舄鹵之地四萬餘頃[100]，收皆畝一鍾[101]。於是關中為沃野[102]，無凶年[103]，秦以[104]富彊，卒并諸侯，因名曰鄭國渠。

【章　旨】以上為第一部分，主要敘述西漢以前歷代水利事業的發展狀況。其中主要包括大禹治水、史起引漳溉鄴等行為以及都江堰、鄭國渠等水利工程的修建。

【注　釋】❶溝洫志　記載水利史之專篇。司馬遷《史記》作「河渠書」，班固《漢書》則作「溝洫志」。王鳴盛曰：「所以特改河渠之名者，以其雜敘水事，不專於河也。」章實齋《永清縣誌・水道圖・序例》則曰：「馬、班皆以地理為經，而水道為緯。顧河自天設，渠則人為。司馬定名，兼天險人工之義。固之命名，則〈考工〉水地之法，果有當於瓠子決河，碣石入海之義否乎？」意為兩者各有所據，各有其目的。王先謙曰：「史遷作〈河渠書〉，班易為〈溝洫志〉，用《論語》盡力溝洫之文。」又可作為一說。溝洫，原指田間水道，此處借指水利事業。應劭曰：「溝廣四尺，深四尺；洫廣深倍於溝。」班固用「溝洫」二字，實即指距川通渠而言，而不應拘束於廣深尺數為說，應劭的說法過於拘泥，殊失班固之本意。❷夏書　指《尚書》中的〈禹貢〉和〈甘誓〉兩篇。因是記載夏代史事之書，故稱為〈夏書〉。但以下所引並非完全與〈夏書〉相合。概因其均為夏禹治水之事，故籠統歸之於〈夏書〉。❸禹　姓姒，名文命。亦稱大禹、夏禹、帝禹。生卒年不詳。鯀之子，夏后氏部落長，據傳為顓頊曾孫，鯀治水失敗被處死在羽山後，舜命令禹繼續治理洪水。他吸取父親治水失敗的教訓，經過實地調查，採用了疏導的辦法來根治水患。後受舜的禪讓而繼位，成為夏朝的奠定者。據說活到百歲，葬於會稽山。❹堙洪水

十三年　治理洪水十三年。堙，遏止；塞也。師古曰：「堙，塞也。洪水氾溢，疏通而止塞之。」意謂洪水氾濫，禹疏導之，遏止其劣濫。東漢人訓「堙」為「塞」（陳直說）。〈河渠書〉作「抑」。俞樾認為，「抑」當是「抑之使下，非遏之也」，班固誤解為「堙」，後世沿用之，「遂成千古治河之通病矣」。十三年，梁玉繩曰：「〈夏紀〉及〈河渠書〉、《漢書・溝洫志》皆言禹在外十三年，與《孟子》言八年異。」❺過家不入門　經過家門而不入。《孟子》曰：「禹八年於外，三過其門而不入。」❻陸行載車四句　走陸路乘車，走水路乘船，走泥路乘橇，走山路便坐便轎。毳，雪地或泥路上行走的用具。通「橇」。梮，登山用的便轎。❼別九州　區分九州的疆界。別，區分。師古曰：「分其界。」九州，歷來說法不一。據〈禹貢〉九州為冀州、兗州、青州、徐州、揚州、荊州、豫州、梁州、雍州。❽隨山浚川　隨著山的形勢來疏浚河道。師古曰：「順山之高下而深其流。」浚，疏通。❾任土作貢　根據土地的肥瘠，制定貢賦的差別。師古曰：「任其土地所有以定貢賦之差也。」任，依據。任土，根據土地情況制定田賦。貢，貢獻；進獻方物於朝廷。❿通九道三句　開通九州的道路，給九州的湖泊修築堤防，以免氾濫，測量九州的山勢，以便疏通水道，開通道路。師古曰：「言通九州之道，及鄣遏其澤，商度其山也。」陂，築堤阻水。⓫河災之羨溢　黃河氾濫形成的災害。〈河渠書〉作「河菑衍溢」。河，指黃河。羨溢，氾濫。⓬害中國也尤甚　危害中國特別厲害。中國，指黃河中下游一帶。上古時代，我國華夏族建國於黃河中下游一帶，以為居天下之中，故稱為「中國」。尤，特別。⓭唯是為務　唯有此（指治理黃河）為當務之急。是，此。⓮道　通「導」。導引。師古曰：「道，治也，引也。從積石山而治引之令通流也。」⓯積石　山名。有大小兩積石山。小積石山，即古唐述山，在今甘肅臨夏西北。《史記・夏本紀》云：「浮于積石，至於龍門西河。」大積石山，即今大雪山，在今青海南部，黃河流經此山，相傳大禹導河自此。此處即指大積石山。⓰歷龍門　經過龍門。歷，經過。龍門，山名。即龍門山。在今山西河津西北及陝西韓城東北，跨黃河兩岸。黃河至此，兩岸懸崖峭壁，巨濤奔流其間，形如闕門，相傳為大禹治水所開。⓱華陰　華山北面。山北曰「陰」，山南曰「陽」。一說為縣名。漢始置華陰縣，即今陝西華陰東。⓲底柱　山名。〈河渠書〉作「砥柱」。即底柱山，又名三門山。在河南三門峽黃河之中。以山在水中若柱，故名。現已毀。⓳明津　古黃河津渡名。〈河渠書〉作「孟津」。在今河南孟津東北，相傳武王伐紂時在此盟會諸侯，故又名盟津。⓴雒內　古地區名。〈河渠書〉作「雒汭」。亦名洛口。即雒水（今洛河）入古黃河處，在今河南鞏縣境內。內，通「汭」。㉑大伾　山名。〈河渠書〉作「大邳」。亦名黎陽東山，或青壇山。在今河南浚縣東南。鄭氏曰：「山一成為伾，在修武、武德界。」張晏曰：「成皋縣山是也。臣瓚以為今修武、武德無此山也。成皋縣山又不一成也。今黎陽山臨河，豈是乎？」㉒於是　當時；在這時。本文中的「於是」，有時作「當時」講，有時作連詞用，依上下文義而定。㉓所從來者高　意謂黃河從地勢高的地方流來。㉔湍悍　水勢湍急兇悍。師古曰：「急流曰湍。悍，勇也。」㉕數為敗　不斷造成災害。數，屢次。敗，害；災害。㉖釃　分流；疏導。〈河渠書〉作「廝」。《漢書補注》引王念孫說，「釃」字原本作「灑」，後人不識古字而以意改之。孟康曰：「釃，分也。分其流，泄其怒也。」㉗二渠　禹導河至大伾山後，分黃河為兩支，以洩其湍悍之水勢。其一為黃河主流；其一即漯水，一名漯川，故道自今河南浚縣西南別黃河，東北流經濮陽、山東范縣、莘縣、聊城、臨邑、濱縣等地入海，今山東徒駭河即古漯水之殘餘而稍有改遷。孟康曰：「二渠，其一出貝丘西南南折者也，其一則漯川也。河自王莽時遂空，唯用漯耳。」㉘載之高地　把（黃河水）引到高地上來。載，登。之，於；至；到。介詞。㉙降水　古水名。對其說法不一。清胡渭以為降水是古漳、絳二水的通稱。絳水乃濁漳水上游，源出於今山西屯留，東流入漳水，在今河北肥鄉、曲周間注入古黃河。也有學者認為即淇水，在今河南安陽地區。㉚大陸　古澤藪名。即大陸澤，又名鉅鹿澤。在今河北隆堯、鉅鹿、任縣之間，太行山區的河流都匯注於此，今已淤為平地。㉛播為九河　意即把黃河分為九條河流。播，分。師古曰：「播，布也。」九河，據《爾雅．釋水》，應指徒駭、太史、馬頰、覆釜、胡蘇、簡、絜、鉤盤、鬲津等九條河流，今已不能確指。近人多主張九河並非定為九條河流，而應為古代黃河下游許多支流之總稱。㉜同為逆河　意謂黃河分為九河之後，又匯合在一起，名為逆河。同，匯合。逆河，據梁啟超考證，在今天津及河北滄州、鹽山，山東無棣、沾化等縣境。一說其為地名。即諸水匯流之處，在今河北南皮境內。㉝勃海　即今渤海。㉞九川既疏　九州的河流已經疏通。九川，九州的大川。據〈禹貢〉，即若水、黑水、河水、漾水、江水、沇水（濟水）、淮水、渭水、洛水。既，已。疏，疏通。師古曰：「疏，分流。」㉟九澤既陂　九州的湖泊已經築好堤防。〈河渠書〉作「九澤既灑」。九澤，九州的湖泊。也有學者認為指九個湖泊。但其名稱與所在，古籍記載不一。㊱諸夏乂安　意謂全天下安定。諸夏，古代泛稱中國為諸夏。乂安，〈河渠書〉作「艾安」，安定。㊲功施乎三代　功德延續到夏、商、周三代。施，延續。乎，〈河渠書〉作「于」，於。㊳是　指上文敘述的大禹治水。㊴滎陽　縣名。在今河南滎陽東北。㊵鴻溝　古人工運河名。西漢時期亦稱「狼湯渠」。約在戰國魏惠王十年（西元前三六一年）所開通，溝通黃河與淮河。故道自今河南滎陽北引黃河水，東流經今中牟北，又東經開封北，折而南經通許東、太康西，至淮陽東南入潁水。魏晉南北朝以前，一直是黃淮間主要水運交通線路之一。㊶宋　周朝封國。建都商丘（今河南商丘南），西元前二八六年為齊國所滅。㊷鄭　周朝封國。西元前八〇六年鄭武公立國，建都新鄭（今河南新鄭），西元前三七五年為韓國所滅。㊸陳　周朝封國。建都宛丘（今河南淮陽），西元前四七九年為楚國所滅。㊹蔡　周朝封國。曾建都上蔡（今河南上蔡西南），後遷都新蔡（今河南新蔡），又遷州來（今安徽鳳臺），西元前四四七年為楚國所滅。㊺曹　周朝封國。建都陶丘（今山東定陶西南），西元前四八七年為宋所滅。㊻衛　周朝封國。曾先後建都朝歌（今河南淇縣）、楚丘（今河南滑縣東）、帝丘（今河南濮陽西南），西元前二五四年為魏附庸，後秦滅魏，衛便成秦之附庸，遷於野王（今河南沁陽）。西元前二〇九年為秦二世所滅。㊼濟　濟水。包括黃河南北兩部分。河北部分源出於河南濟源王屋山，據本書卷〈地理志〉，在今河南武陟南入河。河南部分，本係黃河的一條支流，因分流處與河北濟水入河口隔岸相對，古人遂目為濟水之下游。據本書卷〈地理志〉，當時濟水自今滎陽北分黃河東出，至今山東，與黃河並行入海。㊽汝　汝水。源出河南汝山縣大盂山，流經寶豐、襄城、郾城、上蔡、汝南，注入淮河。㊾淮　淮水。源出河南桐柏山，東經安徽、江蘇入洪澤湖。又經淮陽、漣山入海。㊿泗　泗水。源出山東泗水東蒙山南麓，流經曲阜及江蘇徐州至洪澤湖畔龍集附近注入淮水。51於　在。〈河渠書〉作「于」。下文「於吳」、「於齊」、「於蜀」之「於」字用法相同。52楚　春秋戰國時期較大的諸侯國之一。戰國時其轄境包括今湖北和湖南北部以及河南、安徽、江蘇、浙江、江西、四川的部分地區。西元前二二三年為秦國所滅。53漢川　即今漢水，又名漢江。〈河渠書〉作「漢水」。長江最大的支流。源出今陝西寧強北嶓冢山。東南流經陝西，至湖北武漢漢陽注入長江。54雲夢　即雲夢澤。據本書卷二十八〈地理志〉，在今湖北潛江西南。55溝　指邗溝。古運河名。為中國最早見於明確記載的運河。又名渠水、韓江、中瀆水、山陽瀆、淮揚運河、裡運河。春秋時期吳王夫差為爭霸中原於西元前四八六—前四八四年在江淮間開鑿。因南起今江蘇揚州近郊邗城之下的長江，故名邗溝。其故道自今揚州南引長江水，北過樊梁湖（今高郵附近），折東北入射陽湖，又西北至淮安北入淮。隋代、元代仍為當時其運河中的重要一段。56吳　春秋後期強國之一。轄境包括今江蘇大部和安徽、浙江的一部分。西元前四七三年為越國所滅。57三江　說法很多，但都很牽強。有說三江為合稱，指北江、中江、南江。近人則多認為三江是長江下游眾多水道的總稱，並非確指某三條具體的河流。三，古人常用來表示多數。58五湖　泛指太湖流域所有的湖泊，並非確指某五個湖泊。有說即今太湖。59齊　春秋戰國時期較大的諸侯國之一。轄境東到海，西到黃河，南到泰山，北到無棣水（今河北鹽山南）。初建國者為姜姓，戰國初政權為田氏取代，仍稱齊。西元前二二一年為秦國所滅。60淄　水名。即今淄河。源出今山東萊蕪，東北流經臨淄東，北上合小清河入海。61蜀　地名。戰國時期秦國的蜀郡，治今四川成都，轄有今四川中部地區。62李冰　戰國時期著名的水利工程專家，約西元前二五六—前二五一年被秦昭王任為蜀郡守。在任期間，主持興建了著名的都江堰水利工程。63離崔　山名。〈河渠書〉作「離碓」。在今四川灌縣西一里。相傳秦蜀守李冰鑿此山以分江水。晉灼曰：「崔，古堆字也。崔，岸也。」64沫水　古水名。岷江支流，今四川大渡河。師古曰：「水出蜀西南徼外，東南入江。」65穿二江成都中　把岷江分為郫、檢二江，流經成都平原。

《風俗通義》曰：「秦昭王使李冰為蜀守，開成都兩江，溉田萬頃。」《華陽國志》云：「周滅後，秦孝文王以李冰為蜀守，壅江作堋，穿郫江、檢江，別支流雙過郡下，以行舟船。」又云：「溉灌三郡，開稻田。於是蜀沃野千里，號為陸海。」穿，開鑿。二江，指的是郫江（即內江）和檢江（即外江），在成都（今四川成都）境內。66此渠　指以上提到的所有人工開鑿的溝渠水道。67溉　灌溉。師古曰：「溉，灌也。」〈河渠書〉作「溉浸」。68饗　通「享」。享受。69至於它　至於其他。〈河渠書〉此句作「至於所過」。它，其他。70往往引其水　到處引這些溝渠的水。往往，到處；處處。其，指示代詞，指上述各溝渠水道。71然莫足數也　就不能夠一一細數了。然，便；則；就。莫，不能夠；不可以。72魏文侯　姬姓，名斯，戰國時期魏國的建立者，西元前四四五—前三九六年在位。73西門豹　魏文侯時為鄴令，曾破除當地「河伯娶婦」的迷信，並開鑿水渠十二條引漳水灌溉，改良土壤，以發展農業生產。74鄴　古都邑名。戰國魏文侯建都於此。故址在今河北臨漳西南鄴鎮東。75令名　美名；好的名聲。師古曰：「有善政之稱。」76襄王　魏襄王，名嗣，西元前三一八—前二九六年在位。77為　向。78祝　祝酒。79人臣　臣下。80行田也以百畝　意謂授田之法一夫百畝。師古曰：「賦田之法，一夫百畝也。」行，猶「付與」。81漳水　有清漳、濁漳兩源，均出於今山西東南部，在今河北南境匯合後稱漳水，在河北肥鄉、曲周間注入古黃河。今已堙滅。82何足法　沒有什麼值得效仿的。法，效仿。83以史起為鄴令三句　任命史起為鄴令，（史起）便開渠引漳水，灌溉鄴地農田，使魏國的河內地區富裕起來。河內，地區名。今河南黃河以北及河北邯鄲一帶。春秋戰國時以黃河以北為河內，黃河以南為河外。84鄴有賢令兮為史公　鄴都有位賢良的縣令啊，他的名字叫史公。兮，語氣詞，可譯為「啊」。85決漳水兮灌鄴旁　他開渠引漳水啊，灌溉鄴都兩旁。旁，左右。鄴旁，鄴都左右，即鄴都地區。86終古舃鹵兮生稻粱　自古以來的鹽鹼地啊，長出了稻粱。終古，自古以來；往昔。蘇林曰：「終古，猶言久古也。」舃鹵，同「斥鹵」。即鹽鹼地。土地含有大量的鹽鹼成分，不適宜耕種。87韓　指戰國時期的韓國。初都陽翟（今河南禹州），後遷都新鄭（今河南新鄭）。西元前二三〇年為秦國所滅。88秦　指戰國時期的秦國。建都咸陽（今陝西咸陽東北）。西元前二二一年統一六國。89好興事　喜歡興辦各種事業。90欲罷之二句　想使秦國疲憊，不讓它東出攻打（韓國）。罷，通「疲」。使動用法。之，代詞，指秦國。東伐，指向東攻伐韓國。如淳曰：「息秦滅韓之計也。」91使水工鄭國間說秦　派水工鄭國做間諜遊說秦國。使，派遣。水工，治水的工程人員。鄭國，人名。戰國時著名的水利工程專家。秦王政十年（西元前二三七年），受韓派遣赴秦，遊說秦王興修水利，欲使秦國疲於興修水利，不能出兵東伐韓國。秦王政採納了鄭國的意見，與修了西引涇水，東注洛河的灌溉水渠。間，間諜。作動詞用，即「做間諜」。說，遊說。92涇水　亦稱涇河。即今陝西境內的涇水。93自中山西邸瓠口為渠　從中山向西到瓠口開鑿出一條渠道來引導涇水。中山，山名。在今陝西淳化東南。邸，通「抵」。至也。瓠口，即谷口。在今陝西淳化東南。師古曰：「中，即今九嵕之東仲山也。邸，至也。」(94)並北山　沿著關中平原北面諸山。並，通「傍」。沿著。北山，泛指關中平原北面諸山。(95)洛　北洛水，即今陝西北洛河。源出今陝西定邊南梁山，東南流經志丹、洛川、蒲城等縣，到大荔南入渭河。長六百六十公里。(96)中作　工程進行到中途的時候。師古曰：「中作，謂用功中道，事未竟也。」(97)然　是；對。(98)卒使就渠　終於讓他修成此渠。卒，終於。就，成就；完成。(99)渠成而用溉注填閼之水　渠成之後，用來引涇水中含有淤泥的水灌溉。注，引。填閼，淤泥。閼，通「淤」。師古曰：「注，引也。填閼謂壅泥也。」(100)四萬餘頃　約等於現今二百八十萬畝。頃，面積單位。百畝為一頃。(101)鍾　容量單位。六石四斗為一鍾。十斗為一石或一斛。(102)於是關中為沃野　因此關中平原成為肥沃的田野。(103)凶年　荒年。(104)以　因此。

【語　譯】〈夏書〉中記載：大禹治理洪水十三年，每次經過家門卻都不進去看望親人。他走陸路就乘車，走水路便乘船，走泥路則乘橇，走山路就坐便轎，以區分九州之疆界；他隨著山勢來疏浚河道，根據各地土地的肥瘠，制定貢賦之差別；修通了九州的道路，築好了九州湖泊的堤防，測量了九州的山勢。然而黃河仍舊氾濫成災，危害中國特別厲害。唯有這個是當務之急的事情，所以大禹從積石山導引黃河，經過龍門，南到華山之北，折而東下底柱山，直到明津、雒內，到達大伾山。當時大禹認為黃河從地勢高的地方流來，水急勢猛，難以在平原地帶流行，所以不斷造成災害，於是在伾山一帶分黃河為兩支，以洩水勢，接著，又向北把黃河引到高地上，經過降水，到達大陸澤，為了減殺水勢，又把黃河分為九條河流，最後匯合在一起，名為逆河，流入勃海。九州的河流既已疏通，九州的湖泊既已築好堤防，於是天下安定，功德延續到夏、商、周三代。

2　自從大禹治水以後，到春秋戰國時期，又在滎陽附近引黃河水，向東折南，修成鴻溝，以溝通宋、鄭、陳、蔡、曹、衛等國，與濟水、汝水、淮水、泗水匯合。在楚國西部開通漢水與雲夢澤之間的水渠，東部開通長江和淮水之間的邗溝。在吳國，三江、五湖都開通水渠。在齊國，淄水、濟水之間開通水渠。在蜀郡，郡守李冰鑿平離碓，消除了沫水的危害，又分岷江為郫、檢二江，流經成都平原。上述這些溝渠，都可以行船，多餘的水便用來灌溉，百姓得到它們的益處。至於其他，到處引這些溝渠的水，用以灌溉農田，小的溝渠很多，就不能夠一個一個細細數了。

3 魏文侯時，西門豹為鄴都令，有好的名聲。到文侯曾孫魏襄王時，他與群臣在一起飲酒，向群臣祝酒說：「希望我的群臣都像西門豹做下臣那樣做一個好官！」史起卻進言道：「魏國授田之法一夫百畝，唯獨鄴地一夫二百畝，這是因為鄴地之田土質惡劣的緣故。漳水就在鄴旁，西門豹卻不知道利用它來興修水利，這就是不智。如果是知道而不利用它來興修水利，那就是不仁。仁和智西門豹都沒有做到，還有什麼值得效法的呢！」於是襄王任命史起為鄴令，史起便開渠引漳水，灌溉鄴地農田，使魏國的河內地區富裕起來。當時百姓歌頌史起的功績道：「鄴都有位賢良的縣令啊，他的名字叫史公，率領百姓開渠引漳水啊，灌溉鄴都地區，自古以來的鹽鹼地啊，都長出了稻粱。」

4 後來韓國聽說秦國喜歡興辦各種事業，就想使秦國疲於興辦水利事業，從而不讓它東出攻打韓國。於是便派水工鄭國做間諜去遊說秦國，讓它從中山鑿渠引涇水西至瓠口，沿著關中平原北部諸山向東注入洛河，長三百餘里，用它來灌溉農田。工程進行到中途的時候這一計謀被秦國發覺了，秦王要殺掉鄭國。鄭國說：「開始我是作為間諜才建議修渠的，但是此渠修成之後也是對秦國有利的事情。我替韓國延長了數年的命脈，卻為秦國建立起萬世的功業。」秦王認為他說得有道理，終於讓他修成此渠。渠成之後，用來引涇水中含有淤泥的水灌溉鹽鹼地四萬多頃，每畝收穫六石四斗。因此關中平原成為肥沃的田野，再也沒有出現荒年，秦國因此而富強起來，終於吞併了各個諸侯國，便把這條渠命名為「鄭國渠」。

1 漢興三十有九年❶，孝文❷時河決酸棗❸，東潰金隄❹，於是東郡❺大興卒塞之❻。

2 其後三十六歲[7]，孝武元光中[8]，河決於瓠子[9]，東南注鉅野[10]，通於淮、泗[11]。上[12]使汲黯[13]、鄭當時[14]興人徒[15]塞之，輒[16]復壞。是時武安侯田蚡[17]為丞相，其奉邑[18]食鄃[19]。鄃居河北，河決而南則鄃無水災，邑收入多。蚡言於上曰：「江河之決皆天事[20]，未易以人力彊塞，彊塞之未必應天[21]。」而望氣用數者[22]亦以為然，是以久不復塞也。

3 時鄭當時為大司農[23]，言：「異時關東漕粟從渭上[24]，度六月罷[25]，而渭水道九百餘里，時有難處[26]。引渭穿渠起長安，旁南山下[27]，至河三百餘里，徑[28]，易漕，度可令三月罷；而渠下[29]民田萬餘頃又可得以溉。此損漕省卒[30]，而益肥關中之地，得穀[31]。」上以為然，令齊人水工徐伯表[32]，發卒數萬人穿漕渠，三歲[33]而通。以漕，大便利。其後漕稍[34]多，而渠下之民頗得以溉矣。

4 後河東[35]守番係[36]言：「漕從山東西[37]，歲百餘萬石[38]，更底柱之艱[39]，敗亡甚多而煩費[40]。穿渠引汾[41]溉皮氏[42]、汾陰[43]下，引河溉汾陰、蒲坂下[44]，度可得五千頃。故盡河堧棄地[45]，民茭牧其中[46]耳；今溉田之[47]，度可得穀二百萬石以上。穀從渭上，與關中無異[48]，而底柱之東可毋復漕[49]。」上以為然，發卒數萬人作渠田[50]。數歲，河移徙[51]，渠不利[52]，田者不能償種[53]。久之，河東渠田廢，予越人，今少府以為稍入[54]。

5 其後人有[55]上書，欲通褒斜道及漕[56]，事下[57]御史大夫[58]張湯[59]。湯阿[60]之，言：「抵蜀從故道[61]，故道多阪[62]，回遠[63]。今穿褒斜道，少阪，近四百里；而褒水通沔[64]，斜水通渭，皆可以行船漕。漕從南陽[65]上沔入褒，褒絕水至斜[66]，間[67]百餘里，以車轉[68]，從斜下渭。如此，漢中穀可致[69]，而山東從沔無限[70]，便於底柱之漕。且褒斜材木竹箭之饒[71]，儗於巴蜀[72]。」上以為然，拜[73]湯子卬[74]為漢中守，發數萬人作褒斜道五百餘里。道果便近，而水多湍石[75]，不可漕。

6 其後嚴熊[76]言：「臨晉民願穿洛以溉重泉以東萬餘頃故惡地[77]。誠即得水[78]，可令畝十石。」於是為發卒萬人穿渠，自徵引洛水至商顏下[79]。岸善崩[80]，乃鑿井，深者四十餘丈。往往為井，井下相通行水[81]。水隤以絕商顏[82]，東至山領十餘里間[83]。井渠之生[84]自此始。穿得龍骨[85]，故名曰龍首渠[86]。作之十餘歲，渠頗通，猶未得其饒[87]。

【章　旨】以上為第二部分，敘述漢文帝時徵發百姓堵塞黃河金隄決口，以及漢武帝中前期黃河在瓠子決口，初步治理而未見成效，導致長期氾濫。同時期，漢武帝還興修了眾多的水利工程，如穿渠引渭、引汾、引河、引洛以及通褒斜道等，但其中有利有弊。

【注　釋】❶漢興三十有九年　從劉邦為漢王時（西元前二〇六年）算起，到漢文帝十二年（西元前一六八年），至此剛好整整三十九年。❷孝文　指漢文帝劉恆。西元前一八〇—前一五七年在位。詳見卷四〈文帝紀〉。❸酸棗　漢縣名。屬陳留郡。治今河南延津西南。❹東潰金隄　在東郡白馬縣黃河東岸沖潰了金隄。金隄，河堤名。隄，通「堤」。西漢時東郡、魏郡、平原郡界內黃河兩岸都有石築的大堤，高者四五丈，因修築得很牢固，故稱「金隄」。此次金隄潰壞是在東郡白馬（今河南滑縣東），其位於古黃河東岸，故云「東潰」。❺東郡　漢郡名。治今河南濮陽西南。轄今山東、河南二省部分地區。按：《水經注・河水》引此段文字無「東郡」二字。❻興卒塞之　徵發百姓堵塞金隄決口。卒，指民夫。塞之，言堵塞決口。❼其後三十六歲　指漢文帝十二年以後的第三十六年，即漢武帝元光三年（西元前一三二年）。〈河渠書〉作「其後四十有餘年」，誤。❽孝武元光中　漢武帝元光三年。孝武，指漢武帝劉徹，西元前一四〇—前八七年在位。詳見卷六〈武帝紀〉。元光，漢武帝年號，共六年（西元前一三四—前一二九年）。元光中，指元光三年。❾瓠子　地名。亦稱瓠子口。在今河南濮陽南。❿鉅野　澤名。即巨野澤，又名大野澤。約在今山東巨野北部。今已乾涸，成為平地。⓫通於淮泗　指黃河決口後，水流入淮水、泗水。⓬上　指漢武帝。⓭汲黯　人名。字長孺，西漢濮陽（今河南濮陽）人。好黃老之術。以直言切諫聞名。元光年間為主爵都尉。詳見卷五十〈汲黯傳〉。⓮鄭當時　人姓名。字莊，西漢景帝、武帝時人，居陳（今河南淮陽）。景帝時為太子舍人。武帝即位，累遷魯中尉、濟南太守、江都相。元光四年以前為詹事，元光五年遷為大司農。詳見卷五十〈鄭當時傳〉。⓯興人徒　調發民工和刑徒。⓰輒　隨即；馬上。⓱武安侯田蚡　漢景帝王皇后之異父同母弟。武帝時以貴戚封武安侯，此時為丞相。詳見卷五十二〈田蚡傳〉。⓲奉邑　食邑；采邑。漢代諸侯封於某城邑，只是把某城邑的租賦給他作俸祿，天子另派人管理該城邑的民事等行政事務，此城邑稱為該諸侯的奉（俸）邑。⓳食鄃　食鄃城的租賦，即以鄃為奉邑之意。鄃，漢縣名。在今山東平原西南。師古曰：「鄃，清河之縣也。」⓴江河之決皆天事　江河的決口氾濫都是天意。江河，此為泛指，並不專指長江和黃河。天事，猶「天命」。㉑未易以人力彊塞二句　不能輕易用人力強行去堵塞，強行堵塞未必與天意相合。未易，不可輕易。應天，與天意相應、相符合。㉒望氣用數者　指方術、術士一類的人。望氣，古代迷信之法，望雲氣以附會人事，預言吉凶。用數，用陰陽五行生剋制化的數理，以推斷人事的吉凶。㉓大司農　武帝太初元年（西元前一〇四年）改稱「大農」為大司農。據〈武帝紀〉，穿漕渠始於元光六年（西元前一二九年），此時應稱大農，〈河渠書〉作「大農」。大農，九卿之一，掌管租稅錢穀鹽鐵和政府財政收支。㉔異時關東漕粟從渭上　往日關東漕糧沿著渭水運來。異時，往日；以前。關東，指函谷關以東地區。漕粟，從水路運輸糧食。渭，渭水。源出今甘肅渭源西北鳥鼠山，東南流至清水，入陝西境，橫貫關中平原，東流至潼關入黃河，為黃河主要支流之一。從渭上，是說從渭水西上京師長安。㉕度六月罷　大約需要六個月才能運到。度，估計。罷，完；結束。此處指把漕糧運到京師長安。㉖時有難處　時常遇到難以行船的險惡之處。時，時時；常常。難處，難以行船的險惡之處。㉗旁南山下　沿著南山東下。旁，通「傍」。沿著。南山，山名。即終南山。屬秦嶺山脈，在今陝西西安南。㉘徑　直接；捷速。或意謂「直」，指路線直，距離近。師古曰：「徑，直也。」㉙渠下　渠所經地區。下，猶言「地區」、「一帶」。下文用法相同。殿本「渠下」前原衍「罷」字，今刪。㉚損漕省卒　減少漕運時間，節省人力。損漕，減少漕運時間。省卒，節省漕運人力。㉛得穀　指多獲糧食。㉜令齊人水工徐伯表　令齊地人水工徐伯選定路線，豎立標記。齊，齊郡。治臨淄（今山東淄博東北）。徐伯，西漢時的水利專家。表，一根八尺長的木桿，有刻度，與水準、懸錘配用。以表測量地勢高下，從而確定水流走向。㉝三歲　景祐本、閩本均作「二歲」。㉞稍　漸。㉟河東　漢郡名。治安邑（今山西夏縣）。轄境相當今山西沁水以西、霍山以南地區。黃河進入陝西、山西交界地區時，作南北流向，河東郡在黃河東面，故名「河東」。㊱番係　人名。姓番，名係，九江人。時任河東郡太守。元朔五年（西元前一二四年）代公孫弘為御史大夫。㊲漕從山東西　謂漕糧從山東地區西運長安。師古曰：「謂從山東運漕而西入關也。」山東，戰國秦漢時代稱崤山或華山以東的廣大地區為山東，與「關東」所指相同。㊳石　量名。十斗為一石，即一斛。㊴更底柱之艱　經過底柱險流。更，歷；經過。艱，險。〈河渠書〉此句作「更砥柱之限」。㊵敗亡甚多而煩費　物資損失和人員傷亡很多，而且煩擾耗費。敗亡，指漕船沉沒，物資損失和人員傷亡。煩費，煩擾耗費。㊶汾　水名。即汾河。黃河支流。源出今山西寧武管涔山，南流至曲沃西折，在河津入黃河。㊷皮氏　縣名。在今山西河津。㊸汾陰　縣名。在今山西萬榮。㊹引河溉汾陰蒲坂下　引黃河水灌溉汾陰、蒲坂一帶。師古曰：「引汾水可用溉皮氏及汾陰以下，而引河水可用溉汾陰及蒲坂以下，地形所宜也。」坂，同「阪」。蒲坂，縣名。即蒲阪。在今山西永濟。㊺故盡河堧棄地　（這五千頃地）本來都是黃河邊的荒地。故，本來。堧，河邊地。〈河渠書〉作「壖」。棄地，荒地。師古曰：「謂河岸以下緣河邊地素不耕墾者也。」㊻茭牧其中　謂在這裡收穫乾草、放牧牲畜。茭牧，謂收茭（乾草）及牧畜。茭，餵牲口的乾草。㊼溉田之　用渠水灌溉來耕種它。田，耕種。㊽穀從渭上二句　糧食從渭水運至京師，路程與關中各地運糧到京師差不多。師古曰：「雖從關外而來，於渭水運上，皆可致之，故曰與關中收穀無異也。」㊾毋復　不再。毋，通「無」。㊿作渠田　開鑿水渠，整治河邊棄地。(51)河移徙　指黃河改道。(52)渠不利　水渠無水，無法灌溉。(53)不能償種　收穫太少，抵不上播種的成本。(54)予越人二句　給移民此地的越族人去耕種，使少府把越人少量的田租作為它小小的一點收入。如淳曰：「時越人有徙者，以田與之，其租稅入少府也。」越人，徙居河東地區的越族人。少府，官名。九卿之一，掌管山海池澤收入和皇室手工業製造，是皇帝的私府。稍入，小小的一點收入。稍，小。意謂令少府但收其芻稾，以供諸苑囿獸食，而不關大農（吳恂說）。[55]人有　有人。[56]通褒斜道及漕　開褒斜道，並從褒水、斜水漕運。褒斜道，古通道名。因取道褒水（南流入沔）、斜水（北流入渭）兩河谷而得名。在陝西西南部。長期以來為關中至漢中的交通要道之一。[57]事下　皇帝把事情交給大臣去擬議叫「事下」。[58]御史大夫　官名。秦漢時僅次於丞相的中央最高長官。主要職務為監察、執法，兼掌重要文書圖籍。[59]張湯　漢武帝時歷任廷尉、御史大夫等職。詳見卷五十九〈張湯傳〉。[60]阿　阿諛；迎合。意謂迎合漢武帝之好大喜功。原作「問」，依王先謙說改。[61]抵蜀從故道　從故道到蜀郡。故道，古道路名。又名陳倉道。起自陳倉（今陝西寶雞東），西南行出散關，通往蜀地。道雖迂遠，但坡度較平緩，自古以來為往來秦嶺南北的通道之一。抵，至；到達。[62]阪　山坡。[63]回遠　迂迴繞遠。[64]沔　沔水。古代通稱漢水為沔水。[65]南陽　郡名。治今河南南陽。一說南陽指的是南山之陽。[66]褒絕水至斜　從褒水的源頭到斜水。絕水，指源頭，河流的發源處。[67]間　間隔；距離。[68]轉　陸運。陸運稱「轉」，水運稱「漕」。[69]漢中穀可致　漢中地區的糧食可以直接運到（京師）。漢中，郡名。治西城（今陝西安康西北）。致，運到。[70]從沔無限　從漢水漕運暢通無阻。無限，無所阻隔。[71]褒斜材木竹箭之饒　褒斜流域出產的木材、竹箭很豐富。褒斜，指褒水、斜水流域。材木，木材。竹箭，一名篠，小竹，可以做箭桿。饒，豐富。[72]擬於巴蜀　可與巴蜀地區相比。擬，比擬；類似。師古曰：「擬，比也。」〈河渠書〉作「擬」。巴蜀，巴郡和蜀郡。包括今四川和重慶全境。[73]拜　授予官職。[74]卬　人名。張卬，張湯之子。[75]水多湍石　褒水和斜水多湍流激石。[76]嚴熊　人名。〈河渠書〉作「莊熊羆」。以「莊」為「嚴」，乃避漢明帝劉莊諱。誤脫「羆」字。[77]臨晉民句　臨晉百姓希望修渠引北洛水來灌溉重泉以東一萬多頃鹽鹼地。臨晉，縣名。在今陝西大荔東朝邑舊縣東南。洛，水名。指北洛水。即今陝西境內的洛水。重泉，縣名。約在今陝西大荔西北。惡地，〈河渠書〉作「鹵地」，指鹽鹼地。[78]誠即得水　如果真的得到灌溉的水。誠即，如果真的。[79]自徵引洛水至商顏下　從徵縣把北洛水引到商顏山下。徵，縣名。在今陝西澄城西南。商顏，山名。即今鐵鎌山。在今陝西大荔北。[80]岸善崩　渠岸容易崩塌。因為商顏山下的土質鬆散，故渠岸容易崩塌。[81]往往為井二句　一處一處地挖井，井下互相溝通，使水流行。此為坎兒井也。往往，一處一處地。[82]水隤以絕商顏　水向下流，通過商顏山。隤，通「頹」。〈河渠書〉作「穨」。往下流。絕，通過；越過。[83]東至山領十餘里間　向東到距離山嶺十餘里的地方。意謂井渠從商顏山下修起，越過商顏山，向東修到距離山嶺十餘里的地方。領，通「嶺」。[84]生　產生；出現。[85]龍骨　古脊椎動物的骨化石，古人認為是龍骨。[86]龍首渠　水渠名。為我國歷史上第一條地下井渠。漢朝人發明的這種修渠方法後傳至西域及波斯。[87]猶未得其饒　仍然沒有得到它的灌溉之利。猶，仍然；依然。饒，利。

【語　譯】漢朝建國後三十九年，即漢文帝十二年，黃河在陳留郡酸棗縣發生決口，在東郡白馬縣的黃河東岸也沖潰了金隄，當時東郡大量徵發百姓堵塞金隄之決口。

2 這以後的第三十六年，即漢武帝元光三年，黃河在瓠子決口，流向東南，注入鉅野澤，與淮水、泗水相通。武帝派汲黯、鄭當時徵發民夫堵住決口，但隨即又被沖壞。這時，武安侯田蚡做丞相，他的食邑在鄃縣。鄃縣位於黃河以北，黃河決堤向南氾濫，於是鄃縣不遭水災，反而年年豐收，他的食邑收入增多。田蚡對武帝說：「江河的決口氾濫都是天意，不能輕易用人力強行去堵塞，強行堵塞未必與天意相合。」而方士、術士之類的人也認為田蚡的意見是對的，因此好長時間不再堵塞決口。

3 當時鄭當時擔任大農，他向武帝建議說：「往日關東漕糧沿著渭水運來，大約需要六個月才能運到，而渭水水道是九百多里，時常遇到難以行船的險惡之處。現在如果從長安開渠引渭水，沿著南山東下，到黃河只有三百多里，路直，便於漕運，估計可使漕糧在三個月以內運到；而且渠所經地區的民田萬餘頃，又能用渠水來灌溉。這樣就可以減少漕運時間，節省人力，也能加肥關中的土地，多獲糧食。」武帝認為鄭當時說得有道理，便令齊地人水工徐伯選定路線，豎立標記，徵發數萬人開鑿漕渠，用了三年時間把渠開通。渠成之後，用來漕運，十分便利。其後漕運的糧食漸漸多起來，渠下的百姓很能得以灌溉農田。

4 後來河東太守番係進言：「漕糧從山東地區西運長安，每年一百多萬石，經過底柱險流，物資損失和人員傷亡很多，而且煩擾耗費。如果開渠引汾水灌溉皮氏、汾陰地區，引黃河水灌溉汾陰、蒲坂一帶，估計可以得到水地五千頃。這五千頃地原本都是黃河邊的荒地，百姓只能在這裡收穫乾草、放牧牲畜而已；如果用渠水灌溉來耕種它，估計能收穫糧食二百萬石以上。糧食從渭水運至京師，路程與關中各地運糧到京師差不多，而底柱以東就可以不再用漕運了。」武帝認為他說得有道理，於是徵發民夫數萬人開鑿水渠，整治河邊荒地。過了幾年，黃河改道，水渠再也不能灌溉，種田的人連種子的成本也收不回。久而久之，河東渠田荒廢，便給移民此地的越人去耕種，使少府把越人少量的田租作為它小小的一點收入。

5 其後有人上書，要開褒斜道，並從褒水、斜水漕運，武帝把這事交給御史大夫張湯擬議。張湯迎合武帝的意圖，說：「從故道到蜀郡，故道坡多，迂迴繞遠。如果開通褒斜道，坡少，路程也比故道近四百里；而且褒水通著沔水，斜水通著渭水，都可以行船漕運。漕運從南陽郡上溯沔水，進入褒水，褒水的源頭到斜水，相距一百多里，可用車運轉，然後從斜水進入渭水。這樣，漢中地區的糧食可以直接運到京師，山東地區從沔水漕運也暢通無阻，比經過底柱險流的漕運便利。而且褒斜流域出產的木材、竹箭很豐富，可與巴蜀地區相比擬。」武帝認為張湯說得對，便任命張湯的兒子張卬為漢中太守，徵發好幾萬人開鑿褒斜道五百多里。這條道路果然距離很近，十分便利，但是由於褒水和斜水多湍流激石，不能用來漕運。

6 其後嚴熊進言：「臨晉百姓希望修渠引北洛水來灌溉重泉以東的一萬多頃鹽鹼地。如果真的能夠得到灌溉的水，可使這些鹽鹼地的畝產達到十石。」於是為此徵發民夫萬人開渠，從徵縣把北洛水引到商顏山下。因為商顏山下的土質鬆散，渠岸容易崩塌，於是挖井，深的達四十餘丈。一處一處地挖井，井下互相溝通，使水流行。水向下流，通過商顏山，向東到距離山嶺十餘里的地方。井渠的產生就從這時開始。因為在開渠時得到龍骨，所以把這條渠叫做龍首渠。修了十多年，渠道開通，但仍然未得到用它灌溉之利。

1 自河決瓠子後二十餘歲❶，歲因以數不登❷，而梁楚之地❸尤甚。上既封禪❹，巡祭山川❺，其明年❻，乾封❼少雨。上迺使汲仁❽、郭昌❾發卒數萬人塞瓠子決河❿。於是上以用事萬里沙⓫，則還自臨決河⓬，湛白馬玉璧⓭，令群臣從官自將軍以下皆負薪寘決河⓮。是時東郡燒草，以故薪柴少⓯，而下淇園之竹以為揵⓰。

上既臨河決，悼功之不成⑰，迺作歌⑱曰：

2 「瓠子決兮將奈何⑲？浩浩洋洋，慮殫為河⑳！殫為河兮地㉑不得寧，功無已時兮吾山平㉒。吾山平兮鉅野溢㉓，魚弗鬱兮柏冬日㉔。正道弛兮離常流㉕，蛟龍騁兮放遠游㉖。歸舊川兮神哉沛㉗，不封禪兮安知外㉘！皇謂河公兮何不仁㉙，泛濫不止兮愁吾人！齧桑浮兮淮、泗滿㉚，久不反兮水維緩㉛。」

3 一曰㉜：

4 「河湯湯兮激潺湲㉝，北渡回兮迅流難㉞！搴長茭兮湛美玉㉟，河公許兮薪不屬㊱。薪不屬兮衛人罪㊲，燒蕭條兮噫乎何以御水㊳！隤林竹兮揵石菑㊴，宣防塞兮萬福來㊵！」

5 於是卒㊶塞瓠子，築宮其上，名曰宣防。而道河北行二渠㊷，復禹舊迹，而梁、楚之地復寧，無水災。

【章　旨】以上為第三部分，敘述漢武帝最終對黃河瓠子決口進行了大規模的治理，並有感而發，作〈瓠子歌〉二首。

【注　釋】❶自河決瓠子後二十餘歲　自從黃河在瓠子決口之後二十多年。❷歲因以數不登　因此（指黃河氾濫成災）連年收成不好。歲，年成；年景。因以，因此。數，屢次；接連。不登，收成不好之意。❸梁楚之地　梁楚一帶。梁，王國名。

西漢封國。治睢陽（今河南商丘南）。楚，王國名。西漢封國。治彭城（今江蘇徐州）。❹既封禪　已經舉行過封禪典禮。既，已。封禪，封建帝王祭祀天地之典禮。在泰山上築土為壇祭天，稱「封」；在泰山南的梁父山上闢場祭地，稱「禪」。漢武帝舉行封禪典禮是在元封元年（西元前一一〇年）。❺巡祭山川　在巡行中祭祀名山大川。巡，天子到各地視察稱「巡」。山川，名山大川。❻其明年　指漢武帝元封二年（西元前一〇九年）。❼乾封　西漢方士有一迷信說法，凡帝王封禪後要連續三年不下雨，以便曬乾祭壇之土。師古曰：「解在〈郊祀志〉。」封，指祭天的土壇。❽汲仁　人名。汲黯之弟，曾為九卿。❾郭昌　人名。時任校尉。詳見卷五十五〈郭昌傳〉。❿決河　指黃河決口。⓫以用事萬里沙　已經祭祀過萬里沙神祠。以，通「已」。〈河渠書〉作「已」。用事，行事。指行祭祀之事。萬里沙，地名。此處指萬里沙祠。在今山東半島掖縣北。元封二年春，漢武帝不遠千里跑到那裡，尋找神仙，結果一無所見。於是只好藉口要到萬里沙神祠舉行祭祀。此即史家所說「用事萬里沙」之事。⓬則還自臨決河　於是回來親自到黃河決口的地方。則，於是；就。⓭湛白馬玉璧　沉白馬玉璧於河（以祭水神）。湛，通「沉」。〈河渠書〉作「沉」。沉白馬玉璧於河，是一種祭祀河神之禮。⓮令群臣從官自將軍以下皆負薪窴決河　命令群臣及侍從官員從將軍以下都背柴草填塞決口。薪，柴草。窴，同「填」。⓯以故薪柴少　因此柴草很缺乏。以故，因此。⓰而下淇園之竹以為揵　便從上游運淇園的竹子來製作堵塞決口的竹揵。而，於是；就。下，順流運輸曰「下」。淇園，地名。古以產竹著名。在今河南淇縣北。揵，通「楗」。〈河渠書〉作「楗」。古代用以堵塞河流決口之物，以竹為之，稱「竹揵」。⓱悼功之不成　痛塞河之事不成。悼，傷；痛。功，事。指堵塞黃河決口之事。⓲歌　即〈瓠子歌〉，共二首。前一首寫河決瓠子，災情嚴重，堵塞決口，刻不容緩；第二首寫塞河本事，祝其功成致福。⓳將奈何　為之奈何。將，語氣助詞，用在句中補湊音節，無實在意義。奈何，怎麼辦。⓴浩浩洋洋二句　意謂一片汪洋，到處成河。浩浩洋洋，水盛貌。〈河渠書〉作「晧晧旰旰」。「浩」、「晧」二字古通用。慮，猶「大抵」（王念孫說）。〈河渠書〉作「閭」。殫，盡力。如淳曰：「殫，盡也。」㉑地　指楚、梁之地。㉒功無已時兮吾山平　言為堵塞黃河決口大量開鑿吾山之石，以致快要鑿平。韋昭曰：「鑿山以填河。」吾山，即魚山。在今山東東阿西南。㉓鉅野溢　鉅野澤洪水氾濫。溢，氾濫。如淳曰：「瓠子決，灌鉅野澤使溢也。」㉔魚弗鬱兮柏冬日　意謂巨野澤一帶成了魚的世界，快到冬天，河水仍氾濫不已。弗鬱，猶「紛紜」，魚眾多貌。〈河渠書〉作「沸鬱」。柏冬日，言水潦迫近冬日。柏，通「迫」。㉕正道弛兮離常流　意謂黃河的正道毀壞，河水橫流。言正道弛壞而改流。弛，毀壞。常流，指固定的河道。㉖蛟龍騁兮放遠游　意謂蛟龍縱情奔馳，恣意遠遊。騁，奔馳。放，恣意；縱情。〈河渠書〉作「方」。㉗歸舊川兮神哉沛　意謂要使河水回到故道需要借助滂沛的神力。歸舊川，河水回歸舊道。神，指河神。沛，滂沛。

形容神力的巨大。㉘不封禪兮安知外　意謂不到泰山封禪，哪知關外水患。㉙皇謂河公兮何不仁　我說那河神啊，你為什麼這樣不仁。皇，漢武帝自謂。河公，即河伯。傳說中的河神。㉚齧桑浮兮淮泗滿　言齧桑亭被河水淹沒，淮水、泗水都被灌滿。齧桑，地名。此處指齧桑亭。在今江蘇沛縣西南。㉛久不反兮水維緩　言河水長久不能返回故道，因為維繫河水的堤岸已經破爛。反，通「返」。水維，河水之綱維。指河堤。㉜一曰　以下乃〈瓠子歌〉之第二首，所以說「一曰」。師古曰：「歌有二章，自『河湯湯』以下更是其一，故云一曰也。」㉝河湯湯兮激潺湲　言氾濫的河水向南決流，水勢浩大湍急。湯湯，指大水急流，水勢盛大的樣子。激，水流猛急。潺湲，水勢急疾的樣子。㉞北渡回兮迅流難　言要想使流得很急的河水向北回到迂遠的故道，十分困難。北渡，指河水北行，回歸故道。回，迂遠。迅流，急流。迅，疾也。〈河渠書〉此句作「北渡汙兮浚流難」。㉟搴長茭兮湛美玉　言取長纜來引致土石，沉美玉以祭祀河神。搴，取。茭，俗稱「竹索」。即用竹篾或蘆葦編成的繩索。㊱河公許兮薪不屬　言河神答應了幫忙，可是柴草又接濟不上。許，許諾佑助。不屬，接濟不上；供應不足。㊲衛人罪　言這是衛人的罪過。東郡是戰國時代衛國的地方，故把東郡人稱作「衛人」。東郡百姓燒柴草，以致柴草少，接濟不上，故言是衛人之罪。㊳燒蕭條兮噫乎何以御水　言柴草被燒光田野蕭條，拿什麼來堵水呢。燒蕭條，柴草被燒盡，田野蕭條。噫乎，感歎詞，相當於現代漢語中的「唉」。御，抵擋；堵塞。㊴隤林竹兮揵石菑　言運來淇園的竹子作竹揵，然後再用石菑來加固。隤林竹，即上文所說「下淇園之竹以為揵」。隤，下。石菑，石椿。㊵宣防塞兮萬福來　言瓠子的決口堵塞住，多多的福氣就到來。武帝堵塞瓠子決口後，在瓠子堤上築宮，名曰「宣房」。此用來指代瓠子決口。「防」、「房」古字通。㊶卒　終於。㊷道河北行二渠　引導黃河向北流，回到二渠的故道。道，通「導」。二渠，詳見第一段注㉗。

【語　譯】自從黃河在瓠子決口之後，二十多年來一直氾濫成災，因此造成連年收成不好，梁楚一帶尤為嚴重。武帝舉行封禪典禮並在巡行中祭祀名山大川之後，第二年即元封二年，天旱少雨。武帝就派汲仁和郭昌徵發民夫數萬人堵塞瓠子地方的黃河決口。當時，武帝已祭祀過萬里沙神祠，於是回來親自到黃河決口的地方，沉白馬玉璧於河以祭水神，命令群臣及侍從官員從將軍以下都背柴草填塞決口。當時東郡人用柴草來燒飯，因此柴草很缺乏，便從上游運淇園的竹子來製作堵塞決口的竹揵。武帝親臨黃河決口後，傷痛塞河之功不成，於是作歌道：

2 「瓠子決口啊，這該怎麼辦？一片汪洋啊，到處成河！到處成河啊，梁楚之地不得安寧，堵塞決口無休止啊，吾山快要鑿平。吾山快要鑿平啊，鉅野澤洪水四溢，鉅野澤一帶成了魚的世界啊，快到了冬天，河水仍氾濫不已。黃河的正道毀壞啊，河水橫流，蛟龍縱情奔馳啊，恣意遠遊。要想使河水回歸到故道啊，就需要借助滂沛的神力，不去封禪啊，我怎能知道關外的河水如此氾濫！我說那河神啊，你為什麼這樣的不仁，使河水氾濫不止啊，愁煞吾人！齧桑亭被河水淹沒啊，淮水、泗水都被灌滿，河水長久不能返回故道啊，因為維繫河水的堤岸已經破爛。」

3 另一首歌道：

4 「氾濫的河水浩浩蕩蕩啊，流得很急，要想使流得很急的河水向北回到迂遠的故道啊，談何容易！取長纜來運土石啊，沉美玉以祭祀河神，河神答應幫忙啊，柴草卻又接濟不上。柴草接濟不上啊，這是衛人的罪過，柴草被燒光田野蕭條啊，哎呀，現在拿什麼來堵水！運來淇園的竹子作竹揵啊，再用石菑來加固，把瓠子的決口堵塞住啊，多多的福氣就會來到！」

5 當時終於堵住了瓠子決口，在堤上築了一座宮殿，名叫「宣防宮」。引導黃河向北流，回到二渠的故道，恢復了大禹治理黃河的舊跡，而梁楚之地又得到安寧，再也沒有水災。

1 自是之後，用事者爭言水利❶。朔方❷、西河❸、河西❹、酒泉❺皆引河及川谷❻以溉田。而關中靈軹❼、成國❽、湋渠❾引諸川❿，汝南⓫、九江⓬引淮，東海⓭引鉅定⓮，泰山⓯下引汶水⓰，皆穿渠為⓱溉田，各萬餘頃。它小渠及陂山通道者⓲，不可勝⓳言也。

2 自鄭國渠起，至元鼎六年，百三十六歲⓴，而兒寬㉑為左內史㉒，奏請穿鑿六輔渠[23]，以益溉鄭國傍高卬之田[24]。上曰：「農，天下之本也。泉流灌寖[25]，所以[26]育五穀也。左、右內史地[27]，名山川原[28]甚眾，細民[29]未知其利，故為通溝瀆[30]，畜陂澤[31]，所以備旱也。今內史稻田租挈重[32]，不與郡[33]同，其[34]議減，令吏民勉[35]農，盡地利[36]。平繇行水[37]，勿使失時[38]。」

3 後十六歲，太始二年[39]，趙[40]中大夫[41]白公[42]復奏穿渠。引涇水，首起谷口[43]，尾入櫟陽[44]，注渭中，袤二百里[45]，溉田四千五百餘頃[46]，因名曰白渠。民得其饒[47]，歌之曰：「田於何所[48]？池陽[49]、谷口[50]。鄭國在前[51]，白渠起後。舉臿為雲[52]，決渠為雨。涇水一石，其泥數斗。且溉且糞[53]，長我禾黍。衣食京師，億萬之口[54]。」言此兩渠饒也。

4 是時方事匈奴[55]，興功利[56]，言便宜[57]者甚眾。齊人延年[58]上書言：「河出昆侖[59]，經中國[60]，注勃海，是其地勢西北高而東南下[61]也。可案圖書[62]，觀地形，令水工準[63]高下，開大河上領[64]，出之胡中[65]，東注之海。如此，關東長無水災，北邊不憂[66]匈奴，可以省隄防備塞[67]、士卒轉輸[68]、胡寇侵盜、覆軍殺將[69]、暴骨原野之患[70]。天下常備匈奴而不憂百越[71]者，以其水絕壤斷[72]也。此功壹成[73]，萬世大利。」書奏，上壯之[74]，報[75]曰：「延年計議甚深[76]。然河迺大禹之所道也，聖人作事，為萬世功，通於神明[77]，恐難改更。」

【章　旨】以上為第四部分，敘述漢武帝中後期官員們爭言水利，又興修了大量的水利工程，如六輔渠、白渠等。在這種風氣下，甚至出現了齊人延年所提出的這種「開大河上領，出之胡中，東注之海」的大膽建議。

【注　釋】❶用事者爭言水利　官吏們爭相進言興修水利。❷朔方　郡名。治朔方（今內蒙古烏拉特前旗東南）。轄境相當今河套西北部及後套地區。❸西河　郡名。治平定（今內蒙古準噶爾旗西南）。轄境相當今內蒙古伊克昭盟東部，山西呂梁山、蘆芽山以西，石樓以北及陝西宜川以北黃河沿岸地帶。❹河西　地區名。泛指黃河以西地區，即河西走廊與湟水流域。❺酒泉　郡名。治福祿（今甘肅酒泉）。❻川谷　泛指河流。❼靈軹　渠名。即靈軹渠。漢武帝時開鑿，引渭水北與成國渠相連。如淳曰：「〈地理志〉『盩厔有靈軹渠』。」《水經注．渭水》則明確指出靈軹渠在渭水之北，「上承渭水於郿縣，東經武功縣」。❽成國　渠名。即成國渠。漢武帝時開鑿，引渭水東流，經今扶風南、武功、興平、咸陽之北，至灞、渭匯合處注入渭水。本書卷〈地理志〉郡縣下記「成國渠首受渭，東北至上林入蒙籠渠」。❾漳渠　渠名。漢武帝時開鑿，引漳谷（今陝西岐山東北）之水東南流，至今扶風西注入雍水。❿諸川　指眾水。⓫汝南　郡名。治上蔡（今河南上蔡西南）。轄境相當今河南潁河、淮河之間，京廣路以東，安徽茨河、西淝河以西，淮河以北地區。⓬九江　郡名。治壽春（今安徽壽縣）。轄境相當今安徽淮河以南、瓦埠湖流域以東、巢湖以北地區。⓭東海　郡名。治郯（今山東郯城北）。轄境相當今山東費縣、臨沂、江蘇贛榆以南，山東棗莊、江蘇邳州以東和江蘇宿遷、灌南以北地區。顧炎武以東海離鉅定太遠，疑「東海」為「北海」之誤。北海郡治營陵（今山東濰坊南）。⓮鉅定　澤名。今山東廣饒東北清水泊的前身。漢時為一大湖，淄水、時水、女水、濁水、澤水等河流皆匯於此。在今山東臨淄東北。⓯泰山　郡名。治博縣（今山東泰安東南），後移治奉高（今泰安東北）。轄境相當今山東淄博、長清以南，肥城以東，寧陽、平邑以北，沂源、蒙陰以西地區。⓰汶水　今名大汶水或大汶河。源出今山東萊蕪北，注入濟水。在今山東中部。⓱為　以。⓲它小渠及陂山通道者　其他小渠和隨山勢造陂池來引導水的。陂山通道，謂隨山勢造陂池以導水。陂，蓄水池。〈河渠書〉作「披」。此處用作動詞，即造陂池。陂山，造陂池於山。道，通「導」。⓳勝　盡。⓴百三十六歲　從秦王政十年（西元前二三七年）修鄭國渠之次年算起，至武帝元鼎六年（西元前一一一年），共為一百二十六年。「三」當是「二」字之誤。㉑兒寬　又作倪寬。千乘（今廣饒）人。武帝時為左內史。詳見卷五十八〈兒寬傳〉。㉒左內史　官名。秦置內史，掌治京畿地方，相當於郡守。漢景帝時分左、右內史，武帝太初元年改左內史為左馮翊，治長安。㉓六輔渠　渠名。古代關中地區六條人工灌溉渠道的總稱。元鼎六年倪寬在鄭國渠上游南岸開鑿的六道小渠，以輔助鄭國渠所不能達到之高地，故名。民間亦省稱「六渠」。約起自今陝西淳化西南，至涇陽西北的雲陽鎮北。至唐猶存。㉔以益溉鄭國傍高卬之田　來增溉鄭國渠旁地勢高的農田。益，增。卬，通「昂」。高。師古曰：「素不得鄭國之溉灌者也。卬謂上向也。」㉕泉流灌寖　流水灌溉。灌寖，灌溉。師古曰：「寖，古浸字。」㉖所以　為「用以……的方法」之意。㉗左右內史地　指京師地區。㉘川原　指水源。㉙細民　小民，指百姓。㉚溝瀆　猶溝洫、溝渠。㉛畜陂澤　蓄水陂池。畜，通「蓄」。陂澤，陂池之水。㉜挈重　偏重。挈，偏（用顧炎武說）。或認為：挈，通「契」。契約。師古曰：「租挈，收田租之約令也。」可另備為一說。㉝郡　謂四方諸郡。㉞其　語氣助詞，此處表命令語氣。㉟勉　努力；致力。㊱盡地利　充分發揮土地的生產能力。地利，同「地力」。土地的生產能力。㊲平繇行水　意謂均齊修渠之力役，俱得水利。平繇，平均傜役。師古曰：「平繇者，均齊渠堰之力役，謂俱得水利也。」繇，通「傜」。傜役行水，治水，指開鑿六輔渠。㊳失時　耽誤農時。㊴太始二年　西元前九五年。太始，漢武帝的年號，共四年（西元前九六—前九三年）。㊵趙　王國名。西漢封國。治邯鄲（今河北邯鄲）。㊶中大夫　官名。顧問性質的議論之官。㊷白公　姓白，名佚。時人尊稱白公。公，一種尊敬的稱呼。鄭氏曰：「白，姓。公，爵。時人多相謂為公。」師古曰：「此時無公爵也，蓋相呼尊老之稱耳。」㊸谷口　縣名。在今陝西禮泉東北。因地當涇水出山谷處而得名。白渠實起於谷口之瓠口。㊹櫟陽　縣名。治今陝西臨潼北渭水北岸。㊺注渭中二句　注入渭水，長二百里。《鹽鐵論．利議》：「故秦王燔去其術而不行，坑之渭中而不用。」「渭中」二字，當為秦漢人之習俗語（陳直說）。袤，長。師古曰：「袤，長也。」㊻四千五百餘頃　約合今二十八萬畝。㊼民得其饒　百姓得到灌溉之利。饒，灌溉之利。㊽田於何所　在什麼地方種田。田，種田。何所，何處。㊾池陽　縣名。在今陝西涇陽。鄭國渠「自中山西邸瓠口為渠」，瓠口就在池陽縣，故此處實指鄭國渠。㊿谷口　白渠起首於谷口，故此處實指白渠。(51)鄭國在前　鄭國渠修鑿在前。因鄭國渠鑿於秦王政十年，故云「在前」。師古曰：「鄭國興於秦時，故云前。」(52)舉臿為雲　謂舉起鐵鍬來像遮天的雲彩。臿，通「鍤」。掘土農具，即鐵鍬。為，如。(53)且溉且糞　謂又灌溉又當糞。且，又。糞，指淤泥可為糞肥。如淳曰：「水渟淤泥，可以當糞。」(54)億萬之口　千千萬萬的人口。億萬，極言其多，非實數。(55)方事匈奴　正在討伐匈奴。事，從事。事匈奴，指討伐匈奴。(56)興功利　興辦各種事業。功利，指可以帶來利益的事業。(57)便宜　便利而適宜，特指對國家有利的事。(58)延年　人名，姓佚。以延年為名。按，西漢有孔延年、韓延年、李延年等，俱見本書。此延年，亦應為名。(59)昆侖　山名。即崑崙山。西起帕米爾高原東部，橫貫新疆、西藏間，東延入青海境內，其南支巴顏喀拉山為黃河發源地。(60)中國　指中原地區。(61)下低。(62)案圖書　查看地圖。案，查。圖書，指地圖。(63)準　猶言「測量」。(64)開大河上領　鑿開黃河發源地的山頭。大河，指黃河。上領，山頭。(65)出之胡中　使它流入匈奴地區。之，於；至。下句「之」字同。胡中，指匈奴地區。(66)憂　擔憂；擔心。(67)省隄防備塞　可以省去修築河堤，防守要塞。隄防，作動詞用，即修築堤防。備塞，防守要塞。(68)轉輸　用車運輸。(69)覆軍殺將　覆沒全軍，將軍被殺。(70)暴骨原野之患　暴露屍骨於原野的禍患。暴骨，暴露屍骨。(71)天下常備匈奴而不憂百越　國家經常防備匈奴而不擔心百越侵擾。天下，指整個國家。匈奴，古族名。亦稱「胡」。為中國古代北方民族中，最早統一大漠南北全部地區並建立起國家政權的民族。百越，古族名。亦稱之為「百粵」、「粵」。為居於現今中國南方和古代越人有關之各個不同族群的總稱。(72)水絕壤斷　與（百越）長江相隔，地域斷絕。絕，切斷；隔絕。壤，地域。(73)壹成　一旦完成。壹，通「一」。一旦。(74)壯之　認為（延年的議論）豪壯。壯，豪壯。意動用法。(75)報　吏民上書，天子有所批示叫「報」。(76)計議甚深　謀略很深遠。計議，謀略；謀劃。深，深遠；精到；周密。(77)通於神明　與天地神祇的意志相合。於，與；跟。神明，神祇；天地之神。

【語　譯】從此以後，官吏們爭相進言興修水利。朔方、西河、河西、酒泉都引黃河及其他河流的水來灌溉農田。而關中的靈軹渠、成國渠、湋渠引諸河之水，汝南郡、九江郡引淮水，東海郡引鉅定澤的水，泰山一帶引汶水，都開渠來灌溉農田，各達萬餘頃。其他小渠和隨山勢造陂池來引導水的，那就說也說不完了。

2 從開鑿鄭國渠算起，到元鼎六年，過了一百二十六年，當時兒寬為左內史，奏請開鑿六輔渠，來增溉鄭國渠旁地勢高的農田。武帝下詔說：「農業是國家的命脈。流水灌溉，是培育五穀的方法。京師地區大山的水源很多，百姓不知道它們的灌溉之利，所以應該為他們開鑿溝渠，蓄水陂池，這是用來防備旱災的方法。現在京師地區稻田租偏重，與其他各郡不同，可商議酌減，以鼓勵吏民努力從事農業，充分發揮土地的生產能力。此次開渠，要使百姓的勞役平均，不要耽誤農時。」

3 開鑿六輔渠以後的第十六年，即武帝太始二年，趙國的中大夫白公又奏請開渠。這條渠是引涇水，首起於谷口，尾入於櫟陽，注入渭水，長二百里，灌溉農田四千五百多頃，因為是白公奏請開渠，所以叫做白渠。百姓得到灌溉之利，歌唱道：「在什麼地方種田？在池陽起首的鄭國渠兩旁，在谷口起首的白渠左右。鄭國渠開鑿在先，白渠開鑿在後。開渠的人們舉起鐵鍬來像遮天的雲彩，開渠引來的水像天上降下的雨露。這兩條渠引來的涇水一石，就含有淤泥數斗。又灌溉又當糞肥，生長我的禾黍。供給京師的衣食，養活千千萬萬的人口。」這是歌頌兩渠灌溉之利啊。

4 當時正在討伐匈奴，興辦各種事業，上書言利國利民之事的人很多。齊國人延年上書說：「黃河從昆侖山發源，流經中原地區，注入勃海，這是由於西北地勢高而東南地勢低的緣故。可以查地圖，看地形，使水工測量地勢高低，鑿開黃河發源地的山頭，使它流入匈奴地區，向東注入大海。這樣的話，關東地區就可以長久沒有水災，北部邊境也不再擔心匈奴的侵擾，可以省去修築河堤、防守要塞、士卒運輸、匈奴侵盜、覆沒全軍、將軍被殺、暴露屍骨於原野的禍患。國家經常防備匈奴而不擔心百越侵擾，正是因為我們與百越有長江相隔，地域斷絕的緣故。黃河改道之事一旦完成，是千秋萬世的大利。」此書奏上，武帝認為延年的議論豪壯，批示道：「延年的謀略很為深遠。但是黃河乃為大禹疏導的水道，聖人所做之事，是萬世不朽的功業，與天地神祇的意志相合，恐怕難以改變。」

自塞宣房後，河復北決於館陶❶，分為屯氏河❷，東北經魏郡❸、清河❹、信都❺、勃海❻入海，廣深與大河等，故因其自然，不隄塞也。此開通後，館陶東北四五郡雖時❼小被水害，而兗州以南六郡無水憂❽。宣帝地節中❾，光祿大夫❿郭昌使行⓫河，北曲三所水流之勢皆邪直貝丘縣⓬。恐水盛，隄防不能禁，迺各更穿渠⑬，直東，經東郡界中，不令北曲。渠通利⑭，百姓安之。元帝永光五年⑮，河決清河靈鳴犢口⑯，而屯氏河絕⑰。

【章　旨】以上為第五部分，敘述了自漢武帝塞宣房以後，特別是宣元時期黃河的狀況以及對它的治理。

【注　釋】❶館陶　縣名。屬魏郡。在今河北南部衛河西岸。❷屯氏河　河名。黃河下游故道之一。西漢元封後，黃河北決於館陶，分為屯氏河，東北流入渤海。寬深與黃河正流相等。至元帝永光五年，黃河又在鳴犢口決口，屯氏河遂淤絕。❸魏郡　郡名。治鄴縣（今河北臨漳西南）。❹清河　郡名，漢高帝所設，治清陽（今清河東南），轄境相當於今河北清河及棗強、南宮各一部分，山東臨清、夏津、武城及高唐、平原各一部分地。❺信都　郡、國名。漢高帝置國，治信都（今冀州）。轄境相當於今河北冀州、深州、武邑、棗強、衡水、南宮、景縣及山東德州的一部。景帝時曾改為廣川國，又曾改置信都郡，宣帝時復為信都國。❻勃海　郡名。漢高帝五年（西元前二〇二年）分鉅鹿、濟北郡置，以地瀕勃海得名。治浮陽（今滄州東南東關），轄境相當於今天津、河北安次以南，文安、交河、阜城、寧津以東，山東樂陵、無棣以北地區。❼時　間或；有時。❽兗州以南六郡無水憂　兗州以南的六郡再也沒有水患。兗州，漢武帝所置十三刺史部之一。轄區約當今山東西南部及河南東部地區。水憂，水患；水災。❾宣帝地節中　宣帝地節年間。宣帝，指劉詢。詳見卷八〈宣帝紀〉。地節，漢宣帝年號，共四年（西元前六九至前六六年）。❿光祿大夫　掌顧問應對之言，屬光祿勳。⓫行　巡視。⓬北曲三所水流之勢皆邪直貝丘縣　三處向北彎曲的河灣，水流的趨勢都斜對著貝丘縣。所，處。邪，通「斜」。直，當；對。貝丘縣，在今山東臨清南，屬清河郡。⓭各更穿渠　指在各個河灣的兩端鑿為直渠，使河水直通，不再彎行。⓮通利　通暢。⓯元帝永光五年　元帝，指劉奭。詳見卷九〈元帝紀〉。永光五年，即西元前三九年。永光，元帝的年號，共五年（西元前四三—前三九年）。⓰河決清河靈鳴犢口　黃河在清河郡靈縣鳴犢口決口。靈，縣名。故城在今山東高唐西南。鳴犢口，即鳴犢河（由黃河分出，東北至修縣入屯氏河）口。⓱絕　淤塞不通。

【語　譯】自從堵塞瓠子決口以後，黃河又在北岸館陶一帶決口，分出一條屯氏河，向東北流經魏郡、清河郡、信都國，從勃海入海，寬深與黃河正流相等，故順其自然，不築堤堵塞。屯氏河開通後，館陶東北四五郡雖然有時稍微遭受一些水災，而兗州以南的六郡卻再也沒有水患。宣帝地節年間，光祿大夫郭昌奉派巡視黃河，發現三處向北彎曲的河灣，水流的趨勢都斜對著貝丘縣。惟恐水大的時候，河堤被沖壞，於是他就在各個河灣的兩端，鑿渠相通，渠一直向東，經過東郡地界，再不讓黃河向北彎曲。這樣，渠道暢通無阻，百姓安心。元帝永光五年，黃河又在清河郡靈縣鳴犢口決口，屯氏河便漸漸淤絕。

成帝初❶，清河都尉❷馮逡❸奏言：「郡承❹河❺下流❻，與兗州東郡分水為界，城郭所居❼尤❽卑下❾，土壤輕脆❿易傷⓫。頃⓬所以闊⓭無大害者，以屯氏河通⓮，兩川分流也。今屯氏河塞⓯，靈鳴犢口又益⓰不利⓱，獨一川兼受⓲數河之任⓳，雖高增隄防，終⓴不能泄㉑。如有霖雨㉒，旬日不霽㉓，必盈溢㉔。靈鳴犢口在清河東界，所在處下，雖令㉕通利，猶㉖不能為魏郡、清河減損水害。禹非不愛民力，以地形有勢，故穿㉗九河，今既㉘滅㉙難明，屯氏河流行七十餘年㉚，新絕㉛未久，其處易浚㉜。又其口㉝所居高，於以㉞分流殺㉟水力，道里㊱便宜㊲，可復浚以助大河泄暴水㊳，備非常㊴。又地節時郭昌穿直渠，後三歲，河水更從故㊵第二曲㊶間北可㊷六里，復南合㊸。今其曲勢復邪直㊹貝丘，百姓寒心㊺，宜復穿渠東行。不豫㊻修治，北決病㊼四五郡，南決病十餘郡，然後憂之，晚矣。」事下㊽丞相㊾、御史㊿，白(51)博士(52)許商(53)治(54)尚書，善為算，能度(55)功用(56)。遣(57)行視(58)，以為屯氏河盈溢所為，方59用度不足，可且60勿61浚。

【章　旨】以上為第六部分，寫了成帝時馮逡主張疏通屯氏河、重開東行直渠的建議和許商暫不疏通屯氏河的主張。

【注　釋】❶成帝初　成帝，指劉驁，西元前三三至前七年在位，詳見卷十〈成帝紀〉。成帝初，距下文「後三歲」為建始四年上推，當是建始元年（西元前三二年）。❷都尉　西漢景帝時改郡尉為都尉，輔佐郡守並掌管全郡的軍事。❸馮逡　字子產，西漢上黨潞縣（今山西潞城）人。精通《易經》。歷任長樂屯衛司馬、清河都尉、隴西太守。為官清廉，四十多歲就死了。❹承　承接。❺河　黃河。❻下流　下游。❼所居　所處。❽尤　甚；十分。❾卑下　指地勢低下。❿輕脆　鬆散。⓫傷　崩壞；崩塌。⓬頃　近來。⓭闊　長久；長期。師古曰：「闊，稀也。」⓮通　暢通。⓯塞　淤塞。⓰益　漸漸。⓱不利　不暢通。⓲受　承受。⓳任　負擔。⓴終　終究。㉑泄　排洩。㉒霖雨　連綿的大雨。㉓霽　雨停止。㉔盈溢　充滿溢出，指洪水氾濫。㉕雖令　即使；縱使。㉖猶　仍舊；依然。㉗穿　開鑿。㉘既　已經。㉙滅　泯滅。㉚流行七十餘年　原作「不流行七十餘年」。《漢書補注》引劉奉世說，「『不』字宜為『水』字，或衍『不』字。」按：據上文，屯氏河分於元封二年（西元前一〇九年），永光五年（西元前三九年）淤絕，流行七十一年。「不」字明是衍文，下句「新絕未久」亦可證。所以「不」字當刪。㉛絕　淤絕；淤塞。㉜浚　疏浚；疏通。師古曰：「浚謂治道之令其深也。」㉝口　指屯氏河通黃河之口。㉞以　近指代詞，此。㉟殺　減弱。㊱道里　路程，指位置的遠近。㊲便宜　適宜。㊳暴水　猛烈的水勢。㊴非常　突如其來的變故，指黃河決口。㊵故　原來的。㊶曲　河灣。㊷可　大約。㊸合　相通。㊹邪直　斜對。㊺寒心　驚恐。㊻豫　通「預」。預先。㊼病　害。㊽事下　把事交給。㊾丞相　官名。始於戰國時，為百官之長，亦稱相邦。秦代以後為朝中的最高官職，輔佐皇帝，總理全國政務。後與太尉、御史大夫合稱三公。㊿御史　指御史大夫。秦漢時僅次於丞相的中央最高長官，主要職務為監察、執法，兼掌重要文書圖籍。(51)白　下對上有所告語。師古曰：「白，白於天子也。」(52)博士　漢武帝設《五經》博士，專掌經學傳授。(53)許商　是大夏侯勝再傳弟子。周壽昌曰：按：許商，字長伯，長安人，事光祿勳周堪，治《尚書》。由博士四至九卿。〈藝文志·曆譜〉有許商《算術》二十六卷。詳見卷八十八〈儒林傳〉。(54)治　研究。(55)度　計算。(56)功用　事業的效用。(57)遣　派遣。(58)行視　巡視。(59)方　介詞，引介時間。當……的時候。(60)且　暫且。(61)勿　不。

【語譯】成帝初年，清河郡都尉馮逡上奏道：「清河郡處於黃河下游，與兗州東郡隔河相望，這一帶城郭所處地勢很低下，河堤土質鬆散，很容易崩塌。近年來之所以長期沒有大的水災，是因為屯氏河暢通，兩條河分開流行的緣故。如今屯氏河已經淤塞，靈縣的鳴犢河口又逐漸不能暢通，只有一條正流承受數條支流的負擔，就是增高堤岸，終究也不能順暢排洩。如果遇到連綿的大雨，十幾天都不停止，必然會氾濫成災。靈縣鳴犢河口在清河郡東邊，地勢低下，即使通暢，依舊不能為魏郡、清河郡減少水災。大禹並不是不愛惜民力，只是因為地勢的關係，所以開鑿了九條河流，現在九條河流原來的河道已經泯滅難明，屯氏河流行了七十多年，剛剛淤塞不久，其河道很容易疏通。而且屯氏河口所處地勢較高，在這裡開鑿出一條支流來減弱水勢，位置遠近很適合，可以再加以疏通來幫助黃河排洩勢頭猛烈的大水，以防備突如其來的水災。再來就是，在地節年間，郭昌在三個河灣之間開鑿了直渠，又過三年，原來第二個大概六里長向北彎曲的河灣，又在南面與黃河相通。如今這個河灣的形勢，又斜對貝丘縣，老百姓惶恐不安，應該再開通向東流行的直渠。如果不預先治理，北岸決口將危害四五個郡，南岸決口將危害十幾個郡，到那時再擔憂，就晚了。」成帝把這件事交給丞相和御史大夫討論，他們都向成帝推薦博士許商，說許商精心研究《尚書》，善於計算，能計算事業的效用。於是成帝派遣許商巡視馮逡所說的那段黃河，許商認為屯氏河淤塞是黃河氾濫造成的，現在正是朝廷財用不足的時候，可以暫且不疏通。

後三歲❶，河果決於館陶及東郡金隄❷，泛溢兗、豫❸，入平原❹、千乘❺、濟南❻，凡❼灌四郡三十二縣，水居地❽十五萬餘頃，深者三丈，壞敗官亭室廬❾且❿四萬所。御史大夫尹忠對⓫方略⓬疏闊⓭，上⓮切責⓯之，忠自殺。遣大司農非調⓰調均錢穀⓱河決所灌之郡，謁者⓲二人發河南⓳以東漕船⓴五百㮴㉑，徙㉒民避水居丘陵九萬七千餘口。河隄使者[23]王延世使塞[24]，以竹落[25]長四丈，大九圍[26]，盛[27]以小石，兩船夾載而下之。三十六日，河隄成。上曰：「東郡河決，流漂二州，校尉[28]延世隄防三旬[29]立塞[30]。其以五年[31]為河平元年。卒治河者為著[32]外繇六月[33]。惟[34]延世長於計策，功費[35]約省，用力日[36]寡[37]，朕[38]甚嘉[39]之。其[40]以延世為光祿大夫，秩[41]中二千石[42]，賜爵關內侯[43]，黃金百斤。」

後二歲[44]，河復決平原，流入濟南、千乘，所壞敗者半建始時，復遣王延世治之。杜欽[45]說[46]大將軍[47]王鳳[48]，以為「前河決，丞相史[49]楊焉言延世受[50]焉術[51]以塞之，蔽[52]不肯見[53]。今獨任延世，延世見前塞之易，恐[54]其慮害[55]不深。又審[56]如焉言，延世之巧[57]，反不如焉。且水勢各異，不博議[58]利害[59]而任一人，如使[60]不及[61]今冬成，來春桃華水[62]盛，必羨溢，有填淤反壤[63]之害。如此，數郡種[64]不得下，民人流散，盜賊將生，雖重誅延世，無益於事。宜遣焉及將作大匠[65]許商、諫大夫[66]乘馬延年[67]雜作[68]。延世與焉必相破壞[69]，深論[70]便宜，以相難極[71]。商、延年皆明計算，能商[72]功利[73]，足以分別是非，擇其善而從之，必有成功」。鳳如[74]欽言，白遣焉等作治，六月迺[75]成。復賜延世黃金百斤。治河卒非受平賈[76]者，為著外繇六月。

【章　旨】以上為第七部分，寫了在西元前二九年和前二六年，黃河的兩次決口氾濫，以及成帝派人救災治河的情況。

【注　釋】❶後三歲　據卷十〈成帝紀〉，是指建始四年（西元前二九年）。❷河果決於館陶及東郡金隄　此次黃河決口在東郡金隄，不在館陶。下句「泛溢兗、豫，入平原、千乘、濟南」，未涉及館陶地區，可證。〈成帝紀〉作「河決東郡金隄」，亦無「館陶」二字。❸豫　豫州。漢武帝所置十三刺史部之一。轄境大致相當於淮河以北伏牛山以東豫東、皖北地區。❹平原　郡名。屬青州刺史部，治平原（今山東平原西南）。轄境相當於今山東平原、陵縣、禹城、齊河、臨邑、商河、惠民、陽信等縣。❺千乘　郡名。屬青州刺史部，治千乘（今山東高青高苑鎮北）。轄境相當於今山東博興、高青、濱縣等地。❻濟南　郡名。屬青州刺史部，治東平陵（今山東章丘西）。轄境相當於今山東濟南及章丘、濟陽、鄒平等縣地。❼凡　總計。❽水居地　河水淹沒的土地。❾官亭室廬　指公私房舍。❿且　將近。⓫對　回答皇帝的詢問叫「對」。⓬方略　方法謀略，指處理水災的辦法。⓭疏闊　粗略；不周密。⓮上　指成帝。⓯切責　嚴厲責備。⓰非調　人名。師古曰：「大司農名非調也。」⓱調均錢穀　調撥錢穀，平均分配。⓲謁者　官名。漢制，郎中令屬官有謁者，少府屬官亦有中書謁者令（後改稱中謁者令）。郎中令所屬謁者掌賓贊受事。⓳河南　郡名。治洛陽（今河南洛陽東北）。⓴漕船　運輸糧食的船。㉑㮴　同「艘」。㉒徙　遷徙。㉓河隄使者　是臨時設置的官職。延世本職是校尉，臨時兼領此職。㉔使塞　奉命堵塞決口。㉕竹落　竹籠。㉖圍　計量圓周的約略單位，即兩手的拇指和食指合攏起來或兩臂合抱的長度。㉗盛　裝載。㉘校尉　漢代軍職，略次於將軍。㉙三旬　三十天。㉚立塞　堵住決口。㉛五年　指成帝建始五年（西元前二八年）。㉜著　指登記在簿籍上。㉝外繇六月　指抵作戍邊六個月。如淳曰：「律說，戍邊一歲當罷，若有急，當留守六月。今以卒治河之故，復留六月。」孟康曰：「外繇，戍邊也。治水不復戍邊也。」師古曰：「如、孟二說皆非也。以卒治河有勞，雖執役日近，皆得比繇戍六月也。」㉞惟　思；想。㉟功費　工程費用。㊱力日　人力和時日。㊲寡　少。㊳朕　皇帝自稱。㊴嘉　讚許。㊵其　語氣助詞，表示鄭重其事的命令語氣。㊶秩　品秩；級別。㊷中二千石　是漢代二千石這一級別中最高的一級，一年的俸祿是二千一百六十斛，月俸祿為一百八十斛。㊸關內侯　漢代實行二十等爵的制度，關內侯是第十九級，僅次於列侯。㊹後二歲　據《資治通鑑》，是指和平三年（西元前二六年）。㊺杜欽　杜周孫，從小喜好經書，成帝時徵為大將軍王鳳幕府，常參與國家大政方針的計議商討。詳見卷六十〈杜周傳〉。㊻說　勸說。㊼大將軍　官名。為將軍的最高稱號，執掌統兵征戰。事實上多由貴戚擔任。漢武帝時以大司馬為大將軍所兼官號，其後霍光、王鳳等均以大司馬大將軍預聞政事，為中朝官領袖。㊽王鳳　字孝卿，西漢東平陵（今山東濟南）人。成帝時，以外戚為大司馬大將軍領尚書事，在宮廷中掌握全部政事，丞相只在名義上辦理例行之事而已。詳見卷九十八〈元后傳〉。㊾丞相史　丞相的屬官。㊿受　接受；採納；採用。51術　方法；辦法。52蔽　隱瞞。53見　引見；推薦。54恐　唯恐；恐怕。55慮害　考慮危害。56審　果真。57巧　技能；技巧。58博議　廣泛討論。59利害　指如何施工有利，如何施工有害。60如使　假使；假如。61及　趁。62桃華水　黃河水勢隨季節漲落。夏曆二三月，桃花始開，既有雨水，川谷之冰亦開始融化，許多支流灌注黃河，黃河水勢盛漲，謂之桃花水。63反壤　水塞不通，故使其泥沙土壤反還淤積也。64種　五穀的種子。65將作大匠　官名。秦始置，稱將作少府。西漢景帝時，改稱將作大匠，執掌宮室、宗廟、陵寢及其他土木營建。66諫大夫　官名。西漢置諫大夫，掌議論，屬光祿勳，無定員。67乘馬延年　姓乘馬，名延年。孟康曰：「乘馬，姓也。」68雜作　共同從事。69破壞　在這裡是「指責」的意思，指出對方的錯誤，加以批評。70深論　深入細緻地議論。71難極　詰難；責難。72商　計算。師古曰：「商，度也。」73功利　事業的效益。74如　依照；按照。75迺　始；才。76平賈　指有價的工錢。賈，通「價」。蘇林曰：「平賈，以錢取人作卒，顧其時庸之平賈也。」如淳曰：「律說，平賈一月，得錢二千。」

【語　譯】三年過後，黃河果然在館陶對岸東郡的金隄決口，氾濫兗州、豫州，流入青州的平原、千乘、濟南三郡，一共淹沒了四個郡三十二個縣，淹沒農田十五萬多頃，水深的地方有三丈，毀壞公私房舍將近四萬所。御史大夫尹忠應對處理水災的方略不周密，成帝嚴詞責備了他，尹忠自殺。成帝派遣大司農非調調撥錢糧，平均分配給黃河決口後被水淹沒的各郡，派遣兩名謁者徵調五百艘河南郡以東的運糧船，把百姓九萬七千多人遷移到丘陵地帶避水。河隄使者王延世奉命堵塞決口，把長四丈、大九圍的竹籠裝滿小石頭，用兩條船夾載著沉入決口。用了三十六天，把河堤築成。成帝下詔說：「東郡黃河決口，淹沒兩州，校尉王延世修築堤防，三十天就把決口堵住了。可以將建始五年改為河平元年。參加堵塞決口的民夫抵作戍邊六個月，登記在簿籍上。王延世長於計劃，節省了工程費用，花費的人力和時間少，我非常讚許。著即提升王延世為光祿大夫，品秩中二千石，賜爵關內侯，賞黃金一百斤。」

兩年過後，黃河又在平原郡決口，流入濟南、千乘兩郡，災害的情況是建始四年河決東郡金隄時的一半，朝廷又派遣王延世去堵塞決口。杜欽勸說大將軍王鳳，認為「上次黃河決口，據丞相史楊焉說，王延世是採用楊焉的辦法把決口堵住的，他隱瞞情況，不肯向皇帝推薦楊焉。現在只委任王延世，王延世見前次很容易就堵塞了決口，恐怕考慮危害不會細緻深入。再者，果真如楊焉所說，王延世的治水技能，反而不如楊焉。況且各地的水勢有所不同，不經眾人廣泛討論施工方案的利弊而委任一個人去辦理，如果不能趕在今年冬天竣工，來年春天桃花水暴漲，必然氾濫，有河道淤塞不通之患。這樣以來，幾個郡不能下種，百姓流離失所，盜賊將要產生，即使嚴厲懲罰王延世，也於事無補。應該派遣楊焉和將作大匠許商、諫大夫乘馬延年等協同工作。王延世與楊焉必然互相指摘對方的不足，深入細緻地議論如何施工便利合宜，來互相詰難。許商和乘馬延年都懂得計算，能計算事業的效用，足以分辨誰是誰非，擇其善者而從之，一定會把事情辦好」。王鳳按照杜欽的話，向成帝陳述，派遣楊焉等參與治理，花了六個月的時間才堵住了缺口。又賞賜王延世一百斤黃金。參與堵塞決口且不拿工錢的民夫，抵六個月的戍邊，登記在簿籍上。

後九歲❶，鴻嘉四年❷，楊焉言：「從河上下❸，患❹底柱隘❺，可鐫❻廣❼之。」上從其言，使焉鐫之。鐫之裁❽沒❾水中，不能去❿，而令水益⓫湍怒⓬，為害甚於故⓭。

是歲，勃海、清河、信都河水湓溢⓮，灌縣邑三十一，敗官亭民舍四萬餘所。河隄都尉許商與丞相史孫禁共行視，圖⓯方略。禁以為「今河溢之害數倍於前決平原時。今可決平原金隄間，開通大河，令入故篤馬河⓰。至海五百餘里，水道浚利⑰，又乾⑱三郡水地⑲，得美田⑳且二十餘萬頃，足以償㉑所開傷㉒民田廬處，又省吏卒治隄救㉓水，歲三萬人以上」。許商以為「古說九河之名，有徒駭㉔、胡蘇㉕、鬲津㉖，今見在成平㉗、東光㉘、鬲㉙界中。自鬲以北至徒駭間㉚，相去二百餘里，今河雖數㉛移徙，不離此域㉜。孫禁所欲開者，在九河南篤馬河，失水之迹㉝，處勢㉞平夷㉟，旱則淤絕，水則為敗㊱，不可許」。公卿皆從商言。先是㊲，谷永㊳以為「河，中國之經瀆㊴，聖王興則出圖書㊵，王道㊶廢則竭絕㊷。今潰溢橫流，漂沒陵阜㊸，異㊹之大者也。修政㊺以應㊻之，災變自除」。是時李尋㊼、解光㊽亦言「陰氣盛則水為之長㊾，故一日之間，晝減夜增㊿，江河滿溢，所謂水不潤下(51)，雖(52)常於卑下之地，猶(53)日月變(54)見於朔望(55)，明天道(56)有因(57)而作也。眾庶見王延世蒙重賞，競言便巧(58)，不可用。議者常欲求索九河故迹而穿之，今因(59)其自決，可且勿塞，以觀水勢。河欲居之(60)，當(61)稍(62)自成川，跳出沙土(63)，然後順天心而圖之，必有成功，而用財力寡」。於是遂止不塞。滿昌(64)、師丹(65)等數言百姓可哀(66)，上數遣使者處業(67)振贍(68)之。

【章　旨】以上為第八部分，寫了在成帝鴻嘉四年楊焉的治河建議和許商、孫禁等人針對這一年黃河氾濫提出的諸多治河建議，以及谷永、李尋、解光等人的治河建議。

【注釋】❶後九歲　指河決平原後的第九年。❷鴻嘉四年　西元前一七年。鴻嘉，漢成帝年號。❸上下　逆流曰「上」，順流曰「下」，猶言「往來」。❹患　憂慮；擔憂。❺隘　狹窄。❻鐫　開鑿。師古曰：「鐫謂琢鑿之也。」❼廣　寬廣，這裡是使動用法，意為「使……寬廣」。❽裁　通「才」。❾沒　落入。❿去　沖走。⓫益　更加。⓬湍怒　水勢迅猛。⓭故　過去；從前。⓮溢溢　氾濫。⓯圖　謀劃。⓰篤馬河　據本書卷〈地理志〉，在平原郡平原縣，向東北流入海。韋昭曰：「在平原縣。」⓱浚利　暢通。⓲乾　使……乾。⓳水地　被水淹沒的土地。⓴美田　肥美的農田。㉑償　抵償；補償。㉒傷　毀壞。㉓救　防止。㉔徒駭　是傳說中九河最北的一條河，故道在今河北交河境內。㉕胡蘇　傳說中九河之一，故道在今河北東光東南。㉖鬲津　傳說中九河最南的一條河，故道在今山東平原境內。㉗成平　縣名，屬勃海郡，在今河北交河東。㉘東光　縣名，屬勃海郡，在今河北東光東。㉙鬲　縣名，屬平原郡，在今山東平原西北。㉚自鬲以北至徒駭間　王念孫說，「鬲」下脫「津」字。鬲津為九河之一，而鬲為縣名。九河以徒駭為最北，鬲津為最南，故曰「自鬲津以北至徒駭」，不當言「自鬲以北」。《禹貢正義》、《爾雅・釋水疏》引此都作「自鬲津以北」。按，王說甚確，「鬲」下當補「津」字。㉛數　多次；屢次。㉜域　地域；地帶。㉝失水之迹　乾涸的河道。㉞處勢　所處的地勢。㉟平夷　平坦。㊱旱則淤絕二句　由於篤馬河地勢平坦，泥沙容易淤積，天旱時黃河水位低，篤馬河便會因泥沙淤塞而不通；水盛時又不能容納，就將氾濫成災。㊲先是　起初。㊳谷永　成帝時人，善言災異。詳見卷八十五〈谷永傳〉。㊴經瀆　主要的河流。師古曰：「經，常也。」㊵出圖書　指儒家關於「河出圖，洛出書」的神話傳說。傳說上古時，有龍馬從黃河出現，背負河圖；有神龜從洛水出現，背負洛書。伏羲根據河圖，畫成八卦，大禹據洛書，演為〈洪範〉九疇。㊶王道　儒家主張以仁義治天下，稱為王道。㊷竭絕　指河水乾涸。㊸陵阜　丘陵；小土山。㊹異　災異。指自然災害或某些特異的自然現象。按照當時「天人感應」的說法，這是上天對人的警示或懲罰。㊺修政　修明政治。㊻應　感應。㊼李尋　治《尚書》，善言災異。詳見卷七十五〈李尋傳〉。㊽解光　成帝時為司隸校尉，善言災異。詳見卷七十五〈李尋傳〉附。㊾陰氣盛則水為之長　漢儒認為陰氣盛則有水災，陽氣盛則有旱災。㊿晝減夜增　晝為陽，夜為陰，故水勢晝減夜增。(51)潤下　水滲入地下，滋潤萬物。(52)雖　通「唯」。只是。(53)猶　如。(54)日月變　指日食、月食。(55)朔望　指合朔和滿月。夏曆每月初一叫「朔」，十五日叫「望」。(56)天道　古人認為天道是支配人類命運的天神意志。(57)因　原因。(58)便巧　指治水的好辦法。(59)因　趁著。(60)河欲居之　河水欲居之處，即河水想流到的地方。(61)當　會。(62)稍　漸漸地。(63)跳出沙土　使沙土跳出。是說河水流過，將地下的沙土沖起來，形成河道。(64)滿昌　人姓名，受《齊詩》於匡衡，官至詹事。詳見卷八十八〈儒林傳〉。(65)師丹　與滿昌同師事匡衡，成帝時為光祿勳，甚見尊重。詳見卷八十六〈師丹傳〉。㊅可哀　可憐。㊆處業　安置災民，使他們得到謀生的產業。師古曰：「處業，謂安處之使得其居業。」㊇振贍　救濟。

【語譯】九年過後，即鴻嘉四年，楊焉上奏說：「從黃河上下往來，愁的是底柱山那段河道狹窄，可以開鑿山石，使它寬廣。」成帝採取了楊焉的建議，派楊焉去開鑿山石。鑿下的山石落到河裡，河水不能沖走它，使得水勢更加湍急，比以前危害更大。

這一年，勃海、清河、信都三郡國黃河河水氾濫，三十一個縣被淹沒，四萬多所公私房舍遭到毀壞。河隄都尉許商與丞相史孫禁共同巡視，謀劃治河的方略。孫禁認為「這次黃河氾濫造成的危害，是過去在平原決口時的幾倍。現在可以在平原金隄間決口，開通黃河，使河水流入原篤馬河。篤馬河至海五百餘里，水道通暢，可以使三郡國被淹土地上的水滲乾，得到二十多萬頃肥沃的農田，足以抵償開通河口所毀壞的民田和房舍，每年又可省去三萬人以上的吏卒去築堤防水」。許商認為「古代所說九河的名稱，有徒駭河、胡蘇河、鬲津河，現在分別在成平、東光和鬲縣境內。從鬲津河北至徒駭河，相距二百多里，現在黃河雖然多次改道，但始終沒有離開這一區域，應該在這一帶開通河道。孫禁所要開通的，在九河南面的篤馬河，這是一條久已乾涸的河道，所處地勢很平坦，天旱水淺則泥沙淤塞不通，漲水時不能容納便會氾濫成災，不可採納這種意見」。公卿大臣都附和許商的說法。起初，谷永認為「黃河是中國的主要河流，聖明的帝王興起，則河出圖洛出書，以仁義治國的王道廢弛，則河水乾涸。現在河水氾濫，丘陵被淹沒，這是大災異，只要修明政治以感應上天，災害自然可以消除」。當時李尋、解光也說「陰氣盛時水就要上漲，所以一天之中，白天水退去，夜晚水上漲，江河氾濫，正是所謂水不滲入地下，只是常常流到地勢低下的地方，這就像日月食在合朔滿月時出現，表明上天這樣做是有原因的。眾人看見王延世治河受重賞，都爭先恐後進言治河的辦法，都不可採用。議論治河的人常想尋找九河故道而加以開通，現在趁著黃河自然的決口，可暫時不加以堵塞，以觀察水的走勢。河水想流到什麼地方，自然會沖刷掉河床上的泥沙，慢慢地形成河道，到那時再順應天意來想辦法治理，一定能獲得成功，而且花費的錢財和人力少」。於是便停止治理，不再堵塞。滿昌、師丹等屢次上書說災民可憐，成帝多次派遣使者給以安置救濟。

1 哀帝❶初，平當❷使領❸河隄，奏言：「九河今皆寘滅❹，按經義❺治水，有決河❻深川❼，而無隄防雍塞❽之文。河從魏郡以東，北多溢決，水迹❾難以分明。四海之眾不可誣❿，宜博求能浚川疏河者。」下丞相孔光⓫、大司空⓬何武⓭，奏請部刺史⓮、三輔⓯、三河⓰、弘農⓱太守舉吏民能者，莫有應書⓲。待詔⓳賈讓⓴奏言：

2 「治河有上中下策。古者㉑立國居民㉒，疆理㉓土地，必遺川澤之分，度水勢所不及㉔。大川㉕無防㉖，小水㉗得入，陂障㉘卑下，以為汙澤㉙，使秋水多，得㉚有所休息㉛，左右游波㉜，寬緩而不迫㉝。夫㉞土之有川，猶人之有口也。治土而防其川，猶止兒啼而塞其口，豈不遽㉟止，然其死可立㊱而待也。故曰：『善為川者，決之使道；善為民者，宣之使言㊲。』蓋隄防之作，近起戰國，雍防百川㊳，各以自利。齊與趙、魏，以河為竟㊴。趙、魏瀕山㊵，齊地卑下㊶，作隄去㊷河二十五里。河水東抵齊隄，則西泛趙、魏㊸，趙、魏亦為隄去河二十五里。雖非其正[44]，水尚有所游盪。時至而去，則填淤[45]肥美，民耕田之。或久無害，稍築室宅，遂成聚落。大水時至漂沒，則更[46]起隄防以自救，稍去其城郭，排水澤而居之[47]，湛溺自其宜也[48]。今隄防陿者[49]去水數百步，遠者數里。近黎陽[50]南故大金隄，從河西西北行，至西山南頭，迺折東，與東山相屬[51]。民居金隄東，為廬舍，往十餘歲更起隄，從東山南頭直南與故大隄會[52]。又內黃[53]界中有澤[54]，方[55]數十里，環[56]之有隄，往十餘歲太守以賦民[57]，民今起廬舍其中，此臣親所見者也。東郡白馬[58]故大隄亦復數重，民皆居其間。從黎陽北盡魏界，故大隄去河遠者數十里，內亦數重，此皆前世所排[59]也。河從河內北至黎陽為石隄，激使東抵東郡平剛[60]；又為石隄，使西北抵黎陽、觀下；又為石隄，使東北抵東郡津[61]北；又為石隄，使西北抵魏郡昭陽；又為石隄，激使東北。百餘里間，河再西三東[62]，迫阸[63]如此，不得安息。

3 「今行上策，徙冀州[64]之民當水衝[65]者，決黎陽遮害亭[66]，放河使北入海。河西薄[67]大山，東薄金隄，勢不能遠泛濫，朞月[68]自定。難者[69]將曰：『若如此，敗壞城郭田廬冢墓[70]以萬數[71]，百姓怨恨。』昔大禹治水，山陵當路者毀之，故鑿龍門，辟[72]伊闕[73]，析底柱[74]，破碣石[75]，墮[76]斷天地之性。此迺人功所造[77]，何足言也！今瀕河十郡[78]治隄歲費且[79]萬萬，及其大決，所殘[80]無數。如出數年治河之費，以業[81]所徙之民，遵古聖之法，定山川之位，使神[82]人[83]各處其所，而不相奸[84]。且[85]以大漢方制[86]萬里，豈其[87]與水爭咫尺[88]之地哉？此功一立，河定民安，千載無患，故謂之上策。

4 「若迺[89]多穿漕渠於冀州地，使民得以溉田，分殺水怒，雖非聖人法，然亦救敗術也。難者將曰：『河水高於平地，歲增隄防，猶尚決溢，不可以開渠。』臣竊[90]按視[91]遮害亭西十八里，至淇水[92]口，迺[93]有金隄，高一丈。自是[94]東，地稍下，隄稍高，至遮害亭，高四五丈。往五六歲，河水大盛，增丈七尺[95]，壞黎陽南郭門，入至隄下[96]。水未踰隄二尺所[97]，從隄上北望，河高出民屋，百姓皆走上山。水留十三日，隄潰，吏民塞之。臣循隄上，行視水勢，南七十餘里，至淇口[98]，水適[99]至隄半，計出地上五尺所。今可從淇口以東為石隄[100]，多張[101]水門。初元[102]中，遮害亭下河去隄足[103]數十步，至今四十餘歲，適至隄足。由是言之，其地堅矣。恐議者疑河大川難禁制，滎陽漕渠[104]足以卜之，其水門但用木與土耳，今據堅地作石隄，勢必完安[105]。冀州渠首[106]盡當[107]卬[108]此水門。治渠非穿地也，但為東方一隄，北行三百餘里，入漳水中，其西因山足高地，諸渠皆往往[109]股[110]引取之。旱則開東方下水門溉冀州；水則開西方高門分河流。通渠有三利，不通有三害。民常罷於救水[111]，半失作業[112]；水行地上[113]，湊潤上徹[114]，民則病溼氣[115]，木[116]皆立[117]枯，鹵[118]不生穀；決溢有敗，為魚鼈食：此三害也。若有渠溉，則鹽鹵下溼，填淤加肥；故種禾麥，更[119]為秔稻[120]，高田[121]五倍，下田[122]十倍；轉漕舟船之便：此三利也。今瀕河隄吏卒郡數千人，伐買薪石之費歲數千萬，足以通渠成水門。又民利其溉灌，相率治渠，雖勞不罷。民田適[123]治，河隄亦成，此誠富國安民，興利除害，支[124]數百歲，故謂之中策。

「若迺繕完[125]故隄，增卑倍薄[126]，勞費無已，數逢其害，此最下策也。」

【章　旨】以上為第九部分，寫了哀帝初年，哀帝採取平當的建議廣徵治河能人，以及賈讓的治河三策。

【注　釋】❶哀帝　指劉欣。西元前六至前一年在位。詳見卷十一〈哀帝紀〉。❷平當　哀帝時徵為光祿大夫，累官至丞相。詳見卷七十一〈平當傳〉。❸領　漢代官吏已有本官本職而兼管他官職務者稱「領」。師古曰：「為使而領其事。」❹寘滅　填塞滅跡。寘，同「填」。本作「窴」。❺經義　經書的義理。❻決河　指分支流以洩水勢。❼深川　疏浚水道。❽隄防雍塞　築隄堵塞。師古曰：「雍讀曰壅。」❾水迹　水道；河道。❿不可誣　不可誣言其中沒有賢能之人。⓫孔光　孔子十四世孫，詳見卷八十一〈孔光傳〉。⓬大司空　官名。漢成帝時，改御史大夫為大司空，哀帝時曾復舊稱，後再改為大司空，與大司徒、大司馬並稱三公。⓭何武　漢成帝時以御史大夫改任大司空。詳見卷八十六〈何武傳〉。⓮部刺史　漢武帝元封五年（西元前一〇六年），為了加強中央集權，除了京師附近七郡外，分境內為豫州、兗州、青州、徐州、冀州、幽州、并州、涼州、益州、荊州、揚州、交趾、朔方十三區，各置刺史一人，巡查境內地方官吏與強宗豪右，稱十三刺史部。征和四年（西元前八九年），又以京師附近七郡設置司隸校尉部，性質略同刺史部。⑮三輔　指京兆尹、左馮翊、右扶風三個京畿行政區。轄境相當於今陝西中部地區，乃至河南西部邊界地區。⑯三河　漢人稱河東、河內、河南三郡為三河。三河與三輔、弘農同視為畿輔之地，屬司隸校尉部。⑰弘農　郡名，治弘農（今河南靈寶）。⑱莫有應書　王先謙：「無應詔書者。」楊樹達說：「『書』乃『者』字之誤。」⑲待詔　漢代徵士，凡未授職而留在官府等候任用的稱待詔。⑳賈讓　西漢水利專家。他上書提出治理黃河的上、中、下三策。上策主張不與水爭地，從黎陽遮害亭（今河南滑縣東北），放開河水，使北行入海；中策主張從淇口至漳水築石隄，設水門，門下修渠，旱則開東方下水門溉冀州，水大則開西方高門分流減洪。他認為築隄防洪，增卑倍薄，勞費甚多，是下策。㉑古者　指古代帝王。㉒居民　把人民安置在一定地方居住。㉓疆理　劃分田畝的界限。㉔必遺川澤之分二句　指古代帝王建立國家、安排百姓住處、劃分田畝界限的時候，一定要避開流水積聚的低窪地帶，選擇水勢不能到達的地方。遺，留。川澤，流水積聚的低窪地帶。分，分界。㉕大川　大河流。㉖防　隄防。㉗小水　小支流。㉘陂障　蓄水池的隄岸。㉙汙澤　水池。汙，靜止不流動的死水。㉚得　能夠。㉛休息　停留。㉜左右游波　指水波蕩漾。㉝寬緩而不迫　指水波從容而不急迫。㉞夫　彼。指示代詞。㉟遽　立即；立刻。㊱立　頃刻；馬上。㊲善為川者四句　是說善於治水的人，排除水道的壅塞，使它暢通；善於治民的人，放開他們的口，讓他們說話。為川，治水。為，治。《漢書補注》王先謙曰：「為猶治也。」決，除去壅塞，使水流通。道，通「導」。暢通。宣，放。㊳雍防百川　意為堵塞眾多河流。雍防，堵塞。雍，通「壅」。㊴竟　通「境」。界。㊵趙魏瀕山　是說趙地和魏地一邊靠山，地勢較高。瀕，靠近。師古曰：「瀕山，猶言以山為邊界也。」㊶齊地卑下　齊地瀕海，地勢較為低下。㊷去　距離。㊸河水東抵齊隄二句　是說黃河之水從東岸溢出到齊國河隄以內時，西岸便會在趙、魏之地氾濫成災。㊹非其正　是說築隄防水不是治水的正規方法。正，正道。㊺填淤　淤泥。㊻更　再。㊼排水澤而居之　意即在積水的低窪地帶築起隄防而居住下來。排，安置。水澤，即川澤，流水積聚的低窪地帶。㊽湛溺自其宜也　意即一旦河水大溢，百姓沉沒其中就是很自然的事了。湛溺，沉溺；沉沒。湛，通「沉」。㊾陿者　指隄防距離河道很近。㊿黎陽　縣名，屬魏郡，治今河南浚縣東。(51)屬　接連。(52)會　相接連。(53)內黃　縣名，屬魏郡，在今河南內黃。(54)澤　流水積聚的低窪地帶。(55)方　方圓。(56)環　環繞；圍繞。師古曰：「環，繞也。」(57)往十餘歲太守以賦民　意即十幾年前魏郡太守已把黃縣境內的低窪地分給百姓。賦，給與。師古曰：「以隄中之地給與民。」(58)白馬　縣名，屬東郡，治今河南滑縣東。(59)排　修築。(60)平剛　《漢書補注》引齊召南說，平剛當是東郡近河地名，並非縣名。以下「黎陽、觀下」、「魏郡昭陽」，皆非縣名，都是近河地名。(61)東郡津　據《水經注》，東郡濮陽縣（今河南濮陽西南）北有渡口名「濮陽津」，東郡津大概指此。

(62)再西三東　意即河水兩次激向西方，三次激向東方。(63)迫阸　迫激。(64)冀州　西漢十三刺史部之一，轄境相當於今河北中南部、山東西端及河南北端。(65)水衡　河水流經的地方。(66)遮害亭　在今河南汲縣東北淇門鎮南淇水入古黃河之口以東十八里。(67)薄　迫近；接近。(68)朞月　一整月。《漢書補注》王先謙曰：「官本《考證》云，朞，監本誤基，今改正。」按，景祐本作朞。(69)難者　駁詰、責難的人。(70)冢墓　墳墓。(71)以萬數　以萬為單位來計算。數，計算。(72)辟　劈開。(73)伊闕　在今河南洛陽南約二十五里處，東山和西山隔伊水對峙如闕門，故名。(74)析底柱　原在今河南三門峽黃河中的底柱山，又名三門山。相傳這三門是大禹治水時分底柱山而成，故云「析底柱」。析，分。師古曰：「析，分也。」(75)破碣石　破開碣石山。碣石山在今河北昌黎西北。(76)墮　通「隳」。毀壞。(77)人功所造　指城郭、田廬、冢墓。(78)瀕河十郡　指河南、河內、東郡、陳留、魏郡、平原、千乘、信都、清河、勃海十郡。(79)且　將近。(80)殘　毀壞；毀害。(81)業　謀生的產業。在文中作動詞用，即「使有謀生的產業」。(82)神　指河神。(83)人　指居民。(84)奸　通「干」。犯；擾。(85)且　而且。(86)方制　猶言「版圖」、「疆域」。(87)豈其　難道。(88)咫尺　周制八寸為咫。咫尺形容很短、很近。(89)若迺　轉折連詞，至於。(90)竊　表謙敬的副詞。(91)按視　巡視。(92)淇水　在河南北部，發源於林縣西太行山。古為黃河支流，南流至今汲縣東淇門鎮南入古黃河。(93)迺　始。(94)是此；這。(95)增丈七尺　是說水位增高一丈七尺。(96)壞黎陽南郭門二句　此句意即，黎陽南面憑藉金隄為城，南郭門在隄內，故河水溢至隄下，也就沖壞了南郭門。(97)水未踰隄二尺所　意即溢出之水距離隄頂二尺左右。所，猶「許」，表約數的數詞。(98)淇口　淇水注入黃河之口。(99)適　方；才。(100)從淇口以東為石隄　據下文，這是說從淇口以東至漳水修築石隄。(101)張　設。(102)初元　漢元帝年號，西元前四八至前四四年。(103)隄足　隄腳。(104)滎陽漕渠　指狼湯渠，即古運河，故道自今河南滎陽北引黃河水東流，經中牟、開封北，南流至淮陽南入潁水。(105)完安　牢固。(106)渠首　渠頭。(107)當　將要。(108)卬　通「仰」。依賴。(109)往往　處處；各處。(110)股　分股。如淳曰：「股，支別也。」(111)救水　指治水患。(112)作業　謀生之業。(113)水行地上　河水高於平地，故「水行地上」即指河水在河道流行。(114)湊潤上徹　是說聚集在地下的水分蒸發。俗所謂「走墒」、「跑墒」。湊潤，指聚集在地下適於種子發芽的水分，俗謂之「墒」。(115)病溼氣　即患風溼病之類。病，害病。(116)木　樹木。(117)立　立即。(118)鹵　鹹鹵地。(119)更　更換；替換。(120)秔稻　稻的一種，古謂秔稻為稻之不粘者。(121)高田　所處地勢較高的田。(122)下田　所處地勢較低的田。(123)適　恰巧；正好。(124)支　維持。(125)繕完　修繕；修補。(126)增卑倍薄　使低處增高，使薄處加倍增厚。

【語譯】哀帝初年，平當被派兼領黃河隄防事宜，他上奏道：「現在九河都已被填塞，蹤跡已滅，依據經書的義理治水，有分支流以洩水勢和疏浚水道的方法，而沒有築隄堵塞的說法。黃河從魏郡以東，北岸多次決口氾濫，水道難以分清。不可妄言天下之眾沒有能人，應該廣泛地徵求能疏浚河道的人。」哀帝把治河這件事交給丞相孔光和大司空何武商議，孔光、何武奏請皇帝下詔，由各部刺史和京兆尹、左馮翊、右扶風以及河東、河內、河南、弘農等郡太守推舉能疏浚河道的人，但是沒有人應徵。待詔賈讓上書奏道：

2 「治理黃河有上中下三策。前代帝王建立國家、安置百姓、劃分田畝界限的時候，一定要避開流水積聚的低窪地帶，選擇水勢不能到達的地方。大河流沒有隄防，小河流就可以注入，蓄水池的隄岸築在地勢低下的地方，水就可以流到裡面成為池塘，這樣，使秋季大量的雨水能夠有停留的地方，水波蕩漾，從容而不急迫。土地上有河流，就如同人有口一樣。治理土地而堵塞它的河流，就像禁止小兒啼哭而堵塞他的嘴巴一樣，哪能不立刻停止，但是小兒的死也是頃刻之間的事情。所以說：『善於治水的人，排除水道的壅塞，使它暢通；善於治民的人，放開他們的口，讓他們說話。』修築隄防，近起始於戰國，各諸侯國為了各自的利益堵塞河流。齊國、趙國、魏國，以黃河為界。趙國和魏國靠山，地勢較高，齊國靠海，地勢較低，在距離黃河二十五里的地方築隄防水。當河水從東岸溢出到達齊國大隄時，西岸就會在趙國和魏國氾濫成災，於是趙國和魏國也在距離黃河二十五里的地方築隄防水。這雖然不是治水的正規之途，但是溢出的河水還有地方遊蕩，不致氾濫成災。當河水退去後，河邊就會積有肥沃的淤泥，百姓可在那裡耕種。有時長久沒有河水溢出，百姓便漸漸在隄內築起房舍，這樣便形成了村落。河水有時氾濫淹沒房舍，便再築隄防來自救，就這樣，人們漸漸離開原來的城郭，在積水的低窪地帶築起隄防而居住下來，一旦河水大溢，百姓被淹沒其中就是很自然的事了。現在百姓自己修築的隄防，狹窄處距河只有數百步，寬處距河數里。靠近黎陽南面的以前的大金隄，從黃河西岸向西北延伸，到西山的南頭，折向東方，與東山相連。百姓住在金隄的東面，修建房舍，十幾年前，又修築起一條直隄，從東山南頭一直向南與從前的大金隄相接連。魏郡內黃縣境內又有一片聚水的低窪地，方圓數十里，周圍環繞有隄，十幾年前，魏郡太守已把這片低窪地分給老百姓，百姓現在在其中築起房舍，這是我親眼所見的。東郡白馬縣以前的大金隄內，也有百姓自己修築的隄防數道，百姓都住在其中。從黎陽以北直到魏郡的邊界，以前的大多隄防離河最遠的有數十里，隄防內也還有隄防數道，這都是前代修築的。黃河從河內郡北至黎陽縣築有石隄，激使河水向東流，抵達東郡平剛；東郡平剛又築有石隄，激使河水向西北流抵黎陽、觀地；黎陽、觀地又築有石隄，激使河水向東北流抵東郡渡口以北；東郡渡口以北又築有石隄，激使河水向西北流抵魏郡昭陽；魏郡昭陽又築有石隄，激使河水流向東北。在這百餘里間，河水兩次激向西方，三次激向東方，如此互相迫激，不能安息。

3 「現在如果實行上策，可遷徙冀州在河水流經之處居住的百姓，在黎陽遮害亭決開河口，放開河水使它向北流入海。河水西依大山，東靠金隄，其勢不能流向遠方，任其在這一區域氾濫一年，河道就會自然而然形成。詰難的人可能要說：『如果這樣做，就要毀壞數以萬計的城郭、田地、房舍和墳墓，百姓將要怨恨。』從前大禹治水，凡是山陵擋住水路的就毀掉它，所以曾經鑿開龍門，劈開伊闕，把底柱山分為三門，把碣石山破開，不惜毀斷天地之本來面目。這些城郭、田地、房舍、墳墓都是人工所造，哪裡值得一提呢！現在靠河的十個郡，每年修隄的費用將近萬萬，遇上河水氾濫，毀壞財物更是無數。如果拿出幾年治河的費用，發給遷徙的百姓作為謀生的資產，這樣按照古代聖王治水的方法，確定山川的位置，就可使河神與百姓各自居住在自己的地方，互不干犯。以大漢帝國萬里之疆域，難道一定要與河水爭咫尺之地嗎？這項事業一旦成功，河道固定，百姓安寧，一千年不會有災害，所以叫它上策。

4 「至於在冀州地區多開漕渠，使百姓得以灌溉農田，並分洩兇猛的水勢，雖然不是聖人治水的方法，然而也不失為防止河水氾濫的一種方法。詰難的人可能要說：『黃河的水比平地高，每年增築隄防，仍然決口氾濫，不可以開渠。』我曾經巡視河隄，在遮害亭以西十八里的淇水入黃河之口，開始有金隄，高一丈。從這裡往東，地勢漸漸低下，金隄漸漸增高，到遮害亭，隄高四五丈。五六年前，河水暴漲，水位增高一丈七尺，沖壞了黎陽縣的南郭門，進入金隄之下。河水距離隄頂二尺左右，從隄上向北遠眺，河水高於民房，百姓都逃到山上。大水持續了十三天，有一處金隄崩潰，官吏和百姓堵住了這個決口。我順著金隄察看水勢，南行七十多里到淇口，水才淹沒了金隄的一半，測得水深五尺左右。現在可以在淇口以東修築石隄，多設水門。元帝初元年間，遮害亭一帶河岸距隄腳數十步，到現在已有四十多年了，才到隄腳。這樣說來，這個地方的土質是堅實的。恐怕議者懷疑黃河這樣的大河，水門難以控制，滎陽狼湯渠的水門不曾被破壞，足以解決這個疑問，狼湯渠的水門用的只不過是木料和泥土，現在在堅實的土地上修築石隄，築為水門，一定會更加牢固。從此以後冀州地區的渠頭，都將依賴這些水門供水。修渠不是穿地直接與黃河相通，只是在淇口以東修築一條石隄，向北延伸三百多里，入於漳水之中，淇口以西則憑藉山腳高地為隄，各條水渠在各處分段從水門引取河水。天旱時便開放東方地勢較低的水門，灌溉冀州的農田；水盛時便開放西方地勢較高的水門分洩洪水。開渠有三利，不開渠有三害。百姓經常疲於治水，多半時間不能從事謀生之業；天旱時，水在高出於平地的河道中流行，不能灌溉，農田地下的水分蒸發，百姓往往因為溼氣而患病，樹木立即枯死，鹹鹵之地不生五穀；黃河決口氾濫，人畜為魚鱉所食：這是三害。如果有水渠灌溉，鹹鹵之地就有了溼氣，河水帶來的淤泥還可以增肥土質；原來種植禾麥，改種秔稻，地勢較高的田增產五倍，地勢較低的田增產十倍；水渠還有運輸船隻之利：這是三利。如今每郡有數千吏卒在黃河邊修築隄防，每年要花掉數千萬砍柴買石的費用，這些人力財力足夠開渠和修築水門。百姓因為灌溉對自己有利，必然會相率來修渠，即使勞累，也不感到困苦。正當民田得到治理的時候，河隄也同時修成，這的確是使國家富裕、百姓安定、興利除害的好辦法，可以維持數百年，所以叫它中策。

「至於修補舊隄，把低處加高，薄處加厚，沒完沒了地勞民傷財，還不斷遭受氾濫的災害，這是最下策。」

王莽❶時，徵能治河者以百數，其大略異者❷，長水校尉❸平陵❹關並❺言：「河決率常❻於平原、東郡左右，其地形下而土疏惡。聞禹治河時，本空此地，以為水猥，盛則放溢❼，少稍自索❽，雖時❾易處❿，猶⓫不能離此。上古難識，近察秦漢以來，河決曹、衛之域⑫，其南北不過百八十里者，可空此地，勿以為官亭民室而已。」大司馬史⑬長安張戎⑭言：「水性就下，行疾則自刮除成空而稍深⑮。河水重濁，號為一石水而六斗泥。今西方諸郡，以至京師東行，民皆引河、渭山川水溉田。春夏乾燥，少水時也，故使河流遲，貯淤而稍淺；雨多水暴至，則溢決。而國家數隄⑯塞之，稍益⑰高於平地，猶⑱築垣⑲而居水也。可各順從其性，毋復灌溉，則百川流行，水道自利，無溢決之害矣。」御史臨淮⑳韓牧㉑以為：「可略㉒於禹貢九河處穿之，縱不能為九，但為四五，宜有益。」大司空掾㉓王横㉔言：「河入勃海，勃海地高於韓牧所欲穿處。往者天嘗連雨，東北風，海水溢，西南出，寖㉕數百里，九河之地已為海所漸㉖矣。禹之行㉗河水，本隨㉘西山下東北去。周譜㉙云定王五年㉚河徙，則今所行非禹之所穿也。又秦攻魏，決河灌其都㉛，決處遂㉜大，不可復補。宜卻㉝徙完平處㉞，更開空㉟，使緣㊱西山足乘㊲高地而東北入海，迺無水災。」沛郡㊳桓譚㊴為司空掾，典其議㊵，為㊶甄豐㊷言：「凡此數者㊸，必有一是㊹。宜詳考驗，皆可豫見，計定然後舉事㊺，費不過數億萬，亦可以事諸浮食無產業民㊻。空居與行役，同當衣食；衣食縣官，而為之作，迺兩便㊼，可以上繼禹功，下除民疾。」王莽時，但崇空語，無施行者ㄓㄜˇ。

【章旨】以上為第十部分，寫的是在王莽時的一次治河大討論中，眾臣吏空談各種治河方案。

【注釋】❶王莽　本為漢朝外戚，又為新王朝的建立者，西元八至二三年在位。詳見卷九十九〈王莽傳〉。❷其大略異者　意即其中特別有方略的能人異士。大略，遠大的謀略。異者，獨特的能人異士。❸長水校尉　長水在今陝西藍田西北，漢代有長水校尉，掌長水胡騎。❹平陵　古縣名，治今陝西咸陽西北，西漢五陵之一，漢昭帝築陵置縣，昭帝死後葬於此。❺關並　字子陽，才智通達之士。❻率常　大率；通常。❼聞禹治河時四句　意即大禹治理黃河時，本來空下了平原、東郡一帶地方，把它作為蓄水區，水多上漲時便任其放溢。以為，把（它）作為。猥，多。❽少稍自索　意即水下落便漸漸自行枯竭。稍，漸漸。索，盡，指積水滲乾。❾時　時常。❿易處　改變地方。⓫猶　仍然。⓬曹衛之域　指今河南濮陽至山東定陶一帶。⓭大司馬史　指大司馬屬下的官員。大司馬，漢武帝罷太尉置大司馬，莽時因之，與大司徒、大司空合稱三公。⓮張戎　字仲功，熟悉水利灌溉事宜。⓯行疾則自刮除成空而稍深　意即河水流得快就可以自行刮除河底泥砂，疏通河道，使它逐漸加深。行疾，指水流得快。成空，疏通河道。稍深，河道逐漸加深。⓰數隄　屢次築隄。⓱稍益　漸漸。⓲猶　猶如；好像。⓳垣　牆。⓴臨淮　郡名，治徐縣（今江蘇泗洪南）。㉑韓牧　字子台，善於治水。㉒略　大略。㉓大司空掾　大司空的屬官。㉔王橫　字平中，琅邪人。治《易》，又傳《古文尚書》。㉕寖　淹沒。㉖漸　淹沒。㉗行　疏通；疏導。㉘隨　沿著。㉙周譜　記載周代帝王世系年譜之類的書。㉚定王五年　西元前六〇二年。定王，周定王瑜。㉛秦攻魏二句　在秦始皇二十二年（西元前二二五年），秦攻魏，決河灌魏都大梁（今河南開封西北）。㉜遂　因而；於是。㉝卻　退卻。㉞完平處　堅固而平坦的地方。㉟開空　決開口子。師古曰：「空猶穿。」㊱緣　沿著。㊲乘　登。㊳沛郡　郡名。漢高帝改泗水郡置，治相縣（今安徽濉溪西北），轄境相當於今安徽淮河以北、西淝河以東，河南夏邑、永城及江蘇沛、豐等縣地。㊴桓譚　漢代經學家，著有《新論》，已亡佚。㊵典其議　指桓譚主持這次有關治河的討論。典，主持；執掌。㊶為　向；對。㊷甄豐　王莽時為大司空。㊸凡此數者　指所有這些議論。凡，所有。㊹是　正確。㊺舉事　辦事；行事。指動工治理黃河。㊻亦可以事諸浮食無產業民　意即還可以使那些無業遊民服勞役。事，服役，在此為使動用法，使……服役。師古曰：「事謂役使也。」㊼空居與行役五句　意即那些無業遊民家居無事和服勞役，同樣要吃飯穿衣；現在衣食由政府提供，而讓他們為政府服勞役，這是公私兩利的事。師古曰：「言無產業之人，端居無為，及發行力役，俱須衣食耳。今縣官給其衣食，而使修治河水，是為公私兩便也。」

【語　譯】王莽時，徵召能治理黃河的人以百來計算，其中不乏有遠大謀略的能人異士，長水校尉平陵人關並進言：「黃河決口一般都在平原、東郡一帶，因為這一帶地勢低下，土質鬆散。聽說大禹治理黃河的時候，本來就把這一帶地方空了下來，以它作為蓄水區，水多上漲時就任其排溢，水位下降便漸漸自行枯竭，排溢的地方雖然時常改變，但仍舊沒有離開這一區域。上古時候是在哪裡排溢已經難以識別，考察近世秦漢以來，黃河在曹、衛一帶決口，氾濫的地方南北不過百八十里，可以空下這一帶地方，不要在這一帶修建公私房舍就是了。」大司馬史長安人張戎進言：「水的本性是從高處往低處流，流得快就可以自行刮除河底泥沙，疏通河道，使它逐漸加深。黃河的水很混濁，號稱一石水六斗泥。現在西方各郡，以至京師以東，百姓都引黃河、渭水以及其他河流的水來灌溉農田。春夏乾燥，正是河水少的時候，所以河水流得遲緩，在河底淤積泥沙而使河道逐漸變淺；等到雨多的季節，河水暴漲，便氾濫成災。朝廷多次築堤堵塞，漸漸增加使河水高出於平地，人們就像築起牆來住在水裡面一樣。現在應該順從水往下流的本性，不要再用它來灌溉農田，那麼許多河流的水就都能正常流行，水道自然暢通，就不會再有決口氾濫的災害了。」御史臨淮人韓牧認為：「應該大略在〈禹貢〉所記載的九河處穿通它們，就算不能穿通九條河，只要能穿通四五條，也應該是有好處的。」大司空掾王橫進言：「黃河流進勃海，勃海地勢比韓牧所要穿通的九河之處高。從前曾經大雨連綿不斷，颳東北風，海水漫溢，向西南流出，淹沒數百里，九河之地已被海水所淹沒。大禹疏導黃河之水，本來是沿著西山腳往東北流去。《周譜》說定王五年黃河改道，那麼黃河現在所通行的河道已經不是大禹所開通的了。又秦國攻打魏國時，決開黃河灌注魏國都城大梁，因此決開的口子很大，不可能再加以堵塞。應該退而改在既堅固又平坦的地方，再決開一個口子，使河水沿著西山腳登上高地，從東北流入大海，就不會再有水災。」沛郡人桓譚為司空掾，負責主持這次治河的討論，他對甄豐說：「所有這些議論，必定有一種是正確的。應該詳加考察驗證，誰是誰非都可以預見，計劃定下來，然後動工治理黃河，所花費的不過數億萬，還可以使那些無業遊民服勞役。那些無業遊民不管是家居無事，還是服勞役，同樣要吃飯穿衣；現在由朝廷給他們提供衣食，而讓他們為朝廷服勞役，這是公私兩利的事，這樣，就可以上承大禹治水的功績，下除百姓的疾苦。」王莽時，只崇尚空談清議，一種方案也沒有實行。

贊曰：古人有言❶：「微❷禹之功，吾其❸魚乎！」中國川原❹以百數，莫著於四瀆❺，而河為宗❻。孔子曰：「多聞而志之，知之次也❼。」國之利害，故備論其事。

【章　旨】以上是作者的評論，闡明了寫作本志的目的。

【注　釋】❶古人有言　以下引自《左傳・昭公元年》。師古曰：「《左氏傳》載周大夫劉定公之辭也。言無禹治水之功，則天下之人皆為魚鱉耳。」❷微　不是；沒有。❸其　大概；可能；恐怕。❹川原　泛指河流。❺莫著於四瀆　指在中國眾多河流中，沒有哪一條比四瀆更大。著，顯著；著名。四瀆，指黃河、長江、淮水、濟水。❻宗　長；首。❼多聞而志之二句　孔子的意思是說，「多聞而志之」與「生而知之」比較，是次一等的「知」。志，記住。次，次一等。

【語　譯】史官評議說：古人說：「如果沒有大禹治水的功績，我們恐怕都要變成魚了！」中國河流眾多，但沒有哪一條比四瀆更大，而四瀆之中，又以黃河為首。孔子說：「博聞強記，是次一等的知。」黃河的治理，有關國家的民生利害，所以在本文中詳細論述這方面的事。

【研　析】本篇繼承《史記・河渠書》，以黃河為主線，敘述遠古自漢末水利史實。茲就篇中涉及的兩個問題略作分析。

其一：水為「國之利害」

司馬遷在〈河渠書〉即感嘆說：「甚哉，水之為利害也。」班固發揮這一說法，將其提升到影響國家盛衰的層面。研究文明起源的學者認為，最古老的偉大文明都誕生於大河流域，如尼羅河、印度河以及中國的黃河流域，但唯獨在黃河流域發展出長達二千多年的專制制度，並在技術落後的古代社會，不斷建立起幅員遼闊的統一國家。對於後者，有一些學者堅信，治水是東方專制主義起源的一個重要原因，而對於黃河這樣規模的河流治理，必須調動巨大的社會資源，這又是統一國家的一種促成因素。不管這種說法有沒有合理性，率領民眾抗禦大洪水的夏禹，正是在治水的基礎上，創建了中國歷史上有史可考的第一個王朝。就漢代治河史實來看，漢武帝甚至親自率「群臣從官自將軍以下皆負薪填決河」，可以說是舉國動員。要解決黃河水患，除了加固河堤外，當時最為有效的辦法就是任其漫流、自行入海，或者多鑿通海渠道，通過分流以緩解水勢。而這就會傷及行水地區人們的利益，篇中也記錄了一些權貴及地方官員縱水為患、竭力維護本地區利益的史實。這就必須由國家出面統一調度，對受災百姓予以救濟，才可能進行。否則如戰國時那樣，「壅防百川，各以自利」，則河患永不得寧。也正是在漢帝國統一強大的背景下，才會有人提出如此大膽的設想：從黃河源頭鑿山劈嶺、穿越草原直通入海，既使黃河中下游「長無水災」，又能隔斷威脅中原農耕地區的草原游牧民族，「此功壹成，萬世大利」。治水是否就是中國古代專制統一國家存在的一個理由，可以商榷，但不可否認的是，正是古代專制統一國家，創造了歷史上最偉大的水利奇蹟，歷代史不絕書的黃河治理，與中國文明持久發展有很大的關係，貫通南北的大運河也只有在統一的背景下才能完成，並在統一時代發揮最大的功效。

其二：如何正確看待賈讓的治河三策

在本篇涉及漢代有關治河思想的各種意見中，無疑以賈讓的意見最為豐富、深刻。與那些認為黃河決口是陰陽不調、天意示警的迂腐論調不同，賈讓正確地分析了當時黃河中下游水患的社會因素。他認為上古時代，河流有河流的位置，人有人的住處，各不相擾，陂障汙澤等行洪之地甚多，本無所謂水災。但是到了戰國時代，經濟發展、人口增加，各國先後築堤束水。最初當年黃河兩岸堤距達五十里之多，洪水尚可以在其中寬緩游蕩。後來百姓開始占據黃河肥美的灘地來耕作並修建村落，當洪水到來時，則在堤內另起堤防以自救。圍墾一再深入，以至大堤之內又生出數道堤防。最近堤防距離主河床遠的不過數里，近的只有一里多。逐漸形成的堤防使河道寬窄不一，河線再三彎曲，嚴重阻礙行洪，河沙淤積，形成人上河的景觀，因而易成大患。按現在的話說，當時水患是經濟發展、人地關係緊張造成的。

以此認識為基礎，賈讓認為決開黎陽遮害亭附近的大堤，「放河使北入海」，是治理黃河水患的上上策，引流灌溉兼航運之利為中策，而不斷加固堤防則是下策。事實上，社會經濟發展已不允許黃河如大禹時代或者說遠古那樣，在華北平原「播為九河」，漫流入海。加固堤防在賈讓看來是下策，卻成為漢代乃至以後時代治河的首選辦法。黃河在漢代多次決堤，為害甚巨，除了人地關係緊張的原因外，也與當時治河的技術條件有關。從篇中記錄我們可以知道，以石頭修築的堤岸被稱作「金隄」，顯然抵禦河水氾濫的能力較強，而更多的堤岸則是草木泥土堆砌而成，漢武帝甚至因東郡少薪材而下令砍伐淇園竹林以堵塞黃河決口，這種堤防自然容易崩壞。黃河水患，洪水只是一個表象，河水攜黃土高原泥沙滾滾而下，到了中下游平原水流減緩，泥沙淤積、河道變淺才是問題的關鍵。從這個角度說，篇中記錄的張戎關於黃河水患原因的認識，更具科學的眼光：「水性就下，行疾則自刮除成空而稍深。河水重濁，號為一石水而六斗泥。今西方諸郡，以至京師東行，民皆引河、渭山川水溉田。春夏乾燥，少水時也，故使河流遲，貯淤而稍淺；雨多水暴至，則溢決。」只不過限於技術條件，張戎仍然反對築堤，甚至反對上游「引河、渭山川水溉田」。到了明代，著名治河專家潘季馴總結出「治堤束水，以水攻沙」的治河原則，即緊逼河水加固堤防，使水流加速，沖刷泥沙，拓深河床。對黃河認識加深與築堤技術的進步，賈讓所謂治河的下策反倒成了上策。

卷三十

藝文志第十

【題解】〈藝文志〉是《漢書》十志之一，它著錄了西漢官府收藏的所有圖書典籍，不僅著錄了當代人撰著的圖書，而且也反映了漢以前典籍的情況，是我國現存最早、保存最完整的目錄學著作。

我國古代目錄學有著十分悠久的歷史，產生出不少優秀的目錄學家和目錄學著作。戰國時期，討論學術分類的著作如《莊子・天下篇》、《荀子・非十二子》、《韓非子・顯學》就已出現。秦漢時期，有司馬談的〈論六家要旨〉、《淮南子・要略》、《史記・太史公自序》、楊僕的《兵錄》等。我國古代目錄學至此已略具雛形。西漢自武帝時起開始大規模地徵集、整理圖書，成帝、哀帝時期，劉向、劉歆父子相繼主持校閱圖書，其重要成果之一是劉向《別錄》二十卷、劉歆《七略》七卷的產生。《七略》分〈輯略〉、〈六藝略〉、〈諸子略〉、〈詩賦略〉、〈兵書略〉、〈術數略〉、〈方技略〉。其中〈輯略〉係諸書總要，故實際劉歆是將書籍分為六略三十八種，著錄六〇三家，共一三二一九卷。班固撰寫〈藝文志〉就是以《七略》為藍本，加以刪繁取要、核實、調整、增補而成。其中〈輯略〉的內容，班固將之散附於其他六略及三十八種書之後，分別為大序、小序。

昔仲尼沒而微言❶絕，七十子喪而大義乖❷。故春秋分為五❸，詩分為四❹，易有數家之傳[5]。戰國從衡[6]，真偽分爭，諸子之言紛然殽亂[7]。至秦患之，乃燔滅文章[8]，以愚黔首[9]。漢興，改秦之敗[10]，大收篇籍，廣開獻書之路。迄孝武世，書缺簡脫[11]，禮壞樂崩[12]，聖上喟然而稱曰[13]：「朕甚閔焉！」於是建藏書之策[14]，置寫書之官，下及諸子傳說，皆充祕府[15]。至成帝時，以書頗散亡，使謁者陳農求遺書於天下[16]，詔光祿大夫劉向校經傳諸子詩賦[17]，步兵校尉任宏校兵書[18]，太史令尹咸校數術[19]，侍醫李柱國校方技[20]。每一書已[21]，向輒條其篇目，撮其指意，錄而奏之[22]。會向卒，哀帝復使向子侍中奉車都尉歆卒父業[23]。歆於是總群書而奏其七略[24]，故有輯略[25]，有六藝略[26]，有諸子略[27]，有詩賦略[28]，有兵書略[29]，有術數略[30]，有方技略[31]。今刪其要[32]，以備篇籍。

【章　旨】以上為〈藝文志〉總序，總論學術源流，於漢朝建立之後對書籍的徵集、收藏、整理，特別是劉向、劉歆父子主持校閱圖書、編纂《別錄》、《七略》之事，敘述尤為詳細。本段最後說明，〈藝文志〉是在《七略》的基礎上，經過刪繁存要而成。

【注　釋】❶微言　隱微不顯之言。顏師古曰：「精微要妙之言。」❷七十子句　七十子，指孔子的七十二名賢達弟子。言七十者，舉其成數。大義，指《六經》的要義。乖，抵觸；差謬。❸春秋分為五　指《左氏傳》、《公羊傳》、《穀梁傳》、《鄒氏傳》、《夾氏傳》。❹詩分為四　指《毛詩》、《齊詩》、《魯詩》、《韓詩》。❺易有數家之傳　指施氏、孟氏、梁丘氏、京氏、費氏、高氏諸家的解說。❻從衡　合縱、連橫的簡稱。從，同「縱」。衡，同「橫」。謂其時合縱連橫之說盛行於世，諸子競興。❼殽亂　雜亂。❽燔滅文章　指秦始皇焚書事。燔，焚燒。文章，指禮樂法度、諸子百家之書。❾黔首　指黎民百姓。黔，黑色。秦時百姓頭裹黑巾，故稱黔首。❿敗　弊。⓫書缺簡脫　漢代及漢代以前，書籍鈔寫於竹木簡札上，編以書繩，一旦書繩斷裂，簡札脫落，書籍即有文字內容的殘缺。⓬禮壞樂崩　指經典著作殘缺，導致禮樂制度破壞。⓭聖上喟然而稱曰　聖上，指漢武帝。喟然，歎息之狀。周壽昌曰：「玩語氣似當時語。竊疑漢求遺書始自武帝，當時必有記錄，班采其言入文中耶？」周氏所疑甚是。張舜徽也認為，劉歆《七略》、班固〈藝文志〉「前有所承，甚至有采及武帝時學者之撰述以入己作者」（《漢書藝文志通釋》）。⓮建藏書之策　王先謙《漢書補注》引《文選》卷三十八注引劉歆《七略》曰：「孝武皇帝敕丞相公孫弘廣開獻書之路，百年之間，書積如山。」所謂「藏書之策」就是鼓勵民間獻書。又，顏師古注引如淳曰：「劉歆《七略》曰『外則有太常、太史、博士之藏，內則有延閣、廣內、祕室之府』。」為徵集來的書籍設收藏場所，亦為「建藏書之策」內容之一。⓯祕府　指漢代宮中藏書之處。⓰使謁者陳農求遺書於天下　謁者，官名。漢代為郎中令屬官，掌賓贊受事，員額至七十人，其長官稱謁者僕射。遺書，指流散於民間之圖書。⓱詔光祿大夫句　光祿大夫，漢職官名。戰國、秦時為中大夫。漢武帝時改為光祿大夫，掌顧問應對，為光祿勳屬官。劉向（約西元前七七—前六年），字子政，本名更生。西漢經學家、目錄學家、文學家。漢之宗室，楚元王劉交四世孫。官諫大夫、宗正、光祿大夫等，以中壘校尉終。曾校閱群書，撰《別錄》二十卷，為目錄學開創之作；又撰《洪範五行傳記》、《說苑》、《列女傳》、《五經通義》、《新序》及辭賦三十三篇，為一代名儒。詳見卷三十六〈楚元王傳〉附〈劉向傳〉。劉向所著傳於今者，有《列女傳》、《說苑》、《新序》。《隋書・經籍志》有《劉向集》六卷，已佚。清嚴可均輯其文為五卷，收入《全上古三代秦漢三國六朝文》。校，核對書籍文字。劉向《別錄》云：「一人讀書，校其上下，得謬誤，為校。一人持本，一人讀書，若怨家相對，為讎。」⓲步兵校尉句　步兵校尉，官名，西漢八校尉（中壘、屯騎、步兵、越騎、長水、胡騎、射聲、虎賁）之一。漢代置。掌上林苑門屯兵。秩比二千石，有丞、司馬各一人。任宏，字偉公。曾官執金吾、大鴻臚、步兵校尉。生平不詳。⓳太史令句　太史令，官名。西周、春秋時為太史，掌起草文書，策命諸侯卿大夫，記載史事，編寫史書，兼掌典籍、天文曆法、祭祀。秦漢時置太史令，秩六百石。漢武帝時，司馬談、司馬遷父子相繼任太史令。尹咸，諫大夫尹更始之子，治《左氏春秋》，官丞相史、太史令、大司農。校閱數術書外，還與劉歆一同校經傳。數術，即術數，為漢代《七略》圖書分類體系中的一大類名，是關於天文、曆法、占卜、五行等方面的書籍。⓴侍醫句　侍醫，宮中侍從醫生。秦漢有太醫令，主醫藥之事，分屬太常、少府。屬太常者為百官治病，屬少府者為宮廷治病。李柱國，官太醫監。生平不詳。方技，漢代《七略》圖書分類體系中的一大類名，所收錄的書籍涉及醫藥、衛生等。㉑已　指校閱完畢。㉒條其篇目三句　此謂劉向撰寫書錄的過程。首先以次第先後條列每部書之篇目，然後概括該書內容，最後將該書篇目與大意謄錄清楚，上奏皇帝。條，按照次第排列。撮，摘取；總取。指意，謂一書之大意。錄，謂著錄、謄錄。劉向所撰書錄初皆載在本書，隨書而行，後另行彙集為《別錄》二十卷。南宋以後《別錄》書亡。㉓侍中奉車都尉句　侍中，加官，侍從皇帝左右，出入宮廷，應對顧問。奉車都尉，漢武帝時置，掌御乘輿馬，出則奉車，入侍左右，為皇帝近臣。歆（西元？—二三年），即劉向之子劉歆，字子駿。後改名秀，字穎叔。西漢經學家、目錄學家、天文學家。歷任黃門郎、中壘校尉、侍中太中大夫、騎都尉、奉車光祿大夫。他繼承父業，主持西漢末大規模的校書工程，負責總校群書，編制了中國第一部系統目錄，創立了中國第一個系統的圖書分類體系，所撰《七略》為中國目錄學之祖，為班固《漢書・藝文志》奠定了基礎。他在校書時發現了《春秋左氏傳》，好之。從尹咸及翟方進受《左傳》。後上書請求立《左傳》、《毛詩》、《逸禮》、《古文尚書》於學官，遭到諸儒激烈反對。劉歆因此而忤執政大臣。王莽代漢後，以歆為國師，嘉新公。後因與王涉等謀殺莽，事洩，自殺。詳見卷三十六〈楚元王傳〉附〈劉歆傳〉。㉔七略　書名，劉歆總校群書後所撰寫提要式圖書目錄。全書分〈輯略〉、〈六藝略〉、〈諸子略〉、〈詩賦略〉、〈兵書略〉、〈術數略〉、〈方技略〉。略即簡單敘述之意。〈輯略〉為總論。故實際將圖書分為六大類，每一大類有大序。大類之下按照圖書內容分為若干小類，每一小類有小序，說明該類圖書及相關學術的源流、沿革及得失。小類之下即列書名目錄，書名下注明作者、篇卷數、存佚，以及簡明解題。每一小類均注明多少家、多少篇。《七略》七卷，是以《別錄》二十卷為底本，刪繁存簡，編纂而成。張舜徽《漢書藝文志通釋》認為《別錄》如《四庫全書總目提要》，《七略》如《四庫全書簡明目錄》。《七略》在南宋以後亡佚。清嚴可均、洪頤煊、馬國翰、姚振宗等人皆有輯本。㉕輯略　劉歆《七略》第一部分，係諸書總要。輯與集同。㉖六藝略　著錄《六經》的圖書目錄。六藝，其說有二：其一，《周禮・地官》以鄉五物教民，「三曰六藝：禮、樂、射、御、書、數」，指六種學術；其二，《史記・孔子世家》：「孔子以《詩》、《書》、《禮》、《樂》教，弟子蓋三千焉，身通六藝者七十有二人。」〈滑稽列傳〉，孔子曰：「六蓺於治一也。《禮》以節人，《樂》以發和，《書》以道事，《詩》以達意，《易》以神化，《春秋》以義。」以《詩》、《書》、《禮》、《樂》、《易》、《春秋》六經為六藝。此處為後者。㉗諸子略　著錄諸子百家的圖書目錄。㉘詩賦略　著錄詩辭歌賦的圖書目錄。㉙兵書略　著錄兵權謀、兵形勢、兵陰陽、兵技巧等兵書的圖書目錄。㉚術數略　著錄天文、曆法、占卜之類的圖書目錄。㉛方技略　著錄醫學及養生之類的圖書目錄。㉜刪其要　顏師古注曰：「刪去浮冗，取其指要也。」謂刪除《七略》內各書名下之簡明解題，但存書目及〈輯略〉之文。

【語譯】從前，孔子去世後，精微要妙的言辭就斷絕了，他的七十二個弟子去世後，《六經》的要義也隨之出現了偏差歧異。因此《春秋》分為《左氏傳》、《公羊傳》、《穀梁傳》、《鄒氏傳》、《夾氏傳》五家，《詩》分為《毛詩》、《齊詩》、《魯詩》、《韓詩》四家，《易》有數家為之解說。戰國時合縱連橫盛行，學術流傳真偽分爭，諸子論說紛然雜亂。到秦始皇時，對此深感憂患，便焚燒圖書，用這種辦法愚弄百姓。漢王朝興起，改革秦弊政，大規模徵集書籍，廣開捐獻圖書之路。到漢武帝時，書簡脫落，文字殘缺，禮樂典章制度遭到破壞，皇帝歎息說：「朕非常惋惜！」於是制定出增加藏書的措施，設置抄寫書籍的職官，下至諸子百家之書及民間傳說，都集中到宮中收藏。到成帝時，因為圖書散失嚴重，派謁者陳農到全國各地徵集散藏於民間的書籍，命令光祿大夫劉向校對經傳、諸子、詩賦各類圖書，步兵校尉任宏校對兵書，太史令尹咸校對天文、曆法、占卜類的數術書，太醫監李柱國校對醫學、養生類的圖書。每一種書校對完畢，劉向即條理其篇目，摘取其旨意，抄錄上奏。等到劉向去世，哀帝又派劉向之子侍中奉車都尉劉歆來完成父業。劉歆於是彙總群書目錄為《七略》，上奏皇帝，因此有〈輯略〉，有〈六藝略〉，有〈諸子略〉，有〈詩賦略〉，有〈兵書略〉，有〈術數略〉，有〈方技略〉。現在刪繁取要，以保存圖書。

易經十二篇，施、孟、梁丘三家❶。

易傳周氏❷二篇。字王孫也。

服氏❸二篇。

楊氏❹二篇。名何，字叔元，菑川人。

蔡公❺二篇。衛人，事周王孫。

韓氏[6]二篇。名嬰。

王氏[7]二篇。名同。

丁氏[8]八篇。名寬，字子襄，梁人也。

古五子[9]十八篇。自甲子至壬子，說易陰陽。

淮南道訓[10]二篇。淮南王安聘明易者九人，號九師說。

古雜八十篇，雜災異三十五篇，神輸五篇，圖一[11]。

孟氏京房十一篇，災異孟氏京房六十六篇，五鹿充宗略說三篇，京氏段嘉十二篇[12]。

章句施、孟、梁丘氏各二篇[13]。

凡易十三家[14]，二百九十四篇。

易曰：「宓戲氏仰觀象於天，俯觀法於地，觀鳥獸之文，與地之宜，近取諸身，遠取諸物，於是始作八卦，以通神明之德，以類萬物之情[15]。」至於殷、周之際，紂在上位，逆天暴物，文王以諸侯順命而行道，天人之占可得而効[16]，於是重易六爻[17]，作上下篇[18]。孔氏為之彖、象、繫辭、文言、序卦之屬十篇[19]。故曰易道深矣，人更三聖[20]，世歷三古[21]。及秦燔書，而易為筮卜之事，傳者不絕。

漢興，田何傳之。訖于宣、元，有施、孟、梁丘、京氏列於學官[22]，而民間有費、高二家之說[23]。劉向以中古文易經[24]校施、孟、梁丘經，或脫去「無咎」、「悔亡」[25]，唯費氏經與古文同。

尚書古文經四十六卷。為五十七篇[26]。

經二十九卷。大、小夏侯二家。歐陽經三十二卷[27]。

傳四十一篇[28]。

歐陽章句三十一卷[29]。

大、小夏侯[30]章句各二十九卷。

大、小夏侯解故[31]二十九篇。

歐陽說義[32]二篇。

劉向五行傳記[33]十一卷。

許商五行傳記[34]一篇。

周書七十一篇[35]。周史記。

議奏[36]四十二篇。宣帝時石渠論。

凡書九家，四百一十二篇。入劉向稽疑一篇[37]。

易曰：「河出圖，雒出書，聖人則之[38]。」故書之所起遠矣，至孔子纂[39]焉，上斷[40]於堯，下訖于秦，凡百篇，而為之序，言其作意。秦燔書禁學，濟南伏生獨壁藏之[41]。漢興亡失，求得二十九篇，以教齊魯之間。訖孝宣世，有歐陽、大小夏侯氏[42]，立於學官。古文尚書[43]者，出孔子壁中[44]。武帝末，魯共王壞孔子宅，欲以廣其宮[45]，而得古文尚書及禮記、論語、孝經凡數十篇，皆古字也。共王往入其宅，聞鼓琴瑟鐘磬之音，於是懼，乃止不壞。孔安國者，孔子後也，悉得其書，以考二十九篇，得多十六篇[46]。安國獻之。遭巫蠱事[47]，未列于學官。劉向以中古文校歐陽、大小夏侯三家經文，酒誥脫簡一，召誥脫簡二[48]。率簡二十五字者，脫亦二十五字，簡二十二字者，脫亦二十二字，文字異者七百有餘，脫字數十。書者，古之號令，號令於眾，其言不立具[49]，則聽受施行者弗曉。古文讀應爾雅，故解古今語而可知也[50]。

詩經二十八卷，魯、齊、韓三家[51]。

30 魯故[52]二十五卷。

魯說[53]二十八卷。

齊后氏故[54]二十卷。

齊孫氏故[55]二十七卷。

齊后氏傳[56]三十九卷。

齊孫氏傳[57]二十八卷。

齊雜記[58]十八卷。

韓故[59]三十六卷。

韓內傳[60]四卷。

韓外傳六卷[61]。

韓說[62]四十一卷。

毛詩[63]二十九卷。

毛詩故訓傳[64]三十卷。

凡詩六家[65]，四百一十六卷。

書曰：「詩言志，歌詠言[66]。」故哀樂之心感[67]，而歌詠之聲發[68]。誦[69]其言謂之詩，詠其聲謂之歌。故古有采[70]詩之官，王者所以觀風俗，知得失，自考正也[71]。孔子純取周詩，上采殷[72]，下取魯[73]，凡三百五篇[74]，遭秦而全者，以其諷誦，不獨在竹帛[75]故也。漢興，魯申公為詩訓故[76]，而齊轅固、燕韓生[77]皆為之傳。

或取春秋[78]，采雜說，咸非其本義。與不得已，魯最為近之[79]。三家皆列於學官。又有毛公[80]之學，自謂子夏[81]所傳，而河間獻王[82]好之，未得立。

禮古經五十六卷，經十七篇。后氏、戴氏[83]。

記百三十一篇。七十子後學者所記也[84]。

明堂陰陽[85]三十三篇。古明堂之遺事。

王史氏[86]二十一篇。七十子後學者。

曲臺后倉[87]九篇。

中庸說[88]二篇。

明堂陰陽說[89]五篇。

周官經[90]六篇。王莽時劉歆置博士。

周官傳[91]四篇。

軍禮司馬法[92]百五十五篇。

古封禪群祀[93]二十二篇。

封禪議對[94]十九篇。武帝時也。

漢封禪群祀[95]三十六篇。

議奏[96]三十八篇。石渠。

凡禮十三家，五百五十五篇。入司馬法一家，百五十五篇[97]。

易曰：「有夫婦、父子、君臣、上下，禮義有所錯[98]。」而帝王質文[99]世有損益，至周曲為之防，事為之制[100]，故曰：「禮經三百，威儀三千[101]。」及周之衰，諸侯將踰[102]法度，惡其害己，皆滅去其籍[103]，自孔子時而不具[104]，至秦大壞。漢興，魯高堂生[105]傳士禮十七篇。訖孝宣世，后倉最明，戴德、戴聖、慶普[106]皆其弟子，三家立於學官。禮古經者，出於魯淹中[107]及孔氏，與十七篇文相似，多三十九篇。及明堂陰陽、王史氏記所見，多天子、諸侯、卿大夫之制，雖不能備，猶瘉[108]倉等推士禮而致於天子之說。

樂記二十三篇[109]。

王禹記[110]二十四篇。

雅歌詩[111]四篇。

雅琴趙氏[112]七篇。名定，勃海人，宣帝時丞相魏相所奏。

雅琴師氏[113]八篇。名中，東海人，傳言師曠後。

雅琴龍氏[114]九十九篇。名德，梁人。

凡樂六家，百六十五篇。出淮南劉向等琴頌七篇[115]。

易曰：「先王作樂崇德，殷薦之上帝，以享祖考[116]。」故自黃帝下至三代，樂各有名[117]。孔子曰：「安上治民，莫善於禮；移風易俗，莫善於樂[118]。」二者相與並行。周衰俱壞，樂尤微眇[119]，以音律為節，又為鄭衛所亂[120]，故無遺法。漢興，制氏[121]以雅樂聲律，世在樂官，頗能紀其鏗鏘[122]鼓舞，而不能言其義。六國之君，魏文侯最為好古，孝文時得其樂人竇公[123]，獻其書，乃周官[124]大宗伯之大司樂章也。武帝時，河間獻王好儒，與毛生[125]等共采周官及諸子言樂事者，以作樂記，獻八佾[126]之舞，與制氏不相遠。其內史丞王定傳之，以授常山王禹。禹，成帝時為謁者，數言其義，獻二十四卷記[127]。劉向校書，得樂記二十三篇，與禹不同，其道寖[128]以益微。

70 春秋古經十二篇。經十一卷。公羊、穀梁二家[129]。

左氏傳三十卷。左丘明，魯太史[130]。

公羊傳十一卷。公羊子，齊人[131]。

穀梁傳十一卷。穀梁子，魯人[132]。

鄒氏傳[133]十一卷。

夾氏傳[134]十一卷。有錄無書。

左氏微[135]二篇。

鐸氏微三篇。楚太傅鐸椒也[136]。

張氏微[137]十篇。

虞氏微傳[138]二篇。趙相虞卿。

公羊外傳[139]五十篇。

穀梁外傳[140]二十篇。

公羊章句[141]三十八篇。

穀梁章句[142]三十三篇。

公羊雜記[143]八十三篇。

公羊顏氏記[144]十一篇。

公羊董仲舒治獄[145]十六篇。

議奏[146]三十九篇。石渠論。

國語二十一篇。左丘明著[147]。

新國語[148]五十四篇。劉向分國語。

世本[149]十五篇。古史官記黃帝以來訖春秋時諸侯大夫。

戰國策[150]三十三篇。記春秋後。

奏事二十篇。秦時大臣奏事，及刻石名山文也[151]。

楚漢春秋九篇。陸賈所記[152]。

太史公[153]百三十篇。十篇有錄無書。

馮商所續太史公[154]七篇。

太古以來年紀[155]二篇。

漢著記[156]百九十卷。

漢大年紀[157]五篇。

凡春秋二十三家，九百四十八篇。省太史公四篇[158]。

古之王者，世有史官[159]，君舉必書[160]，所以慎言行，昭法式[161]也。左史記言，右史記事[162]，事為春秋，言為尚書[163]，帝王靡[164]不同之。周室既微，載籍殘缺，仲尼思存前聖之業，乃稱曰：「夏禮吾能言之，杞不足徵也；殷禮吾能言之，宋不足徵也。文獻不足故也，足則吾能徵之矣[165]。」以魯周公之國，禮文備物[166]，史官有法，故與左丘明觀其史記[167]，據行事，仍人道[168]，因興以立功，就敗以成罰[169]，假日月以定曆數[170]，藉朝聘以正禮樂[171]。有所褒諱貶損，不可書見[172]，口授弟子，弟子退而異言[173]。丘明恐弟子各安其意，以失其真，故論本事而作傳[174]，明夫子不以空言說經也。春秋所貶損大人當世君臣，有威權勢力，其事實皆形於傳，是以隱其書而不宣，所以免時難[175]也。及末世口說流行[176]，故有公羊、穀梁、鄒、夾之傳。四家之中，公羊、穀梁立於學官，鄒氏無師[177]，夾氏未有書[178]。

論語古二十一篇。出孔子壁中，兩子張[179]。

齊二十二篇。多問王、知道[180]。

魯二十篇，傳十九篇[181]。

齊說[182]二十九篇。

魯夏侯說[183]二十一篇。

魯安昌侯說[184]二十一篇。

魯王駿說[185]二十篇。

燕傳說[186]三卷。

議奏[187]十八篇。石渠論。

孔子家語[188]二十七卷。

孔子三朝[189]七篇。

孔子徒人圖法[190]二卷。

凡論語十二家，二百二十九篇[191]。

論語者，孔子應答弟子時人及弟子相與言而接聞[192]於夫子之語也。當時弟子各有所記。夫子既卒，門人相與輯而論篹[193]，故謂之論語。漢興，有齊、魯之說。傳齊論者，昌邑中尉王吉[194]、少府宋畸[195]、御史大夫貢禹[196]、尚書令五鹿充宗、膠東庸生[197]，唯王陽[198]名家。傳魯論語者，常山都尉龔奮[199]、長信少府夏侯勝、丞相韋賢[200]、魯扶卿[201]、前將軍蕭望之[202]、安昌侯張禹，皆名家。張氏最後而行於世[203]。

孝經古孔氏[204]一篇。二十二章。

孝經一篇。十八章。長孫氏、江氏、后氏、翼氏四家[205]。

長孫氏說[206]二篇。

江氏說[207]一篇。

翼氏說[208]一篇。

后氏說[209]一篇。

雜傳[210]四篇。

安昌侯說[211]一篇。

五經雜議[212]十八篇。石渠論。

爾雅三卷二十篇[213]。

小雅一篇，古今字一卷[214]。

弟子職[215]一篇。

說[216]三篇。

凡孝經十一家，五十九篇[217]。

孝經者，孔子為曾子陳孝道也[218]。夫孝，天之經，地之義，民之行也[219]。舉大者言，故曰孝經。漢興，長孫氏、博士江翁、少府后倉、諫大夫翼奉、安昌侯張禹傳之，各自名家[220]，經文皆同，唯孔氏壁中古文為異。「父母生之，續莫大焉」，「故親生之膝下」[221]，諸家說不安處[222]，古文字讀皆異[223]。

史籀十五篇。周宣王太史作大篆十五篇，建武時亡六篇矣[224]。

八體六技[225]。

蒼頡一篇。上七章，秦丞相李斯作；爰歷六章，車府令趙高作；博學七章，太史令胡母敬作[226]。

凡將[227]一篇。司馬相如作。

急就[228]一篇。元帝時黃門令史游作。

元尚[229]一篇。成帝時將作大匠李長作。

訓纂[230]一篇。揚雄作。

別字[231]十三篇。

蒼頡傳[232]一篇。

揚雄蒼頡訓纂[233]一篇。

杜林蒼頡訓纂[234]一篇。

杜林蒼頡故[235]一篇。

凡小學十家，四十五篇。入揚雄、杜林二家二篇[236]。

易曰：「上古結繩以治，後世聖人易之以書契，百官以治，萬民以察，蓋取諸夬[237]。」「夬，揚於王庭[238]」，言其宣揚於王者朝廷，其用最大也。古者八歲入小學，故周官保氏[239]掌養國子，教之六書，謂象形、象事、象意、象聲、轉注、假借，造字之本也[240]。漢興，蕭何草律[241]，亦著其法，曰：「太史試學童，能諷[242]書九千字以上，乃得為史。又以六體試之，課最者以為尚書、御史史書令史[243]。

吏民上書，字或不正，輒舉劾[244]。」六體者，古文、奇字、篆書、隸書、繆篆、蟲書[245]，皆所以通知古今文字，摹印章，書幡信[246]也。古制，書必同文[247]，不知則闕，問諸故老[248]，至於衰世，是非無正，人用其私[249]。故孔子曰：「吾猶及史之闕文也，今亡矣夫[250]！」蓋傷其寖[251]不正。史籀篇者，周時史官教學童書也，與孔氏壁中古文異體。蒼頡七章者，秦丞相李斯所作也；爰歷六章者，車府令趙高所作也；博學七章者，太史令胡母敬所作也：文字多取史籀篇，而篆體復頗異，所謂秦篆[252]者也。是時始造隸書矣，起於官獄多事[253]，苟趨省易[254]，施之於徒隸[255]也。漢興，閭里書師合蒼頡、爰歷、博學三篇，斷六十字以為一章，凡五十五章，并為蒼頡篇。武帝時司馬相如作凡將篇，無復[256]字。元帝時黃門令史游作急就篇，成帝時將作大匠李長作元尚篇，皆蒼頡中正字也。凡將則頗有出矣。至元始中，徵天下通小學者以百數，各令記字於庭中[257]。揚雄取其有用者以作訓纂篇，順續蒼頡，又易蒼頡中重復之字，凡八十九章。臣復續揚雄作十三章[258]，凡一百二章，無復字，六藝群書所載略備矣。蒼頡[259]多古字，俗師失其讀。宣帝時徵齊人能正讀者，張敞[260]從受之，傳至外孫之子杜林，為作訓、故[261]，并列焉。

凡六藝一百三家，三千一百二十三篇。入三家，一百五十九篇；出重十一篇[262]。

六藝之文[263]：樂以和神[264]，仁之表也；詩以正言[265]，義之用也；禮以明體[266]，明者著見，故無訓也；書以廣聽[267]，知之術也；春秋以斷事[268]，信之符也。五者，蓋五常之道，相須[269]而備，而易為之原[270]。故曰「易不可見，則乾坤或幾乎息矣[271]」，言與天地為終始也。至於五學[272]，世有變改，猶五行之更用事焉[273]。古之學者耕且養，三年而通一藝，存其大體，玩[274]經文而已，是故用日少而畜德[275]多，三十而五經立[276]也。後世經傳既已乖離，博學者又不思多聞闕疑[277]之義，而務碎義逃難，便辭巧說，破壞形體[278]；說五字之文，至於二三萬言[279]。後進彌以馳逐[280]，故幼童而守一藝，白首而後能言；安其所習，毀所不見[281]，終以自蔽。此學者之大患也。序六藝為九種[282]。

【章　旨】以上為〈六藝略〉，著錄了《易》、《詩》、《書》、《禮》、《樂》、《春秋》、《論語》、《孝經》、「小學」共九類書籍，敘說聖人述作之意、傳授源流，對今古文及諸家傳注給予了恰當的評價，尤其批評了漢代今文家治經繁瑣破碎、「安其所習，毀所不見」的弊病。與劉歆〈讓太常博士書〉口吻相合，知這段文字確出自劉歆之手。其中從「《易》曰」至「唯費氏經與古文同」（頁二〇六八至二〇六九）這一小段文字，為《易》類書之小序，說明其起源、發展、演變、傳授源流等。下文每類書後皆有小序。最末一段「六藝之文」至「序六藝為九種」，為〈六藝略〉這一大類的總論，在目錄學上被稱為「大序」。下面的〈諸子略〉、〈詩賦略〉、〈兵書略〉、〈術數略〉、〈方技略〉，也都有大序。

【注　釋】❶易經十二篇二句　指《易》之本經共十二篇，包括上下經及〈十翼〉。施、孟、梁丘，指施讎、孟喜、梁丘賀。漢初言《易》者本之田何，何授丁寬，寬授田王孫，王孫授施讎、孟喜、梁丘賀，由是有施、孟、梁丘之學。此三家為漢世立於學官的今文經。施氏、梁丘氏之學，亡於西晉；孟氏有書無師，說亦中絕。三家遺緒，今可考者，惟唐人《正義》據《五經異義》引三家之說，及《經典釋文》引三家者。玉函山房雖有輯本，皆輾轉採獲，不盡可信。❷易傳周氏　本書卷八十八〈儒林傳〉曰：「漢興，田何以齊田徙杜陵，號杜田生。授東武王同子中、雒陽周王孫、丁寬、齊服生，皆著《易傳》數篇。」又曰：「寬至雒陽，復從周王孫受古義，號《周氏傳》。」《易傳周氏》即周王孫所作《易傳》，書亡。自《周氏》二篇至《丁氏》八篇，凡七家之書，皆說《易》之傳，〈藝文志〉以一「傳」字統貫之。❸服氏　書亡。齊人服生所作《易傳》，此以姓氏名書。顏師古引劉向《別錄》云：「服氏，齊人，號服光。」《經典釋文．敘錄》作服先。先，係尊稱，先生之意。❹楊氏　書亡。楊何從王同學《易》，漢武帝時任太中大夫。❺蔡公　書亡。清人馬國翰《玉函山房輯佚書》有《蔡氏易》一卷，題作漢蔡景君撰。景君當是蔡氏之字。❻韓氏　書亡。楊樹達《漢書窺管》：姚振宗云，《韓詩外傳》間有引《易》文者，亦《韓氏易》也。韓嬰，詳見本書卷八十八〈儒林傳．韓嬰〉。又，此書本名《子夏易傳》，不名《韓氏易傳》。王儉《七志》引劉向《七略》云：「《易傳》子夏，韓氏嬰也。」所言甚明。班固著錄七家《易傳》皆題某氏，欲使前後一致，遂改題曰《韓氏》。後人不知，誤以為是孔子之弟子卜商。詳可參見張舜徽《漢書藝文志通釋》。❼王氏　書亡。王氏，名同，字子中，東武人。受《易》於田何，授楊何。❽丁氏　書亡。丁寬，詳見本書卷八十八〈儒林傳．丁寬〉。❾古五子　《易》傳之《古五子篇》，定著十八篇，分為六十四卦，著之日辰。自甲子至壬子，凡五子（甲子、丙子、戊子、庚子、壬子），故名。書名冠以「古」字，顧實認為屬於古文經傳之「古」。張舜徽云：「《五子》上冠以『古』字，蓋謂其傳說之古也，似不能以古文經傳之古例之。」此書於隋唐之前已亡佚。❿淮南道訓　書亡。有馬國翰輯佚本一卷。劉向《別錄》：「所校讎中《易》傳《淮南九師道訓》，除復重，定著十二篇。淮南王聘善為《易》者九人，從之采獲，故中書署曰《淮南九師書》。」知此書原不名《淮南道訓》，《淮南道訓》之名為劉向父子所定。又，劉向「定著十二篇」，〈藝文志〉作二篇，當是傳寫誤脫「十」字。⓫古雜四句　久已亡佚，撰述年代、撰者皆不詳。古雜，沈欽韓《漢書疏證》：「《古雜》者，蓋年代汗漫，雖有其書，莫究其用，亦未知適是周太卜所掌與否，故存疑云。」或雜說古帝王卜筮之事。」雜災異，應屬雜述災異之書。神輸，也屬講解王道得失與災異、祥瑞關係的書。顏師古注引劉向《別錄》云：「《神輸》者，王道失則災害生，得則四海輸之祥瑞。」圖即《神輸圖》，亦即《祥瑞圖》。⓬孟氏京房四句　孟氏，指孟喜。京房，字君明，東郡頓丘人。從梁人焦延壽學《易》，延壽從孟喜學《易》，可見京房所傳為孟喜之學，故云《孟氏京房》。《孟氏京房》、《災異孟氏京房》皆為京房述孟喜《易》學之書。漢代另有一京房，淄川人，為楊何弟子，官太中大夫、齊郡太守，亦通《易》，與孟氏無關。詳見本書卷七十五〈京房傳〉、卷八十八〈儒林傳〉。五鹿充宗，人名，漢宣帝時為尚書令，與京房同經，而議論相非。又卷六十七〈朱雲傳〉云：「少府五鹿充宗貴幸，為《梁丘易》。」元帝時，「令充宗與諸《易》家論。充宗乘貴辯口，諸儒莫能抗，皆稱疾不敢會。」京氏段嘉，段為殷之誤，本書卷八十八〈儒林傳〉云「房授東海殷嘉」，是殷嘉為京房弟子，故所撰書冠以「京氏」。以上四種書，五鹿充宗《略說》已亡，《京氏段嘉》亡於隋以前，《災異孟氏京房》六十六篇至唐代又亡四十三篇，歷宋元明清，京氏《易》學僅存《京氏易傳》三卷。⓭章句施孟梁丘氏各二篇　漢人治經，首在分析古書章節句讀，次在標注經文義旨。其初辭義簡要，故施、孟、梁丘為《易章句》各止二篇。其後，踵事增繁，以蕪累為世詬病。所謂「章句小儒，破碎大道」，漸見呰於儒林。名為章句，實傳注之異名。施、孟、梁丘氏三家《章句》皆佚。《孟氏章句》今有馬國翰輯佚本二卷，施氏、梁丘氏《章句》各存輯佚本二卷。⓮凡易十三家　〈藝文志〉所言各類書籍之總數與其各家之篇卷數多不合，楊樹達《漢書窺管》謂：「蓋因傳寫訛奪致然。」⓯宓戲氏仰觀象於天九句　見《易・繫辭下》。宓戲氏即伏羲氏。象，謂日月星辰之類。鳥獸之文，鳥獸的足跡。近取諸身，若耳目口鼻之屬。遠取諸物，若雷風山澤之類。⓰効　通「效」。此處有看到、證實之意。⓱重易六爻　把《易經》八卦的每卦三爻，重複交錯，組合為八八六十四卦的每卦六爻。爻，畫。⓲作上下篇　《易經》六十四卦，前三十卦為上篇，後三十四卦為下篇。⓳孔氏為之彖句　孔氏指孔子。六十四卦每卦皆有卦辭。彖，即〈彖辭〉，又稱〈彖傳〉，用來解釋卦義。象，〈象辭〉，有〈大象〉、〈小象〉，〈大象〉以說明卦象，〈小象〉以說明爻象。繫辭，通釋全書義理。〈文言〉專門解釋〈乾〉、〈坤〉二卦。〈序卦〉敘述六十四卦次第。〈彖〉、〈象〉、〈繫辭〉各分上下篇，它們與〈文言〉、〈序卦〉，再加〈說卦〉、〈雜卦〉，共十篇，總稱〈十翼〉。據近代人研究，皆為戰國時人的作品。⓴三聖　指伏羲氏、周文王和孔子。㉑三古　指上古、中古、下古，分別相當於伏羲氏、周文王、孔子的時代。㉒有施孟梁丘京氏句　施孟梁丘，指施讎、孟喜、梁丘賀，皆田何之數傳弟子。京氏，指京房。學官，指博士、博士弟子等的傳習。㉓費高二家之說　費指費直，高指高相，二家說《易》，有學無章句，獨費氏為古文學。㉔中古文易經　指漢時皇家圖書館所藏的用古文傳鈔的《易經》。中，禁中，皇帝所居住的地方，禁止一般人隨便出入。顏師古云：「中者，天子之書也。言中，以別於外耳。」稱「中《古文易經》」，是相對於民間費氏古文《易》而言。《古文易經》，漢人稱以戰國文字傳鈔的經書為古文經，如《古文尚書》、《左氏傳》等；稱用隸書傳鈔者為今文經，如《伏生尚書》、《公羊傳》等。㉕無咎悔亡　《易經》常用以解說吉凶的術語。㉖尚書古文經二句　尚書，漢以前稱《書》，漢文帝時稱《尚書》，武帝時稱《書經》。尚，同「上」。為上古之書的意思。伏生口傳《尚書》二十九篇，孔安國所得壁中《古文尚書》多出十六篇，合四十五篇，加孔子序一篇，為四十六篇，故云四十六卷。又稱「五十七篇」者，以伏生二十九篇乃計卷之數，若計篇則為三十四；壁中《古文尚書》多出的十六篇中，其〈九共〉析為九篇，故實為二十四篇，與前三十四篇相合，共計五十八篇；漢光武帝建武年間，亡〈武成〉一篇，故云五十七篇。㉗經二十九卷三句　書亡。伏生口傳之《今文書經》二十八篇，後得〈泰誓〉一篇，故稱二十九卷。上文言《古文經》，此僅言《經》，因其時尚無「今文」之名，故可知此書絕非古文經。此例下文隨處可見。漢世傳《尚書》者，有歐陽、大小夏侯之學。據〈藝文志〉此處自注，知《大小夏侯經》二十九卷。其云「《歐陽經》三十二卷」，「二」當為「一」之誤。蓋分〈盤庚〉為上、中、下三篇，故為三十一卷，與下文「《歐陽章句》三十一卷」正合。（參張舜徽《漢書藝文志通釋》）㉘傳四十一篇　即《尚書大傳》，舊題伏勝撰。《玉海》載《中興館閣書目》引鄭玄〈尚書大傳序〉曰：「蓋自伏生也。伏生為秦博士，至孝文時，年且百歲，張生、歐陽生從其學而受之，音聲猶有偽誤，先後猶有舛差，重以篆隸之殊，不能無失。生終後，數子各論所聞，以己意彌縫其闕，別作章句，又特撰大義，因經屬指，名之曰傳。劉向校書，得而上之，凡四十一篇，銓次為八十一篇。」故《四庫總目》曰：「然則此傳乃張生、歐陽生所述，特源出於勝爾，非勝自撰也。」其文或說《尚書》，或不說《尚書》，大抵如《詩外傳》、《春秋繁露》，與經義在離合之間，而古訓舊典往往而在。此書於《經典釋文》、隋唐宋史〈志〉以迄《郡齋讀書志》，並著錄三卷，《直齋書錄解題》則作四卷。然宋代已無完本，至明僅存殘本。清儒從事輯錄者多家，以陳壽祺《尚書大傳定本》為善。㉙歐陽章句三十一卷　歐陽生，名佚，字和伯，千乘人。伏生弟子。陸德明《經典釋文・敘錄》曰：歐陽生授兒寬，寬授歐陽生之子，「歐陽氏世傳其業，至曾孫高，作《尚書章句》，為歐陽氏學。」莊述祖云：「《歐陽經》三十二卷，《章句》三十一卷，其一卷無章句，蓋序也。」張舜徽云：「莊氏《載籍足征錄》所言，非也。今本《漢志》所云『《歐陽經》三十二卷』，『二』當為『一』之誤。」按《歐陽章句》三十一卷，隋、唐〈志〉皆已不載，亡佚已久。馬國翰有《尚書歐陽章句》輯佚一卷。㉚大小夏侯　大夏侯，名勝，字長公，魯人。其先祖夏侯都尉從張生受《尚書》，以傳族子始昌，始昌傳勝。小夏侯，名建，字長卿，勝從父兄之子，受學於勝及歐陽高。詳見卷七十五〈兩夏侯傳〉、卷八十八〈儒林傳〉。此書隋、唐〈志〉皆不載，亡佚已久。馬國翰有《尚書大小夏侯章句》輯佚各一卷，然周壽昌謂馬氏所輯，「多一說兩引，究莫別孰為大、小，不足據也。」

㉛解故　同「解詁」。解故與章句不同，解故重在詮釋訓詁名物，其辭簡略；章句主於疏明經旨大義，文較繁滋。㉜歐陽說義　此大約為歐陽解說《書》時自抒所見而弟子記錄之辭。書亡。《隋志》云：「及永嘉之亂，歐陽、大小夏侯《尚書》並亡。」

㉝五行傳記　又名《洪範五行傳論》，書亡宋以後。劉向撰此書之背景及目的，可參見卷三十六〈楚元王傳〉附〈劉向傳〉。本書卷二十七〈五行志〉多採之。㉞許商五行傳記　許商，字長伯，長安人。從周堪受《尚書》，善為算，著《五行論曆》，位至九卿。《五行傳記》書亡，《隋書・經籍志》已不著錄。㉟周書七十一篇　晉郭璞《爾雅》注題曰《逸周書》，《隋志》著錄曰《汲冢周書》。《四庫簡目》云：「是書自《隋志》稱《汲冢》。然《晉書》荀勖、束皙〈傳〉，載《汲冢書》，無《周書》。《漢志》乃有《周書》七十一篇，與今本合。是《隋志》誤也。今從郭璞《爾雅》注題曰《逸周書》焉。」顏師古注引劉向曰：「周時誥誓號令也，蓋孔子所論百篇之餘也。」陳振孫否定此說，曰：「似戰國後人仿效為之。」亦有認為是戰國處士私相輯綴之作。《四庫總目》云：「陳振孫以為戰國後人所為，似非無見。然《左傳》引《周志》『勇則害上，不登於明堂』，又引《書》『慎始而敬終，終乃不困』，又引《書》『居安思危』，又稱周作九刑，其文皆在今書中，則春秋時亦有之。特戰國以後又輾轉附益，故其言駁雜耳。究其本始，終為三代遺文，不可廢也。」所論甚確。《漢志》云七十一篇，今本篇目俱存，自〈度訓〉至〈器服〉，凡七十篇，合序為七十一篇，然十一篇有目無文，實存六十篇。清人朱右曾輯錄其逸文附書後。晉孔晁為此書作注，唐初，孔氏注本亡其二十五篇，顏師古據以注《漢志》，故云：「今之存者四十五篇。」師古之後，又亡其三，故今孔注只有四十二篇。㊱議奏　書亡。漢宣帝時，集群儒於石渠閣討論經旨異同之論集。石渠，閣名，在漢長安城西南未央宮前殿西北，為宮內收藏文書、祕笈之處。㊲凡書九家等三句　王先謙《漢書補注》以《尚書古文經》四十六卷、《經》二十九卷、《傳》四十一篇為一行，作一家計算，以下每一行為一家，則適符九家之數。《歐陽經》明汲古閣本、王先謙《補注》本作「二十二篇」，以此為準，篇數正相符；景祐本、殿本作「三十二篇」，乃「二十二篇」之訛。入劉向〈稽疑〉一篇一句，顏師古曰：「此凡言入者，謂《七略》之外班氏新入之也。其云出者與此同。」㊳河出圖三句　見《易經・繫辭上》。相傳伏羲氏時，有龍馬自黃河出，背馱一幅圖畫，伏羲氏遂依其文畫八卦，故八卦又稱「河圖」。此謂《易》之源起。又傳大禹治水時，有神龜自雒水中出，背上有赤文綠字，大禹演為〈洪範〉九疇，即今本《尚書》中所傳〈洪範〉，故〈洪範〉又稱「雒書」。此謂《書》之源起。聖人，指伏羲氏、大禹。則，效法；學習。㊴篹　與撰通。㊵斷　截止。此處為起始之意。㊶壁藏之　將簡冊書籍藏於牆壁內。㊷歐陽大小夏侯氏　指歐陽生、夏侯勝及其從兄子夏侯建。㊸古文尚書　魯恭王壞孔子宅而得到《尚書》五十七篇，稱為《古文尚書》，用以區別於漢初伏生所傳的《今文尚書》二十九篇。㊹出孔子壁中　顏師古注：「《家語》云孔騰字子襄，畏秦法峻急，藏《尚書》、《孝經》、《論語》於夫子舊堂壁中。而《漢記・尹敏傳》云孔鮒所藏。二說不同，未知孰是。」㊺武帝末三句　王先謙《漢書補注》：「〈劉歆傳〉，〈移讓太常博士書〉亦云武帝末。〈魯恭王傳〉以孝景前三

年徙王魯，好治宮室，二十八年，薨。不得至武帝末。《論衡》以為孝景時，是也。」㊻以考二十九篇二句　指與《今文尚書》二十九篇相比較，自孔宅壁內發現的《古文尚書》多出十六篇。㊼安國獻之二句　孔安國卒於武帝太初以前，巫蠱之難在武帝征和二年，距安國之卒已久，此時不得有安國獻書之舉。荀悅《漢紀》敘此事曰：「武帝時，孔安國家獻之。」於「安國」下多一「家」字。知《漢志》於此脫「家」字。巫蠱，巫者用詛咒之術以蠱害人。征和二年，江充以巫蠱陷害戾太子，太子舉兵反，兵敗自殺，株連而死者數萬人。㊽酒誥脫簡一二句　〈酒誥〉、〈召誥〉，皆《尚書》篇名。㊾立具　明確。㊿古文讀應爾雅二句　古語為方言。今語為漢語。若按照詁訓的意義，將古語以今語翻譯過來，則古語也可變成明白的今語，合於雅言。所以，能解古今語，《尚書》的意義就可以知道。應，合。爾，近。雅，正。爾雅即近正的意思，所謂雅言。(51)詩經二句　二十八卷，指魯、齊、韓三家《詩》各二十八卷。其中，十五〈國風〉為十五卷，〈小雅〉七十四篇為七卷，〈大雅〉三十一篇為三卷，三〈頌〉為三卷，合計二十八卷。〈儒林傳〉：「漢興，言《詩》於魯則申培公，於齊則轅固生，燕則韓太傅。」韓太傅即韓嬰。今三家傳本皆佚。宋王應麟採輯三家詩說為《三家詩考》，是輯佚之始。清儒繼踵，續有增輯，以王先謙《詩三家義集疏》為最翔實。(52)魯故　顏師古注：「故者，通其指義也。它皆類此。」王先謙《漢書補注》曰：「《魯故》，即申公作。」書亡於西晉，隋、唐〈志〉均不著錄，今有馬國翰輯《魯詩故》三卷。(53)魯說　說也是漢人注述的一種。張舜徽云：「說之為書，蓋以稱說大義為歸。」〈儒林傳〉云，《魯詩》有韋（賢）、張（長安）、唐（長賓）、褚（少孫）之學。此《魯說》應為申公之弟子所述。書亡。今《說郛》、《漢魏叢書》均有申培《詩說》一卷。(54)齊后氏故　后氏即后蒼，字近君，齊東海郯人。轅固再傳弟子。朱一新《漢書管見》：「所謂《后氏故》者，蓋其徒所推說也。」書亡。(55)齊孫氏故　孫氏不詳。書亡。(56)齊后氏傳　王先謙曰：「蓋后氏弟子從受其學而為之《傳》，如《易周氏傳》、《書》伏生《大傳》之例。」楊樹達曰：「齊《后氏故》及《后氏傳》並出后蒼，王云《傳》為弟子從受其學者所為，非也。」書亡。今有馬國翰輯《齊詩傳》二卷。(57)齊孫氏傳　書亡。不詳。(58)齊雜記　此書大約是集合眾多治《齊詩》者所記而彙為一編。記者非一人，所述亦非一事。書亡。(59)韓故　王先謙曰：「此韓嬰自為本經訓故，以別於內、外《傳》者。或以為弟子作，非也。」書亡。今有馬國翰輯《韓詩故》二卷。(60)韓內傳　燕人韓嬰所作。王先謙曰：「〈儒林傳〉：『嬰推詩人之意，而作內、外《傳》數萬言，其語頗與齊、魯間殊，然歸一也。』則內、外《傳》皆韓氏依經推演之詞，至南宋後，《韓詩》亦亡，獨存《外傳》。」今有馬國翰輯《韓詩內傳》一卷。楊樹達認為《內傳》未曾亡佚，「《內傳》四卷實在今本《外傳》之中。《漢志》：《內傳》四卷，《外傳》六卷，其合數恰與今本《外傳》十卷相合。今本《外傳》第五卷首章為『子夏問曰〈關雎〉何以為〈國風〉始』云云，此實為原本《外傳》首卷之首章。蓋內、外《傳》同是依經推演之詞，故後人為之合併，而猶留此痕迹耳。《隋志》有《外傳》十卷而無《內傳》，知其合併在隋以前矣。近儒輯《韓詩》者，皆以訓詁之文為《內傳》，意謂內、外《傳》當有別，不知彼乃《韓故》之文，非《內傳》之文也。」張舜徽亦持此說。61韓外傳六卷　今通行本皆作十卷。張舜徽曰：「《隋書・經籍志》已著錄《韓詩外傳》十卷，則今十卷之本，固隋唐以來舊帙也。顧其中不免闕文脫簡，復有佚文散見他書。書中未引詩句處凡二十八見，疑為後人所增益，從知今日流行之本，已非原書矣。」62韓說　《韓詩》有王、食、長孫之學，此書乃其弟子徒眾所傳。書早亡佚，《隋書・經籍志》已不著錄。63毛詩　此古文經本。卷八十八〈儒林傳〉：「毛公，趙人也。治《詩》，為河間獻王博士。」又鄭玄《六藝論》：「河間獻王好學，其博士毛公善說《詩》，獻王號之曰《毛詩》。」可知《毛詩》之名，實定於河間獻王。《毛詩》經文當為二十八卷，與齊、魯、韓三家同；其〈序〉別為一卷，合為二十九卷。自三家《詩》廢，《毛詩》獨傳。64毛詩故訓傳　《漢志》不著撰人。《後漢書・儒林傳》云「趙人毛萇傳《詩》」。《隋志》載《毛詩》二十卷，漢河間太守毛萇傳。然據鄭玄《詩譜》、陸機《毛詩草木蟲魚疏》，作傳者為毛亨，傳其學者毛萇。書今存。65六家　指齊、魯、韓、后氏、孫氏、毛氏。六家合計得四百一十五卷，少一卷。66詩言志二句　語出《尚書・舜典》，原文是：「詩言志，歌永言。」意謂詩歌是用來表達人心中的喜怒哀樂等情感的。〈詩序〉：「詩者，志之所之也。在心為志，發言為詩。情動於中而形於言。言之不足，故嗟歎之；嗟歎之不足，故永歌之。」詠與「永」通。曼聲長吟。67感　感慨；感觸；觸動。68發　顯現；發揚。69誦　用抑揚頓挫的聲調朗讀詩文。70采　與「採」通。搜集。71觀風俗三句　周王室設采詩之官，是天子考察民風好壞、諸侯政績優劣的途徑。政善氣正，詩辭和善優美；政惡俗敗，詩辭亦惡。因此，采詩可以知為政得失。72殷　指〈商頌〉。73魯　指〈魯頌〉。74凡三百五篇　原詩三百一十一篇，〈南陔〉、〈白華〉、〈華黍〉、〈由庚〉、〈崇丘〉、〈由儀〉等六篇有目無詩，故云三百五篇。75竹帛　古代紙張發明以前，典籍皆抄寫於竹簡或縑帛上。76魯申公句　申公，申培。訓故，與「訓詁」通。註釋經文。77韓生　韓嬰。78春秋　楊樹達：「古人凡歷史皆謂之《春秋》，如《虞氏春秋》、《呂氏春秋》皆是也，非謂孔子之《春秋》也。」79與不得已二句　指魯、齊、韓三家《詩》訓詁出現分歧，難以定論時，可以採用魯《詩》訓詁的說法，因為魯《詩》訓詁最接近《詩》的本義。80毛公　大毛公為毛亨，小毛公為毛萇。81子夏　姓卜名商，字子夏，春秋衛人。孔子弟子，長於文學，序《詩》傳《易》，講學於西河，為魏文侯師。82河間獻王　漢景帝之子，名德，封為河間獻王。好儒學，所得先秦古籍與漢廷相等，立毛氏《詩》、左氏《春秋》，皆古文。河間，漢諸侯國名，治樂城（今河北獻縣東南）。詳見本書卷五十三〈景十三王傳・河間獻王劉德〉。83禮古經三句　《禮經》即《儀禮》，又名《士禮》，是春秋戰國時部分禮制的彙編。古文《禮經》五十六篇得自孔子舊宅牆壁內，其中十七篇與今文相同，另三十九篇為《逸禮》。此處所云《經》十七篇，指今文經。今所存世者即此十七篇。「十七」，各本均作「七十」，劉敞曰當作「十七」，錢大昭、王先謙皆謂劉說是，故據改。下文「與十七篇」，各本均作「學七十篇」，今亦據劉敞、楊樹達說改。后氏指后倉，戴氏指戴德、戴聖。〈儒林傳〉：魯高堂生傳《士禮》十七篇，數傳至后倉，「倉授梁戴德、戴聖。德號大戴，聖號小戴，由是《禮》學有大戴、小戴之學」。后氏、戴氏《禮》學皆立於學官。(84)記百三十一篇二句　古人講解《禮》的文字統稱為記，此百三十一篇《記》都是七十子以後的學者所記錄的解《禮》文字。也有人認為此《記》是《大戴禮記》、《小戴禮記》的合稱。《大戴禮記》八十五篇（今存三十九篇），《小戴禮記》（即今通行之《禮記》）四十九篇實止四十六篇，二者相合，恰好為百三十一篇。黃以周不同意此說，他說：「今大戴所存之《記》，已多同於小戴，則小戴所取，未必儘是大戴所棄。且大小戴之《記》亦非盡取諸百三十一篇之中。」(85)明堂陰陽　大約是漢初人對有關古明堂文獻的彙編。其書早亡。明堂，指古代天子宣明政教的地方，所有朝會及祭祀、慶賞、選士、養老、教學等大典，均在其中舉行。(86)王史氏　書亡。王史，複姓。七十子後學者，戰國時人。(87)曲臺后倉　書亡。顏師古注引如淳曰：「行禮射於曲臺，后倉為記，故名曰《曲臺記》。」曲臺，西漢天子舉行射禮的地方。王念孫認為「后倉」下脫「記」字。實際上，此處《明堂陰陽》、《王史氏》、《曲臺后倉》三書皆承上文「記」字直敘而下，故均不再繫以「記」字。（參張舜徽《漢書藝文志通釋》）(88)中庸說　《禮記》有〈中庸〉一篇。此為解說〈中庸〉大義之書。書亡。(89)明堂陰陽說　書亡。此應為漢人解說《明堂陰陽》的記錄。(90)周官經　即今之《周禮》，本名《周官》。漢武帝時，有人得此書，上於河間獻王，所闕〈冬官〉一篇，取〈考工記〉補之。後入於祕府。劉歆校理群書，始著錄於《七略》。王莽時，劉歆奏立博士，遂傳於世。或認為周公所作，或認為劉歆偽造，爭辯紛紜。清初毛奇齡提出，《周官》既非周公所作，也非劉歆偽造，而是戰國時書。毛氏所云，最為持平之論。此書應為戰國時人所輯錄西周以來的官制彙編。(91)周官傳　書亡。傳即解經之文。姚振宗以為河間獻王及其國之諸博士解《周官經》之作。(92)軍禮司馬法　書殘。為古代兵家言之叢鈔。《七略》列為兵權謀家，班固移入禮類。書名冠以「軍禮」二字，應為班固所加，所以明其體用。(93)古封禪群祀　書亡。古人認為，每當朝代更替，出現太平盛世，君主便要舉行封禪禮，既報群神之功，又表示帝王是受天之命以為王。在泰山築土為壇，以祭天，報天之功，曰封；在泰山下的梁父山闢除場地，以祭地，報地之功，曰禪。此書係古封禪禮的記錄。(94)封禪議對　書亡。武帝元封元年詔諸儒討論封禪禮，未能有所定。武帝採取兒寬的建議，自制封禪儀禮，兼採用儒家所說的封禪禮以為文飾。此書係諸儒討論封禪禮的奏議彙編。(95)漢封禪群祀　書亡。係漢封禪禮的記錄。(96)議奏　宣帝甘露三年，詔諸儒講《五經》異同於石渠閣。每一經的所有討論結果都上奏裁決。此係其中《禮》討論結果的奏議。原注「石渠」下脫「論」字。97凡禮四句　此數應已合新入之《司馬法》一家及篇卷數在內，然今所統計之家數與篇數與此處所言均有不合。張舜徽以為「凡《禮》十三家」之「三」字為「五」字之訛，又云：「書經傳寫，凡計數之字多誤。小有不齊，不足詰也。」98有夫婦父子君臣上下二句　語出《易經・序卦》。錯，安排；規定。99質文　質樸與文飾。史稱殷尚質，周尚文。100曲為之防二句　細微的事情都設置防範，重大的事情都有規章制度。曲，細微之事。101禮經三百二句　語出《禮記・中庸》，指禮節儀式繁多，成百成千。三百、三千是用來表示多的意思，並非確指。韋昭曰：「周禮三百六十官也。三百，舉成數也。」顏師古曰：「禮經三百，韋說是也。威儀三千乃謂冠、婚、吉、凶，蓋儀禮是也。」102踰　同「逾」。越過。103滅去其籍　銷毀記錄典章制度的圖書。104不具　不完備。105高堂生　字和伯，西漢今文《禮》學的最早傳授者。高堂為姓；生為尊稱，先生之意。106慶普　字孝公，沛人。西漢今文《禮》學者，與大小戴齊名。從后倉受《禮》，為東平太傅。107淹中　淹中里，魯地名。108瘉與「愈」同。勝過之意。109樂記句　古代《禮》、《樂》並重，《樂》之有《記》，猶如《禮》之有《記》。此書也是漢以前學者所記錄的解《樂》之文。一說為孔子再傳弟子公孫尼子作。戴聖以其十一篇合為一篇而入《禮記》，即今之〈樂記篇〉。劉向校書，以此十一篇並另輯得的十二篇，總為《樂記》二十三篇。今僅收入《禮記》的十一篇保存下來，其餘十二篇亡佚。馬國翰有《樂記》輯佚一卷。110王禹記　書亡。不詳。111雅歌詩　書亡。書名曰「雅歌」，是為了區別於鄭、衛淫亂之音。劉向《別錄》、劉歆《七略》都說：「漢興以來，善雅歌者魯人虞公，發聲清哀，遠動梁塵。」可見當時確實有擅長雅歌之人。112雅琴趙氏　書亡。趙氏，名定，勃海人。趙定、龍德皆於宣帝時經丞相魏相奏請，召入溫室，為宣帝鼓琴。書名曰「雅琴」，是為了區別於流俗之琴聲。113雅琴師氏　書亡。師氏，名中，東海人。據傳為樂師師曠的數傳弟子。114雅琴龍氏　龍氏，名德，梁人。宣帝時，經丞相魏相奏請，召入溫室，為宣帝鼓琴。後拜為侍郎。115凡樂三句　此家數與篇數全都相符。琴頌，書亡。116先王作樂崇德三句　見《易・豫卦・象辭》。原文作：「先王以作樂崇德，殷薦之上帝，以配祖考。」先王，先代的君主。崇，推重。殷，周到；盡心；豐盛。薦，呈獻。享，獻祭。祖考，祖和父，此泛指祖宗。死去的父親曰考。117自黃帝下至三代二句　自黃帝以下至夏商周三代，各自都有所創作的樂曲。顧實《漢書藝文志講疏》引《通典》：「黃帝作〈咸池〉，少皞作〈大淵〉，顓頊作〈六莖〉，帝嚳作〈五英〉，堯作〈大章〉，舜作〈大韶〉，禹作〈大夏〉，湯作〈大濩〉，紂棄先祖之樂，迺作淫聲，周武王作〈大武〉，周公作〈大勺〉，又有〈房中之樂〉，歌以后妃之德。」黃帝，姬姓，號軒轅氏，有熊氏。傳說中的中原原始部落聯盟首領。少典之子。傳說他有許多發明創造，如養蠶、舟車、文字、音律、醫學、算數等，都始於黃帝時代。118安上治民四句　為《孝經・廣要道章》載孔子之言。是說禮、樂在治理國家、移風易俗時發揮各自不同的作用。119眇　精細；精微。120為鄭衛所亂　被鄭國和衛國的亂世之音所破壞。鄭衛，並為春秋戰國時的諸侯國。《禮記・樂記》曰：「鄭、衛之音，亂世之音也。」孔穎達曰：「鄭國之音，好濫志淫。衛國之音，促速煩志，並亂世之音也。」121制氏　魯人，知雅樂之聲律，世代在太樂官，任樂官之職。122鏗鏘　金石樂器的聲音。123竇公　據桓譚《新論・袪蔽》云：「文帝時，得魏文侯時樂人竇公，年百八十歲，兩目皆盲。文帝奇而問之，曰：『何因，能服食而至此邪？』對曰：『臣年十三失明，父母哀其不及眾技事，教臣為樂，使鼓琴，日講習以為常事。臣不能導引，無所服餌也。不知壽得何力。』」124周官　即《周禮》。125毛生　即毛萇，趙人。126八佾　天子所用的樂舞名。佾，樂舞的行列，八人為列，八行共六十四人。127記　《王禹記》的省稱。128寖　同「浸」。逐漸。129春秋古經十二篇三句　《春秋》為魯國編年史，上起魯隱公元年（西元前七二二年），下止魯哀公十四年（西元前四八一年），中經隱、桓、莊、閔、文、宣、成、襄、昭、定、哀十二公，共二百四十二年的史事。《春秋》經文有今古之別，此為古文經《春秋》，即《左傳》所本，分十二篇，是以十二公各為一篇。初與《左傳》各自單行，晉杜預作《春秋經傳集解》，始引傳入經，分年相繫。《漢志》又言《經》十一卷，係漢世流行之今文經，分十一卷，是以閔公與莊公併為一卷，其他十公各為一卷。今文經《春秋》為《公羊傳》、《穀梁傳》所本。初亦經、傳單行，大約自唐代始經傳配合。130左氏傳三句　左氏傳，又稱《左氏春秋》、《春秋左氏傳》，簡稱《左傳》。《春秋》三傳之一。春秋時魯國史官左丘明撰。《左氏傳》詳於記事，故有三十卷之多。漢代朝廷得書，以《左氏傳》為最先。除挾書之律時，即有北平侯張蒼獻《春秋左氏傳》。因卷帙繁重，藏於官府，傳習者少，獲見者也不多，故至平帝時始立博士。左丘明，姓左名丘明，一說姓左丘名明，春秋末魯國人。曾任魯國史官。著有《左傳》、《國語》。對於他的時代、籍貫、官職、著作，歷代學者有各種不同的說法，迄今無定論。太史，史官。西周、春秋時掌管起草文書，冊命諸侯卿大夫，記載史事，兼管國家典籍、天文曆法、祭祀等。131公羊傳三句　公羊傳，又稱《公羊春秋》、《春秋公羊傳》。著重闡釋《春秋》大義。舊題戰國時公羊高撰。初僅口傳，漢初成書。據傳是漢景帝時公羊壽、胡毋子都著於竹帛而成書。公羊子，即公羊高，齊國人，子夏弟子。高傳子平，平傳子地，地傳子敢，敢傳子壽，壽傳胡毋子都。132穀梁傳三句　穀梁傳，又稱《春秋穀梁傳》。著重闡釋《春秋》大義。舊題戰國時穀梁赤撰。初僅口傳，漢代成書。穀梁子之名，諸書記載不一。桓譚《新論》、蔡邕《正交論》、應劭《風俗通》並名赤，《論衡》名寘，《七錄》名俶，楊士勳《穀梁疏》作淑，顏師古《漢書注》曰名喜。赤、寘、俶、淑、喜五字聲轉通作，字異而人同。名赤見《新論》為最先，故後人多從之。（張舜徽《漢書藝文志通釋》）133鄒氏傳　書亡。不詳。鄒氏，齊人。134夾氏傳　書亡。

不詳。有錄無書，指劉歆《七略》有著錄，班固作《漢志》時書已亡佚。135左氏微　書亡。微是古代治《春秋》者進行注疏的一種體裁，因為《春秋》經文字簡約，經義不明，需要循微言探尋其大義。顏師古曰：「微，謂釋其微指。」136鐸氏微二句　鐸氏微，書亡。鐸氏，名椒，戰國時楚人。任楚威王太傅，他刪節《左氏春秋》，從中提取反映成敗道理的內容，作《鐸氏微》，凡四十章，以供楚威王學習、借鑑。其授受系統是：左丘明授曾申，申授吳起，起授子期，期授鐸椒，椒作《抄撮》八卷，授虞卿，虞卿作《抄撮》九卷，授荀卿，荀卿授張蒼。由此可知，鐸氏為左氏學之嫡派。太傅，官名。周代始置，與太師、太保合稱三公。137張氏微　書亡。張氏疑為漢初張蒼。張蒼傳左氏學，為鐸椒數傳弟子。138虞氏微傳　書亡。虞氏，名卿，戰國時趙相。作《抄撮》九卷以授荀卿，專為左氏之學。139公羊外傳　書亡。140穀梁外傳　書亡。141公羊章句　書亡。142穀梁章句　書亡。漢代人尹更始初為章句，作《穀梁章句》十五卷。143公羊雜記　書亡。144公羊顏氏記　書亡。顏氏名安樂，字公孫，漢魯國薛人。治《公羊春秋》，與嚴彭祖同從眭孟受《春秋》，故《公羊春秋》有顏、嚴之學。馬國翰輯有《公羊顏氏記》一卷。145公羊董仲舒治獄　書亡。董仲舒（西元前一七九－前一〇四年），廣川（今河北棗強）人。專治《公羊春秋》。曾任博士、江都王相、膠西王相。後以老病致仕，然朝廷每有政議，多遣廷尉張湯前往諮詢。於是作《春秋決獄》二百三十二事，以《春秋》經義判決獄事。此十六篇之書，大約是他依經決獄的總結。《隋書・經籍志》作《春秋決事》，新舊《唐書》作《春秋決獄》，《崇文總目》作《春秋決事比》，皆為十卷。書亡於兩宋之際。清代王謨、馬國翰、洪頤煊諸家均有輯本，然所得亦僅數條。146議奏　書亡。漢宣帝即位，善《穀梁》說，詔《五經》名儒、太子太傅蕭望之等大議殿中，評《公羊》、《穀梁》異同，各以經處是非。《公羊》派有博士嚴彭祖、侍郎申輓、伊推、宋顯；《穀梁》派有議郎尹更始、待詔劉向、周慶、丁姓。雙方所議共三十餘事。蕭望之等十一人各以經對，多從《穀梁》。由是《穀梁》之學大盛。（見〈儒林傳〉）此即《後漢書・陳元傳》所謂「宣帝為石渠論而穀梁氏大興。」所議三十餘事，事為一篇，故為三十九篇。147國語二句　國語，按照國別記載春秋歷史之書。記事以君臣言論為主，兼記史事。起於周穆王，止於趙、韓、魏三家大夫滅智伯。其史料價值可與《左傳》相比，故漢儒稱《左傳》為「春秋內傳」，《國語》為「春秋外傳」。本〈志〉自注曰「左丘明著」，本書卷六十二〈司馬遷傳〉「贊」也說：「孔子因魯史記而作《春秋》，而左丘明論輯其本事以為之《傳》，又纂異同為《國語》。」本書所言乃本諸〈太史公自序〉所云「左丘失明，厥有《國語》」。實則《左傳》、《國語》非一人所作。兩書斷限不齊，詳略又異，所載史實多有不合，甚至同記一事而互有抵牾，文體也不相類。可見，《國語》非左丘明所作。因記載不足，今已不能確知出自誰手。148新國語　書亡。云「劉向分《國語》」，指劉向校書時，自舊有的《國語》中分出一部分，重新編定為一書。149世本書亡。此書為戰國時史官所纂輯，經秦漢時人整理成編。記載自黃帝以後直至春秋時諸侯大夫氏姓、世系、居處（都邑）、製作、諡法等內容。原書宋代時已散佚，清代學者為之輯佚者有多家，以雷學淇、茆泮林兩種為佳。[150]戰國策　戰國時遊說之士的策謀和言論總集。此書舊名不一，有《國策》、《國事》、《短長》、《事語》、《長書》、《脩書》等，經劉向整理編次，確定今名。[151]奏事三句　奏事，書亡。戰國時大臣言事於王曰上書，秦時改稱曰奏。〈志〉自注曰「秦時大臣奏事」，即秦時大臣上奏皇帝的文書。刻石名山文，指秦始皇時於名山刻石記功的文字。《史記．秦始皇本紀》言秦始皇刻石七處：嶧山、泰山、琅邪、之罘、東觀、碣石門、會稽。秦二世元年，巡狩天下，又盡刻始皇所立刻石，石旁著大臣從者名，以章始皇功德。[152]楚漢春秋二句　楚漢春秋，書亡。漢朝建立後，陸賈為記時功而作，其中記事延及惠帝、文帝時事。茆泮林、洪頤煊、黃奭皆有輯本。陸賈，楚人。西漢政論家、辭賦家，追隨劉邦定天下，常出使諸侯為說客。官至太中大夫。力主行仁義，倡儒學，並輔以黃老思想。還提出用武力能奪取天下，但不能單靠武力來治理、統治天下。著有《新語》。詳見卷四十三〈陸賈傳〉。[153]太史公　又名《太史公書》，即《史記》，司馬遷撰。此書創始於其父司馬談，凡一百三十篇。遷死後，十篇亡佚，僅存其目。至元帝、成帝間，由褚少孫補闕。《史記》為我國第一部紀傳體史書，分本紀、表、書、世家、列傳，記載上起黃帝，下至漢武帝時，共三千餘年的歷史。班固注曰「十篇有錄無書」，這十篇為〈景帝紀〉（篇在）、〈武紀〉（亡）、〈禮書〉（敘在，部分草具未成）、〈樂書〉（敘在，部分草具未成）、〈律書〉（敘在，部分草具未成）、〈三王世家〉（所載僅為奏請及策書）、〈傅靳蒯成列傳〉（篇在）、〈日者列傳〉（部分為太史公本書）、〈龜策列傳〉（序在，部分由褚少孫補）。[154]馮商所續太史公　馮商，字子高，陽陵人。治《易》事五鹿充宗，後事劉向，能屬文。曾受詔續《太史公》十餘篇。《漢志》僅著錄曰七篇。姚振宗謂馮商書本十一篇，班氏省去四篇，故為七篇。[155]太古以來年紀　書亡。伏羲、神農以前之事，多見於緯書，大抵出於臆造，荒誕無稽，不足為信。緯書起於西漢末，故有撰《太古以來年紀》以欺世者。或曰此書乃《史記》所本，不正確。〈五帝本紀〉太史公曰：「學者多稱五帝，尚矣。然《尚書》獨載堯以來；而百家言黃帝，其文不雅馴，薦紳先生難言之。」〈貨殖列傳〉：「神農以前，吾不知已。」〈龜策列傳〉：「唐虞以上，不可記已。」可見，司馬遷對類似的記載取闕疑之義，認為不可信。[156]漢著記　書亡。〈五行志〉曾舉《漢著記》之名，自高祖至平帝，凡十二世。〈律曆志〉屢稱《著記》，所記為年世及日食朔晦之數。據此可知，《著記》之文多屬太史令所為，非專載帝王起居。師古注曰：「若今之《起居注》。」未得其實。[157]漢大年紀　書亡。[158]凡春秋三句　今據以統計，實得二十九家，九百零一篇，較《漢志》多六家，少四十七篇。〈志〉自注曰：「省《太史公》四篇」，姚振宗以為指馮商所續《太史公》中的四篇，說見前注[26]。[159]史官　古代職官中的一種，負責記錄史事、掌管典籍、頒宣王命、備君主顧問等。先秦時，史的人數較多，因職掌稍有不同，名稱也各有差異。據古書和出土銘刻材料，從商周到春秋戰國，史類官中以太史、內史、御史最為重要。[160]君舉必書　商周的史官制度規定，對國君的言行，史官都必須如實記錄。[161]昭法式　明辨是非、法戒。言行之是者可以為法，非者可以為戒。「式」為「戒」字之誤。[162]左史記言二句　《禮記・玉藻》：「動則左史書之，言則右史書之。」按，古代君主左右有史官，負責記錄君主的言行，初未必各有專司，兩不相謀。左史記言，亦兼記事；右史記事，亦並記言。《漢志》與《玉藻》所言皆錯舉互辭，兩不相合，不足為怪。（參張舜徽《漢書藝文志通釋》）[163]事為春秋二句　記錄國家重大事件的代表作是《春秋》，記錄君王言論的代表作是《尚書》。史官當時所記錄的書冊未必即傳世的《尚書》、《春秋》。《漢志》提到此二書，乃舉例說明，蓋《春秋》側重於記事，《尚書》側重於記言。[164]靡　無；沒有。[165]夏禮吾能言之六句　《論語・八佾》載孔子之言。杞，古國名。據傳周武王封夏的後裔於杞。後為楚所滅。地在今河南杞縣。宋，古國名，周武王封紂之子武庚於舊都（今河南商丘）。成王時，武庚叛亂，被殺。又封紂之庶兄微子，號宋公，建立宋國。春秋時為十二諸侯之一，至戰國為齊所滅。轄地相當今河南東部及山東、江蘇、安徽之間。徵，驗證；證明。文，指記錄典章制度的文字資料。獻，指多聞而又熟悉掌故的人。[166]禮文備物　具有完備的禮樂典章制度。文，指儀式典制。物，指禮器。[167]史記　史官所記錄的國事。[168]仍人道　根據人事發展變化的規律、準則。仍，因；依照。[169]因興以立功二句　依據事業的成功來確立其功勞，按照事業的失敗來確定其罪懲。案：「就敗以成罰」句，慶元本、殿本無「就」字。蔡琪本、白鷺洲書院本、汲古閣本均有「就」字，是。[170]假日月以定曆數　利用日月的運行規律來制訂曆法。[171]藉朝聘以正禮樂　憑藉諸侯朝見天子的禮儀來端正禮樂制度。朝聘，是西周、春秋時期諸侯定期朝見天子的一種制度。每年一小聘，三年一大聘，五年一朝。小聘派大夫，大聘派卿，朝則國君自往。春秋時諸侯之間互相朝見也稱朝聘。[172]書見　見於書，即寫下來。[173]弟子退而異言　古代講學通過口耳傳授，因此孔子對弟子講授之後，眾弟子因理解不同，往往說法各異。[174]論本事而作傳　論述基本的史事，並加以詳細的補充解釋。[175]免時難　避免當時有權威勢力的君主大臣的迫害。[176]口說流行　古代學術的傳授主要依靠口耳相傳，後乃著之竹帛。口頭傳授難免產生文字增損、歧異，於是同為一經而有數家。[177]鄒氏無師　〈王吉傳〉云能為《鄒氏春秋》。據此，當時應有師受，或因未立於學官，遂失其傳。班固時其書尚存，後書亦亡。[178]夾氏未有書　本〈志〉稱《夾氏傳》十一卷，有錄無書。說明《夾氏》初亦有書，大約也是因為未立於學官，至班固時已亡佚。[179]論語三句　漢代《論語》有三本，一曰《古論》，魯恭王壞孔子宅而得於壁中，此「《古》二十一篇」即是，有兩〈子張〉篇，篇次也與其他二本不同，早已亡佚；二曰《齊論》，為齊人之學，二十二篇，多〈問玉〉、〈知道〉兩篇；三曰

《魯論》，為魯人之學，二十篇。西漢末，安昌侯張禹合《魯論》、《齊論》而考之，刪《齊論》之〈問玉〉、〈知道〉，從《魯論》二十篇，號《張侯論》。東漢末，鄭玄又就《魯論》篇章，考之《齊》、《古》而為之注。此現行《論語》之來源。[180]齊二句　齊，書亡。此為今文《論語》，今有馬國翰《齊論語》輯佚一卷。〈問王〉、〈知道〉皆《齊論》之篇名。〈問王〉應作〈問玉〉，王、玉二字形近易誤。[181]魯二句　魯，書存，即今流行之《論語》所本，二者篇次相同。《傳》十九篇，乃解釋《論語》之書，已亡佚。[182]齊說　書亡。[183]魯夏侯說　書亡。[184]魯安昌侯說　書亡。安昌侯即張禹，初習《魯論》，晚講《齊論》。他以《魯論》為依據，將《魯論》、《齊論》融合為一，號《張侯論》。《熹平石經》之《論語》即採《張侯論》。[185]魯王駿說　書亡。王駿為王吉之子。王吉傳《齊論》，而駿傳《魯論》，與其父異。[186]燕傳說　書亡。[187]議奏　書亡。漢儒於石渠論群經，包括議《論語》。〈儒林傳〉載，論《論語》者僅有韋玄成、蕭望之、梁丘臨三人。韋、蕭二人皆治《魯論》。[188]孔子家語　原書亡佚。今本十卷，係三國魏王肅自輯自注之作。取材雜收《論語》、《左傳》、《國語》、《荀子》、《大戴禮》、《禮記》、《說苑》等書，輯錄了孔子的遺聞逸事，其中關於古代婚制、喪祭、郊禘、廟祧等制度多與鄭玄所說不同，並藉孔子名義攻駁鄭學。此書雖出自王氏依託，但也保存了古書大義。因此，唐以來雖知其偽而不能廢。[189]孔子三朝　書亡。劉向《別錄》云：「孔子三見哀公問政，比三朝，退而為此記，故曰《三朝》，凡七篇，併入《大戴禮》。」即今《大戴禮》之〈千乘〉、〈四代〉、〈虞戴德〉、〈誥志〉、〈小辨〉、〈用兵〉、〈少間〉七篇。顏師古曰：「今《大戴禮》有其一篇。」疑「一」字乃「七」之誤，二字形近易偽。馬國翰有《孔子三朝記》輯佚一卷。[190]孔子徒人圖法　書亡。徒人指孔子弟子。沈欽韓曰：「《文翁石室圖》，七十二弟子舊有圖法，皆出壁中者也。」[191]凡論語二句　今計十二家三百篇，多一篇。[192]接聞　受聞。接，迎受。[193]輯而論篹　輯與集同。篹與撰同。[194]王吉　字子陽，皋虞（今山東即墨）人。曾為昌邑王中尉時。宣帝即位，召為博士、諫大夫。後謝病歸。元帝即位，復召為諫大夫，未至京，道卒。本傳稱他「兼通《五經》，能為《騶氏春秋》，以《詩》、《論語》教授，好梁丘賀說《易》。」詳見卷七十二〈王吉傳〉。[195]宋畸　未詳。[196]貢禹　字少翁，琅邪（今山東諸城）人。以明經絜行著聞，徵為博士，任涼州刺史，以病去官。復舉賢良為河南令。元帝即位，任諫大夫、御史大夫。詳見卷七十二〈貢禹傳〉。[197]庸生　名譚。〈儒林傳〉說，孔安國授《古文尚書》於都尉朝，都尉朝授膠東庸生，庸生授清河胡常少子。[198]王陽　即王吉，字子陽，故謂之王陽。名家，對經的解說自成一家。[199]龔奮　不詳。[200]韋賢　字長孺，鄒人。篤志好學，世習《魯詩》，號稱鄒魯大儒。官博士、光祿大夫。宣帝即位，以參與謀議廢立，賜爵關內侯，官至丞相。詳見卷七十三〈韋賢傳〉。[201]扶卿　《論衡·正說篇》曰，魯人扶卿受《論語》於孔安國，官至荊州刺史。[202]蕭望之　字長倩，東海蘭陵人。蕭何七世孫。從后倉習《齊詩》，又從夏侯勝問《禮》及《論語》。射策為郎，宣帝時官至諫大夫、御史大夫。元帝即位，以師傅見重。後為宦官石顯排擠，自殺。詳見卷七十八〈蕭望之傳〉。[203]張氏最後而行於世　指張禹在傳授《魯論》諸家中雖然屬於最晚出現的一位，但他的《張侯論》流傳於世。張禹，字子文，河內軹人。從施讎受《易》，從王陽、庸生受《論語》，明習經學。應試為博士，遷光祿大夫。成帝時為丞相。詳見卷八十一〈張禹傳〉。[204]孝經古孔氏　師古注引劉向曰：「古文字也。〈庶人章〉分為二也，〈曾子敢問章〉為三，又多一章，凡二十二章。」《古文孝經》比今文多四章，二者文字也多有不同。桓譚《新論》云：「《古孝經》千八百七十二字，今異者四百餘字。」此書與《古文尚書》同出孔壁，孔安國為之傳，書亡於梁。今本為日本人所作《偽孔傳》，流入中國，刻入《知不足齋叢書》。[205]孝經三句　孝經，此為今文本，即今通行之《孝經》。《隋書．經籍志》曰：「遭秦焚書，(《孝經》)為河間人顏芝所藏。漢初，芝子貞出之，凡十八章。而長孫氏、博士江翁、少府后倉、諫議大夫翼奉、安昌侯張禹，皆名其學。又有《古文孝經》，與《古文尚書》同出，……至劉向典校經籍，以顏本比古文，除其繁惑，以十八章為定。」《孝經》的作者，一般認為應是孔門後學。[206]長孫氏說　書亡。長孫氏之名字爵里俱無考。馬國翰輯有《孝經長孫氏說》一卷。[207]江氏說　書亡。〈儒林傳〉云：「博士江公世為《魯詩》宗，至江公著《孝經說》。」[208]翼氏說　書亡。翼氏名奉，為后倉弟子。詳見卷七十五〈翼奉傳〉。[209]后氏說　書亡。后氏名倉，官少府。馬國翰輯有《孝經后氏說》一卷。[210]雜傳　書亡。[211]安昌侯說　書亡。安昌侯即張禹。馬國翰輯有《孝經安昌侯說》一卷。[212]五經雜議　書亡。此書係宣帝時諸儒在石渠閣議《五經》之總論。鄭玄《六藝論》云：「孔子以六藝題目不同，指意殊別，恐遭離散，後世莫知根原，故作《孝經》以總會之。」可知漢儒皆以《孝經》為六藝之大本，《五經》之總會，故《漢志》錄《五經雜議》入《孝經》家。王先謙曰：「此經總論也。《爾雅》、《小爾雅》，諸經通訓；《古今字》，經字異同。皆附焉。」[213]爾雅三卷二十篇　今本《爾雅》分上中下三卷，共十九篇，較漢代少一篇。或謂原有〈序篇〉，故漢世為二十篇，〈序篇〉既佚，僅存十九篇；或謂《爾雅》當有〈釋禮〉一篇，在〈釋樂〉之後；或曰《爾雅》無缺篇，〈釋詁〉在漢代分為上下兩篇，故總計二十篇。此書薈萃訓詁名物，乃漢初經師裒錄眾家傳注而成，其言周公、孔子遺書者，皆依託之辭。此書舊有晉郭璞注，宋邢昺疏，收入《十三經注疏》。清邵晉涵有《爾雅正義》，郝懿行有《爾雅義疏》，皆勝舊疏。[214]小雅二句　舊題漢孔鮒撰。此書依附《爾雅》而作，又名《小爾雅》，體例亦仿《爾雅》。今本一卷十三章。東晉李軌曾為之注，名曰《略解》，著錄於隋、唐〈志〉，其書早佚。清人考釋此書的有王煦《小爾雅疏》、胡承珙《小爾雅義證》、宋翔鳳《小爾雅訓纂》、朱駿聲《小爾雅約注》、葛其仁《小爾雅疏證》。《古今字》一卷，書亡。章學誠《校讎通義．內篇三》云：「《爾雅》，訓詁類也，主於義理；《古今字》，篆隸類也，主於形體。」

則《古今字》必當依《史籀》、《蒼頡》諸篇為類，而不當與《爾雅》為類矣。其二書不當入《孝經》。」張舜徽認為章氏之說錯誤：「《小爾雅》所以綜經傳之異訓，《古今字》所以錄字體之異形，皆於統釋群經有關。漢人恆以《孝經》為《五經》之總會，故凡涉及諸經通訓、經字異同之書，悉附列於此。章說失之。」所論甚是。[215]弟子職　此書今為《管子》第五十九篇，漢時單行。記弟子事師之儀節，受業之次序，《曲禮》、《少儀》之支流餘裔，係古代家塾教弟子之法。應劭曰：「管仲所作，在《管子》書。」實際並非管仲所撰。[216]說　書亡。當為傳《弟子職》之師說。[217]凡孝經二句　《小爾雅》、《古今字》、《說》本不分行，為十一家。今本皆提行，實為十三家五十六篇。[218]孝經者二句　依照這二句話，《孝經》是孔子所作。對此，宋朱熹首先提出疑問，認為是曾子門人所記錄的孔子與曾子的問答之語。此說足以服人。曾子，名參，字子輿，春秋末魯國南武城（今山東費縣）人。孔子弟子，以孝著稱。[219]天之經三句　語出自《孝經・三才章》所引孔子之言，此處用以說明《孝經》的命名是取孝乃天經地義之意。[220]各自名家　各人自成一家，各有各的解說。按，長孫氏諸家皆用今文十八章本。[221]父母生之三句　語皆出自《孝經・聖治章》。父母生之續莫大焉，謂父母生育兒女是延續族類、傳宗接代的大事。續，嗣續。日本古文本作「績」，蓋二字形似而傳寫致誤。故親生之膝下，謂對父母的愛在孩提時就產生了。親，愛。之，王引之《經傳釋詞》：「猶諸也。諸、之，一聲之轉。」膝下，子女幼時依繞於父母膝下，因以「膝下」表示幼年。[222]諸家說不安處　指各家對「父母生之」三句的解說都不妥帖。安處，安妥；妥切。[223]古文字讀皆異　指《古文孝經》與今文在文字與句讀上都有所不同。師古引桓譚《新論》曰：「《古孝經》千八百七十二字，今異者四百餘字。」讀，句讀。[224]史籀三句　史籀，大篆字書。相傳為周宣王時太史籀所作。近人認為「籀」與「讀」通，非人名，大約該字書的首句為「太史籀書」，故取「史籀」二字名書，作者實係春秋、戰國間秦人。原書十五篇，東漢建武年間亡佚六篇。隋、唐〈志〉皆未載，知書早已全部亡佚。馬國翰輯佚一卷。近人王國維有《史籀篇敘錄》、《史籀篇疏證》可資參考。[225]八體六技　書亡。師古注引韋昭曰：「八體，一曰大篆，二曰小篆，三曰刻符，四曰蟲書，五曰摹印，六曰署書，七曰殳書，八曰隸書。」六技，有人認為指新莽時的六書，即古文、奇字、篆書、隸書、繆書、蟲書。清人李賡芸認為「六技」為「八篇」之誤，清人錢大昭、今人張舜徽皆引其說。[226]蒼頡七句　蒼頡，書亡。此書為漢代識字課本。漢以前，秦丞相李斯作《蒼頡》七章、車府令趙高作《爰歷》六章、太史令胡母敬作《博學》七章，合稱「三蒼」。漢人合併「三蒼」，以首句作「蒼頡作書，以教後嗣」，故仍取名曰《蒼頡》。四字為句，六十字為一章，共五十五章，便於幼童記誦。清人馬國翰等皆有輯本。近代以來出土漢簡中也有不少《蒼頡篇》的佚文。[227]凡將　書亡於宋。漢司馬相如編纂。考其佚文，大抵七字為句。馬國翰有《凡將篇》輯佚一卷。[228]急就　書今存。漢元帝時黃門令史游編纂。其書雜記姓名、諸物、五官等字，其字略以類從，依文字偏旁，以三字或七字為句，凡三十二章，一千一十六字。今本多〈齊國〉、〈山陽〉二章，為後漢人所加。229元尚　書亡，無佚文。漢成帝時將作大匠李長編纂。將作大匠，職官名，秦始置，稱將作少府。西漢時改稱將作大匠。掌宮室、宗廟、路寢、陵園的土木營建。李長，不詳。230訓纂　揚雄編纂。書亡。馬國翰有輯佚本。揚雄（西元前五三—一八年），一作楊雄，字子雲，蜀郡成都（今屬四川）人。西漢哲學家、文學家、語言學者。少而好學，不為章句，博覽無所不見。成帝時任給事黃門郎，王莽時校書天祿閣。後為大夫。揚雄所作除《訓纂》一篇外，還有《方言》十三卷、《太玄》十九篇、《法言》十三篇、《樂》四篇、《箴》二篇、《揚雄賦》十二篇。揚雄曾作〈劇秦美新論〉以頌莽德，時人譏之。詳見卷八十七〈揚雄傳〉。揚雄原集已散佚，明人輯有《揚子雲集》。231別字　揚雄《輶軒使者絕代語釋別國方言》之省稱，或稱《方言》。今本十三卷。體例仿《爾雅》，類集各地古代及當時流行的同義詞語，並注明通行範圍。內容取材於古代典籍及調查所得，是研究古代語言分布情況的重要資料。清代錢繹《方言箋疏》、戴震《方言疏證》對此書的整理、闡發頗見功夫。232蒼頡傳　書亡。不詳。233揚雄蒼頡訓纂　此書將《蒼頡》、《訓纂》合併為一。下文云：「元始中，徵天下通小學者以百數，各令記字於庭中。揚雄取其有用者以作《訓纂篇》，順續《蒼頡》，又易《蒼頡》中重復之字，凡八十九章。」知此書所收字多於《蒼頡篇》。234杜林蒼頡訓纂　王先謙曰：「此蓋於揚雄所作外，別有增益，故各自為書。《說文》引杜林說。」書亡。馬國翰輯有《蒼頡訓詁》一卷。杜林，字伯山，扶風茂陵（今陝西興平）人。漢代經學家、文字學家。曾任侍御史、大司空。治《古文尚書》。235杜林蒼頡故　書亡。下文云：「《蒼頡》多古字，俗師失其讀，宣帝時徵齊人能正讀者，張敞從受之，傳至外孫之子杜林，為作訓故。」即此書。236凡小學三句　今計為十二家，如除後增入之揚雄、杜林二家，正合十家。只是僅有四十四篇，與四十五篇之數不合。然若取李賡芸所說，「六技」為「八篇」之誤，則篇數相合。237上古結繩以治五句　語見《易・繫辭下》。結繩，上古無文字，用結繩的辦法記事。大事，大結其繩；小事，小結其繩。書契，指文字。契即用刀刻文字。一說書指文字，刻木以記數、記事謂之契。夬，《易・繫辭下》有〈夬卦〉。夬，決也。當書契所記之事上達王庭時，小而庶物，大及朝政，皆依賴《易》之〈夬卦〉來決斷。如《易》之〈夬卦〉所言：「不利即戒，利用攸往。」即是講趨利避害的決斷。238夬二句　《易・夬卦》之辭，指書契所記之事，在王庭上用〈夬卦〉來決斷吉凶、利弊。239保氏　《周禮・地官》之屬，掌勸諫王的過失，兼掌國子六藝六儀的教育。國子，公卿大夫的子弟。240教之六書三句　謂象形、象事、象意、象聲、轉注、假借是古人造字的依據。事實上，六書只是後人從眾多使用的文字中所歸納出來的六種條例，並非古人先定此條例而後造字。象形，按照物體的形狀造出文字，字如其物，如日、月等字；象事，即指事造字，視而可識，察而見意，如上、下；象意，即會意，含有事物意思、內容的造字法，如武、信；象聲，即形聲，以事為名，取譬相成，如江、河；轉注，意義相同或相近的字為同一部首，可以互相解釋，如考、老；假借，本無其字，依聲託事，如令、長。[241] 蕭何草律　漢初，丞相蕭何主持制訂律令，即所謂的《九章律》。草，創造；草創。[242] 諷　背誦默寫。史，通「吏」。《說文・敘》作「乃得為吏」。[243] 以六體試之二句　謂通過考試學童背誦默寫各種書體的文字，來選拔史書令史。六體，楊樹達、顧實皆以為「八體」之誤。今據湖北江陵張家山漢墓竹簡《二年律令・史律》簡四七五—四七六：「〔試〕史學童以十五篇，能風（諷）書五千字以上，乃得為史。有（又）以八體試之，郡移其八體課大史，大史誦課，取最一人以為其縣令史，殿者勿以為史。三歲壹並課，取最一人以為尚書卒史。」律文明言以「八體」試學童，知楊、顧所言甚是。課最，考試成績最好。以為尚書御史史書令史，謂將考試合格者補為尚書與御史屬下的史書令史。漢代人所說的「史書」一詞有多種含義，或指大篆或籀文，或指隸書，或指官府文書；此處應指大篆或籀文。[244] 吏民上書三句　漢代官府文書的書寫要求相當嚴格，出現文字錯誤，即依情節輕重予以處罰。《史記・萬石張叔列傳》記載，石建奏事，因失誤，將「馬」字下面少書寫了一點。石建因此而甚為惶恐：「今乃四，不足一。上譴死矣。」[245] 六體者二句　古文、奇字、篆書、隸書、繆篆、蟲書六體，乃王莽時所立。張舜徽認為此二句乃後人羼入，他說：「以此段文理觀之，上文方敘漢興試學童事，不應忽插入新莽時之六體。六體之興，上距蕭何草律之時，已二百年，非可連類而及。上文言漢初『又以八體試之』，書經傳寫，誤『八』為『六』甚早。後之讀《漢志》者，因記『六體者』云云三十一字于下，初為附注之辭，後乃錄入正文。今審定此三十一字，乃後人所竄入，非班書所原有也。去此三十一字，則上下相承，文從字順矣。」關於六體，顏師古曰：「古文謂孔子壁中書。奇字即古文而異者也。篆書謂小篆，蓋秦始皇使程邈所作也。隸書亦程邈所獻，主於徒隸，從簡易也。繆篆謂其文屈曲纏繞，所以摹印章也。蟲書謂為蟲鳥之形，所以書幡信也。」[246] 幡信　旗幟信號。幡，長方形的旗幟，古代把官號寫在旗幟符信上，叫做幡信，也叫信幡。[247] 書必同文　書寫一定要使用統一的標準文字。戰國時，田畝車軌、法令衣冠，以及文字，各不統一，秦統一六國後，丞相李斯上奏，車同軌，書同文，禁止再使用異形文字。這裡的「古制，書必同文」，非指秦始皇時的書同文，實為孔子以前的時代。所以下文云「至於衰世，是非無正，人用其私。」衰世即指戰國時代各國使用的文字皆為異形文字，不統一，故云「人用其私」。[248] 故老　年老有聲望者。[249] 人用其私　指春秋戰國時代，字無定體，多任私意而改作文字。[250] 吾猶及史之闕文也二句　語出《論語・衛靈公》載孔子之言，謂文字有疑，則當闕而不說。闕文，缺而不寫或脫漏的文句。[251] 寖通「浸」。逐漸。[252] 秦篆　即小篆。[253] 官獄多事　指秦朝大興土木，戍役繁多，官府需要處理的獄案日益繁重，用篆字書寫公文十分不便。為了官司刑獄急速之需，開始使用隸書，以趨簡約。[254]苟趨省易　為了一時的書寫簡省容易。隸書較小篆筆畫簡省，書寫容易。苟，暫時。趨，趣向；傾向。[255]徒隸　服勞役的罪犯、服低賤差役的人統稱為徒隸。[256]復　重複。[257]至元始中三句　此即《說文・敘》所說：「孝平皇帝時，征（沛人爰）禮等百餘人，令說文字未央廷中，以禮為小學元士。」本書卷十二〈平帝紀〉繫此事於元始五年，卷九十九〈王莽傳〉繫於元始四年。[258]臣復續揚雄句　韋昭曰：「臣，班固自謂也。作十三章，後人不別，疑在《蒼頡》下篇三十四章中。」[259]蒼頡　指漢人編纂之五十五章《蒼頡》。[260]張敞　字子高，河東平陽（今山西臨汾）人。治《左氏春秋》。累官太史中大夫、膠東相、京兆尹、冀州刺史。詳見卷七十六〈張敞傳〉。[261]訓故　指杜林所作《蒼頡訓纂》、《蒼頡故》。并列焉，是說杜林此二書並列入《漢志》。[262]六藝一百三家五句　包括《易》十三家，《書》九家，《詩》六家，《禮》十三家，《樂》六家，《春秋》二十三家，《論語》十二家，《孝經》十一家，「小學」十家，共計一百三家。三千一百二十三篇之數亦正相合。入三家，指《書》增入劉向〈稽疑〉一篇，因其併入《五行傳記》，不計家。《禮》增入《司馬法》一家百五十五篇，小學增入揚雄、杜林二家三篇，恰好符合三家一百五十九篇之數。出重十一篇，應是指《樂》刪除淮南、劉向等《琴頌》七篇，《春秋》刪除馮商續《太史公》四篇。[263]六藝之文　此處以《樂》、《詩》、《禮》、《書》、《春秋》五經，與仁、義、禮、智、信五常相關聯，五常又應五行生克消長，缺一不可，所以說《五經》也是相需而備，缺一不可，而《易》是《五經》的本原。這是漢人在陰陽五行思想指導下的牽強附會之說。[264]和神　調和心志。[265]正言　純潔語言。[266]明體　制定制度；規範行為。[267]廣聽　擴大見聞。[268]斷事　處理問題。[269]須　需。[270]原　本原。[271]易不可見二句　語出《易・繫辭上》。意思是說，如果《易》道毀壞，不可見其變化之理，則乾坤也毀壞，或近於滅息。[272]五學　指《樂》、《詩》、《禮》、《書》、《春秋》。[273]五行之更用事焉　五行，金、木、水、火、土。更，輪流；輪換。[274]玩　欣賞；品味；研習；體會。[275]畜德　指培養品德。畜，通「蓄」。聚；積累。[276]三十而五經立　《論語・為政》孔子曰：「吾十有五而志於學，三十而立。」此言十五始學，三年通一經，至三十而於《五經》皆精通。[277]多聞闕疑　《論語・為政》孔子曰：「多聞闕疑，慎言其餘，則寡尤。」是說為學之道在於多所見聞，對疑難未解的地方不妄加評論，對其餘足以自信的地方要謹慎地說出，就會減少錯誤。[278]碎義逃難三句　以破碎的偏僻辭義，逃避他人的疑難，牽強附會，巧為立說，破析文字的形體。碎義，支離破碎的解說。[279]說五字之文二句　解釋經文中的五個字，需要用二、三萬字。桓譚《新論》云：「秦近君能說〈堯典〉，篇目兩字之說至十餘萬言，但說『曰若稽古』三萬言。」〈儒林傳〉稱：「一經說至百餘萬言，大師眾至千餘人，蓋祿利之路然也。」可見今文經師的解說繁冗虛妄。此二句以下至「此學者之大患也」，均在揭露漢代今文經學的流弊。[280]後進彌以馳逐後來的學者對經文的解說更加繁瑣冗長。馳逐，指在經文的解說上朝著繁瑣冗長的方向進一步發揮。馳，嚮往。逐，追逐。

[281] 安其所習二句　自己所熟悉的就守護不更改，自己沒有見到的就妄加詆毀。[282] 序六藝為九種　即《易》、《書》、《詩》、《禮》、《樂》、《春秋》、《論語》、《孝經》、「小學」。

【語譯】《易經》十二篇，有施氏、孟氏、梁丘氏三家。

《易傳周氏》二篇。周氏，字王孫。

《服氏》二篇。

《楊氏》二篇。楊氏，名何，字叔元，菑川人。

《蔡公》二篇。蔡公，衛人，師從周王孫。

《韓氏》二篇。韓氏，名嬰。

《王氏》二篇。王氏，名同。

《丁氏》八篇。丁氏，名寬，字子襄，梁人。

《古五子》十八篇。自甲子至壬子，解說《易》的陰陽之理。

《淮南道訓》二篇。淮南王安聘請通曉《易》者九人撰寫，號稱「九師說」。

《古雜》八十篇，《雜災異》三十五篇，《神輸》五篇，《神輸圖》一幅。

《孟氏京房》十一篇，《災異孟氏京房》六十六篇，五鹿充宗《略說》三篇，《京氏段嘉》十二篇。

《章句》施、孟、梁丘氏各二篇。

　　《易》共計有十三家，二百九十四篇。

《易》說：「伏羲氏仰觀天空日月星辰之象，俯看地之法則，觀察鳥獸足跡，以及土地所適宜生長的物種，近處模仿人自身，遠處模仿萬物形象，於是開始創作八卦，以此探求陰陽變化之理，用來類比萬物形狀。」到了商周之際，商紂王身居王位，背逆天理，摧殘萬物，周文王以諸侯的身分，順應天命，推行道義，觀察分析天與人的變化規律並得到驗證，於是交錯組合《易》的六爻為六十四卦，撰寫成上、下篇。孔子為六十四卦撰寫了〈彖〉、〈象〉、〈繫辭〉、〈文言〉、〈序卦〉等說卦之辭十篇，以發揮其旨意。所以說，《易》的道理是很深的，經過了伏羲氏、周文王和孔子三位聖人的推演、探究，歷時上古、中古、下古三個時代。等到秦朝焚燒圖書，《易》作為講述筮卜之事的書籍，未被燒掉，傳授的人沒有斷絕。漢朝興起，田何傳授《易》學。到漢宣帝、元帝時，講授《易》學的有施讎、孟喜、梁丘賀、京房四家列於學官傳授，而民間有費直、高相兩家學說流傳。劉向用宮中收藏的《古文易經》校對施、孟、梁丘所傳授的《易經》，有的脫漏了「無咎」、「悔亡」等文字，只有費氏經與宮中的古文經相同。

《尚書古文經》四十六卷。有五十七篇。

《經》二十九卷。大、小夏侯二家。《歐陽經》三十一卷。

《傳》四十一篇。

《歐陽章句》三十一卷。

《大、小夏侯章句》各二十九卷。

《大、小夏侯解故》二十九篇。

《歐陽說義》二篇。

劉向《五行傳記》十一卷。

許商《五行傳記》一篇。

《周書》七十一篇。為周史記錄。

《議奏》四十二篇。宣帝時諸儒於石渠閣議論《尚書》的奏議。

《書》共計有九家，四百一十二篇。比《七略》的書類增加了劉向〈稽疑〉一篇。

《易》說：「黃河中的龍馬馱圖畫而出，雒水中的神龜背載赤文綠字而出，聖人伏羲、大禹仿照圖文分別畫出八卦圖，撰寫出〈洪範〉。」因此說《尚書》起源已經很久遠了，至孔子時進行整理編纂，上限斷於堯，下限截止於秦，共計百篇，並為之作序，闡明撰寫的意圖。秦朝焚毀圖書，禁止民間的《六經》及諸子之學，濟南伏生獨自把《書》藏在牆壁內。漢朝建立時，大多丟失，只收集到二十九篇，用來在齊魯一帶教授。到漢宣帝時，有歐陽生、夏侯勝、夏侯建所傳授的《尚書》立於學官。《古文尚書》這部書，出自孔子住宅的牆壁中。武帝末年，魯共王拆毀孔子當年的住宅，打算擴充自己的宮室，從而得到《古文尚書》及《禮記》、《論語》、《孝經》共數十篇，都是用先秦時的古文字抄寫。共王前往這所住宅，聽到擊打琴瑟鐘磬的聲音，感到恐懼，便停止拆毀。孔安國是孔子的後代，全部收集到這批書，用它們考校當時通行的《尚書》二十九篇，多出了十六篇。孔安國向朝廷獻出這批書。這時正遇江充用巫蠱陷害戾太子事件，未能列於學官。劉向用宮中所藏《古文尚書》校對歐陽、大小夏侯三家經文，〈酒誥〉脫落一支簡，〈召誥〉脫落二支簡。大致一支簡若抄有二十五字，也就脫漏二十五字，一支簡若抄有二十二字，也就脫漏二十二字，文字不同的有七百多個，脫漏的文字有數十個。《書》是一部古代號令的彙編，對眾人發號施令時，語言文字不明確，聽取並執行號令的人就不明白。古文近於雅正，因此，用今語解釋古文，就能夠理解了。

《詩經》二十八卷，有魯、齊、韓三家。

《魯故》二十五卷。

《魯說》二十八卷。

《齊后氏故》二十卷。

《齊孫氏故》二十七卷。

《齊后氏傳》三十九卷。

《齊孫氏傳》二十八卷。

《齊雜記》十八卷。

《韓故》三十六卷。

《韓內傳》四卷。

《韓外傳》六卷。

《韓說》四十一卷。

《毛詩》二十九卷。

《毛詩故訓傳》三十卷。

《詩》共計有六家，四百一十六卷。

《書》說：「詩用語言來表達人內心的情感，歌把表達情感的語言曼聲長吟出來。」所以，心中一旦產生哀傷或歡樂的感觸，就會形成歌詠。誦讀表達情感的語言文字稱為詩，唱出語言文字的聲音稱為歌。因此，古代有採集詩的職官，君主通過這種方式觀察社會風俗，了解為政得失，以便自我考核、改正。孔子選取的全部為周代的詩，上搜集〈商頌〉，下擇取〈魯頌〉，共計三百零五篇。《詩》遭遇秦焚書而能保全下來，是由於《詩》能口頭傳誦，而不僅僅被書寫在竹簡、帛書上。漢朝建立，魯國申培為《詩》訓詁，齊國轅固、燕國韓嬰也都為之作解。有的取材《春秋》，有的採用雜說，以傅會經義，都不是《詩》的本義。如果不得已而必求《詩》的本義，魯國申培的訓詁最為切近。申培、轅固、韓嬰三家詩都在官方學府設立博士。還有毛公的《詩》學，自稱是子夏所傳，河間獻王喜好它，卻未能於官方學府設立博士。

《禮古經》五十六卷，《經》十七篇。后氏、大小戴氏三家。

《記》一百三十一篇。孔子七十弟子之後的學者所記。

《明堂陰陽》三十三篇。記古明堂遺事。

《王史氏》二十一篇。王史氏是孔子七十弟子之後的學者。

《曲臺后倉》九篇。

《中庸說》二篇。

《明堂陰陽說》五篇。

《周官經》六篇。王莽時劉歆奏在學官設立《周官經》博士。

《周官傳》四篇。

《軍禮司馬法》一百五十五篇。

《古封禪群祀》二十二篇。

《封禪議對》十九篇。武帝時諸儒討論封禪禮的奏議。

《漢封禪群祀》三十六篇。

《議奏》三十八篇。宣帝時在石渠閣討論《禮》的奏議。

《禮》共計十三家，五百五十五篇。比《七略》的禮類增加了《司馬法》一家一百五十五篇。

《易》說：「有夫婦、父子、君臣、上下的區別，就要規定禮義。」禮的質樸與文飾，不同帝王，不同時代都有所差異，到周朝，細微的事情都設置防範，重大的事情都有規章制度，因此說：「禮的總綱有三百條，威儀細目有三千條。」等到周朝衰落，諸侯想要逾越法度限制，痛恨禮儀妨害自己，把記載禮的典籍都銷毀了。從孔子那時起就已經不完備，到秦朝受到極大破壞。漢朝建立後，魯國的高堂生傳授《士禮》十七篇。到宣帝時，后倉最通曉《禮》，戴德、戴聖、慶普都是他的弟子，三家所傳授的《禮經》立於學官。《禮古經》出自魯國的淹中里和孔子舊宅，與今文十七篇相似，多出三十九篇。至於《明堂陰陽》、《王史氏記》所記載，大多是天子、諸侯、卿大夫的禮儀等級制度，儘管不夠完備，還是勝過后倉等根據《士禮》推究天子禮制的說法。

《樂記》二十三篇。

《王禹記》二十四篇。

《雅歌詩》四篇。

《雅琴趙氏》七篇。趙氏，名定，勃海人，宣帝時丞相魏相所奏善於鼓琴的人。

《雅琴師氏》八篇。師氏，名中，東海人，據傳為樂師師曠的數傳弟子。

《雅琴龍氏》九十九篇。龍氏，名德，梁人。

《樂》共計六家，一百六十五篇。比《七略》的樂類減少了淮南王劉向等《琴頌》七篇。

《易》說：「先代聖王創作音樂，推崇聖德，隆重地薦呈給天帝，並用來享獻祖宗。」因此，從黃帝以下直至夏、商、周三代，所創作的樂曲各有不同的名稱。孔子說：「安定國家治理百姓，沒有比禮治更好的；移風易俗，沒有比音樂更好的。」二者相互配合實行。周代衰落，禮樂都遭到破壞，音樂之理極精微，用音律為節奏，又被鄭衛淫樂擾亂，因此音律法則沒有流傳下來。漢朝興起，制氏因為精通雅樂聲律，世代供職於樂官，很能記清楚鏗鏘鼓舞的音節律奏，但不能說明其中的義理。六國的君主中，魏文侯最喜歡古制，孝文帝時找到他的樂師竇公，竇公獻出自己的樂書，是《周官·大宗伯》的〈大司樂〉章。武帝時，河間獻王喜好儒學，與毛萇等一起搜集《周官》及諸子有關音樂的論述，根據這些資料撰寫了《樂記》，並向朝廷獻上八佾樂舞，與制氏所記樂舞差別不大。河間獻王的內史丞王定傳授此樂，把它教給了常山人王禹。王禹在成帝時任謁者，多次解說其義理，並獻出《記》二十四卷。劉向校書，得到《樂記》二十三篇，與《王禹記》有所不同，《王禹記》所論述的樂理逐漸衰落湮沒。

《春秋古經》十二篇。《經》十一卷。今文經有公羊、穀梁二家。

《左氏傳》三十卷。左氏即左丘明，魯國太史。

《公羊傳》十一卷。公羊高，齊人。

《穀梁傳》十一卷。穀梁赤，魯人。

《鄒氏傳》十一卷。

《夾氏傳》十一卷。《七略》有著錄，現已亡佚。

《左氏微》二篇。

《鐸氏微》三篇。鐸氏即楚太傅鐸椒。

《張氏微》十篇。

《虞氏微傳》二篇。虞氏即趙國相虞卿。

《公羊外傳》五十篇。

《穀梁外傳》二十篇。

《公羊章句》三十八篇。

《穀梁章句》三十三篇。

《公羊雜記》八十三篇。

《公羊顏氏記》十一篇。

《公羊董仲舒治獄》十六篇。

《議奏》三十九篇。石渠閣諸儒討論《春秋經》的議奏。

《國語》二十一篇。左丘明著。

《新國語》五十四篇。劉向自《國語》中分出。

《世本》十五篇。古史官記載黃帝以來到春秋時諸侯大夫之事。

《戰國策》三十三篇。記春秋後的史事。

《奏事》二十篇。秦時大臣上奏皇帝的文書，及皇帝在名山刻石記功的文字。

《楚漢春秋》九篇。陸賈所記。

《太史公》一百三十篇。其中十篇有著錄，現已不存。

馮商所續《太史公》七篇。

《太古以來年紀》二篇。

《漢著記》一百九十卷。

《漢大年紀》五篇。

《春秋》共計二十三家，九百四十八篇。刪去《七略》中的馮商續《太史公》四篇。

古代的帝王世代都設史官，國君的舉止必定記錄下來，目的是為了使國君的言行更加謹慎，彰明法令戒律。左側的史官記錄言論，右側的史官記錄事情，事情記錄下來就成為《春秋》，言論記錄下來就成為《尚書》，帝王沒有不遵守這一制度的。周王室衰落之後，書籍殘缺，仲尼想保存前代聖賢的事業，就說：「夏朝的禮制，我能說出來，夏的後代杞國沒有足夠的文獻徵據；商朝的禮制，我能說出來，商的後代宋國沒有足夠的文獻徵據。這是禮儀典制的記錄不足的緣故，若有充分的文獻，我就可以證明夏、商的禮制了。」由於魯國是周公建立的國家，有齊備的禮儀制度和器物，史官記事有法度，因此和左丘明一起觀覽其史官記錄的史事，根據所經歷的事情，依照人事準則，依據事業的成功來確立其功勞，按照事業的失敗來確定其責罰，利用日月運行的規律來制定曆法，憑藉諸侯朝見天子的禮儀來訂正禮樂制度。有些褒獎、貶斥、指責和忌諱，不可以見於文字，就口頭傳授給弟子，弟子聽完後就產生不同的說法。左丘明擔心孔子的弟子各按照自己的看法去傳播，背離真實，因此便論述史事原委，撰寫《左氏傳》，以表明孔子不是用空話來解說《春秋》經文。《春秋》所貶斥、指責的當時君臣貴族，掌有威嚴的權力和強大的勢力，他們的事實都詳細記錄於《左氏傳》裡，因此對《左氏傳》隱而不宣，為的是避免當局迫害。到後世，口頭講解的說法流行開來，就有《公羊傳》、《穀梁傳》、《鄒氏傳》、《夾氏傳》幾部解說《春秋》的書問世。四家之中，《公羊傳》、《穀梁傳》在學官設立了博士講授，《鄒氏傳》無師傳授，《夾氏》沒有書傳下來。

《論語》古二十一篇。出自孔子舊宅壁中，〈子張〉分為兩篇。

《齊》二十二篇。多出〈問王〉、〈知道〉兩篇。

《魯》二十篇，《傳》十九篇。

《齊說》二十九篇。

《魯夏侯說》二十一篇。

《魯安昌侯說》二十一篇。

《魯王駿說》二十篇。

《燕傳說》三卷。

《議奏》十八篇。宣帝時在石渠閣討論《論語》的奏議。

《孔子家語》二十七卷。

《孔子三朝》七篇。

《孔子徒人圖法》二卷。

《論語》共計十二家，二百二十九篇。

《論語》是孔子回答弟子和當時的其他人提問，以及弟子互相談論並請教孔子的言論。當時弟子各有自己的記錄。孔子去世後，門人共同收集並加以整理撰寫使之條理化，故稱之為《論語》。漢朝興起，有《齊論語》、《魯論語》兩家之說。傳授《齊論語》的有昌邑中尉王吉、少府宋畸、御史大夫貢禹、尚書令五鹿充宗、膠東庸生，只有王陽自成一家。傳授《魯論語》的有常山都尉龔奮、長信少府夏侯勝、丞相韋賢、魯扶卿、前將軍蕭望之、安昌侯張禹，都自成一家。張禹在他們中最晚出現，但他的《張侯論》流傳於世。

《孝經古孔氏》一篇。二十二章。

《孝經》一篇。十八章。傳授《今文孝經》的有長孫氏、江氏、后氏、翼氏四家。

《長孫氏說》二篇。

《江氏說》一篇。

《翼氏說》一篇。

《后氏說》一篇。

《雜傳》四篇。

《安昌侯說》一篇。

《五經雜議》十八篇。諸儒在石渠閣議《五經》的總論。

《爾雅》三卷二十篇。

《小雅》一篇，《古今字》一卷。

《弟子職》一篇。

《說》三篇。

《孝經》共計十一家，五十九篇。

《孝經》是孔子為曾子講述孝道的書。孝是天經地義的事情，是百姓應該尊奉的行為。從大處說，所以稱為《孝經》。漢朝興起，長孫氏、博士江翁、少府后倉、諫大夫翼奉、安昌侯張禹傳授《孝經》，各自的解說都自成一家之言，他們採用的經文都相同，只有孔氏舊宅牆壁中發現的《古文孝經》經文不同。《孝經·聖治章》說「父母生下兒子，使兒子得以上繼祖宗，下續子孫，這是父母的最大恩情」，「所以，子女對父母的親愛之心在幼年時期即自然生成」，諸家對這些話的解說都不妥帖，古文經的文字與句讀也有不同。

《史籀》十五篇。周宣王太史作大篆十五篇，建武時亡佚六篇。

《八體六技》。

《蒼頡》一篇。上七章，秦丞相李斯作；《爰歷》六章，車府令趙高作；《博學》七章，太史令胡母敬作。

《凡將》一篇。司馬相如作。

《急就》一篇。元帝時黃門令史游作。

《元尚》一篇。成帝時將作大匠李長作。

《訓纂》一篇。揚雄作。

《別字》十三篇。

《蒼頡傳》一篇。

揚雄《蒼頡訓纂》一篇。

杜林《蒼頡訓纂》一篇。

杜林《蒼頡故》一篇。

小學共有十家，四十五篇。增入揚雄、杜林二家二篇。

《易》說：「上古人們用結繩的辦法來記事，後世聖人改用文字，百官因此而治理，萬民因此而明察，都是取之於〈夬卦〉的緣故。」「〈夬〉，用於王庭決斷事務」，說的是〈夬卦〉用來宣揚於王者朝廷之上，決定國家大事。古代人八歲入小學，所以《周官》中的保氏掌管教育公卿大夫子弟，教給他們六書，即象形、象事、象意、象聲、轉注、假借這六種造字的根本方法。漢朝建立，蕭何草創律令，也把這一制度立於法律中，規定：「太史考試學童，能背誦默寫九千字以上，才能夠成為史。又用六種字體測試他們，考試成績最好的任命為尚書、御史史書令史。官員和百姓上書，字要是不工整，立即檢舉揭發。」六種字體是古文、奇字、篆書、隸書、繆篆、蟲書，都是用來通曉古今文字、摹寫印章、書寫旗幡的。古代的制度規定，書寫的文字一定要統一，不知道的就空缺下來，向老年人請教，到了衰落的年代，是非沒有了正確的標準，人們私自使用異形文字。所以孔子說：「我還見到過史記的缺文，現在沒有了！」這是感傷文字書寫逐漸不正規。《史籀篇》是周朝史官教學童認字的字書，與孔子舊宅壁中發現的古文字體不同。《蒼頡》七章是秦丞相李斯所作；《爰歷》六章是車府令趙高所作；《博學》七章是太史令胡母敬所作：這些書所收錄的文字多取自《史籀篇》，但篆字的字體又很不一樣，是所謂的秦篆。這時開始製作隸書了，起源於官獄事務繁多，為圖一時的省簡容易，是用於處理徒隸事務的公文。漢朝興起，民間教授文字書寫的先生將《蒼頡》、《爰歷》、《博學》三篇合併，斷取六十字作為一章，共五十五章，總合為《蒼頡篇》。武帝時，司馬相如作《凡將篇》，沒有重複的文字。元帝時，黃門令史游作《急就篇》，成帝時，將作大匠李長作《元尚篇》，都是《蒼頡》中的正字。《凡將》則增加了很多字。到元始年間，徵召天下通曉文字的人數百位，令他們於未央宮庭中各自書寫文字。揚雄選取其中有用的字作成《訓纂篇》，此書接續《蒼頡》，又更換了《蒼頡》中重複的字，共八十九章。我又接續揚雄《訓纂篇》新作十三章，共計一百二章，沒有重複文字，六藝群書所記載的文字基本齊備了。《蒼頡》中多古字，一般的教字先生不知道古字的讀音、釋義。宣帝時徵召能確定古字讀音、釋義的齊國人，張敞跟隨他學習，傳到他的外孫之子杜林，杜林為《蒼頡》作了《訓》和《故》，二書一併列入。

以上六藝共有一百三家，三千一百二十三篇。比《七略》增加了三家，一百五十九篇；刪除了重複的十一篇。

《六藝》的內容：《樂》用來調和心志，是仁的外在表現；《詩》用來規範語言，是義的具體運用；《禮》用來規定國家制度和行為標準，通達事理的人一看就明白，所以沒有解釋文字；《書》用來擴大見聞，是獲取智慧的途徑；《春秋》用來判斷、處理問題，是誠實的標誌。這五部經，與仁、義、禮、智、信對應，相互補充，缺一不可，而《易》是《五經》的本原。所以說「《易》意不能見到，宇宙就近於滅息了」，說的是《易》與天地始終並存。至於《樂》、《詩》、《禮》、《書》、《春秋》五種學問，歷代都有變更，猶如五行相生，循環使用。古代的學者在耕種的同時培養道德學問，三年學通一經，一般掌握該經的大概，熟讀經文就可以了，因此花費時間少而培養品德多，三十歲就學成《五經》。後世的經與傳相背離，博學的人又不重視博學多聞和堅持可疑就空缺的道理，而是注重破碎文義、逃避疑難，花言巧語，支解文字形體；解釋五個字的文句，能達到二、三萬字。後人進一步發揮，所以從幼小就專門學一經，到頭髮白了才能解說清楚；滿足於所熟習的學說，對未曾見過的學說就加以詆毀，終究要走上絕路。這是治學的最大弊病。在此敘述《六藝》為九家學派。

晏子八篇。名嬰，謚平仲，相齊景公，孔子稱善與人交，有列傳❶。

子思❷二十三篇。名伋，孔子孫，為魯繆公師。

曾子❸十八篇。名參，孔子弟子。

漆雕子❹十三篇。孔子弟子漆雕啟後。

宓子❺十六篇。名不齊，字子賤，孔子弟子。

景子❻三篇。說宓子語，似其弟子。

世子❼二十一篇。名碩，陳人也，七十子之弟子。

魏文侯❽六篇。

李克❾七篇。子夏弟子，為魏文侯相。

公孫尼子❿二十八篇。七十子之弟子。

孟子⓫十一篇。名軻，鄒人，子思弟子，有列傳。

孫卿子三十三篇。名況，趙人，為齊稷下祭酒，有列傳⓬。

芈子⓭十八篇。名嬰，齊人，七十子之後。

內業⓮十五篇。不知作書者。

周史六弢⓯六篇。惠、襄之間，或曰顯王時，或曰孔子問焉。

周政⓰六篇。周時法度政教。

周法⓱九篇。法天地，立百官。

河間周制⓲十八篇。似河間獻王所述也。

讕言⓳十篇。不知作者，陳人君法度。

功議⓴四篇。不知作者，論功德事。

甯越㉑一篇。中牟人，為周威王師。

王孫子㉒一篇。一曰巧心。

公孫固㉓一篇。十八章。齊閔王失國，問之，固因為陳古今成敗也。

李氏春秋㉔二篇。

羊子㉕四篇。百章。故秦博士。

董子㉖一篇。名無心，難墨子。

俟子㉗一篇。

徐子㉘四十二篇。宋外黃人。

魯仲連子㉙十四篇。有列傳。

平原君㉚七篇。朱建也。

虞氏春秋㉛十五篇。虞卿也。

高祖傳㉜十三篇。高祖與大臣述古語及詔策也。

陸賈㉝二十三篇。

劉敬㉞三篇。

孝文傳㉟十一篇。文帝所稱及詔策。

賈山[36]八篇。

太常蓼侯孔臧[37]十篇。父聚，高祖時以功臣封，臧嗣爵。

賈誼[38]五十八篇。

河間獻王對上下三雍宮[39]三篇。

董仲舒[40]百二十三篇。

兒寬[41]九篇。

公孫弘[42]十篇。

終軍[43]八篇。

吾丘壽王[44]六篇。

虞丘說[45]一篇。難孫卿也。

莊助[46]四篇。

臣彭[47]四篇。

鉤盾冗從李步昌[48]八篇。宣帝時數言事。

儒家言[49]十八篇。不知作者。

桓寬鹽鐵論[50]六十篇。

劉向所序六十七篇。新序、說苑、世說、列女傳頌圖也[51]。

揚雄所序三十八篇。太玄十九，法言十三，樂四，箴二[52]。

右儒五十三家，八百三十六篇[53]。入揚雄一家三十八篇。

儒家者流[54]，蓋出於司徒[55]之官，助人君順陰陽[56]，明教化[57]者也。游文於六經之中[58]，留意[59]於仁義之際，祖述堯舜[60]，憲章文武[61]，宗師[62]仲尼，以重其言[63]，於道最為高。孔子曰：「如有所譽，其有所試[64]。」唐虞[65]之隆，殷周之盛，仲尼之業，已試之效者也。然惑者既失精微[66]，而辟者又隨時抑揚[67]，違離道本，苟以譁眾取寵[68]。後進[69]循之，是以五經乖析[70]，儒學寖[71]衰，此辟儒[72]之患。

伊尹[73]五十一篇。湯相。

太公二百三十七篇。呂望為周師尚父，本有道者。或有近世又以為太公術者所增加也。

謀八十一篇，言七十一篇，兵八十五篇[74]。

辛甲[75]二十九篇。紂臣，七十五諫而去，周封之。

鬻子[76]二十二篇。名熊，為周師，自文王以下問焉，周封為楚祖。

筦子[77]八十六篇。名夷吾，相齊桓公，九合諸侯，不以兵車也，有列傳。

老子鄰氏經傳[78]四篇。姓李，名耳，鄰氏傳其學。

老子傅氏經說[79]三十七篇。述老子學。

老子徐氏經說[80]六篇。字少季，臨淮人，傳老子。

劉向說老子[81]四篇。

文子[82]九篇。老子弟子，與孔子並時，而稱周平王問，似依託者也。

蜎子[83]十三篇。名淵，楚人，老子弟子。

關尹子[84]九篇。名喜，為關吏，老子過關，喜去吏而從之。

莊子[85]五十二篇。名周，宋人。

列子[86]八篇。名圄寇，先莊子，莊子稱之。

老成子[87]十八篇。

長盧子[88]九篇。楚人。

王狄子[89]一篇。

公子牟[90]四篇。魏之公子也，先莊子，莊子稱之。

田子[91]二十五篇。名駢，齊人，游稷下，號天口駢。

老萊子[92]十六篇。楚人，與孔子同時。

黔婁子[93]四篇。齊隱士，守道不詘，威王下之。

宮孫子[94]二篇。

鶡冠子[95]一篇。楚人，居深山，以鶡為冠。

周訓[96]十四篇。

黃帝四經[97]四篇。

黃帝銘[98]六篇。

黃帝君臣[99]十篇。起六國時，與老子相似也。

雜黃帝[100]五十八篇。六國時賢者所作。

力牧[101]二十二篇。六國時所作，託之力牧。力牧，黃帝相。

孫子[102]十六篇。六國時。

捷子[103]二篇。齊人，武帝時說。

曹羽[104]二篇。楚人，武帝時說於齊王。

郎中嬰齊[105]十二篇。武帝時。

臣君子[106]二篇。蜀人。

鄭長者[107]一篇。六國時。先韓子，韓子稱之。

楚子[108]三篇。

道家言[109]二篇。近世，不知作者。

右道三十七家，九百九十三篇[110]。

道家者流，蓋出於史官。歷記成敗、存亡、禍福、古今之道，然後知秉要執本[111]，清虛[112]以自守，卑弱[113]以自持，此君人南面之術[114]也。合於堯之克攘[115]，易之嗛嗛[116]，一謙而四益[117]，此其所長也。及放者[118]為之，則欲絕去禮學，兼棄仁義，曰獨任清虛可以為治。

宋司星子韋三篇。景公之史[119]。

公檮生終始十四篇。傳鄒奭始終書[120]。

公孫發[121]二十二篇。六國時。

鄒子[122]四十九篇。名衍，齊人，為燕昭王師，居稷下，號談天衍。

鄒子終始[123]五十六篇。

乘丘子[124]五篇。六國時。

杜文公[125]五篇。六國時。

黃帝泰素[126]二十篇。六國時韓諸公子所作。

南公[127]三十一篇。六國時。

容成子[128]十四篇。

張蒼[129]十六篇。丞相北平侯。

鄒奭子[130]十二篇。齊人，號曰雕龍奭。

閭丘子[131]十三篇。名快，魏人，在南公前。

馮促[132]十三篇。鄭人。

將鉅子[133]五篇。六國時。先南公，南公稱之。

五曹官制[134]五篇。漢制，似賈誼所條。

周伯[135]十一篇。齊人，六國時。

衛侯官[136]十二篇。近世，不知作者。

于長天下忠臣[137]九篇。平陰人，近世。

公孫渾邪[138]十五篇。平曲侯。

雜陰陽[139]三十八篇。不知作者。

右陰陽二十一家，三百六十九篇[140]。

陰陽家者流，蓋出於羲和[141]之官。敬順昊天[142]，歷象日月星辰[143]，敬授民時[144]，此其所長也。及拘[145]者為之，則牽於禁忌[146]，泥於小數[147]，舍人事而任[148]鬼神。

李子[149]三十二篇。名悝，相魏文侯，富國彊兵。

商君[150]二十九篇。名鞅，姬姓，衛後也，相秦孝公，有列傳。

申子[151]六篇。名不害，京人，相韓昭侯，終其身諸侯不敢侵韓。

處子[152]九篇。

慎子[153]四十二篇。名到，先申韓，申韓稱之。

韓子[154]五十五篇。名非，韓諸公子，使秦，李斯害而殺之。

游棣子[155]一篇。

鼂錯[156]三十一篇。

燕十事[157]十篇。不知作者。

法家言[158]二篇。不知作者。

右法十家，二百一十七篇[159]。

法家者流，蓋出於理官[160]。信賞必罰[161]，以輔禮制。易曰：「先王以明罰飭法[162]。」此其所長也。及刻者[163]為之，則無教化，去仁愛，專任[164]刑法，而欲以致治，至於殘害至親，傷恩薄厚[165]。

鄧析[166]二篇。鄭人，與子產並時。

尹文子[167]一篇。說齊宣王。先公孫龍。

公孫龍子[168]十四篇。趙人。

成公生[169]五篇。與黃公等同時。

惠子[170]一篇。名施，與莊子並時。

黃公[171]四篇。名疵，為秦博士，作歌詩，在秦時歌詩中。

毛公[172]九篇。趙人，與公孫龍等並游平原君趙勝家。

右名七家，三十六篇[173]。

名家[174]者流，蓋出於禮官[175]。古者名位不同，禮亦異數[176]。孔子曰：「必也正名乎！名不正則言不順，言不順則事不成[177]。」此其所長也。及謷[178]者為之，則苟鉤鈲析亂[179]而已。

尹佚[180]二篇。周臣，在成、康時也。

田俅子[181]三篇。先韓子。

我子[182]一篇。

隨巢子[183]六篇。墨翟弟子。

胡非子[184]三篇。墨翟弟子。

墨子[185]七十一篇。名翟，為宋大夫，在孔子後。

右墨六家，八十六篇[186]。

墨家者流，蓋出於清廟之守[187]。茅屋采椽[188]，是以貴儉[189]；養三老五更[190]，是以兼愛[191]；選士大射[192]，是以上[193]賢；宗祀嚴父[194]，是以右鬼[195]；順四時而行，是以非命[196]；以孝視[197]天下，是以上同[198]。此其所長也。及蔽者[199]為之，見儉之利，因以非禮[200]，推兼愛之意，而不知別親疏。

蘇子[201]三十一篇。名秦，有列傳。

張子[202]十篇。名儀，有列傳。

龐煖[203]二篇。為燕將。

闕子[204]一篇。

國筮子[205]十七篇。

秦零陵令信[206]一篇。難秦相李斯。

蒯子[207]五篇。名通。

鄒陽[208]七篇。

主父偃[209]二十八篇。

徐樂[210]一篇。

莊安[211]一篇。

待詔金馬聊蒼[212]三篇。趙人，武帝時。

右從橫十二家，百七篇[213]。

從橫家[214]者流，蓋出於行人[215]之官。孔子曰：「誦詩三百，使於四方，不能專對，雖多亦奚以為[216]？」又曰：「使乎！使乎[217]！」言其當權事制宜[218]，受命而不受辭[219]，此其所長也。及邪人[220]為之，則上詐諼[221]而棄其信。

孔甲盤盂[222]二十六篇。黃帝之史，或曰夏帝孔甲，似皆非。

大禹[223]三十七篇。傳言禹所作，其文似後世語。

五子胥[224]八篇。名員，春秋時為吳將，忠直遇讒死。

子晚子[225]三十五篇。齊人，好議兵，與司馬法相似。

由余[226]三篇。戎人，秦穆公聘以為大夫。

尉繚[227]二十九篇。六國時。

尸子[228]二十篇。名佼，魯人，秦相商君師之。鞅死，佼逃入蜀。

呂氏春秋[229]二十六篇。秦相呂不韋輯智略士作。

淮南內[230]二十一篇。王安。

淮南外[231]三十三篇。

東方朔[232]二十篇。

伯象先生[233]一篇。

荊軻論[234]五篇。軻為燕刺秦王，不成而死，司馬相如等論之。

吳子[235]一篇。

公孫尼[236]一篇。

博士臣賢對[237]一篇。漢世，難韓子、商君。

臣說[238]三篇。武帝時作賦。

解子簿書[239]三十五篇。

推雜書[240]八十七篇。

雜家言[241]一篇。王伯，不知作者。

右雜二十家，四百三篇。出蹴鞠，入兵法[242]。

雜家[243]者流，蓋出於議官[244]。兼儒、墨，合名、法，知國體之有此[245]，見王治之無不貫[246]，此其所長也。及盪[247]者為之，則漫羨而無所歸心[248]。

神農[249]二十篇。六國時，諸子疾時怠於農業，道耕農事，託之神農。

野老[250]十七篇。六國時，在齊、楚間。

宰氏[251]十七篇。不知何世。

董安國[252]十六篇。漢代內史，不知何帝時。

尹都尉[253]十四篇。不知何世。

趙氏[254]五篇。不知何世。

氾勝之[255]十八篇。成帝時為議郎。

王氏[256]六篇。不知何世。

蔡癸[257]一篇。宣帝時，以言便宜，至弘農太守。

右農九家，百一十四篇[258]。

農家[259]者流，蓋出於農稷之官[260]。播百穀，勸耕桑，以足衣食，故八政一曰食，二曰貨[261]。孔子曰：「所重民食[262]。」此其所長也。及鄙者[263]為之，以為無所事聖王[264]，欲使君臣並耕[265]，誖[266]上下之序。

伊尹說[267]二十七篇。其語淺薄，似依託也。

鬻子說[268]十九篇。後世所加。

周考(269)七十六篇。考周事也。

青史子(270)五十七篇。古史官記事也。

師曠(271)六篇。見春秋，其言淺薄，本與此同，似因託也。

務成子(272)十一篇。稱「堯問」，非古語。

宋子(273)十八篇。孫卿道宋子，其言黃老意。

天乙(274)三篇。天乙謂湯，其言非殷時，皆依託也。

黃帝說(275)四十篇。迂誕，依託。

封禪方說(276)十八篇。武帝時。

待詔臣饒心術(277)二十五篇。武帝時。

待詔臣安成未央術(278)一篇。

臣壽周紀(279)七篇。項國圉人，宣帝時。

虞初周說(280)九百四十三篇。河南人，武帝時以方士侍郎，號黃車使者。

百家(281)百三十九卷。

右小說十五家，千三百八十篇(282)。

小說家(283)者流，蓋出於稗官(284)。街談巷語，道聽塗說(285)者之所造也。孔子曰：

「雖小道，必有可觀者焉，致遠恐泥，是以君子弗為也[286]。」然亦弗滅也。閭里小知者之所及[287]，亦使綴[288]而不忘。如或一言可采，此亦芻蕘狂夫[289]之議也。

210 凡諸子百八十九家，四千三百二十四篇[290]。出蹵鞠一家，二十五篇[291]。

諸子十家，其可觀者九家而已[292]。皆起於王道既微[293]，諸侯力政[294]，時君世主，好惡殊方[295]。是以九家之術蠭出並作[296]，各引一端[297]，崇其所善，以此馳說[298]，取合諸侯[299]。其言雖殊，辟猶水火，相滅亦相生也[300]；仁之與義，敬之與和，相反而皆相成也。易曰：「天下同歸而殊塗，一致而百慮[301]。」今異家者各推所長，窮知究慮，以明其指[302]，雖有蔽短[303]，合其要歸[304]，亦六經之支與流裔[305]。使其人遭[306]明王聖主，得其所折中[307]，皆股肱[308]之材已。仲尼有言：「禮失而求諸野[309]。」方今去聖久遠，道術[310]缺廢，無所更索[311]，彼九家者，不猶瘉[312]於野乎？若能修六藝之術，而觀此九家之言，舍短取長，則可以通萬方之略[313]矣。

【章旨】以上為〈諸子略〉，著錄儒、道、陰陽、法、名、墨、縱橫、雜、農、小說十家的著述，於每一家皆言其學之淵源，客觀公正地評價了各家學派，分析其優長與弊短。班固在這裡採用了劉歆《七略》提出的「諸子出於王官」說。對此，近代以來的學術界討論較多，或肯定，或否定，意見不一。諸子與王官之學確有或多或少、直接間接的淵源關係。「諸子出於王官」說，揭示了古代學術的源流和發展過程，反映了古代早期世官世學制度對學術發展的影響。

【注　釋】❶晏子六句　《史記》稱《晏子春秋》，《晏子》為省稱。分內外八篇二百十五章。後人以篇為卷，又有合「雜上、下」二篇為一，則為七卷，見《七略》、《隋志》、《唐志》。宋時析為十四卷，見《崇文總目》。山東臨沂銀雀山西漢墓出土《晏子》殘簡，內容與今本大體一致。此書大旨在於忠諫其君，闡明親親厚賢之意，力倡強本節用。文章可觀，義理可法，合乎《六經》之旨。故歷代著錄此書多列入儒家。唐柳宗元視此書出於墨家之徒；《郡齋讀書志》、《文獻通考．經籍考》皆從其說，改入墨家；《四庫全書總目》又改入史部傳記類，皆欠允當。晏子，名嬰，字平仲（一說謚平仲，又說平為謚，仲為字），夷維（今山東高密）人。齊靈公時任卿，歷靈、莊、景公三世。孔子稱其「善與人交，久而敬之。」（《論語．公冶長》）劉向稱其「博聞強記，通於古今」，「以節儉力行，盡忠極諫。」（《別錄．晏子敘錄》）司馬遷《史記》有〈列傳〉。列傳，指《史記》中的列傳。下同。❷子思　二十三篇。北宋時書尚完存，南宋後亡佚。今僅存《禮記》中〈中庸〉、〈表記〉、〈坊記〉、〈緇衣〉四篇。清末黃以周有輯本。子思，名伋，孔子孫，為魯繆公師。上承曾子，下啟孟子，闡儒聖之學。❸曾子　論述明德、修身、治國之道，與〈大學〉、〈中庸〉相為表裡。其書亦為門弟子所記。《漢志》著錄十八篇。《隋志》作二卷，又〈目〉一卷。《唐志》作二卷。《郡齋讀書志》作二卷十篇。此十篇即今《大戴禮記》中的〈曾子立事〉、〈曾子本孝〉、〈曾子立孝〉、〈曾子大孝〉、〈曾子事父母〉、〈曾子制言上〉、〈曾子制言中〉、〈曾子制言下〉、〈曾子疾病〉、〈曾子天圓〉。清阮元錄出單行，並為之注，曰《曾子十篇注釋》。曾子，名參，字子輿，魯國南武城（今山東費縣）人。孔子弟子，是繼承、發展孔子思想的主要人物之一，提倡孝道，注重內省。後世尊為「宗聖」。一說《孝經》、〈大學〉亦為他所著。❹漆雕子　書亡。自《隋志》已不見著錄。清馬國翰有輯本一卷。漆雕子，即漆雕啓，字子開。《史記》避漢景帝諱，作「漆雕開」。孔子弟子。孔子弟子漆雕啓後，楊樹達云「後」字為衍文。❺宓子　書亡。馬國翰有輯本一卷。宓子，名不齊，字子賤，魯人。孔子弟子。漢代濟南伏生即其後。❻景子　書亡。記宓子的言論行事，似其弟子所記。❼世子　書亡。馬國翰有輯本一卷。世子，名碩。是七十子的弟子。王充《論衡．本性篇》云周人，《漢志》云陳人。二說並不矛盾，「周人」指時代，「陳人」指所生地。王充又說世碩著《養書》一篇。❽魏文侯　書亡。馬國翰有輯本一卷。魏文侯，名斯。戰國時魏國的建立者，西元前四四五－前三九六年在位。受經於子夏。今《禮記．樂記》中有魏文侯問樂於子夏一章，蔡邕《明堂月令論》引魏文侯《孝經傳》一條，可見其深於經術。其學出於儒家，故其書入於儒家類。❾李克　書亡。馬國翰有輯本一卷。李克，戰國初政治家。初從曾參受《詩》，後從子夏問業，又以田子方、段干木諸賢為師友，任中山相，治術行於魏文侯。一說李克與李悝為一人。❿公孫尼子　書亡。沈約謂《禮記・樂記》取自《公孫尼子》，其說可信。馬國翰、洪頤煊皆有輯本。公孫尼子，戰國初人，孔子再傳弟子（一說為孔子弟子）。與宓子、漆雕啓等皆認為人有善有惡，善與惡在所養。⓫孟子　記孟軻及其弟子言論的儒家重要典籍。今本七篇二百六十一章，以闡發仁政、性善為主旨，提倡尚賢、薄賦、治民之產、民貴君輕等說，反對爭利、爭戰，對後世有重要影響。《漢志》著錄為十一篇，較今本多四篇，據趙岐《孟子題辭》：「又有外書四篇，其文不能弘深，不與內篇相似，似非孟子本真，後世依仿而托之者也。」此四篇因為後人偽託，故不傳於後。《漢志》所多四篇即此。此書舊在諸子之列，自南宋朱熹將此書與〈大學〉、〈中庸〉、《論語》並列為「四書」，始入經部。後又成為《十三經》之一。書之作者，有三說，一曰孟軻自著，二曰門弟子所作，三曰孟軻與弟子合著。以第三種說法最接近事實。孟軻，魯國鄒邑（今山東鄒城）人，戰國時期著名思想家、教育家，孔子之後的儒家大師。子思弟子，繼承了孔子創立的儒學。《史記》有〈列傳〉。⓬孫卿子三十三篇五句　孫卿子三十三篇，王應麟《漢藝文志考證》云：「當作三十二篇。」作三十三篇乃傳抄之誤。書又名《荀子》，戰國後期思想家荀況的政論集，是先秦諸子思想集大成之作。其中〈大略〉等後六篇或係門人所著。荀況，趙國人，遊學於齊，三為齊稷下學宮祭酒。遊楚，為蘭陵（今山東蒼山西南蘭陵鎮）令，終不得志，晚年罷官居蘭陵，著書終老其地。《史記》有〈列傳〉。顏師古曰：「本曰荀卿，避宣帝諱，故曰孫。」一說荀、孫二字同音，「荀」作「孫」並非出於避諱。稷下，戰國時齊都城臨淄（今山東淄博東北臨淄鎮）稷門附近。齊桓公、齊威王、齊宣王相繼在此擴置學宮，招攬文學遊學之士，多達數千人，任其講學議論，推動了戰國時期的百家爭鳴，學術繁榮。祭酒，官名。原為首席之意，非官名。古代舉行盛大宴會或大的祭祀，往往推舉年老有德行的人先舉酒祭祀地神，故有此名。漢代有博士祭酒，即為博士之官。後世有國子監祭酒，為國子監主管官。⓭芈子　書亡。芈嬰，戰國時齊國阿（今山東陽穀東。古東阿縣）人。七十子之後。生平不詳。⓮內業　書亡。馬國翰有輯本一卷。⓯周史六弢　書亡。顏師古注曰：「即今之六韜也，蓋言取天下及軍旅之事。弢字與韜同也。」所言不確。「六」乃「大」之誤，〈古今人表〉第六等中下有周史大弢，在周景王、悼王時，與孔子同時。《莊子・則陽篇》有仲尼問於太史大弢之語，與〈人表〉合。惠襄，指周惠王、周襄王。⓰周政　書亡。⓱周法　書亡。或曰《周政》、《周法》之書非指周朝一代之書。古書以「周」為名者，或指周代，或指周備、周遍，視具體情況而定，不可一概而論。⓲河間周制　書亡。河間獻王，漢景帝之子劉德，封河間王，諡曰獻。好儒學，多羅致山東儒生，搜求遺書，據傳曾得《周官》、《尚書》、《禮》、《禮記》、《孟子》、《老子》等先秦舊書，獻之朝廷。又輯錄與經傳相表裡之逸文遺典，編纂為書。此篇即屬其一，大抵命儒生編纂而成，未必為河間獻王手撰。⑲讕言　書亡。此書乃漢以前儒生輯錄古代忠臣進諫之語，所言皆為君之道，故班固自注曰：「不知作者，陳人君法度。」舊說據《孔子家語》，謂為孔穿所撰，非是。有馬國翰輯本一卷。⑳功議　書亡。論述人臣如何建功立德之事。《讕言》所以箴君，《功議》所以勸臣，兩書互為表裡，均為致治之術。㉑甯越　書亡。馬國翰輯佚一卷。甯越，戰國時期趙國中牟（今河南鶴壁）人，為周威王師，與徐尚、蘇秦、杜赫齊名。㉒王孫子　又名《巧心》。書亡。嚴可均、馬國翰各有輯本一卷。王孫為作者姓，不知其名。此書論述治國之道，為儒者所論。㉓公孫固　書亡。《史記・十二諸侯年表序》云：「荀卿、孟子、公孫固、韓非之徒，各往往捃摭《春秋》之文以著書，不可勝紀。」《荀子・強國》有公孫子論楚子發克蔡辭賞一事，注云：「公孫子，齊相也。」燕伐齊，齊閔王失國，曾詢問公孫固，公孫固因而為閔王陳述古今成敗的道理。㉔李氏春秋　書亡。有馬國翰輯佚一卷。㉕羊子　書亡。作者不詳。《廣韵》載為羊舌大夫之後有名羊千者，著書顯名。此書大約即羊千所撰。羊千為戰國末人，至秦仍為博士。㉖董子　書亡。有馬國翰輯本一卷。董無心，戰國時人，生平不詳。難墨子，指董無心與墨家之徒纏子「相見講道」一事，「纏子稱墨家佑鬼神是，引秦穆公有明德，上帝賜之十九年，纏子難以堯、舜不賜年，桀、紂不夭死。」（《論衡・福虛篇》）其書隋、唐、宋史〈志〉皆有著錄，明陳第《世善堂書目》仍有之，後乃亡佚。㉗俟子　書亡。俟子，戰國時人，生平不詳。或作「侔子」，乃傳寫之誤。㉘徐子　書亡。有馬國翰輯本一卷。徐子，戰國時宋外黃（今河南民權）人。《史記・魏世家》載，魏惠王三十年，齊、魏交兵，齊軍救趙擊魏，魏太子申任上將軍，過外黃，徐子獻百戰百勝之術，勸其戢兵還師，萬無一失，否則國破家亡。太子申不聽，兵敗馬陵，被俘，大將龐涓中伏自殺，魏軍覆沒。其書《隋志》已不著錄。㉙魯仲連子　書亡。嚴可均、馬國翰各有輯本一卷。魯仲連，又名魯連、魯仲子、魯連先生，戰國齊人。好獻奇偉策謀，出遊各國，排難解紛，而不肯仕官，雖事功既成，仍堅辭祿賞。最後逃隱海上。《史記》有其列傳。㉚平原君　書亡。有馬國翰輯本一卷。宋高似孫《子略》作《平原老》。朱建，漢初楚人。曾為淮南王黥布相。因諫止布反，漢高祖賜號平原君。孝文帝時，以建曾出謀救辟陽侯審食其，派吏捕治，建自殺。此書即為建作，不應列在魯仲連、虞氏之間。此係後人誤以為六國時平原君趙勝，而移易其次第。㉛虞氏春秋　書亡。有馬國翰輯本一卷。虞卿，戰國時趙國上卿，因不得意，乃著書。上採《春秋》，下觀近世，著述八篇，譏刺國家得失。（見《史記》本傳）《史記》曰著八篇，與班〈志〉注十五篇出入較大。㉜高祖傳　書亡。此處以傳名書，包含了紀錄與論述兩方面內容。班固自注曰：「高祖與大臣述古語及詔策也。」可見，此傳與紀傳體史書有別。本書卷一〈高帝紀〉云：「初，高祖不脩文學，而性明達，好謀，能聽，自監門戍卒，見之如舊。初順民心作三章之約。天下既定，命蕭何次律令，韓信申軍法，張蒼定章程，叔孫通制禮儀，陸賈造《新語》。又與功臣剖符作誓，丹書鐵契，金匱石室，藏之宗廟。雖日不暇給，規摹弘遠矣。」時人大約從漢高祖與蕭何、張蒼、叔孫通、陸賈等所講述古事及所頒詔策內選出十三篇，而編為此書。㉝陸賈　又名《新語》。《史記．酈生陸賈列傳》載，漢高祖謂陸賈曰：「試為我著秦所以失天下，吾所以得之者何，及古成敗之因。」「陸賈迺粗述存亡之徵，凡著十二篇。每奏一篇，高帝未嘗不稱善，左右呼萬歲，號其書曰《新語》。」《正義》引《七錄》云：「《新語》二卷，陸賈撰。」隋、唐〈志〉同。今本亦為二卷十二篇。《漢志》作「二十三篇」，乃兼計陸賈其他著作在內。㉞劉敬　書亡。有馬國翰輯本一卷。劉敬，本姓婁，漢初齊人。漢高祖五年（西元前二〇二年），以戍卒身分求見劉邦，建議入都關中，有功，賜姓劉，後封關內侯。先後建議與匈奴和親、遷徙六國貴族於關中，均被採納。㉟孝文傳　書亡。所錄係漢文帝言論、行事以及詔書、策命，與《高祖傳》類似。㊱賈山　書亡。有馬國翰輯本一卷。賈山，潁川（今河南禹州）人。漢初政論家。任潁陰侯灌嬰給事。文帝時，以秦興亡為喻，上書言防微杜漸、陳善閉邪、和顏受諫等治亂興衰之道。㊲太常蓼侯孔臧　書亡。〈詩賦略〉有《太常蓼侯孔臧賦》二十篇。《隋志》著錄有《太常孔臧集》二卷。孔臧，孔子之後，少以才博知名。父聚，高祖時以功臣封蓼侯。臧襲爵，官太常。漢武帝時，與董仲舒、兒寬等齊名。官至御史大夫。㊳賈誼　（西元前二〇〇—前一六八年），洛陽（今河南洛陽）人。西漢政論家、文學家。年十八以誦詩善文聞名郡中，時稱賈生。漢文帝召為博士，旋遷太中大夫。為周勃等排擠，貶為長沙王太傅。後為梁懷王太傅數年，因傷悼懷王而死。本書本傳云：「凡所著述五十八篇。」與本〈志〉合。《隋志》載《賈子》十卷，《錄》一卷。《舊唐志》則云《賈子》九卷。《新唐志》稱《賈誼新書》十卷。今書自〈過秦上〉至〈立後義〉共五十六篇，其中〈問孝〉第三十五、〈禮容語上〉第五十三，皆有目無文，實存五十四篇。㊴對上下三雍宮　書亡。有馬國翰輯本一卷。據〈景十三王傳〉記載，「武帝時，獻王來朝，獻雅樂，對三雍宮及詔策所問三十餘事。其對推道術而言，得事之中，文約指明。」三雍宮，指明堂、辟雍、靈臺。㊵董仲舒　據本書本傳記載：「仲舒所著，皆明經術之意，及上疏條教，凡百二十三篇。而說《春秋》事得失，〈聞舉〉、〈玉杯〉、〈蕃露〉、〈清明〉、〈竹林〉之屬，復數十篇，十餘萬言，皆傳於後世。」可見董仲舒於百二十三篇之外尚多有著述。百二十三篇亡佚甚早，《隋志》已不見著錄。今通行之《春秋繁露》十七卷，《漢志》不載，始著錄於《隋志》經部春秋類，〈玉杯〉、〈蕃露〉、〈竹林〉三篇亦在其中。然其書發明《春秋》大義者，僅十之四五；其餘則多論天道、治國及人君南面之術。故張舜徽認為：「此書既不見於《漢》志，所起必晚。殆漢以後人收拾董氏遺文如百二十三篇中之零散篇章，裒輯以成斯編。」其說甚是。㊶兒寬　書亡。有馬國翰輯本一卷。本傳有〈議封禪對〉一篇、〈封泰山還登明堂上壽〉一篇，〈律曆志〉有〈改正朔議〉一篇。兒寬，西漢千乘（今山東高青）

人。治《尚書》，事歐陽生，受業孔安國。官左內史，後拜御史大夫。曾與司馬遷等共製《太初曆》。詳見卷五十八〈兒寬傳〉。㊷公孫弘　書亡。有馬國翰輯本一卷。公孫弘（西元前二〇〇—前一二一年），字季，西漢菑川國（治劇縣，今山東壽光南）薛人。少為獄吏。年四十始治《春秋公羊傳》，曾建議設《五經》博士。以習文法吏治，被漢武帝任為丞相，封平津侯。詳見卷五十八〈公孫弘傳〉。㊸終軍　書亡。有馬國翰輯本一卷。據本傳載，有〈白鱗奇術對〉一篇、〈奉詔詰徐偃矯制狀〉一篇、〈自請使匈奴〉一篇、〈自請使南越〉一篇。終軍（西元前？—前一一二年），字子雲，西漢濟南（今屬山東）人。年十八為博士弟子，後遷諫大夫。奉使南越時被殺。詳見卷六十四下〈終軍傳〉。㊹吾丘壽王　書亡。有馬國翰輯本一卷。吾丘壽王，複姓吾丘，名壽王，字子贛。奉漢武帝詔從董仲舒受《春秋》，以高材通明，官至侍中中郎、光祿大夫侍中。詳見卷六十四上〈吾丘壽王傳〉。㊺虞丘說　書亡。虞丘不詳。姚振宗云此虞丘名說，未詳其始末。王先謙以為虞丘即吾丘，此壽王所著雜說。㊻莊助　書亡。有馬國翰輯本一卷。莊助（西元前？—前一二二年），會稽吳（今江蘇蘇州）人。西漢辭賦家。武帝時郡舉為賢良文學，擢中大夫，遷會稽太守，歸長安後為侍中。淮南王謀反，莊助牽連被殺。詳見卷六十四上〈嚴助傳〉。本傳、《漢志‧詩賦略》為避明帝劉莊諱而改為嚴助，此處用「莊」，係沿用《七略》舊文。㊼臣彭　書亡。作者不詳。㊽鉤盾冗從李步昌　書亡。作者不詳。據班固自注，李步昌在漢宣帝時多次上書言事。㊾儒家言　書亡。作者不詳。㊿桓寬鹽鐵論　今存。漢昭帝時，詔郡國舉賢良文學之士，問以民所疾苦，皆認為應當罷除鹽鐵酒等的專賣，與御史大夫桑弘羊等互相詰難。宣帝時，桓寬收集當時辯論記錄，編纂而成《鹽鐵論》。桓寬，字次公，西漢汝南郡（今河南上蔡）人。宣帝時任郎，官至廬江太守。(51)劉向所序六十七篇　謂劉向序次、編纂有六十七篇，即《新序》、《說苑》、《世說》、《列女傳頌圖》。本傳云：「採取《詩》、《書》所載賢妃貞婦，興國顯家可法則，及孽嬖亂亡者，序次為《列女傳》，凡八篇，以戒天子。及采傳記、行事，著《新序》、《說苑》，凡五十篇，奏之。」此數書皆博採典籍之記載，分類編纂而成。序，即序次、編纂的意思。新序，原三十卷，今本殘缺，僅存十卷，為宋曾鞏所校定。所錄多為舜禹至漢初之事，分類編纂。其記事時與其他諸書相出入。說苑，原二十卷，後僅存五卷。經宋曾鞏搜輯，復為二十卷。全書分二十門，分類纂集先秦至漢代史事，雜以議論，闡明儒家思想。世說，書亡，不詳。列女傳頌圖，其中《列女傳》八卷，今存；《頌圖》不詳。(52)太玄十九四句　此四書俱為揚雄所編撰。揚雄模仿《周易》作《太玄》，模仿《論語》作《法言》。《太玄》原十九篇，今本十卷，分八十一首，以擬六十四卦。《法言》十三篇，今存。此書尊聖人，談王道，宣揚儒家傳統思想。《樂》四篇，不詳。箴，今殘存《州箴》十二首、《官箴》十六首。原書為《五箴》。箴，文體之一種，用以規戒。(53)右儒五十三家二句　經核定，實際為五十二家，八百四十七篇，與此處所說有出入。右，今天可以理解為「以上」。古人書寫文字皆直行由上而下，行的順序則由右而左，云「右如何如何」，相當於今天所說的「以上如何如何」。54流　流派；學派。55司徒　先秦官名，掌管民政教化。又稱地官、大司徒。56陰陽　儒家所說的陰陽之道，指天地人事自然之道。57明教化　宣明政教風化。58游文句　大意是注重研習《六經》。游，注意；注重；研習。59留意　注意；留心。60祖述堯舜　師法和傳承堯舜之道。祖，師法；繼承。述，陳述；傳播。61憲章文武　效法周文王、周武王。62宗師　尊崇並以之為師表。宗，尊崇。師，師事；以為師表。63重其言　增強他們學說的重要性。64如有所譽二句　語出《論語・衛靈公》，原文是：「如有所譽也，其有所試矣。」謂如果我對誰有所讚譽，那是因為我試用過他。65唐虞　唐是堯的國號；虞是舜的國號。66惑者既失精微　迷亂不通的人違背精微奧妙的道理。惑，迷亂。精微，指儒家學說精微奧妙的道理。67辟者又隨時抑揚　邪僻的人隨波逐流，任意毀譽褒貶。辟，同「僻」。邪僻不正。抑揚，壓抑和抬高，指毀譽褒貶。68苟以譁眾取寵　隨便用來使大眾轟動，博取尊寵。苟，隨便。譁，喧譁。寵，尊榮。69後進　後輩。70五經乖析　違反《五經》本義，把經義弄得支離破碎。乖，背離；違反。析，解說破碎。71寖　通「浸」。漸漸。72辟儒　謂曲學寡識、阿世干祿之鄙儒。73伊尹　書亡。《史記・殷本紀》載：「伊尹從湯，言素王九主之事。」即言君人南面之術。此書於隋、唐〈志〉俱不著錄，亡佚已久。今有馬國翰輯佚本一卷，但所輯錄佚文未必都確實來自《伊尹》。馬王堆漢墓帛書《老子》甲本卷後古佚書中有一部分內容完整的文字，從「湯用伊尹」起，到「臣主始不相吾也」，共五十二行，整理者根據內容，題名為〈九主〉。這篇佚文應屬於《伊尹》中的一篇。伊尹，名伊，尹為官名。一說名摯。商初大臣。傳說為奴隸出身，係有莘氏的陪嫁之臣。湯用為「小臣」，後任以國政，助湯滅夏。湯死後，他曾攝政，放逐太甲。太甲悔過，又復王位。一說太甲七年後潛回，殺死伊尹。湯，商朝開國之君。又稱武湯、成湯、武王、天乙。甲骨文稱唐、太乙、商祖乙。74太公七句　太公，書亡。係戰國時言道術者依託之書。呂望，本名呂尚，姜姓，呂氏，字望，一說字子牙，又有姜太公之稱。因佐武王滅商有功，官太師。封於齊，為齊國始祖。師尚父，周武王對呂望的尊稱。《詩・大雅・大明》《正義》引《七略別錄》云：「師之，尚之，父之，故曰師尚父。」有道者，有道術奇特功能的人。謀，《太公》二百三十七篇中的一部分，與〈言〉、〈兵〉三者合計正與《太公》總篇數相合。此三者疑為注文，誤寫入正文。75辛甲　書亡。有馬國翰輯佚本一卷。辛甲，商紂之臣，事紂，七十五諫，紂不聽。至周，文王親迎，以為公卿，官太史，封於長子（今山西長子西南）。76鬻子　書亡。葉德輝有輯佚本二卷，收入《觀古堂叢書》。嚴可均輯《三代文編》時，錄其佚文凡十四條。鬻熊，為周文王師，封為楚祖。《文心雕龍・諸子篇》：「鬻熊知道，而文王諮詢。餘文遺事，錄為《鬻子》。」又據《列子》引《鬻子》：「欲剛，必以柔守之；欲強，必以弱保之。積於柔必剛，積於弱必強。觀其所積，以知禍福之鄉。強勝不若己，至於若己者剛；柔勝出於己者，其力不可量。」知其合乎道家之旨。77 筦子　即《管子》。漢代作「筦」，後改作「管」。舊題管仲撰。實係戰國及秦漢時人託名之作。共二十四卷，八十六篇，今存七十六篇。內容龐雜，相容儒、道、法、兵、農、縱橫、陰陽各派言論。《漢志》入道家，《隋志》、《四庫全書總目》皆入法家。夷吾，即管仲（西元前？—前六四五年）之名，字仲，潁上（今河南潁水之濱，一說在今安徽潁上南）人。春秋時齊國政治家。由鮑叔牙推薦，被齊桓公任命為相，尊稱仲父。他輔佐齊桓公九合諸侯，一匡天下，使齊桓公成為春秋第一霸主。《史記》有〈列傳〉。78 老子鄰氏經傳　《鄰氏傳》書亡。《老子》二卷，〈道經〉、〈德經〉各一卷，凡八十一章，五千七百四十八言。西元一九七三年長沙馬王堆漢墓出土帛書《老子》甲、乙本，敘次為〈德經〉在前，〈道經〉在後，且不分章，與今本不同。《韓非子》中〈解老〉、〈喻老〉二篇證說《老子》之文，也是先〈德〉後〈道〉，與馬王堆帛書《老子》的順序相合，知帛書《老子》所反映的比較接近原貌。此書舊題老聃著，然從書中內容及某些問題來看，非一時一手所成，最後的編成時間當在戰國初期。此書雖增入後人的文字，但基本思想仍然是老子本人的。老子，即李耳，字伯陽，楚國苦縣（今河南鹿邑東厲鄉曲仁里）人。道家創始人。曾任周守藏史。後退隱。著《老子》。一說老子即太史儋，或老萊子。鄰氏，不詳。79 老子傅氏經說　書亡。傅氏，不詳。80 老子徐氏經說　書亡。徐氏，字少季，臨淮人。與鄰氏、傅氏皆在漢文帝、景帝時，其生平不詳。81 說老子　書亡。82 文子　書亡。今存二卷十二篇。後世道家尊稱為《通玄真經》。《漢志》自注曰：文子為「老子弟子，與孔子並時，而稱周平王問，似依託者也。」孔子與周平王不屬於同一時代，故班固疑其係依託之作。唐柳宗元亦認為其書駁雜，非原本。自此後，疑其為偽書者代不乏人。西元一九七三年河北定縣八角廊漢墓出土了竹簡《文子》。竹簡本《文子》各篇章通體為平王問，文子答。這應是班固誤解「平王」為周平王之後，遂推論全書係委託的原因。今本多處為文子問，老子答，當是後人為了提高《文子》的價值，對問答主體作了竄改，以與班固自注稱文子為老子弟子相應。另外，今本還摻入了許多非問答體的內容。竹簡本中有多處記錄文子對平王稱臣，他應是平王朝中有德望的人物，不會是隱士；平王也應如孫星衍所說，指楚平王。楚平王在位時間為西元前五二八—前五一六年，其時，孔子二十四至三十六歲。孔子三十歲時曾問禮於老子。這樣，文子為老子弟子，與孔子同時，文子與楚平王問答，諸多說法在時代上得到合理解釋。《文子》非偽書，亦非依託。惟今本篇章有缺佚，文字亦經後人竄改，駁雜不純，已非原貌。83 蜎子　書亡。蜎，姓。《史記・孟子荀卿列傳》載環淵，楚人，學黃老道德之術。環、蜎古字通，環淵即其人。又作蜎淵。《漢志》云為老子弟子。84 關尹子　書亡。《史記》載，老子見周世衰，遂西去，至關，關令尹喜請老子為著書，老子著上下篇而去，喜亦辭職而從之。

其書今存一卷，道教尊其書曰《文始真經》，實係後人偽託。[85]莊子　又稱《南華經》，道家經典之一。今存三十三篇。其中內篇七篇，公認為莊子著，外篇、雜篇可能攙入其門弟子及後來道家之作。其學廣傳，大抵歸於老子之言，多以寓言形式敘述，想像豐富。莊周（約西元前三六九－前二八六年），宋國蒙（今河南商丘）人。戰國時期哲學家，道家代表人物。家貧。曾任蒙地漆園吏。又曾拒絕楚威王厚幣禮聘。其基本思想源於老子。[86]列子　原書早佚，今本八篇，係魏晉以後人彙集諸子之書中的佚文而成，內容多為民間故事、寓言、神話。唐天寶元年（西元七四二年），詔號《列子》為《沖虛真經》，列為道教經典之一。列圄寇，名又作禦寇、圉寇，鄭國人。相傳為戰國時道家前輩，先於莊子，《莊子》中記載其事甚多。宋邢昺《爾雅疏》引《尸子・廣澤篇》及《呂氏春秋・不二篇》云：「列子貴虛」，可知當時確有其人，並非虛構。或非當時顯學，故《史記》未予作傳。[87]老成子　書亡。老成子，《列子・周穆王釋文》作「考成子」。古字「老」、「考」通。老成為複姓。其書、其人均不詳。[88]長盧子　書亡。長盧子，楚人，生平不詳。[89]王狄子　書亡。作者不詳。[90]公子牟　書亡。馬國翰有輯本。公子牟，戰國時魏之公子，《莊子・讓王篇》、《荀子・非十二子》、《呂氏春秋・審為》都提到公子牟。高誘注曰：「子牟，魏公子也，作書四篇。魏伐得中山，以邑子牟，因曰中山公子牟也。」[91]田子　書亡。馬國翰有輯本。田駢，亦稱陳駢，齊國人，戰國時哲學家，從學彭蒙。遊稷下，其學說貴齊，齊生死，等古今，為黃老道德之術。好談論，故齊人稱之曰天口駢。[92]老萊子　書亡。有馬國翰輯佚本一卷。老萊子，古之賢人而老壽者，據傳為春秋末楚國隱士，居蒙山之陽，自耕而食。司馬遷《史記・老子韓非列傳》云：「或曰，老萊子亦楚人，著書十五篇，言道家之用，與孔子同時。」《漢志》云十六篇，多一篇，係後人所增。[93]黔婁子　書亡。有馬國翰輯佚本一卷。黔婁子，戰國時齊國（一說魯國）隱士。《漢志》稱其「守道不詘，威王下之」。皇甫謐《高士傳》云：「黔婁先生，齊人，修身清節，不求進於諸侯。著書四篇，言道家之務，號《黔婁子》。終身不屈，以壽終。」[94]宮孫子　書亡。宮孫子，不詳。宮孫，複姓。鄭樵《通志・氏族略》無宮孫氏，而有室孫氏，云：「室孫氏，王室之孫也。古有室孫子著書。」或謂室即宮之訛誤。[95]鶡冠子　今存三卷十九篇。《漢志》止為一篇，韓愈時增至十六篇，陸佃作注時已增至十九篇，逐代增多，顯係後人增入。然今所傳十九篇，言多名理，詞古義茂，絕非魏晉以下人所能為。既非《漢志》之舊，又確為古書，與其他偽書有別。鶡冠子，姓名不詳，但知其為戰國時楚人，隱居深山，以鶡鳥羽為冠，故以為號。或曰為趙國名將龐煖之師。[96]周訓　書亡。此「周」字指周遍、包括甚廣之意。此書大約為習道論者隨筆雜錄之編，與高文典冊、精意著述者不同，故劉向《別錄》曰：「人間小書，其言俗薄。」[97]黃帝四經　書亡。戰國時道家依託之作。戰國時道家、醫家著述往往依託黃帝或神農，以高遠其所從來。古書凡冠以「黃帝」、「神農」者，率皆此類。

(98)黃帝銘　書亡。係依託之作。其佚文若〈金人銘〉、〈輿幾之箴〉、〈巾幾之銘〉散見於《皇覽》、《皇王大紀》、《荀子》、《路史》等書。(99)黃帝君臣　書亡。《漢志》自注云：「起六國時，與《老子》相似也。」大約以黃帝君臣對話的方式，闡述道家的理論。六國，戰國時位於函谷關以東的齊、楚、燕、韓、趙、魏六個國家。這裡指代戰國時期。(100)雜黃帝　書亡。據《漢志》自注，乃戰國時人所作。(101)力牧　書亡。戰國時人所作，假託力牧。力牧，傳說為黃帝時輔相。(102)孫子　書亡。孫子，名休，戰國時人。《莊子・達生篇》、《鹽鐵論・論功篇》皆引其語；本書卷二十〈古今人表〉列此孫子於田太公、魏武侯之時，為戰國時人，與春秋時孫武自別。(103)捷子　書亡。捷子，又作接子，戰國時齊國人，學黃老道德之術。「武帝時說」一句乃涉下文而衍。(104)曹羽　書亡。曹羽，生平無考。《漢志》自注云：「楚人，武帝時說於齊王。」姚振宗疑其為齊王外屬，當在齊懿王、厲王之時。(105)郎中嬰齊　書亡。嬰齊，武帝時人，劉向云其「故待詔，不知其姓，數從遊觀，名能為文。」〈詩賦略〉有〈郎中臣嬰齊賦〉十篇，編次於司馬遷之後。(106)臣君子　書亡。作者不詳。臣，姓。(107)鄭長者　書亡。有馬國翰輯佚本一卷。鄭長者，《別錄》云「鄭人，不知姓名。」春秋末戰國初人，先於韓非子，《韓非子・外儲說右上》、〈難二〉皆引其語。長者，賢人。(108)楚子　書亡。作者不詳。(109)道家言　書亡。此係漢以上人讀道家書時，抄錄精言妙語之作。(110)右道三十七家二句　三十七家之數無誤。其篇數若除去《太公》中之〈謀〉、〈言〉、〈兵〉，則為八百一篇；若計算在內，則為一千三十八篇。《漢志》所列篇數恐誤。(111)秉要執本　把握事情的要點和根本。秉、執都是把握、把持的意思。(112)清虛　清靜虛無。道家認為，君主清靜無為，則天下就能治理好。(113)卑弱　柔弱。卑，謙虛。弱，不逞強。道家認為弱能勝強，柔能克剛。(114)君人南面之術　君主治理國家、運用君權的法術。「君人」有兩種含義，一是指人君、君主，一是指治理人民。南面，帝王之位南向，故稱君王為南面。(115)堯之克攘　《尚書・堯典》：「允恭克攘。」克，能。攘，通「讓」。(116)嗛嗛　同「謙謙」。謙而又謙，言極為謙退、卑遜。(117)四益　四種效益。語出《周易・謙卦・彖辭》：「天道虧盈而益謙，地道變盈而流謙，鬼神害盈而福謙，人道惡盈而好謙。」(118)放者　放任無拘的人。這裡指莊子一類「絕去禮學，兼棄仁義」的道家代表人物。一說放同「仿」，仿效之意。(119)宋司星子韋二句　書亡。有馬國翰輯佚本。司星，掌觀測星辰之官，屬史官職責。子韋，人名。據《史記・宋微子世家》記載，為宋景公觀星史官。故班固注曰「景公之史」。景公，名頭曼，商紂庶兄微子之後，宋元公之子，西元前五一六－前四九〇年在位。(120)公檮生終始二句　書亡。公檮，複姓。傳鄒奭始終書，據錢大昭《漢書辨疑》，「奭」字當為「衍」，《始終》當為《終始》。(121)公孫發　書亡。公孫發，戰國時人，生平不詳。(122)鄒子　書亡。有馬國翰輯佚本。鄒衍（約西元前三〇五－前二四〇年），又作騶衍，齊國人。戰國末哲學家、陰陽家代表人物。居稷下。曾為燕昭王師。其主要學說是「五德終始」、「五行說」。因其語宏大不經，故號「談天衍」。[123]鄒子終始　書亡。顏師古曰：「亦鄒衍所說。」終始，即五德終始，又稱五德轉移。指水、火、木、金、土五種物質德性相生相剋和終而復始的循環變化。用來說明王朝興替的原因，如夏、商、周三代遞嬗，就是火（周）克金（商）、金克木（夏）的結果。土德之後，木德繼之，金德之後，火德繼之。[124]乘丘子　書亡。王先謙《漢書補注》云，乘丘為桑丘。《通志・氏族略》亦云，「桑丘氏蓋以地為氏者，《漢書》桑丘公著書五篇。」可見，《漢志》誤「桑」為「乘」，當是宋以後傳抄致訛。[125]杜文公　書亡。杜文公，戰國時韓國人。生平不詳。[126]黃帝泰素　書亡。戰國時韓諸公子所作。顏師古注引劉向《別錄》云：「或言韓諸公孫之所作也。言陰陽五行，以為黃帝之道也，故曰泰素。」泰素，即素王。《史記・殷本紀》《索隱》：「素王者，太素上皇，其道質素，故稱素王。」[127]南公　書亡。南公，南方老人之意。戰國時楚國人，善言陰陽，識廢興之數，曾預言「楚雖三戶，亡秦必楚」。[128]容成子　書亡。容成子，複姓容成。傳為黃帝史官，始造律曆。或傳為老子之師，或傳為上古之君，均不可考。此書必出自他人依託。[129]張蒼　書亡。本傳云，「著書十八篇，言陰陽律曆事。」篇數與此異，八、六形近易訛，但不知何正何誤。[130]鄒奭子　書亡。鄒奭子，戰國時齊國人，號曰雕龍奭。據《史記・孟子荀卿列傳》，齊有三騶子：一曰騶忌，先孟子；一曰騶衍，後孟子；一曰鄒奭，齊諸騶子，「頗采騶衍之術以紀文」。又云：「騶衍之術迂大而閎辯；奭也文具難施。故齊人頌曰：『談天衍，雕龍奭。』」劉向《別錄》云：「騶衍之所言五德終始，天地廣大，盡言天事，故曰『談天』。騶奭脩衍之文，飾若雕鏤龍文，故曰『雕龍』。」[131]閭丘子　書亡。閭丘子，名快，魏人。在楚南公前。《元和姓纂》作「閭丘決」，《通志・氏族略》與此同。快、決形近，不詳孰是。[132]馮促　書亡。馮促，戰國時鄭國人，馮簡子之後，能斷大事，與子產同時。[133]將鉅子　書亡。將鉅子，戰國時齊人，齊太子將具之後。《風俗通義》、《元和姓纂》、《通志・氏族略》均作將具子彰。今本《漢志》恐為傳寫者訛亂。[134]五曹官制　書亡。其書不可考。此書言官制，當入官禮。今附陰陽家，以漢代盛言陰陽五行，凡言國政與革者，皆傅會陰陽五行，故《漢志》入此書於陰陽家。[135]周伯　書亡。周伯，戰國時齊人，生平不詳。[136]衛侯官　書亡。漢代人作，不知作者。侯當作候。衛候，官名。衛尉屬官有諸屯衛候司馬二十二。因作者不詳，故只書官名。[137]于長天下忠臣　書亡。于長，《漢志》云為漢平陰人。生平不詳。[138]公孫渾邪　書亡。公孫渾邪，西漢將軍公孫賀之祖父，漢景帝時任隴西太守，以將軍身分參加平吳、楚叛亂，以功封平曲侯。公孫氏因通陰陽變化之理，加之長於用兵，故能制敵取勝。[139]雜陰陽　書亡。此書與《儒家言》、《道家言》等類似，乃習道家之學者抄撮群書精言妙語之作，故無作者。[140]右陰陽二句　今計二十一家，三百六十八篇。家數相合，篇數缺一。[141]羲和　唐堯時掌天地四時的官。[142]昊天　廣大的天。俗稱上天。[143]歷象日月星辰　根據日月星辰的運行規律來推算曆法，觀測天象。

(144) 敬授民時　謹慎認真地把天時通告民眾，即頒布曆書。時，指天時，包括日、月、晦、朔、弦、望、四時、節氣等。

(145) 拘　固執不能變通。

(146) 牽於禁忌　受到吉凶禁忌的牽制。禁忌，指不吉利的活動及日子、時辰、方位。

(147) 泥於小數　拘泥於有關禁忌的小術。泥，拘泥。小數，有關禁忌的小術。

(148) 任　聽憑。

(149) 李子　書亡。有黃奭輯佚本。李悝，戰國時政治家、法家代表人物，曾任魏文侯相，主持變法，富國彊兵，使魏成為戰國初期強國。他彙集當時各國法律編成《法經》，是中國古代第一部完整法典，已經失傳。

(150) 商君　又稱《商君書》、《商子》。法家重要著作。本為商鞅遺文，後世人又掇拾餘論加以補充，故書中有商鞅死後之事，可視為商鞅及後學之合著。今存二十四篇。商鞅（約西元前三九〇—前三三八年），姓公孫，名鞅，又名衛鞅，衛國人。戰國政治家、法家重要代表人物，初為魏相公叔座家臣，後入秦，說秦孝公變法，先後任左庶長、大良造，主持秦國兩次變法，奠定了秦國富強的基礎。秦孝公死後，被貴族車裂處死。《史記》有〈列傳〉。

(151) 申子　書亡。有馬國翰輯佚本一卷。此書所論為刑名權術之學，屬於法家著作。申子（約西元前三八五—前三三七年），名不害，韓國人。法家代表人物。曾任韓昭侯相十五年。主張法治，尚術，提出「因任而授官，循名而責實，操殺生之柄，課群臣之能。」他在世期間，韓國國治兵強，諸侯不敢侵韓。

(152) 處子　書亡。「處」或作「劇」，古之姓氏，劇、處相通。處子，戰國時人，生平不詳。《史記．孟子荀卿列傳》云：「趙有公孫龍為堅白同異之辯，劇子之言。」大約與公孫龍同為雄辯之士，所論當為明罰飭法之言。

(153) 慎子　存五篇，清嚴可均又自《群書治要》中輯出二篇，共計七篇。慎到（約西元前三九五—前三一五年），趙國人。戰國思想家、法家代表人物，在申不害、韓非之前。曾講學稷下學宮，負有盛名。他強調勢治，把君主權勢看作行法的力量。他認為有了權、法，平凡的君主就可以「抱法守勢」、「無為而治天下」。《史記．孟子荀卿列傳》云：「慎到學黃老道德之術，因發明序其指意。故慎到著十二論。」此「十二論」顯然指道家言，是否原在《慎子》四十二篇中，今已不可考。但是，古今學者多認為法家之學本出於道家，故《史記》以老莊申韓同為一傳。《四庫全書總目》云：「今考其書，大旨欲因物理之當然，各定一法以守之，不求於法之外，亦不囿於法之中，則上下相安，可以清淨而治。然法有不行，勢不能不以刑齊之，黃、老之為申、韓，此其轉矣。」把慎到視為道家與法家的仲介人物，不失為卓見。

(154) 韓子　又稱《韓非子》。今存。先秦法家學說集大成之作。乃後人整理編纂韓非遺著，並加入他人論述韓非學說的文章而成。韓非（約西元前二八〇—前二三三年），戰國末思想家、政治理論家，法家主要代表人物。出身韓國貴族，曾建議韓王變法革新，不見用。被秦王邀請出使至秦，不久遭李斯陷害下獄而死。

(155) 游棣子　書亡。作者不詳。

(156) 鼂錯　書亡。有馬國翰輯佚本一卷。鼂錯（西元前二〇〇—前一五四年），潁川（今河南禹州）人。西漢政論家。從張恢學申、商刑名之學。漢文帝時任太常掌故，後為太子家令。景帝即位，任御史大夫。因建議削藩，引起吳楚七國以誅鼂錯為名的叛亂，又因袁盎所譖，被殺。[157]燕十事　書亡。作者不詳。[158]法家言　書亡。習法家之學者抄撮群書精言妙語之作，故不知作者。[159]右法二句　今計十家，二百一十七篇，與此相符。[160]理官　審理獄訟的官，即法官。舜時稱士，夏時稱大理，周時稱大司寇。[161]信賞必罰　謂堅守信用，賞罰嚴明，有功必賞，有罪必罰。信，真誠。必，果。[162]先王以明罰飭法　語出《易．噬嗑》之象辭。謂先王通過嚴明刑罰來整飭法治。飭，整頓；整治。[163]刻者　苛刻嚴酷的人。刻，刻薄；刻毒。[164]任　使用。[165]傷恩薄厚　謂有傷於恩義，且薄於親厚。薄厚，變厚為薄。[166]鄧析　已佚。今本係戰國末人依託之作。鄧析（西元前五四五—前五〇一年），鄭國人。春秋末期法家的先驅者。曾任鄭大夫。他創辦私學，以所作《竹刑》教人，主張法治。因其長於論辯，「操兩可之說，設無窮之辭。」故《漢志》將其書列入名家。顏師古曰：「《列子》及《孫卿》並云子產殺鄧析。據《左傳》，昭公二十年子產卒，定公九年駟歂殺鄧析而用其《竹刑》，則非子產所殺也。」子產（西元前？—前五二二年），名僑，字子產，一字子美，又名公孫僑、公孫成子。春秋時政治家，鄭國貴族子國之子，鄭簡公時為卿，執政期間，實行改革，整頓農田水利，行丘賦，鑄刑鼎，給鄭國帶來生氣。[167]尹文子　《四庫全書總目》著錄《尹文子》一卷，入子部雜家類，謂：「其書本名家者流，大旨指陳治道，欲自處於虛靜，而萬事萬物則一一綜核其實，故其言出入於黃老、申韓之間。」姚際恆《古今偽書考》、郭沫若《青銅時代．宋鈃尹文遺著考》均認為此書係後人偽託。張舜徽《漢書藝文志通釋》認為此書「時有善言，非盡後人所依託」。張氏所言較為公允。此書既有尹文遺作，也有後人竄改之詞。尹文，戰國時人，早於公孫龍，曾與宋鈃俱遊稷下。大致在齊宣王、湣王時期。劉向《說苑》載其與齊宣王問答事。《呂氏春秋》又載其與齊湣王問答事。齊宣王，戰國時齊國君主。約西元前三一九—前三〇一年在位。他繼承祖、父事業，繼續在稷下廣置學宮，招攬學者，任其講學議論。[168]公孫龍子　今存六篇。《四庫全書總目》入子部雜家類。此書綜合名實，務為博辯，是名家主要代表作。公孫龍，字子秉，趙國人。戰國時哲學家，名家主要代表人物。曾為平原君門客，反對諸侯兼併戰爭。他善於辯論，力倡「白馬非馬」之說，強調個別與一般的區別；在哲學上提出了著名的「離堅白」思想；在中國邏輯史上第一個提出「唯乎其彼此」的正名理論。但他誇大了事物的相對獨立性，否定了事物與概念之間的聯繫，犯了絕對主義的錯誤，不免陷入形而上學的詭辯。[169]成公生　書亡。成公生，姓成公。與黃公、李斯之子李由等為同時人，遊談不仕。[170]惠子　書亡。有馬國翰輯本一卷。惠施（約西元前三七〇—前三一〇年），宋國人。戰國時哲學家，名家代表人物。與莊子為友。曾任魏相，主張聯合齊、楚，停止戰爭。曾隨魏惠王赴齊，使魏、齊互尊為王。與公孫龍相反，惠施在戰國名辯思潮中屬於「合同異」學派的主要人物。他指出了事物的矛盾統一，但誇大了事物的相對性，忽視了穩定性與本質差別，陷入相對主義的詭辯。《莊子・天下篇》云：「惠施多方，其書五車，其道舛駁，其言也不中。」《荀子・非十二子》則認為惠施與鄧析一樣，皆「不法先王，不是禮義，而好治怪說，玩琦辭，甚察而不惠，辯而無用，多事而寡功，不可以為治綱紀；然而其持之有故，其言之成理，足以欺惑愚眾。」[171]黃公　書亡。作者黃公，班固注曰：「名疵，為秦博士，作歌詩，在秦時歌詩中。」按，〈詩賦略〉歌詩類有《左馮翊秦歌詩》三篇、《京兆尹秦歌詩》五篇，黃公所作歌詩當在其中。[172]毛公　書亡。係後人依託之作。毛公，趙人，隱士。《史記・信陵君列傳》記載毛公與薛公同勸魏公子無忌急歸救國。趙勝（西元前？－前二五一年），封號平原君。戰國時趙國貴族。魏惠王之弟，封於東武城（今山東武城西北），任趙相，有食客數千人。趙孝成王七年（西元前二五九年），他組織兵力，堅守邯鄲，抗擊秦軍圍困達三年之久，後得魏、楚救援，擊敗秦軍。[173]右名二句　今計家數、篇數，悉與《漢志》合。[174]名家　戰國時期的一個學派。又稱「辯者」。名家強調循名責實，注重概念與事實的分析、討論。主要代表人物有鄧析、尹文子、公孫龍、惠施。他們的觀點雖各有差異，但對古代邏輯發展都有一定貢獻。[175]禮官　古代掌禮之官。[176]名位不同二句　語出《左傳・莊公十八年》：「王命諸侯，名位不同，禮亦異數，不以禮假人。」古代統治階級按照身分地位的高低，制定了禮儀等級制度，如天子七廟、諸侯五廟、大夫三廟、士一廟。名位，指官爵和品位。異數，不同等級。[177]必也正名乎三句　語出《論語・子路》。言欲為政，必先正其名。[178]謷　吹毛求疵；挑剔。[179]鉤鈲析亂　謂名家故作不必要的分辨，糾纏不已，流於詭辯。鉤鈲，取出詭怪的道理而破壞名實。析亂，分析得支離破碎而淆亂名實。鉤，鉤取。鈲，破。析，支離。亂，錯雜。[180]尹佚　書亡。有馬國翰輯佚本一卷。尹佚，又稱尹逸、史佚。周初太史，事武王、成王、康王。其後有史角，墨翟學於史角之後。[181]田俅子　書亡。有馬國翰輯佚本一卷。田俅，戰國時齊國人，早於韓非子。學墨子術。《韓非子》、《呂氏春秋》、《淮南子》皆述田鳩言行，俅、鳩音近，後世學者並以為一人。[182]我子　書亡。我子，戰國時人，為墨子之學。姓我。[183]隨巢子　書亡。有馬國翰輯佚本一卷。隨巢子，為墨翟弟子。[184]胡非子　書亡。有馬國翰輯佚本一卷。胡非子，複姓胡非，戰國時齊國人。為墨翟弟子。[185]墨子　墨家學派著作的總匯。今存五十三篇。其中有墨子本人的主要思想，有墨子與其弟子的言行記述，還有一部分是後期墨家的哲學和科學著作。墨翟（約西元前四六八－前三七六年），魯國人。春秋戰國之際思想家、政治家，墨家創始人，在孔子之後。曾為宋國大夫。曾習儒術，因不滿煩瑣之禮，另立新說，聚徒講學，形成墨家學派，為儒家的主要反對學派。其學說核心是主張兼愛、非攻、節用、尚賢、尚同，對當時社會影響很大，與儒家並為顯學。[186]右墨二句　今計家數、篇數，悉與《漢志》合。[187]清廟之守　掌管宗廟之官。宗廟肅然清淨，所以稱清廟。清，肅穆清靜。守，為「官」字之誤。《漢紀》卷二十五作「官」。[188]茅屋采椽　房屋用茅草覆蓋屋頂，用棌為椽。采，本從木，作「棌」，一種柞木，色白而堅硬。此語指建築物質素儉樸。189貴儉　倡導節儉。190三老五更　相傳古代天子為推行孝悌示天下，設三老、五更之位，以養老人，皆年老退休者，天子待以父兄之禮。三老，為古代鄉官。五更，年老致仕而經驗豐富的老人。191兼愛　原為《墨子》篇名，分上中下三篇。內容闡述墨子倫理思想，反對儒家愛有差等的觀點，主張愛無差別等級，提倡平等的、不分親疏的愛，實行「兼相愛，交相利」。這裡的兼愛係指兼相愛。192選士大射　周代選拔人才的制度，選拔賢良之士時舉行射禮。選士，由鄉把優秀的人才推舉給司徒，見於《禮記・王制》：「命鄉論秀士，升之司徒，曰選士。」大射，古射禮，諸侯將有祭祀之事，與群臣射，屢中者得參與祭祀，否則不得參與。193上同「尚」。尊敬。194宗祀嚴父　廟祭父親。宗祀，廟祭。見於《孝經・聖治》：「昔者，周公郊祀后稷以配天，宗祀文王於明堂，以配上帝。」嚴父，父親。古代為父嚴母慈，故稱父曰嚴父。195右鬼　尊敬鬼神。古以右為貴。顏師古注曰：「右猶尊尚也。」196非命　反對天命，即不相信命運，反對命運的安排。原為《墨子》篇名，分上中下三篇。197視　同「示」。198上同　一作「尚同」。上，同「尚」。原為《墨子》篇名，分上中下三篇。內容闡述墨子的一種政治主張。尚即崇尚，同即同一或統一。篇中提出天下之賢者，可立為天子，天子以下，又分別選立諸侯國君、將軍、大夫、里長、鄉長、家君等，層層統治，實現「一同天下之義」。在這種賢人政治制度下，以天子、君長之是非為是非，不得有下比之心。199蔽者　片面狹隘地實行墨子主張的人。200非禮　反對禮儀制度。201蘇子　書亡。有馬國翰輯佚本一卷。蘇秦，戰國時著名的縱橫家。《史記》有〈蘇秦列傳〉，記載蘇秦事跡。然因當時有關蘇秦的資料矛盾很多，不少記載似是而非，有張冠李戴之誤。司馬遷在處理蘇秦的事跡，尤其年代方面仍有不少錯誤，使蘇秦的事跡更紊亂。所謂蘇秦的遊說辭，也是出自後來好事者之傅會，所談和當時的事實多不相符。因而有人否定蘇秦有合縱之事，甚至有人認為蘇秦為小說中人物。經不少學者考訂，明確了蘇秦確有其人，應在燕昭王、齊湣王之世活躍於六國之間，與其同時的著名人物有孟嘗君田文、奉陽君李兌、周最等。蘇秦先仕於燕，其主要活動是離間齊、趙關係，以減輕齊對燕的壓力。又和趙國李兌共同聯合五國攻秦。後來，他離燕至齊，受到齊湣王的重用。齊曾封蘇秦並命為相國。但蘇秦始終忠於燕昭王，暗中為燕效勞。他勸齊攻宋，轉移齊對燕的注意力。西元前二八四年，燕昭王派樂毅突然出兵，與秦、韓、趙、魏等國合縱伐齊。齊因措手不及而敗於燕。蘇秦陰與燕謀齊的活動至此敗露，齊處以車裂之刑。這在戰國晚期是轟動一時的事件，許多當時人的著述對此事都有反映。《蘇子》三十一篇，應當是蘇秦作品和事跡的資料總集，其中似也包括蘇秦之弟蘇代、蘇厲的一些遊說辭。《蘇子》在縱橫家類中是篇幅最多的一部，說明從戰國到西漢，屬於蘇氏弟兄的作品或有關材料數量最多，流傳最廣。該書漢以後亡佚。長沙馬王堆西漢墓出土帛書《戰國縱橫家書》，關於蘇秦的有十三篇，編排得很有條理，可能是當時流傳的眾多蘇秦資料彙編中的一種。其中除兩篇的部分內容見於《戰國策》外，另十一篇不見於《戰國策》、《史記》等傳世古籍，這是現在了解蘇秦事跡的重要新材料。202 張子　書亡。此書當是張儀作品及相關資料的彙編。張儀（西元前？—前三一〇年），魏國人。戰國時著名的縱橫家。於魏惠王時入秦。曾任秦相，封武信君。後又相魏、相楚，目的是遊說各國服從秦國，離散東方各國之間的聯盟。秦武王即位，張儀離秦去魏，不久，卒於魏。《戰國策》記載張儀與蘇秦是相對立的一縱一橫，互相著文攻擊對方。後來司馬遷受此影響，在〈張儀列傳〉中將張儀與蘇秦列為同時之人；還說蘇秦發跡之後，張儀受蘇秦激勵而入秦；又記張儀之卒在蘇秦後。這都和史實不符。據考證，張儀在前，蘇秦在後。蘇秦是張儀死後才在政壇上初露頭角的。在縱橫家中張儀是蘇秦的前輩。《史記》記張儀的年代基本正確，而把蘇秦的經歷提前了約三十年。張儀與公孫衍、惠施、陳軫同時。他和公孫衍一橫一縱，足以左右天下局勢。《孟子．滕文公下》引用當時景春語曰：「公孫衍、張儀豈不誠大丈夫哉！一怒而諸侯懼，安居而天下熄。」《荀子．臣道》則認為他和蘇秦皆佞媚變詐之人。司馬遷也說張儀、蘇秦「二人真傾危之士」。203 龐煖　書亡。今存《鶡冠子》中有《龐煖》節文。龐煖，戰國時趙國名將。《漢志》云「為燕將」，誤。《史記．燕世家》：「燕使劇辛將擊趙，趙使龐煖擊之，取燕軍二萬，殺劇辛。」204 闕子　書亡。有馬國翰輯佚本一卷。闕，姓氏。205 國筮子　書亡。國，姓氏。206 零陵令信　書亡。信，零陵令之名，失其姓。其人有〈上始皇書〉、〈難李斯書〉。零陵，古縣名。秦置。治今廣西全州西南，為零陵郡治所。207 蒯子　書亡。有馬國翰輯佚本一卷。作者為蒯通。《史記．田儋列傳》太史公曰：「蒯通者，善為長短說，論戰國之權變，為八十一首。」長短說，即縱橫說，《戰國策》又名《長短書》。本書卷四十五〈蒯通傳〉：「通論戰國時說士權變，亦自序其說，凡八十一首，號曰《雋永》。」顏師古曰：「雋，肥肉也。永，長也。言其所論甘美，而義深長也。」《雋永》八十一首早佚，著錄於《漢志》之五篇，大約是時人所傳錄者。二書不同，未可混同。蒯通，原名蒯徹，為避漢武帝劉徹名諱而改，漢初范陽（今河北定興北固城鎮）人。秦末農民起義時，曾助武臣不戰而取趙地三十餘城。後勸韓信取齊地、自立為齊王。漢惠帝時，為丞相曹參賓客。208 鄒陽　書亡。有馬國翰輯佚本一卷。鄒陽，漢初齊人。生文、景之世。《史記》本傳載其著有〈獄中上書〉，本書本傳載其有〈諫吳王〉、〈說王長君〉二篇。209 主父偃　書亡。有馬國翰輯佚本一卷。主父偃（西元前？—前一二六年），複姓主父，西漢臨淄（今山東淄博）人。曾任漢朝中大夫。向武帝建議行「推恩令」，多分封諸侯王子弟為侯，以削弱諸侯王國的勢力。後任齊相，以脅迫齊王自殺罪，被誅。210 徐樂　書亡。有馬國翰輯佚本一卷。徐樂，西漢無終（今天津薊縣）人。上書漢武帝，言世務，拜為郎中。211 莊安　書亡。有馬國翰輯佚本一卷。莊安，本姓莊，因避東漢明帝劉莊名諱而改為「嚴」，故有時作「嚴安」，會稽吳（今江蘇蘇州）人。以郡賢良對策擢為中大夫。後任會稽太守。因受淮南王謀反牽連，被誅。(212)待詔金馬聊蒼　書亡。聊蒼，西漢趙人，武帝時，任侍中。〈嚴助傳〉作膠蒼。《風俗通》作聊蒼，與《漢志》合。金馬，漢宮門名。漢制規定，吏民上書未報，及召而未見者，皆留京師，待詔金馬門。(213)右從橫二句　今計家數、篇數，並與此合。(214)從橫家　從，同「縱」。戰國時從事政治外交活動的一個學派。代表人物有蘇秦、張儀等。蘇秦主張約縱抗秦，張儀主張連橫，二人分別代表合縱、連橫兩派，故有縱橫家之稱。合縱，即「合眾弱以攻一強」，是許多弱國聯合起來阻止強國的兼併。連橫，即「事一強以攻眾弱」，是強國迫使弱國幫助它兼併別國。最初的合縱、連橫主要是以齊、秦兩大強國為對立的核心進行的，它們為擴大勢力，達到兼併土地的目的，經常變換合縱或連橫的策略。戰國晚期，秦強六國弱已成定局，凡聯合關東各國抗秦者即為合縱，而秦設法破壞合縱就是連橫。縱橫家應運而生。他們遊說各國君王，鼓吹通過合縱、連橫來稱霸，或者建成「王業」。(215)行人　官名。《周禮・秋官》有行人，掌朝覲聘問之事。戰國時使者通稱行人。(216)誦詩三百四句　語出《論語・子路》，言人不達於事，誦《詩》雖多，亦無所用。使於四方，出使各個國家。專對，獨自應對。奚以為，有什麼用呢。(217)使乎二句　好一位使者，好一位使者。語出《論語・憲問》，是孔子稱讚魯大夫蘧伯玉的使者應對之妙。(218)權事制宜　權衡事情，做出恰當的應對。(219)受命而不受辭　謂外交人員只接受使命，而不接受應對的語言。(220)邪人　偏邪之人。(221)上詐諼　崇尚欺詐。上，同「尚」。崇尚。諼，欺詐。(222)孔甲盤盂　書亡。此書係我國書目著錄金文之始。盤盂為古銅器，上有銘文，即金文。《史記》、本書之〈田蚡傳〉均載蚡學《盤盂》書，可見，漢初人已研習金文，《盤盂》書在漢初以前已成書。孔甲，人名。一說為黃帝史官，一說為夏帝孔甲。此書係依託孔甲之名而作，非真出自孔甲之手。(223)大禹　書亡。漢代以前已有〈禹大傳〉、〈禹本紀〉及衡山主峰之〈岣嶁碑〉，均記禹之行事。此三種記載禹事跡的文字是否在《大禹》三十七篇之內，已不可考。禹，古代部落聯盟首領。姒姓，又稱大禹、夏禹、戎禹。鯀之子。禹承父業，治理洪水，因功被舜選擇為繼承人，禹死後，其子啟即位，建立了中國歷史上第一個王朝。班固注曰：「傳言禹所作，其文似後世語。」(224)五子胥　書亡。係傳會伍員之作。伍員死後，時人收集其言論事跡，錄而成書，題名為《五子胥》，絕非出自伍員之手。考其文詞語氣，為東漢人之筆，與戰國文異。五子胥（西元前？—前四八四年），名員，字子胥。五，通「伍」。春秋時吳國大夫、名將。楚大夫伍奢次子。奢被楚平王殺，他逃亡入吳，助闔閭刺殺王僚，奪取王位。他整頓軍旅，吳國勢日盛。破楚有功，封於申，又稱申胥。因極諫吳王夫差拒絕越國求和的要求和停止伐齊的主張，被讒言而賜死。(225)子晚子　書亡。子晚子，不詳。班固云：「齊人，好議兵，與《司馬法》相似。」然其書不入兵家而入雜家，蓋其書包羅甚廣，論兵僅其一端而已。〈諸子略〉中，有著錄其書於某家，而其術兼善他家之長者，此例甚多。[226]由余　書亡。有馬國翰輯佚本一卷。由余，一作繇余。春秋時秦國大夫。其祖先本為晉人，逃亡入戎。初在戎任職，入秦後被秦穆公任為上卿，助秦伐西戎，滅國十二，使秦稱霸西戎。秦穆公（西元前？—前六二一年），名任好。春秋時秦國君。西元前六五九—前六二一年在位。任用百里奚、蹇叔、由余為謀臣，擊敗晉國，稱霸西戎。[227]尉繚　書亡。今存《尉僚子》與此非同一書，一說今本《尉僚子》（詳後文〈兵書略〉）即雜家書。尉僚，有二人：一為軍事家，戰國時魏人，約與孟軻為同時人，師鬼谷子，善理陰陽，深達兵法。一為戰國末年秦國大臣，姓失傳，名僚，魏大梁（今河南開封）人。入秦遊說，被秦王政任為國尉，因稱尉僚。建議秦王用重金收買六國權臣，打亂六國部署，取得顯著成效。[228]尸子　書亡。有汪繼培、章宗源、孫星衍、任兆麟等人輯佚本各一卷。尸子（約西元前三九〇—約前三三〇年），戰國時法家。《史記・孟子荀卿列傳》：「楚有尸子。」《集解》引劉向《別錄》曰：「楚有尸子，疑謂其在蜀。今按《尸子》書，晉人也，名佼，秦相衛鞅客也。衛鞅商君謀事劃計，立法理民，未嘗不與佼規之也。商君被刑，佼恐並誅，乃亡逃入蜀。自為造此二十篇書，凡六萬餘言。卒，因葬蜀。」班固自注曰「魯人」，魯乃晉之誤，二字形近易偽。《後漢書・宦者・呂強傳》李賢注曰：「尸子作書二十篇，十九篇陳道德仁義之紀，一篇言九州險阻，水泉所起也。」是此二十篇之書，既富儒家之言，復有水地之記。其學固不限於一隅，確如《文心雕龍・諸子篇》所言：「尸佼兼總於雜術。」故入之於雜家。[229]呂氏春秋　又名《呂覽》。此書包括十二紀、八覽、六論。十二紀，紀各五篇；八覽，覽各八篇；六論，論各六篇。總計一百六十篇。《漢志》但舉紀、覽、論之大數題曰二十六篇，與實不符，不如隋、唐、宋〈志〉稱二十六卷為勝。此書為雜家代表作，係戰國末秦相呂不韋集合門客，令人人著其所聞，彙集眾說而成。內容以儒、道為主，兼及名、法、墨、農、陰陽、兵諸家。先秦古書多無大題，大半由後人所纂錄。此書則形式整齊，體例縝密，篇題書名，均由前定，依預定規劃成書，為前所未有。呂不韋（西元前？—前二三五年），衛國濮陽（今河南濮陽）人。戰國末秦相。原為陽翟（今河南禹州）富商，在邯鄲遇入質於趙的秦公子子楚，以為「奇貨可居」，於是遊說華陽夫人立子楚為太子。子楚即位，是為秦莊襄王，呂任秦相，封文信侯。莊襄王死後，秦王政在位時呂繼任相，稱仲父。食邑有藍田十二縣、洛陽萬戶。賓客三千，家僮萬人。令賓客編著《呂覽》。秦王政親政後，被免職，不久遷蜀，憂懼自殺。[230]淮南內　今存。又稱《淮南鴻烈》、《鴻烈》。西漢淮南王劉安及其賓客蘇非、李尚、伍被等著。原書分內篇二十一篇，以論道為主；外篇三十三篇，為雜說。今止流傳內篇。書中以道家思想為核心，融會了儒、法、陰陽五行家思想。王安，指淮南王劉安（西元前一七九—前一二二年）。西漢思想家、文學家。漢高祖之孫。襲父爵位，封淮南王。好讀書，善為文辭。招賓客、方士數千人，集體編寫《鴻烈》。政治上主張無為而治。後以謀反事發，自殺。(231)淮南外　書亡。(232)東方朔　散佚。《隋志》著錄《東方朔集》二卷，係後人所收集，真偽相雜，不可盡信。王先謙《漢書補注》引葉德輝曰：「《北堂書鈔》百五十八引〈嗟伯夷〉，《文選・海賦》注引〈對詔〉，《藝文類聚・災異部》引〈旱頌〉、〈人部〉引〈誡子〉，凡四篇，即其佚文。」東方朔（西元前一五四－前九三年），平原厭次（今山東惠民）人。西漢文學家。漢武帝時任太史大夫。性詼諧滑稽。善辭賦，〈答客難〉為其名篇。《神異經》、《海內十洲記》等書皆署其名，實為依託之作。(233)伯象先生　書亡。伯象先生，顏師古注引應劭曰：「蓋隱者也，故公孫敖難以無益世主之治。」(234)荊軻論　書亡。荊軻（西元前？－前二二七年），衛國人。戰國末刺客。衛人稱之曰慶卿。燕人稱之曰荊卿，亦曰荊叔。燕太子丹尊之為上卿，派他去刺殺秦王政，不中，被殺死。(235)吳子　書亡。與〈兵書略〉兵權謀之《吳起》四十八篇非同書。吳子，其人不詳。(236)公孫尼　書亡。公孫尼，不詳。似乎與儒家公孫尼子為一人。(237)博士臣賢對　書亡。博士臣賢，即韋賢，字長孺，魯鄒（今山東鄒縣）人。通《禮》、《尚書》、《詩》，徵為博士，給事中。漢昭帝時為光祿大夫詹事，至大鴻臚。宣帝時徙長信少府。班固自注所說「難韓子、商君」，係指韋賢於朝廷應對時駁難韓非子、商鞅學說之辭。詳見卷七十三〈韋賢傳〉。(238)臣說　書亡。說，顏師古曰：「說者，其人名，讀曰悅。」臣說在漢武帝時以作賦而馳名。(239)解子簿書　書亡。作者與書均不詳。(240)推雜書　書亡。未詳。(241)雜家言　書亡。係誦習雜家著作者抄撮有關王道、霸道重要言論之作。猶如《儒家言》、《道家言》、《雜陰陽》、《法家言》等。故不署作者之名。王伯，即王道與霸道。伯，通「霸」。(242)右雜四句　今計二十家三百九十三篇，少十篇。出《蹴鞠》，舊本無此三字，王先謙《漢書補注》引陶憲曾曰：「『入兵法』上脫『出《蹴鞠》』三字。兵書四家，惟兵技巧入《蹴鞠》一家二十五篇，而諸子家下亦注『出《蹴鞠》一家二十五篇』。是《蹴鞠》正從此出而入兵法也。今本脫『出《蹴鞠》』三字，則『入兵法』三字不可解，而諸子家所出之《蹴鞠》，亦不知其於十家中究出自何家矣。」《蹴鞠》，詳見後文〈兵書略〉。(243)雜家　戰國末至漢初折衷、糅合各個學派思想的一個學術流派。代表人物與著作是呂不韋邀集門客所編的《呂氏春秋》和淮南王劉安組織門客集體編著的《淮南鴻烈》。(244)議官　議政之官。王先謙《漢書補注》引沈欽韓曰：「雜者，蓋出史官之職。」(245)國體之有此　顏師古注曰：「治國之體，亦當有此雜家之說。」國體，國家的典章制度。此，指儒、墨、名、法諸家學說。(246)王治之無不貫　顏師古注曰：「王者之治，於百家之道無不貫綜。」王治，王者之治。無不貫，對百家之道沒有不綜合貫通的。(247)盪　通「蕩」。此為浮泛而無所適守之意。(248)漫羨而無所歸心　漫衍無所指歸。漫羨，漫衍、分散、廣散的樣子。無所歸心，指人的思想沒有歸結，沒有要點。(249)神農　書亡。有馬國翰輯佚本一卷。輯本多採自唐《開元占經》，又雜錄《管子》、《呂氏春秋》、《淮南子》、《新論》等書，多記五行、占卜之說；也有一些農政的議論。耕作技術均未保留下來。此書係依託之作。班固認為書成於戰國時期，「諸子疾時怠於農業，道耕農事，託之神農」，顏師古引劉向《別錄》云：「疑李悝及商君所說。」神農，傳說中農業和藥物的發明者。[250]野老　書亡。係戰國時人述農耕之事，而託名野老以傳其書。班固認為作者「在齊、楚間」。野老其人，未可實指，猶如道家的《老成子》、《鄭長者》之類。此書之十七篇亦未必出自一人之手。馬國翰據馬驌《繹史》所云「蓋古農家野老之言而呂子（不韋）述之」一語，遂輯錄《呂氏春秋》中的〈上農〉、〈任地〉、〈辯土〉、〈審時〉四篇，合為一卷，題曰《野老書》。實際上，馬驌所謂「野老」，乃泛指老農而言，非《漢志》之野老。[251]宰氏　書亡。《史記．貨殖列傳》裴駰《集解》曰：「計然者，葵丘濮上人，姓辛氏，字文子，其先晉國亡公子也。嘗南游於越，范蠡師事之。」唐林寶《元和姓纂》、宋鄭樵《通志．氏族略》均曰計然，姓宰氏，字文子。馬國翰以為「辛」乃「宰」之誤，《宰氏》即《計然》，並輯《范子計然》三卷。此書實係後人述宰氏之學而依託其名，且非出於一手，成於一時，故班固不能定其為何世之作。[252]董安國　書亡。董安國，漢內史。〈百官公卿表〉載文帝十四年有內史董赤。姚振宗疑董赤即董安國。漢文帝時，行重農之策，安國掌治京畿，編述農書以為民倡，事極可能。[253]尹都尉　書亡。作者不詳。馬國翰以為即《氾勝之書》所言之尹澤，約在漢成帝以前。《藝文類聚》卷八二、《太平御覽》卷九七八、九八〇，並引劉向《別錄》云：「《尹都尉書》有〈種瓜篇〉，有〈種蓼篇〉，有〈種芥〉、〈葵〉、〈蔥〉諸篇。」可知其書分事類物，各有專篇記載其種植之法。其後北魏賈思勰《齊民要術》沿用其例。馬國翰據《齊民要術》中種瓜、葵、芥、蓼、薤、蔥諸條，輯錄為一卷，名曰《尹都尉書》。實則《齊民要術》所搜採之書不止《尹都尉書》一種，馬氏輯錄必有濫入者。[254]趙氏　書亡。趙氏，即漢武帝時搜粟都尉趙過。他發明代田法和樓車，教民耕殖。不知何世，趙過著名農學家，此編大約也是他人所記而增益以後出之事，記述多雜，故班固不能定其為何世。一說《董安國》、《尹都尉》、《趙氏》三書下之注「不知何帝時」、「不知何世」，非班氏本文，係後人加入。[255]氾勝之　書亡。有馬國翰輯佚本《氾勝之書》三卷、洪頤煊輯佚本二卷，又有宋葆淳輯佚本。《隋志》著錄為《氾勝之書》，陸德明《爾雅釋文》稱《氾勝之種植書》，李善《文選注》又改題《氾勝之田農書》，皆同書而異名。此書總結關中一帶耕種經驗，發展了戰國以來的農學，如區田法、溲田法（一種製肥做法）、耕田法、種麥法、種瓜法、選穗法等技術的改進、提高，書中都有記載，反映了當時農業生產技術水準。氾勝之，西漢著名農學家。成帝時為議郎。《通志．氏族略》云其為黃門侍郎。《晉書．食貨志》記載，太興元年，詔曰：「昔漢遣輕車使者氾勝之督三輔種麥，而關中遂穰。」又顏師古注引劉向《別錄》云：「使教田三輔，有好田者師之，徙為御史。」《周禮》「草人」賈公彥疏稱：「漢時農書有數家，氾勝為上。」[256]王氏　書亡。書及內容均不詳。[257]蔡癸　書亡。蔡癸，西漢宣帝時邯鄲人。本書卷二十四〈食貨志〉載：「宣帝即位，用吏多選賢良，百姓安土，歲數豐穰。蔡癸以好農，使勸郡國，至大官。」班固自注稱：「(蔡癸)以言便宜，至弘農太守。」258右農二句 今計家數、篇數，悉與此合。259農家 戰國秦漢時反映農業生產和農民思想的學術派別。代表人物有許行、趙過、氾勝之等人。農家總結了農業生產的技術經驗。260農稷之官 掌農事之官。稷，一種糧食作物，即穄，似黍子，不帶粘性。此處指代農作物。261八政一曰食二句 八政，《尚書・洪範》載有八政，即國家的八種政事：食、貨、祀、司空、司徒、司寇、賓、師。本書卷二十四〈食貨志〉：「食謂農殖嘉穀可食之物，貨謂布帛可衣，及金刀龜貝，所以分財布利通有無者也。二者，生民之本。」食，指農桑耕作之事。民之衣食皆賴農事，故食為八政之首。262所重民食 語見《論語・堯曰》。孔子稱殷湯伐桀告天之辭。言為君之道，所重者在民之食。263鄙者 鄙陋的人。鄙，鄙野。264無所事聖王 不必事奉君王。聖王，古代對帝王的泛稱。265君臣並耕 君主與臣民一起耕種。這是古代社會中農民的一種理想。《孟子・滕文公上》引許行之語曰：「賢者與民並耕而食，饔飧而治。」主賢君應與民並耕而食，廢除治人與治於人之階級劃分。266誖 違背；逆亂。267伊尹說 書亡。前文道家類有《伊尹》五十一篇，乃抒發道論。此則薈萃叢。係後世所綴集，而依託伊尹。《史記・司馬相如列傳》注引《伊尹書》，《呂氏春秋・本味篇》專述伊尹以美味說商湯的故事，疑即《伊尹說》之一篇。《史記・司馬相如列傳》《索隱》應劭引《伊尹書》：「果之美者，箕山之東，青鳥之所，有盧橘，夏孰。」與〈本味篇〉所言相同。〈本味篇〉應出自《伊尹說》，為《伊尹說》僅存的佚文。268鬻子說 十九篇。係後世所綴集，而依託鬻子。《隋志》道家著錄一卷，《舊唐志》改入小說家。隋、唐人所見，皆道家殘本；《漢志》所著錄之小說家本，蕭梁時已亡佚，《舊唐志》自道家移入小說家，欠妥當。《四庫全書總目》著錄《鬻子》一卷十四篇，入雜家類，云：「《列子》引《鬻子》凡三條，皆黃老清淨之說，與今本不類。疑即道家二十二篇之文。今本所載與賈誼《新書》所引六條文格略同，疑即小說家之《鬻子說》也。」269周考 書亡。班固注云：「考周事也。」似有未當。書云「周考」，猶如叢考。周，乃周遍、周普、無所不包之意。此書大約是雜記叢殘小語、短淺瑣事，故篇帙稍繁，達七十六篇。如是考周代之事，則不當列入小說家。270青史子 書亡。有馬國翰輯佚本。作者與內容不詳。班固注曰：「古史官記事也。」271師曠 書亡。師曠，字子野。春秋時晉國著名樂師。目盲，善彈琴，耳至聰，善辨音。此書亦造偽者依託師曠而作。272務成子 書亡。務成子，傳說中遠古人物，有道術，為堯、舜師。此書係依託之作，故班固云：「(書)稱『堯問』，非古語。」《隋志》已不著錄，早佚。273宋子 書亡。有馬國翰輯佚本。係後人纂集而託名於宋子。宋子，即宋銒，又作宋牼、宋榮、宋榮子，戰國時宋國人。與尹文齊名，同遊於稷下，為當時一大名家。274天乙 書亡。班固注曰：「其言非殷時，皆依託也。」係後人託名商湯所作。天乙，即商朝國王湯。275黃帝說 書亡。班固注曰：「迂誕，依託。」

亦為戰國時人依託之作。(276)封禪方說　書亡。《史記・封禪書》記李少君以祠灶、穀道、卻老方見漢武帝；亳人謬忌奏祠太乙方；齊人少翁以鬼神方見武帝。此書大約係方士言修道、長壽、鬼神之類的雜記。封禪，見〈六藝略〉禮類注(11)。(277)待詔臣饒心術　書亡。顏師古注引劉向《別錄》云：「饒，齊人也，不知其姓，武帝時待詔，作書名曰《心術》也。」心術，即為君主之道、君人南面之術。《管子・心術》云：「心之在體，君之位也。」即以心比君。其書重在闡明君道，而雜以他說，為書不純，故不列於道家，而歸入雜家。(278)待詔臣安成未央術　書亡。此書大約專言養生之道以致健康長壽。應劭曰：「道家也，好養生事，為未央之術。」作者不詳。未央，長樂無極之意。(279)臣壽周紀　書亡。係雜事叢談之記錄。壽，人名，不知姓氏。班固注曰：「項國圉人，宣帝時。」錢大昭《漢書辨疑》曰：「項國，疑淮陽國之誤。」(280)虞初周說　書亡。班固注曰：「河南人，武帝時以方士侍郎，號黃車使者。」（據《文選》李善注引《漢書》補）顏師古曰：「《史記》云虞初，雒陽人。即張衡〈西京賦〉『小說九百，本自虞初』者也。」此書乃漢代虞初所輯小說叢談之彙編。(281)百家　書亡。張舜徽曰：「『百家』下當有『言』字，或傳抄者奪之。此與道家之《道家言》、法家之《法家言》、雜家之《雜家言》同例，俱殿各家之末，乃學者撮鈔精言警句之編。」(282)右小說二句　今計家數相合，篇數實為千三百九十篇，多十篇。(283)小說家　戰國秦漢時期的一個學術流派。此派收集神話傳說、志怪志人、街談巷議、道聽塗說，編輯成書，自成一家，成為後代小說發展的先河。(284)稗官　小官。顧實曰：「稗官者，閭胥里師之類也。」負責記載街談巷議，以供君王了解閭里風俗。後世稗官成為小說或小說家的代稱。(285)道聽塗說　謂聞之於道路，即於道路傳而說之。塗，同「途」。(286)雖小道四句　語出《論語・子張》。班固有誤，此為子夏之言。小道，小技藝，是儒家對禮樂政教之外的學說、技藝的貶稱，此指小道理。觀，研究。致遠，運用到高遠之事。泥，滯礙難通。(287)閭里小知者之所及　民間鄉里小聰明、見識淺薄的人所見到、聽到或所說出來的事。閭里，鄉里。小知，小聰明、知識膚淺的人。所及，指人所見到、聽到或所說出來的事。(288)綴　連綴。此指連綴辭句記錄下來。(289)芻蕘狂夫　指一般平民。芻蕘，割草打柴的人。《詩・大雅・板》：「先民有言，詢於芻蕘。」狂夫，愚蠢無知的人。《詩・齊風・東方未明》：「折柳樊圃，狂夫瞿瞿。」(290)凡諸子二句　今計家數、篇數，實為百八十九家，四千三百五十九篇，多三十五篇。(291)出蹵鞠二句　《蹵鞠》，即《蹴鞠》，二十五篇，從諸子雜家中移出，移入兵技巧家。(292)可觀者九家而已　有價值的只有九家。可觀者，有價值的。九家，除小說家外的九家，亦曰九流。(293)王道既微　王道已經衰微。王道，儒家以仁義治天下的一種統治術，與憑藉武力、刑罰、權勢等進行統治的霸道相對。微，衰微。(294)力政　謂專以武力相征討。政，同「征」。(295)好惡殊方　喜好和憎惡各有不同的標準。好，愛好。惡，憎惡。殊方，不同的旨趣。(296)蠭出並作　蠭，「蜂」的古字。蠭出即並作，同義複詞，一起興起。297各引一端 各自堅持一個方面。引，執持。一端，一個方面；一種觀點。298馳說 往來遊說。299取合諸侯 求得諸侯的贊同。300辟猶水火二句 如同水與火一樣，相生相克。辟，同「譬」。301天下同歸而殊塗二句 語出《易·繫辭下》，謂達到同一個目的，可以有不同的途徑，實現同一個目標，可以有不同的考慮。指趨向相同，目標一致，沒有實質分歧。殊塗，途徑不同。同歸，趨向相同。百慮，思慮繁多。一致，同一個目標。302異家者各推所長三句 不同學派的人各自稱頌自己的優點，用盡所有的智謀、心思，闡明自己的宗旨。異家，不同學派。推，稱頌。長，優點，指各家所擅長的學說。窮與究，在這裡都是窮盡、用盡的意思。知，同「智」。指，同「旨」。宗旨。303蔽短 受到蒙蔽而見識短淺、片面，有缺點。304要歸 要點、要旨之歸納。要，主要道理。歸，歸宿；目的。305支與流裔 分支與末流。裔，衣末，引申為末流。班固把九家都看作是《六經》的支派，完全是站在儒家為中心的立場看待九家。雖然如此，他也能看到其他派別的長處，並提出取各家之長，棄其所短，相輔相成。306遭 遇見。307得其所折中 得到九家學說中的正確主張。折中，調節過與不及，使其中正，沒有偏頗。308股肱 古代以股肱比喻帝王左右的輔佐得力的大臣。股，大腿。肱，上胳膊。309禮失而求諸野 顏師古注曰：「言都邑失禮，則於外野求之，亦將有獲。」野，指民間。310道術 王道與九家之術。指治國的道理和方法。311索 追索；尋找。312瘉 同「愈」。勝過；超過。313萬方之略 天下所有的道術。萬方，指天下。略，道術。

【語譯】《晏子》八篇。名嬰，諡平仲，任齊景公相，孔子稱讚他善與人交往，《史記》中有其〈列傳〉。

《子思》二十三篇。名伋，孔子孫，為魯繆公師。

《曾子》十八篇。名參，孔子弟子。

《漆雕子》十三篇。孔子弟子漆雕啓的後代。

《宓子》十六篇。名不齊，字子賤，孔子弟子。

《景子》三篇。敘說宓子的言論行事，似是其弟子所記。

《世子》二十一篇。名碩，陳人，七十子的弟子。

《魏文侯》六篇。

《李克》七篇。子夏弟子，為魏文侯相。

《公孫尼子》二十八篇。七十子的弟子。

《孟子》十一篇。名軻，鄒人，子思弟子，《史記》中有其〈列傳〉。

《孫卿子》三十三篇。名況，趙國人，為齊稷下學宮的祭酒，《史記》中有其〈列傳〉。

《羋子》十八篇。名嬰，齊人，七十子的後代。

《內業》十五篇。不知此書的作者。

《周史六弢》六篇。周史生活在周惠王、周襄王之間，或說是周顯王時，或說孔子曾向他請教。

《周政》六篇。講周代的制度、政策、教化。

《周法》九篇。效法天地，設立百官。

《河間周制》十八篇。似是河間獻王所述。

《讕言》十篇。不知作者，陳述做君主的規範、道理。

《功議》四篇。不知作者，論述人臣如何建立功德之事。

《甯越》一篇。中牟人，為周威王的老師。

《王孫子》一篇。一名《巧心》。

《公孫固》一篇。十八章。齊閔王喪失都城，詢問公孫固，公孫固因此為齊閔王陳述古今成功與失敗的道理。

《李氏春秋》二篇。

《羊子》四篇。百章。故秦博士。

《董子》一篇。董子，名無心。問難墨家。

《俟子》一篇。

《徐子》四十二篇。宋外黃人。

《魯仲連子》十四篇。《史記》中有其〈列傳〉。

《平原君》七篇。朱建作。

《虞氏春秋》十五篇。虞卿作。

《高祖傳》十三篇。內容是漢高祖與大臣陳述古代之事以及所頒布的詔策。

《陸賈》二十三篇。

《劉敬》三篇。

《孝文傳》十一篇。漢文帝的言論以及詔策。

《賈山》八篇。

《太常蓼侯孔臧》十篇。孔臧的父親孔聚，高祖時作為功臣被封蓼侯，臧繼承爵位。

《賈誼》五十八篇。

河間獻王《對上下三雍宮》三篇。

《董仲舒》百二十三篇。

《兒寬》九篇。

《公孫弘》十篇。

《終軍》八篇。

《吾丘壽王》六篇。

《虞丘說》一篇。內容是虞丘問難孫卿。

《莊助》四篇。

《臣彭》四篇。

《鉤盾冗從李步昌》八篇。李步昌在宣帝時多次上書言事。

《儒家言》十八篇。不知作者。

桓寬《鹽鐵論》六十篇。

劉向所編撰六十七篇，即《新序》、《說苑》、《世說》、《列女傳頌圖》。

揚雄所編撰三十八篇，即《太玄》十九篇，《法言》十三篇，《樂》四篇，《箴》二篇。

以上儒五十三家，八百三十六篇。增入揚雄一家三十八篇。

儒家這個學派，大概是起源於掌管教育的職官，他們幫助君主順應陰陽，宣明教化。他們注重研習《六經》，重視仁義，傳承唐堯、虞舜之道，效法文王、武王之制，尊崇孔子為宗師，以便推重自己的學說，其道理在各種流派中為最高明。孔子說：「如果對誰有所讚譽，一定是我試用過他。」唐堯、虞舜的興隆，殷朝、周朝的盛世，孔子的偉大事業，這都是經過試驗而證明有效的。但是迷亂不通的人違背儒家精微奧妙的道理，而邪僻的人又曲解附會，任意毀譽褒貶，違背、脫離儒家的根本宗旨，隨意用來譁眾取寵。後來的人仍照這樣作，因此造成《五經》的解說分歧，經義支離破碎，儒學漸漸衰微，這是違背正統的俗儒所造成的禍害。

《伊尹》五十一篇。任商湯相。

《太公》二百三十七篇。呂望為周師尚父，原本為有道之人。其中或許有近世以為是太公所傳的道術而增加進去的。〈謀〉八十一篇，〈言〉七十一篇，〈兵〉八十五篇。

《辛甲》二十九篇。紂臣，七十五勸諫紂王，紂王不聽，就離開商王朝，周封之。

《鬻子》二十二篇。名熊，為周師，自文王以下向他請教，周封他為楚祖。

《筦子》八十六篇。名夷吾，為齊桓公的相，輔佐桓公九合諸侯，不是依靠軍隊征伐。《史記》有〈列傳〉。

《老子鄰氏經傳》四篇。老子姓李，名耳，鄰氏傳其學。

《老子傅氏經說》三十七篇。傳述老子的學說。

《老子徐氏經說》六篇。徐氏，字少季，臨淮人，傳《老子》。

劉向《說老子》四篇。

《文子》九篇。文子為老子弟子，與孔子同時代，而稱周平王問，似依託之作。

《蜎子》十三篇。蜎子，名淵，楚國人，老子的弟子。

《關尹子》九篇。名喜，為關吏，老子過關，喜辭職，跟隨老子出關。

《莊子》五十二篇。莊子，名周，宋國人。

《老成子》十八篇。

《列子》八篇。列子，名圄寇，在莊子之前，莊子稱述過他。

《長盧子》九篇。楚人。

《王狄子》一篇。

《公子牟》四篇。公子牟是魏國的公子，在莊子之前，莊子稱述過他。

《田子》二十五篇。田子，名駢，齊國人，遊稷下，號天口駢。

《老萊子》十六篇。楚國人，與孔子同時。

《黔婁子》四篇。黔婁子是齊國隱士，守道不詘，齊威王尊敬他。

《宮孫子》二篇。

《鶡冠子》一篇。鶡冠子，楚國人，居深山，用鶡的羽毛為冠。

《周訓》十四篇。

《黃帝四經》四篇。

《黃帝銘》六篇。

《黃帝君臣》十篇。開始出現於戰國時，與《老子》相似。

《雜黃帝》五十八篇。戰國時賢者所作。

《力牧》二十二篇。戰國時人所作，依託力牧之名而作。力牧，黃帝相。

《孫子》十六篇。戰國時人。

《捷子》二篇。齊人，武帝時說。

《曹羽》二篇。楚人，武帝時遊說於齊王。

《郎中嬰齊》十二篇。武帝時作。

《臣君子》二篇。蜀人。

《鄭長者》一篇。戰國時人。鄭長者，在韓子之前，韓子稱述過他。

《楚子》三篇。

《道家言》二篇。近世之書，不知作者。

以上道家有三十七家，九百九十三篇。

道家這個學派，大概是起源於史官。史官一一記載成敗、存亡、禍福之事和古往今來的道理，然後懂得把握事情的要點和根本，以清靜無為來要求自己，以柔弱謙遜來把持自己，這是君主治理國家的方法。它與堯的謙讓、《易》所宣揚的謙遜精神相符合，保持謙讓反而有四種增益，這是道家的長處。後來放任走極端的人學著去做，就想廢絕禮儀，並且拋棄仁義，說只憑清靜無為就可以治理國家。

《宋司星子韋》三篇。子韋為宋景公的史官。

《公檮生終始》十四篇。傳述鄒奭《始終》一書的學說。

《公孫發》二十二篇。戰國時人。

《鄒子》四十九篇。鄒子，名衍，戰國時齊國人，為燕昭王的老師，居稷下，號談天衍。

《鄒子終始》五十六篇。

《乘丘子》五篇。戰國時人。

《杜文公》五篇。戰國時人。

《黃帝泰素》二十篇。戰國時韓諸公子所作。

《南公》三十一篇。戰國時人。

《容成子》十四篇。

《張蒼》十六篇。丞相張蒼，封北平侯。

《鄒奭子》十二篇。鄒奭子，齊國人，號曰雕龍奭。

《閭丘子》十三篇。閭丘子，名快，魏國人，生年在楚南公前。

《馮促》十三篇。馮促，鄭國人。

《將鉅子》五篇。戰國時人。在楚南公之前，南公稱述過他。

《五曹官制》五篇。漢制，似是賈誼所條陳。

《周伯》十一篇。周伯，戰國時齊人。

《衛侯官》十二篇。近世，不知作者。

于長《天下忠臣》九篇。于長，平陰人，為近世人。

《公孫渾邪》十五篇。公孫渾邪被封為平曲侯。

《雜陰陽》三十八篇。不知作者。

以上陰陽家二十一家，三百六十九篇。

陰陽家這個學派，大概起源於天文曆法之官。恭敬地遵從天道規律，觀察日月星辰的運行規律來推算曆法，謹慎認真地把天時通告給百姓，這是陰陽家的長處。到後來固執不能變通的人來做，就被禁忌所牽制，拘泥於小技，捨棄人事，而聽命於鬼神。

《李子》三十二篇。李子，名悝，相魏文侯，主張富國彊兵。

《商君》二十九篇。商君，名鞅，姬姓，衛國人之後，相秦孝公，《史記》有〈列傳〉。

《申子》六篇。申子，名不害，京人，相韓昭侯，在世時諸侯不敢侵略韓國。

《處子》九篇。

《慎子》四十二篇。慎子，名到，生年在申不害、韓非之前，申不害、韓非稱述過他。

《韓子》五十五篇。韓子，名非，韓國的公子，出使秦國，被李斯害死。

《游棣子》一篇。

《鼂錯》三十一篇。

《燕十事》十篇。不知作者。

《法家言》二篇。不知作者。

以上法家十家，二百一十七篇。

法家這個學派，大概起源於掌管司法之官。有功必賞，有罪必罰，以便輔助禮制的施行。《易》說：「先王通過嚴明刑罰來整飭法治。」這是法家的長處。到後世苛刻嚴酷的人實行法治，就不再講教化，拋棄了仁愛，專門使用刑法，想以此達到大治，甚至於殘害最親的人，有傷恩義，且薄於親厚。

《鄧析》二篇。鄧析子，鄭國人，與子產同時人。

《尹文子》一篇。尹文子曾勸說齊宣王。生年在公孫龍之前。

《公孫龍子》十四篇。公孫龍子，趙國人。

《成公生》五篇。成公生，與黃公等同時。

《惠子》一篇。惠子，名施，與莊子同時。

《黃公》四篇。黃公，名疵，為秦博士，作歌詩，所作歌詩收在秦時歌詩中。

《毛公》九篇。毛公，趙國人，與公孫龍等同遊平原君趙勝家。

以上名家七家，三十六篇。

名家這個學派，大概起源於掌管禮儀之官。古代人的身分地位不同，禮儀也不相同。孔子說：「一定要正名分啊！名分不正，講起話來就不順當；講話不順當，事情就做不成功。」這是名家的長處。等到喜歡挑剔的人來做，名實關係就被歪曲破壞，弄得支離破碎，混亂不堪。

《尹佚》二篇。尹佚，周臣，在周成王、康王時。

《田俅子》三篇。田俅子，生年在韓非子之前。

《我子》一篇。

《隨巢子》六篇。隨巢子，墨翟弟子。

《胡非子》三篇。胡非子，墨翟弟子。

《墨子》七十一篇。墨子，名翟，為宋大夫，生在孔子之後。

以上墨家六家，八十六篇。

墨家這個學派，大概起源於看守宗廟之官。宗廟是茅草蓋成，柞木做椽子的房子，因此他們提倡節儉；古時天子敬養社會上的三老和五更，因此他們主張互相親愛；天子有選拔賢士舉行大射典禮的制度，因此他們尊重賢人；天子廟祭父親，因此他們尊敬鬼神；天子按照四時變化行事，因此他們反對天命；天子用孝來昭示天下，因此他們主張跟上位的人保持一致。這些是墨家的長處。到後世片面狹隘的人實行墨家的主張，看到節儉的好處，就反對禮儀制度；發揚兼愛的精神，卻不知道區別親疏。

《蘇子》三十一篇。蘇子，名秦，《史記》中有〈列傳〉。

《張子》十篇。張子，名儀，《史記》中有〈列傳〉。

《龐煖》二篇。龐煖，為燕將。

《闕子》一篇。

《國筮子》十七篇。

秦《零陵令信》一篇。信，曾問難秦相李斯。

《蒯子》五篇。蒯子，名通。

《鄒陽》七篇。

《主父偃》二十八篇。

《徐樂》一篇。

《莊安》一篇。

《待詔金馬聊蒼》三篇。聊蒼，趙人，武帝時人。

以上縱橫家十二家，百七篇。

縱橫家這個學派，大概起源於掌朝覲聘問之官。孔子說：「誦讀《詩經》三百篇，出使到四方國家，卻不能獨立應對，這種人誦《詩》雖多，又有什麼用呢？」又說：「好一位使者啊！好一位使者啊！」這話是說使臣應當權衡事宜，隨機應變，只接受使命，而不接受應對的辭令，這是縱橫家的長處。到後世偏邪的人辦外交，就崇尚詐騙，拋棄誠信。

孔甲《盤盂》二十六篇。孔甲，黃帝之史官，或曰夏帝孔甲，似乎都不是。

《大帝》三十七篇。傳言禹所作，它的文字似乎是後世用語。

《五子胥》八篇。五子胥，名員，春秋時為吳將，為人忠直，遭受讒言而死。

《子晚子》三十五篇。子晚子，齊人，喜好議論兵法，與《司馬法》相似。

《由余》三篇。由余，戎人，秦穆公聘以為大夫。

《尉繚》二十九篇。戰國時人。

《尸子》二十篇。尸子，名佼，魯國人，秦相商鞅拜他為師。商鞅死，尸佼逃入蜀。

《呂氏春秋》二十六篇。秦相呂不韋招集有智略學問的人彙編而成。

《淮南內》二十一篇。淮南王劉安。

《淮南外》三十三篇。

《東方朔》二十篇。

《伯象先生》一篇。

《荊軻論》五篇。荊軻為燕太子刺殺秦王，不成功而死。司馬相如等人加以評論。

《吳子》一篇。

《公孫尼》一篇。

《博士臣賢對》一篇。漢世，問難韓非子、商君。

《臣說》三篇。武帝時所作賦。

《解子簿書》三十五篇。

《推雜書》八十七篇。

《雜家言》一篇。論王、霸之道。不知作者。

以上雜家二十家，四百三篇。《蹴鞠》二十五篇移入兵法類。

雜家這個學派，大概起源於議政之官。它兼收儒家、墨家學說，融合名家、法家思想，知道國家的典章制度需要這些思想學說，看出聖王治國沒有不百家貫通的，這是雜家的長處。到後世學識淺薄的人學了這一派，就放縱不拘，沒有一定的宗旨。

《神農》二十篇。戰國時人著作，諸子痛恨當時懈怠於農業，講論耕農之事，依託神農之名而作。

《野老》十七篇。作者在戰國時，在齊、楚之間。

《宰氏》十七篇。不知何世。

《董安國》十六篇。董安國，漢代內史，不知何帝時。

《尹都尉》十四篇。不知何世。

《趙氏》五篇。不知何世。

《氾勝之》十八篇。氾勝之，成帝時為議郎。

《王氏》六篇。不知何世。

《蔡癸》一篇。蔡癸，宣帝時人，因為上書言便宜之事，官至弘農太守。

以上農家九家，一百一十四篇。

農家這個學派，大概起源於掌管農事之官。他們播種百穀，鼓勵農耕蠶桑，以便滿足衣食需要。所以〈洪範〉八政中，第一項是吃飯，第二項是財貨。孔子說：「治國要注意的是人民的吃飯問題。」這是農家的長處。後世鄙陋的人推行農家學說，認為不需要君王，天下就可以治好，想使君臣一起從事農耕，擾亂了君臣上下的等級次序。

《伊尹說》二十七篇。其語句淺薄，似依託之作。

《鬻子說》十九篇。內容係後世所增加。

《周考》七十六篇。考周代之事。

《青史子》五十七篇。古代史官所記事。

《師曠》六篇。師曠見於《春秋》，其言語淺薄，本與此同，似依託師曠之作。

《務成子》十一篇。書中稱「堯問」，但不是古語。

《宋子》十八篇。孫卿提到宋子。此書的語句涉及黃老之說。

《天乙》三篇。天乙指商湯，但書中言語不是殷商之時，皆依託之作。

《黃帝說》四十篇。書中言語迂誕，依託之作。

《封禪方說》十八篇。武帝時人著作。

《待詔臣饒心術》二十五篇。武帝時人著作。

《待詔臣安成未央術》一篇。

《臣壽周紀》七篇。項國圉人，宣帝時人。

《虞初周說》九百四十三篇。虞初，河南人，武帝時以方士而為侍郎，號黃車使者。

《百家》一百三十九卷。

以上小說家十五家，一千三百八十篇。

小說家這個學派，大概起源於收集民間傳說的小官。小說是街頭巷尾談論事情的人、道聽塗說的人加工編造而成。孔子說：「雖然是小道理，也一定有可取的地方。只是如果用在成就高遠的事業上，恐怕就滯礙難通，所以君子不從事它。」然而也不能滅絕它。鄉里間知識淺薄的人所見到、聽到或所說出來的事，也應記錄下來不被遺忘。如果有一句話可以採用，那也只是平民百姓的言論。

210 諸子總計百八十九家，四千三百二十四篇。其中移出《蹵鞠》一家，二十五篇。

諸子十家，其中有價值的只有九家而已。它們都起源於王道已經衰微，諸侯致力於征伐攻戰之際，當時各國國君和在世的當權貴族，好惡各不相同。因此九家的學說，蜂湧而出，一時並起，各自執持一方面的觀點，推崇自己認為最完善的學說，以此來到處遊說，取得諸侯們的認同。他們的學說雖然不相同，像水火一樣，相滅也相生；也像仁德與正義、恭敬與和協，雖是相反，實是相成。《易經》上說：「天下的途徑雖然不同，可是歸向卻是一個，思慮雖然繁多，可是目標卻是一個。」今天各家都推頌自己的優點，竭盡心力闡明他們的主旨，雖然他們各有弊病、缺點，但綜合它們的要點，也都是《六經》的支流和末裔。假如這些人遇到聖明的君主，採用其學說中正確的部分，都會是輔佐君主的良才。孔子說過：「朝廷的禮制喪失了可以在民間找到。」當今離開聖人的時代已經久遠，治國的道理和方法殘缺廢棄了，無處可以重新找到，那諸子九家學派還不勝過民間嗎？如果能研習《六經》的學術，並考察這九家的學說，捨棄其缺點，吸取其長處，那麼就可以通曉天下的道術了。

屈原賦❶二十五篇。楚懷王大夫，有列傳。

唐勒賦❷四篇。楚人。

宋玉賦❸十六篇。楚人，與唐勒並時，在屈原後也。

趙幽王賦❹一篇。

莊夫子賦❺二十四篇。名忌，吳人。

賈誼賦七篇❻。

枚乘賦九篇[7]。

司馬相如賦[8]二十九篇。

淮南王賦[9]八十二篇。

淮南王群臣賦[10]四十四篇。

太常蓼侯孔臧賦[11]二十篇。

陽丘侯劉隁賦[12]十九篇。

吾丘壽王賦[13]十五篇。

蔡甲賦[14]一篇。

上所自造賦[15]二篇。

兒寬賦[16]二篇。

光祿大夫張子僑賦[17]三篇。與王褒同時也。

陽成侯劉德賦[18]九篇。

劉向賦[19]三十三篇。

王褒賦[20]十六篇。

右賦二十家，三百六十一篇[21]。

陸賈賦[22]三篇。

枚皋賦[23]百二十篇。

朱建賦[24]二篇。

常侍郎莊忽奇賦[25]十一篇。枚皋同時。

嚴助賦[26]三十五篇。

朱買臣賦[27]三篇。

宗正劉辟彊賦[28]八篇。

司馬遷賦[29]八篇。

郎中臣嬰齊賦[30]十篇。

臣說賦[31]九篇。

臣吾賦[32]十八篇。

遼東太守蘇季賦[33]一篇。

蕭望之賦[34]四篇。

河內太守徐明賦[35]三篇。字長君，東海人，元、成世歷五郡太守，有能名。

給事黃門侍郎李息賦[36]九篇。

淮陽憲王賦[37]二篇。

揚雄賦[38]十二篇。

待詔馮商賦[39]九篇。

博士弟子杜參賦[40]二篇。

車郎張豐賦[41]三篇。張子僑子。

驃騎將軍朱宇賦[42]三篇。

右賦二十一家，二百七十四篇。入揚雄八篇[43]。

孫卿賦[44]十篇。

秦時雜賦[45]九篇。

李思孝景皇帝頌[46]十五篇。

廣川惠王越賦[47]五篇。

長沙王群臣賦[48]三篇。

魏內史賦[49]二篇。

東暆令延年賦[50]七篇。

衛士令李忠賦[51]二篇。

張偃賦[52]二篇。

賈充賦[53]四篇。

張仁賦[54]六篇。

秦充賦[55]二篇。

李步昌賦[56]二篇。

侍郎謝多賦[57]十篇。

平陽公主舍人周長孺賦[58]二篇。

雒陽錡華賦[59]九篇。

眭弘賦[60]一篇。

別栩陽賦[61]五篇。

臣昌市賦[62]六篇。

臣義賦[63]二篇。

黃門書者假史王商賦[64]十三篇。

侍中徐博賦[65]四篇。

黃門書者王廣呂嘉賦[66]五篇。

漢中都尉丞華龍賦(67)二篇。

左馮翊史路恭賦(68)八篇。

右賦二十五家，百三十六篇(69)。

客主賦(70)十八篇。

雜行出及頌德賦(71)二十四篇。

雜四夷及兵賦(72)二十篇。

雜中賢失意賦(73)十二篇。

雜思慕悲哀死賦(74)十六篇。

雜鼓琴劍戲賦(75)十三篇。

雜山陵水泡雲氣雨旱賦(76)十六篇。

雜禽獸六畜昆蟲賦(77)十八篇。

雜器械草木賦(78)三十三篇。

大雜賦(79)三十四篇。

成相雜辭(80)十一篇。

隱書(81)十八篇。

右雜賦十二家，二百三十三篇[82]。

高祖歌詩[83]二篇。

泰一雜甘泉壽宮歌詩[84]十四篇。

宗廟歌詩五篇[85]。

漢興以來兵所誅滅歌詩[86]十四篇。

出行巡狩及游歌詩[87]十篇。

臨江王及愁思節士歌詩[88]四篇。

李夫人及幸貴人歌詩[89]三篇。

詔賜中山靖王子噲及孺子妾冰未央材人歌詩[90]四篇。

吳楚汝南歌詩[91]十五篇。

燕代謳雁門雲中隴西歌詩[92]九篇。

邯鄲河間歌詩[93]四篇。

齊鄭歌詩[94]四篇。

淮南歌詩[95]四篇。

左馮翊秦歌詩[96]三篇。

京兆尹秦歌詩[97]五篇。

河東蒲反歌詩[98]一篇。

黃門倡車忠等歌詩[99]十五篇。

雜各有主名歌詩[100]十篇。

雜歌詩[101]九篇。

雒陽歌詩[102]四篇。

河南周歌詩[103]七篇。

河南周歌聲曲折[104]七篇。

周謠歌詩[105]七十五篇。

周謠歌詩聲曲折[106]七十五篇。

諸神歌詩[107]三篇。

送迎靈頌歌詩[108]三篇。

周歌詩[109]二篇。

南郡歌詩[110]五篇。

右歌詩二十八家，三百一十四篇[111]。

凡詩賦百六家，千三百一十八篇[112]。入揚雄八篇。

傳曰：「不歌而誦謂之賦，登高能賦可以為大夫。」[113]言感物造耑[114]，材知[115]深美，可與圖事，故可以為列大夫也。古者諸侯卿大夫交接鄰國，以微言[116]相感，當揖讓[117]之時，必稱詩以諭其志[118]，蓋以別賢不肖[119]而觀盛衰焉。故孔子曰「不學詩，無以言[120]」也。春秋之後，周道[121]寖壞，聘問[122]歌詠不行於列國，學詩之士逸在布衣[123]，而賢人失志之賦作矣。大儒孫卿及楚臣屈原離[124]讒憂國，皆作賦以風[125]，咸有惻隱古詩之義[126]。其後宋玉、唐勒，漢興枚乘、司馬相如，下及揚子雲，競為侈麗閎衍[127]之詞，沒其風諭之義。是以揚子悔之，曰：「詩人之賦麗以則，辭人之賦麗以淫。如孔氏之門人用賦也，則賈誼登堂，相如入室矣，如其不用何[128]！」自孝武立樂府而采歌謠[129]，於是有代、趙之謳，秦、楚之風[130]，皆感於哀樂，緣事而發，亦可以觀風俗，知薄厚[131]云。序詩賦為五種[132]。

【章旨】以上為〈詩賦略〉，著錄西漢末以前的詩賦為五種。與其他五略不同的是，〈詩賦略〉沒有在各種類別之後敘述其得失，因為五種詩賦的劃分不像其他五略那樣是基於固有的學術流派區別，而是劉向、劉歆父子在校閱書籍時，面對叢雜猥多的詩賦著述，無法按學術流派劃分，遂按照這些詩賦著作的內容特點，大致分為五種。採用劉師培的說法，就是總集類為一種，分集類又根據寫懷念、騁辭、闡理之不同分為三種，另外歌詩自為一種。這種劃分考慮到了詩賦類著作的具體情況，對後人了解、研究西漢末以前詩賦不同類型之間的區別，很有幫助。

【注　釋】❶屈原賦　其著之書久佚。後世所見屈原作品，皆出自《楚辭》。《楚辭》為劉向所彙編的屈原、宋玉、景差、賈誼、淮南小山、東方朔、嚴忌、王褒等人的辭賦總集，屈原僅為其中一家。屈原（約西元前三四〇—約前二七八年），字原，名平，又自云正則，字靈均，戰國楚人。初輔佐楚懷王，官左徒、三閭大夫。學識淵博，主張舉賢授能，彰明法度，聯齊抗秦。後遭讒去職，頃襄王時被放逐。楚都城郢被秦軍攻破後，在絕望中投汨羅江（在今湖南汨羅）而死。賦，文體名。古詩流派之一。到漢代形成一種特定的體制，講究文采、韻節，兼具詩歌和散文的性質。接近於散文的為文賦，接近於篇文的為駢賦、律賦。❷唐勒賦　作品已亡。唐勒，楚人，楚頃襄王大夫。好辭，以賦見稱。❸宋玉賦　今存署名宋玉所作者，《楚辭》有〈九辯〉、〈招魂〉，《文選》有〈風賦〉、〈高唐賦〉、〈神女賦〉、〈登徒子好色賦〉、〈對楚王問〉，唐人《古文苑》有〈笛賦〉、〈大言賦〉、〈小言賦〉、〈諷賦〉、〈釣賦〉、〈舞賦〉，明人劉節《廣文選》有〈高唐對〉、〈微詠賦〉、〈郢中對〉，合《漢志》十六篇之數。然其中頗多偽作。歷來學者，於〈九辯〉多無異辭；〈招魂〉歸屬屈原抑宋玉，二千年來懸而未決。其他諸篇，《文選》所錄尚較可信，《古文苑》、《廣文選》所錄則多以為出自偽託。宋玉，楚國鄢（今湖北宜城）人。戰國辭賦家。生卒年不詳。後於屈原，或稱是屈原弟子，與唐勒同時，曾事頃襄王，為小臣，鬱鬱不得志。後人以之與屈原並稱曰「屈宋」。❹趙幽王賦　作品已亡。趙幽王本傳載其所作歌一篇，見卷三十八〈高五王傳〉。趙幽王，名友，劉邦諸姬子，初立淮陽王，後徙趙王，為呂后所嫉，囚於長安。趙王餓不得食，乃作歌以抒憤懣之情，最後幽囚而死，故諡幽王。❺莊夫子賦　作品已亡。莊夫子，名忌，吳人。〈地理志〉、〈鄒陽傳〉稱嚴夫子，或嚴忌，乃避東漢明帝劉莊諱。莊忌與枚乘、鄒陽皆為吳王濞門客，三人知吳王陰謀叛亂，皆離去，從梁孝王。❻賈誼賦七篇　今存《楚辭》所載〈惜誓〉一篇，《史記》本傳載有〈弔屈原賦〉一篇、〈鵩鳥賦〉一篇，《古文苑》載〈旱雲賦〉一篇，又〈簴賦〉殘，凡五篇。賈誼，見〈諸子略〉儒家類注㊳。❼枚乘賦九篇　今存《文選》所載〈七發〉一篇，《西京雜記》所載〈柳賦〉一篇，《古文苑》所載〈梁王兔園賦〉一篇，共三篇。此三篇中惟有〈七發〉一篇可信，其餘二篇前人多以為偽作。而〈七發〉乃奠定漢代大賦形式之作。枚乘（西元前？—前一四〇年），字叔，淮陰（今江蘇淮陰）人。西漢辭賦家。初為吳王劉濞郎中，枚乘知其謀為叛亂，上書勸阻。吳王不聽，枚乘遂去吳歸梁，從梁孝王遊。及七國反叛，又勸吳王罷兵，吳王仍不聽。七國之亂平定，由是知名。漢景帝召拜為弘農都尉，以病去官。復遊梁，梁孝王賓客皆善為辭賦，枚乘尤高。孝王薨，乘歸淮陰。詳見卷五十一〈枚乘傳〉。❽司馬相如賦　今存《史記》所載〈子虛賦〉、〈哀二世賦〉、〈大人賦〉各一篇；《文選》所載〈子虛賦〉為二篇，下篇為〈上林賦〉（此二篇賦，據近人高步瀛等考證，實即一賦），又載有〈長門賦〉；《古文苑》所載〈美人賦〉一篇。凡六篇。其中以〈子虛賦〉、〈上林賦〉為最著；〈長門賦〉、〈美人賦〉二篇，是否確屬司馬相如，則歷來為學者所懷疑。司馬相如（西元前？—前一一八年），字長卿，蜀郡成都（今屬四川）人。西漢辭賦家、散文家。善辭賦。景帝時，以家財多，得拜為郎，為武騎常侍，然非其所好。後稱病免，與枚乘等從梁孝王遊。以辭賦而深得漢武帝賞識，召為郎，曾奉命出使西南夷。後為孝文園令。詳見卷五十七〈司馬相如傳〉。其所為文，據本傳，尚有〈遺平陵侯書〉、〈與五公子相難〉、〈草木書篇〉等；司馬相如長於論事，有〈荊軻論〉；又有文字學著作《凡將篇》，以上著述皆佚。明人輯有《司馬文園集》，清嚴可均《全上古三代秦漢三國六朝文》輯其辭賦、散文凡十餘篇。❾淮南王賦　今存《古文苑》所載〈屏風賦〉一篇。又《北堂書鈔》、《太平御覽》引劉向《別錄》云有〈薰籠賦〉。淮南王，見〈諸子略〉雜家類注❾。❿淮南王群臣賦　今存《楚辭》所載〈招隱士〉一篇，餘皆不存。所謂「群臣賦」即淮南王所招賓客所作賦。⓫太常蓼侯孔臧賦　今存《孔叢子・連叢子》所載〈諫格虎賦〉、〈楊柳賦〉、〈鴞賦〉、〈蓼蟲賦〉四篇。孔臧，見〈諸子略〉儒家類注㊲。⓬陽丘侯劉隁賦　作品已亡。陽丘侯劉隁，據〈王子侯表〉載，應為楊丘侯劉偃，為齊悼惠王之孫，共安侯之子。漢文帝、景帝時人。⓭吾丘壽王賦　作品已亡。吾丘壽王，見〈諸子略〉儒家類注㊹。⓮蔡甲賦　作品已亡。作者不詳。⓯上所自造賦　今存本書卷二十九〈溝洫志〉所載〈瓠子〉之歌二章，卷九十七〈外戚傳〉所載〈傷悼李夫人賦〉一篇；《文選》所載〈秋風辭〉一篇。上所自造，指漢武帝所作賦。上，係臣民對當代君主的尊稱。劉向非武帝時人，故知此「上」字非劉向之辭，必為漢武帝時人所為。或疑出自司馬遷之手，司馬遷本有辨章學術、簿錄群書之作，劉向父子得見其本，採入己書，而未改其文。班固亦照錄。故有「上所自造」之語。⓰兒寬賦　作品已亡。兒寬，見〈諸子略〉儒家類注㊶。⓱光祿大夫張子僑賦　作品已亡。張子僑，漢宣帝時名儒。據〈劉向傳〉、〈王褒傳〉載，漢宣帝循武帝故事，招選名儒俊才置左右，講論六藝群書。劉向、王褒、張子僑等並進對，獻賦頌，待詔金馬門。⓲陽成侯劉德賦　作品已亡。劉德，劉向之父。據〈楚元王傳〉載，劉德修黃老術，有智略。少時言數事，武帝召見於甘泉宮，謂之「千里駒」。昭帝時，遷宗正。宣帝時，封為陽城侯。⓳劉向賦　今存《楚辭》所載〈九議〉九篇，《古文苑》所載〈清雨華山賦〉一篇，〈高帝紀〉所載〈高祖頌〉一篇，凡十一篇。劉向，見〈總序〉注⓱。⓴王褒賦　今存《楚辭》所載〈九懷〉九篇，本傳所載〈聖主得賢臣頌〉一篇，《文選》所載〈洞簫賦〉一篇，《全上古三代秦漢三國六朝文》所載〈甘泉宮賦〉、〈碧雞賦〉各一篇，凡十三篇。又《古文苑》載其〈僮約〉一篇。王褒，字子淵，蜀資中（今四川資陽）人。西漢辭賦家。宣帝時為諫大夫。《文心雕龍・才略篇》稱其辭賦：「以密巧為致，附聲測貌，冷然可觀。」隋、唐、宋〈志〉皆著錄其集五卷，已佚。明人輯有《王諫議集》。㉑右賦二句　今計家數、篇數，悉與此合。㉒陸賈賦　作品已亡。據《文心雕龍・才略篇》：「漢室陸賈，首發奇采，賦〈孟春〉而選〈典誥〉。」知陸賈有〈孟春賦〉，當為此三篇之一。陸賈，見〈六藝略〉春秋家類注㉔。㉓枚皋賦　作品已亡。本傳載有〈平樂館賦〉、〈皇太子生賦〉、〈立皇子禖祝〉、〈衛皇后立時戒終之賦〉。枚皋，枚乘之子。與東方朔、司馬相如同時。皋不通經術，詼笑類俳倡，為漢武帝文學侍從之臣。為文疾速，受詔輒成，故所賦者多。其賦頌多嫚戲而不閒雅，故散亡甚早。詳見卷五十一〈枚皋傳〉。㉔朱建賦　作品已亡。朱建，見〈諸子略〉儒家類注㉚。㉕常侍郎莊怱奇賦　作品已亡。莊怱奇，本書中姓名作「莊」者，皆以避諱而改作「嚴」，此「莊」字仍沿用《七略》舊文，疑為漏改。〈嚴助傳〉作嚴怱奇。莊怱奇與東方朔、司馬相如、枚皋同為漢武帝文學侍從之臣。顏師古注引《七略》曰：「怱奇者，或言莊夫子子，或言族家子莊助昆弟也。從行至茂陵，詔造賦。」㉖嚴助賦　作品已亡。嚴助，見〈諸子略〉儒家類注㊻。㉗朱買臣賦　作品已亡。朱買臣，字翁子。會稽吳（今江蘇蘇州）人。西漢大臣、辭賦家。家貧好讀書。由嚴助推薦得以召見，說《春秋》，言《楚辭》，拜中大夫、會稽太守。與韓說破東越反叛，有功，徵入為主爵都尉，列於九卿。因陷張湯於死，被武帝處死。詳見卷六十四〈朱買臣傳〉。㉘宗正劉辟彊賦　作品已亡。宗正，官名。秦置，掌王室親族事務，為九卿之一。漢、魏以後皆由皇族擔任。劉辟彊，字少卿，劉邦同父少弟楚元王劉交之孫，劉向之大父。辟彊少好讀《詩》，能屬文。武帝時，以宗室子隨二千石論議，冠諸宗室。清靜少欲，常以書自娛，不肯仕。昭帝即位，拜辟彊為光祿大夫，守長樂衛尉。徙為宗正，數月卒。詳見卷三十六〈楚元王傳〉。㉙司馬遷賦　作品已亡。今僅存《藝文類聚》所載〈悲士不遇賦〉一篇。《隋志》有《司馬遷集》一卷，新舊《唐志》並有《司馬遷集》二卷，皆佚。司馬遷（約西元前一四五或前一三五－？年），字子長，夏陽（今陝西韓城）人。西漢史學家、文學家、思想家。司馬談之子。早年遊歷大江南北，出使西南夷，考察四方風俗，採集傳說。襲父職為太史令後，得讀皇家藏書。曾參與制訂《太初曆》。後因辯李陵降匈奴事而獲罪，下獄受腐刑。於獄中開始著述《史記》，出獄後任中書令，繼續完成其巨作。時人稱《太史公書》。詳見卷六十二〈司馬遷傳〉。㉚郎中臣嬰齊賦　作品已亡。作者不詳。㉛臣說賦　作品已亡。說，作者名，其他不詳。㉜臣吾賦　作品已亡。吾，作者名，其他不詳。㉝遼東太守蘇季賦　作品已亡。作者不詳。㉞蕭望之賦　作品已亡。蕭望之，見〈六藝略〉論語類小序注⑪。詳見卷七十八〈蕭望之傳〉。㉟河內太守徐明賦　作品已亡。河內，春秋戰國時，稱黃河以北為河內，以南為河外。楚、漢之際置郡，治懷縣（今河南武陟西南）。

徐明，字長君，東海郡（今山東郯城）人。漢元帝、成帝間歷任五郡太守，以才幹而聞名。㊱給事黃門侍郎李息賦　作品已亡。黃門，〈百官公卿表〉云，少府屬官有中黃門。顏師古注曰：「中黃門，奄人居禁中在黃門之內給事者也。」李息，當為近侍中之能作賦者。㊲淮陽憲王賦　作品已亡。淮陽，漢郡、國名。治陳（今河南淮陽）。漢初為同姓九國之一。惠帝以後，時為郡，時為國。憲王，漢宣帝子劉欽。好經書法律，聰達有材。元康三年（西元前六三年）封為淮陽王，都淮陽。詳見卷八十〈宣元六王傳〉。㊳揚雄賦　作品已亡。今存〈蜀都賦〉、〈反離騷〉、〈甘泉賦〉、〈河東賦〉、〈校獵賦〉、〈長楊賦〉、〈酒賦〉、〈逐貧賦〉、〈太玄賦〉、〈解嘲〉、〈解難〉、〈趙充國頌〉、〈劇秦美新〉十三篇。又有〈覈靈賦〉僅存佚文數句，〈廣騷〉、〈畔牢愁〉只存篇目。由此看來，揚雄所作賦當不止十二篇。《漢志》著錄《揚雄賦》十二篇，大約是其中最為流行者。揚雄，見〈六藝略〉小學家類注❼。詳見卷八十七〈揚雄傳〉。㊴待詔馮商賦　作品已亡。《藝文類聚》卷八十引劉向《別錄》云：「待詔馮商作〈鐙賦〉。」其他篇目皆不可考。馮商，見〈六藝略〉春秋家類注㉖。㊵博士弟子杜參賦　作品已亡。杜參，杜陵（今陝西西安）人。任長社（今河南長葛東）尉，曾與劉向一同校閱中祕書。陽朔元年（西元前二四年）病死，時年二十餘。㊶車郎張豐賦　作品已亡。張豐，光祿大夫張子僑之子。生平不詳。車郎，郎的屬官，掌車輛。㊷驃騎將軍朱宇賦　作品已亡。驃騎將軍，顏師古注引劉向《別錄》云：「驃騎將軍史朱宇。」可知，《漢志》脫一「史」字。驃騎將軍，掌兵及征伐事。不常設。驃騎將軍史為屬官。朱宇，生平不詳。㊸右賦三句　今計家數相合，篇數實為二百七十五篇，多一篇。㊹孫卿賦　今存《荀子》所載〈成相篇〉四章，〈賦篇〉六篇，計十篇，與《漢志》合。孫卿，見〈諸子略〉儒家類注⓬。㊺秦時雜賦　《文心雕龍·詮賦篇》云：「秦時不文，頗有雜賦。」與此相合。㊻李思孝景皇帝頌　書亡。關於「頌」，《文心雕龍·頌贊篇》云：「容告神明謂之頌。……頌主告神，義必純美。……秦政刻文，爰頌其德。漢之惠景，亦有述容。沿世並作，相繼於時矣。若夫子雲之表充國，孟堅之序戴侯，武仲之美顯宗，史岑之述熹後，或擬〈清廟〉，或範〈駉〉、〈那〉，雖淺深不同，詳略各異，其褒德顯容，典章一也。」又說：「原夫頌惟典雅，辭必清鑠，敷寫似賦，而不入華侈之區；敬慎如銘，而異乎規戒之域；揄揚以發藻，汪洋以樹義，唯纖曲巧致，與情而變，其大體所底，如斯而已。」李思所作《孝景皇帝頌》，當即同此。李思，生平不詳。㊼廣川惠王越賦　作品已亡。廣川，漢代郡、國名，治信都（今河北冀州）。惠王越，漢景帝之子劉越，封為廣川王。卒，諡惠。㊽長沙王群臣賦　作品已亡。長沙王，劉邦曾封吳芮為長沙王，至文帝時，傳國五世，無子國除。此長沙王則為漢景帝之子長沙定王劉發，傳國七世，王莽時絕。㊾魏內史賦　作品已亡。魏內史，不詳。㊿東暆令延年賦　作品已亡。東暆，漢代縣名。據〈地理志〉載，東暆縣屬樂浪郡（今屬朝鮮）。(51)衛士令李忠賦　作品已亡。衛士令，漢代職官名，是管理皇宮諸城門衛士的官員，秩六百石。隸屬於衛尉。李忠，生平不詳。(52)張偃賦　作品已亡。作者不詳。(53)賈充賦　作品已亡。作者不詳。(54)張仁賦　作品已亡。作者不詳。(55)秦充賦　作品已亡。作者不詳。(56)李步昌賦　作品已亡。〈諸子略〉儒家有《鉤盾冗從李步昌》八篇，疑即此人。生平不詳。(57)侍郎謝多賦　作品已亡。作者不詳。(58)平陽公主舍人周長孺賦　作品已亡。平陽公主，漢武帝母之長女。平陽，漢縣名，治今山西臨汾西南。舍人，官名。戰國至漢代，王公貴族、皇后、公主、太子均有舍人。王公貴族之左右親近通稱為舍人。周長孺，生平不詳。(59)雒陽錡華賦　作品已亡。錡華，姓錡，名華。生平不詳。姚振宗《漢書條理》曰：「『雒陽』下疑有『令』、『丞』等字」。(60)眭弘賦　作品已亡。眭弘，即眭孟，魯人。從董仲舒弟子嬴公習《公羊春秋》。漢昭帝時，任符節令。因論說災異被殺。(61)別栩陽賦　作品已亡。別栩陽，王應麟《漢藝文志考證》據庾信〈哀江南賦〉「栩陽亭有離別之賦」，遂以栩陽為漢代亭名。顧炎武《日知錄》認為，王說不確。「別栩陽」當是人姓名。別為姓，而非離別；栩陽為人名，而非亭名。錢大昭《漢書辨疑》亦糾王應麟之誤。(62)臣昌市賦　作品已亡。作者不詳。(63)臣義賦　作品已亡。作者不詳。(64)黃門書者假史王商賦　作品已亡。書者假史，不詳。王商，亦不詳。(65)侍中徐博賦　作品已亡。作者不詳。(66)黃門書者王廣呂嘉賦　作品已亡。作者不詳。(67)漢中都尉丞華龍賦　作品已亡。漢中，郡名。秦時治南鄭（今陝西漢中東），漢代治西城（今陝西安康西北）。都尉丞，都尉為漢代武官，略低於將軍。中央與郡、國均設都尉，屬國設屬國都尉。都尉丞為都尉屬官。(68)左馮翊史路恭賦　作品已亡。左馮翊，官名、政區名。漢太初元年（西元前一〇四年）改左內史為左馮翊，其行政長官亦名左馮翊，治長安城（今西安西北郊）。左馮翊如郡，因地屬畿輔，不稱郡。左馮翊之職相當於郡太守，秩中二千石。左馮翊與右扶風、京兆尹合稱三輔。三輔長官可參議朝政，位列九卿。史，為官府中的小吏，協助掾做文書方面的工作。漢代各級官府都有史一類的小吏。路恭，人名，生平不詳。(69)右賦二句　今計家數、篇數，並與此合。(70)客主賦　書亡。設立客主是賦家的共同特點。此類賦獨以「客主」命名，蓋以此類客主論難賦多為帶有表演或論辯性質的民間故事賦，所陳述的為閭里小事。如連雲港東海縣出土的西漢時期的〈神烏賦〉即屬此類。(71)雜行出及頌德賦　書亡。(72)雜四夷及兵賦　書亡。(73)雜中賢失意賦　書亡。(74)雜思慕悲哀死賦　書亡。(75)雜鼓琴劍戲賦　書亡。(76)雜山陵水泡雲氣雨旱賦　書亡。泡，水上浮漚也。(77)雜禽獸六畜昆蟲賦　書亡。(78)雜器械草木賦　書亡。以上四種賦以及《雜四夷及兵賦》都應是「不歌而誦」的民間俗賦。這種賦以娛樂的方式介紹各類名物知識，屬於科普文學作品。敦煌出土的賦中有〈百鳥賦〉，所講的故事情節是：陽春三月，有鳳來儀，鳥國聚會，鳥官述職，鳥民獻藝。官尊民卑，井然有序。排備儀仗，一仿人君。全篇藉著此故事，介紹了四十多種飛鳥的習性、毛色、物候、命名及傳說故事。開篇是幾句四六駢句的提示語，中間又有幾句散說過渡語，其餘全由六言（三、三言）、七言韻語組成。它的源頭就在秦漢時期《雜賦》中的《雜禽獸六畜昆蟲賦》等賦。79大雜賦　書亡。80成相雜辭　書亡。所收錄皆以七言為主的韻誦體。流傳至今的《荀子・成相篇》、《逸周書・周祝》、《文子・符言》，以及雲夢秦簡〈為吏之道〉等篇，皆屬於此類辭賦。成相，一種民間文藝形式，後世彈詞之祖。成，終；演奏完畢。相，《禮記・曲禮》：「鄰有喪，舂不相。」鄭玄注：「相，謂送杵聲。」即舂米時唱的歌。《荀子・成相篇》開頭曰：「請成相。」俞樾曰：「蓋古人於勞役之事，必為歌謳以相勸勉，亦舉大木者呼邪許之比，其樂曲即謂之相。『請成相』者，請成此曲也。」81隱書　書亡。顏師古注引劉向《別錄》云：「隱書者，疑其言以相問，對者以慮思之，可以無不諭。」隱又作「讔」，《文心雕龍・諧讔篇》云：「讔者，隱也。遯辭以隱意，譎譬以指事也。……漢世《隱書》十有八篇，歆、固編文，錄之歌末。昔楚莊、齊威，性好隱語。至東方曼倩，尤巧辭述。但謬辭詆戲，無益規補。」可見，隱書之體與賦不相類，而與歌為近，類後世謎語，純為娛樂，以詼諧調侃為特點。《隱書》之類的辭賦，典型的例子如《史記・滑稽列傳》所記淳于髡風諫齊威王飲酒一段，本書卷六十五〈東方朔傳〉載朔與郭舍人競為射覆一段，純為賦體。敦煌本《伍子胥變文》中也使用了隱語，如伍子胥逃亡途中與其姊的對話，與其妻用藥名詩互訴情志，渡江時與船夫的對話等。〈韓朋賦〉中也有隱語：書信隱語，夢兆辭，道旁樹木的象徵解辭。82右雜賦二句　今計家數、篇數並與此合。雜賦內容廣涉山川氣候、草木蟲魚，社會風情，龐雜錯綜，名目繁多，屬於民間性質的俗賦。至劉向父子校錄群書，於叢雜篇帙中，區分類次，彙編而成，總稱雜賦。其標題亦係劉向父子所加。因雜賦以類彙編，所收錄賦作多屬於民間集體創作並經長期改造加工而成，所出非一時，作者非一人，故十二家皆未署作者及時代。83高祖歌詩　今存《高祖紀》所載〈大風歌〉一篇、〈張良傳〉及《新序・善謀篇》所載〈鴻鵠歌〉一篇。84泰一雜甘泉壽宮歌詩　書亡。泰一，亦名太一，為最高天神、天之尊神、天帝，亦即天皇大帝。甘泉，漢宮名。本秦之離宮，名林光宮，漢武帝時改建，名甘泉宮，在今陝西淳化西北甘泉山上。壽宮，漢宮名。漢武帝時置。為奉神之宮，在北宮內。北宮在桂宮北，長安城西北隅。85宗廟歌詩五篇　章學誠曰：「《宗廟歌詩》，頌之屬也。」王先謙《漢書補注》云：「合上十四篇為十九章，見〈禮樂志・郊祀歌〉。」王說非是。〈禮樂志〉云：「高祖時，叔孫通因秦樂人制宗廟樂。大祝迎神於廟門，奏〈嘉至〉，猶古降神之樂也。皇帝入廟門，奏〈永至〉，以為行步之節，猶古采薺、肆夏也。乾豆上，奏〈登歌〉，獨上歌，不以筦弦亂人聲，欲在位者遍聞之，猶古清廟之歌也。〈登歌〉再終，下奏〈休成〉之樂，美神明既饗也。皇帝就酒東廂，坐定，奏〈永安〉之樂，美禮已成也。」《宗廟歌詩》五篇應指〈嘉至〉、〈永至〉、〈登歌〉、〈休成〉、〈永安〉。〈郊祀歌〉十九章不與於《宗廟歌詩》。86漢興以來兵所誅滅歌詩　存殘篇。王先謙《漢書補注》

云：「疑即漢鼓吹、鐃歌諸曲也。」[87]出行巡狩及游歌詩　今存《史記・河渠書》所載〈瓠子〉一篇，〈武帝紀〉所載〈盛唐〉、〈樅陽〉之歌二篇，《樂府詩集》卷十六所載〈上之回〉一篇，凡四篇。[88]臨江王及愁思節士歌詩　書亡。臨江王，漢景帝之子劉榮。初立為皇太子，四年廢為臨江王。三年後，因侵占廟壖地（卷二十四上〈食貨志上〉顏師古注曰：「壖地，謂外垣之內，內垣之外也。」）為宮，被徵詣中尉府對簿，畏罪自殺。其所作歌詩當在廢為臨江王後。庾信〈哀江南賦〉云：「臨江王有愁思之歌」，即在此四篇之內。[89]李夫人及幸貴人歌詩　今僅存〈外戚傳〉所載〈是邪非邪詩〉一篇。李夫人為武帝寵姬，妙麗善舞，年輕早卒，武帝悲憫思念之，時發為歌詩，以抒其思懷悲感之意。此詩即係武帝思念李夫人所作。張舜徽《漢書藝文志通釋》曰：「大抵歌詩一類之篇章，其有人名在上者，或由其人所自造，如臨江王是也；或由他人詠其事，如李夫人是也。標題同例，仍宜分別觀之。」[90]詔賜中山靖王子噲及孺子妾冰未央材人歌詩　書亡。中山靖王，漢景帝之子劉勝，封中山國（治盧奴，今河北定州）。噲，劉勝之子。劉勝有子百二十餘人，見於〈王子侯表〉者二十人，皆在武帝時分封。噲不見於史，為未得封侯者。孺子，王妾之有品號者的稱呼。妾，指王之眾妾。冰，妾之名。未央，〈王子侯表〉有薪館侯未央，元鼎五年坐酎金免。此稱未央材人，疑為薪館侯未央之材人。因失侯，故詔稱其名。材人，即才人，疑為後宮女官名。然本書除此之外，再未提此官名。此四篇，皆詔賜王子及孺子、妾、材人歌詩，各一篇，並為中山國人，故彙編為一家。[91]吳楚汝南歌詩　王先謙《漢書補注》云，郭茂倩《樂府詩集》有〈雞鳴歌〉，即《汝南歌詩》。吳，郡、國名。治吳縣（今江蘇蘇州）。楚，漢初封國名，治彭城（今江蘇徐州）。汝南，郡名。治上蔡（今河南上蔡西南）。[92]燕代謳雁門雲中隴西歌詩　書亡。燕，漢初封國名。治薊縣（今北京西南隅）。代，漢初封國名，都中都（今山西平遙西南）。謳，齊聲歌唱。雁門，郡名。治善無（今山西右玉南）。雲中，郡名，治雲中（今內蒙古托克托東北）。隴西，郡名，治狄道（今甘肅臨洮南）。[93]邯鄲河間歌詩　書亡。邯鄲，今河北邯鄲。河間，見〈六藝略〉注[82]。[94]齊鄭歌詩　書亡。齊，漢初封國，都臨淄（今山東淄博東北臨淄）。鄭，春秋時諸侯國名，都新鄭（今河南新鄭）。[95]淮南歌詩　書亡。淮南，漢諸侯國名。漢初先後治六縣（今安徽六安北）、壽春（今安徽壽縣），武帝時除為九江郡。[96]左馮翊秦歌詩　書亡。左馮翊，見前注[68]。[97]京兆尹秦歌詩　書亡。京兆尹，官名、政區名。漢武帝時改右內史為京兆尹，分原右內史東半部為其轄區，職掌如郡太守，秩中二千石，位列九卿。為三輔之一。治長安城（今西安西北郊）。[98]河東蒲反歌詩　書亡。河東，古地區名、郡名。戰國、秦、漢時期，以山西西南部、黃河以東地區為河東。秦置河東郡，治安邑（今山西夏縣西北），東晉時移治於蒲阪（今山西永濟西蒲州鎮）。蒲反，即蒲阪。自《吳楚汝南歌詩》至此，凡八家。張舜徽《漢書藝文志通釋》曰：「此八家歌詩，依地域成編，頗似古之采風。下文《雒陽歌詩》以下五家，《周歌詩》以下二家，皆當與八家聯貫相次，所謂以類相從也。而《黃門倡車忠等歌詩》以下三家，當在最末。今本《漢志》，經傳寫而顛倒錯亂矣。以無旁證，未敢輒改。」(99)黃門倡車忠等歌詩　書亡。黃門，宮門。倡，古代稱歌舞者。車忠，人名。(100)雜各有主名歌詩　書亡。(101)雜歌詩　書亡。沈欽韓《漢書疏證》：「《樂府》有〈雜曲歌辭〉。如〈蛺蝶行〉、〈枯魚過河泣〉之類。」(102)雒陽歌詩　書亡。雒陽，在今河南洛陽東北二十里。(103)河南周歌詩　書亡。河南，縣名。漢置，治今河南洛陽西郊。周，指故周王城，在今洛陽西郊王城公園一帶。(104)河南周歌聲曲折　書亡。聲曲折，聲律曲折。歌聲之譜，猶如今之樂譜。(105)周謠歌詩　書亡。謠，《爾雅》曰：「徒歌曰謠。」指不用樂器伴奏的歌唱。(106)周謠歌詩聲曲折　書亡。以上自《河南周歌詩》至此，凡四家。姚振宗《漢書藝文志條理》曰：「《河南周歌詩》、《周謠歌詩》，此兩家皆有聲律曲折。《隋書．王劭傳》所謂『曲折其聲，有如歌詠』是也。《河南周歌詩》，指東周人而言也。《周謠歌詩》，則合東西兩周，故篇數多於東周十倍有餘。」(107)諸神歌詩　書亡。(108)送迎靈頌歌詩　書亡。章學誠曰：「此二家，頌之屬也。」(109)周歌詩　書亡。(110)南郡歌詩　書亡。南郡，郡名。治江陵，在今湖北江陵。(111)右歌詩二句　今計家數合，篇數實為三百一十六篇，多二篇。(112)凡詩賦百六家二句　今計百六家，千三百二十一篇，多三篇。(113)傳曰三句　疑指《毛詩．鄘風．定之方中傳》。此傳有如下語：「建邦能命龜，田能施命，作器能銘，使能造命，升高能賦，師旅能誓，山川能說，喪祭能誄，祭祀能語。君子能此九者，可謂有德音，可以為大夫也。」《漢志》引文是否確實出自〈定之方中傳〉，尚待考證。(114)感物造耑　顏師古曰：「耑，古端字也。因物動志，則造辭義之端緒。」(115)材知　即才智。材，通「材」。知，通「智」。(116)微言　隱語；暗示之語。(117)揖讓　古代賓主相見的禮節。(118)稱詩以諭其志　援引《詩》來表達自己的心志。稱，援引。諭，通「喻」。(119)不肖　不像樣；不賢。(120)不學詩二句　語出《論語．季氏》載孔子戒伯魚之辭。(121)周道　周朝的制度。(122)聘問　古代國與國之間的遣使訪問。(123)逸在布衣　隱遁於百姓之中。布衣，平民百姓的代稱。(124)離　通「罹」。遭遇；遭受。(125)風　通「諷」。委婉勸告或譏刺。(126)咸有惻隱古詩之義　都有古詩的哀憫之義。咸，全部；所有。惻隱，對他人的不幸表示哀憫。古詩，後人對古代詩歌的泛稱，此指《詩經》。(127)侈麗閎衍　指詩賦過分華麗，堆積辭藻。(128)詩人之賦麗以則六句　語出揚雄《法言．吾子》。則，法度；節制。淫，過度；無節制。孔氏之門人句，《法言》無「人」字。登堂入室，即升堂入室，語出《論語．先進》：「由也升堂矣，未入於室也。」比喻在學問或技能方面有高深造詣。登堂，喻學得其要。入室，喻既精且深。入室較登堂更為高深。堂，正廳。室，內室。走進門，先升堂，再入內室。如其不用何，顏師古注曰：「言孔氏之門既不用賦，不可如何。」謂賈誼、相如無所施也。」(129)孝武立樂府而采歌謠　漢武帝始建立樂府，掌管朝會宴饗、道路遊行時所用的音樂，兼採民間詩歌和樂曲。歌謠，民歌、民謠和兒歌、童謠的總稱。130 代趙之謳二句　代，古國名。在今河北蔚縣。西元前四七五年為趙襄王所滅。趙，古國名。戰國七雄之一。建都晉陽（今山西太原）。西元前二二二年為秦所滅。秦，古國名。春秋時建都於雍（今陝西鳳翔）。西元前二二一年秦王政統一中國，建立秦朝。楚，古國名。熊繹受封於周成王，立國於荊山一帶，都丹陽，後都郢。春秋戰國時國勢強盛，疆域擴大。其後漸弱，屢敗於秦。西元前二二三年為秦所滅。謳，歌曲。風，民歌。本書卷二十二〈禮樂志〉：「（武帝）乃立樂府，采詩夜誦，有趙、代、秦、楚之謳。」131 薄厚　輕薄與淳厚。132 序詩賦為五種　將詩賦列為五種。詩賦為五種，指屈原賦二十五篇以下二十家為一種，陸賈賦三篇以下二十一家為一種，孫卿賦十篇以下二十五種為一家，《客主賦》十八篇以下十二家為一種。以上為四種賦。《高祖歌詩》二篇以下二十八家為一種，屬詩歌之類。共計詩賦五種。關於四種賦的劃分，清代以來多有解說，有助於我們閱讀理解。章學誠《校讎通義・漢志詩賦略第十五》云：「三種之賦，人自為篇，後世別集之體也。雜賦一種，不列專名，而類敘為篇，後世總集之體也。」《劉申叔遺書・論文雜記》云：「《客主賦》以下十二家皆漢代之總集也，餘則皆為分集。而分集之賦復分三類：有寫懷念之賦，有騁辭之賦，有闡理之賦。寫懷念之賦，屈原以下二十家是也；騁辭之賦，陸賈以下二十一家是也；闡理之賦，荀卿以下二十五種是也。」章炳麟《國故論衡・辨詩》云：「《七略》次賦為四家，一曰屈原賦，二曰陸賈賦，三曰孫卿賦，四曰雜賦。屈原言情，孫卿效物，陸賈賦不可見，其屬有朱建、嚴助、朱買臣諸家，蓋縱橫之變也。」這些概括都較為準確。

【語　譯】屈原賦二十五篇。屈原為楚懷王大夫，《史記》有〈列傳〉。

唐勒賦四篇。唐勒為楚人。

宋玉賦十六篇。宋玉為楚人，生年與唐勒同時，在屈原之後。

趙幽王賦一篇。

莊夫子賦二十四篇。莊夫子名忌，漢朝吳國人。

賈誼賦七篇。

枚乘賦九篇。

司馬相如賦二十九篇。

淮南王賦八十二篇。

淮南王群臣賦四十四篇。

太常蓼侯孔臧賦二十篇。

陽丘侯劉隁賦十九篇。

吾丘壽王賦十五篇。

蔡甲賦一篇。

上所自造賦二篇。

兒寬賦二篇。

光祿大夫張子僑賦三篇。與王褒為同時人。

陽成侯劉德賦九篇。

劉向賦三十三篇。

王褒賦十六篇。

以上賦二十家，三百六十一篇。

陸賈賦三篇。

枚皋賦百二十篇。

朱建賦二篇。

常侍郎莊怱奇賦十一篇。莊怱奇，與枚皋為同時人。

嚴助賦三十五篇。

朱買臣賦三篇。

宗正劉辟彊賦八篇。

司馬遷賦八篇。

郎中臣嬰齊賦十篇。

臣說賦九篇。

臣吾賦十八篇。

遼東太守蘇季賦一篇。

蕭望之賦四篇。

河內太守徐明賦三篇。徐明，字長君，東海郡人，元帝、成帝之時歷任五個郡的太守，有能幹的名聲。

給事黃門侍郎李息賦九篇。

淮陽憲王賦二篇。

揚雄賦十二篇。

待詔馮商賦九篇。

博士弟子杜參賦二篇。

車郎張豐賦三篇。張豐為張子僑之子。

驃騎將軍朱宇賦三篇。

以上賦二十一家，二百七十四篇。增入揚雄八篇。

孫卿賦十篇。

秦時雜賦九篇。

李思《孝景皇帝頌》十五篇。

廣川惠王越賦五篇。

長沙王群臣賦三篇。

魏內史賦二篇。

東暆令延年賦七篇。

衛士令李忠賦二篇。
張偃賦二篇。
賈充賦四篇。
張仁賦六篇。
秦充賦二篇。
李步昌賦二篇。
侍郎謝多賦十篇。
平陽公主舍人周長孺賦二篇。
雒陽錡華賦九篇。
眭弘賦一篇。
別栩陽賦五篇。
臣昌市賦六篇。
臣義賦二篇。
黃門書者假史王商賦十三篇。
侍中徐博賦四篇。
黃門書者王廣呂嘉賦五篇。
漢中都尉丞華龍賦二篇。
左馮翊史路恭賦八篇。

以上賦二十五家，一百三十六篇。

《客主賦》十八篇。
《雜行出及頌德賦》二十四篇。

《雜四夷及兵賦》二十篇。

《雜中賢失意賦》十二篇。

《雜思慕悲哀死賦》十六篇。

《雜鼓琴劍戲賦》十三篇。

《雜山陵水泡雲氣雨旱賦》十六篇。

《雜禽獸六畜昆蟲賦》十八篇。

《雜器械草木賦》三十三篇。

《大雜賦》三十四篇。

《成相雜辭》十一篇。

《隱書》十八篇。

以上雜賦十二家，二百三十三篇。

《高祖歌詩》二篇。

《泰一雜甘泉壽宮歌詩》十四篇。

《宗廟歌詩》五篇。

《漢興以來兵所誅滅歌詩》十四篇。

《出行巡狩及游歌詩》十篇。

《臨江王及愁思節士歌詩》四篇。

《李夫人及幸貴人歌詩》三篇。

《詔賜中山靖王子噲及孺子妾冰未央材人歌詩》四篇。

《吳楚汝南歌詩》十五篇。

《燕代謳雁門雲中隴西歌詩》九篇。

《邯鄲河間歌詩》四篇。

《齊鄭歌詩》四篇。

《淮南歌詩》四篇。

《左馮翊秦歌詩》三篇。

《京兆尹秦歌詩》五篇。

《河東蒲反歌詩》一篇。

《黃門倡車忠等歌詩》十五篇。

《雜各有主名歌詩》十篇。

《雜歌詩》九篇。

《雒陽歌詩》四篇。

《河南周歌詩》七篇。

《河南周歌聲曲折》七篇。

《周謠歌詩》七十五篇。

《周謠歌詩聲曲折》七十五篇。

《諸神歌詩》三篇。

《送迎靈頌歌詩》三篇。

《周歌詩》二篇。

《南郡歌詩》五篇。

以上歌詩二十八家，三百一十四篇。

共有詩賦百六家，一千三百一十八篇。增入揚雄八篇。

《傳》說：「不歌唱而誦讀稱之為賦，登高能誦賦可以做大夫。」意思是觸景生情，即能遣詞造句，才智高深優秀，能夠參與謀劃，因此可以成為大夫。古代諸侯卿大夫與鄰國交涉談判，以微妙的語言感動對方，當賓主相見，彼此行禮的時候，必定援引《詩》的語句來表達自己的心志，藉此可以辨別使者才智高低，並觀察國家的興盛與衰弱。所以，孔子說「不學《詩》，就沒有什麼來豐富自己的語言」。春秋以後，周朝制度逐漸衰敗，派使者互訪的歌樂誦詩不在各國流行，學《詩》的學者隱居於平民之中，這樣，有才華而不得志的學者的歌賦就產生了。大儒荀卿及楚臣屈原遭讒言陷害而憂國，都作歌賦勸告、譏刺當局，都有古詩的哀憫之義。此後的宋玉、唐勒，漢朝興起後的枚乘、司馬相如，以後到揚雄，競相使用華麗繁富的語詞，失去了勸告諷喻的旨義。因此揚雄忿恨這種局面的出現，說：「古代詩人的歌賦華美而有法度，現在辭人的歌賦則過分華麗繁富。如果像孔子弟子作賦那樣，那麼賈誼可算是已經登堂，司馬相如則已經入室了，怎奈孔門不用賦，那還有什麼辦法可施呢！」自從漢武帝設立樂府來收集歌謠之後，於是有了代、趙地區的歌曲，秦、楚地區的民歌，都是受到哀傷或歡樂的影響，因事而產生感情，也可以用來觀察風俗，了解民風的淳厚與輕薄。敘次詩賦為五種。

吳孫子兵法❶八十二篇。圖九卷。

齊孫子❷八十九篇。圖四卷。

公孫鞅❸二十七篇。

吳起❹四十八篇。有列傳。

范蠡❺二篇。越王句踐臣也。

大夫種❻二篇。與范蠡俱事句踐。

李子❼十篇。

娷❽一篇。

兵春秋❾一篇。

龐煖❿三篇。

兒良⓫一篇。

廣武君⓬一篇。李左車。

韓信⓭三篇。

右兵權謀十三家，二百五十九篇。省伊尹、太公、管子、孫卿子、鶡冠子、蘇子、蒯通、陸賈、淮南王二百五十九種，出司馬法入禮也⓮。

權謀⓯者，以正守國，以奇用兵⓰，先計而後戰⓱，兼形勢⓲，包陰陽⓳，用技巧⓴者也。

楚兵法㉑七篇。圖四卷。

蚩尤㉒二篇。見呂刑。

孫軫㉓五篇。圖二卷。

繇敘㉔二篇。

王孫㉕十六篇。圖五卷。

尉繚㉖三十一篇。

魏公子㉗二十一篇。圖十卷。名無忌，有列傳。

景子㉘十三篇。

李良㉙三篇。

丁子㉚一篇。

項王㉛一篇。名籍。

右兵形勢十一家，九十二篇，圖十八卷㉜。

形勢㉝者，靁動風舉㉞，後發而先至㉟，離合背鄉㊱，變化無常㊲，以輕疾㊳制敵者也。

太壹兵法㊴一篇。

天一兵法㊵三十五篇。

神農兵法㊶一篇。

黃帝㊷十六篇。圖三卷。

封胡㊸五篇。黃帝臣，依託也。

風后[44]十三篇。圖二卷。黃帝臣，依託也。

力牧[45]十五篇。黃帝臣，依託也。

鵊冶子[46]一篇。圖一卷。

鬼容區[47]三篇。圖一卷。黃帝臣，依託。

地典[48]六篇。

孟子[49]一篇。

東父[50]三十一篇。

師曠[51]八篇。晉平公臣。

萇弘[52]十五篇。周史。

別成子望軍氣[53]六篇。圖三卷。

辟兵威勝方[54]七十篇。

右陰陽十六家，二百四十九篇，圖十卷[55]。

陰陽者，順時而發，推刑德[56]，隨斗擊[57]，因五勝[58]，假鬼神而為助者也。

鮑子兵法[59]十篇。圖一卷。

五子胥[60]十篇。圖一卷。

公勝子[61]五篇。

苗子[62]五篇。圖一卷。

逢門射法[63]二篇。

陰通成射法[64]十一篇。

李將軍射法[65]三篇。

魏氏射法[66]六篇。

彊弩將軍王圍射法[67]五卷。

望遠連弩射法具[68]十五篇。

護軍射師王賀射書[69]五篇。

蒲苴子弋法[70]四篇。

劍道[71]三十八篇。

手搏[72]六篇。

雜家兵法[73]五十七篇。

蹵鞠[74]二十五篇。

右兵技巧十三家，百九十九篇。省墨子重，入蹵鞠也[75]。

技巧者，習手足[76]，便器械[77]，積機關[78]，以立攻守之勝者也。

65

凡兵書五十三家，七百九十篇，圖四十三卷[79]。省十家[80]二百七十一篇重，入蹴鞠一家二十五篇，出司馬法百五十五篇入禮也。

兵家[81]者，蓋出古司馬[82]之職，王官[83]之武備也。洪範[84]八政，八曰師。孔子曰為國者「足食足兵[85]」，「以不教民戰，是謂棄之[86]」，明兵之重也。易曰「古者弦木為弧，剡木為矢，弧矢之利，以威天下[87]」，其用上[88]矣。後世燿金為刃，割革為甲[89]，器械甚備。下及湯武受命[90]，以師克亂而濟百姓，動之以仁義，行之以禮讓，司馬法是其遺事[91]也。自春秋至於戰國，出奇設伏，變詐之兵[92]並作。漢興，張良、韓信序次兵法[93]，凡百八十二家，刪取要用，定著三十五家。諸呂用事[94]而盜取之。武帝時，軍政楊僕捃摭遺逸，紀奏兵錄[95]，猶未能備。至于孝成，命任宏論次兵書為四種[96]。

【章　旨】以上為〈兵書略〉，著錄兵權謀、兵形勢、兵陰陽、兵技巧四個種類的兵學著述書目五十三家，敘說兵學的起源、價值與弊病。對西漢政府三次組織整理兵學文獻的時間、何人負責等情況作了簡明扼要的交代。

【注　釋】❶吳孫子兵法　今存十三篇，其篇次是：一〈計篇〉、二〈作戰篇〉、三〈謀攻篇〉、四〈形篇〉、五〈勢篇〉、六

〈虛實篇〉、七〈軍爭篇〉、八〈九變篇〉、九〈行軍篇〉、十〈地形篇〉、十一〈九地篇〉、十二〈火攻篇〉、十三〈用間篇〉。《史記・孫子吳起列傳》載，孫武以《兵法》十三篇進見吳王闔廬。篇數與今本合。可見，十三篇在司馬遷撰《史記》之前已存在，顯然出於孫武手訂。《漢志》載《孫子兵法》為八十二篇，有圖九卷，劉向《別錄》則稱《孫子兵法》三卷，而不說十三篇。因此，唐以後學者誤認為《孫子兵法》乃偽託之作，或以為經曹操重編；有人亦認為孫子即孫臏，此《兵法》也是孫臏所作。眾說紛紜。西元一九七二年，臨沂銀雀山漢墓出土竹簡中，發現有《孫子兵法》，經整理，存殘簡二百餘枚，十三篇皆有文字保存；此外還發現了〈吳問〉、〈地形二〉、〈黃帝伐赤帝〉等不見於十三篇的佚文，這些佚文中有兩處提到十三篇。這說明，「十三篇」確係先秦舊籍。十三篇以外佚文的出現，也證明《漢志》所說八十二篇論兵之作是可信的。清代學者畢以珣《孫子敘錄》中輯錄了一些古籍中的佚文，如〈問答〉、〈八陣圖〉、〈兵法雜占〉、〈牝八變陣圖〉、〈戰鬥六甲兵法〉、〈三十二壘經〉等，當在八十二篇之列。曹操除注釋《孫子兵法》十三篇外，還把其餘六十九篇編為《續孫子兵法》二卷，《隋志》、《舊唐志》均有著錄，唐以後失傳。銀雀山出土的竹簡兵書中，還有《孫臏兵法》，也進一步澄清了孫子與孫臏為一人的誤解。孫子，名武，字長卿，世稱孫子，齊國人。春秋時傑出軍事家。為陳完四世孫，父受封於樂安（今山東惠民），賜姓孫。孫子以《兵法》見於吳王闔廬，闔廬知孫子能用兵，任以為將。西破彊楚，入郢，北威齊、晉，顯名諸侯。後功成身退，晚年隱居農耕，不知所終。❷齊孫子　《隋志》已不見著錄，失傳一千餘年。西元一九七二年，與《孫子兵法》一同出土於臨沂銀雀山漢墓，抄寫《孫臏兵法》的竹簡四百四十餘枚，字數達一萬一千多字。經整理，分上下兩編，上編：〈擒龐涓〉、〈見威王〉、〈威王問〉、〈陳忌問壘〉、〈篡卒〉、〈月戰〉、〈八陣〉、〈地葆〉、〈勢備〉、〈兵情〉、〈行篡〉、〈殺士〉、〈延氣〉、〈官一〉、〈強兵〉，下編：〈十陣〉、〈十問〉、〈略甲〉、〈客主人分〉、〈善者〉、〈五名五恭〉、〈兵失〉、〈將義〉、〈將德〉、〈將敗〉、〈將失〉、〈雄牝城〉、〈五度九奪〉、〈積疏〉、〈奇正〉。計三十篇。《孫臏兵法》祖述《孫子》十三篇兵法思想。不過，二者在內容上也有所不同。十三篇多言兵要，《孫臏兵法》則有一部分論陣勢，論將略。過去有人誤以為孫武即孫臏，十三篇即《孫臏兵法》，今天於漢簡兼得此二書，可以釋此千年之疑。孫臏，戰國時著名軍事家。生於齊國阿（今山東陽穀東北）、鄄（今山東鄄城）之間，孫武之後世子孫，大約與孟軻同時。孫臏曾與龐涓俱學兵法於鬼谷子。龐涓既為魏惠王將軍，自以為才能不及孫臏，遂將孫臏誆至魏，處以臏刑，欲隱勿見，以故世稱孫臏。孫臏被齊國救回，任為軍師，協助田忌，出奇計大敗魏軍。田忌遭政敵鄒忌排擠，流亡楚國，孫臏可能偕行入楚，故漢王符說「孫臏修能於楚」，高誘也稱之「楚人」。孫臏在當時也稱孫子，故《漢志》於「孫子」前署「吳」、「齊」以別之。❸公孫鞅　書亡。公孫鞅，即法家商鞅。《荀子・議兵篇》曰：「秦之衛鞅，世俗所謂善用兵者也。」❹吳起　今存六篇，為漢以後人依託之作，但書中也保存了吳子的軍事思想。此六篇篇目為：〈圖國〉、〈料敵〉、〈治兵〉、〈論將〉、〈應變〉、〈勵士〉。吳起（西元前?—前三八一年），衛國曹氏（今山東曹縣）人。戰國時傑出軍事家、政治家。曾從學於曾參，後棄文學武，攻讀兵法。初任魯將，後赴魏，佐李悝實行變法。魏文侯以其善用兵，任為西河守，以拒秦、韓，一時威鎮諸侯。後因受猜疑而奔楚。任楚令尹，實行變法。楚悼王死後，被宗室大臣射刺而死。《史記》有〈孫子吳起列傳〉載其生平。❺范蠡　書亡。范蠡，字少伯，出身微賤，原為楚國宛（今河南南陽）人。春秋末越國軍事家。曾協助越王句踐發奮圖強，一舉滅吳，以功擢上將軍。范蠡認為「句踐為人可與同患，難以處安」，故化名而去，先耕於齊，後居於陶（今山東定陶北）經商，自謂陶朱公，「十九年中三致千金」。❻大夫種　書亡。大夫種，越國大夫、謀士文種，字少禽，一作伯禽，原為楚國郢（今湖北江陵）人。句踐敗於吳，范蠡入質吳國，文種主持國政，獻「滅吳七術（一作九術）」。范蠡回國後，與文種同心協力，經十年生聚備戰，一舉滅吳。後被誣陷謀反，越王句踐賜令自殺。❼李子　書亡。李子，姚振宗、沈欽韓等疑為李悝，姚明輝疑為李牧，迄今無確論。❽娷　書亡。顏師古曰：「娷，蓋說兵法者，人名也。」生平不詳。姚振宗曰：「自《齊孫子》至此七家，皆蒙上『兵法』二字，史省文也。」❾兵春秋　書亡。作者不詳。新舊《唐志》皆載《兵春秋》一卷，也不著撰人，不知是否即此書。❿龐煖　書亡。龐煖，戰國時趙國名將。《史記・燕世家》：「燕使劇辛將擊趙，趙使龐煖擊之，取燕軍二萬，殺劇辛。」⓫兒良　書亡。兒良，戰國時人，不知何國人。《呂氏春秋・不二篇》：「王廖貴先，兒良貴後。」高誘注：「王廖謀兵事，貴先建策也；兒良作兵謀，貴後。」賈誼〈過秦論〉也提到兒良，與吳起、孫臏、田忌、廉頗、趙奢等名將相提並論，可知其為當時善戰之兵家。⓬廣武君　書亡。廣武君，李左車封號，為秦末趙王之將成安君陳餘的謀士。韓信率兵欲東下井陘擊趙，他向成安君獻計，請親率奇兵三萬，切斷韓信糧道，使其腹背受敵。成安君不聽，終為韓信所敗滅。李歸韓信後，獻攻齊、燕之計，為韓信所採納，一舉攻下齊、燕等地。可見廣武君李左車知兵善戰，為韓信所折服。⓭韓信　書亡。劉邦建立漢朝後，命蕭何次律令，韓信申軍法。韓信所申軍法疑即此三篇兵書。韓信（西元前?—前一九六年），淮陰（今江蘇淮陰）人。劉邦大將，著名軍事家。家境貧困，常乞食。秦末兵起，投奔項羽，不見用，歸漢，經蕭何力薦，拜大將軍。在楚漢戰爭中，他率軍轉戰北線戰場，先後破趙，攻滅燕、齊，大敗齊楚聯軍，被劉邦封為齊王。又獻「十面埋伏」，圍困項羽，為滅楚建漢立下功勳。因功而封為楚王，後以謀反罪降為淮陰侯，軟禁於長安。漢高祖十一年（西元前一九六年）被告謀反，為呂后所殺。⓮右兵權謀四句　今計十三家二百七十篇，多出十一篇；又應補入「圖十三卷」四字。《伊尹》、《太公》、《管子》、《鶡冠子》，見〈諸子略〉道家。《孫卿子》、《陸賈》，見〈諸子略〉儒家。

《蘇子》、《蒯通》，見〈諸子略〉縱橫家。《淮南王》，見〈諸子略〉雜家。《伊尹》至《淮南王》九家，合計共五百二十三篇，此云「二百五十九種」者，當是《七略》僅將九家中言兵權謀之篇重錄於此，故不足數。班固又於兵權謀家一類中省去此二百五十九篇。劉奉世認為「二百五十九種」一句，「種當作『重』，『九』下又脫一『篇』字。」《七略》於兵家類著錄儒、道、縱橫、雜諸家言兵之篇，在目錄學上謂之「裁篇別出」、「互見」。《漢志》省此九家，減少了目錄學色彩。《漢志》又云「出《司馬法》入禮」，以《七略》著錄《司馬法》於兵家兵權謀類，《漢志》將《司馬法》自此類中移至〈六藝略〉禮類。其實，《司馬法》應互見於禮、兵兩類。⓯權謀　權變與計謀。⓰以正守國二句　《老子》作：「以正治國，以奇用兵。」正、奇是古代軍事術語。正，指正術。以正守國，是用正規的方法防禦守衛國土。以奇用兵，指使用出人意料之外的策略、戰術指揮用兵。⓱先計而後戰　首先進行戰略運籌，然後去作戰。⓲兼形勢　指制定謀略時，要考慮到複雜多變的戰場形勢，然後用機動靈活的戰略戰術進行作戰。⓳包陰陽　指權謀包含對自然條件各種變化的認識和分析。⓴用技巧　指訓練作戰技能。以上所講形勢、陰陽、技巧皆兵家派別，而權謀家對三家之長則必須兼而有之。故《漢志》在此講「兼形勢，包陰陽，用技巧」。㉑楚兵法　書亡。作者不詳。㉒蚩尤　書亡。係依託之作。蚩尤，遠古傳說中的人物。其名始見於《尚書・呂刑》。《呂氏春秋・蕩兵篇》云：「人曰『蚩尤作兵』，蚩尤非作兵也，利其械矣。未有蚩尤之時，民固剝林木以戰矣。」作兵，指製造兵器。傳說蚩尤受廬山之金作五兵，常興兵征戰，後在涿鹿被炎帝、黃帝聯盟擊敗。㉓孫軫　書亡。作者不詳。㉔繇敘　書亡。繇敘，王應麟《漢藝文志考證》云：「〈古今人表〉繇余即由余，疑敘當作餘。李筌《太白陰經》云：『秦由余有陣圖』。」由余，見〈諸子略〉雜家類注❺。㉕王孫　書亡。王孫，姚振宗《漢書藝文志條理》云：王孫，疑為吳王孫雄。《左傳・襄公十三年》，《正義》曰《吳語》王孫雄設法，百人為行，十行一旌，十旌一將軍。今本《國語》文大異。又今本《國語》作王孫雒，《史記・越世家》作公孫雄。㉖尉繚　《漢志》著錄三十一篇，今本存二十四篇。此書曾被目為偽書。西元一九七二年，臨沂銀雀山漢初墓葬出土竹簡本《尉繚子》後，偽書之說不攻自破。此書當為漢以前的作品。尉繚，戰國時魏人，約與孟軻為同時人。師鬼谷子。據孫玖《七子兵略》云：「尉姓，名繚。善理陰陽，深達兵法，與弟子隱於夷山，因惠王聘召，陳兵法二十四篇。」秦國亦有尉繚，二者非一人。㉗魏公子　書亡。無忌（西元前？—前二四三年），戰國時魏國宗室大臣，即信陵君，戰國四君子之一。門下食客三千，「諸侯之客進兵法，公子皆名之，故世俗稱《魏公子兵法》。」曾竊符救趙，擊敗秦軍，名震諸侯。《史記・魏公子列傳》《集解》：「劉歆《七略》有《魏公子兵法》二十一篇，圖七卷。」《漢志》作「圖十卷」。兩漢時期，「七」亦作「十」形而豎畫較短，傳抄中易訛誤為「十」。此處應以「圖七卷」為是。㉘景子　書亡。景子，與儒家景子非一人。據《戰國策・楚策》云，楚王使景陽將救燕。《淮南子・氾論》：「景陽淫酒，被髮而御於婦人，威服諸侯。」高誘注：「景陽，楚將。」此景子即景陽。㉙李良　書亡。李良，《史記》、本書〈張耳、陳餘傳〉記載，趙王武臣有部將李良，為趙王略常山、太原，襲擊邯鄲，後殺趙王，擊陳餘，敗歸秦將章邯，不知所終。《漢志》所載李良是否為此李良，已無從考證。㉚丁子　書亡。丁子，疑為丁固。丁固為項羽部將，劉邦為項羽追擊至彭城西，短兵相接，與丁固遭遇。丁固引兵還，為劉邦開放通路，劉邦化險為夷。項羽滅亡，丁固進見劉邦，被斬殺。劉邦說，項羽失天下，是丁固造成的；後世人臣不能效仿丁固的不忠。㉛項王　書亡。項王，即項羽，名籍，下相（今江蘇宿遷）人。項氏世世為楚將。羽從叔父項梁學兵法，略知其意。秦末，隨項梁起兵，梁死後，自立為西楚霸王，亦曰項王。楚漢戰爭中，兵敗自刎，年僅三十一歲。《項王》一篇，非羽手著，疑為追慕者所為。㉜右兵形勢三句　今計十一家，百二篇，圖二十一卷。多十篇，圖多三卷。《魏公子兵法》之圖若七卷，則圖之卷數適相符合。㉝形勢　一指兵家流派，一為古代兵家術語。此指後者，指戰場因敵我力量對比、指揮得力與否所形成的態勢，或者說形成某種局面。在《孫子兵法》中，形與勢是兩種不同的概念，有不同的含義。形指客觀物質力量，如兵力多少、戰鬥力強弱、軍隊素質優劣。勢就是在軍事實力的基礎上，通過作戰指揮，在戰場上表現出來的實際作戰能力和態勢。㉞靁動風舉　猶「雷厲風行」。形容聲勢猛烈，行動迅速。靁，同「雷」。㉟後發而先至　在雙方鬥爭中，一方先讓一步，待對方暴露出弱點，自己處於有利的主動地位，再一舉戰勝對方。《孫子兵法・形篇》：「先為不可勝，以待敵之可勝。」〈軍爭篇〉：「以迂為直，以患為利。……後人發，先人至。」㊱離合背鄉　指在戰場上靈活調動兵力。離，指疏散部隊。合，指聚集兵力。背，指向相反方向運動，即撤退。鄉，同「嚮」。指面對面行進，即進攻。㊲變化無常　《孫子兵法・虛實篇》：「夫兵形象水，水之形，避高而趨下；兵之形，避實而擊虛。水因地而制流，兵因敵而制勝。故兵無常勢，水無常形。」㊳輕疾　輕裝、快速。㊴太壹兵法　書亡。太壹，星名。一說為天帝之神，天神之最尊貴者，在天一之南，總十六神。知風雨、水旱、兵革、饑饉、疾疫。故兵陰陽家一派多依託太壹（也作泰一）言兵。㊵天一兵法　書亡。天一，星名。一說亦為天帝之神，主戰鬥，知吉凶。㊶神農兵法　書亡。神農，見〈諸子略〉注(249)。㊷黃帝　書亡。黃帝，傳說中的原始部落聯盟首領。古書凡署名黃帝者，皆屬依託之作。㊸封胡　書亡。封胡，據《路史・國名記》，封胡即封鉅。〈古今人表〉云，封鉅為黃帝師。清代梁玉繩謂〈人表〉別有封胡，不得合二為一。此書是依託之作。㊹風后　書亡。風后，傳說為黃帝相。《史記・五帝本紀》載：「舉風后、力牧、常先、大鴻以治民。」此書亦依託之作。㊺力牧　書亡。力牧，參上注。此書亦依託之作。㊻鵊冶子　書亡。作者不詳。冶，殿本作「治」，宋祁曰：「治，一作冶。」慶元本、蔡琪本、白鷺洲書院本、大德本、正統本、汲古閣本皆作「治」。[47]鬼容區　書亡。鬼容區，即《史記・五帝本紀》所載大鴻。又作鬼臾區。古容、與聲近，通用。此書是依託之作。[48]地典　書亡。姚振宗曰：「此地典亦黃帝臣。」[49]孟子　書亡。孟子，疑為後〈數術略〉五行家所錄之猛子，非戰國時儒家之孟子。此孟子列在東父、師曠之前，則其人當遠在戰國孟子之前。[50]東父　書亡。東父，不可考。沈欽韓疑為魏石申父。[51]師曠　書亡。有洪頤煊《師曠書》輯本，收入《經典集林》。《齊民要術》多引《師曠雜占》，當為占災異之書。師曠，字子野。春秋時晉國樂師。目盲，善彈琴，耳至聰，善辨音。[52]萇弘　書亡。萇弘，春秋時周敬王大夫。據傳孔子曾問樂於萇弘。據《淮南子》、《史記》等書記載，他於天地之氣、日月之行、風雨之變、律曆之數，無所不通。[53]別成子望軍氣　書亡。別成子，不詳。別為姓。[54]辟兵威勝方　書亡。辟兵方，指避兵器之方。辟，通「避」。[55]右陰陽三句　今計十六家，二百二十七篇，圖十卷。少二十二篇。[56]推刑德　重視刑德、陰陽的變化。推，推重。刑德，陰陽。本書卷五十六〈董仲舒傳〉：「天道之大在陰陽。陽為德，陰為刑。」刑，刑罰。德，德化。陰陽家以刑為陰克，以德為陽生，以附會五行生克之說。[57]隨斗擊　根據北斗星轉移所指的方向、季節，而確定用兵的對象、時機。斗，指北斗星。一說擊通覡。《荀子・王制》：「相陰陽，占祲兆，鑽龜陳卦，主攘擇五卜，知其吉凶妖祥，傴巫跛擊之事也。」楊倞注：「擊讀為覡，男巫也。」《荀子・正論》：「出戶而巫覡有事。」《潛夫論・正論》：「巫覡祝請，亦其助也。」[58]五勝　顏師古注曰：「五勝，五行相勝也。」又曰五行相克。古代陰陽五行家認為，木生火，火生土，土生金，金生水，水生木，此謂五行相生。水克火，火克金，金克木，木克土，土克水，此謂五行相克，即五行相勝。[59]鮑子兵法　書亡。鮑子，列於伍子胥之前，當為春秋時人。[60]五子胥　書亡。五，同「伍」。《文選注》、《太平御覽》引伍子胥《水戰法》，又引《越絕書》伍子胥《水戰兵法內經》凡三條。《新唐書・藝文志》、《通志》均有《伍子胥兵法》一卷，《隋書・經籍志》又有伍子胥《遁甲決》、《遁甲文》、《遁甲孤虛記》各一卷。諸書是否在此《五子胥》十篇之內，已不可考。[61]公勝子　書亡。公勝子，不詳。[62]苗子　書亡。苗子，不詳。[63]逢門射法　書亡。逢門，又作「蜂門」，即逢蒙。古之善射者。《孟子・離婁篇》載：「逢蒙學射於羿，盡羿之道，思天下惟羿為愈己，於是殺羿。」《史記・龜策列傳》云：「羿名善射，不如雄渠、蜂門。」《集解》引《淮南子》曰：「射者重以逢門子之巧。」[64]陰通成射法　書亡。陰通成，不詳。[65]李將軍射法　書亡。李將軍，即李廣（西元前？—前一一九年），隴西成紀（今甘肅秦安）人。西漢名將。善騎射。歷任武騎常侍、中郎、騎郎將、太守、衛尉、驍騎將軍。與匈奴七十餘戰，匈奴號曰「漢之飛將軍」。後任前將軍，從衛青北征匈奴，因迷路失期，憤愧自殺。[66]魏氏射法　書亡。魏氏，不詳。[67]彊弩將軍王圍射法　書亡。彊弩，用腳踏始能開張的弩。弩，用機械發射的弓。王圍，鬱郅（今甘肅慶陽）人，與李廣皆為一時名將，善騎射。見〈趙充國傳〉。(68)望遠連弩射法具　書亡。連弩，可以數矢並發之弩。(69)護軍射師王賀射書　書亡。護軍，職官名。射師，訓練教授弓弩部隊的教官。王賀，不詳。(70)蒲苴子弋法　書亡。蒲苴子，善弋射者。《列子・湯問篇》載：「詹何曰：臣聞先大夫之言。蒲且子之弋也，弱弓纖繳，乘風振之，連雙鶬於青雲之際。用心專，動手均也。」弋，以細繩繫箭而射。西晉汲郡人不準盜魏安釐王墓時，在所發現的竹書中，有《繳書》二篇，束晳云：「論弋射法。」與《漢志》著錄之《蒲苴子弋法》為同一類書，劉向、班固均未見此書。(71)劍道　書亡。此書專論劍術，而有三十八篇之多，殆非一人所述。(72)手搏　書亡。專論徒手搏鬥之書。〈哀帝紀〉：「時覽卞射武戲。」注：「手搏為卞，角力為武戲。」手搏，即兩人徒手搏鬥，不持器械，與今之拳擊、散打相近。(73)雜家兵法　書亡。此書疑亦非一人所述，而為習兵法者對有關兵技巧類論述的摘錄、彙編。(74)蹵鞠　書亡。此書專論蹵鞠，而有二十五篇之多，殆亦非一人所述。王應麟《漢藝文志考證》引劉向《別錄》：「《蹵鞠》者，傳言黃帝所作，或者起於戰國時，記黃帝蹵鞠兵勢也。所以練武士知有才也。今軍無事，得蹵鞠，有書二十五篇。」蹵鞠，是一種軍事訓練的方法。顏師古曰：「鞠以韋為之，實以物，蹵蹋之以為戲也。蹵鞠，陳力之事，故附於兵法焉。」蹵鞠當起源於戰國時，言黃帝所作，乃附會之辭。(75)右兵技巧四句　今計十六家二百七篇，多三家八篇。又應補「圖三卷」三字。省墨子重，《七略》擇《墨子》中言兵技巧者十二篇，入兵家，班固以其重出，未收此十二篇，故曰省之。入蹵鞠，《蹵鞠》原在〈諸子略〉雜家，班固將此書自雜家析出，而入〈兵書略〉兵技巧類，故曰入之。(76)習手足　訓練手足靈活便巧，以利戰場對敵搏鬥。手搏練手，蹴鞠練腿腳。(77)便器械　熟練使用兵器。(78)積機關　熟習連弩上的機栝。積，習；積久漸成。機關，有自動裝置的器械或設備。機所以發，關所以閉。此指連弩。(79)凡兵書三句　今計五十六家，八百六篇，多十六篇，圖五十卷，多七卷。(80)省十家　其中包括兵權謀九家、兵技巧中的墨家。(81)兵家　先秦漢初研究軍事理論的學術派別。代表人物有孫武、吳起、孫臏、尉繚、韓信等，重要著作有《孫子兵法》、《吳子》、《孫臏兵法》等。(82)司馬　古官名。始於西周，春秋、戰國沿置。掌軍政、軍賦。(83)王官　王朝的官職，與諸侯官職相對。(84)洪範　《尚書》篇名。意為天地大法。據傳為箕子獻於周武王的治國方略。一說為戰國時作品。其中提出九疇為帝王治理天下之大法。九疇包括：五行、五事、八政、五紀、皇極、三德、稽疑、庶征、五福六極。其中八政是用以安定百姓生活的，包括食、貨、祀、司空、司徒、司寇、賓、師八個方面的內容。(85)足食足兵　語出《論語・顏淵》。足食，指國家的糧食要充足。足兵，指國家的軍備要充實。(86)以不教民戰二句　語出《論語・子路》。謂用未經訓練的人民去作戰，就是讓他們白白送命。(87)古者弦木為弧四句　語出《易・繫辭下》。弦，弓上用以發箭的皮繩。此用作動詞，謂繃弦上木。弧，木弓。剡，削尖。矢，箭。(88)上　遠古；久遠；上古。[89]爍金為刃二句　銷熔銅製造銳利的兵器，切割皮革製作鎧甲。爍，通「鑠」。銷熔。金，金屬通稱。此指銅。刃，指有鋒刃的兵器。割，切割；分割。革，《說文》：「獸皮，治去其毛。」甲，古代戰士的護身衣，用皮革或金屬做成。[90]湯武受命　商湯、周武王受天之命。湯，商湯，商王朝的建立者。武，周武王。受命，謂受天之命，是古代統治者宣揚「君權神授」之辭。[91]遺事　前代或前人留下來的事物。[92]變詐之兵　春秋以前，兩國交戰，爭舉仁義旗號，作戰時排列堂堂正正之陣，不講究隱祕自己的戰略戰術。春秋以後，戰爭規模擴大，器械改善，新的戰略思想也隨之產生，代之而起是孫子的「兵不厭詐」、「奇正相生」之類的軍事思想。[93]張良韓信序次兵法　張良，字子房，城父（今河南寶豐）人。漢初軍事謀略家。相傳遇黃石公，得《太公兵法》。歸劉邦後，提出滅項羽的戰略設想，使劉邦取得楚漢戰爭勝利，建立漢王朝。劉邦譽其「運籌帷幄之中，決勝千里之外」。韓信，見前注[13]。序次兵法，整理編次兵法。王先謙《漢書補注》引王應麟曰：「張良所學，《六韜》《三略》是也；韓信所學，穰苴、孫武是也。然大體不出三門四種而已。」[94]諸呂用事　呂后以及呂產、呂祿等當權。諸呂，指呂后及其親屬呂產、呂祿等。用事，掌握朝廷軍政大權。[95]軍政楊僕捃摭遺逸二句　謂楊僕收羅輯佚兵法書籍，編訂為目錄上奏。軍政，本書卷六十七〈胡建傳〉作「軍正」，為軍中執法之官。楊僕，漢武帝時曾任御史，後以樓船將軍率軍擊南越，破東越，攻朝鮮。後因過失免為庶人。捃摭，收集；拾取。兵錄，兵書目錄。[96]任宏論次兵書為四種　漢成帝時，任宏與劉向、尹咸、李柱國奉詔一同校書，任宏負責兵書的校讎。任宏，字偉公。曾官執金吾、大鴻臚、步兵校尉。生平不詳。論次，論定編次。四種，指兵權謀、兵形勢、兵陰陽、兵技巧。

【語　譯】《吳孫子兵法》八十二篇。圖九卷。

《齊孫子》八十九篇。圖四卷。

《公孫鞅》二十七篇。

《吳起》四十八篇。《史記》有〈列傳〉。

《范蠡》二篇。范蠡是越王句踐的大臣。

《大夫種》二篇。大夫種與范蠡共同為句踐的大臣。

《李子》十篇。

《娷》一篇。

《兵春秋》一篇。

《龐煖》三篇。

《兒良》一篇。

《廣武君》一篇。廣武君即李左車。

《韓信》三篇。

以上兵權謀十三家，二百五十九篇。刪去《伊尹》、《太公》、《管子》、《孫卿子》、《鶡冠子》、《蘇子》、《蒯通》、《陸賈》、《淮南王》二百五十九種，把《司馬法》移出，編入禮類。

兵權謀家，主張用正規的方法防禦守衛國土，用兵以詭計權謀出奇制勝，他們首先分析情況制定方案，然後進行作戰，兼有形勢家雷厲風行的特長，包含有陰陽家神祕莫測的用兵方法，也注重作戰技能的訓練。

《楚兵法》七篇。圖四卷。

《蚩尤》二篇。見《呂刑》。

《孫軫》五篇。圖二卷。

《繇敘》二篇。

《王孫》十六篇。圖五卷。

《尉繚》三十一篇。

《魏公子》二十一篇。圖十卷。魏公子，名無忌，《史記》有〈列傳〉。

《景子》十三篇。

《李良》三篇。

《丁子》一篇。

《項王》一篇。項王，名籍。

以上兵形勢十一家，九十二篇，圖十八卷。

兵形勢家，聲勢淩厲，行動神速，後敵行動而先敵到達目的地，分散、集結、撤走、進攻，變化無常，通過輕裝快捷戰勝敵人。

《太壹兵法》一篇。

《天一兵法》三十五篇。

《神農兵法》一篇。

《黃帝》十六篇。圖三卷。

《封胡》五篇。封胡為黃帝之臣，此書是依託之作。

《風后》十三篇。圖二卷。風后為黃帝臣，此書是依託之作。

《力牧》十五篇。力牧為黃帝臣，此書是依託之作。

《鵊冶子》一篇。圖一卷。

《鬼容區》三篇。圖一卷。鬼容區為黃帝臣，此書是依託之作。

《地典》六篇。

《孟子》一篇。

《東父》三十一篇。

《師曠》八篇。師曠為晉平公臣。

《萇弘》十五篇。萇弘為周朝史官。

《別成子望軍氣》六篇。圖三卷。

《辟兵威勝方》七十篇。

以上兵陰陽十六家，二百四十九篇，圖十卷。

兵陰陽家，強調順應天時而進軍，重視刑德、陰陽的變化，根據北斗星轉移所指的方向、季節，而確定用兵的對象、時機，並依據五行相勝的法術，藉鬼神作為助力。

《鮑子兵法》十篇。圖一卷。

《五子胥》十篇。圖一卷。

《公勝子》五篇。

《苗子》五篇。圖一卷。

《逢門射法》二篇。

《陰通成射法》十一篇。

《李將軍射法》三篇。

《魏氏射法》六篇。

《彊弩將軍王圍射法》五卷。

《望遠連弩射法具》十五篇。

《護軍射師王賀射書》五篇。

《蒲苴子弋法》四篇。

《劍道》三十八篇。

《手搏》六篇。

《雜家兵法》五十七篇。

《蹵鞠》二十五篇。

以上兵技巧十三家，一百九十九篇。刪去《墨子》中重複的部分，增入《蹵鞠》。

兵技巧家，注重訓練士兵手腳的靈活，得心應手使用兵器，熟習弓弩，以確保攻擊和防守的勝利。

共計兵書五十三家，七百九十篇，圖四十三卷。其中刪掉十家二百七十一篇重複，增入《蹵鞠》一家二十五篇，把《司馬法》一百五十五篇移出，編入禮類。

兵家這個學派，大概起源於古代掌軍政、軍賦之官，是王朝官府的武備。〈洪範〉的八種政事，第八是軍事。孔子說治理國家的人要「使糧食充足，軍備充實」，「讓未經訓練的百姓去作戰，就是讓他們白白送命」，說明軍事的重要。《易經》說「古人木上繃弦作為弓，木條削尖作為箭，弓箭鋒利，用來威鎮天下」，它的使用很久遠了。後世熔化銅製造銳利的兵器，切割皮革製作鎧甲，軍事器械非常完備。後來到商湯、周武王受天命建國，用軍隊戰勝暴亂，救濟百姓，用仁、義動員軍隊，用禮、讓指導軍隊作戰，《司馬法》就是他們遺留下來的事跡。從春秋直到戰國，出奇兵，設埋伏，變幻詭詐的用兵方法紛紛出現。漢朝興起，張良、韓信整理編次兵法，共計一百八十二家，刪去繁冗，收取重要有用之書，確定了三十五家。諸呂專權時盜取了這些兵書。武帝時，軍正楊僕收集散佚兵書，整理上奏兵書目錄，還是不能完備。到成帝時，任命任宏整理編次兵書為兵權謀、兵形勢、兵陰陽、兵技巧四種。

泰壹雜子星❶二十八卷。

五殘雜變星❷二十一卷。

黃帝雜子氣❸三十三篇。

常從日月星氣❹二十一卷。

皇公雜子星❺二十二卷。

淮南雜子星❻十九卷。

泰壹雜子雲雨❼三十四卷。

國章觀霓雲雨❽三十四卷。

泰階六符[9]一卷。

金度玉衡漢五星客流出入[10]八篇。

漢五星彗客行事占驗[11]八卷。

漢日旁氣行事占驗[12]三卷。

漢流星行事占驗[13]八卷。

漢日旁氣行占驗[14]十三卷。

漢日食月暈雜變行事占驗[15]十三卷。

海中星占驗[16]十二卷。

海中五星經雜事[17]二十二卷。

海中五星順逆[18]二十八卷。

海中二十八宿國分[19]二十八卷。

海中二十八宿臣分[20]二十八卷。

海中日月彗虹雜占[21]十八卷。

圖書祕記[22]十七篇。

右天文二十一家，四百四十五卷[23]。

天文者，序二十八宿[24]，步五星日月[25]，以紀吉凶之象[26]，聖王所以參政[27]也。易曰：「觀乎天文，以察時變[28]。」然星事凶悍[29]，非湛密者弗能由也[30]。夫觀景以譴形[31]，非明王亦不能服聽也。以不能由之臣，諫不能聽之王，此所以兩有患也。

黃帝五家曆[32]三十三卷。

顓頊曆[33]二十一卷。

顓頊五星曆[34]十四卷。

日月宿曆[35]十三卷。

夏殷周魯曆[36]十四卷。

天曆大曆[37]十八卷。

漢元殷周諜曆[38]十七卷。

耿昌月行帛圖[39]二百三十二卷。

耿昌月行度[40]二卷。

傳周五星行度[41]三十九卷。

律曆數法[42]三卷。

自古五星宿紀[43]三十卷。

太歲謀日晷[44]二十九卷。

帝王諸侯世譜[45]二十卷。

古來帝王年譜[46]五卷。

日晷書[47]三十四卷。

許商算術[48]二十六卷。

杜忠算術[49]十六卷。

右曆譜十八家，六百六卷[50]。

曆譜[51]者，序四時之位[52]，正分至之節[53]，會日月五星之辰，以考寒暑殺生[54]之實。故聖王必正曆數，以定三統服色之制[55]，又以探知五星日月之會。凶阨之患[56]，吉隆之喜[57]，其術皆出焉。此聖人知命[58]之術也，非天下之至材[59]，其孰與焉！道[60]之亂也，患出於小人[61]而強欲知天道者，壞大以為小，削遠以為近，是以道術破碎而難知也。

泰一陰陽[62]二十三卷。

黃帝陰陽[63]二十五卷。

黃帝諸子論陰陽[64]二十五卷。

諸王子論陰陽[65]二十五卷。

太元陰陽[66]二十六卷。

三典陰陽談論[67]二十七卷。

神農大幽五行[68]二十七卷。

四時五行經[69]二十六卷。

猛子閭昭[70]二十五卷。

陰陽五行時令[71]十九卷。

堪輿金匱[72]十四卷。

務成子災異應[73]十四卷。

十二典災異應[74]十二卷。

鍾律災應[75]二十六卷。

鍾律叢辰日苑[76]二十二卷。

鍾律消息[77]二十九卷。

黃鍾[78]七卷。

天一[79]六卷。

泰一[80]二十九卷。

刑德[81]七卷。

風鼓六甲[82]二十四卷。

風后孤虛[83]二十卷。

六合隨典[84]二十五卷。

轉位十二神[85]二十五卷。

羨門式法[86]二十卷。

羨門式[87]二十卷。

文解六甲[88]十八卷。

文解二十八宿[89]二十八卷。

五音奇胲用兵[90]二十三卷。

五音奇胲刑德[91]二十一卷。

五音定名[92]十五卷。

右五行三十一家，六百五十二卷[93]。

五行[94]者，五常之形氣[95]也。書云「初一曰五行，次二曰羞用五事[96]」，言進用五事以順五行也。貌、言、視、聽、思心失[97]，而五行之序亂，五星之變作[98]，皆出於律曆之數[99]而分為一者也。其法亦起五德終始[100]，推其極則無不至。而小數家[101]因此以為吉凶，而行於世，寖以相亂。

龜書[102]五十二卷。

夏龜[103]二十六卷。

南龜書[104]二十八卷。

巨龜[105]三十六卷。

雜龜[106]十六卷。

蓍書[107]二十八卷。

周易[108]三十八卷。

周易明堂[109]二十六卷。

周易隨曲射匿[110]五十卷。

大筮衍易[111]二十八卷。

大次雜易[112]三十卷。

鼠序卜黃[113]二十五卷。

於陵欽易吉凶[114]二十三卷。

任良易旗[115]七十一卷。

易卦[116]八具。

右蓍龜十五家，四百一卷[117]。

蓍龜[118]者，聖人之所用也。書曰：「女則有大疑，謀及卜筮[119]。」易曰：「定天下之吉凶，成天下之亹亹者，莫善於蓍龜[120]。」「是故君子將有為也，將有行也，問焉而以言，其受命也如嚮，無有遠近幽深，遂知來物。非天下之至精，其孰能與於此[121]！」及至衰世[122]，解於齊戒[123]，而婁[124]煩卜筮，神明不應。故筮瀆不告，易以為忌[125]；龜厭不告，詩以為刺[126]。

黃帝長柳占夢[127]十一卷。

甘德長柳占夢[128]二十卷。

武禁相衣器[129]十四卷。

嚏耳鳴雜占[130]十六卷。

禎祥變怪[131]二十一卷。

人鬼精物六畜變怪[132]二十一卷。

變怪誥咎[133]十三卷。

執不祥劾鬼物[134]八卷。

請官除訞祥[135]十九卷。

禳祀天文[136]十八卷。

請禱致福[137]十九卷。

請雨止雨[138]二十六卷。

泰壹雜子候歲[139]二十二卷。

子贛雜子候歲[140]二十六卷。

五法積貯寶臧[141]二十三卷。

神農教田相土耕種[142]十四卷。

昭明子鈞種生魚鼈[143]八卷。

種樹臧果相蠶[144]十三卷。

右雜占十八家，三百一十三卷[145]。

雜占[146]者，紀百事之象，候善惡之徵[147]。易曰：「占事知來[148]。」眾占非一，而夢為大，故周有其官[149]。而詩載熊羆虺蛇眾魚旐旟之夢[150]，著明大人之占[151]，以考吉凶，蓋參卜筮。春秋之說訞[152]也，曰：「人之所忌，其氣炎以取之，訞由人興也。人失常則訞興，人無釁焉，訞不自作[153]。」故曰：「德勝不祥，義厭不惠[154]。」桑穀共生，大戊以興；鴝雉登鼎，武丁為宗[155]。然惑者不稽諸躬[156]，而忌訞之見，是以詩刺「召彼故老，訊之占夢[157]」，傷其舍本而憂末[158]，不能勝凶咎[159]也。

山海經[160]十三篇。

國朝[161]七卷。

宮宅地形[162]二十卷。

相人[163]二十四卷。

相寶劍刀[164]二十卷。

相六畜[165]三十八卷。

右形法六家，百二十二卷。

形法[166]者，大舉九州[167]之勢，以立城郭室舍[168]，形人及六畜骨法之度數[169]、器物之形容[170]，以求其聲氣貴賤吉凶[171]。猶律有長短[172]，而各徵其聲[173]，非有鬼神，數自然[174]也。然形與氣相首尾[175]，亦有有其形而無其氣[176]，有其氣而無其形[177]，此精微之獨異[178]也。

凡數術百九十家，二千五百二十八卷[179]。

數術者，皆明堂羲和史卜之職[180]也。史官之廢久矣，其書既不能具，雖有其書而無其人。易曰：「苟非其人，道不虛行[181]。」春秋時魯有梓慎[182]，鄭有裨竈[183]，晉有卜偃[184]，宋有子韋[185]；六國時楚有甘公[186]，魏有石申夫[187]；漢有唐都[188]，庶得麤觕[189]。蓋有因而成易，無因而成難，故因舊書以序數術為六種[190]。

【章旨】以上為〈數術略〉，著錄天文、曆譜、五行、蓍龜、雜占、形法六個種類的典籍。敘說了數術的起源、傳授源流。對不同種類數術皆先明其所長，次言其所短，給予適當的評價。

【注釋】❶泰壹雜子星　書亡。王先謙《漢書補注》曰：「泰壹，星名，即太一也。見〈天文志〉。雜子星者，蓋此書雜記諸星，乙太一冠之，猶下雜變星，以五殘冠之也。」❷五殘雜變星　書亡。五殘，星名。〈天文志〉：「五殘星，出正東，東方之星。其狀類辰，去地可六丈，大而黃。」孟康注曰：「星表有青氣如暈，有毛，填星之精。」❸黃帝雜子氣　書亡。雜子氣，雜占望氣，以推測軍事行動的吉凶。《太平御覽》八百七十八引《黃帝占軍氣訣》云：「攻城有虹，欲敗之應。」《隋志》天文家著錄《天文占氣書》一卷、《候氣書》一卷，皆此類書。❹常從日月星氣　書亡。常從，顏師古注曰：「人姓名也，老子師之。」《說苑》：「常樅有疾，老子往問焉。」《文子・尚德》：「老子學於常樅。」樅即從。❺皇公雜子星　書亡。皇公，人名，古天文學家。雜子，為其徒眾。❻淮南雜子星　書亡。淮南，即淮南王劉安。此書是否在《淮南外篇》三十三篇之內，不詳。❼泰壹雜子雲雨　書亡。❽國章觀霓雲雨　書亡。國章，人名。觀，觀測。此處為觀測虹霓雲雨，以占吉凶之意。或說國章觀似宮觀名，此說與書名本意不合，不足取。❾泰階六符　書亡。〈東方朔傳〉注引應劭曰《黃帝泰階六符經》云云，可見，此書原有「經」字，亦依託黃帝之作。泰階，星名，即上、中、下三台，各兩兩並列，共六星，如階梯，故名泰階。《文選・魏都賦》注曰：「泰階者，天之三階也。上階，上星為天子，下星為女主。中階，上星為諸侯三公，下星為卿大夫。下階，上星為元士，下星為庶人。三階平，則陰陽和，風雨時，歲大登，民人息，天下平，是謂太平。」六符，觀泰階六星之色以測吉凶。⑩金度玉衡漢五星客流出入　書亡。金度，銅製量器。玉衡，裝在觀察天文儀器上的橫桿。北斗七星之斗杓也叫玉衡。漢五星，指漢代五星運行情況。客，客星；忽隱忽現之星。流，指流星。⑪漢五星彗客行事占驗　書亡。彗，彗星。客，客星。記錄漢代五星、彗星、客星及其對應的事件。⑫漢日旁氣行事占驗　書亡。日旁氣，太陽周圍之氣。⑬漢流星行事占驗　書亡。此書專講流星占，同時講述漢代與流星相對應的某些事件。⑭漢日旁氣行占驗　書亡。此書與上書名同而書不同，特去「事」字以為區別。⑮漢日食月暈雜變行事占驗　書亡。記錄漢代的日食、月暈或類似的異常現象，以及與之對應發生的某些事件。⑯海中星占驗　書亡。海中，一說指海洋。顧炎武曰指中國，同「海內」。⑰海中五星經雜事　書亡。⑱海中五星順逆　書亡。五星順逆，古代天文學術語。指火、水、木、金、土五星的運行軌道、出入方向。出東入西為順，出西入東為逆。《史記・天官書》：「五星順入。」《索隱》引韋昭注曰：「順入，從西入也。」又引宋均曰：「逆入，從東入。」⑲海中二十八宿國分　書亡。《淮南子・天文》：「星部地名：角、亢鄭，氐、房、心宋，尾、箕燕；斗、牽牛越，須女吳，虛、危齊，營室、東壁衛，奎、婁魯，胃、昴、畢魏，觜巂、參趙，東井、輿鬼秦，柳、七星、張周，翼、軫楚。」二十八宿為恆星，列國地理位置也相對穩定，因此，可以找到相對穩定的星宿和國家。⑳海中二十八宿臣分　書亡。臣分，沈欽韓《漢書疏證》引張衡語曰：「『在野象物，在朝象官，在人象事。』《隋志》有《二十八宿二百八十三官圖》一卷，即臣分之義也。」㉑海中日月彗虹雜占　書亡。㉒圖書祕記　書亡。圖，指《河圖》。書，指《洛書》。祕記，指緯書。符命徵驗之書多藏內府，祕而不宣，故稱祕書、祕記。㉓右天文二句　今計二十二家，四百一十九卷。多一家，少二十六卷。㉔序二十八宿　排列二十八宿的順序。序，序列；排列。二十八宿，我國古代天文學家為了觀測天象，在黃道帶和赤道帶的兩側繞天一周，選取了二十八個星座，作為觀測時的標誌，稱為二十八宿。它們又分為四組，每組七宿，與四方四神相配，即東方蒼龍：角、亢、氐、房、心、尾、箕；北方玄武：斗、牛、女、虛、危、室、壁；西方白虎：奎、婁、胃、昴、畢、觜、參；南方朱雀：井、鬼、柳、星、張、翼、軫。㉕步五星日月　推算金、木、水、火、土五星和日、月的運行。步，推步；推算。古人觀測日月五星運行於天，猶如人之行步，可以推算得知。五星，金、木、水、火、土五大行星。㉖紀吉凶之象　古人認為日月星辰位置、顏色等的異常變化都預示人間的吉凶禍福。如《易・繫辭上》云：「天垂象，見吉凶。」本書卷二十六〈天文志〉云：「凡五星色：皆圜，白為喪為旱，赤中不平為兵，青為憂為水，黑為疾為多死，黃吉；皆角，赤犯我城，黃地之爭，白哭泣之聲，青有兵憂，黑水。五星同色，天下匽兵，百姓安寧，歌舞以行，不見災疾，五穀蕃昌。」㉗聖王所以參政　謂天文與朝政關係密切，天文變化是朝政善惡的反映，日月星宿出現異常現象，朝政也應作相應調整。如〈天文志〉

云：「政失於此，則變見於彼，猶景之象形，鄉之應聲。是以明君睹之而寤，飭身正事，思其咎謝，則禍除而福至，自然之符也。」㉘觀乎天文二句　語出《易・賁卦・彖辭》。㉙星事𣧑悍　占驗星象的吉凶是凶險的事。星事，指根據星象占驗吉凶之事。𣧑，同「凶」。危險。悍，猛烈。㉚非湛密者弗能由也　不是慎重精密的人不能使用。湛密，深沉；嚴密。由，用。㉛觀景以譴形　觀察天上星宿變化景象，用來譴責政治得失之形跡。景，同「影」。指天上星宿變化的景象。形，政治善惡的表現。㉜黃帝五家曆　書亡。五家，五帝。五帝名稱有數說，《史記・五帝本紀》依《世本》、《大戴禮記》，以黃帝、顓頊、帝嚳、唐堯、虞舜為五帝。五家還有另一說，《索隱》云：「謂五紀，歲、月、日、星辰、曆數，各有一家顓學習之，故曰五家也。」據《史記・天官書》云：「自初生民以來，世主曷嘗不曆日月星辰？及至五家、三代，紹而明之。」《漢書・敘傳》：「官失學微，六家分乖，壹彼壹此，庶研其幾。述〈律曆志〉第一。」顏師古注引劉德曰：「六家，謂黃帝、顓頊、夏、殷、周、魯曆也。」是五家曆指黃帝、顓頊、夏、殷、周曆。㉝顓頊曆　書亡。顓頊，五帝之一。傳說中的部族首領，號高陽氏，傳說為黃帝之孫。㉞顓頊五星曆　書亡。㉟日月宿曆　書亡。㊱夏殷周魯曆　書亡。《漢書・律曆志》：「三代既沒，五伯之末，史官喪紀，疇人子弟分散，或在夷狄，故其所記，有黃帝、顓頊、夏、殷、周及魯曆。」即所謂六家曆。夏、殷、周、魯曆由黃帝、顓頊曆沿續下來。㊲天曆大曆　書亡。楊樹達《漢書窺管》：「《晉書・束皙傳》記汲塚書有《大曆》二篇，云鄒子談天類也。疑即此書。」㊳漢元殷周諜曆　書亡。漢元，即漢興元年（西元前二〇六年）。諜曆，當為「曆諜」。諜，通「牒」。按照年代順序記世系為曆諜。此書係自漢代建元之時，上溯殷周兩代，按照年代記載殷至漢的世系。㊴耿昌月行帛圖　書亡。耿昌，本名耿壽昌，西漢宣帝時理財家、曆算家。官大司農中丞。封關內侯。精於數學，曾刪補《九章算術》。對天文學研究頗深，曾用銅鑄渾天儀觀測天象。月行帛圖，即繪於縑帛上的月行之圖。㊵耿昌月行度　書亡。行度，即月行之測度。㊶傳周五星行度　書亡。傳周，當為「傳周」。不詳。㊷律曆數法　書亡。疑為張倉、落下閎、京房等人律書之彙編。律曆，包括曆法、天文、度量、氣象等內容。㊸自古五星宿紀　書亡。五星宿，包括五星及二十八宿。㊹太歲謀日晷　書亡。太歲，又稱歲陰或太陰。古代天文學中假設的星名，與歲星相應。歲星即木星。古人認為歲星十二年一周天（實際為一一・八六年），因將黃道劃分為十二等分，以歲星所在的部分作為歲名。但歲星運行的方向自西而東，與將黃道分為十二支的方向正相反，為避免這種不方便，假設太歲作與歲星實際運行方向相反的方向運動，以每年太歲所在的部分來紀年。如太歲在寅叫攝提格，在卯叫單閼等。後來更配以十歲陽，組成六十干支，用以紀年。謀，一說為「諜」。日晷，按照日影測定時刻的儀器。㊺帝王諸侯世譜　書亡。㊻古來帝王年譜　書亡。世譜、年譜，即世表、年表。譜與表名異而實同，所記史事皆提綱挈領，簡明扼要。以上《世譜》、《年譜》二書，插在兩種《日晷》書中間，在分類上失當，疑為後人傳寫錯亂所致。(47)日晷書　書亡。(48)許商算術　書亡。許商，字長伯，長安人。漢元帝、成帝時人。從周堪受《尚書》。善為算，著《五行論曆》，四至九卿。其弟子多為大夫、博士，許氏之學榮極一時。(49)杜忠算術　書亡。杜忠，不詳。(50)右曆譜二句　今計十八家，五百六十六卷，少四十卷。(51)曆譜　曆法。是人們根據日月星辰運行的規律，編排年月日、推算歲時節候的方法。譜，《史記・三代世表》張守節《正義》：「布也，列其事也。」(52)序四時之位　排列四季日行的方位。古代以日行北陸為冬，西陸為春，南陸為夏，東陸為秋。位，方位。(53)正分至之節　確定分、至節氣到來的時間。分，指春分、秋分。至，指夏至、冬至。節，節氣。(54)殺生　古人認為，一年四季之中，春天生物萌生，夏天生物成長，秋天果實成熟，可以收割、摘取，冬天收藏。因此，生指春夏，殺指秋冬。(55)三統服色之制　指夏、商、周三代因正朔不同而造成的服制顏色也不相同。三統，曆法術語。夏為人統，以寅月（陰曆正月）為正月，色尚黑；商為地統，以丑月（陰曆十二月）為正月，色尚白；周為天統，以子月（陰曆十一月）為正月，色尚赤。(56)凶阨之患　凶險困窮的患害。(57)吉隆之喜　吉祥隆盛的喜悅。(58)知命　知天命；懂得天的旨意。(59)至材　頂尖的人才。(60)道　有關天地人的法則、規律。此指天道，即宇宙之運行規律。(61)小人　指道德低下的占星家。顧實《漢書藝文志講疏》：「小人蓋指張壽王之徒，見〈律曆志〉。」(62)泰一陰陽　書亡。(63)黃帝陰陽　書亡。(64)黃帝諸子論陰陽　書亡。姚振宗曰：「黃帝諸子，或是封鉅、大填（即大撓）、大山稽、力牧、風后、鬼臾區（即大鴻）、封胡、孔甲、岐伯、泠淪、天老、五聖、知命、規紀、地典、常先、羲和、隸首、容成、俞拊之儔，依託者藉以為重歟？」(65)諸王子論陰陽　書亡。姚振宗曰：「此列黃帝諸子之後，似即黃帝之諸王子。〈五帝本紀〉云：『黃帝二十五子，其得姓者十四人。』大抵亦依託者所為。」(66)太元陰陽　書亡。太元，本指太極元氣。這裡指遠古創曆紀元之號。(67)三典陰陽談論　書亡。三典，古代輕、中、重三類刑法。《周禮・秋官・大司寇》載，大司寇「掌建邦之三典，以佐王刑邦國、詰四方：一曰刑新國用輕典，二曰刑平國用中典，三曰刑亂國用重典。」三典之說源於此。典，法也。(68)神農大幽五行　書亡。張舜徽《漢書藝文志通釋》云：「此『大幽』疑當作『六幽』，由大、六二字形近而誤。《後漢書・章帝紀》章和元年詔曰：『光照六幽。』注云：『六幽，謂六合幽隱之處也。』則直括上下四方矣。」(69)四時五行經　書亡。(70)猛子閭昭　書亡。猛子閭昭，並為人名，其人皆不詳。猛、閭為姓。(71)陰陽五行時令　書亡。(72)堪輿金匱　書亡。堪輿，《說文》云：「堪，天道；輿，地道。」後世所謂堪輿之學，即風水家所研究的一種學問，其中摻有迷信的成分。(73)務成子災異應　書亡。務成子，傳說中的遠古人物，有道術，為堯、舜師。災異應，以五行說論災異感應，把自然災害與人事善惡吉凶相聯繫。亦為依託之作。(74)十二典災異應　書亡。十二典，疑為〈月令〉所謂十二月之氣候變化、災異出現之類的記錄。(75)鍾律災應　書亡。鍾律，黃鐘之律。黃鐘，古樂十二律之一。鍾律與災異之關係，《史記・律書》及本書卷二十一〈律曆志〉均有詳細記載。(76)鍾律叢辰日苑　書亡。叢辰，古代占星、卜筮流派的一種說法。此流派稱叢辰家。其術以陰陽五行為基礎，分辨十二辰（十天干、十二地支）之善惡，將陰陽五行配合歲月日時，附會人事，確定歲德、福德、天喜等為吉辰，白虎、歲破、小耗等為凶神。(77)鍾律消息　書亡。消息，《史記・曆書》正義引皇侃注曰：「乾者陽，生為息；坤者陰，死為消。」消息即消亡、生息之意。鍾律消息，即黃鐘之律在十二個月中生息變化的情況。(78)黃鍾　書亡。(79)天一　書亡。天一，星名。在紫微宮門右。又為太歲別名。又為神名。兵陰陽家、五行家皆有天一，名同而術不同。(80)泰一　書亡。泰一，又作「太一」、「太乙」。(81)刑德　書亡。刑，刑罰。德，德化。陰陽家以刑為陰克，以德為陽生，以附會五行生克之說。(82)風鼓六甲　書亡。風鼓，王先謙《漢書補注》云：遁甲演於風后，風鼓疑為風后之訛。六甲，即遁甲。遁甲為奇門遁甲之省稱，其術以「乙、丙、丁」三奇，以「休、生、傷、杜、景、死、驚、開」八封德變相為八門，故名奇門。十天干中「甲」最尊貴，而不顯露，六甲隱藏於「戊、己、庚、辛、壬、癸」這六儀之中，六儀分布九宮，甲不獨占一宮，故名遁甲。術士以此術推測吉凶禍福，從事預測活動。(83)風后孤虛　書亡。風后，傳說為黃帝相。孤虛，又稱空亡，古代占卜推算日時之法。其術以天干為日，地支為辰，日辰不全為孤虛。《史記・龜策列傳》引孔子語曰：「日辰不全，故有孤虛。」《集解》曰：「甲乙謂之日，子丑謂之辰。《六甲孤虛法》：甲子旬中無戌亥，戌亥即為孤，辰巳即為虛。甲戌旬中無申酉，申酉為孤，寅卯即為虛。甲申旬中無午未，午未為孤，子丑即為虛。甲午旬中無辰巳，辰巳為孤，戌亥即為虛。甲辰旬中無寅卯，寅卯為孤，申酉即為虛。甲寅旬中無子丑，子丑為孤，午未即為虛。」占卜時得孤虛，主事不成。(84)六合隨典　書亡。六合，《周禮》太師掌六律六同以合陰陽之聲。賈公彥疏曰：「六律為陽，六同為陰，兩兩相合，十二律為六合。」後世以陰陽相合之義比附之，遂以婚嫁之事為六合。此書即言婚嫁擇日及宜忌之事。一說六合即子與丑合，寅與亥合，卯與戌合，辰與酉合，巳與申合，午與未合。（見顧實《漢志講疏》）《隋志》五行家有《六合婚嫁曆》一卷，又云蕭梁有《六合婚嫁書》及《圖》各一卷。此諸書與《六合隨典》屬於同一類書。(85)轉位十二神　書亡。轉位，五行家把十二星宿轉移運行視為轉位，又根據轉位所處位置的變化推測吉凶。(86)羨門式法　書亡。羨門，古仙人。式，通「栻」。占卜之器具。《史記・日者列傳》云：「今夫卜者，必法天地，象四時，順於仁義，分策定卦，旋式正棋，然後言天地之利害，事之成敗。」《索隱》：「按：式即栻也。旋，轉也。栻之形上圓象天，下方法地，用之則轉天綱加地之辰，故云旋式。棋者，筮之狀。正棋，蓋謂卜以作卦也。」古代占卜用的式盤，地下出土者不少，經李零《中國方術考》統計，已有八件。(87)羨門

式　書亡。與《羨門式法》同名同卷數，但書不同。[88]文解六甲　書亡。用文字解釋六甲之書。文解，相對於「圖解」而言。數術之書多以圖解釋，文解則專以文辭說明。江蘇連雲港尹灣六號漢墓出土的一枚木牘上有〈六甲占雨〉，將六十甲子排成菱形，下書「占雨」二字，應是用來占測降雨時間的。不知是否屬於此類書。[89]文解二十八宿　書亡。[90]五音奇胲用兵　書亡。五音，古代將宮、商、角、徵、羽為五音。奇胲，《說文》釋為非常之意。胲，「佹」之借字。此書係將五音、陰陽理論用之於軍事的奇祕非常之術。《淮南子・兵略》：「明於星辰日月之運，刑德奇胲之數，背鄉左右之便，此戰之助也。」高誘注：「奇胲，陰陽奇祕之要。」[91]五音奇胲刑德　書亡。此係五行陰陽奇祕之書。[92]五音定名　書亡。五行家以五音推測吉凶之書。《論衡・詰術篇》引《圖宅術》云：「宅有八術，以六甲之名，數而第之，第定名立，宮商殊別。宅有五音，姓有五聲。宅不宜其姓，姓與宅相賊，則疾病死亡，犯罪遇禍。」又云：「五音之家，用口調姓名及字，用姓定其名，用名正其字。口有張歙，聲有外內，以定五音宮商之實。」[93]右五行二句　今計三十一家，六百五十四卷，多二卷。[94]五行　指金、木、水、火、土五種物質。原為古代思想家概括說明世界萬物的一種學說，後為術士利用推測吉凶。[95]五常之形氣　謂五行是五常的外形之氣。儒家以仁、義、禮、智、信為五常。《禮記・中庸》鄭玄注曰：「木神則仁，金神則義，火神則禮，水神則信，土神則知。」[96]初一曰五行二句　語出《尚書・洪範》，原文作：「初一曰五行，次二曰敬用五事。」初一，第一。次二，第二。羞，進獻。五事，指貌、言、視、聽、思心。[97]貌言視聽思心失　言貌、言、視、聽、思心五事失去常態。貌，儀表容貌。言，言語；言論。視，觀察；看。聽，聽取；聽從。思心，思慮。本書卷二十七〈五行志下之上〉曰：「貌言視聽，以心為主，四者皆失，則區霿無識。」[98]五行之序亂二句　此二句言君主的貌、言、視、聽、思心五事失去常態，導致五行的秩序出現混亂，五星的運行發生異常。《史記・天官書》：「天有五星，地有五行。」《左傳・襄公二十八年》，孔穎達《正義》：「五星者，五行之精也。《曆書》稱木精曰歲星，火精曰熒惑，土精曰鎮星，金精曰大白，水精曰辰星。」本書卷二十一〈律曆志上〉：「五星之合於五行，水合於辰星，火合於熒惑，金合於太白，木合於歲星，土合於填星。」〈五行志下之下〉：「五星贏縮，變色逆行。」《史記・天官書》：「五星色白圜，為喪旱；赤圜，則中不平，為兵；青圜，為憂水；黑圜，為疾，多死；黃圜，則吉。」漢代人認為自然變化與人事、政事善惡之間可以相互感應，此即天人感應論。[99]律曆之數　指天地變化的法則。律，音律。〈律曆志〉：「律十有二，陽六為律，陰六為呂。律以統氣類物，呂以旅陽宣氣。至治之世，天地之氣合以生風；天地之風氣正，十二律定。」曆，推算日月星辰變化的方法，即曆法。古人視此為「天地之大紀」。凡改朝換代，均首先確定曆法，〈律曆志〉云：「改正朔，易服色，所以明受命於天也。」律曆，古時以為十二音律與曆象相應。[100]起五德終

始　啟發了五德終始學說的產生。起，啟發。五德為五行（金、木、水、火、土）之德。五行相生相剋、終而復始的循環變化為五德終始。此學說創始於戰國時期陰陽家鄒衍，盛行於兩漢，董仲舒、劉向父子、班固均持此說。他們以五德相生相剋的循環變化，作為解說王朝興替的理論依據。例如，夏朝屬於木德，為屬金德之商朝所剋，而屬火德之周朝又剋滅商朝。秦統一天下，認為水剋火，為水德。至漢朝建立，漢人認為，漢承堯運，為火德；又以周為木德，木生火，故為火德；秦之水德，在周、漢木、火之間，不與五德之序。[101]小數家　指風水、占卜、算命一類的方術之士。[102]龜書　書亡。此係以龜甲占卜吉凶之書。《史記・龜策列傳》：「王者決定諸疑，參以卜筮，斷以蓍龜，不易之道也。」龜，龜甲。[103]夏龜　書亡。[104]南龜書　書亡。南，疑為「商」之訛。[105]巨龜　書亡。[106]雜龜　書亡。[107]蓍書　書亡。蓍，蓍草，用於筮。[108]周易　書亡。此書三十八卷，與〈六藝略〉之《易經》不同。[109]周易明堂　書亡。[110]周易隨曲射匿　書亡。射匿，即射覆，占卦之術。其術先有卦辭，占者以卦推之。凡委曲之物，皆可射中。姚振宗曰：「《隋志》五行家有《易射覆》二卷，又一卷，皆不著撰人，似即本書之佚出者。」[111]大筮衍易　書亡。筮分大筮、小筮。夏之《連山》、殷之《歸藏》，皆屬大筮。[112]大次雜易　書亡。不引《易經》之文的卜筮之書為「雜易」。[113]鼠序卜黃　書亡。民間占卜之書。《抱朴子・對俗篇》曰：「鼠壽三百歲，滿百歲則色白，善憑人而卜，名曰仲，能知一年中吉凶及千里外事。」本書卷二十五〈郊祀志〉曰：「粵人以雞卜，上信之。雞卜自此始用。」李奇注曰：「持雞骨卜，如鼠卜。」鼠卜即鼠序，雞卜即卜黃。所謂卜黃，據唐段公路《北戶錄》云：「邕州之南有善行禁咒者，取雞卵墨畫，祝而煮之，剖為二片，以驗其黃。然後決嫌疑，定禍福，言如響答。」[114]於陵欽易吉凶　書亡。於陵，地名。戰國時為齊國之邑，漢代置縣，南朝劉宋時省。故城在今山東鄒平東南。欽易，其人不詳。[115]任良易旗　書亡。任良，漢代《易》學者京房弟子，官中郎。所著《易旗》為數術之學。[116]易卦　書亡。八具，以八卷計。凡占卦，每一爻，畫地以識之，六爻備，書於版。《易卦》八具，實為版書。[117]右蓍龜二句　今計十五家，四百八十五卷（《易卦》八具以八卷計），多八十四卷。[118]蓍龜　蓍草和龜甲。古人用以占卜吉凶。[119]女則有大疑二句　語出《尚書・洪範》。顏師古注曰：「言所為之事有疑，則以卜筮決之也。」女，通「汝」。你。則，若；如果。謀，商量。卜用龜甲；筮用蓍草。[120]定天下之吉凶三句　語出《易・繫辭上》，原文作：「定天下之吉凶，成天下之亹亹者，莫大乎蓍龜。」亹亹，深遠。[121]是故君子將有為也八句　語出《易・繫辭上》。謂君子行事，皆以其言問於蓍草、龜甲，蓍草、龜甲顯示吉凶時，反映之快，如響之隨聲，無論是遠、是近，是隱蔽、還是深藏，都可以徹底地知道未來之事。不是天下最精妙之物，什麼東西能夠做到這一點呢。此八句言以蓍草、龜甲占卜吉凶之靈驗。嚮，通「響」。遂，徹底。來物，即將發生之事；未來之事。與，參與。[122]衰世　衰退的世道和社會。此指春秋戰國時代，周朝的禮樂制度遭到破壞，故稱衰世。(123)解於齊戒　對齋戒懈怠。解，通「懈」。齊，通「齋」。齋戒，祭祀或舉行大典之前，沐浴更衣，不飲酒，不吃葷，以表示誠心、尊敬。(124)婁　通「屢」。(125)筮瀆不告二句　《易・蒙卦》云：「初筮告，再三瀆，瀆則不告。」顏師古曰：「言童蒙之來決疑。初則以實而告，至於再三，為其煩瀆，乃不告也。」瀆，輕慢。忌，禁戒。(126)龜厭不告二句　《詩・小雅・小旻》云：「我龜既厭，不我告猶。」顏師古曰：「言卜問煩數，媟嫚於龜，龜靈厭之，不告以道也。」(127)黃帝長柳占夢　書亡。占夢，即圓夢，分析夢中所見，並附會人事，預測吉凶。(128)甘德長柳占夢　書亡。甘德，號甘公。善占星。(129)武禁相衣器　書亡。武禁，人名。不詳。古代有裁衣之書，相衣即指擇日裁衣之法。《論衡・譏日篇》：「裁衣有書，書有吉凶。凶日制衣則有禍，吉日則有福。」(130)嚏耳鳴雜占　書亡。講述占噴嚏、耳鳴之術。嚏，噴嚏。《隋志》五行家梁有《嚏書》、《耳鳴書》各一卷。《玉匣記・嚏噴法》論及子時嚏噴，「主有酒食，相敘宴會」。又《耳鳴法》曰：「亥時左主大吉，右主酒食。」居延漢簡中也有當時此類占書的殘簡，如《居延漢簡釋文合校》簡二六九・九云：「示通人□之，耳鳴得事，耳鳴望行事，目濡有來事。」(131)禎祥變怪　書亡。禎祥，吉利的預兆。禎，吉祥；福。祥，幸福；吉利；吉凶徵兆。(132)人鬼精物六畜變怪　書亡。精物，《史記・留侯世家》曰：「學者多言無鬼神，然言有物。」《說文》鬼部云，老精物為鬽，或作魅。「物」與「鬽」，古同音，故假「物」為「鬽」。這是一種視鬼神為精物的解釋。(133)變怪誥咎　書亡。誥，告於神。咎，自刻責。(134)執不祥劾鬼物　書亡。古代用符籙劾繫鬼魅之術。《抱朴子・神化篇》云：「神仙集中有召神劾鬼之法。」(135)請官除訞祥　書亡。訞，同「妖」。(136)禳祀天文　書亡。講述消除天災癘疫之術。禳，祈禱上天消除災害的法術。(137)請禱致福　書亡。姚振宗曰：「《周禮》大宗伯之屬都宗人，掌都宗祀之禮，凡都祭祀，致福於國，國有大故，則令禱祠。又曰家宗人，掌家祭祀之禮。凡祭祀致福，國有大故，則令禱祠。」《論語・述而》：「子疾病，子路請禱。」《集注》曰：「禱者，悔過遷善，以祈神之佑也。」(138)請雨止雨　書亡。馬國翰有《請雨止雨書》輯佚一卷。漢董仲舒有止雨書，言及求雨止雨事。見卷五十六〈董仲舒傳〉。(139)泰壹雜子候歲　書亡。占節候與年歲之書。(140)子贛雜子候歲　書亡。子贛（西元前五二〇—？年），姓端木，名賜，字子貢。孔子弟子。善經商，能言善辯。此書乃依託子貢而作，大約是用於占驗經商之節候、年歲的吉凶。(141)五法積貯寶臧　書亡。農家占候之書。臧，通「藏」。(142)神農教田相土耕種　書亡。農家占候之書。(143)昭明子釣種生魚鼈　書亡。馬國翰有輯本。昭明子，未詳何人。此書以釣、種、生連言，蓋謂釣取之，繁殖之，長養之，三者又各有其占候，故古人為專書論之。(144)種樹臧果相蠶　書亡。亦為占候之書。《玉匣記》有〈商賈興販吉日〉、〈五穀入倉吉日〉、〈耕種吉日〉、〈養蠶浴蠶吉日〉、〈畋獵網魚吉日〉等篇，皆農家占候之術。(145)右雜占二句　今計十八家，三百一十二卷，少一卷。146雜占　指著草、龜甲之外的各種各樣的卜問。147候善惡之徵　期待善惡的證驗。候，等待；觀察。徵，驗證。148占事知來　語出《易・繫辭下》。意為有事而占卜，預知未來的結果。149周有其官　《周禮・春官》宗伯屬官，有大卜，掌三兆、三易、三夢之法；有占夢，以日月星辰占六夢之吉凶。150詩載熊羆虺蛇眾魚旐旟之夢　《詩・小雅・斯干》曰：「乃寢乃興，乃占我夢。吉夢維何？維熊維羆，維虺維蛇。大人占之：維熊維羆，男子之祥；維虺維蛇，女子之祥。」〈無羊〉曰：「牧人乃夢，眾維魚矣，旐維旟矣。大人占之，眾維魚矣，實維豐年；旐維旟矣，室家溱溱。」此即《詩經》所載占夢之法。顏師古曰：「言熊羆虺蛇皆為吉祥之夢，而生男女。及見眾魚，則為豐年之應，旐旟則為多盛之象。」羆，熊一類的動物。虺，古書上記載的一種毒蛇。眾，通「螽」。即螽、蝗蟲。旐旟，分別為古代的兩種旗，旐畫龜蛇，旟畫鳥隼。151大人之占　謂以聖人占夢之法來占夢。大人，指聖人。152訞　通「妖」。153人之所忌六句　《左傳・莊公十四年》申繻曰：「人之所忌，其氣焰以取之。妖由人興也。人無釁焉，妖不自作。人棄常，則妖興，故有妖。」炎，通「燄」。顏師古曰：「炎謂火之光始燄燄也。言人之所忌，其氣燄引致於災也。釁，瑕也。失常，謂反五常之德也。」154德勝不祥二句　美德戰勝不吉祥，正義壓過不順利。厭，通「壓」。壓制、抑制之意。惠，順利。155桑穀共生四句　「桑穀共生」、「鴝雉登鼎」皆為怪異不祥的現象。本書卷二十五〈郊祀志〉載：「帝太戊有桑穀生於廷，一暮大拱，懼。伊陟（太戊之臣，伊尹之子）曰：『祅不勝德。』太戊修德，桑穀死。伊陟贊巫咸。後十三世，帝武丁得傅說為相，殷復興焉，稱高宗。有雉登鼎耳而雊，武丁懼。祖己曰：『修德。』武丁從之，位以永寧。」穀，楮樹。鴝，野雞鳴叫。雉，野雞。大戊即太戊，商代國王，亦稱天戊，太庚之子，雍己之弟。任用伊陟、巫咸治理國政而昌盛。武丁，商代國王。盤庚弟小乙之子。任用傅說為相。156稽諸躬　考察自身。稽，考察。諸，「之於」二字合音。躬，自身。157召彼故老二句　語出《詩・小雅・正月》。故老，元老；舊臣。訊，問。顏師古曰：「言不能修德以禳災，但問元老以占夢之吉凶。」158傷其舍本而憂末　憂慮國君放棄國家根本，而對占夢一類的事情抓住不放。傷，憂慮；憂思。本，根本、主要的東西，此指朝政。末，細枝末節、次要的東西，此指占夢。159凶咎　凶災。160山海經　周秦時代古籍。作者不詳。《漢志》入形法之首，言其就四方地形而為書。《隋志》以來多入史部地理類，視為最早的地理書。《四庫全書總目》著錄十八卷，入子部小說類。161國朝　書亡。地理書。沈欽韓《漢書疏證》：「《隋志》，劉向略言地域，丞相張禹使屬朱貢條記風俗，班固因之作〈地理志〉。《國朝》者，疑此是也。」周壽昌《漢書注校補》曰：「《國朝》七卷是（劉）向書。但以《國朝》立名，疑是志地理。以序在《宮宅地形》書前也。」162宮宅地形　書亡。說風水方位之書。163相人　書亡。觀察人的骨狀、五官、形狀、顏色、行動習性、手足，而測其吉凶貴賤。相，視，觀察。164相寶劍刀　書亡。

講述根據劍刀外表（包括紋理）來鑑別其優劣（利善惡弊）的方法。《呂氏春秋・別類》：「相劍者曰：『白所以為堅也，黃所以為牣也，黃白雜則堅且牣，良劍也。』」居延新簡中有《相寶劍刀》簡冊，為古相劍術專著。此簡冊大約抄寫於王莽時期，其成書則當在西漢，與《漢志》之《相寶劍刀》應屬於同一類書。165相六畜　書亡。古代有相馬、相牛、相彘、相雞、相鴨、相狗等法術，記錄下來即成此類書。《三國志・魏書・夏侯玄傳》注：「漢世，有《相印》、《相笏經》，又有《鷹經》、《牛經》、《馬經》。」《鷹經》、《牛經》、《馬經》正為此類書。《隋志》五行家有《相馬經》一卷，又云：「梁有《伯樂相馬經》、《闕中銅馬法》、《周穆王八馬圖》、《齊侯大夫甯戚相牛經》、《王良相牛經》、《高堂隆相牛經》、《淮南八公相鵠經》、《浮丘公相鶴書》、《相鴨經》、《相雞經》、《相鵝經》、《相貝經》、《祖暅權衡記》、《稱物重率術》各一卷，《劉潛泉圖記》三卷，亡。」蓋散之則各自成帙，合之則總為一編。在漢代，經劉向、歆父子整理，悉數納入三十八卷中。故此書應為當時相禽畜法術的彙編。馬王堆漢墓出土帛書《相馬經》，阜陽雙古堆出土漢簡《相狗經》，臨沂銀雀山出土漢簡《相狗方》，皆為當時流行之相禽畜法術類書籍。166形法　即相法，指相地、相宅、相人、相畜、相器物的法術，後世之看風水、相面術等皆由此發展演變而來。形，相。167九州　上古中國的地理區劃。傳說禹治水之後劃分九州，有冀、兗、青、徐、揚、荊、豫、梁、雍。《周禮・職方》、《呂氏春秋》、本書卷二十八〈地理志〉與《尚書・禹貢》所載禹劃九州各有出入，實際上九州只是當時學者所知的九個地理區域。168立城郭室舍　即相地相宅。城郭，古代都邑四周的防禦牆垣，有內、外之分，內為城，外為郭。169形人及六畜骨法之度數　看人和牲畜骨相的尺寸。形，相；看。骨法，骨相。《史記・淮陰侯列傳》：「貴賤在於骨法。」度數，長短尺寸。170形容　形狀。171聲氣貴賤吉凶　指器物之聲，地脈之氣，人之貴賤，六畜之吉凶。172律有長短　指十二律管各有長短，如其中的黃鐘律長九寸，太族律長八寸，林鐘律長六寸，諸如此類，各有長短。173各徵其聲　指十二律管各有長短，亦各有相應的聲音，管長，其聲濁，管短，其聲清，皆物之理。174數自然　指律之長短、聲之清濁皆自然之理，非人與鬼神所為。175形與氣相首尾　形指外觀形狀，氣指內在素質。相首尾即互為表裡，互相聯繫，互相影響。176有其形而無其氣　有外觀形狀而不具備內在應有的氣質。177有其氣而無其形　有內在的氣質而缺乏應有的外觀形狀。178精微之獨異　精細微妙的特殊區別。精微，細微。獨異，特殊的區別；異乎尋常。179凡數術二句　當為百九家，衍「十」字。卷數當為二千五百五十卷。180明堂義和史卜之職　明堂，指古代天子宣明政教的地方，所有朝會及祭祀、慶賞、選士、養老、教學等大典，均在其中舉行。義和，傳說中掌天文曆法之官。關於他的記載，諸書各異：《史記・天官書》《索隱》引《世本》曰黃帝時天文官；《尚書・胤征》曰夏朝仲康時天文官。史卜，史官和占卜之官。181苟非其人二句　謂沒有專門人才，辦不成專門事業。語出《易・繫辭下》。[182]梓慎　魯襄公時人。[183]裨竈　與梓慎同時代。[184]卜偃　魯閔公時代人。[185]子韋　見〈諸子略〉陰陽家類注[1]。[186]甘公　即〈數術略〉雜占類所記之甘德。[187]石申夫　〈天文志〉載《石氏》所記星辰之變。一說「夫」疑作「大」，屬下讀。[188]唐都　漢天文之官。司馬遷曾學天文於唐都。[189]麤觕　同「粗粗」。大略。二字皆為「粗」的異體字。[190]六種　指天文、曆譜、五行、蓍龜、雜占、形法六類數術之書。

【語譯】《泰壹雜子星》二十八卷。

《五殘雜變星》二十一卷。

《黃帝雜子氣》三十三篇。

《常從日月星氣》二十一卷。

《皇公雜子星》二十二卷。

《淮南雜子星》十九卷。

《泰壹雜子雲雨》三十四卷。

《國章觀霓雲雨》三十四卷。

《泰階六符》一卷。

《金度玉衡漢五星客流出入》八篇。

《漢五星彗客行事占驗》八卷。

《漢日旁氣行事占驗》三卷。

《漢流星行事占驗》八卷。

《漢日旁氣行占驗》十三卷。

《漢日食月暈雜變行事占驗》十三卷。

《海中星占驗》十二卷。

《海中五星經雜事》二十二卷。

《海中五星順逆》二十八卷。

《海中二十八宿國分》二十八卷。

《海中二十八宿臣分》二十八卷。

《海中日月彗虹雜占》十八卷。

《圖書祕記》十七篇。

以上天文二十一家，四百四十五卷。

天文學家，排列二十八宿的順序，推算五星日月的運行，以便記載天象的吉凶，是聖王處理政事的依據。《易經》說：「觀測天文，用來考察社會變化。」然而占驗星象的吉凶是凶險的事，不是慎重精密的人不能去做。觀察天上星宿變化的景象，來譴責政治得失的形跡，不是聖明的君王也不能聽從。用不能慎重精密地從事星象觀測、占驗的臣子，去藉天象吉凶勸諫不能聽從的君王，這就是造成君臣雙方皆受其害的原因。

《黃帝五家曆》三十三卷。

《顓頊曆》二十一卷。

《顓頊五星曆》十四卷。

《日月宿曆》十三卷。

《夏殷周魯曆》十四卷。

《天曆大曆》十八卷。

《漢元殷周諜曆》十七卷。

《耿昌月行帛圖》二百三十二卷。

《耿昌月行度》二卷。

《傳周五星行度》三十九卷。

《律曆數法》三卷。

《自古五星宿紀》三十卷。

《太歲謀日晷》二十九卷。

《帝王諸侯世譜》二十卷。

《古來帝王年譜》五卷。

《日晷書》三十四卷。

《許商算術》二十六卷。

《杜忠算術》十六卷。

以上曆譜十八家，六百六卷。

曆譜家，排列四季日行的方位，確定春分、秋分、夏至、冬至等節氣的時間，推合日、月及金、木、水、火、土五星的時辰，以考察四季寒暑殺生的實況。因此聖明的君王必定確定曆法標準，然後用來明確黑白赤三統循環的服飾顏色制度，又可以用來探知五星與日月會合時間。推算凶險困窮的患害、吉祥隆盛的喜悅，此類法術都起源於它。這是聖人知曉天命的方法，不是天下最有才能的人，有誰能參與其事！歲時節候規律的推算之所以被擾亂，其禍害是出於那些道德低下而又硬想知道宇宙規律的人，他們破壞大的天道去從事小的方術，削短遠略變為近功，因此，道術破碎得使人難以認識。

《泰一陰陽》二十三卷。

《黃帝陰陽》二十五卷。

《黃帝諸子論陰陽》二十五卷。

《諸王子論陰陽》二十五卷。

《太元陰陽》二十六卷。

《三典陰陽談論》二十七卷。

《神農大幽五行》二十七卷。

《四時五行經》二十六卷。
《猛子閭昭》二十五卷。
《陰陽五行時令》十九卷。
《堪輿金匱》十四卷。
《務成子災異應》十四卷。
《十二典災異應》十二卷。
《鍾律災應》二十六卷。
《鍾律叢辰日苑》二十二卷。
《鍾律消息》二十九卷。
《黃鍾》七卷。
《天一》六卷。
《泰一》二十九卷。
《刑德》七卷。
《風鼓六甲》二十四卷。
《風后孤虛》二十卷。
《六合隨典》二十五卷。
《轉位十二神》二十五卷。
《羨門式法》二十卷。
《羨門式》二十卷。
《文解六甲》十八卷。
《文解二十八宿》二十八卷。

《五音奇胲用兵》二十三卷。

《五音奇胲刑德》二十一卷。

《五音定名》十五卷。

以上五行三十一家，六百五十二卷。

金、木、水、火、土五行是仁、義、禮、智、信五常的外形之氣。《尚書》說「第一是五行，第二是敬用貌、言、視、聽、思心五事」。是說進用五事以使五行有序。貌、言、視、聽、思心五事失去常態，五行的秩序就會出現錯亂，五星就會變色逆行，這些都是從音律、曆法的計算之數中分離出來的一部分。這種推算方法也啟發了五德終始學說的產生，推演到極限就無所不至。而從事星命小術的人根據這種推算方法判斷吉凶，使用於社會，逐漸把五行、五常等都搞混亂了。

《龜書》五十二卷。

《夏龜》二十六卷。

《南龜書》二十八卷。

《巨龜》三十六卷。

《雜龜》十六卷。

《蓍書》二十八卷。

《周易》三十八卷。

《周易明堂》二十六卷。

《周易隨曲射匿》五十卷。

《大筮衍易》二十八卷。

《大次雜易》三十卷。

《鼠序卜黃》二十五卷。

《於陵欽易吉凶》二十三卷。

《任良易旗》七十一卷。

《易卦》八具。

以上蓍龜十五家，四百一卷。

蓍草、龜甲，是聖人用來卜筮吉凶的。《尚書》說：「你如果有大的疑難問題，要通過卜筮向蓍草、龜甲詢問。」《易經》說：「確定天下的吉凶，促成天下興盛的辦法，沒有比蓍草、龜甲更好的了。」「因此，君子將要辦事，將要到某個地方去，以其言向蓍草、龜甲詢問，蓍草、龜甲顯示吉凶，其反映之迅速如同回聲跟隨聲音一樣，不分遠近、隱蔽、深藏，都可以徹底地知道未來之事。不是天下最精妙之物，什麼東西能夠做到這一點呢！」等到了衰落的世代，對於齋戒懈怠，而頻繁地使用卜筮，神明就不應驗了。因此，再三筮卦，蓍草就不顯示吉凶，《易經》對此很忌諱；卜問次數太多，龜甲就不告知未來之事，《詩經》對此有譏刺。

《黃帝長柳占夢》十一卷。

《甘德長柳占夢》二十卷。

《武禁相衣器》十四卷。

《嚏耳鳴雜占》十六卷。

《禎祥變怪》二十一卷。

《人鬼精物六畜變怪》二十一卷。

《變怪誥咎》十三卷。

《執不祥劾鬼物》八卷。

《請官除訞祥》十九卷。

《禳祀天文》十八卷。

《請禱致福》十九卷。

《請雨止雨》二十六卷。

《泰壹雜子候歲》二十二卷。

《子贛雜子候歲》二十六卷。

《五法積貯寶臧》二十三卷。

《神農教田相土耕種》十四卷。

《昭明子釣種生魚鱉》八卷。

《種樹臧果相蠶》十三卷。

以上雜占十八家，三百一十三卷。

雜占，記錄各種事物的表象，觀察善惡的證驗。《易經》說：「有事而占卜，可以預知未來的結果。」各類占卜不止一種，其中占夢是最主要的一種，因此周朝設立了占夢之官。《詩經》記載了關於熊、羆、虺、蛇、螽、魚、旐、旟的夢，表明用聖人占夢之法來占夢，以考察吉凶，大概參用了蓍草、龜甲的卜筮方法。《春秋》解說怪異、邪惡的事物說：「人所忌諱的怪異、邪惡的事物，是由他的氣焰招來的，怪異、邪惡的事物由人引起。人失去五常之德，怪異、邪惡的事物就興起，人沒有缺點錯誤，怪異、邪惡的事物不會自己出現。」所以說：「美德戰勝不吉祥，正義壓過不順利。」桑樹、楮樹共相生長，商王大戊因之戒懼修德而興旺起來；野雞落在鼎器上鳴叫，商王武丁因之戒懼修德而成為高宗。但糊塗的人不考察自身，反而畏懼怪異、邪惡的事物的出現，因此《詩經》譏刺「召集元老，詢問占夢」的君主，憂慮國君放棄國家根本，而對占夢一類的事情深信不疑，這是不能克服凶災的。

《山海經》十三篇。

《國朝》七卷。

《宮宅地形》二十卷。

《相人》二十四卷。

《相寶劍刀》二十卷。

120 《相六畜》三十八卷。

以上形法六家，百二十二卷。

相地、相宅、相人、相畜、相器物一類的法術，大的方面指出九州的形勢，以便建立內城外城宮室房舍，看人以及六畜骨相的尺寸，器物的外形特點，用來求得人、畜、器物的聲律、氣質、貴賤、吉凶。如同律管有長短，並各有相對應的聲音，不是有鬼神支配，是聲律之數乃自然形成。然而外形與氣質是相互聯繫的，也有具備外形而沒有與外形相應氣質的，具備內在的氣質而缺乏應有外形的，這些都是精細微妙的特殊區別。

以上共有數術一百九十家，二千五百二十八卷。

數術類，都是掌管天文、曆法、祭祀天地、宗廟、記錄史事、占卜之官的職業。史官廢除很久了，其書已經不能完備，即使有這樣的書也沒有這樣的人。《易經》說：「如果不是真正掌握技術的人，道就不會自然表現出來。」春秋時魯國有梓慎，鄭國有裨竈，晉國有卜偃，宋國有子韋；戰國時楚國有甘公，魏國有石申夫；漢朝有唐都，差不多掌握其大略。大概有憑藉就容易成功，沒有憑藉就很難成功，因此依據舊書來把數術類序次為六種。

黃帝內經❶十八卷。

外經❷三十七卷。

扁鵲內經❸九卷。

外經❹十二卷。

白氏內經[5]三十八卷。

外經[6]三十六卷。

旁篇[7]二十五卷。

右醫經七家，二百一十六卷[8]。

醫經[9]者，原人血脈經落骨髓陰陽表裡[10]，以起百病之本，死生之分[11]，而用度箴石湯火所施[12]，調百藥齊和[13]之所宜。至齊[14]之得，猶慈石[15]取鐵，以物相使。拙者失理，以瘉為劇[16]，以生為死。

五藏六府痺十二病方[17]三十卷。

五藏六府疝十六病方[18]四十卷。

五藏六府癉十二病方[19]四十卷。

風寒熱十六病方[20]二十六卷。

泰始黃帝扁鵲俞拊方[21]二十三卷。

五藏傷中十一病方[22]三十一卷。

客疾五藏狂顛病方[23]十七卷。

金創瘲瘛方[24]三十卷。

婦人嬰兒方㉕十九卷。

湯液經法㉖三十二卷。

神農黃帝食禁㉗七卷。

右經方十一家，二百七十四卷㉘。

經方㉙者，本草石㉚之寒溫，量疾病之淺深，假藥味之滋，因氣感㉛之宜，辯五苦六辛㉜，致水火之齊㉝，以通閉解結㉞，反之於平㉟。及失其宜者，以熱益熱，以寒增寒㊱，精氣內傷，不見於外㊲，是所獨失也。故諺曰：「有病不治，常得中醫㊳。」

容成陰道㊴二十六卷。

務成子陰道㊵三十六卷。

堯舜陰道㊶二十三卷。

湯盤庚陰道㊷二十卷。

天老雜子陰道㊸二十五卷。

天一陰道㊹二十四卷。

黃帝三王養陽方㊺二十卷。

三家內房有子方[46]十七卷。

右房中八家，百八十六卷[47]。

房中[48]者，情性之極[49]，至道之際[50]，是以聖王制外樂以禁內情[51]，而為之節文[52]。傳曰：「先王之作樂，所以節百事也[53]。」樂而有節，則和平壽考[54]。及迷者弗顧，以生疾而隕性命。

宓戲雜子道[55]二十篇。

上聖雜子道[56]二十六卷。

道要雜子[57]十八卷。

黃帝雜子步引[58]十二卷。

黃帝岐伯按摩[59]十卷。

黃帝雜子芝菌[60]十八卷。

黃帝雜子十九家方[61]二十一卷。

泰壹雜子十五家方[62]二十二卷。

神農雜子技道[63]二十三卷。

泰壹雜子黃治[64]三十一卷。

右神僊十家，二百五卷[65]。

神僊[66]者，所以保性命之真[67]，而游求於其外[68]者也。聊以盪意平心[69]，同死生之域[70]，而無怵惕[71]於胸中。然而或者專以為務，則誕欺怪迂之文彌以益多[72]，非聖王之所以教也。孔子曰：「索隱行怪，後世有述焉，吾不為之矣[73]。」

45

凡方技三十六家，八百六十八卷[74]。

方技者，皆生生之具[75]，王官之一守[76]也。太古有岐伯、俞拊，中世有扁鵲、秦和[77]，蓋論病以及國[78]，原診以知政[79]。漢興有倉公[80]。今其技術晻昧[81]，故論其書，以序方技為四種[82]。

【章旨】以上為〈方技略〉，著錄醫經、經方、房中、神仙四個種類的典籍，皆先明其長處，次言其弊端。大序敘說了方技的起源、傳授源流。

【注釋】❶黃帝內經 書殘。今所存《黃帝內經》實包括《素問》、《靈樞》兩種。《素問》之名不見於《漢志》，後漢張機《傷寒論》始引之，《隋志》始著錄。其書載黃帝、岐伯答問之語，雖屬依託，然詞義古樸，旨義精邃，非秦以後人所能為。前人多定為戰國時人所作，殆無可疑。《靈樞》又名《鍼經》，論鍼刺之法。《靈樞》之名更為晚出，其書經後人補綴、續增者較多。二書雖非出於一時，成於一手，但其精義名言必有所受，故為學醫者所宗，推為醫家經典。❷外經 書亡。醫書之分內、外經，猶如《春秋》、《韓詩》有內外傳，《晏子春秋》、《莊子》、《淮南子》有內外篇。古書篇章之分內外，大抵以內篇闡明道理，為作者要旨所在，外篇係旁說雜陳，為其緒餘。下文《扁鵲》、《白氏》亦分內外經。❸扁鵲內經 書殘。❹外經 書殘。顧實《漢志講疏》曰：「今扁鵲《難經》二卷，當為《扁鵲內、外經》之遺書。」《難經》不見於《漢志》，隋、唐〈志〉

始有著錄，題「秦越人撰」，後世多疑其偽，當為依託之作。胡應麟《四部正訛》曰：「《難經》醫方等錄，文字古奧，語致玄妙，蓋周秦之際，上士哲人之作。」持論較為平允。扁鵲，戰國初期名醫。《史記》有〈列傳〉，稱其為渤海郡人，姓秦，名越人。為醫或在齊，或在趙，在趙者名扁鵲。治病以診脈為名，而洞見五臟癥結，遂以精醫名天下。一說扁鵲為黃帝時良醫名，世以秦越人醫術與古之扁鵲相類，因以其名名之。❺白氏內經　書亡。姚振宗曰：「白氏不詳何人，自來醫家罕見著錄。其書大抵亦本黃帝、《扁鵲內外經》而申說之，故其《內經》卷數倍多於前。」❻外經　書亡。❼旁篇　書亡。姚振宗曰：「《旁篇》者，旁通問難之屬也。或統於白氏，或別為一家。」❽右醫經二句　今計醫經七家，一百七十五卷，少四十一卷。❾醫經　指中醫學理論的早期著作。主要闡述人體解剖、生理、病理、治療原則和針灸原理。❿原人血脈句　探求人的血脈、經絡、骨髓、陰陽、表裡。血脈，指血液運行的脈道。經落，同「經絡」。經脈與絡脈。經脈如經路，為縱行的幹線；絡脈如網路，為橫行的分支。經絡是內屬臟腑、外絡肢節，聯繫全身，運行氣血的通路。它們縱橫交錯，循行於人體內，組成了一個有機聯繫的系統。骨髓，指藏於骨腔內的精髓，為腎精所化生。陰陽，表示臟腑、組織、部位的屬性，如臟為陰，腑為陽；氣為陽，血為陰；背為陽，腹為陰。陰陽學說是中醫的理論基礎，此學說認為陰陽協調平衡是人體健康的根本，平衡一旦失去，就產生疾病，嚴重者可至死亡。表裡，指表徵和裡徵及其相互關係。病在表的淺而輕，病在裡的深而重。⓫起百病之本二句　揭示百病的根源，死亡與生存的界限。起，揭示。本，根本；根源。⓬用度箴石湯火所施　依據診斷來判定針灸、砭石、湯汁、火劑等不同治療方法使用的部位。用，因；以。指依照診斷結果。度，推測；估計；判定。箴，通「針」。針刺治病。石，即石箴，又稱砭石。湯，湯液。將藥物加水煎煮，取汁液飲服的湯藥。火，即火劑。古代清火的藥劑。《韓非子・喻老》：「扁鵲曰：疾在腠理，湯熨之所及也；在肌膚，鍼石之所及也；在腸胃，火齊之所及也；在骨髓，司命之所屬，無奈何也。」⓭齊和　和藥；配藥。齊，通「劑」。⓮至齊　最好的藥劑。齊，通「劑」。⓯慈石　即磁石。慈，通「磁」。⓰以瘉為劇　把病情治癒視作病情加劇。瘉，通「癒」。病好了。劇，指病情加劇。⓱五藏六府痺十二病方　書亡。五藏，出自《靈樞・九針論》。指心藏神，肺藏魄，肝藏魂，脾藏意，腎藏精志。藏，通「臟」。六府，指大腸、小腸、三焦、胃、膽、膀胱。府，通「腑」。痺，同「痹」。由風、寒、溼等引起的肢體疼痛、麻木之病。⓲五藏六府疝十六病方　書亡。疝，心腹氣病。《內經》有厥疝、沖疝、瘕疝、狐疝、癃疝、㿗疝、癩疝等七疝之名稱。今常見的有寒疝、腹股溝疝、股疝、臍疝、小腸疝等。⓳五藏六府癉十二病方　書亡。癉，因勞累致病，俗稱勞病。又通「疸」，黃疸病。又作熱病。這裡指黃疸病。⓴風寒熱十六病方　書亡。風寒熱，風溼病。又稱風溼熱。多發於寒溼地區，是一種慢性而又反覆急性發作的全身性疾病，以關節炎、心臟炎為主，並伴有發熱、皮疹、皮下小結、舞蹈等症狀，多發生於兒童、青年。㉑泰始黃帝扁鵲俞拊方　書亡。泰始，同「太始」。扁鵲，應劭注曰：「黃帝時醫也。」俞拊，相傳為黃帝時良醫，《史記》作「俞跗」。㉒五藏傷中十一病方　書亡。傷中，《素問・診要經絡論》曰：「凡刺胸腹者，必避五藏。中心者，環（通「旋」，立即）死；中脾者，五日死；中腎者，七日死；中肺者，五日死；中鬲者，皆為傷中，其病雖愈，不過一歲必死。」㉓客疾五藏狂顛病方　書亡。客疾，自外侵入之病。狂顛，《素問・脈解》曰：「陽盡在上，而陰氣從下，下虛上實，故狂巔疾也。」㉔金創瘲瘛方　書亡。金創，同「金瘡」。金屬利器對人體造成的創傷，包括因創傷而致化膿潰爛成瘡等，均稱金創。瘲瘛，中醫學病症名作「瘛瘲」，小兒病。俗稱驚風。小兒患驚風病時，筋肉抽搐，筋急引縮為瘛，筋緩縱伸為瘲；手足時抽時伸，抽動不止者，稱為瘛瘲。㉕婦人嬰兒方　書亡。㉖湯液經法　書亡。㉗神農黃帝食禁　書亡。㉘右經方十一家　今計十一家，二百九十五卷，多二十一卷。㉙經方　古典醫學著作中的方劑，如《傷寒論》、《金匱要略》等書中的方劑即為經方。姚明輝《漢志注解》曰：「經方者，乃上古相傳之醫方，後世莫能出其範圍，故冠以經名也。」一說，經方，為常用之驗方。此二說僅備參閱。中醫學明確指出，經方、時方、驗方是有區別的，時方為常用的流行的方劑；驗方指經臨床應用有效的藥方，故不能混為一談。㉚草石　指植物類和礦物類藥物。㉛氣感　猶氣質。指人的生理、心理的素質。㉜五苦六辛　黃連、苦參、黃芩、黃柏、大黃為五苦，乾薑、附子、肉桂、吳萸、蜀椒、細辛為六辛。㉝致水火之齊　使用水煎火製的方劑。致，使用。水火之齊，製劑有水火之別，火製者有煅、煨、炙、炒；水製者有浸、泡、洗；水火共製者有蒸、煮。齊，通「劑」。㉞通閉解結　打通堵塞，化解鬱滯。指用中藥治療氣血鬱結之類的疾病。㉟反之於平　恢復原來氣血通暢、陰陽平衡的狀態，即健康的正常狀態。㊱以熱益熱二句　用熱性藥治療熱症，用寒性藥治療寒症。指不能對症下藥。㊲精氣內傷二句　因用藥不當而加劇身體陰陽、寒熱、水火之失調，過熱過寒均可以損傷精氣，往往又不表現於體外。精氣，又稱精，中醫認為精氣是構成人體生命的本原，是維持人體生長發育及各種功能活動的物質基礎。精分陰陽二氣，陰陽二氣平衡，則健康無疾病，陰盛則陽病，陽盛則陰病。㊳有病不治二句　宋葉夢得《避暑錄話》卷下：「不服藥，勝中醫。」中醫，指中等水平的醫生。㊴容成陰道　書亡。容成子，複姓容成。傳為黃帝史官，始造律曆。或傳為老子之師，或傳為上古之君，均不可考。此書當係依託之作。陰道，男女房中交合之術。㊵務成子陰道　書亡。務成子，傳說中遠古人物，為堯、舜師，為有道術之人。此書當係依託之作。㊶堯舜陰道　書亡。當係依託之作。㊷湯盤庚陰道　書亡。湯，商朝開國之君商湯。盤庚，商代國王，商湯的第九代孫。此書當係依託之作。㊸天老雜子陰道　書亡。天老，據《竹書紀年》載，為黃帝時臣。此書當係依託之作。㊹天一陰道　書亡。天一，星名。一說為天帝之神，主戰鬥，知吉凶。㊺黃帝三王養陽方　書亡。三王，指禹、商湯、周文王。一說為禹、商湯、周文王與武王。㊻三家內房有子方　書亡。三家，疑指《素女經》、《素女方》、《玉房祕訣》三家。有子方，古代懷孕及生男生女之術。《千金翼方》曰：「婦人月信斷，一日為男，二日為女，三日為男，四日為女。以外無子。」（卷五〈行房法〉）㊼右房中二句　今計八家，百九十一卷，家數相合，篇數多五篇。㊽房中　即房中術。古代方士所謂房中節慾、養生保氣之術。㊾情性之極　本能的極點。情性，本性；本能。㊿至道之際　謂符合最基本的道理。至道，最基本的道理；大道；常理。(51)制外樂以禁內情　節制歡慾，約束內在性情。(52)節文　約束言行的措施、規定。《禮記・坊記》：「禮者，因人之情，而為之節文。」(53)先王之作樂二句　語出《左傳・昭公元年》，原文作：「先王之樂，所以節百事也。」作樂，製作樂曲。制禮作樂，即制定典章制度。節百事，指以中和之聲節制人的情感，進而節制人的行為。節，節制。(54)和平壽考　性情平和，年老長壽。(55)宓戲雜子道　書亡。宓戲，同「伏羲」。(56)上聖雜子道　書亡。上聖，指伏羲以後的上古聖人。(57)道要雜子　書亡。道要，至道之要，泛論大道之綱要。(58)黃帝雜子步引　書亡。步引，疑為古老的氣功導引術。(59)黃帝岐伯按摩　書亡。岐伯，傳為黃帝時醫家。《內經》中載黃帝與他討論醫學，以對話形式展開。中醫稱岐黃之學，即源於此。(60)黃帝雜子芝菌　書亡。顏師古曰：「服餌芝菌之法也。」芝菌，俗稱靈芝。舊說常服之可以成仙。(61)黃帝雜子十九家方　書亡。(62)泰壹雜子十五家方　書亡。(63)神農雜子技道　書亡。(64)泰壹雜子黃治　書亡。黃治，〈郊祀志〉曰：「黃治變化。」注引晉灼語曰：「黃者，鑄黃金也。道家言治丹砂令變化，可鑄作黃金也。」(65)右神僊十家二句　今計十家，二百一卷，少四卷。(66)神僊　道家對所謂得道後能「超脫生死」、變幻莫測的人的稱謂。(67)性命之真　性為神，命為氣。真性命即虛靜狀態、原始狀態、先天狀態。《性命圭旨・性命說》曰：「夫未始性之性，未使命之命，乃是吾身之真性命也。」(68)游求於其外　尋求身體外形的鍛鍊。游，注重；貫注；尋求。(69)盪意平心　使意念清淨、平靜。盪，洗滌。平，使平靜；使平和。(70)同死生之域　把死與生統一起來，與宇宙自然共存。《莊子・齊物論》曰：「天地與我並生，萬物與我為一。」此即同死生的精神境界。(71)怵惕　驚恐；戒懼。(72)誕欺怪迂之文彌以益多　荒誕欺詐、怪異迂遠的說法越來越多。誕欺，虛妄；欺騙。迂，遙遠而不實；不可信。彌，更加。(73)索隱行怪三句　語出《禮記・中庸》，原文作：「素隱行怪，後世有述焉，吾弗為之矣。」載孔子之言。顏師古曰：「求索隱暗之事，而行怪迂之道，妄令後人有所祖述，非我本志。」(74)凡方技三句　今計方技三十六家，八百六十二卷，少六卷。(75)生生之具　產生新的事物。前一個「生」是動詞，指產生、變化。第二個「生」為名詞，指新的事物、新的生命。《易・繫辭上》曰：「生生之謂易。」《太極圖說》曰：「二氣交感，化生萬物，萬物生生而變化無窮焉。」具，具有；具備。(76)王官之一守　王朝職守之一。王官，王朝的職官。守，職守。77秦和　春秋時秦國名醫，名和。78論病以及國　古代有上醫醫國之說，謂醫病、醫國的道理相通。《國語．晉語》：「平公有疾，秦景公使醫和視之，……（趙）文子曰：『醫及國家乎？』對曰：『上醫醫國，其次疾人，固醫官也。』」79原診以知政　探察診斷病情，可以測知政事的未來。按：《史記．扁鵲倉公列傳》載：「當晉昭公時，……（趙）簡子疾，五日不知人，大夫皆懼，於是召扁鵲。扁鵲入視病，出，董安于問扁鵲，扁鵲曰：『血脈治也，而何怪！昔秦穆公嘗如此，七日而寤。寤之日，告公孫支與子輿曰：我之帝所甚樂。吾所以久者，適有所學也。帝告我：晉國且大亂，五世不安。其後將霸，未老而死。霸者之子且令而國男女無別。公孫支書而藏之，秦策於是出。夫獻公之亂，文公之霸，而襄公敗秦師於殽而歸縱淫，此子之所聞。今主君之病與之同，不出三日必間，間必有言也。』居二日半，簡子寤，語諸大夫曰：『我之帝所甚樂，與百神游於鈞天，廣樂九奏萬舞，不類三代之樂，其聲動心。有一熊欲援我，帝命我射之，中熊，熊死。有羆來，我又射之，中羆，羆死。帝甚喜，賜我二笥，皆有副。吾見兒在帝側，帝屬我一翟犬，曰：及而子之壯也以賜之。帝告我：晉國且世衰，七世而亡。嬴姓將大敗周人於范魁之西，而亦不能有也。』董安于受言，書而藏之。以扁鵲言告簡子，簡子賜扁鵲田四萬畝。」此事又見於〈趙世家〉。診，顏師古曰：「視驗，謂視其脈及色候也。」80倉公　姓淳于，名意。漢代名醫。《史記》與扁鵲同傳。81晻昧　模糊不明。晻，通「暗」。82四種　指醫經、經方、房中、神仙四類書籍。

【語　譯】《黃帝內經》十八卷。

《外經》三十七卷。

《扁鵲內經》九卷。

《外經》十二卷。

《白氏內經》三十八卷。

《外經》三十六卷。

《旁篇》二十五卷。

以上醫經七家，二百一十六卷。

醫學理論，探求人的血脈、經絡、骨髓、陰陽、表裡，揭示百病的根源，死亡與生存的界限，然後依據診斷結果推斷針灸、砭石、湯汁、火劑等不同治療方法所施加的部位，調製百藥方劑達到適宜的程度。得到最好藥方來治病，就如同用磁石取鐵一樣，一物降一物。拙笨的人不能掌握其中的道理，把病情治癒視作病情加劇，把活的病人視作死亡。

《五藏六府痺十二病方》三十卷。

《五藏六府疝十六病方》四十卷。

《五藏六府癉十二病方》四十卷。

《風寒熱十六病方》二十六卷。

《泰始黃帝扁鵲俞拊方》二十三卷。

《五藏傷中十一病方》三十一卷。

《客疾五藏狂顛病方》十七卷。

《金創瘲瘛方》三十卷。

《婦人嬰兒方》十九卷。

《湯液經法》三十二卷。

《神農黃帝食禁》七卷。

以上經方十一家，二百七十四卷。

古典醫籍中的方劑，都要根據植物類和礦物類藥物的寒溫屬性，測定疾病的輕重程度，通過藥性逐漸發揮作用，因應氣質之所宜，分辨出五苦六辛等不同藥物，使用水煎、火製等不同方法加工出來的方劑，來打通堵塞，化解鬱滯，使身體恢復平衡。那些不能正確使用方劑的人，用熱性藥治療熱症，用寒性藥治療寒症，使疾病加重，體內精氣已經損傷，而體外看不出症狀，這就是他們只有失敗的原因。因此諺語說：「有病而不求醫生治病，常常勝於中等醫生。」

《容成陰道》二十六卷。

《務成子陰道》三十六卷。

《堯舜陰道》二十三卷。

《湯盤庚陰道》二十卷。

《天老雜子陰道》二十五卷。

《天一陰道》二十四卷。

《黃帝三王養陽方》二十卷。

《三家內房有子方》十七卷。

以上房中八家，一百八十六卷。

男女房事，是本性的極點，符合最基本的道理，因此聖明的君主節制歡慾以約束內在性情，並且制定出約束的規定。《左傳》說：「先王作樂曲，其目的是為了節制百事。」歡樂而有節制，就情性平和，健康長壽。那些迷戀於歡樂的人則全然不顧，因此招來疾病並傷害了性命。

《宓戲雜子道》二十篇。

《上聖雜子道》二十六卷。

《道要雜子》十八卷。

《黃帝雜子步引》十二卷。

《黃帝岐伯按摩》十卷。

《黃帝雜子芝菌》十八卷。

《黃帝雜子十九家方》二十一卷。

《泰壹雜子十五家方》二十二卷。

《神農雜子技道》二十三卷。

《泰壹雜子黃冶》三十一卷。

以上神僊十家，二百五卷。

所謂神僊，都是為了保持生命長生不老，向外界尋求辦法的一些人。他們依靠修煉來使意念保持清淨、平靜，把死與生兩個領域統一起來，心中沒有對死亡的恐懼。然而有的人一心以追求長生為職業，因此荒誕欺詐、怪異迂遠的說法越來越多，這些不是聖王用來教化人們的方式。孔子說：「求索隱暗之事，而行怪迂之道，讓後人去效法，這不是我的本意。」

45 方技總計有三十六家，八百六十八卷。

方技，包括醫經、醫方、房中、神僊各種，都是延年益壽的手段，是國家設立的一個官職。太古有岐伯、俞拊，中世有扁鵲、秦和，他們都從談論疾病推及治理國家的道理，通過探察診斷病情而測知政事的未來。漢朝興起後有倉公。今天，這些技術暗昧不明，因此評論這些書，並序次方技類的書籍為四種。

大凡書：六略三十八種，五百九十六家，萬三千二百六十九卷。入三家，五十篇，省兵十家❶。

【章旨】此段文字為〈藝文志〉所著錄全部書籍的種類、家數、篇卷數的統計。

【注釋】❶大凡書七句　王先謙《漢書補注》引陶憲曾曰：「三家者，劉向、揚雄、杜林三家也。五十篇者，書入劉向〈稽疑〉一篇，小學入揚雄、杜林二家三篇，儒家入揚雄三十八篇，賦入揚雄八篇，凡五十篇。皆班氏所新入也。若禮入《司馬法》，技巧入《蹵鞠》，本在《七略》之內，互相出入，故於此不數也。」今計六百一十四家，萬二千九百九十卷。多十八家，少二百七十九卷。今僅存三百七十家，二千三百一十五卷，六百六十六種。

【語譯】以上圖書總計：六略三十八種，五百九十六家，一萬三千二百六十九卷。比《七略》增多三家，五十篇，減少兵家十家。

【研析】《漢書·藝文志》的價值主要體現在以下幾個方面：

第一、《漢書·藝文志》開創了編纂正史藝文志的先例，使目錄成為正史中的組成部分，存歷代典籍之要，開千百年史志目錄之局。後世正史中，《隋書》、《舊唐書》、《新唐書》、《宋史》、《明史》、《清史稿》等，都自撰有經籍志、藝文志。對於無經籍志、藝文志之正史，清代學者則多方補苴，從而形成通紀歷代藏書的系統目錄，與國家、私家藏書目錄成鼎立之勢。班固草創之功不可泯滅。

第二、《漢書·藝文志》是依據《七略》刪改而成。《別錄》、《七略》早已亡佚，但《漢書·藝文志》採用了《七略》中六略三十八種的分類體系，又把〈輯略〉的總序列於六略之前，大、小序列於六略及三十八種之後，〈輯略〉的基本內容得到保留。〈藝文志〉對各類書籍的著錄也基本保持《七略》原貌，增加了《七略》完成後的劉向、揚雄、杜林三家在西漢末年所撰寫的著作。對於著錄上的刪移、補充，分類上的合併、改移，班固均在自注中注明「出」、「入」、「省」若干家、若干篇，以示更改之處。因此，後人通過《漢書·藝文志》能夠了解《別錄》、《七略》的大概。

第三、班固〈藝文志〉於六略及各種類書目之後附以大序、小序的編撰體例，對後世的目錄學著作影響深遠。《隋書·經籍志》、《郡齋讀書志》、《直齋書錄解題》、《文獻通考·經籍考》、《四庫全書總目提要》等書，皆採用了《漢書·藝文志》的體例，撰寫大序、小序，辨章學術得失。這是中國古代目錄學的優良傳統。

第四、中國古代目錄具有「辨章學術，考鏡源流」的作用，通過史志目錄可以使我們周知一代學術及一家一書之宗趣。《漢書·藝文志》記錄了先秦至西漢末不同時期的各類典籍，從中可以知道先秦不同學術流派的起源、觀點、著述及傳承演化的脈絡，是研究漢以前學術史、文化史不可缺少的文獻。清末學者姚振宗說：「今欲求周秦學術之淵源，古昔典籍之綱紀，舍是志無由津逮焉。」（《漢書藝文志條理·敘錄》）

第五、《漢書·藝文志》著錄的西漢官府藏書一萬餘卷，由此可以知道當時的存書和後來的亡佚情況，是了解先秦、秦、西漢典籍流傳、存佚的重要參考。

◎新譯賈長沙集

林家驪／注譯　陳滿銘／校閱

賈誼是漢文帝朝著名的政論家和文學家，一個早慧而早逝、才氣橫溢的青年思想家和作家。他存世的作品雖不多，但名篇如〈過秦論〉、〈論時政疏〉、〈論積貯疏〉、〈弔屈原賦〉、〈鵩鳥賦〉等，皆擲地有聲，在歷史上發光發熱。他的文章除了有充實豐富的思想內容、卓越超凡的政治見解外，在藝術風格上也有十分鮮明的特色。而他在辭賦史上所扮演的承先啟後角色，也不容忽視。本書對賈誼存世文章做最完整的介紹和詳細的注譯，並針對章法意旨給予賞析與評論，讓您有最深入的了解。

◎新譯揚子雲集

葉幼明／注譯　周鳳五／校閱

《揚子雲集》乃漢賦大家揚雄之文集，共收錄作品六十餘篇，包括辭、賦、頌、箴、誄等文體，內容包含哲學、文字訓詁、文學等。揚雄曾仿效屈原與司馬相如作賦，故深受感染，卻能別出心裁，表現其特殊文氣，有別於屈原的失落寂寥，司馬相如的弘麗溫雅。本書將帶你進入漢朝韻文的另一境地，一窺揚雄遠近層鋪、細膩生動的行文手法與精煉的文字。

◎新譯曹子建集

曹海東／注譯　蕭麗華／校閱

在百花競放、桃李爭豔的建安文壇上，曹子建無疑是一個引人矚目的人物。他的文學作品體裁豐富多樣，特別是詩歌與辭賦能獨闢蹊徑，別開生面，形成自己特有的風格，鍾嶸《詩品》便稱讚其作品為：「骨氣奇高，詞采華茂。」只是在漫長的流傳過程中，他的作品有很多散失、亡佚。本書以《四部叢刊》影印明活字版《曹子健集》為藍本，在注譯、賞析過程中，並進行校勘、補足的工作，是坊間詮釋最仔細、校勘最精詳的全注全譯本，也是您欣賞、研究曹子建詩文的不二選擇。

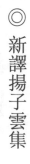